MOTO集大成者

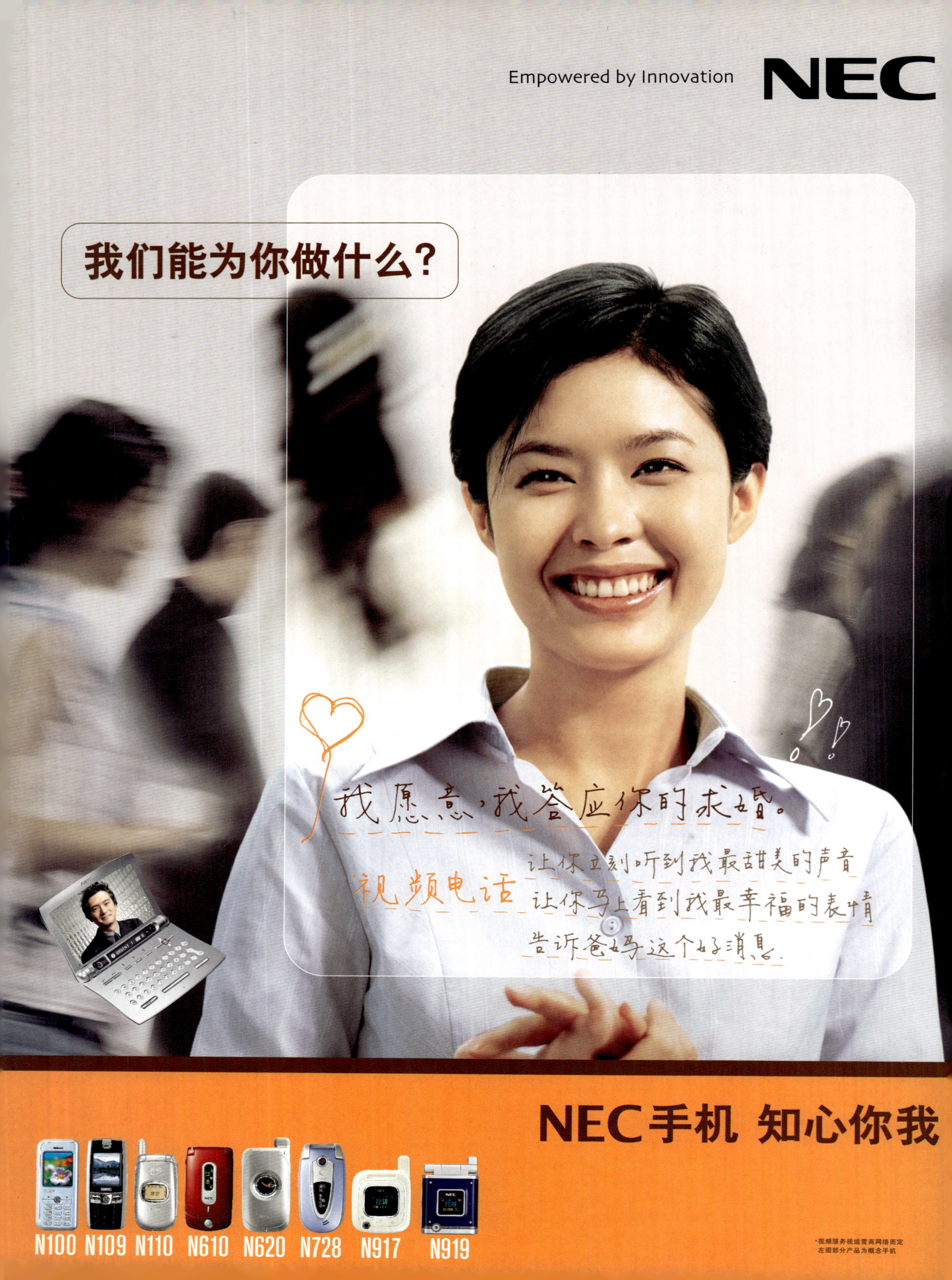
Empowered by Innovation
NEC
我们能为你做什么？
我愿意，我答应你的求婚。
视频电话
让你立刻听到我最甜美的声音
让你马上看到我最幸福的表情
告诉爸妈这个好消息。
NEC手机 知心你我
N100
N109
N110
N610
N620
N728
N917
N919
*视频服务视运营商网络而定
左图部分产品为概念手机

www.cfip.org.cn

简　介

中国信息化推进联盟（以下简称联盟，英文名称China Federation of IT Promotion 英文缩写CFIP）联盟是由信息产业部批准成立的信息交流及信息化推进组织，它是一个跨行业、跨部门的全国性组织，其会员由国内外各类企事业单位和专业社团所组成。联盟在信息产业部指导下开展工作。

联盟将广泛联合各级政府、企事业单位信息化建设的有关部门及专家，在“政府引导、面向市场；网络共建，资源共享；以人为本，重在应用”的信息化方针指导下，面向领域信息化、区域信息化、企业信息化和社会信息化，以“应用主导、面向市场”的发展思路，加强会员单位的沟通与协作，及时交流信息化动态、注重调查研究、提高信息技术应用水平；做好各项服务，加速信息产业的发展，推进信息化进程。

联盟的主要任务有：积极开展相关领域信息的采集、调研、分析，组织信息交流活动；对信息化建设中的热点、焦点、难点问题展开专题研讨和学术交流；组织新产品和解决方案的推介活动，促进信息技术应用；组织会员单位进行国内外信息技术培训和考察等活动；开展相关领域信息化建设咨询和评估活动；编辑、出版信息化建设及应用的有关资料。

组织架构

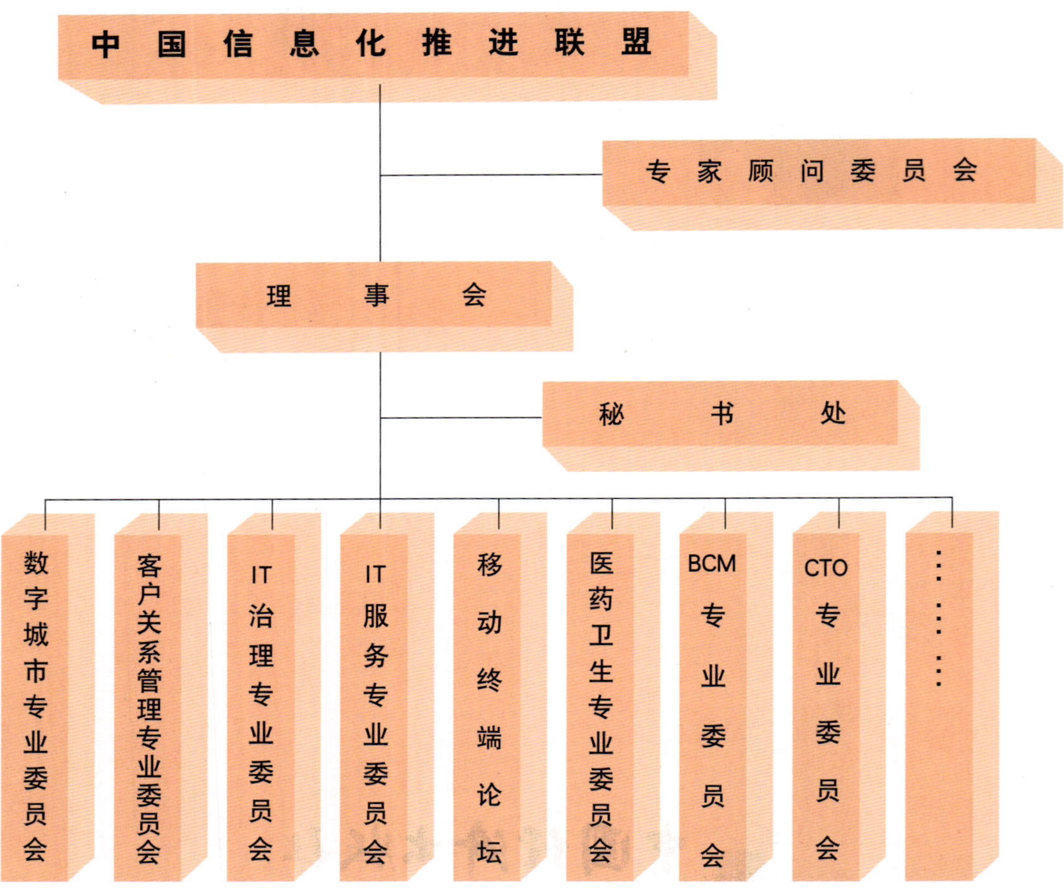

地址：北京海淀区紫竹院路66号赛迪大厦9层　　邮编：100044　　联系人：高晓娜　孙国锋
电话：010－88559227/88559085/88559077　　传真：010－88559085/88559009
网址：www.cfip.org.cn　　邮件地址：e-city@mei.ceic.gov.cn

中国信息化推进报告(2004)

中国信息化推进联盟　编

图书在版编目（CIP）数据

中国信息化推进报告／中国信息化推进联盟编著（精）.－北京：中国经济出版社，2004.11

ISBN 7-5017-6760-2

Ⅰ.中... Ⅱ.中... Ⅲ.信息技术－新技术应用－研究报告－中国 Ⅳ.G202

中国版本图书馆CIP数据核字（2004）第115725号

中国信息化推进报告(2004)

出版发行：中国经济出版社（100037·北京市西城区百万庄北街3号）

网　　址：WWW.economyph.com

主　　编：中国信息化推进联盟

策　　划：北京视音世界信息咨询有限公司

设计／制作：北京同和兴文化交流有限公司

经　　销：各地新华书店

承　　印：世界知识印刷厂

开　　本：889mm×1194mm　1/16　　印　　张：38　　字数：480千字

版　　次：2004年11月第1版　　印　　次：2004年11月第1次印刷

书　　号：ISBN 7-5017-6760-2　　定　　价：180.00元

　　举报电话：68359418　68319282

服务热线：68344225　68353507　68341876　68341879　68353624

《中国信息化推进报告》编辑委员会

陈　禹　中国人民大学　教授

余　东　国家税务总局信息中心　副主任

陈建新　中石油经济和信息研究中心　教授级高工

杨天行　全国信息技术标准化技术委员会主任委员

杨方伟　财政部信息网络中心　主任

罗　文　中国电子信息产业发展研究院副院长

周德铭　国家审计署信息化建设办公室　主任

周全胜　教育部教育管理信息中心　副主任

林德康　国家质量监督检验检疫总局信息中心　主任

武　力　国家烟草专卖局烟草经济信息中心　副主任

饶克勤　卫生部统计信息中心　主任

赵大斌　公安部信息通信局　局长

赵西峰　中国气象中心信息技术支持中心　副主任

郝　力　建设部信息中心　副主任

徐富春　国家环境保护总局信息中心　副主任

徐铁夫　国家统计局计算中心　主任

徐家富　中国机械工业企业管理协会　副理事长

贾怀斌　劳动和社会保障部信息中心　副主任

阎保平　中国科学院计算机网络信息中心　主任

程丽君　国家邮政局信息技术局　副局长

蒋　蕾　中国汽车工业协会　秘书长

董培南　国家旅游局信息中心　主任

蔡　阳　国家水利部水利信息中心副主任、国家水文局局长

蔡金荣　中国税务学会　副秘书长

漆永新　中国钢铁工业协会　专务理事

戴瑞敏　人事部人事信息中心　副主任

主　编：邓寿鹏

副主编：刘献军　陈建新　赵树峰　孙国锋　苟先进

编　辑：高晓娜　周　杰　关　颖　曹一墨

前言

从工业经济到信息经济，从工业社会到信息社会的现代历史进程表明：信息化已上升为推动世界经济和社会发展的关键因素，成为人类文明进步的核心力量。

当代，信息化已渗透到世界政治、经济、军事和社会的各个方面，对各国、各行、各业产生了巨大而深远的影响，极大地改变了人们的生产、工作和生活方式。同时，信息化已成为国际竞争的焦点，发达国家凭借其在信息技术、信息资源和信息人才等方面的优势，不断加强对信息网络和信息内容的掌控，加紧对全球经济、社会、文化以致政治、外交、军事等各个领域的渗透，极力巩固其在国际竞争中的有利地位；发展中国家也纷纷通过加强信息基础设施建设与利用、开发信息人力资源、加快信息技术与产业发展、改善信息法律政策环境、全面推动信息化等措施，谋求快速发展。

近年来，伴随我国经济持续增长和政府对信息化的大力推动，我国电子政务、电子商务以及行业信息化建设正在快速发展。在信息资源开发利用、信息网络建设、信息产业发展、信息技术应用，以及信息化政策、法规和标准，信息化人才培养等方面，不断取得新的突破，经济效益和社会效益日益显见。

中国信息化推进联盟根据各方要求编写《中国信息化推进报告》，旨在深入探讨我国信息化建设对国民经济和社会发展的重要引领作用，全方位展示各行业、各领域、各地区信息化建设的新进展、新问题、新经验，科学把握我国政府、企业、个人在国家信息化进程中的现状、趋势和前景，为各行各业从事信息化建设事业的相关人士提供全面反映我国信息化进程的高水平、权威性的参考著作。

本书主要内容分七大部分：第一部分汇集了国信办、信息产业部等主管部门领导近期发表的有关我国信息化建设的重要讲话摘编，有助于各地区、各行业信息化建设负责人、广大公众深入领会我国信息化推进工作的最新政策动向。第二部分选编了我国政府以及相关行业主管部门近两年颁布的有关信息化建设的政策法规，其中涉及电子政务、电子签名、计算机信息系统安全保护、信息系统工程监理等细分领域，覆盖面大，内容丰富，颇具参考价值。第三部分选登了我国各行业、各领域信息化建设权威专家的实践应用论

前言

文，重点收集与国民经济息息相关的金融、制造、能源、交通、物流、医疗卫生等关键领域信息化建设的精彩文章，从不同侧面展示了我国信息化建设事业的辉煌成就与美好远景。第四部分荟萃了我国业界知名专家对信息化建设领域前沿话题的精辟探讨，集中展现了他们关于信息产业发展前景的真知灼见，具体内容覆盖信息产业融合与新兴市场、3G产业未来发展趋势、软件产业与IT服务管理、客户关系管理信息化等热点话题。第五部分精选了国内外知名IT企业优秀的信息化解决方案，集中展示了我国信息化建设领域的典型案例，在推荐信息化建设必不可少的优秀IT产品的同时，从应用剖析的角度深入挖掘了我国信息化建设的成功之道。第六部分为有代表性的信息化建设所需产品和企业风采展示，图文并茂，可直接了解到我国企业和信息化建设的现状与展望。第七部分勾勒了我国信息化建设近10多年来发展的清晰脉络，通过对每一年信息化建设重大事件的精心选择、梳理，系统反映了我国信息化建设事业所取得的若干标志性进步。

在本书的编写过程中，我们得到了国信办、信息产业部、有关部委信息中心、国内权威学术研究机构以及IT业界专家和IT企业的大力支持；得到了国内重要行业、企业、事业单位的热忱关注。在本书的出版过程中，我们还得到了北京视音世界信息咨询有限公司的鼎力相助。在此一并鸣谢。

由于时间紧迫、水平所限，书中疏漏与不足在所难免，敬请各界读者批评、指正。我们希望，本书的出版能为中国信息化推进奉献微薄之力；我们期待，中国信息化推进联盟的工作能够继续得到国内信息化建设各行业、各领域专家、学者、领导和权威人士的指导与扶助。

邓寿鹏

中国信息化推进联盟常务副理事长

国际计算机通信理事会执委

二〇〇四年十月

目　录

第三部分 行业应用

第四部分　产业专题

第五部分 精选案例

第六部分　企业产品推介

第一部分

领导论述

信息化是覆盖全局的战略举措

国家信息化领导小组第四次会议 2004 年 10 月 27 日在北京召开。中共中央政治局常委、国务院总理、国家信息化领导小组组长温家宝主持会议作重要讲话并指出，大力推进国民经济和社会信息化，是覆盖现代化建设全局的重大战略举措。要紧紧抓住信息化发展的机遇，进一步增强加快信息化进程的紧迫感和使命感，以信息化带动工业化，以工业化促进信息化，走新型工业化道路，推进经济结构调整和经济增长方式转变，推动经济社会全面协调可持续发展。近年来，各地区各部门认真贯彻党中央、国务院的部署，信息化建设取得了重要进展。同时也要看到，全球信息化步伐不断加快，国内经济社会发展面临新形势新任务，都对信息化建设提出了更高要求。必须清醒地认识我国信息化工作中存在的问题和差距，用面向全球的宽广眼界，从全面建设小康社会、加快推进现代化的高度，采取切实有效的措施，加快信息化建设步伐。

会议讨论了《关于加强信息资源开发利用工作的若干意见》和《关于加快我国电子商务发展的若干意见》，同时对今后一个时期我国信息化工作作出了部署。（一）加强信息资源开发利用。要统筹规划，分类指导；面向需求，立足应用；突出重点，有序发展。着眼经济社会发展的关键环节和重要领域，开发利用信息资源为现代化建设服务。推进体制和机制创新，发挥市场机制的作用，提高信息资源开发利用的效率和效益。（二）扎实推进电子政务。把行政管理体制改革与电子政务建设结合起来，推进政府职能转变。加快统一网络平台建设，实现信息资源共享。加强电子政务规划工作，逐步建成电子政务体系的基本框架。（三）引导推广电子商务。坚持以企业为主体，以重点大型企业信息化应用为龙头，带动中小企业的电子商务发展。政府发挥政策引导和市场监管的作用，为电子商务发展创造良好的外部环境。（四）加强信息安全保障工作。加快完善国家信息安全的监控体系和保障体系，全面提高信息安全防护能力。（五）深入开展信息化战略和规划研究。

据新华社北京 2004 年 10 月 29 日电

王旭东部长强调从五个方面重点推进信息化建设

2004年10月14-15日，在匈牙利首都布达佩斯举行的亚洲信息社会论坛上，信息产业部部长王旭东指出，未来几年，中国将重点从五个方面推进信息化建设：

一. 继续积极推进信息技术在国民经济和社会各领域的应用。

围绕结构调整，运用信息技术改造提升传统产业，推进经济结构调整，推进经济增长方式的转变。积极创造条件，大力推进政务、金融、财税、贸易等领域的信息化。

二. 继续完善现代信息基础设施建设。

大力发展下一代互联网为基础的高速宽带信息网，促进电信、电视、计算机三网融合，建成结构合理、高速宽带、面向未来的国家信息网络。加大农村地区网络建设和改造力度，积极推进电信普遍服务，让边远地区和社会弱势群体也能够享受到现代信息服务。

三. 加快发展电子信息产业制造业和软件业。

重点发展软件、集成电路、光电子技术、第三代移动通信、下一代网络、数字电视、网络等产业。鼓励企业做大做强和积极"走出去"，不断增强研发实力和国际竞争力。

四. 切实加强信息安全保障工作。

推动信息网络建设，加强网络和信息安全，是建设信息社会的重要保障。积极有效地防范利用信息技术和资源进行色情等有害传播，保障信息化建设健康发展。

五. 进一步加强国际合作与交流，促进共同发展。

中国将继续本着平等、互利的原则，进一步加强与亚欧各国在信息产业各个领域的沟通、交流，实现共同发展。

● 摘自《中国计算机报》2004年10月25日

突出重点　产用结合
推动信息技术在社会经济各领域广泛应用

国务院信息化工作办公室常务副主任　曲维枝

信息化是当今经济和社会发展的大趋势，是实现我国产业优化升级和工业化、现代化的战略举措。而信息技术的推广应用则是推动信息化的首要任务，它涉及到国民经济和社会的各个领域，渗透到各个方面，贯穿于信息化发展的全过程。充分利用信息技术的渗透、精准、催化、倍增作用：

抓住信息技术与国民经济各行各业业务的融合，就能够加速传统产业的优化升级，就可以通过发挥我国现有的已具有相当规模的钢铁、电力、煤炭、石油等资源，支撑起更大规模的经济发展，走出一条高科技、低能耗、少污染、高质量、高效率的工业化路子。

抓住信息技术与科教文卫等社会事业的融合，把优质的科技、教育、文化、卫生等资源，通过网络扩大应用范围，提高使用效率，创造出一种资源多方共享的局面。远程教育的应用，使偏僻山区的农村孩子接受城市特级教师授课的梦想成为现实；远程医疗的运用，使一个患了疑难症的大学生得到各国医疗机构的共同诊治成为可能。信息技术在这些领域的广泛应用，为人类共同享用世界先进科学知识和优秀文化提供了可能。信息技术应用推动了人类社会文明的发展。

抓住信息技术与政府业务的结合，可以大大提高政府办事效率，增强透明度，加强政府对社会公共事务管理和为民服务的能力。

抓住信息技术与企业经营管理的结合，可以大大提高企业管理水平，提高产品质量和经济效益，提高竞争力，并为电子商务的发展创造基础条件。

我认为，以上这几个方面，都是信息技术应用的重要领域。

今天，我主要就制造业信息化、产业和应用结合及东北地区老工业基地改造等三个方面，谈谈对信息技术推广应用工作的认识。

一、在制造业等重点行业大力开展信息技术推广应用工作

在当前大力推进国民经济和社会信息化建设，在各行各业广泛应用信息技术的过程中，制造业信息化对于推动我国经济结构调整、缓解就业矛盾、保护资源环境和提高国家整体竞争力具有战略意义。

从我国的基本国情看，继续完成工业化是我国现代化进程中的艰巨的历史性任务。实施以信息化带动工业化、以工业化促进信息化战略方针的目的，就是为了优化产业结构，推动经济结构调整，加快工业化和现代化进程。改革开放以来，我国工业增加值占GDP的比重一直维持在40%左右，有些年份甚至达到或超过50%，在国民经济中占有举足轻重的地位。其中，制造业增加值占工业增加值的75%左右，占GDP的三分之一；制造业出口占出口贸易制成品的近90%，创造了近四分之三的外汇收入；国家财政收入的一半来自于制造业；制造业还吸收了大量的社会劳动力，对于保持社会稳定起到了积极作用。物质财富的生产是人类文明发展的永恒主题。就世界而言，2002年全球500强中制造业的产值占45%。

我国正在成为世界许多重要产业的生产大国，如电子通信产品、钢铁、造船等。但我国要真正成为世界制造业的强国，无论是技术与工艺创新，还是产业结构调整、产品结构优化升级、国内外市场开拓等都有待加强。如何解决这些问题，从世界发达国家和新型工业化国家的经验看，通过广泛应用信息技术，大力发展具有个性化设计、精准化加工、零库存生产、资源全球化配置等特征的现代制造业是一种有效途径。

在推动制造业信息化、发展现代制造业的过程中，应把企业信息化，特别是行业排头兵的信息化作为工作的切入点和抓手。企业是产业的细胞和基础，也是国民经济和社会的基本单元。无论是推动老工业基地改造，还是推进制造业信息化，落脚点还是抓企业信息化。企业成功地实施信息化的前提是制度创新，但如果不应用信息技术去支撑和巩固创新后的生产、经营、管理制度，新的企业制度也难以真正发挥长效作用。许许多多的实例证明，企业信息化的过程就是提高企业经营管理水平，提高劳动生产率、增强竞争力，促进企业调整改制的过程。

这些年来，通过调研，参观了不少IT企业和信息技术应用企业，了解到许多地方在推动企业信息化方面做的有益尝试并取得的显著成效，显示了企业信息化的效益。8月份，国务院信息化工作办公室与有关部委在黑龙江做过调研，开过座谈会。有许多生动的事例。例如，哈尔滨电机有限责任公司通过信息化，提高了整体创新能力和市场竞争能力，技术标书准备时间由过去的4个月缩短为3周，商务标书由过去的3个月缩短为1个月，产品设计能力达到了国际先进水平，设备利用率提高8～10%，制造周期缩短1～2个月。联想集团公司通过实施企业信息化，实现以财务管理为核心的ERP管理，企业的采购、生产资金流转、销售、库存达到实时管理，过去一个月才能知道原材料的价格、成本和财务报表，现在当天就能知道，实现了变“事后管理”为“实时管理”，企业利润率由1%提升到5.4%，这些成效是非常明显的。所以，企业信息化对提高产品质量、劳动生产率，降低消耗，降低库存，提高资金周转率，是非常容易见效的。但是我们也要深刻地认识到，企业信息化绝不是简单地把企业现有的业务流程电子化，关键在于要改造企业传统的组织结构、业务流程和运作模式，减少环节和层次，提高工作效率，提高信息流、物流和资金流的速度和质量，同时必须有与之相适应的领导干部和职工队伍，特别是最高层管理者的决心和能力以及业务部门领导层的直接参与是决定企业信息化成败的关键。

实际上，实施信息化以后，有一个最大的、最直接的好处就是，管理者的管理范围和管理能力提高了，决策依据更准确了，效率更高了。可以设想，对于一个在全球拥有成百上千家分支机构的跨国公司的总裁来说，他怎么能掌握公司总体运行情况呢？就是靠信息化，没有别的办法。韩国现代是一家国际公司，在全球有500多个分支机构。三年前，我去看过它的管理中心。5分钟之内，它能在网上把世界各地分支机构的情况全都调出来，能在5分钟内将市场信息传递给所有开发、制造机构，能在几十分钟内集中调度它在全世界的资金。这就是企业的信息化，无可替代。当然，投资也是很大的。

在这些问题上我认为，首先要做好需求分析，作出顶层规划，然后分步实施。可从企业最关键的地方做起。作为一个行业、一个领域，抓好样板，抓好行业排头兵，摸索出标准、规范的软硬件，推而广之，可能是一种付出少收益大的路子。建议有关部门和各行业协会组织能进一步发挥作用，制定相关的法规、政策，为企业信息化提供良好的环境。我坚信，经过企业、协会、政府的共同努力，中国的企业一定会在信息化工作方面做出优秀的成绩。

二、形成信息化建设与信息产业发展良性互动的局面

信息化水平的高低已经成为衡量一个国家和地区的国际竞争力、现代化程度、综合国力和经济成长能力的重要标志，同时也是检验一个国家信息产业发展水平和支撑社会经济发展的重要标志。我们必须客观分析世界科技、经济、政治、文化的发展态势和国内信息化建设的需求，努力形成产业与应用的良性互动。

一方面，通过在社会经济各领域广泛应用信息技术，创造市场空间，带动信息产业发展。我们要继续坚持“产用结合”、“以用立业”的方针，坚持扩大内需的方针，培育和创造市场空间，带动国内信息产业发展。贯彻落实《关于我国电子政务建设的指导意见》和国务院18号文件、47号文件精神，通过实施电子政务、企业信息化、电子商务、传统产业改造、城市及社区信息化、数字奥运等若干国家重大信息化工程，推动信息产品制造、信息服务业的发展。在电子政务建设中要认真执行《政府采购法》，采购国内产品和服务。在机械、化工、冶金、有色、石油、电力、造船、轻工、纺织、汽车、制药等传统产业，需要大量采用工业自动化、数据库管理、网络系统、信息安全等技术和产品。在加快新产品开发与产品升级换代过程中，要与信息技术开发、制造企业长期合作，形成伙伴关系，以解决应用中的硬件软件不断升级及系统的问题。我认为，这种稳定的合作，既能使我们的这些大用户得到长期稳定、优质的服务，同时也能带动中国IT企业的成长壮大。

另一方面，信息产业的发展也要为信息化提供技术和装备支撑。信息化建设是个系统工程。应用系统建设、信息资源建设、网络建设都离不开信息技术和产品的支持。这些年来，金关、金税、金卡等系列重大信息化工程以及电子商务的应用无不得益于信息产业的发展。可以说，信息技术的发展和应用直接推动着信息化建设的进程。信息化建设方兴未艾，市场前景广阔。我们的信息产业和IT企业要根据全面建设小康社会的要求，充分了解电子政务、电子商务、企业信息化、社会信息化的需求，系统分析用户的需求，从需求出发，从为用户服务出发，研发和生产相应的技术和产品，培育为大用户提供解决方案和全面服务的龙头企业，促进现代信息服务业发展。近年来，国务院信息化工作办公室在推动电子政务建设中与地方政府、信息产业部、科技部、企业合作开展了一些试点工作。在宁夏、山东省烟台市、

广西柳州市等地方，积极利用国产软硬件产品搭建公共信息服务平台，在信息技术综合应用推广上做了有益尝试。我也希望我们的产业和企业要继续努力，为国家的信息化建设提供更多、更好的系统装备和服务，建立起应用与产业密切合作、互动发展的局面。

三、在东北老工业基地振兴中充分发挥信息技术的作用

党中央、国务院从促进地区经济社会协调发展、推进经济结构战略性调整及国家长远发展的战略全局出发，提出了实施东北地区等老工业基地振兴战略。近期，国务院信息化工作办公室为此开展了一系列调查研究工作。8月份在哈尔滨组织召开了有关部门、东北三省信息办和企业代表参加的座谈会，认真研讨了东北地区等老工业基地调整、改造和振兴过程中，信息化的结合点和工作重点。会后，我们会同国务院有关部门形成了供国务院领导同志参阅的专题调研报告。在调研报告中，我们建议要将企业信息化作为振兴老工业基地的重要切入点，有效整合当前支持老工业基地调整改造的各种政策资源，建立推进老工业基地企业信息化的公共服务平台，形成支持利用信息技术改造东北老工业基地的长效机制和联动机制。黄菊副总理和曾培炎副总理在调研报告上作了重要批示，有关部门正在积极落实。

当前，调整与改造是振兴老工业基地的重点所在，全面提升和优化第二产业是振兴老工业基地的主要任务，大力发展第三产业是培育老工业基地接续产业的根本出路。我们认为，在调整产业结构、培育接续产业和新的经济增长点、优化社会发展环境等工作中，最大程度地发挥信息技术的创新、渗透、倍增和带动作用，系统、协调地推动老工业基地振兴是至关重要的。

一，要加快第二产业的信息技术改造和升级，夯实经济社会发展基石。钢铁、汽车、石油化工、能源、重型装备制造是东北地区的重点行业，充分运用信息技术，对其进行优化升级是提高第二产业竞争力的重要环节。特别是在企业产品的设计、制造、供应链、营销、服务等环节应用信息技术，强化设计创新能力和市场营销能力，形成几个乃至若干个能在全国相关行业中起排头兵作用的骨干企业，带动第二产业整体素质和综合竞争力的提升，推动经济的发展。

二，要大力发展与现代服务业相关的第三产业，进一步促进经济结构调整。东北地区高等院校、科研院所众多、工业基础好、交通发达、劳动力素质也比较高，又具有毗邻韩国、日本、俄罗斯等地缘优势，特别是国家振兴东北老工业基地战略决策的实施，为发展现代服务业带来了新的发展机遇。要紧紧抓住传统产业改造带来的潜在的巨大市场和国际IT产业结构调整的良机，大力发展集成电路设计、软件、网络文化内容、系统集成服务等知识型的现代服务产业，形成新的经济增长点，开拓新的就业渠道，全面提高第三产业在国民经济中的比重，实现产业结构的调整和优化。

三，要促进信息技术在科技、教育、文化、卫生等领域的应用，提高社区信息服务能力。我们要按照统筹城乡发展、统筹区域发展、统筹经济社会发展、统筹人与自然和谐发展、统筹国内发展和对外开放的要求，在振兴老工业基地的过程中，重视科教文卫等领域的信息化，大力推动互联网的应用，利用网络开展科技、文化、知识、技能的教育普及，提高社会科学知识和信息技术应用技能，为实现公民终身教育创造条件。要提高以城市社区为中心的信息服务能力，努力创造良好的、开放的社会环境，这对于提升城市的社会管理能力和服务能力，对于提高城市居民的整体素质，都将会发挥越来越明显的作用。

另外，我还对东北三省信息化领导小组办公室的负责同志提一个建议，能否研究利用我们的后发优势，结合东北三省的实际情况，着眼于东北地区整体发展的角度来思考我们的信息化工作，在更高的层次和更广的范围，加强地区内的信息交换和资源共享，促进区域性经济的发展。

信息技术在社会经济各领域的广泛应用，是我们实施以信息化带动工业化、以工业化促进信息化、走新型工业化道路的重要结合点，是实现全面建设小康社会的重要途径，是一项庞大的、长期性的社会系统工程。需要各级政府部门和广大企业的积极参与，把信息技术应用工作放在优先安排、重点支持和重要议事日程上。我们将按照“三个代表”重要思想的要求，认真贯彻落实党中央、国务院和国家信息化领导小组的各项方针政策和措施，加强跨部门、跨行业的协调，与各部门一道，通力合作，共同努力，积极促进信息技术在各行各业的应用。

● 摘自中国电子行业信息网

走全面、协调、可持续发展的信息化之路

国务院信息化工作办公室副主任　杨学山

围绕信息化工作，国家信息化领导小组2004年提出了十项任务，这十项任务是：一、大力推广应用信息技术，积极运用信息技术改造传统产业，加快企业信息化步伐。二、积极推行电子政务，推动政府网站、数据库和业务应用系统建设，促进政务资源整合、信息共享和业务协同，积极推进政府网上服务。三、继续推进国家信息化重大工程建设，支持各部门、各地区建立和完善信息应用系统。四、积极发展电子商务，着力推动信用体系、支付手段、安全认证等关键环节的建设，抓紧建立和完善与电子商务发展相关的法律法规。五、继续推动城市信息化。加快城市管理、公共服务、社区信息化建设。六、加快开发和利用信息资源，推动远程教育、远程医疗等信息服务业的发展。七、继续推动农村党员干部现代远程教育试点工作。八、加强信息系统工程监理，规范信息化建设市场秩序。九、加强信息化培训规范管理，积极开展信息化培训工作。十、做好信息化的基础工作。组织开展信息化评价方法研究，加快推进信息化建设相关政策、法规、标准、规范的研究制定，为信息化的推进创造良好环境。

信息化工作一定要围绕经济和社会发展的重点问题来推进

只有把信息化推进工作与经济和社会发展的关键问题、重点问题结合好，才能落实效益和效果的问题。无论是信息产业、信息网络还是信息技术应用，无论是电子政务还是信息安全，只有在解决了这个关键问题和重点问题时，才能够真正地发挥作用。

推进信息化要走全面、协调、可持续发展的道路

目前，信息化、信息技术在政府、企业各项工作中的重要性无疑已经得到了重视。但是，信息化特别是信息技术应用在本质上是工具、手段、方法，它可以影响体制、机制，可以为决策提供服务，但它不是体制、机制和决策本身。所以，既要看到信息化的重要性、必然性、紧迫性，又不能盲目，不能躁动，要看清了才做，一定要看到工具、手段、方法和决定工具、手段、方法的效率和效果之间的关系，把这个事情分析清楚，再着手把这样的工具系统建设起来。从经济学上来讲，就是所谓的规模经济和范围经济的问题。

推进信息化要协调发展

信息化构成部分十分复杂，从大的方面看，有技术、产业、网络、应用和相关环境，小的方面到一个具体的部门，一件具体的事情。比如在政府信息化中，要求安全性和可靠性，安全主要指保密，可靠主要指业务的正常进行，所以安全保障就十分的重要。对于电子政务来说，不同的网络和不同的业务，安全可靠性要求不一样，所以一定要区别对待，各方面协调发展。

推进信息化要可持续发展

决定电子政务成功的因素之一就是对这项工作的重视程度。在电子政务推进的过程中，决定它成功的因素究竟有多少，可能影响成功的不利因素有多少，一定要做可行性研究，这是保证可持续发展的一个重要方面。无论是政府部门还是企业，一定要把可行性研究和不可行性研究放到同样的位置，要充分考虑有利因素和不利因素，这样信息化推进的道路才会发展得更稳妥。

● 摘自中国电子行业信息网

遵循市场规律 稳妥发展 3G 移动通信

信息产业部副部长　娄勤俭

作为一种全新的信息沟通手段，移动通信适应了通信个性化的发展需求，激发了巨大的市场潜能，在全球信息通信领域的地位越来越重要。到 2003 年底，全球移动电话用户超过 12 亿户，GSM 用户突破 10 亿，CDMA 用户达到 1.88 亿。目前，移动通信技术已实现从模拟到数字，从单一话音业务到数据、图文业务的演变，正朝着移动互联网和移动多媒体通信技术与业务的方向发展。

中国移动通信业一直保持着持续、快速发展的势头。2002 年 9 月，我国移动通信用户数是 1.8 亿户；到 2003 年 8 月，移动电话用户超过 2.44 亿户，与固定电话用户数基本持平；2003 年 10 月，移动电话用户超过了固定电话用户，达到 2.57 亿户；到 2004 年 3 月，移动电话用户达到 2.9 亿户，全球排名首位。我国移动通信的高速发展，有力地推动了经济增长，促进了社会进步，提高了人们的生活质量，同时也展现出广阔的市场前景和巨大的商机。

当前，以提供高速数据传输和移动多媒体业务为目标的第三代移动通信（3G）系统一直为信息产业界所关注。中国按照“积极跟进、先行试验、培育市场、支持发展” 的原则，积极稳妥地推进 3G 发展。中国科研机构、设备制造厂商与国际上业界一起，一直紧密跟踪 3G 发展进程，围绕 3G 国际标准的主流技术，加大研究开发力度，开发成功了趋于商用的系统。经过业界同仁的共同努力，第三代移动通信标准不断完善、系统和终端不断成熟、业务应用得到了培育与发展。大家可以欣慰地看到，在欧洲、日本、中国香港等国家和地区，3G 开始逐步商用。

2002 年，信息产业部组织开展了 3G 技术试验，验证了 3G 系统和设备功能及其互联互通、兼容性、可操作性，客观真实地反映了 3G 系统的成熟情况，为制定中国 3G 发展战略和产业政策提供了技术依据。今年，我们正在精心组织好网络技术试验，继续完善技术、积累经验。

抓紧开展有关的政策研究，同时我们也在研究宽带无线接入等技术的发展与3G的关系，也注意到各种新技术相互融合带来的机遇。

中国是世界上最大的移动通信市场，中国3G发展的顺利和成功与否，不仅仅关系到中国移动通信产业的发展，也对世界移动通信产业的发展有较大的影响。中国3G的发展，要从国家整体利益出发，坚持统筹兼顾，按照有利于深化电信改革和促进市场有效竞争；有利于通信网升级换代和业务发展；有利于满足用户需求，充分享受信息技术发展带来的好处；有利于国内产业发展的原则；积极务实地加以推进。

随着中国通信运营企业竞争格局的逐步形成，监管体系的不断完善，中国将在国际标准范围内确定中国的3G技术标准，对3G技术标准的选择将体现市场竞争原则，借鉴国际通常做法，允许电信运营企业根据市场原则和自身需要在中国的3G技术标准范围中进行选择。中国3G牌照的发放，将吸取有关国家经验，充分考虑技术、系统设备和终端的成熟性，充分考虑业务应用和市场发展情况，遵循市场规律，结合中国实际需要确定。

● 摘自中国电子行业信息网

贯彻落实十六大精神　增强责任感和紧迫感 加快信息技术推广应用步伐

信息产业部副部长　苟仲文

一、信息技术应用的进展情况

通过10多年来对信息技术推广应用工作的不懈努力，信息技术在国民经济各个行业和主要领域正在发挥越来越重要的作用。最基本的成就体现在以下方面：

1. 信息化重大工程取得显著成绩，在国民经济关键部门发挥了重要作用

金卡工程推动了金融电子化，促进了全国银行卡业务的发展和联营。到2003年6月，全国发卡总量超过5.69亿张，发卡金融机构91家，分别比10年前增长了16倍和141倍。金税工程建成了从总局到省、地、县四级统一的税务专用计算机主干网，从中央到地方建立起一套完整的税收监控体系，有效防止了税款流失。金关工程投入运营了配额许可证管理、进出口统计、出口收汇和进口付汇核销、出口退税管理等四个业务系统，提高了海关工作效率和服务质量。目前，“金”系列工程正在进一步深化，工商与税务、银行与税务、海关与税务等跨部门互联试点工作正在稳妥推进。

2. 信息技术在重点行业的应用深入发展，对传统产业的改造和提升初见成效

电力、石油、冶金、机械、采矿、建材等行业信息技术应用进展迅速，工艺技术和装备水平明显提高。机床行业在数控化方面取得重大突破，国产数控机床的技术水平不断提高；电力行业基本普及了电网调度自动化，正在推广管理信息系统；冶金行业中大型企业普遍采用了较为完善的自动化控制系统，不少企业正在实施 ERP 系统。

据一些企业介绍，信息技术在改造传统产业中效益非常显著。哈尔滨电机厂通过信息技术应用，产品设计能力达到国际先进水平，设备利用率提高 10%，制造周期缩短 1～2 个月。斯达公司通过信息技术应用产量提高 55%，成本降低 27%，利润提高 55%。长春客车厂在实施 CAD 网络化后，设计效率和手工相比提高了七倍，年直接效益在 2000 万以上。

3. 企业管理信息化效益显著，普及程度明显提高

国家重点企业基本普及了 CAD/CAM，绝大部分企业实现了自动化办公，50%以上建立了内部局域网，一些企业开始实施 MRP Ⅱ、ERP 和 CRM 等系统。通过管理信息化，企业提高了管理效率，降低了运营成本，增强了综合竞争实力。涌现了联想、海尔、斯达、一汽等一批信息技术应用较成功的典型。

中小企业的管理信息化也在加速发展。前不久我到宁波调研，宁波市大多数规模以上企业都已经或正在实施信息化工程。13%的企业已实行全面信息化管理，57%的企业在局部管理领域实现了信息化。全市有 50 余家企业实施了 ERP 或 MRP Ⅱ，10 多家企业实施了 CIMS 工程，还有一些企业实施了 PDM 工程，建立了柔性加工中心。

4. 电子政务加快步伐，电子商务应用环境正在形成

在国信办等有关部门的大力推动下，电子政务发展步伐明显加快。中央各部委和绝大部分省政府建立了政务信息平台，并开始在网上办理一些公共服务业务。部分政府机关开始使用网上招投标管理、网上业务审批。公检法领域的信息化取得了积极进展，社会效益相当显

著。电子政务为电子商务创造了应用环境，并带动了电子商务的发展。一些大型企业在管理信息化的基础上积极开展网络营销、网上采购、供应链管理。家电、医药、化工、服装、汽车等行业的B to B电子商务交易额增长很快，给企业带来了显著的效益。大型企业通过电子商务降低了运营成本，缩短了交易周期。一些中小型企业也通过电子商务扩展了市场范围，实现了国际贸易。宁波市2000余家进出口企业中，60%以上通过电子商务寻找商机。黑龙江蓝艺地毯集团，地理位置偏僻，交通不便，通过电子商务产品畅销全国，并出口30多个国家和地区。

5. 城市信息化取得积极进展，社会服务领域的信息技术应用给人民群众工作生活带来实惠

近年来我们开展了城市信息化试点工作，对推动城市信息技术应用起到了积极作用。越来越多的城市运用数字和网络技术，提高城市管理水平，涌现了一批城市信息化成功的典型。不少城市根据自身经济发展特点，有重点地实施了交通管理系统、旅游服务系统、电子商务交易平台、物流配送系统，等等。全国所有大城市和2/3以上的中等城市中公交、供水、供气都建立了计算机辅助调度系统。

在金融、交通、通信、教育、新闻等社会服务领域，信息技术推广应用取得了显著的经济效益和社会效益。金融行业信息技术应用已经相当深入，教育信息化以及远程教育正蓬勃发展。上海等城市近两年智能型社会保障卡的发放量已有近千万张，社保卡应用范围不断扩大。智能建筑、数字社区的试点建设工作正在开展。家庭宽带接入更加方便，计算机拥有量和上网人数不断增长。社会服务领域的信息技术应用，方便了人们生活，提高了人们工作效率和生活质量。

6. “倍增计划”和电子发展基金在信息技术推广应用中发挥了重要的引导和示范作用

“倍增计划”和电子发展基金按照“抓应用，促发展”的思路，以市场需求为导向，通过贴息贷款等方式，支持重点信息技术应用项目。通过应用贴息贷款方式，支持了重点工程、项目的建设。这方面的情况，张琪同志还要做专门的工作报告，在此我就不多讲了。

二、当前信息技术应用工作面临的形势与要求

在充分肯定信息技术应用所取得的一系列重大成绩的同时，还应该看到，信息技术在各行业各领域应用的深度和力度还远远不够，经济增长“倍增器”的作用还远未得到充分发挥，推广应用工作也还存在一些薄弱环节。随着全社会信息意识的不断增强，对信息技术推广应用工作的要求也随之提高。党中央、国务院对信息技术应用工作也提出了新的要求，信息技术推广应用工作还任重道远。

1. 全面建设小康社会的宏伟目标，要求我们加快“以信息化带动工业化”的步伐，使信息技术在走新型工业化道路上发挥“第一生产力”的重要作用

党的十六大提出了全面建设小康社会、到2020年GDP“翻两番”的宏伟目标。要实现这个宏伟目标，必须走新型工业化道路，以信息化带动工业化。这对信息技术推广应用工作提出了新的要求。今后五到十年，是我国经济和社会发展的重要时期，也将是信息技术推广应用的关键时期。我们必须按照中央的要求，加快在经济社会各领域推广应用信息技术的步伐，充分发挥信息技术作为第一生产力的能量，最大限度地为经济增长作出贡献。

2. 实施东北地区等老工业基地振兴战略，要求我们加强以信息技术改造老工业基地的力度，使信息技术在老工业基地的调整和振兴中发挥“倍增器”的关键作用

加快东北等老工业基地改造振兴，是党中央和国务院从全面建设小康社会全局着眼作出的又一重大战略决策。振兴东北地区老工业基地，要立足现有传统制造业基础。东北三省传统制造业基础好、发展潜力大，目前存在的问题是技术老化、产品附加值低。信息技术在传统制造业中的应用，能有效地推动工艺技术的变革，促进产品更新换代，使传统产业重新焕

发勃勃生机。因此，我们认为，信息技术应用是在传统产业改造中能够取得实质性突破的关键措施。我们要把信息技术在东北老工业基地的推广应用当作一项长期战略任务来抓，加快把东北老工业基地改造、发展成新型产业基地，成为我国经济新的重要增长区域。

3. 实现经济与社会的均衡发展，要求我们加强信息技术在社会生活各领域的推广应用，使信息技术成为促进社会发展、文化进步和提高人民生活水平的有力工具

我国经济经过多年的快速发展，对社会发展、文化进步以及政府管理方式的改进提出了比较紧迫的要求。现在经济规模越来越大，人口流动性很强，交通、医疗、教育、治安、户籍管理等社会问题越来越突出，按照传统管理方式，很难处理好这些社会问题。信息技术在社会领域的应用，可以提高社会管理效率和服务水平，增强城市联动能力和应急反应能力，是改进社会管理和社会服务的有效手段。今后相当长时间，我们要充分重视信息技术在社会生活各领域的推广应用，提高政府的社会管理能力和社会服务能力，促进社会与经济的协调发展。

总之，目前的形势对信息技术应用提出了新的要求。如何按照十六大指明的方向，在经济和社会领域广泛应用信息技术，是我们必须认真研究思考的重大问题。希望同志们要加强紧迫感和责任感，下功夫，花力气，加快信息技术推广应用工作步伐，充分满足国民经济和社会发展的需要，不辜负党中央、国务院的殷切期望。

三、关于加强信息技术推广应用工作的几点意见

信息技术推广应用工作任务十分广泛，需要抓的工作很多，我们应创新思路，选择重点。我认为，目前应着重抓好以下几方面工作：

1. 全面细致落实 18 号文件和 47 号文件，加大对信息技术应用的政策支持

18 号文件和 47 号文件对信息技术推广应用工作有许多具体的部署。这里我强调几点：

引导 IT 企业与用户的密切合作。应加强对各行业信息技术应用规划的指导，主动为各行业的应用提供服务。鼓励和引导 IT 企业与用户建立长期合作关系，充分满足用户对信息技术服务的需要。

提供公共应用技术支持。对应用中的共性技术和配套技术，政府有关部门要集中资金和技术资源，向广大企业、特别是中小企业提供公共服务和技术支持，以降低应用企业的技术门槛和投资风险。

鼓励发展应用服务业。要通过引导和促进分工，发展专业的 IT 应用服务业。鼓励支持面向行业应用的 IT 技术服务机构，帮助提高中小企业方便地、低成本地应用信息技术进行产品创新。

浙江绍兴、宁波等地通过服装、鞋业设计中心的建设，有效地提高了中小企业应用信息技术的创新能力，提升了企业竞争力。这些做法，为探索信息技术推广应用的新路子取得了可贵的经验，应该作为今后推广应用工作的一个方向。

引导行业应用软件的产业化发展。一些企业在自身的信息技术应用过程中积累了宝贵经验，开发出了比较成熟的软件产品，对这些产品，我们要鼓励推广应用，鼓励产业化发展。江苏泰州苏源集团科电公司开发的“地区电网无功电压优化运行集中控制系统”，平均能降低电能损耗 293 万千瓦时/年，增加输电能力 5.5%，减轻劳动强度 70～80%。现在这套软件已有上百套在全国各地运行。该公司从苏源集团分离出来后，已经通过双软认证，享受软件产业政策。宝钢的宝信、一汽的启明，都是通过这种途径发展起来的软件公司。华录、斯达等公司也正在积极探索。

对那些拥有成熟产品、有产业化能力的各行业公司内部的软件开发部门，我们要引导他们组建成独立软件公司，以利于在行业中推广和普及，并实现应用软件的产业化发展。对有产业化前景的软件产品，在“倍增”计划安排、电子发展基金申报上要给予支持。

2. 把改造老工业基地作为信息技术推广应用的重点

针对东北三省传统产业改造的特点，要制定重点行业信息技术推广应用规划。采取切实有效的措施，以先进适用信息技术，重点改造和提升机床、汽车、船舶、飞机等关键装备制造业，促进形成现代装备制造业基地。这方面有两点需要强调：

加快工业应用电子产品发展。积极发展面向传统产业改造的嵌入式软件、集成电路等工业应用电子产品，特别是机床电子、汽车电子、机器人电子等产品的发展。

加强对东北地区信息技术应用的支持。要引导 IT 企业到东北老工业基地来发展，在传统产业改造中找到大市场，拓宽发展空间。这次我们组织国内外 IT 企业赴吉林、辽宁参观考察，以及组织百人培训项目，就是在这方面的初步工作。

3. 继续加大对信息技术应用的资金支持

继续用好现有资金手段。“倍增计划”贴息资金使用要突出重点，集中支持一些大的项目。电子发展基金也要向应用倾斜，对带动性强、有一定应用基础的项目和产品，要给予优先扶持。

同时，积极探索资金支持的新途径。帮助支持企业利用银行贷款、风险投资、引进外资等多渠道筹集信息化建设资金。加强协调，争取和利用好国家有关部委的专项资金。鼓励各省市积极开辟新的资金渠道，扩大配套资金投入，支持本地企业的信息技术改造。

4. 加快人才培养，为信息技术应用提供人才支持

鼓励企业与高校合作，多种模式办学，培养素质较高的信息技术应用人才。建设规范的全国信息技术人才教育培训体系，大规模开展信息技术职业资格培训、继续教育和在职学历教育，加快培养一大批信息技术专业人员和后备人才。

5. 加强法规标准和产业信用体系建设

这方面的主要工作有：

要加快制订《鼓励信息技术应用政策纲要》。健全信息技术推广应用的政策法规，出台鼓

励传统产业应用信息技术的配套政策。

要定期发布《重点行业信息技术应用指南》。指导各行业信息技术应用。

强化企业质量保证体系建设。加强软件能力认证、资质认证和信息系统监审工作。

加强行业自律，规范市场秩序。培育和发展一批信誉过硬、公正负责的中介服务机构，包括培训机构、咨询机构、监理机构、评测机构、审计机构，等等。通过规范和发展 IT 中介服务业，保证产品和服务质量，维护用户利益，降低 IT 风险，形成有利于产业发展的社会大环境。

6. 加强信息技术应用领域的国际合作

信息产业通过与外资企业的合资合作取得了很大的发展，但信息技术应用方面的国际合作相对比较滞后。今后，要在信息技术应用领域加强国内外企业的合作，鼓励跨国公司参与国内的传统产业改造。

最后，我想再强调一点。各地的经济情况千差万别，信息技术应用也必然各有重点。各地要结合实际情况，创新工作方法，探索有地方特色的信息技术应用新路子。对取得的成功经验，要及时总结和推广。希望通过这次会议，大家能够提高认识，加强交流合作，努力开创我国信息技术推广应用工作的新局面，为全面建设小康社会做出更大贡献！

● 摘自中国电子行业信息网

第二部分

政策法规

中华人民共和国电子签名法

2004 年 8 月 28 日
第十届全国人民代表大会常务委员会第十一次会议通过

第一章　总则

第一条　为了规范电子签名行为，确立电子签名的法律效力，维护有关各方的合法权益，制定本法。

第二条　本法所称电子签名，是指数据电文中以电子形式所含、所附用于识别签名人身份并表明签名人认可其中内容的数据。

本法所称数据电文，是指以电子、光学、磁或者类似手段生成、发送、接收或者储存的信息。

第三条　民事活动中的合同或者其他文件、单证等文书，当事人可以约定使用或者不使用电子签名、数据电文。

当事人约定使用电子签名、数据电文的文书，不得仅因为其采用电子签名、数据电文的形式而否定其法律效力。

前款规定不适用下列文书：

(一)涉及婚姻、收养、继承等人身关系的；

(二)涉及土地、房屋等不动产权益转让的；

(三)涉及停止供水、供热、供气、供电等公用事业服务的；

(四)法律、行政法规规定的不适用电子文书的其他情形。

第二章 数据电文

第四条 能够有形地表现所载内容，并可以随时调取查用的数据电文，视为符合法律、法规要求的书面形式。

第五条 符合下列条件的数据电文，视为满足法律、法规规定的原件形式要求：

(一)能够有效地表现所载内容并可供随时调取查用；

(二)能够可靠地保证自最终形成时起，内容保持完整、未被更改。但是，在数据电文上增加背书以及数据交换、储存和显示过程中发生的形式变化不影响数据电文的完整性。

第六条 符合下列条件的数据电文，视为满足法律、法规规定的文件保存要求：

(一)能够有效地表现所载内容并可供随时调取查用；

(二)数据电文的格式与其生成、发送或者接收时的格式相同，或者格式不相同但是能够准确表现原来生成、发送或者接收的内容；

(三)能够识别数据电文的发件人、收件人以及发送、接收的时间。

第七条 数据电文不得仅因为其是以电子、光学、磁或者类似手段生成、发送、接收或者储存的而被拒绝作为证据使用。

第八条 审查数据电文作为证据的真实性，应当考虑以下因素：

(一)生成、储存或者传递数据电文方法的可靠性；

(二)保持内容完整性方法的可靠性；

(三)用以鉴别发件人方法的可靠性；

(四)其他相关因素。

第九条 数据电文有下列情形之一的，视为发件人发送：

(一)经发件人授权发送的；

(二)发件人的信息系统自动发送的；

(三)收件人按照发件人认可的方法对数据电文进行验证后结果相符的。

当事人对前款规定的事项另有约定的，从其约定。

第十条 法律、行政法规规定或者当事人约定数据电文需要确认收讫的，应当确认收讫。发件人收到收件人的收讫确认时，数据电文视为已经收到。

第十一条 数据电文进入发件人控制之外的某个信息系统的时间，视为该数据电文的发送时间。

收件人指定特定系统接收数据电文的，数据电文进入该特定系统的时间，视为该数据电文的接收时间；未指定特定系统的，数据电文进入收件人的任何系统的首次时间，视为该数据电文的接收时间。

当事人对数据电文的发送时间、接收时间另有约定的，从其约定。

第十二条 发件人的主营业地为数据电文的发送地点，收件人的主营业地为数据电文的接收地点。没有主营业地的，其经常居住地为发送或者接收地点。

当事人对数据电文的发送地点、接收地点另有约定的，从其约定。

第三章 电子签名与认证

第十三条 电子签名同时符合下列条件的，视为可靠的电子签名：

(一)电子签名制作数据用于电子签名时，属于电子签名人专有；

(二)签署时电子签名制作数据仅由电子签名人控制；

(三)签署后对电子签名的任何改动能够被发现；

(四)签署后对数据电文内容和形式的任何改动能够被发现。

当事人也可以选择使用符合其约定的可靠条件的电子签名。

第十四条 可靠的电子签名与手写签名或者盖章具有同等的法律效力。

第十五条 电子签名人应当妥善保管电子签名制作数据。电子签名人知悉电子签名制作数据已经失密或者可能已经失密时，应当及时告知有关各方，并终止使用该电子签名制作数据。

第十六条 电子签名需要第三方认证的，由依法设立的电子认证服务提供者提供认证服务。

第十七条 提供电子认证服务，应当具备下列条件：

(一)具有与提供电子认证服务相适应的专业技术人员和管理人员；

(二)具有与提供电子认证服务相适应的资金和经营场所；

(三)具有符合国家安全标准的技术和设备；

(四)具有国家密码管理机构同意使用密码的证明文件；

(五)法律、行政法规规定的其他条件。

第十八条 从事电子认证服务，应当向国务院信息产业主管部门提出申请，并提交符合本法第十七条规定条件的相关材料。国务院信息产业主管部门接到申请后经依法审查，征求国务院商务主管部门等有关部门的意见后，自接到申请之日起四十五日内作出许可或者不予许可的决定。予以许可的，颁发电子认证许可证书；不予许可的，应当书面通知申请人并告知理由。

申请人应当持电子认证许可证书依法向工商行政管理部门办理企业登记手续。

取得认证资格的电子认证服务提供者，应当按照国务院信息产业主管部门的规定在互联网上公布其名称、许可证号等信息。

第十九条 电子认证服务提供者应当制定、公布符合国家有关规定的电子认证业务规则，并向国务院信息产业主管部门备案。

电子认证业务规则应当包括责任范围、作业操作规范、信息安全保障措施等事项。

第二十条 电子签名人向电子认证服务提供者申请电子签名认证证书，应当提供真实、完整和准确的信息。

电子认证服务提供者收到电子签名认证证书申请后，应当对申请人的身份进行查验，并对有关材料进行审查。

第二十一条 电子认证服务提供者签发的电子签名认证证书应当准确无误，并应当载明下列内容：

(一)电子认证服务提供者名称；

（二）证书持有人名称；

（三）证书序列号；

（四）证书有效期；

（五）证书持有人的电子签名验证数据；

（六）电子认证服务提供者的电子签名；

（七）国务院信息产业主管部门规定的其他内容。

第二十二条 电子认证服务提供者应当保证电子签名认证证书内容在有效期内完整、准确，并保证电子签名依赖方能够证实或者了解电子签名认证证书所载内容及其他有关事项。

第二十三条 电子认证服务提供者拟暂停或者终止电子认证服务的，应当在暂停或者终止服务九十日前，就业务承接及其他有关事项通知有关各方。

电子认证服务提供者拟暂停或者终止电子认证服务的，应当在暂停或者终止服务六十日前向国务院信息产业主管部门报告，并与其他电子认证服务提供者就业务承接进行协商，作出妥善安排。

电子认证服务提供者未能就业务承接事项与其他电子认证服务提供者达成协议的，应当申请国务院信息产业主管部门安排其他电子认证服务提供者承接其业务。

电子认证服务提供者被依法吊销电子认证许可证书的，其业务承接事项的处理按照国务院信息产业主管部门的规定执行。

第二十四条 电子认证服务提供者应当妥善保存与认证相关的信息，信息保存期限至少为电子签名认证证书失效后五年。

第二十五条 国务院信息产业主管部门依照本法制定电子认证服务业的具体管理办法，对电子认证服务提供者依法实施监督管理。

第二十六条 经国务院信息产业主管部门根据有关协议或者对等原则核准后，中华人民共和国境外的电子认证服务提供者在境外签发的电子签名认证证书与依照本法设立的电子认证服务提供者签发的电子签名认证证书具有同等的法律效力。

第四章 法律责任

第二十七条 电子签名人知悉电子签名制作数据已经失密或者可能已经失密未及时告知有关各方、并终止使用电子签名制作数据，未向电子认证服务提供者提供真实、完整和准确的信息，或者有其他过错，给电子签名依赖方、电子认证服务提供者造成损失的，承担赔偿责任。

第二十八条 电子签名人或者电子签名依赖方因依据电子认证服务提供者提供的电子签名认证服务从事民事活动遭受损失，电子认证服务提供者不能证明自己无过错的，承担赔偿责任。

第二十九条 未经许可提供电子认证服务的，由国务院信息产业主管部门责令停止违法行为；有违法所得的，没收违法所得；违法所得三十万元以上的，处违法所得一倍以上三倍以下的罚款；没有违法所得或者违法所得不足三十万元的，处十万元以上三十万元以下的罚款。

第三十条 电子认证服务提供者暂停或者终止电子认证服务，未在暂停或者终止服务六十日前向国务院信息产业主管部门报告的，由国务院信息产业主管部门对其直接负责的主管人员处一万元以上五万元以下的罚款。

第三十一条 电子认证服务提供者不遵守认证业务规则、未妥善保存与认证相关的信息，或者有其他违法行为的，由国务院信息产业主管部门责令限期改正；逾期未改正的，吊销电子认证许可证书，其直接负责的主管人员和其他直接责任人员十年内不得从事电子认证服务。吊销电子认证许可证书的，应当予以公告并通知工商行政管理部门。

第三十二条 伪造、冒用、盗用他人的电子签名，构成犯罪的，依法追究刑事责任；给他人造成损失的，依法承担民事责任。

第三十三条 依照本法负责电子认证服务业监督管理工作的部门的工作人员，不依法履行行政许可、监督管理职责的，依法给予行政处分；构成犯罪的，依法追究刑事责任。

第五章 附 则

第三十四条 本法中下列用语的含义：

(一) 电子签名人，是指持有电子签名制作数据并以本人身份或者以其所代表的人的名义实施电子签名的人；

(二) 电子签名依赖方，是指基于对电子签名认证证书或者电子签名的信赖从事有关活动的人；

(三) 电子签名认证证书，是指可证实电子签名人与电子签名制作数据有联系的数据电文或者其他电子记录；

(四) 电子签名制作数据，是指在电子签名过程中使用的，将电子签名与电子签名人可靠地联系起来的字符、编码等数据；

(五) 电子签名验证数据，是指用于验证电子签名的数据，包括代码、口令、算法或者公钥等。

第三十五条 国务院或者国务院规定的部门可以依据本法制定政务活动和其他社会活动中使用电子签名、数据电文的具体办法。

第三十六条 本法自 2005 年 4 月 1 日起施行。

中华人民共和国计算机信息系统安全保护条例

（1994年2月18日中华人民共和国国务院令第147号发布。）

第一章　总则

第一条　为了保护计算机信息系统的安全，促进计算机的应用和发展，保障社会主义现代化建设的顺利进行，制定本条例。

第二条　本条例所称的计算机信息系统，是指由计算机及其相关的和配套的设备、设施（含网络）构成的，按照一定的应用目标和规则对信息进行采集、加工、存储、传输、检索等处理的人机系统。

第三条　计算机信息系统的安全保护，应当保障计算机及其相关的和配套的设备、设施（含网络）的安全，运行环境的安全，保障信息的安全，保障计算机功能的正常发挥，以维护计算机信息系统的安全运行。

第四条　计算机信息系统的安全保护工作，重点维护国家事务、经济建设、国防建设、尖端科学技术等重要领域的计算机信息系统的安全。

第五条　中华人民共和国境内的计算机信息系统的安全保护，适用本条例。

未联网的微型计算机的安全保护办法，另行制定。

第六条　公安部主管全国计算机信息系统安全保护工作。

国家安全部、国家保密局和国务院其他有关部门，在国务院规定的职责范围内做好计算机信息系统安全保护的有关工作。

第七条　任何组织或者个人，不得利用计算机信息系统从事危害国家利益、集体利益和公民合法利益的活动，不得危害计算机信息系统的安全。

第二章　安全保护制度

第八条　计算机信息系统的建设和应用，应当遵守法律、行政法规和国家其他有关规定。

第九条　计算机信息系统实行安全等级保护。安全等级的划分标准和安全等级保护的具体办法，由公安部会同有关部门制定。

第十条　计算机机房应当符合国家标准和国家有关规定。

在计算机机房附近施工，不得危害计算机信息系统的安全。

第十一条　进行国际联网的计算机信息系统，由计算机信息系统的使用单位报省级以上人民政府公安机关备案。

第十二条　运输、携带、邮寄计算机信息媒体进出境的，应当如实向海关申报。

第十三条　计算机信息系统的使用单位应当建立健全安全管理制度，负责本单位计算机信息系统的安全保护工作。

第十四条　对计算机信息系统中发生的案件，有关使用单位应当在２４小时内向当地县级以上人民政府公安机关报告。

第十五条　对计算机病毒和危害社会公共安全的其他有害数据的防治研究工作，由公安部归口管理。

第十六条　国家对计算机信息系统安全专用产品的销售实行许可证制度。具体办法由公安部会同有关部门制定。

第三章　安全监督

第十七条　公安机关对计算机信息系统安全保护工作行使下列监督职权：

（一）监督、检查、指导计算机信息系统安全保护工作；

（二）查处危害计算机信息系统安全的违法犯罪案件；

（三）履行计算机信息系统安全保护工作的其他监督职责。

第十八条 公安机关发现影响计算机信息系统安全的隐患时，应当及时通知使用单位采取安全保护措施。

第十九条 公安部在紧急情况下，可以就涉及计算机信息系统安全的特定事项发布专项通令。

第四章 法律责任

第二十条 违反本条例的规定，有下列行为之一的，由公安机关处以警告或者停机整顿：

（一）违反计算机信息系统安全等级保护制度，危害计算机信息系统安全的；

（二）违反计算机信息系统国际联网备案制度的；

（三）不按照规定时间报告计算机信息系统中发生的案件的；

（四）接到公安机关要求改进安全状况的通知后，在限期内拒不改进的；

（五）有危害计算机信息系统安全的其他行为的。

第二十一条 计算机机房不符合国家标准和国家其他有关规定的，或者在计算机机房附近施工危害计算机信息系统安全的，由公安机关会同有关单位进行处理。

第二十二条 运输、携带、邮寄计算机信息媒体进出境，不如实向海关申报的，由海关依照《中华人民共和国海关法》和本条例以及其他有关法律、法规的规定处理。

第二十三条 故意输入计算机病毒以及其他有害数据危害计算机信息系统安全的，或者未经许可出售计算机信息系统安全专用产品的，由公安机关处以警告或者对个人处以5000元以下的罚款、对单位处以15000元以下的罚款；有违法所得的，除予以没收外，可以处以违法所得1至3倍的罚款。

第二十四条 违反本条例的规定，构成违反治安管理行为的，依照《中华人民共和国治安管理处罚条例》的有关规定处罚；构成犯罪的，依法追究刑事责任。

第二十五条 任何组织或者个人违反本条例的规定，给国家、集体或者他人财产造成损失的，应当依法承担民事责任。

第二十六条 当事人对公安机关依照本条例所作出的具体行政行为不服的，可以依法申请行政复议或者提起行政诉讼。

第二十七条 执行本条例的国家公务员利用职权，索取、收受贿赂或者有其他违法、失职行为，构成犯罪的，依法追究刑事责任；尚不构成犯罪的，给予行政处分。

第五章 附则

第二十八条 本条例下列用语的含义：

计算机病毒，是指编制或者在计算机程序中插入的破坏计算机功能或者毁坏数据，影响计算机使用，并能自我复制的一组计算机指令或者程序代码。

计算机信息系统安全专用产品，是指用于保护计算机信息系统安全的专用硬件和软件产品。

第二十九条 军队的计算机信息系统安全保护工作，按照军队的有关法规执行。

第三十条 公安部可以根据本条例制定实施办法。

第三十一条 本条例自发布之日起施行。

中华人民共和国计算机信息网络国际联网管理暂行规定

（1996年2月1日中华人民共和国国务院令第195号发布，根据1997年5月20日《国务院关于修改〈中华人民共和国计算机信息网络国际联网管理暂行规定〉的决定》修正。）

第一条 为了加强对计算机信息网络国际联网的管理，保障国际计算机信息交流的健康发展，制定本规定。

第二条 中华人民共和国境内的计算机信息网络进行国际联网，应当依照本规定办理。

第三条 本规定下列用语的含义是：

（一）计算机信息网络国际联网（以下简称国际联网），是指中华人民共和国境内的计算机信息网络为实现信息的国际交流，同外国的计算机信息网络相联接。

（二）互联网络，是指直接进行国际联网的计算机信息网络；互联单位，是指负责互联网络运行的单位。

（三）接入网络，是指通过接入互联网络进行国际联网的计算机信息网络；接入单位，是指负责接入网络运行的单位。

第四条 国家对国际联网实行统筹规划、统一标准、分级管理、促进发展的原则。

第五条 国务院信息化工作领导小组（以下简称领导小组），负责协调、解决有关国际联网工作中的重大问题。

领导小组办公室按照本规定制定具体管理办法，明确国际出入口信道提供单位、互联单位、接入单位和用户的权利、义务和责任，并负责对国际联网工作的检查监督。

第六条 计算机信息网络直接进行国际联网，必须使用邮电部国家公用电信网提供的国际出入口信道。

任何单位和个人不得自行建立或者使用其他信道进行国际联网。

第七条 已经建立的互联网络，根据国务院有关规定调整后，分别由邮电部、电子工业部、国家教育委员会和中国科学院管理。

新建互联网络，必须报经国务院批准。

第八条 接入网络必须通过互联网络进行国际联网。

接入单位拟从事国际联网经营活动的，应当向有权受理从事国际联网经营活动申请的互联单位主管部门或者主管单位申请领取国际联网经营许可证；未取得国际联网经营许可证的，不得从事国际联网经营业务。

接入单位拟从事非经营活动的，应当报经有权受理从事非经营活动申请的互联单位主管部门或者主管单位审批；未经批准的，不得接入互联网络进行国际联网。

申请领取国际联网经营许可证或者办理审批手续时，应当提供其计算机信息网络的性质、应用范围和主机地址等资料。

国际联网经营许可证的格式，由领导小组统一制定。

第九条 从事国际联网经营活动的和从事非经营活动的接入单位都必须具备下列条件：

（一）是依法设立的企业法人或者事业法人；

（二）具有相应的计算机信息网络、装备以及相应的技术人员和管理人员；

（三）具有健全的安全保密管理制度和技术保护措施；

（四）符合法律和国务院规定的其他条件。

接入单位从事国际联网经营活动的，除必须具备本条前款规定条件外，还应当具备为用户提供长期服务的能力。

从事国际联网经营活动的接入单位的情况发生变化，不再符合本条第一款、第二款规定条件的，其国际联网经营许可证由发证机构予以吊销；从事非经营活动的接入单位的情况发生变化，不再符合本条第一款规定条件的，其国际联网资格由审批机构予以取消。

第十条 个人、法人和其他组织（以下统称用户）使用的计算机或者计算机信息网络，需要进行国际联网的，必须通过接入网络进行国际联网。

前款规定的计算机或者计算机信息网络，需要接入接入网络的，应当征得接入单位的同意，并办理登记手续。

第十一条 国际出入口信道提供单位、互联单位和接入单位，应当建立相应的网络管理中心，依照法律和国家有关规定加强对本单位及其用户的管理，做好网络信息安全管理工作，确保为用户提供良好、安全的服务。

第十二条 互联单位与接入单位，应当负责本单位及其用户有关国际联网的技术培训和管理教育工作。

第十三条 从事国际联网业务的单位和个人，应当遵守国家有关法律、行政法规，严格执行安全保密制度，不得利用国际联网从事危害国家安全、泄露国家秘密等违法犯罪活动，不得制作、查阅、复制和传播妨碍社会治安的信息和淫秽色情等信息。

第十四条 违反本规定第六条、第八条和第十条的规定的，由公安机关责令停止联网，给予警告，可以并处15000元以下的罚款；有违法所得的，没收违法所得。

第十五条 违反本规定，同时触犯其他有关法律、行政法规的，依照有关法律、行政法规的规定予以处罚；构成犯罪的，依法追究刑事责任。

第十六条 与台湾、香港、澳门地区的计算机信息网络的联网，参照本规定执行。

第十七条 本规定自发布之日起施行。

中国公用计算机互联网国际联网管理办法

第一条 为加强对中国公用计算机互联网国际联网的管理，促进国际信息交流的健康发展，根据《中华人民共和国计算机信息网络国际联网管理暂行规定》，制定本办法。

第二条 中国公用计算机互联网（即Chinanet，以下简称中国公用互联网），是指由中国邮电电信总局（以下简称电信总局）负责建设、运营和管理，面向公众提供计算机国际联网服务，并承担普遍服务义务的互联网络。

第三条 中国公用互联网根据需要分级建立网络管理中心、信息服务中心。

第四条 接入中国公用互联网的接入单位应具备下列条件：

（一）依法设立的企业、事业单位或机关、团体；

（二）具有由计算机主机和在线信息终端组成的局域网络及相应的联网装备；

（三）具有相应的技术人员和管理人员；

（四）具有健全的安全保密管理制度和技术保护措施；

（五）符合国家法律、法规和邮电部规定的其他条件。

第五条 要求接入中国公用互联网的接入单位，应经其主管部门或主管单位的审核同意，到电信总局办理接入手续。办理接入手续时，接入单位应报送接入网络的系统构成、应用范围、联网主机数量、域名地址及终端用户数据等资料。接入运行后，上述事项发生变更时，应及时向电信总局申报。

第六条 个人、法人和其他组织（以下统称用户）的计算机和其他通信终端进行国际联网，必须通过接入网络进行。用户可以通过专线或通过公用电信交换网进入接入网络。

第七条 电信总局作为中国公用互联网的互联单位，负责互联网内接入单位和用户的联网管理，并为其提供性能良好、安全可靠的服务。

第八条 接入单位负责对其接入网内用户的管理，并按规定与用户签订协议，明确双方的权利、义务和责任。

第九条 接入单位和用户应遵守国家法律、法规，加强信息安全教育，严格执行国家保密制度，并对所提供的信息内容负责。

第十条 任何组织或个人，不得利用计算机国际联网从事危害国家安全、泄露国家秘密等犯罪活动；不得利用计算机国际联网查阅、复制、制造和传播危害国家安全、妨碍社会治安和淫秽色情的信息。发现上述违法犯罪行为和有害信息，应及时向有关主管机关报告。

第十一条 任何组织或个人，不得利用计算机国际联网从事危害他人信息系统和网络安全、侵犯他人合法权益的活动。

第十二条 互联单位、接入单位和用户对国家有关部门依法进行国际联网信息安全的监督检查，应予配合，并提供必要的资料和条件。

第十三条 凡利用国际互联网络信息资源，在国内经营计算机信息服务的，按放开经营电信业务的有关规定审批。

第十四条 接入单位和用户违反本办法第五条、第六条规定，未经批准，擅自接入中国公用互联网进行国际联网的，由电信总局停止接入服务；情节严重的，提请公安机关依法予以处罚。

第十五条 违反本办法第九条和第十条、第十一条规定的，由邮电部或邮电管理局给予警告、撤销批准文件并通知公用电信企业停止其联网接续的处罚。情节严重的，由公安机关依法予以处罚；构成犯罪的，提请由司法机关依法追究刑事责任。

第十六条 违反第十三条规定的，由邮电部或邮电管理局按有关规定予以处罚。

第十七条 本办法自发布之日起施行。

互联网信息服务管理办法

（2000年9月20日国务院第31次常务会议通过，2000年9月25日中华人民共和国国务院令第292号公布施行。）

第一条 为了规范互联网信息服务活动，促进互联网信息服务健康有序发展，制定本办法。

第二条 在中华人民共和国境内从事互联网信息服务活动，必须遵守本办法。

本办法所称互联网信息服务，是指通过互联网向上网用户提供信息的服务活动。

第三条 互联网信息服务分为经营性和非经营性两类。

经营性互联网信息服务，是指通过互联网向上网用户有偿提供信息或者网页制作等服务活动。

非经营性互联网信息服务，是指通过互联网向上网用户无偿提供具有公开性、共享性信息的服务活动。

第四条 国家对经营性互联网信息服务实行许可制度；对非经营性互联网信息服务实行备案制度。

未取得许可或者未履行备案手续的，不得从事互联网信息服务。

第五条 从事新闻、出版、教育、医疗保健、药品和医疗器械等互联网信息服务，依照法律、行政法规以及国家有关规定须经有关主管部门审核同意的，在申请经营许可或者履行备案手续前，应当依法经有关主管部门审核同意。

第六条 从事经营性互联网信息服务，除应当符合《中华人民共和国电信条例》规定的要求外，还应当具备下列条件：

（一）有业务发展计划及相关技术方案；

（二）有健全的网络与信息安全保障措施，包括网站安全保障措施、信息安全保密管理制度、用户信息安全管理制度；

（三）服务项目属于本办法第五条规定范围的，已取得有关主管部门同意的文件。

第七条 从事经营性互联网信息服务，应当向省、自治区、直辖市电信管理机构或者国务院信息产业主管部门申请办理互联网信息服务增值电信业务经营许可证（以下简称经营许可证）。

省、自治区、直辖市电信管理机构或者国务院信息产业主管部门应当自收到申请之日起60日内审查完毕，作出批准或者不予批准的决定。予以批准的，颁发经营许可证；不予批准的，应当书面通知申请人并说明理由。

申请人取得经营许可证后，应当持经营许可证向企业登记机关办理登记手续。

第八条 从事非经营性互联网信息服务，应当向省、自治区、直辖市电信管理机构或者国务院信息产业主管部门办理备案手续。办理备案时，应当提交下列材料：

（一）主办单位和网站负责人的基本情况；

（二）网站网址和服务项目；

（三）服务项目属于本办法第五条规定范围的，已取得有关主管部门的同意文件。

省、自治区、直辖市电信管理机构对备案材料齐全的，应当予以备案并编号。

第九条 从事互联网信息服务，拟开办电子公告服务的，应当在申请经营性互联网信息服务许可或者办理非经营性互联网信息服务备案时，按照国家有关规定提出专项申请或者专项备案。

第十条 省、自治区、直辖市电信管理机构和国务院信息产业主管部门应当公布取得经营许可证或者已履行备案手续的互联网信息服务提供者名单。

第十一条 互联网信息服务提供者应当按照经许可或者备案的项目提供服务，不得超出经许可或者备案的项目提供服务。

非经营性互联网信息服务提供者不得从事有偿服务。

互联网信息服务提供者变更服务项目、网站网址等事项的，应当提前30日向原审核、发证或者备案机关办理变更手续。

第十二条 互联网信息服务提供者应当在其网站主页的显著位置标明其经营许可证编号或者备案编号。

第十三条 互联网信息服务提供者应当向上网用户提供良好的服务，并保证所提供的信息内容合法。

第十四条 从事新闻、出版以及电子公告等服务项目的互联网信息服务提供者，应当记录提供的信息内容及其发布时间、互联网地址或者域名；互联网接入服务提供者应当记录上网用户的上网时间、用户帐号、互联网地址或者域名、主叫电话号码等信息。

互联网信息服务提供者和互联网接入服务提供者的记录备份应当保存60日，并在国家有关机关依法查询时，予以提供。

第十五条 互联网信息服务提供者不得制作、复制、发布、传播含有下列内容的信息：

（一）反对宪法所确定的基本原则的；

（二）危害国家安全，泄露国家秘密，颠覆国家政权，破坏国家统一的；

（三）损害国家荣誉和利益的；

（四）煽动民族仇恨、民族歧视，破坏民族团结的；

（五）破坏国家宗教政策，宣扬邪教和封建迷信的；

（六）散布谣言，扰乱社会秩序，破坏社会稳定的；

（七）散布淫秽、色情、赌博、暴力、凶杀、恐怖或者教唆犯罪的；

（八）侮辱或者诽谤他人，侵害他人合法权益的；

（九）含有法律、行政法规禁止的其他内容的。

第十六条 互联网信息服务提供者发现其网站传输的信息明显属于本办法第十五条所列内容之一的，应当立即停止传输，保存有关记录，并向国家有关机关报告。

第十七条 经营性互联网信息服务提供者申请在境内境外上市或者同外商合资、合作，应当事先经国务院信息产业主管部门审查同意；其中，外商投资的比例应当符合有关法律、行政法规的规定。

第十八条 国务院信息产业主管部门和省、自治区、直辖市电信管理机构，依法对互联网信息服务实施监督管理。

新闻、出版、教育、卫生、药品监督管理、工商行政管理和公安、国家安全等有关主管部门，在各自职责范围内依法对互联网信息内容实施监督管理。

第十九条 违反本办法的规定，未取得经营许可证，擅自从事经营性互联网信息服务，或者超出许可的项目提供服务的，由省、自治区、直辖市电信管理机构责令限期改正，有违法所得的，没收违法所得，处违法所得3倍以上5倍以下的罚款；没有违法所得或者违法所得不足5万元的，处10万元以上100万元以下的罚款；情节严重的，责令关闭网站。

违反本办法的规定，未履行备案手续，擅自从事非经营性互联网信息服务，或者超出备案的项目提供服务的，由省、自治区、直辖市电信管理机构责令限期改正；拒不改正的，责令关闭网站。

第二十条　制作、复制、发布、传播本办法第十五条所列内容之一的信息，构成犯罪的，依法追究刑事责任；尚不构成犯罪的，由公安机关、国家安全机关依照《中华人民共和国治安管理处罚条例》、《计算机信息网络国际联网安全保护管理办法》等有关法律、行政法规的规定予以处罚；对经营性互联网信息服务提供者，并由发证机关责令停业整顿直至吊销经营许可证，通知企业登记机关；对非经营性互联网信息服务提供者，并由备案机关责令暂时关闭网站直至关闭网站。

第二十一条　未履行本办法第十四条规定的义务的，由省、自治区、直辖市电信管理机构责令改正；情节严重的，责令停业整顿或者暂时关闭网站。

第二十二条　违反本办法的规定，未在其网站主页上标明其经营许可证编号或者备案编号的，由省、自治区、直辖市电信管理机构责令改正，处5000元以上5万元以下的罚款。

第二十三条　违反本办法第十六条规定的义务的，由省、自治区、直辖市电信管理机构责令改正；情节严重的，对经营性互联网信息服务提供者，并由发证机关吊销经营许可证，对非经营性互联网信息服务提供者，并由备案机关责令关闭网站。

第二十四条　互联网信息服务提供者在其业务活动中，违反其他法律、法规的，由新闻、出版、教育、卫生、药品监督管理和工商行政管理等有关主管部门依照有关法律、法规的规定处罚。

第二十五条　电信管理机构和其他有关主管部门及其工作人员，玩忽职守、滥用职权、徇私舞弊，疏于对互联网信息服务的监督管理，造成严重后果，构成犯罪的，依法追究刑事责任；尚不构成犯罪的，对直接负责的主管人员和其他直接责任人员依法给予降级、撤职直至开除的行政处分。

第二十六条　在本办法公布前从事互联网信息服务的，应当自本办法公布之日起60日内依照本办法的有关规定补办有关手续。

第二十七条　本办法自公布之日起施行。

振兴软件产业行动纲要

软件产业是国民经济和社会信息化的基础性、战略性产业。近年来，我国软件产业的政策环境不断改善，增长速度明显加快，软件产业对经济社会发展的作用逐步增强。但总体上看，我国软件产业规模偏小、技术创新能力不强、缺乏国际竞争力。为认真贯彻落实《国务院关于印发鼓励软件产业和集成电路产业发展若干政策的通知》（国发〔2000〕18 号，以下简称《通知》），进一步明确发展目标，采取切实有效措施，尽快提高我国软件产业的总体水平和国际竞争力，特制定《振兴软件产业行动纲要（2002 年至 2005 年）》（以下简称《行动纲要》）。

一、指导思想和目标

振兴软件产业指导思想：贯彻“以信息化带动工业化”的方针，以市场为导向，以企业为主体，充分利用国内外两种资源、两个市场，优化产业发展环境，努力满足国内市场需求，积极扩大出口。依靠体制创新和技术创新，加大人才培养力度，推进结构调整，壮大产业规模，提升国际竞争力，逐步形成具有自主知识产权的软件产业体系，实现我国软件产业的跨越式发展。

发展目标：到 2005 年，软件市场销售额达到 2500 亿元，国产软件和服务的国内市场占有率达到 60%；软件出口额达到 50 亿美元；培育一批具有国际竞争力的软件产品，形成若干家销售额超过 50 亿元的软件骨干企业；软件专业技术人才达到 80 万，人才结构得到优化；在国民经济和社会发展的关键领域大力发展具有自主知识产权的软件产品和系统。

二、发展思路和工作重点

实现 2005 年软件产业发展目标，要针对我国软件产业发展的制约瓶颈，采取有效措施，把政府的引导、扶持作用与市场在资源配置中的基础性作用结合起来，把满足国内市场需求与积极扩大出口结合起来，把培养人才、完善人才激励机制与引进国外高层次人才结合起来，推进软件产业更快更好地发展。

（一）鼓励应用，内需拉动，促进软件产业发展

发展软件产业必须坚持以应用为主导。我国国内市场潜力巨大，随着信息化进程的不断加快，这一优势将更加明显。在国民经济和社会发展的各个领域广泛应用信息技术，是拉动软件产业发展的重要动力，也是促进软件产业发展的着力点。

充分发挥政府的带头、引导和组织作用。政府部门要率先垂范，带动企事业单位和全社会使用正版软件和国产软件。对使用财政性资金的软件产品和信息化系统工程实施政府采购。通过电子政务、现代远程教育、农业信息化、制造业信息化、数字电视、“数字奥运”等一批国家重大信息化应用工程，组织实施软件产业化示范项目。

通过制定利用信息技术提升传统产业的鼓励政策和技术装备政策，促进传统行业、骨干企业在结构调整和产品升级中积极采用信息技术。在机械、化工、冶金、有色、石油、电力、造船、轻工、纺织、汽车、制药等行业中，选择一批重点企业，建立信息技术应用示范工程和示范生产线。鼓励和引导软件企业与应用行业建立长期合作关系，重点开发大型行业应用软件、行业应用中间件、工业自动化软件、嵌入式软件等产品。

促进服务业大力采用软件产品和服务。金融、旅游、商贸、社区服务等行业要通过采用软件产品和服务，丰富服务内容、提高服务质量。培育和发展文化、娱乐软件市场，用健康向上的娱乐软件占领文化阵地，满足城乡居民不同层次文化生活需求，促进社会主义精神文明建设。

（二）坚持开放，扩大出口，积极参与国际合作与竞争

要充分利用我国加入世界贸易组织的机遇，以更加积极的姿态，扩大开放，大胆吸收和借鉴符合国际惯例的生产经营方式和管理方法，增强软件产业创新能力和国际竞争力。

完善政策，促进出口。利用国家软件产业基地和其他软件园区的现有条件，建立若干个软件出口基地。实施适合软件交易特点的出口管理办法，为软件企业扩大出口创造条件。支持软件企业承担委托加工项目，逐步提高出口软件的技术含量和附加值，逐步把我国软件出口拓展到应用服务、系统工程承包和自主知识产权的软件产品。推行软件工程过程管理，提

高软件产品质量和企业管理水平，增强开拓国际市场的能力。加快软件出口服务体系建设，研究建立与重点市场国家和地区的相关行业组织的信息交换机制，研究分析国际软件市场和技术发展动态，为企业提供市场信息服务。

改善投资环境，加大利用外资力度。吸引海外创业投资基金投资于我国软件产业。鼓励跨国公司在我国设立软件研究开发机构和生产企业。通过与国际著名信息企业合资、合作，壮大我国软件产业规模，培养高层次的系统分析、设计和管理人才，提高我国软件企业的管理水平和出口能力。

把“引进来”和“走出去”结合起来，在鼓励有条件的软件企业对外投资的同时，支持有竞争力的企业跨国经营，到境外设立研究开发、市场营销和服务机构。

（三）深化改革，鼓励竞争，形成一批软件骨干企业

发展壮大软件企业特别是骨干企业，是满足国内市场需求的基础，也是开拓国际市场、提高国际竞争力的关键。要在体制创新、技术创新和市场体系建设等方面，为软件企业发展创造条件。

深化体制改革，整合软件产业资源，形成符合市场经济要求和软件产业发展规律的企业成长机制。充分发挥市场在资源配置中的基础性作用，规范软件行业竞争秩序，打破部门、行业垄断和地区封锁，为企业发展创造良好的市场环境。以行业应用为重点，引导软件企业通过改组、联合、兼并以及上市发行股票等多种方式，发展专业性产品和增值服务，加快形成一批具有行业特色、产业优势、规模效应和品牌形象的龙头企业。支持和发展系统集成、集成电路设计、网络服务、信息系统咨询和维护、外包等信息服务业，逐步完善软件产业体系，培育专业化的软件服务企业。鼓励各行业内的软件开发部门转变经营机制，走社会化、专业化、企业化的发展道路。

加强技术创新和管理创新，增强企业发展后劲。加强产学研用结合，研究开发具有自主知识产权的软件产品与技术，提高软件骨干企业的研究开发能力，力争在关系国民经济命脉和信息安全的关键技术领域取得突破。推行软件开发过程管理、项目管理、人力资源管理，重视标准化和质量体系建设，推广应用软件构件和复用技术，提高企业工程化管理能力，实现软件工业化生产。

（四）面向市场，培养人才，为软件产业发展提供智力支持

要把人才队伍建设，营造用好人才、吸引人才和培养人才的良好环境，作为发展软件产业工作的重中之重。加强制度创新，完善人才激励机制，稳定和扩大高级管理人才队伍，造就一批技术骨干和项目管理人才。面向企业和市场需求，通过学历教育、职业教育、继续教育和培训等多种形式，加快培养软件经营管理人才、国际市场开拓人才、精通行业应用的高级软件人才，改善软件人才结构。大规模培养软件初级编程人员，满足软件工业化生产的需要，扩大就业。加强国际合作，采取多种措施吸引海外高层次人才。

三、主要政策措施

继续全面深入贯彻落实《通知》精神，认真解决制约我国软件产业发展的矛盾和问题，营造良好的发展环境。各有关方面要充分发挥作用，通力合作，加大对软件产业发展的支持力度。

（一）提高企业技术创新能力

以软件产业化为目标，以重大软件技术创新为重点，以骨干企业为主体，建立一批国家软件工程中心，继续加强软件产业基地建设。国家科技经费向软件产业倾斜，重点支持面向产业化的基础性、战略性、前瞻性和重大关键共性软件技术研究开发，主要包括操作系统、大型数据管理系统、网络平台、开发平台、信息安全、嵌入式系统、大型应用软件系统、构件库等基础软件和共性软件。鼓励跨国公司与我国企业、大学、科研机构等联合设立研究开发机构，共同研究开发基础软件、工具软件等方面制约软件产业发展的关键技术。加强软件标准的研究与制订，逐步完善软件标准化体系，重视软件评测工作，促进企业提高质量管理能力。

（二）优先采用国产软件产品和服务

制订政府采购软件产品和服务的目录及标准，政府采购应当采购本国的软件产品和服务。利用财政性资金建设的信息化工程，用于购买软件产品和服务的资金原则上不得低于总投资的30%。国家重大信息化工程实行招标制、工程监理制，承担单位实行资质认证。鼓励企事业单位在信息化建设中，与软件企业合作开发或积极采购国产软件产品和服务。

（三）加大对软件出口的扶持力度

针对软件贸易特点，进一步完善软件出口管理办法，为软件企业出口提供便捷服务。软件出口基地内的软件出口企业可以开立经常项目项下的外汇账户，账户的收入范围为经常项目项下的外汇收入，支出为经常项目项下的外汇支出及经批准的资本项下的外汇支出。支持符合条件的软件出口企业在境外设立研究开发、市场营销及服务机构，并在用汇上给予支持。中国进出口银行通过提供出口信贷方式，支持软件产品出口，开拓国际市场。把软件工程国际合作纳入我国同有关国家的双边合作谈判，发挥双边经贸联委会的作用，推动形成软件产业双边合作框架协议。发挥软件行业协会和进出口商会等中介组织的作用，支持软件出口企业在境外开展宣传、推介和参展活动。

（四）落实投融资政策，加大对软件产业的投入

以软件产业为试点，逐步建立健全产权交易市场，实现非上市软件企业的资本流动，吸引社会资本增加对软件产业的投入。通过多种方式拓宽软件产业融资渠道，促进建立软件产业风险投资机制，鼓励对软件产业的风险投资。经审核符合境外上市资格的软件企业，均可允许到境外申请上市筹资。为保证资金来源，“十五”期间，中央财政预算内资金向软件产业的投入不少于40亿元。其中，电子信息产业发展基金、“863”专项经费、国家科技攻关计划经费、产业技术研究与开发资金、科技型中小企业技术创新基金等可用于软件产业发展的资金，通过调整结构，向软件产业倾斜，集中不少于30亿元的资金专项用于软件产业；同时，为了确保软件产业发展目标的实现，体现国家政策的导向和扶持作用，2003年至2005年，中央政府再安排10亿元，专项用于支持软件产业发展。

（五）落实软件税收优惠政策

对增值税一般纳税人销售其自行开发生产的软件产品，按17%的法定税率征收增值税，对实际税负超过3%的部分即征即退，由企业用于研究开发软件产品和扩大再生产。在我国境内新创办的软件企业经认定后，自获利年度起，享受企业所得税“两免三减半”的优惠政策。加快国家规划布局内的重点企业认定，切实保证软件企业所得税退税工作的顺利进行。软件企业人员薪酬和培训费用可按实际发生额在企业所得税税前列支。

（六）整顿软件市场秩序，加强行业管理

认真贯彻落实《中华人民共和国著作权法》和《计算机软件保护条例》，坚决打击软件走私和盗版活动。各级政府和财政拨款事业单位要为购买自用正版软件提供必要的资金支持。发挥行业协会在行业自律和规范市场秩序中的作用，协助政府加强反垄断、反倾销、反盗版工作，制止不正当竞争。加强软件产业统计指标体系研究，尽快建立软件产业统计指标体系，为宏观管理和科学决策提供依据。建立软件产业现状和政策执行情况的定期评估机制，对软件产业运行情况和相关产业政策执行情况进行定期评估，引导软件产业发展。

（七）加速软件人才队伍建设

加快国家示范性软件学院和职业技术学院建设，扩大招生规模，改善办学条件，加强师资队伍、课程和教材建设。积极开展与国外教学机构、国际著名软件企业和国内软件企业的联合办学，多模式、多渠道培养软件人才。做好智力引进工作，重点引进软件高级管理人才、系统分析和设计人才。通过简化出入境审批手续，适当延长有效期等方式，方便企业高中级管理人员和高中级技术人员参与国际交往。大量吸引海外优秀留学人员回国。鼓励国外留学生和外籍人员在国内创办软件企业。

（八）进一步做好《通知》的落实工作

各部门、各地区要认真履行职责，狠抓落实，相互配合，增强合力，推动我国软件产业持续、快速、健康发展。

关于我国电子政务建设的指导意见

国家信息化领导小组第一次会议决定，把电子政务建设作为今后一个时期我国信息化工作的重点，政府先行，带动国民经济和社会发展信息化。落实这一决定，对于应对加入世界贸易组织后的挑战，加快政府职能转变，提高行政质量和效率，增强政府监管和服务能力，促进社会监督，实施信息化带动工业化的发展战略，具有十分重要的意义。随着社会主义现代化建设的进一步推进，我国电子政务建设已经起步。20 世纪 90 年代初以来、国务院有关部门相继建设了一批业务系统，“金关”和“金税”工程取得显著成效，办公自动化、政务信息化也取得较大成绩。但从总体上看，我国电子政务建设仍处于初始阶段，存在一些问题，主要是：网络建设各自为政、重复建设，结构不合理；业务系统水平低，应用和服务领域窄；信息资源开发利用滞后，互联互通不畅，并享程度低；标准不统一，安全存在隐患，法制建设薄弱。对此，我们必须高度重视，采取有力措施加快解决。电子政务建设事关信息化发展的全局，为做好“十五”期间电子政务建设的各项工作，特提出以下意见。

一、电子政务建设的指导思想和原则。

“十五”期间，电子政务建设的指导思想是：以邓小平理论和“三个代表”重要思想为指导，适应改革开放和现代化建设对政务工作的要求，转变政府职能，提高工作效率和监管的有效性，更好地服务人民群众。以需求为导向，以应用促发展，通过积极推广和应用信息技术，增强政府工作的科学性、协调性和民主性，全面提高依法行政能力，加快建设廉洁、勤政、务实、高效的政府，促进国民经济持续快速健康发展和社会全面进步。 根据这一指导思想，我国电子政务建设要坚持以下几项原则：

——统一规划，加强领导。电子政务建设必须按照国家信息化领导小组的统一部署，制定总体规划，避免重复建设。各级党政主要领导同志要亲自抓，防止各自为政。要正确处理中关与地方、部门与部门的关系，明确各自的建设目标和重点，充分发挥各方面的积极性，分类指导，分层推进，分步实施。

——需求主导，突出重点。电子政务建设必须紧密结合政府职能转变和管理体制改革，根据政府业务的需要，结合人民群众的要求，突出重点，稳步推进。要讲求实效，坚持经济效益和社会效益相统一。当前要重点抓好建设统一网络平台、建立标准、健全法制，建设和整合关系国民经济和社会发展全局的业务系统。

——整合资源，拉动产业。电子政务建设必须充分利用已有的网络基础、业务系统和信息资源，加强整合，促进互联互通、信息共享，使有限的资源发挥最大的效益。要在复合标准的条件下优先使用国产设备与软件，逐步推进系统建设、运行维护的外包和托管模式，带动我国信息产业发展。

——统一标准，保障安全。加快制定统一的电子政务标准规范，大力推进统一标准的贯彻落实。要正确处理发展与安全的关系，综合平衡安全成本和效益，一手抓电子政务建设，一手抓网络与信息安全，制定并完善电子政务网络与信息安全保障体系。

二、电子政务建设的主要目标和任务

“十五”期间，我国电子政务建设的主要目标是：标准统一、功能完善、安全可靠的政务信息网络平台发挥支持作用；重点业务系统建设取得显著成效；基础性、战略性政务信息库建设取得重大进展，信息资源共享程度明显提高；初步形成电子政务网络与信息安全保障体系，建立规范的培训制度，与电子政务相关的法规和标准逐步完善。这些工作完成后，中央和地方各级党委、政府部门的管理能力、决策能力、应急处理能力、公共服务能力将得到较大改善和加强，电子政务体系框架将初步形成，为下一个五年计划期的电子政务发展奠定坚实的基础。“十五”期间，电子政务建设的主要任务是：

（一）建设和整合统一的电子政务网络。为适应业务发展和安全保密的要求，有效遏制重复建设，要加快建设和整合统一的网络平台。电子政务网络由政务内网和政务外网构成，两网之间物理隔离，政务外网与互联网之间逻辑隔离。政务内网主要是副省级以上政务部门的办公网，与副省级以下政务部门的办公网物理隔离。政务外网是政府的业务专网，主要运行政务部门面向社会的专业性服务业务和不需在内网上运行的业务。要统一标准，利用统一平台，促进各个业务系统的互联互通、资源共享。要用一年左右的时间，基本形成统一的电子政务内外网络平台，在运行中逐步完善。

（二）建设和完善重点业务系统。为了提高决策、监管和服务水平，逐步规范政府业务流程，维护社会稳定，要加快 12 个重要业务系统建设；继续完善已取得初步成效的办公业务资源系统、金关、金税和金融监管（含金卡）4 个工程，促进业务协同、资源整合；启动和加快建设宏观经济管理、金财、金盾、金审、社会保障、金农、金质、金水等 8 个业务系统工程建设。业务系统建设要统一规划，分工负责，分阶段推进。党的工作业务系统建设方案由中共中央办公厅研究提出。

（三）规划和开发重要政务信息资源。为了满足社会对政务信息资源的迫切需求，国家要组织编制政务信息资源建设专项规划，设计电子政务信息资源目录体系与交换体系；启动人口基础信息库、法人单位基础信息库、自然资源和空间地理基础信息库、宏观经济数据库的建设。

（四）积极推进公共服务。各级政务部门要加快政务信息公开的步伐。在内部业务网络化的基础上，充分发挥部门和地方政府的积极性，推动各级政府开展对企业和公众的服务，逐步增加服务内容、扩大服务范围、提高服务质量。近两年重点建设并整合中央和地方的综合门户网站，促进政务公开、行政审批、社会保障、教育文化、环境保护、“防伪打假”、“扫黄打非”等服务。

（五）基本建立电子政务网络与信息安全保障体系。要组织建立我国电子政务网络与信息安全保障体系框架，逐步完善安全管理体制，建立电子政务信任体系，加强关键性安全技术产品的研究和开发，建立应急支援中心和数据灾难备份基础设施。

（六）完善电子政务标准化体系。逐步制定电子政务建设所需的标准和规范。今年要优先制定业务协同、信息共享和网络与信息安全的标准，加快建立健全电子政务标准实施机制。

（七）加强公务员信息化培训和考核。要发挥各级各类教育培训机构的作用，切实有效地开展公务员的电子政务知识与技能培训，制定考核标准和制度。今年要制定公务员信息技术知识与技能的培训标准和培训计划，编制培训教材，落实培训机构。

（八）加快推进电子政务法制建设。适时提出比较成熟的立法建议，推动相关配套法律法规的制定和完善。加快研究和制定电子签章、政府信息公开及网络与信息安全、电子政务项目管理等方面的行政法规和规章。基本形成电子政务建设、运行维护和管理等方面有效的激励约束机制。

三、加快电子政务建设的主要措施

（一）统一认识，加强领导。推进电子政务建设，必须按照国家信息化领导小组的决策，统一部署，稳步推进。电子政务建设协调小组负责研究和协调电子政务建设中的重大问题。国务院信息化工作办公室负责制定总体规划，协调、指导和推进电子政务建设，建立科学的审议和评估机制。

（二）明确分工，各司其职。电子政务建设具体项目要按照国家基本项目审批程序审批，作好前期审议、可行性研究、采购招标、监理和验收工作。电子政务网络平台建设，由电子政务建设协调小组负责协调、指导，具体工作由国务院办公厅牵头，组织有关部门研究提出实施方案；业务系统和信息库建设，由各部门按照分工组织实施；为了保证电子政务建设的顺利进行，国务院信息化工作办公室要在近期内，协同或组织有关部门，加快电子政务建设的标准体系和安全规范的制定，明确提出统一的地址、域名、路由、信任和授权体系、项目管理等方面的规范，为各部门和地方的电子政务建设创造基础条件。

（三）稳步推进，严禁重复建设。各部门、各地区要按照本指导意见，统一认识，加强领导，制定规划，积极稳妥地做好电子政务建设工作，特别要加快信息资源开发和业务系统建设。要从实际出发，逐步规范业务流程，增加网上业务，加强公共管理和服务。各地要按照统一要求，加快整合分散的业务系统和信息资源，建成或调整为与中央政务网络标准一致的政务统一网络平台，要充分利用现有资源和现有网络平台条件，严禁重复建设。

（四）利用统一网络平台。各部门已经建设的业务系统和网络，要按照统一规划和标准，抓紧调整，逐步规范和完善，实现原有系统与统一网络平台的互联互通，新建的业务系统，原则上要利用统一的网络平台。

（五）规范试点。国务院信息化工作办公室要根据本指导意见组织电子政务建设的试点与示范工作。要明确重点、抓出实效，防止一哄而起、盲目追风。有关部门已经开展的电子政务试点示范工程，要根据本指导意见提出的任务和要求，纳入电子政务建设的总体规划。

（六）保证建设和运行资金。电子政务建设所需资金，采取中央政府和地方政府分别负担的方式予以解决。中央电子政务系统的建设资金，从中央预算内基本建设资金安排；中央电子政务系统建成之后的运行经费，由财政部商有关部门在预算中予以安排。地方电子政务系统的建设资金和运行经费，由地方政府负担。对确有困难的地区，中央财政给予一定补助。

（七）创造有利于电子政务发展的外部环境。要加快制定电子政务建设技术政策，实施有利于国内信息产业发展的政府采购政策，创造良好的外部环境，促进国内软件和系统集成产业的发展；制定电子政务项目概算标准，保障运行维护和培训经费，特别要合理确定和提高软件费用占项目总投资的比重；研究建立电子政务绩效评估机制。

信息系统工程监理暂行规定

第一章 总则

第一条 为推进国民经济和社会信息化建设，确保信息系统工程的安全和质量，规范信息系统工程监理行为，依据国家有关规定，制定本规定。

第二条 在中华人民共和国境内从事信息系统工程监理活动，必须遵守本规定。

第三条 本规定所称信息系统工程是指信息化工程建设中的信息网络系统、信息资源系统、信息应用系统的新建、升级、改造工程。

（一）信息网络系统是指以信息技术为主要手段建立的信息处理、传输、交换和分发的计算机网络系统；

（二）信息资源系统是指以信息技术为主要手段建立的信息资源采集、存储、处理的资源系统；

（三）信息应用系统是指以信息技术为主要手段建立的各类业务管理的应用系统。

第四条 本规定所称信息系统工程监理是指依法设立且具备相应资质的信息系统工程监理单位（以下简称监理单位），受业主单位委托，依据国家有关法律法规、技术标准和信息系统工程监理合同，对信息系统工程项目实施的监督管理。

第五条 本规定所称监理单位是指具有独立企业法人资格，并具备规定数量的监理工程师和注册资金、必要的软硬件设备、完善的管理制度和质量保证体系、固定的工作场所和相关的监理工作业绩，取得信息产业部颁发的《信息系统工程监理资质证书》，从事信息系统工程监理业务的单位。

监理单位资质分为甲、乙、丙三级。

第二章　主管部门及其职责

第六条　信息产业部负责全国信息系统工程监理的管理工作，其主要职责是：

（一）制定、发布信息系统工程监理法规，并监督实施；

（二）审批及管理甲级、乙级信息系统工程监理单位资质；

（三）监督并指导全国信息系统工程监理工作。

第七条　省、自治区、直辖市信息产业主管部门负责本行政区域内信息系统工程监理的管理工作，其主要职责是：

（一）执行国家信息系统工程监理法规和行政规章；

（二）审批及管理本行政区域内丙级信息系统工程监理单位资质，初审本行政区域内甲级、乙级信息系统工程监理单位；

（三）负责本行政区域内信息系统工程监理工程师的管理工作；

（四）监督本行政区域内的信息系统工程监理工作。

第三章　监理范围和监理内容

第八条　下列信息系统工程应当实施监理：

（一）国家级、省部级、地市级的信息系统工程；

（二）使用国家政策性银行或者国有商业银行贷款，规定需要实施监理的信息系统工程；

（三）使用国家财政性资金的信息系统工程；

（四）涉及国家安全、生产安全的信息系统工程；

（五）国家法律、法规规定应当实施监理的其他信息系统工程。

第九条　监理的主要内容是对信息系统工程的质量、进度和投资进行监督，对项目合同和文档资料进行管理，协调有关单位间的工作关系。

第四章　监理活动

第十条　从事信息系统工程监理活动，应当遵循守法、公平、公正、独立的原则。

第十一条　信息系统工程监理业务可以由业主单位直接委托监理单位承担，也可以采用招标方式选择监理单位。

第十二条　监理单位承担信息系统工程监理业务，应当与业主单位签订监理合同，合同内容包括：

（一）监理业务内容；

（二）双方的权利和义务；

（三）监理费用的计取和支付方式；

（四）违约责任及争议的解决办法；

（五）双方约定的其他事项。

第十三条　监理费用计取标准应当结合信息系统工程监理的特点，由双方协商确定。

第十四条　信息系统工程实行总监理工程师负责制。总监理工程师行使合同赋予监理单位的权限，全面负责受委托的监理工作。

第十五条　信息系统工程监理按下列程序进行：

（一）组建信息系统工程监理机构。监理机构由总监理工程师、监理工程师和其他监理人员组成；

（二）编制监理计划，并与业主单位协商确认；

（三）编制工程阶段监理细则；

（四）实施监理；

（五）参与工程验收并签署监理意见；

（六）监理业务完成后，向业主单位提交最终监理档案资料。

第十六条　实施监理前，业主单位应将所委托的监理单位、监理机构、监理内容书面通知承建单位。

承建单位应当提供必要的资料，为监理工作的开展提供方便。

第十七条　监理活动中产生的争议，应当依据监理合同相关条款协商解决，或者依法进行仲裁，或者依法提起诉讼。

第五章　监理单位和监理工程师

第十八条　监理单位的权利和义务：

（一）应按照“守法、公平、公正、独立”的原则，开展信息系统工程监理工作，维护业主单位与承建单位的合法权益；

（二）按照监理合同取得监理收入；

（三）不得承包信息系统工程；

（四）不得与被监理项目的承建单位存在隶属关系和利益关系，不得作为其投资者或合伙经营者；

（五）不得以任何形式侵害业主单位和承建单位的知识产权；

（六）在监理过程中因违反国家法律、法规，造成重大质量、安全事故的，应承担相应的经济责任和法律责任。

第十九条　信息系统工程监理工程师应当是经培训考试合格、并取得《信息系统工程监理工程师资格证书》的专业技术人员。

第二十条　监理工程师的权利和义务：

（一）根据监理合同独立执行工程监理业务；

（二）保守承建单位的技术秘密和商业秘密；

（三）不得同时从事与被监理项目相关的技术和业务活动。

第六章　附则

第二十一条　信息系统工程监理单位资质管理办法和信息系统工程监理工程师资格管理办法另行制定。

第二十二条　本规定自 2002 年 12 月 15 日起实施。

建设部信息化工作管理办法

第一章　总　则

第一条　为贯彻落实党的“十六大”关于推进信息化工作的要求，以及《国民经济和社会发展第十个五年计划信息化重点专项规划》和《中共中央办公厅国务院办公厅关于转发国家信息化领导小组关于我国电子政务建设指导意见的通知》（中办发[2002]17号）精神，切实推进建设事业信息化工作，规范建设事业信息化工作行为，根据建设部工作规则以及建设事业信息化工作特点，制定本办法。

第二条　建设事业信息化工作主要包括建设事业电子政务建设、建设行业信息化建设、建设企业信息化建设三个方面。本办法以建设部电子政务建设为重点，指导和带动各地建设行政主管部门的信息化，并积极推动和引导整个建设行业和建设企业信息化工作。

第三条　建设事业信息化工作目标：

1.通过电子政务建设，提高各级建设行政主管部门科学决策水平，转变政府职能，推进依法行政以及政务公开，强化政府监督，提高工作效率和服务质量。

2.利用信息技术改造和提升传统的建设行业，建立建设事业信息化标准体系，完善信息化技术政策，规范建设领域信息系统建设行为。

3.鼓励和引导建设企业信息化，优化企业资源配置，提高企业管理水平，提升企业市场竞争能力。

第四条　建设部政务信息化工作实行统一规划、统一领导、统一组织、统一标准、统一验收，促进资源共享，推动建设事业政务信息化健康发展。

第二章　组织机构

第五条　设立建设部信息化工作领导小组（以下简称“领导小组”）。领导小组为建设部信息化工作领导决策机构，统一归口管理建设事业信息化工作。领导小组组长由建设部部长担任。

第六条 建设部信息化工作领导小组下设办公室（以下简称“信息办”）。信息办为领导小组的办事机构，挂靠在部科学技术司；信息办主任由科技司司长兼任。

第七条 建设部机关各司局指定一名司局级领导负责本单位信息化工作，指定一名处级干部负责本单位信息化的具体工作。

第八条 领导小组成员和信息办成员分别由相关司局负责信息化的司局级领导和处级干部组成。其调整由科技司会同人事司商有关司局提出意见，报部领导批准。

第九条 组建建设部信息化专家委员会。专家委员会为领导小组与信息办的咨询机构，其成员由领导小组聘任。

第三章 工作职责

第十条 领导小组职责

1. 贯彻党中央、国务院关于信息化工作的方针政策。

2. 审定建设事业信息化发展规划、电子政务建设总体规划方案等。

3. 研究审定并发布建设事业信息化建设工作的相关政策文件。

4. 研究决定建设事业信息化建设中的重大事项。

5. 建立建设事业信息化工作激励机制。

第十一条 信息办职责

1. 组织开展建设事业信息化发展战略、总体规划等重大问题的调查研究，负责起草建设事业信息化发展战略、规划，向领导小组提出政策建议。

2. 负责推进部电子政务各项工作的开展，组织审查电子政务各系统建设方案，按照国家有关电子政务工程建设信息安全和保密管理的有关规定，组织建设事业电子政务安全保障体系建设。

3. 配合标准定额司，组织建设事业信息化相关标准的制定。组织协调信息共享平台、数据库等的建设，建设部重要信息资源的开发利用与共享，促进跨行业、跨部门的互联互通，协调建设实施中的问题，避免重复开发和重复建设。

4. 组织建设事业信息化试点示范，指导建设行业信息化与建设企业信息化的发展。组织相关的统计调查与培训工作。

5. 负责组织建设事业软硬件测评。组织开展与建设事业信息化相关的国际合作与交流。

6. 负责组织建设事业信息化工程和产品的质量分级与评审工作。

7. 负责与国务院信息化工作办公室、国家发展和改革委员会、信息产业部等国家信息化建设主管部门进行联系；负责部内各单位信息化工作的组织协调与督促检查；指导地方建设行政主管部门信息化工作。

8. 落实领导小组决议，组织完成领导小组交办的其它工作。

第十二条 建设部有关业务司局在信息化工作中的职责

1. 各业务司局根据建设事业信息化工作总体规划，负责提出本行业信息化发展总体需求分析报告与规划建设方案，负责本行业内的具体建设工作。

2. 各业务司局根据建设事业信息化工作总体规划，积极配合信息办开展工作。

3. 综合财务司负责已列入部计划的政务信息化项目建设与运营资金的筹措以及审定工作。

4. 办公厅负责协调部政务信息化项目建设过程中的相关问题。

5. 标准定额司负责组织信息化标准的制定、审批和发布工作。

6. 科技司负责部信息化科技项目的立项与组织实施。

7. 信息中心负责部局域网网络资源、安全管理和信息资源的维护、培训、服务和日常管理工作。

第十三条 建设部信息化专家委员会的工作职责

1. 研究建设事业信息化发展动态，向领导小组及信息办提供信息和工作建议。

2. 参与研究建设事业信息化发展战略、技术政策，发展规划、年度计划以及重大科技项目的选题论证工作。

3. 参与部信息化项目的可行性研究报告、规划设计方案、项目验收的审查。

4. 承担领导小组及信息办委托的其它工作。

第四章　工作程序

第十四条　会议制度：

1. 例会制度。领导小组一般每年召开一次工作会议，听取信息办的汇报，并研究商议部信息化工作有关问题，审议信息办提交的年度工作总结和第二年工作计划；信息办一般每半年召开一次办公室成员会议，研究建设事业信息化有关工作。

2. 专题会议制度。针对建设事业信息化工作某一重要问题，由领导小组组长或副组长召开领导小组成员参加专题会议。

3. 例会与专题会议议题由信息办向领导小组副组长并组长签报，并根据领导批示安排会议。会议通知一般提前 2 日送达与会人员。会议材料由信息办负责组织准备。会议由信息办指定专人记录并整理会议纪要。会议纪要经信息办主任核改后送领导小组组长或副组长审定签发。

4. 会议决定事项，按会议明确的职责分工认真开展工作，信息办负责按会议决定要求落实协调与催办。

第十五条　信息办负责起草部信息化年度工作计划和总结，提出相关工作的经费，报领导小组审定。

第十六条　部政务信息化项目的管理

1. 信息办负责组织起草建设事业信息化重点项目的可行性研究报告，经专家评审后报领导小组审批，负责向国家主管部门申请立项。

2. 各业务司局提出的信息化拟建项目，须向信息办报送项目可行性研究报告，由信息办组织召开专家评审会并报领导小组批准后，方可实施。

3. 信息办对列入部政务信息化项目的建设方案要认真研究把关，对实施过程要认真督促检查并协调解决实施过程中出现的问题。

4. 各司局负责实施的部信息化项目，在建设过程中，项目负责单位要定期向信息办报送项目建设情况报告。项目完成后，要提交项目建设的工作总结。信息办负责组织项目验收，并将验收结果报告领导小组。

关于做好国资委信息化工作的指导意见

国资委办公厅 (国资厅办函〔2003〕81号 2003年7月11日)

各省、自治区、直辖市国有资产监督管理机构，各中央企业，委内各厅局、直属单位：

国资委信息化建设与应用是加强国有资产监督管理，转变政府职能、提高监管效率的一项重要工作。为了贯彻落实《国家信息化领导小组关于我国电子政务建设指导意见》(中办发〔2002〕17号)精神，现就做好国资委信息化建设与应用工作，提出以下意见：

一、信息化工作的方针、目标和原则

(一)工作方针

加强网络建设、信息交流、咨询服务，积极有效地利用信息技术，提高国有资产监督管理水平。

(二)工作目标

强化服务宗旨，确立为政府和企业的服务方向。突出网络建设、信息交流、咨询服务工作主线，履行对国有资产监督管理的管理通道、技术基地、决策依托和信息枢纽的职能，建立由委内各厅局、中央企业、国家重点企业、地方国有资产监督管理机构、国资委联系的行业协会等组成的信息网络体系。

(三)工作原则

1.统一规划，分步实施。按照先内后外、先上后下、循序渐进、逐步升级的工作步骤，统筹考虑各方面的应用需求，统一规划、突出重点、分步实施。

2.统一标准，加强管理。执行统一的技术与管理标准，充分利用现有的网络基础、业务系统等资源，实施电子政务网络平台、监管信息系统、数据库系统的建设、开发、维护。

3. 信息公开，资源共享。将可公开的信息共享，实现信息系统的互联互通、授权访问、资源共享。根据不同的对象，通过专网在国资委内部及国资委系统实现共享，或通过国资委互联网站向社会公开。

4. 合同管理，专款专用。委内各单位的共用与专用管理信息系统的开发、网站建设、计算机及辅助设备购置等，由国资委信息化工作办公室(以下简称信息化办公室)按年度提出预算报国资委信息化领导小组(以下简称信息化领导小组)审定，项目实行合同管理，经费专款专用。设备购置要在符合使用标准的条件下优先使用国产设备与软件，严格按政府采购执行。

5. 需求主导，保障安全。根据国资委工作需要，充分利用已有网络基础、业务系统和信息资源，突出重点，加强整合，稳步推进。有计划、有组织地开展计算机及网络技术知识和信息安全培训，加强信息安全保密的技术措施和制度建设，建立有效的信息安全保障体系，保障信息安全。

二、主要任务

(一) 编制国资委信息化建设与应用总体规划

认真贯彻国家信息化领导小组的统一要求和工作部署，信息化办公室编制国资委中长期信息化建设与应用总体规划，经信息化领导小组审定后组织实施。

(二) 构建国资委系统电子政务网络平台

国资委系统电子政务网络平台主要包括：政务内网、政务外网和互联网站。政务内网即内部涉密网；政务外网即业务管理信息专网，直联中央企业和国资委系统，并适时提供 IP 电话、可视电话、视频会议、在线培训等服务项目；互联网站是国资委向社会公众发布国有资产监管信息的窗口。

(三) 建设国有资产监督管理信息系统

按照规划建立国有资产监督管理信息系统。从立项、评审、招标、监理、验收等各环节实行规范管理，逐步形成委内厅局、中央企业、国家重点企业、地方国有资产监督管理机构、国资委联系的行业协会的信息网络体系。

(四)建立和维护国有资产监督管理数据库

逐步建立中央企业、国家重点企业、国有企业、国有经济、国有资产监督管理政策法规、地方企业等数据库，定期收集、整理和维护数据库信息，认真做好数据的安全保密工作。

(五)做好经济分析和信息咨询服务

认真开展以中央企业为主，涉及国家重点企业、国有企业、国有经济有关信息的收集与分析研究工作，做好互联网信息择要，不断提高信息咨询服务水平。

(六)推进中央企业信息化建设

指导中央企业的信息化建设，重点提高企业财务管理信息化水平，加强和改进国有资产的监管工作。

三、做好信息化工作的措施和要求

(一)加强领导，规范管理

成立国资委信息化领导小组，负责信息化工作的领导、协调和监督。信息化办公室，负责信息化建设与应用的组织协调工作。各单位要高度重视信息化工作，努力转变观念，明确信息工作职责，严格信息化工作程序，落实信息化工作负责人和联络员。

(二)完善工作体制，加强队伍建设，实行科学管理

努力建设一支技术过硬、管理高效、服务优良、保障有力的信息化工作队伍。继续探索和完善项目管理、技术外包、专家咨询等科学有效的管理方式，提高信息技术和信息服务水平。

(三)建立和完善信息工作经费渠道

国资委信息化建设与应用项目实施经费，由机关服务管理局会同信息化办公室申请专项。信息化工作日常经费纳入委内预算。信息化办公室要定期向信息化领导小组报告工作进度和预算执行情况，加强和改进信息工作经费的管理。

科技部《关于农业信息化科技工作的若干意见》

2003 年 7 月 17 日

21 世纪是社会高度信息化、经济高度知识化的时代，实施农业信息化是我国农业迎接知识经济的挑战和推动新的农业科技革命的重大举措。科技部为贯彻落实十五届三中全会关于农业科技工作的精神，建立农业经济发展的高技术支撑体系，使我国农业科技和生产力实现质的飞跃，并逐步推进我国农业科技创新体系的建立，在认真总结国家 863 计划和攻关计划农业信息化科技工作经验的基础上，分析未来农业信息技术的发展趋势，特提出如下意见。

一、 正确认识农业信息化科技工作的重要意义

历史表明，农业生产上每一次重大突破，无一不和科技进步息息相关。近年来农业高新技术的应用，对农业科技和农村经济的发展起到了全局性推动作用。农业信息技术为加快农业高新技术的推广应用提供了先进的工具和技术手段，对于逐步建立农业科技创新体系具有重大意义。

农业信息化是指充分运用信息技术的最新成果，全面实现农业生产、管理、农产品营销、农业科技信息和知识的获取、处理、传播和合理利用，加速传统农业改造，大幅度地提高农业生产效率、管理和经营决策水平，促进农业持续、稳定、高效发展的过程。

农业信息系统作为一种农业现代化的载体，可以形象而及时地传播各类实用的农业生产知识和农业高新技术成果，从而对于提高我国广大农民和农村干部的科技文化素质具有极其重要的作用。

智能化农业信息系统可以综合各种单项农业技术，实现高层次的多项农业技术集成，起到多层次多方面农业专家的作用，利用它指导农业生产，对于增加产量、提高质量、降低成本、提高效益具有显著的应用效果。 农业决策支持系统可以帮助农业各级管理人员及时获取各类农业生产信息和经济信息，并利用这些信息有效地进行决策，从而极大地提高各级农业生产管理人员的科学管理水平。

二、开展农业信息化科技工作的方针、原则与目标

农业信息化科技工作要坚持“科技工作面向经济建设、经济建设依靠科学技术、勇攀科技高峰”的科技工作总方针，遵循“有所为,有所不为”的原则，突出重点、有限目标、加强集成，主要围绕农业信息管理和农业智能化决策，从宏观管理和微观指导生产两个方面，发挥信息技术在改造传统农业进程中的重大作用。

农业信息化科技工作的总目标是：利用现代信息技术改造我国传统农业，提高农业领域的信息化科技水平和应用能力，加大科技进步在农业经济发展中的贡献率，促进农业和农村经济可持续发展。 农业信息化科技工作的具体目标是：

1. 促进农业生产领域的信息化，重视农业基本信息和高水平农业专家知识的采集、归纳和整理，以数据库、知识库建设为重点，开发一批直接面向农业的先进、实用的农业专家系统和信息咨询服务系统，直接为亿万农民和农业科技人员服务。

2. 充分利用国家信息基础设施，建成不同层次的综合农业科技信息系统，提供农业资源、生产、经济、科技等方面的信息及决策支持方案。逐步建立不同层次的农业动态监测和预警系统。

3. 建立一批不同类型、不同层次的农业信息化示范区。发挥示范区辐射、样板的作用，带动全国不同地区的农业信息化进程和农业信息技术产业化进程。

4. 针对我国特点，积极跟踪农业信息化的国际发展趋势，开展国际前沿技术的研究与试验，力争使我国的农业信息化的关键技术研究与应用能力达到国际先进水平，并造就一批多层次的农业信息化科技人才。

三、加强农业信息化关键技术的研究与开发

针对农业信息管理和农业智能化决策的需要，重点开展以下关键技术的研究： 为准确、快速获取农业信息，研究农业信息采集、集成和动态监测、预测技术，研究遥感遥测技术、地理信息系统、全球定位系统在农业的应用，研究农业科技信息标准、采集、管理、服务中的关键技术。

为实施农业智能化决策，围绕智能化农业专家系统和农业决策支持系统，研究开发面向

农业生产应用的知识获取、知识表示和知识处理等关键技术。

为加强农业信息管理与传播，针对农业具有地域辽阔、区域性强、生产个体分散的特点，充分利用国家信息主干网的条件，研究相应的网络应用关键技术，逐步实现农业科技信息网络化。

四、建设适合国情的农业专家系统和信息服务系统

针对各级农业管理部门、广大农技推广人员和亿万农民的需求，建设直接指导农业生产（包括种植业、畜牧业、水产养殖业和林业等）的实用农业专家系统； 建设农业综合管理信息系统、农业区域发展宏观决策支持系统； 逐步建立农业科技管理信息网以及乡镇企业实用技术和产品销售网。

农业专家系统是农业信息化科技工作的突破口。要不断加强农业专家系统关键技术的研究以及具有统一规范的农业专家系统软件平台和本地化应用系统的开发。以农业专家为主，加强农业专家与计算机专家和其他专家的密切配合，高度重视农业专家知识的收集、挖掘和整理，要将高层次农业专家知识和高新技术成果及时收集到农业专家系统中，同时要对当地农业专家的知识进行总结和归纳，不断丰富和完善专家系统的农业知识。

农业专家系统优先选择关系国计民生、影响面大的粮棉油等主要作物进行示范，并逐步向多种经济作物、养殖业和农副产品深加工产业延伸，为农业生产经营全过程提供服务，加快由单纯提高产量向促进农业高产、优质、高效和可持续发展方向转变的步伐。

五、建立农业信息化示范区体系

要建立一批农业信息技术应用示范区，培养一支高素质的农业专家系统科研和推广应用队伍，以示范工程的形式展开工作，通过示范应用和推广，产生显著社会效益和经济效益，使科技进步对示范区农业发展的贡献率有较大幅度提高。继续巩固和加强已有的智能化农业信息技术应用示范区，并择优选择有条件的地区建立新的示范区，逐步建立农业宏观决策示范区，使它们发挥辐射、样板和区域性示范中心的作用，进而形成全国农业信息化科技工作示范体系，切实为农业生产和农村经济发展做出有力度的贡献。 利用和加强现有的农业科技推广体系、信息服务组织和中介机构，结合农业产业结构调整，开展示范区的示范应用和本

地化工作。各类农业信息化示范区的建设要有统筹规划，避免重复，促进信息资源的共享。

充分发挥地方政府和各级农业科技部门在农业信息化科技应用推广中的主导作用，鼓励地方政府为示范区的建设创造良好的政策环境。要遵循抓应用、促发展、见效益的指导思想，以应用作为基本出发点，在应用过程中不断提高智能化农业信息技术研究、开发和应用推广的水平，使示范区建设切实地为当地农业生产水平的提高做出显著贡献。在工作中要贯彻积极稳妥、一切通过实践的方针，因地制宜，实事求是，量力而行，力求务实，避免浮夸。要本着自觉自愿的原则，从当地实际情况出发，不强行规定指标和任务。

六、加强教育和培训

我国农民特别是广大农村青年的信息应用能力是将农业知识和信息技术转化为现实生产力的关键。在实施农业信息化科技工作的过程中，要特别注意提高管理干部、科技人员、广大农民以及各级农业技术推广人员的信息意识和文化素质，在充分发挥现有农业科技推广体系作用的基础上，形成强有力的农业信息化培训、推广网络。示范区各级领导要把教育和培训作为工作重点来抓，划出专项经费用于各级各类培训。培训工作要讲实效，要根据当地农村科技工作的实际情况和特点制定行之有效的培训方法，培训手段可以多样化，要与当地的农业技术推广、职业教育、科学普及等农村科技工作相结合。

七、加强领导，增加投入，切实推进农业信息化科技工作

科技部在国家有关科技计划中对农业信息化科技工作予以倾斜，加强支持力度，重点支持面向农业的软件开发，关键技术攻关，技术集成，以及应用推广和技术培训。

示范区建设要以地方政府为主导，在当地政府的统一规划领导下，指定协调归口部门，进行统一领导。示范工程项目经费以地方配套资金为主。示范区各级政府每年要划出专项配套资金支持农业信息化示范工程，并保证配套资金的专款专用和及时到位。

鼓励各方力量和各种相关计划共同支持农业信息化科技工作，鼓励农业推广经费、技术改造经费和扶贫开发经费等与示范工程经费配合使用。

第三部分

行业应用

我国地级市电子政务存在的主要问题

中央财经领导小组办公室副主任 刘 鹤

我国地级市电子政务还明显处于初级阶段，其中主要表现在：

1．整体发展和应用水平不高。从目前我们调查的情况来看，通过电子政务来提高行政效率，提高对外服务能力，以及促进政府职能转变等工作还刚刚起步，各种成效还没有体现出来，综合效益更难体现，特别在许多地区还处于萌芽期，电子政务正处于基础建设中，几乎没有什么应用。个别地区连政府网站或者最基本的办公自动化都不具备，仍然停留在手工作业阶段。

2．各地发展水平不均衡，地区之间、部门之间差异非常大。目前我们通过网站的监测可以清晰发现，不同地区和部门之间的电子政务差距较大，而且到目前还没有迹象表现差距可能缩小，按照这样的发展势态，差距还会进一步扩展。

3．电子政务的效益总体上还不明显在已经开展电子政务的地区，总体上的效益还没有显现出来，通常是流程还没有完全改善，电子政务与传统政务并存，政府信息资源开放度低，不同部门之间协调与合作困难，政府网站影响力低，通过网络为公众提供服务还普遍处于低水平状态；

4．外部环境中还存在明显亟待改善的地方外部环境主要是包括法规政策、资金保证、人才组织、信息技术设施、公众的信息文化意识等多个方面还需要改善。

其中特以网站为例来说明我国地级市电子政务存在的问题：

整体质量不高：按照我们的标准评价，网站的平均分不到4.8分，也就是说还没有达到平均及格分。而且这些指标参差不齐，有的得分很高，有的十分低。

服务能力不强：从政务功能上网、互动性和信息使用便利程度等指标来看，都可以看出目前政府网站的互动性还比较差，栏目设计和内容不很规范，地区差异也较为明显，一把手工程和上任“冲动”现象明显，并且普遍存在信息孤岛现象。我们认为其深层原因是内部激励机制尚未建立，大多数地级市还没有建立一套有效的激励规则来促进电子政务的发展。

因此我们认为，我国当前电子政务的总体状况是：我国地级市电子政务处于初级阶段，电子政务还没有建立很好的激励机制。

从发展态势来看，基本看法是：正在起步、开始重视、问题不少、前景看好。

其中的主要特征如我们前面已经阐述的那样：重信息、轻服务；重对外地区和企业的服务(如招商、旅游)，轻内部(本地的公众)，受上级和政策因素的影响比较强，很多情况下是中央号召和同类竞争攀比心态驱使，不少地级市还缺乏自觉建设电子政务的意识和行动。

初级阶段政府网站的特点、问题表现和原因分析

我们前面已经提到过，目前我国地级市电子政务整体上仍处于初级阶段，这个阶段的政府网站的通常特点如下：

1. 大部分的地级市政府拥有自己的网站，基本上完成信息上网的阶段；

2. 许多网站信息条理化不够，难以迅速有效地为公众提供信息服务；

3. 很少网站完整开通申报、审批、采购服务，几乎还没有整合型的电子政务出现；

4. 政府和政府部门间互连互通程度不够；

5. 整个电子政务处于起步状态，绝大多数网站只有一些基本的信息和新闻，处于信息呈现阶段，几乎没有网上行政职能；

6. 不同的网站之间的差异性很大，在栏目设计、功能设计和内容建设、信息含量，以及与访问者沟通方式上差异非常大，说明没有共同的标准指导；

7. 从能够获得的访问统计数来看，访问量不够，影响力不够，吸引力不够，回头客不多，宣传不够，效果不佳；

8. 规范性不够。域名和网站名称的称谓非常多样化，例如××政务公众网、××政府网、××信息网、××信息广场、××党政网等；域名也呈多样性：打头字母，全拼，后面加信息等；举办机构非常多，当地人民政府、人民政府办公厅、信息中心、信息办、政府办公厅、计委、经济信息中心等；留下的邮件比较乱；各种专业的和非专业(大众化)邮件均有；下属的直属机构配合的形式比较乱；甚至部分网站没有市长信箱和电话等基本信息；

9. 多是宣传和招商信息，对内服务比较少；

10. 多是近段时间信息，缺乏数据连贯性，信息缺乏连续性，包括政策；特别是过去重要、而且现在仍在生效的政策、数据非常缺乏；

11. 缺乏互动性和监督内容，访问量非常低，缺少宣传和推广，政府网站点击率不高，网络影响力较小。有些网站连接性比较差，常常联接不上，网页常常无法打开。

形成问题及基本原因分析

我们认为主要由几个方面的原因造成了我国地级市电子政务的目前现状：

1. 在初级阶段，对电子政务不熟悉，认识不深刻，管理和运营上还缺乏经验；

2. 对开展电子政务，特别是政府网站，动机不充分，服务不完善，创新意识(甚至向好的模仿)意识不强，正如我们本次研究的核心问题指出的那样，这是激励机制不足所造成的；

3. 有关电子政务网站缺乏足够的引导，缺乏机制(制度，人力，财政)保障和要求。

我国互联网存在六大“弊病”是：

第一，对互联网信息化认识的水平仍有待于提高，存在着一定的盲目性；

第二，综合基础设施接入网仍有瓶颈，定价服务行为需要进一步规范，普遍服务补偿的机制需要加快形成；

第三，信息技术应用、系统建设总体水平仍然偏低，普遍存在着纵强横弱的现象，所谓纵强就是部门的系统比较强，横向的互联互通存在着局部的信息孤岛；

第四，法制建设明显滞后；

第五，信息产业的创新能力仍有待于加强；

第六，信息化推进管理体制仍然不完善。

论我国电子政务发展的策略

国家信息化专家咨询委员会副主任　周宏仁

在信息时代，就像管理信息系统是管理企业必备的手段一样，电子政务已成为治国不可或缺的工具。信息化使许多政府原来不可能做到的事情不仅可以做到，而且可以做得更快、更好，帮助政府实现对国家的有效管理。今天，无论经济与社会的发展或者国家安全的保障，都离不开电子政务的支持。

在经济和信息全球化快速发展的情况下，一个信息化的政府已经成为一个国家或地区在全球竞争中的一个竞争力要素，也是提升国家和地区全球竞争力，争得经济和社会发展“先机”的关键。

电子政务的发展对我国的经济和社会发展，特别是信息产业的发展将有着十分重要的影响。电子政务的发展还将对我国各行各业信息化的发展，包括电子商务和电子社区的发展，起着示范作用。

一、电子政务的业务模型和内涵

在任何一个社会中，与电子政务相关的行为主体主要有3个，即：政府、企（事）业单位、居民。因此，政府的业务活动也主要围绕着这3个行为主体展开，即包括政府与政府之间的互动；政府与企（事）业单位，尤其是与企业的互动；政府与居民的互动。在信息化的社会中，这3个行为主体构成了电子政务、电子商务和电子社区这3个信息化的主要领域。电子商务在经历了一个发展热潮之后，目前正在向一个新的、更扎实的阶段发展。电子社区将受到重视并且成为全球信息化的热点。而无论电子商务还是电子政务都需要电子社区的发展来进一步地推动。

政府与政府、政府与企（事）业、政府与居民之间的互动构成了下面5个不同的而又相互关联的领域。

1.政府对政府

政府与政府之间的互动包括：首脑机关与中央和地方政府组成部门之间、中央政府与各级地区政府之间、政府的各个部门之间、政府与公务员和其他政府工作人员之间的互动。这个领域涉及的主要是政府内部的政务活动，包括国家和地区基础信息的采集、处理和利用，如人口信息、地理信息、资源信息等；政府之间各种业务流所需要采集和处理的信息，如计划管理、经济管理、社会经济统计、公安、国防、国家安全等；政府之间的通信系统，包括各种紧急情况的通报、处理和通信系统；政府内部的各种管理信息系统，如财务管理、人事管理、公文管理、资产管理、档案管理等；各级政府的决策支持系统和执行信息系统；等等。

2.政府对企业

政府面向企业的活动主要包括政府向企、事业单位发布的各种方针、政策、法规、行政规定，即企、事业单位从事合法业务活动的环境。“政府对企业”的活动实质上是政府向企业提供的各种公共服务，如构造一个良好的投资和市场环境，维护公平的市场竞争秩序，协助企业特别是中小企业的发展，帮助企业进入国际市场和加入国际竞争，以及提供各种各样政府信息的服务等等。

3.政府对居民

政府对居民的活动实际上是政府面向居民所提供的服务。政府对居民的服务首先是信息服务，让居民知道政府的规定是什么，办事程序是什么，主管部门在哪里，以及各种关于社区公安和水、火、天灾等与公共安全有关的信息。出生、死亡的登记，迁徙和户口的管理，结婚、离婚登记，自行车执照、驾驶执照的办理，车辆的登记，以及各种证件的管理和防伪

（如身份证、毕业证、工作证）等，也是政府面向居民服务的重要内容。政府对居民的服务还包括各公共部门如学校、医院、图书馆、公园等面向居民的服务。

4. 企业对政府

企业面向政府的活动包括企业应向政府缴纳的各种税款，按政府要求应该填报的各种统计信息和报表，参加政府各项工程的竞、投标，向政府供应各种商品和服务，以及就政府如何创造良好的投资和经营环境、如何帮助企业发展等提出企业的意见、希望和建议，向政府申请可能提供的帮助等等。

5. 居民对政府

居民对政府的活动除了包括个人应向政府缴纳的各种税款和费用、按政府要求应该填报的各种信息和表格、缴纳各种罚款等外，还要开辟居民参政、议政的渠道，使政府的各项工作不断得以改进和完善。政府需要利用这个渠道来了解民意，征求群众意见，以便更好地为人民服务。

当前，世界各国电子政务的发展就是围绕着上述5个方面展开的。其目标除了不断地改善政府、企业与居民3个行为主体之间的互动，使其更有效、更友好、更精简、更透明和更有效率外，更强调在电子政务的发展过程中对原有的政府结构以及政府业务活动组织的方式和方法等进行重要的、根本的改造，从而最终构造出一个信息时代的政府形态。

在电子政务的发展过程中也产生了一些只有应用信息技术才可能获得新的政府概念，如“一站服务”，即居民或企业只要去一个政府综合办公地点即可解决需要政府办理的所有有关事项；“无站服务”，即居民或企业只要进入一个政府网站即可解决需要解决的问题；“24×7”，即每周7天、每天24小时不间断地向居民或企业提供政府的服务；“居民关系管理”，即掌握某些居民，以便有针对性地适时提供所需的政府服务，等等。

二、我国电子政务的发展策略

如何实现由“现有的政务”到“电子政务”的转变，是一个十分复杂的问题。借鉴国外许多成功的经验和失败的教训，我国电子政务的发展应从以下几方面考虑：

1. 发展电子政务的中国国情

就整体而言，比起发达国家来，信息技术在我国各级政府中的应用起步较晚，计算机和网络技术在我国的应用时间还不算长，特别是一些经济相对不发达的地区情况更是如此。虽然近年来，计算机的应用在各部门的发展很快，但总的来说，在政府内部业务流的计算机化方面我们还有很长的路要走。政府内部业务流的计算机化是政府实现对用户服务信息化的基础，把政府内部的管理信息系统建设与面向用户的服务信息系统建设结合起来，综合加以考虑和规划，充分利用我们的后发优势，争取实现跨越式的发展。

由于电子计算机在政府中的应用时间不长，在我国政府各部门中还没有真正建立起一种有利于电子政务和信息化发展的计算机文化。电子政务的发展，无论在它的内容和方法上，将不可避免地遇到各种各样的社会阻力。特别是当电子政务的发展与某些部门或集团的利益发生冲突的时候，当电子政务的发展影响到少数人的权利和利益的时候，当电子政务要求政府行为更加透明而使得贪污、渎职不易发生的时候，这种阻力更为突出。因此，在电子政务的发展过程中，如何克服形形色色的社会阻力是电子政务能否成功的重要因素之一。

2. 慎审规划小步快走

“想得要大，起步要小，扩张要快”是全球对信息系统工程建设的共识。这个原则是由信息系统工程项目自身的特点所决定的，如：资金和技术密集、对项目管理的要求比较高、信息技术本身发展快、不断提供新的设备和手段等等。

“想得要大”是指根据对信息技术发展的预期审慎地确定电子政务长远发展目标，或一个期望实现的“电子政务”蓝图。这个规划的目标应该是产出明确的、可以测量的，而不是抽象的、概念化的；规划要“大处”着眼；“远处”着眼；要有足够的洞察力和想象力。

“起步要小”是指要以小的、容易实现的、效果明显的项目起步，确保“初战必胜”，或者将大的项目分解成若干个小的项目组织实施。在实践中锻炼队伍，取得领导的信任和用户的支持。

“扩张要快”是指在已经取得经验和效益的基础上，加快系统扩张的步伐，尽快拿下这个系统所应有的全部经济和社会效益，充分享受信息化和信息技术带来的好处，扩大影响，在更大程度上取得政府和相关部门的支持。

3. 电子政务实现中优先级的考虑

从目前世界各国的情况来看，大致可以从三个角度来考虑我国电子政务发展的优先级问题，即经济效益、社会效益和政府自身能力的建设。

1）从经济效益出发的优先级设定

经济效益显著的电子政务项目可以列举下面一些例子：

（1）增加税入：各种税收管理系统，如所得税、增值税、财产税、海关管理系统（确保关税收入），以及各种费用管理系统（如公共卫生费、车辆费、注册费、执照费等），以帮助政府增加收入。

（2）财务管理：包括工资管理、支付和开支管理、各种投资和建设项目的管理等。主要目的是保证资金进出的有效管理，实现“节流”。

（3）资源和计划管理：如地理信息系统、资源信息系统、国有资产管理系统、城市规划与建筑管理系统等。这类系统通过有效和高效的管理间接产生经济效益。

（4）营造良好市场和投资环境：如工商企业管理系统，进出口管理系统，国内与国际贸易管理及市场信息系统，产业部门统计分析与市场预测、经济分析及投资数据、新技术及技术转让信息、专利信息、外资管理信息系统，以及各种相关的政府法规信息及服务系统等。

我国的“金关”工程和“金税”工程的成功是这类项目的典型例子。国际上，许多政府都将与“增加税收”有关的系统列为电子政务工程的第一优先。北京市开发的网上企业登记注册审批系统则是营造良好的市场和投资环境的典型例子。

2）从社会效益出发的优先级设定

社会效益比较明显的电子政务项目可以列举以下几个方面：

（1）面向居民的各种服务系统：如居民登记系统，包括出生、死亡、婚姻、迁移等，居民身份证、护照发放系统，自行车、汽车执照和驾照发放系统，各种证件的防伪系统，社会保障系统，社区的各种服务和管理系统，土地和住房的注册登记系统等。

（2）警察与公安系统：如出入境管理系统、罪犯管理系统、监狱管理系统、毒品管理系统、交通检测和管理系统以及其他的公安管理系统等。

（3）公共教育和文化系统：如电子入学管理系统、大中小学上网、毕业证书和学位证明查询系统、数字图书馆、数字博物馆、社区公共信息中心等。

（4）医疗与保健系统：如医院信息系统、网上挂号系统、远程医疗系统、网上药物销售系统、器官移植信息中心、血液中心、医疗保险系统等。

（5）环境保护和环境信息系统：如环保信息系统、气象预报系统、地震检测系统等。

3）从政府自身建设出发的优先级设定

（1）提高政府核心业务运行的有效性和效率：如国防、安全、情报系统、首脑机关（党中央、国务院等）的各种监控系统，决策信息系统，公文流动管理系统，内部通信系统，信息与知识管理系统等。

（2）增加政府的透明度和反腐倡廉：如财务管理系统、人事管理系统、电子采购系统、政府工程招标系统等。

（3）政府信息资源的开发：如各种法律信息系统、政令信息系统、文件管理系统、档案管理系统等。

上面所列举的仅仅是发展电子政务时从不同的角度可以考虑的一些系统和项目，而电子政务所覆盖的政府业务范围则远比这里所列举的要多得多。

4. 以政府业务为主线发展电子政务

从国外的情况看，无论是中央政府，还是地方政府，在电子政务的发展中均以政府的业务流为主线，一个一个地实现政府业务流的信息化，以避免团化或强化现有的政府结构。

以政府的业务流为主线就是根据轻重缓急将政府职能中带有不变性的业务流一个一个地计算机化和网络化，既满足了政府的急需，又有利于政府的职能转变和政府的重构。

以政府业务流为主线发展电子政务实际上就是利用信息技术给政府重新“梳一次辫子”。把那些最急需的政府业务流的“辫子”先梳理出来。等到按照优先顺序把“辫子”梳完了，一个电子政务的总体结构就出来了。那些没有梳进“辫子”的业务流就是要转变的政府职能；而那些没有梳进“辫子”的部门就是要调整的政府机构。

5. 以标准化和规范化的方法发展电子政务

我国大大小小的政府机构数以万计。如此巨大的电子政务建设规模，如果采用个体经济的办法任由部门各自开发自己的系统，不仅浪费大量的资源和时间，而且由于缺乏标准和规范，政府之间、政府部门之间的各种系统势必难以兼容，信息资源难以共享。

实际上，电子政务中包含许多的标准“零部件”，如人事、财务、计划、公文、档案、日程安排、国有资产、器材、图书资料、考勤管理及政府网站等等，不下数十种。如果这些“零部件”都规范化和标准化并由企业来开发，不仅可以节约大量的资源，而且可以形成和支持一个相当大的软件产业。“零部件”规范化和标准化的关键则在于政府业务过程的规范化和数据模型的标准化。

从国外的经验来看，电子政务的标准化和规范化并不一定都需要通过行政命令来实现，有些可以通过技术政策来引导和推进，有些则可以依赖于市场的作用，让市场占有份额大的产品成为事实上的标准或规范。建立政府与企业某种形式的伙伴关系有可能使双方都从中受益。

其实，政府信息系统的建设并不一定非要政府投资不可。政府的职责是完成法律赋予的职能，不是信息系统的开发。因此，在电子政务的发展中，政府的角色是准确地提出对信息系统的要求，实现对信息化的有效管理，系统开发的任务应该留给企业去做。如果每一个政府部门都建立一支队伍去搞部门的系统开发，不但成果不能商品化，而且为内部人员非法修改系统和犯罪提供了机会。

三、电子政务的安全管理

安全问题是所有国家在电子政务的发展中都十分关心和重视的问题。这里仅对电子政务的安全管理问题提出一些建议。

1. 安全、成本、效率的权衡

不同的电子政务应用系统，对于安全的要求是不同的。因此，不能将安全问题绝对化，不是“越安全越好”。在设计系统安全措施的时候，必须根据系统的实际应用情况，考虑安全、成本、效率三者的权重，达到适度的平衡。

目前，国内有一种趋向，好像建一个系统就要搞一个独立于互联网的专网，理由是要确保系统的安全。专网太多，不仅使电子政务的投资急剧增加，而且，也会造成极大的浪费。专网太多，还给政府信息系统的资源共享造成许多壁垒，降低了作为一个整体的政府信息系统的效率，给中央政府为了监控和决策而获取信息带来了很多困难。

为了保证国家的机密，有必要建设若干个独立于互联网的专网。但是，进入这种专网的系统越少越好。因为，进入这种专网的系统越多，专网的安全就越没有保证。

2. 电子政务的安全管理

电子政务的安全管理可以通过安全评估、安全政策、安全标准、安全审计4个环节来加以规范，进而实现有效的管理。

（1）安全评估

什么系统需要专网，什么系统不需要专网；什么系统需要加密措施，什么系统不需要加密措施，应该通过系统的安全评估来回答。安全评估应该根据系统中信息的重要性，以及可能受到的潜在威胁的严重性来确定系统需要采取什么样的安全措施。对我国电子政务安全评估有必要建立一套标准程序，而任何系统在可行性论证前都必须完成安全评估。

（2）安全政策

在政府对电子政务安全评估的基础上制定安全政策，包括政府信息系统安全等级的分类、与安全等级相对应的安全措施的要求、对参与系统开发和运行的企业（特别是外企）的要求和约束、系统安全的审计、安全问题的报告制度和程序、紧急情况的处理和应急措施等。

（3）安全标准

在电子政务安全政策的指导下，需要制订具体的、对每一个安全等级的政府信息系统安全标准，包括硬件、软件、人员、系统安全，运行规范，数据和软件备份，系统的物理安全等。有了这些标准，每一个政府信息系统只要“对号入座”参照标准执行即可。这样，不仅有利于安全管理，还可以节省各部门和系统在安全问题上耗费的人力和财务资源。

（4）安全审计

每一个政府信息系统在建成和运行的过程中，都应该接受部门的安全审计，以确保政府安全政策和安全标准的落实。

我国政府信息系统对于网络的使用可以考虑分为公用网（互联网）、公用专网（虚拟专网）与专网（光纤网），根据安全评估的结果按安全标准选择使用。政府信息系统应该充分利用虚拟专网技术，既使系统有必要的安全保障和专业化的网络管理，又可以节省大量的专网建设投资。

2003年度我国大型企业信息化发展情况综述

国资委信息化工作办公室副主任　陈立波

一、大型企业信息化建设的重点已“由从无到有的IT建设转到从有到精的IT提升阶段”

1．绝大多数大型企业都设立了信息化管理机构

有92.6%的企业已设立了专门的企业信息化管理机构，并且有98.6%的大型企业制订了企业信息化的总体规划，这说明大型企业领导非常重视信息化建设工作，企业信息化管理部门也将在企业发展中起到越来越重要的作用。

2．大型企业基础网络设施建设阶段已经基本完成

企业业务系统需要搭建在网络基础上，网络改变了传统经济的竞争环境，带来了新的竞争法则。调查显示，有95.9%的大型企业已经建设和正在建设企业内部网；97.7%的企业已通过数据专线、ADSL、光纤等方式接入了国际互联网；并且有76.7%的大型企业已经建设了企业统一对外网站。说明大型企业基础网络设施建设阶段已经基本完成，为业务系统应用打下了良好的基础。

3．大型企业财务管理信息系统和办公自动化系统建设告一段落

大型企业业务系统建设中，财务管理信息系统和办公自动化系统最为普及，调查显示有72.1%的大型企业完成了财务管理信息系统建设，60.0%的大型企业完成了办公自动

化系统建设。说明大部分企业财务管理信息系统和办公自动化系统的建设已经完成，使用也相对成熟。

4．大型企业信息安全系统建设从被动进入主动阶段

大型企业信息安全系统建设正在发生三个变化：从“被动防御”转入“主动防御”、“从产品孤立”向“集中管理”过渡、从“单一防御”到“整体防御”深入。发生变化的主要原因是随着业务系统建设，信息系统已经和企业生存发展息息相关，所以系统安全性显得更为重要。通过调查，我们也看到：大型企业为了保证业务系统安全稳定的运行，采用了本地备份、异地备份、防火墙、杀毒软件等多种方式保证系统的安全，大型企业信息安全系统建设从被动进入主动阶段。

5．已经有三成左右的大型企业接受第三方咨询服务

企业上业务系统，请第三方咨询机构进行业务重组、实施方案评估等方面的咨询，似乎离中国大多数企业还很遥远，但通过本次调查我们看到，已经有三成左右的大型企业接受业务系统建设的第三方咨询。

大型企业信息化建设中也存在着一些不足：

6．目前只有3.7%的大型企业信息化建设进入了成熟阶段

通俗地讲，企业管理信息化建设划分为四个阶段：个别流程信息化、内部集成信息化、业务重组和成熟阶段。成熟阶段是指企业真正地把计算机同整个管理过程结合起来，将组织内部、外部的资源充分地整合、利用，如应用了供应链管理、客户关系管理、商业智能、产品生命周期、企业门户等扩大企业资源的外延，并以更加丰富详实的信息辅助高层决策，从而提升企业的生存能力、竞争实力和发展潜力。根据这一标准调查，只有3.7%的大型企业信息化建设进入了成熟阶段，说明中国大型企业信息化建设还有待于进一步地加强。

7．大型企业信息化建设投入明显低于国际水平

从中国大型企业信息化建设投入来看，明显低于国际大型企业水平。通过本次调查，中国大型企业的信息化投入占总资产的比例约为 0.46%，而发达国家大企业的信息化投入占总资产的比例一般在 5%以上。

8．大型企业信息化中的核心业务应用依然有限

大型企业财务和办公系统应用已经相对成熟，但大多数企业的其它核心业务系统都处于建设和计划中。调查显示，有 24.2%的企业正在进行生产计划控制系统建设，21.7%的企业正在进行人力资源管理系统建设，21.1%的企业正在进行资产管理系统建设。同时有 34.1%的企业把客户资源管理系统作为计划建设的重点，28.9%的企业把供应链管理系统作为计划建设的重点，26.4%的企业把电子商务系统作为计划建设的重点。这说明大型企业主流还未进入核心业务应用阶段。

同时我们看到关注大型企业信息化建设的 IT 厂商并未完全摸准大型企业信息化需求的脉搏：

9．现阶段 IT 厂商提供的解决方案并未得到大型企业 IT 采购主管的认可

IT 厂商都在围绕提供解决方案来推广自己的产品，但通过调查，我们看到大型企业采购 IT 产品时，解决方案并不是关注的主要因素，在用户关注的因素中排在第 7 位。用户除了产品价格以外，还主要关注产品的可靠性、可扩展性、实用性和厂商的配套服务。这说明大型企业 IT 采购更加趋于理性，关注产品的实际应用性能，而解决方案体现的是产品的附加价值、而不是核心价值。IT 厂商的认识存在误区。

10．大型企业很少采用 IT 服务外包模式

服务外包一直是很多 IT 厂商认为非常有潜力的业务，认为可以给企业带来很多价值，例如：通过外包推动企业注重自己的核心业务，专注核心竞争力；企业可以将价值链中的每个环节都由最适合企业情况的专业公司完成，常常能够获得最先进和前沿的技术和技能等等。但当面对企业内部的信息系统专业能力流失、失去对信息系统的控制和形成

对开发商的依赖等风险时，大多数企业望而却步。通过调查，我们看到：只有 1.4%的大型企业选择将后台系统外包给第三方；3.3%的大型企业将前后台全部外包给第三方。大多数企业还是主要靠自己的技术人员进行信息系统管理。这说明大型企业对 IT 服务外包还没有认同。

二、2004 年大型企业信息化将高速发展，“重硬轻软“将被打破，业务系统建设出现突破性进展

1．2004 年大型企业信息化投入将以 27.1%高速增长

2003 年大型企业信息化投入平均将为 2208.5 万元，比 2002 年同期增长 26.1%，预计 2004 年大型企业信息化投入总体增长速度将为 27.1%，2004 年大型企业信息化建设继续呈高速增长态势。

2004 年中国大型企业信息化建设投入增长将主要来自于软件和服务投入的增长。这也说明了大型企业信息化建设将以业务系统的建设为中心。

2．2004 年中国大型企业软件和服务投入将首次超过硬件投入

长期以来大型 IT 投资中的“重硬轻软”现象将在 2004 年发生转变。从本次调查大型企业信息化投入方向来看，随着硬件和网络产品技术的成熟和价格的降低，硬件和网络建设的费用所占比例正逐渐下降，同时 2004 年大型企业软件和服务投入比例将出现大幅度增加，软件和服务投入的总和已经达到 53.7%，超过了半数。

其中：大型企业软件投入比例将从 2003 年占总体投资额的 29.9%、2004 年增长到 39.8%；大型企业 IT 服务投入比例将从 2003 年占总体投资额的 9.3%、2004 年增长到 13.9%；而 2004 年，大型企业硬件投入比例有所下降，将从 2003 年占总体投资额的 60.8%、2004 年下降到 46.3%。

3．2004 年大型企业在核心业务系统建设方面将出现突破性进展

2004年，大型企业信息化建设的重点在于企业资源规划系统、数据整合/数据仓库和决策支持系统的建设。近半数的大型企业将进入数据整合和决策支持系统建设阶段，由于数据整合和决策支持系统建设必须建立在统一的业务平台和统一的数据管理基础上，是提高企业竞争力的重要业务系统，这标志着大型企业信息化建设水平在不断地提升，将在用信息化塑造和核心竞争力方面取得突破性进展。

我们对大型企业信息化工作和IT厂商提出的建议：

4．加快大型企业信息化建设的步伐

目前大型企业基本实现了网络化，财务系统、办公自动化系统等也得到了广泛的应用，但各系统之间存在着“部门壁垒”和“信息孤岛”，还没有实现有效地整合。这种局面如不发生改变，将很难提高中国大型企业信息化建设的总体水平，也就很难谈到用信息化塑造核心竞争力，也就很难在激烈的市场竞争中取得一席之地。同时我们看到中国大型企业信息化投入大大低于国际水平，面对挑战，我们不能放慢建设的脚步。

5．大型企业业务系统建设必须突出以业务为导向

根据2004年大型企业信息化建设方向，我们看到业务系统建设是重点，作为企业信息主管就要明确必须以业务为主导，而不是以技术为主导。企业经营管理人员对项目的支持，对项目成功至关重要。企业信息主管在得到领导对项目的重视以外，就要充分调动经营管理人员的积极性，把项目作为大家共同的使命。企业信息部门必须确立以客户为导向的工作模式和以经营业务为信息化发展驱动力的原则。

6．IT企业要加强对用户需求的把握

做好大型企业信息化的前提是要对企业业务充分理解，它们的特点、需求差异都较大。例如：服务行业关心供应链管理、财务核算与分析，制造业则更关心生产的均衡、灵活和有序等；汽车、家电行业重视资源协调、成本控制、按单生产等；石油、化工行业重视生产设备的实时自动化管理和维护等。从本次调查，我们看到IT企业对目前的用户需求把握还存在

一定的偏差，例如：解决方案在产品销售中的作用，IT 服务外包企业的认同度等。但对用户需求把握不足也提醒我们要把以客户为导向真正落在实处，大型企业对业务系统的需求、第三方咨询服务的需求和信息安全系统的需求，以及对软件和服务需求的高速增长，将为 IT 企业在 2004 年的发展带来巨大的成长空间。

7．IT 服务企业必须深入研究大型企业的 IT 应用经验

IT 服务企业要准确把握行业特点，充分满足用户需求，在应用创新和服务创新方面狠下功夫。要真正为用户着想，善于把传统的管理经验和先进的 IT 应用完美结合起来，创新经营模式，让用户从 IT 应用中获得实实在在的经济效益。只有这样，IT 服务才能够不断赢得用户信任，不断扩大市场空间，形成应用创新和产业发展相互促进的良性循环。

8. 充分了解用户个性化需求是软件企业发展的基础

首先，软件厂商需要对大型企业需求有深入地理解，把某些行业性的特征研究透，具备一定的专业背景，有一定量的用户积累，从为用户提供基础服务和产品支持中提升自己的能力；其次，做好个性化服务还需要有产品线的支持，因为产品是基础，个性化的服务是围绕产品来发生的。大型企业信息化越来越复杂，以项目模式来管理和实施需要大批的实施、咨询服务人员，需要建立一套合理的服务框架体系、具备一定的规模。

积极推动我国外贸出口和
高新技术产业向更高层次和更高水平发展

海关总署总工程师　杨国勋

在积极贯彻十六届三中全会决定和中央经济工作会议精神、全面落实《关于进一步实施科技兴贸战略的若干意见》、深入实施科技兴贸战略的新形势下，为了进一步抓住新形势下经济全球化发展的机遇，扩大我国外贸出口和改善我国的投资环境，促进加工贸易，特别是高新技术产业发展，我代表海关总署讲几点意见。

一、海关在科技兴贸中所做工作的简要回顾

在国际经济技术竞争日趋激烈的今天，随着世界经济一体化的不断推进和我国成功加入世贸组织，现代物流、电子商务、即时供货、零库存等新的管理理念和生产营销方式在我国迅速发展，为了更好地适应这种新形势、新变化和新要求，准确把握海关在国家经济建设大格局中的历史方位，近年来，海关坚持以思路创新引领体制、机制、制度和科技手段创新，坚定不移地贯彻“依法行政，为国把关，服务经济，促进发展”的工作方针，通过全方位地建立起“电子海关”、“电子口岸”和“电子总署”，紧紧围绕既有效把关又高效服务的需要，积极实施提前联网报关、网上税费支付、网上外汇及出口退税申报、进口汽车证明联网、进口通关单联网、加工贸易电子账册和联网监管等新技术手段，大力优化通关作业模式、提高通关效率，努力营造出既严密监管又高效运作、既依法行政又宽松快捷的通关环境，得到了中央以及地方各级政府和广大进出口企业的充分肯定，有力促进了高新技术产业的快速发展。

为了支持科技兴贸战略促进国民经济快速发展，2001 年，海关总署和当时的外经贸部联

合下发了《关于支持高新技术产业发展若干问题的通知》、《关于大型高新技术企业适用便捷通关措施的审批规定》，在上述信息化、网络化等新技术手段支持下，对具备一定资格、符合便捷通关条件的高新技术企业提供了提前报关、加急通关、联网报关、快速转关、担保验放、上门验放和加工贸易联网监管七项便捷通关措施。三年来，海关总署党组、各业务部门十分重视这项工作，把对高新技术企业实施便捷通关作为落实“三个代表”的重要举措，狠抓落实，从适应高新技术企业生产经营方式和海关监管要求出发，制订海关作业规程、修改通关系统程序、强化后续稽查监督、加强宣传培训，投入了大量人力物力，保证了便捷通关措施的较好实施。譬如，到目前为止监管司一共审核批准了 154 家大型高新技术企业，在全国范围内享受提前报关、担保放行、预约通关、上门验放等多项便捷通关措施，为其产品的进出口提供了良好的通关环境，促进了企业的高速发展，这 154 家企业从 2002 年到 2003 年 11 月出口额达 947.16 亿美元，占到全国高新技术产品出口额的 57.5%；关税司针对部分高新技术产品因品种新、种类多、归类困难而严重影响通关速度的问题，适时推出了电子预归类系统，应企业申请，将比较棘手的高新技术产品的归类在货物运抵前根据相关资料预先完成，将部分通关手续前移，减少货物在港口的滞留时间，有效的提高了通关效率，降低了企业的通关成本；加工贸易司积极推进大型加工贸易 IT 企业电子账册联网监管工作，改变以前以合同为单元的管理模式为企业为单元建立账册，充分利用现代科技手段，既保证了对加工贸易保税货物的全程有效监管，又适应了大型高新技术企业生产周期短、变更频繁的要求，有效支持了高新技术产品的出口，成效显著。例如，上海英业达公司在联网监管前，7 个半月共出口 9300 万美元，实现联网监管后，通关时效大幅提高，5 个半月出口即达 3.47 亿美元。

在总署的统一领导和部署下，全国各直属海关也十分重视科技兴贸工作，各关均成立了关领导担任组长的贯彻科技兴贸战略工作领导小组，采取各种有效办法，加强对企业的宣传培训，积极推进提前报关、担保放行、加工贸易联网监管、无纸通关等便捷措施的实施，保证适用企业优先办理海关手续、24 小时无假日预约通关和上门验放，有效改进通关服务，提高通关效率，有力促进了高新技术产品的出口。例如，天津海关对海运货物实行“提前报关、实货放行”，凭电子舱单提前接受报关、提前办结进口单证审核手续，对空运货物允许企业在飞机从境外起飞后、到达前，办理报关手续，使办理货物提离手续时间由原来的 1 天缩短到 1

小时，大大提高了企业通关速度，适应了企业参与国际竞争的需要，受到各方面的普遍好评；深圳海关率先试行加工贸易联网监管模式，依托“电子联网”，实现了企业与海关、外经贸主管部门之间的计算机联网管理，使企业可以“足不出户办手续”，大大地简化了通关手续，提高了通关效率，降低了通关成本，同时，由于这种联网监管模式符合高新技术企业的生产经营要求，促进了深圳市高新技术企业的超常规发展，加工贸易联网监管企业的进出口增幅比深圳市平均水平约高 12%；青岛海关为支持企业扩大出口，推出了以出口无纸通关为主线的“E 通关工程”，初步实现出口通关手续无纸化，平均通关时间约 1.55 小时，较有纸方式提高 81.5%，有效的加快了通关速度，降低了企业成本，促进了高新技术产品出口的快速增长。

二、海关进一步贯彻落实科技兴贸战略的具体工作计划

为了更好地贯彻十六届三中全会决定和中央经济工作会议精神，全面落实科技兴贸战略，下一步海关将具体从三个方面做好有关工作：

（一）整合通关作业模式，使电子化、网络化优惠服务措施更科学合理

根据部分便捷通关企业的反馈，各项便捷通关措施的推出，确实在提高通关效率、降低企业通关成本、满足高新技术企业运营要求、促进企业快速发展等方面发挥了十分积极的作用，但也还有一些改进要求。因此，海关在下一步落实科技兴贸战略，继续做好便捷通关措施的工作中，要及时总结经验，查找具体实施中的不足之处，加强制度建设，完善相关法规、规定和操作规程，改进便捷通关企业的审批、培训、后续管理和便捷措施的实施方法，确保各项便捷措施落在实处，让企业更加感受到便捷通关措施带来的便利。同时要整合便捷通关措施，除了原来享受的提前报关、担保放行、上门验放等措施外，对海关推出的部分其他通关作业改革措施，如无纸通关、网上支付等，也让便捷通关企业无须另外的申请、审批就能够直接享受。海关将不断改进服务意识，逐步建立海关与守法企业之间既有管理又有合作的伙伴关系。

（二）适当降低中西部地区企业享受电子化、网络化便捷通关措施的门槛，积极支持中西部地区高新技术产业发展和产品出口

由于我国东西部地区在经济发展上存在一定的差距，批准的在全国范围内享受便捷通关措施的大型高新技术企业大部分都分布在沿海经济发达地区，中西部地区很少。而在十六届三中全会上，中央强调了统筹发展经济的思想，明确提出了要“统筹城乡发展、统筹区域发展、统筹经济社会发展、统筹人与自然和谐发展、统筹国内发展和对外开放”，为了更好地支持“西部大开发”战略，统筹我国各地区之间的平衡发展，按照《关于进一步实施科技兴贸战略的若干意见》对海关工作的要求，将在下一步适当降低门槛，对年出口额在 1000 万美元以上、资信良好的中西部高新技术生产企业，给予享受各项便捷通关措施。同时，要求各直属海关做好相关宣传培训和咨询服务工作，让企业了解、学会适用海关通关便捷措施，海关在人力物力上提供保障，确保各项便捷措施得到落实。

（三）积极推广加工贸易电子账册、联网监管模式，推动高新技术产品加工贸易快速发展

近几年来，加工贸易一直占到我国进出口贸易的“半壁江山”，其重要性不言而喻。尤其是高新技术生产企业，相当一部分都是加工贸易企业。而此次十六届三中全会上，《中共中央关于完善社会主义市场经济体制若干问题的决定》中更是直接提出“继续发展加工贸易，着力吸引跨国公司把更高技术水平、更大增值含量的加工制造环节和研发机构转移到我国，引导加工贸易转型升级”的要求。为此，积极采取有效措施，促进高新技术产品加工贸易的快速发展，既是对科技兴贸战略的具体落实，更是对十六届三中全会精神的有力贯彻。海关实施加工贸易联网监管，是以企业为单元建立电子账册，通过以海关内部业务系统、企业内部 ERP 系统（企业资源计划管理系统）为基础建立海关与企业之间联网管理的网络系统，实现加工贸易电子账册审批、备案、变更、报核的无纸化和网络化，极大地简化了手续，提高了效率，特别能够适应现代大型高新技术企业生产周期短、交货时限要求高、物流全球化、生产零库存化等特殊运营要求，促进高新技术生产企业的快速发展。以深圳关区为例，2003

年 1～11 月实现联网监管的加工贸易企业进出口 440.48 亿美元，比去年同期增长 46.5%，占关区加工贸易进出口总额的 53.26%，加工贸易联网监管企业的进出口增幅比深圳市平均水平约高 12%。因此，为了支持科技兴贸战略，海关下一步将研究制定全面的现代化海关加工贸易管理体系，首先要尽快在前期试点的基础上，加大加工贸易联网监管的推广实施力度。对符合海关监管条件的高新技术加工贸易企业，在业务管理和技术支持上都优先予以考虑，帮助企业尽快实现联网监管，取消手册管理，为它们提供更方便、更快捷的通关条件，以更好地促进高新技术产品加工贸易的快速发展，吸引更高技术水平、更大增值含量的加工制造环节向我国转移，促进我国加工贸易的不断升级转型。

总之，我们海关将以“三个代表”重要思想为指导，与时俱进，开拓进取，全面贯彻落实科技兴贸战略，积极推动我国外贸出口和高新技术产业向更高层次和更高水平发展，为建成完善的社会主义市场经济体制，实现全面建设小康社会的宏伟目标而努力奋斗！

全力构筑审计信息化系统工程

审计署计算机技术中心处长　程建勤

一、概况

我国政府审计机关自1983年成立以来，履行对国务院各部门和地方各级政府及其部门的财政收支、国有的金融机构和企业事业单位的真实、合法和效益的审计职责。随着计算机信息网络技术的发展和普及，被审计单位的财政财务核算系统逐步实施电子化，手工作业的审计手段已经不适应形势的需要，以审查会计账册和相关经济活动资料为主要方式的审计职业遇到了前所未有的挑战。使得不掌握计算机技术，就无法打开账本，更难以开展审计工作。为此，1999年，李金华审计长提出了“审计人员不掌握计算机技术，将失去审计的资格”的重要论断。审计署组织开展了计算机审计的积极尝试，全面加强了审计系统“人、法、技”的建设，把审计信息化的规划和建设作为头等大事来抓。

审计署成立了以李金华审计长为组长的审计信息化建设领导小组，下设信息办。审计机关各部门也成立了信息化领导机构，指定专人负责信息化工作。李金华审计长提出“信息化工程是一把手工程”，亲自抓、亲自管，过问得很具体，指挥得很到位，支持力度很大，亲自向国务院领导反映审计信息化的进展情况，多次出面协调金审工程遇到的难题。

采取了强力推进计算机技术的措施。首先抓培训，对审计人员进行计算机操作技能和计算机知识培训；其次是抓起步应用，在文书处理、公文阅览中使用计算机；再次是抓审计实施应用，在制定审计项目方案的时候，必须同时制定计算机审计方案，提交审计报告的时候，必须同时提交计算机应用情况的报告。强力推进的效果是审计信息化从领导重视变成大家重视，从少数人动手变成人人动手，从依靠少数IT人员变成广大审计人员须臾难离之工具。

积极推进金审工程建设，使审计信息化成为国家电子政务的组成部分，随着国家电子政务的总体推进，审计信息化建设迎来了一个更好的发展环境。

各级审计机关在李金华审计长的大力倡导下，在审计署党组的正确领导下，对于开展计算机审计的重要性、必要性和紧迫性，有了比较统一的认识。全国审计系统掀起了学习和运用计算机的高潮，审计信息化建设的重要性深入人心。开展计算机审计，困难重重：思想观念落后、人才奇缺、经费严重不足、无审计软件可用，等等。全体审计人员克服困难，以大无畏的精神，自力更生、艰苦奋斗：认识不足，学习提高，转变观念，彻底打破“等、靠、要”的思想；经费不足，从牙缝里挤；计算机专业人员不够，千方百计地引进；计算机审计人员奇缺，花大力气自己培养；广大审计人员计算机知识缺乏，在紧张工作的间隙积极充电。经过几年的努力，计算机审计从无到有，从小到大，已经成为我国现代审计的重要方式和手段，并呈现出全方位、大范围、广泛性的特征：

1. 全方位。在计算机技术的运用领域，已经由金融审计一支独秀向财政、行政事业、企业等审计领域全方位发展。

2. 大范围。计算机技术在审计机关的运用范围，已经由审计署机关、特派办的异军突起发展到各级审计机关较为普遍地运用计算机开展审计。

3. 广泛性。四年前，受各种主客观条件的限制，计算机审计主要依靠少数既熟悉审计业务，又初步掌握了计算机技术的业务骨干。在审计现场，主要是依靠单兵、单机作战。尽管起到了重要的带头和示范作用，但缺乏广泛性，更多的审计人员还处于观望态度。随着各级审计机关信息化建设步伐的加大，绝大多数审计人员逐渐认识到计算机技术的重要性，掀起了学习、运用的高潮。尤其是随着金审工程的建设，各级审计机关开始系统地、全面地推动计算机技术，计算机已经成为审计人员必不可少的工具，计算机技术在不少审计领域成为必须具备的基本技能。

二、金审工程建设取得成果

在国务院领导同志亲切关怀和国家发改委、国信办、财政部、信息产业部等相关部门的大力支持下，2001 年审计署正式启动了关乎审计未来发展的宏伟工程——金审工程。目前，金审工程一期建设已接近尾声。

金审工程的总体目标是：

——建成对财政、银行、税务、海关等部门和重点国有企业事业单位财政财务收支的真实、合法、效益的电子数据，以及对与财政财务收支相关的信息系统的安全性、合规性和经济性，实施有效审计监督的信息化系统。

——建立起适应信息化的“预算跟踪+联网核查”的审计模式。

——逐步实现审计方式从单一的事后审计向事后审计与事中审计相结合，从单一的静态审计向静态审计与动态审计相结合，从单一的现场审计向现场审计与远程审计相结合的三个转变。

实现上述三个建设目标，有利于进一步增强审计机关在信息化环境下查错纠弊、规范管理、揭露腐败、打击犯罪的能力，有利于进一步提高审计质量，提升审计成果，更好地履行审计监督的法定职责，有利于进一步发挥审计机关在维护经济秩序、促进依法行政、建设法制政府等方面的作用。

金审工程建设的主要内容是：研制开发一批审计软件；建设一个数据库群；联通一套网络；建立一支队伍；添置一批必要的设备。

上述建设内容的总体构架由网络系统、应用系统（含信息资源）、安全系统、机房设施（含硬件设备）、人员培训、标准规范组成。应用是信息化建设的核心。应用系统是金审工程六大系统的核心，包括审计管理和审计实施两大分系统。

经过广大审计人员的共同努力，金审工程一期建设已经取得了阶段性成果：

1. 网络建设取得初步成果。审计信息网络系统主要是依托国家电子政务网络平台，由运行涉密信息的审计内网、运行审计业务和专用信息的审计专网和运行大众信息的因特网接入网三套相互隔离的物理网络构成。

2. 应用系统建设初具规模

（1）整合开发了审计管理和审计实施两大分系统。其中，审计管理分系统，开发了《机关辅助办公系统》平台，整合了 21 个软件；审计实施分系统，开发了《现场审计子系统》，整合了 5 个软件的功能。《数据采集分析》、《通用审计》、《中央部门预算执行审计》等审计软件，也得到了继续完善强化。

（2）完成了审计信息数据库建设。审计信息数据库是支撑审计实施和审计办公的基础数据库。包括审计公文资料库、审计计划资料库、审计统计资料库、审计档案资料库、审计机关人力资源库、审计专家经验库、审计文献资料库、审计法律法规等数据库，以及被审计单位资料、宏观经济信息、审计文献资料等资料库。

（3）建设联网审计实施系统。联网审计是计算机审计的重要方式，联网审计实施系统是在信息网络环境下对财政、海关、税务、金融等重要经济行业和重点部门实施网上审计的应用系统。

3. 安全系统和机房系统（硬件设备）的硬件环境已基本具备。在金审工程的建设过程中，对网络安全和应用安全进行了同步建设。按照国家规定配置了防火墙、入侵检测、防病毒等安全措施，制定了安全管理制度。

三、计算机技术在审计工作中广泛应用

几年以前，全国审计机关在计算机运用方面主要还是集中在辅助办公，运用计算机对审计项目实施管理特别是开展计算机审计，还仅仅是停留在纸上谈兵的地步。随着金审工程的建设，随着审计信息化工作的推进，使审计组织、审计手段和审计管理等发生了重要变革。

1. 在审计组织方式上，从审计现场的单机审计，发展到审计现场的局域网审计，以及目前正在试点实施的远程联网审计；由对被审计单位电子数据实施分散审计发展到对电子数据实施集中审计。

2. 在审计的手段上，从利用计算机检索、关联、计算等功能对电子数据进行分析，发展到利用计算机技术将审计人员的经验、技巧、方法智能化，进而利用分析性测试等先进审计方法系统分析电子数据。

3. 在审计的客体上，从单纯审计电子数据，发展到既审计电子数据，又对与财政财务收支相关的信息系统的安全、合规、经济实施审计监督。

4. 在计算机运用的范围上，实现了从利用计算机实施审计到运用计算机管理审计项目的跨越。审计信息化不仅使审计技术方法有了很大提高，而且促进了审计计划、组织、实施、

汇总和处理等各项工作的程序化、规范化，对加强审计质量控制起到十分重要的作用。

四、审计信息化的标准、规范建设取得进展

以国家电子政务标准体系框架为指导，以确保网络互连互通、信息资源共享为目标，按照“有国标用国标，无国标定署标”的原则，不断加强审计信息化标准规范建设。国务院办公厅下发的《关于利用计算机信息系统开展审计工作有关问题的通知》，审计署制定的多项审计准则、《审计项目质量控制暂行办法》、《世界银行贷款项目审计指南》、《企业审计指南》、《商业银行审计指南》等，为审计信息化标准、规范建设奠定了基础。同时，审计署还制定了审计机关、审计事项、被审计单位、违纪违规行为等具有审计专业特色的统一代码，以及审计应用平台技术选型和数据交换接口标准、《审计软件开发指南》、局域网建设等技术文件。这些标准、规范的制定，不仅保证了金审工程的顺利推进，为提高审计效率、保证审计质量、降低审计风险提供了保障，而且丰富了国家电子政务标准体系，受到有关部门和专家的好评。

五、今后的工作目标

根据当前审计信息化建设的现状和形势发展的要求，审计署信息化建设领导小组经过认真研究，确定了今后几年审计信息化建设的目标：金审工程开发的审计管理系统、审计实施系统（包括现场审计和联网审计两个子系统）全面投入使用；基本完成基础性审计资源数据库的建设；审计署与各特派办、审计署与省级审计机关、省级审计机关与市（地）审计机关之间的信息网络平台初步建成；基本形成适应信息化条件下开展工作的审计队伍；逐步完善审计信息化的标准、规范。

审计署将在今后的审计工作中，大力推广先进审计技术方法，积极探索信息化环境下的新的审计方式，促进提高审计工作效率和质量，推进信息技术在审计实施和审计管理中的普及应用，推动全国审计机关审计信息化的进一步发展。

依托"金水工程" 推进水利信息化

国家水利部水利信息中心副主任、国家水文局局长　蔡　阳

′98 大水后，按照中央治水方针，水利部党组提出了由工程水利向资源水利转变、由传统水利向现代水利、可持续发展水利转变，以水资源的可持续利用支撑经济社会可持续发展的治水新思路。

推进水利信息化是深入贯彻中央治水方针，全面实施部党组治水新思路的内在要求。"金水工程"即水利信息化工程，已被列为国家电子政务建设优先建设的 12 个重点业务系统之一开始建设。水利部党组也将"水利系统电子政务建设全面加强，全面建成覆盖全国的水利信息网络和防汛抗旱、水资源管理、水土保持等重点应用系统"作为到 2010 年水利发展的主要目标之一。水利信息化工作迎来了极好的发展机遇。

一、行业信息化建设成绩显著

各级水利部门认真贯彻中央的水利工作方针和水利部的治水新思路，加快了水利信息化的建设步伐，特别是作为水利信息化（"金水工程"）的"龙头"工程的国家防汛抗旱指挥系统一期工程已经国家发改委批准实施，促进了水利信息化的进展。以水利信息化带动水利现代化为目标，积极开展水利信息网络、通讯网络、基础数据库等基础设施建设，大力推进国家防汛抗旱指挥系统和水利行政资源管理等重点业务系统建设，开拓创新，努力工作，取得了显著成绩，主要表现在以下四个方面：

（一）水利信息化基础设施建设取得巨大成绩

一是水利信息网建设取得成效。初步建成了水利部连接流域机构和各省(自治区、直辖市)的全国实时水情信息传输计算机网络（低速专用），实现了全国实时水雨情信息传输的网络化。为了加快水利信息化基础设施建设，提高各类水利信息的网络化采集、交换、共享，结合国家防汛抗旱指挥系统（一期）工程建设，水利部利用公共网络资源，组织实施了水利部机关与七个流域机构、各省（自治区、直辖市）的宽带互联（2 兆），为全面推进水利信息化建设奠定了网络基础。各流域机构、各地水利厅（局）普遍建成了计算机局域网。一些省市已初步建成了从省（市）水利厅（局）至各地（市）水利局、直属单位，甚至到县的宽带计算机广域网，具备了语音、数据、图像传输等功能，初步实现水利信息的网络传输与共享。一些省（市）还实现了电视会议和 IP 电话功能。

二是水利通信网初具规模。各省（自治区、直辖市）和流域机构的防汛、工管、水文部门，根据辖区内的实际情况，分别建成了一定规模的数字微波干线通信网、一点多址微波通信网等通信网，实现了程控交换机联网。全国已建成话音通信站和水文数据卫星站 200 多座。在一些大江大河的重点蓄滞洪区初步建立了无线洪水警报通信网和信息反馈系统。建成了部机关到七个流域的卫星通信网。

三是水利信息资源开发取得较大进展。实施了《国家水文基础数据库》等专业数据库建设。目前绝大多数省已建立了水文数据库， 80%以上的水文数据整编成果已经入库。水利空间数据库、全国水土保持数据库、全国农田灌溉发展规划数据库、全国蓄滞洪区社会经济信息库、水利建设移民基本信息库、全国防洪工程数据库正在积极建设。随着水文基础设施、水土保持监测、水资源实时监控设施建设的不断加强，水利信息采集设施得到了改善，自动化水平有所提高。

（二）专项业务应用系统建设取得突破性进展

一是国家防汛抗旱指挥系统工程。国家防汛抗旱指挥系统一期工程可行性研究报告通过国家发改委批准，先期实施的全国 20 个水情分中心、水利信息骨干网络、全国防汛异地会商系统等应急项目已经取得阶段性成果。目前，国家防汛抗旱指挥系统一期工程初步设计已通过水利部审查，这标志着国家防汛抗旱指挥系统已进入全面实施阶段。

二是水利行政资源管理系统。近年来，各地、各部门都加强了水利行政资源建设。水利部已经完成了水利电子政务一期工程项目，实施了政务内、外网物理隔离，建成了水利部网站和水利部办公自动化系统，实现了部机关与在京主要直属单位的内网互联。流域机构、多数省级水行政主管部门内部已初步实现了以网上公文流转为主要内容的办公自动化。水利电子政务综合应用平台、七个流域的电子政务系统（一期）项目经水利部正式批准已开始实施。水利部机关与流域机构内部网络的互联也在积极推进。全国有 100 多个水利单位和机构在因特网上建立了自己的网站，这些网站在增强水利宣传、增加政务透明、增进信息沟通、提高办公效率、促进水利发展、优质社会服务等方面取得了显著成效，对于推动水利信息化建设发挥了不可替代的积极作用，已逐步成为水利日常工作中不可缺少的重要组成部分。

三是水资源实时监控试点建设。海委、太湖局、黄委三个流域和江苏省、辽宁省两个水利厅已经先后启动了水资源实时监控系统建设，海委、黄委和江苏省水利厅已经取得了积极成果，太湖局和辽宁省水利厅也正在积极采取措施加快建设步伐。

四是水土保持监测网络与信息系统建设。《全国水土保持监测网络与信息系统建设可行性研究报告》已得到国家发改委批准，第一期建设实施方案通过了审查，项目已正式实施。

（三）水利信息化的保障环境明显改善

一是正式发布了《水利信息化标准指南（一）》。标准化是全面推进信息化的技术支撑和重要基础，水利信息化标准要先行，有效地运用标准化，就会使信息化建设的资源得到充分利用，水利信息化建设步伐就会加快，减少资源浪费，实现信息共享。

二是加强了组织建设和人才培训。各级水利部门都非常重视信息化组织机构建设。2000 年我部成立了水利部信息化工作领导小组并设立了办公室，加强了对水利信息化工作的统一领导。各级水利机构也都根据实际情况确定了信息化领导和管理机构。举办了各种类型的培训班，提高了水利系统计算机和网络系统技术应用水平，培训了一批技术骨干，并取得了很好的效果。

（四）水利信息化行业管理得到加强

近年来，水利部在加强水利信息化行业管理方面做了大量工作。

一是编制完成并颁布了《全国水利信息化规划》。该《规划》遵循国家信息化建设的指导思想，充分考虑了水利行业信息化建设的特点，阐明了水利信息化建设的分阶段目标与任务。各流域的信息化规划和各省（自治区、直辖市）的水利信息化规划已初步完成。国家水利数据中心建设规划及建设项目建议书已通过部审查。由水利部有关司局牵头编制的一些专项规划也已基本完成。

二是正式出台了《水利部信息化建设管理暂行办法》。该办法的实施将大大改变水利信息化建设“重建轻管”的状况，进一步加强水利信息化建设的管理，规范水利信息化建设项目的审批程序，为水利信息化建设提供制度保障。一些流域机构和省市结合各自具体情况，相继制定了一系列信息化方面的规章制度。如：黄河水利委员会出台了《“数字黄河”工程管理办法》等。

三是加强了水利信息化工作经验交流。印发《水利信息化工作简报》，召开一些水利信息化工作会议、专题研讨会、论坛。

（五）存在问题

虽然近几年水利信息化工作取得很大成绩，但从总体上看，目前全国的水利信息化建设尚处于起步阶段，在取得显著成绩的同时，还存在一些亟待解决的突出问题。主要表现在以下5个方面：

1. 认识不够到位

一些单位、机构的领导对水利信息化建设的认识不足、重视不够，机构不健全、投入的力量不够，紧迫感不强。

2. 资金投入渠道不畅

水利信息化建设缺乏正常的投资渠道。一是信息化建设项目建设投资少，导致水利信息化建设形成不了规模。二是系统建成后的运行维护费落实难。

3. 基础设施薄弱

水利信息骨干网建设滞后，基础数据库的建设还没有形成规模，水利信息资源的开发利用不足。一些专业的数据库建设尚未全面启动。信息的规范化和数字化程度过低，致使信息资源共享困难。

4. 应用水平较低

缺少对水利业务流程的统一分析和规范，导致各级水利业务部门在低水平上重复开发应用软件，软件功能单一，系统性差、标准化程度不高，不能形成具有一定规模的高质量应用软件资源。

5. 建设管理滞后

对项目建设与成果的管理相对较弱，对同一类应用系统缺乏统一组织开发和推广应用。有的单位目前还没有明确信息化工作的主管部门，有的责权不明。

二、水利信息化是水利现代化的基础和重要标志

信息化水平已成为衡量一个国家综合实力、国籍竞争力和现代化程度的重要标志。信息化已成为社会生产力发展和人类文明进步的新的强大动力。推进水利信息化是深入贯彻落实中央水利工作方针，全面实施部党组治水新思路的内在要求。水利是国民经济的基础设施，水资源是基础性的自然资源和战略性的经济资源，水资源的可持续利用是我国经济社会可持续发展极为重要的保证。广泛应用现代信息技术、充分开发水利信息资源，加强水利管理，有效防治水害、优化水资源配置，提高水资源利用效率，是水利可持续发展的必然选择和必由之路，因此推进水利信息化是水利可持续发展的基础和前提。推进水利信息化也是转变政府职能，改进政府管理方式，提高行政效率的客观需要。

水利部党组高度重视水利信息化工作，十分明确地确定了水利信息化工作在水利现代化战略中的地位和作用。即：“水利信息化是水利现代化的基础和重要标志，以水利信息化带动水利现代化”，水利信息化是水利现代化的必然选择。

三、水利信息化发展思路和建设任务

为了加快水利信息化的建设，促进水利现代化的发展，水利部组织编制了《全国水利信息化规划》（“金水工程”规划），明确了水利信息化工作的指导思想和水利信息化发展思路（即：建设目标，近期重点建设任务）。《全国水利信息化规划》（“金水工程”规划）

已经过水利部审查，正式上报国家发改委，并印发给水利直属各单位及各省（自治区、直辖市）水利厅（局）。

（一）指导思想和建设目标

今后一个时期，水利信息化工作的指导思想是：以邓小平理论和“三个代表”重要思想为指导，适应改革开放和现代化建设对水利工作的要求，以需求为导向，以应用促发展，积极推广和应用信息技术，以水利信息化带动水利现代化，以水利现代化为全面建设小康社会提供支撑和保障。

近期目标：广泛开发水利信息资源，基本建成水利信息网、国家水利数据中心和安全体系，全方位构建水利信息基础设施；健全信息化建设运行管理体制，统一标准规范，加强人才培养，营造水利信息化保障环境；基本完成国家防汛指挥系统工程（一期）和水土保持监测与管理信息系统建设，全面启动水资源管理决策支持系统、水质监测与评价信息系统和水利行政资源管理系统建设，部署其他业务应用系统建设，基本形成水利信息化综合体系，有效解决信息资源不足和资源共享困难，提供满足基本业务需要的信息服务，提高水行政管理效率，在水利部、七大流域机构和经济发达地区基本实现水利信息化。

中期目标：深入开发水利信息资源，完善水利信息基础设施，持续改善水利信息化保障环境，全面推进重点业务应用，提高信息资源利用水平，提供全面、快捷、准确的信息服务，增强决策支持能力，基本实现水利信息化，为实现水利现代化奠定基础。

（二）建设任务

水利信息化建设的基本任务是：建设水利信息基础设施，营造水利信息化保障环境，围绕十大重点业务应用，建立和完善水利信息化综合体系。

水利信息基础设施建设

通过对信息采集系统的完善与整合，提高时效、增强能力、丰富内容、提高系统整体利用率，形成综合信息采集系统。

建成连接水利行业各级、各部门的全国水利信息网，为业务应用提供数据交换、视频信息传输和语音通信等服务。

建设水利数据中心，水利数据中心由国家水利数据中心、流域分中心和省（自治区、直辖市）数据管理节点共同构成，在水利信息汇集、存储、处理和服务的过程中发挥核心作用，是构成完整基础设施体系的重要部分。通过水利数据中心建设，实现信息资源的共享和优化配置，满足业务应用多层次、多目标的综合信息服务需求。

业务应用建设

水利业务应用系统建设依托于水利信息基础设施，不同类型的业务系统对基础设施的要求差异很大，因此水利业务应用系统的建设要和水利信息基础设施的建设密切结合。

近期以国家防汛指挥系统、水资源管理决策支持系统、水土保持监测与管理信息系统、水质监测与评价信息系统和水利行政资源管理系统建设为重点，初步满足业务应用需求；中期进一步完善已建系统，全面开展水利工程管理、农村水电及电气化管理、水利信息公众服务、水利规划设计管理和水利专业数字图书馆等业务应用系统建设，基本建成十大水利业务应用。

保障环境建设

水利信息化保障环境由水利信息化标准体系、安全体系、建设及运行管理、政策法规、运行维护资金和人才队伍等要素共同构成。保障环境是水利信息化综合体系的有机组成部分，是水利信息化得以顺利进行的基本支撑。

近期，主要围绕提高认识、统一规划、启动建设等方面制定和执行相应的政策法规、技术标准，同时做好保障环境自身的建设工作。规划中期，主要采取相应的行政和技术手段，预防和解决水利信息化过程中存在的矛盾和问题。

中国数字化医院（e-Hospital）建设之路

卫生部统计信息中心　主任饶克勤　副主任王才有

信息社会发展的速度经常会超过常规的预测和想象，人们经常会用瞬息万变形容信息社会的发展特点。最近几年人们会发现，每当一项新的信息技术应用成为现实之前，总习惯见到相关创新的词汇出现，“数字化医院”就是其中一个实例。如果在 Google 网站，送入“数字化医院”一词，可以搜索到 129,000 个项目，而输入“Digital hospital”符合的查询结果会多达 2,270,000 项。但是，究竟什么是数字化医院？数字化医院的内涵和外延是什么？以及如何开展数字化医院建设工作？这些理论和实践方面的问题，有待于深入地研究和分析。

一、关于数字化医院概念

2002 年 10 月卫生部在深圳召开的全国卫生信息化工作会议中，首次在卫生部正式文件中引用“数字化医院”一词，并从外延上对“数字化医院”的概念进行了描述。当时把具有医生工作站、护士工作站、临床检验信息系统、医学影像系统、电子病历和远程医疗等信息技术应用特点的医院认定为数字化医院。现在看来，这种外延上的概念定义，虽然没有严格意义上的错误，但存在着挂一漏万的可能。

其实，关于数字化医院的定义，有赖于从谁的口中说出，谁给出这个定义。医院管理者，临床医生，护理人员，辅助科室，财务管理等部门的人员会从不同侧面，给出各自不同的理解。如果从医院全局考虑问题，我们可以把数字化医院简练地定义为，经过自上而下设计，从医院发展战略高度，优化诊疗活动，优化财务管理，优化工作流程等全方位的医院信息系统应用，称之为数字化医院，这其中不但包括开发使用先进的医疗信息处理系统，而且包括普及辅助的信息技术设备。关于“数字化医院”概念，这里有两方面重要的补充。

1．从静态上看，数字化医院是医院各种活动都采用信息化技术应用，利用信息技术为医院活动中的全体用户提供服务和支持

第一，服务于医院管理者。数字化医院建设内容包括：财务系统，药品器材，人力资源等各种“资金流”、“物资流”和“资源调度”等方面的信息收集、处理分析和利用。

第二，服务于医务工作者。医务工作者既包括从事诊疗活动的医生，也包括护理服务的护士。在门诊、住院的各种诊疗活动中，能够利用网络在任何时间、任何地点，获取有关病人最详细的信息。这种建立在电子病历基础之上的信息技术应用，除了为医生提供查询搜索服务，而且应能够具有主动的知识获取，和信息捕捉等知识库工作特点。协助医生诊疗工作，避免医疗事故发生。医生开出的每一份医嘱，系统都会自动进行上下文相关知识比对和分析，降低医疗错误发生。在数字化医院中，医生同时也是重要的信息收集人员。医生利用信息技术设备和数字化设备，将病人各种检验，检查结果的数字信息、静态图形信息、动态图形信息、声音信息以及电子信号信息，有效地进行组织、整理、存储、传输和使用。此外，数字化医院还能利用信息技术手段，支持各种手术方案和治疗方案设计（CAD），以及各种治疗设备的自动化控制。

第三，服务于患者。患者作为数字化医院的服务对象是一个新的理念，信息技术和手段直接服务患者，体现病人知情权，提高病人满意度和提供网络咨询服务等。此外，数字化医院建设提高了医疗质量，降低差错发生，其直接受益者就是患者。

第四，服务于社会。数字化医院能够为社会群体疾病监测提供更详细、更完整和更准确的监测信息，数字化医院也利于更迅速地响应和应对疾病暴发与处置其他公共卫生事件危机。可以数字化医院，推进公共卫生系统建设，间接为社会整体人群带来利益。

2．从动态上看，医院数字化又是医院信息化的发展的过程

目前看来，人类不过是刚刚进入信息化社会，信息技术研究和应用正处在快速普及和发展的时期。医院信息技术应用，当前也是处于不断发展变化过程之中。例如，随着人类基因认识和相关技术发展，医生将能够大量掌握和利用患者的基因资料，因此电子病历中除了传统资料之外，还包括患者基因数据资料。随着数据挖掘和知识库技术发展，数字化医院在医生临床决策支持服务上将发生重大变化。美国 Gartner Group 提出医院信息化发展五阶段的学说。根据专家评判，我国医院信息化发展尚未达到第二代水平。

第一代(Collector)系统仅仅是数据收集者，通过创建临床数据库，能比手动方式更快地获得信息。

第二代(Documentor))系统采用电子病历（Computerized Patient Record 或 Electronic Medical Record，简称 CPR 或 EMR）来完整地记录临床的各种事件和信息，并实现基本的临床决策支持系统（CDSS）以减少医疗错误。

第三代(Helper)系统能够把临床决策支持系统结合到整个医疗服务过程和工作流程中去，并使用标准的医学词汇来规范医学概念，实现计算机化医嘱录入（CPOE），并具备定量分析错误和方法有效性的基本体系，从而达到减少超过一半的可避免的医疗错误。

第四代(Partner)包括比较成熟的临床决策支持系统（CDSS）、临床管理协议（protocol）、比较广泛地采用知识管理、疾病追踪管理，通过与最新的临床研究知识库的接口，提供循证(Evidence-based) 的决策支持和针对每个病人的个性化的医疗服务。

第五代(Mentor)是智能化的临床信息系统，估计 2010 年后才会出现，包括高度成熟的 CDSS、关于医疗机构（Care Delivery Organization）具体的知识融入日常工作流程、真正的基于循证的医疗、每一例医疗都要进行效果的追踪、连接到国家医学图书馆和最新医学研究成果、病人状况能有效地处理、具有与移动个人监护设备的接口、提供个性化的病人信息并在任何地方都可以获得。

二、数字化医院建设目标与驱动力

目前在我国推进数字化医院建设，是为了满足现代化医院自身发展的需要，整合并提供社会化的医疗资源和保健服务资源，提高整个社会医疗保健服务的工作效率，更好地为人民健康服务。任何医疗活动之中，患者无疑是数字化医院的最终受益者，医生提高诊疗水平的目的是为患者提供更好的服务。为此，当前数字化医院建设的目标定位在以下三个方向：

第一，减少可避免的医疗事故。根据相关文献介绍，目前美国每年由于可避免的医疗事故造成的死亡人数为 44,000 至 98,000 人，这方面所增加的社会负担和影响是非常严重的。

调查资料表明，这些可避免的医疗事故，主要是医疗服务工作失误所导致，包括：诊断错误、用药错误和操作错误等。数字化技术在医疗活动中的应用对于降低这些医疗事故发生，可以发挥出重要的作用。例如，对住院病人使用条形码标识，防止治疗活动出现混淆。药房发药使用数字化自动包装机后，患者服用药品，都采用单独包装，可以避免用药错误发生。

第二，控制医疗费用增长。随着经济发展和社会进步，人们更关注健康投资，卫生总费用随着经济发展增长是社会发展的必然。但是，如果医疗费用过渡增长，也会影响经济发展和社会稳定。美国卫生总费用占GDP比例已高达15%，我国卫生总费用目前虽然只占GDP 的5%，但近年来的医疗费用持续增长趋势，已使社会感受到严重的压力。世界各国都在把控制卫生总费用的增长，作为医疗改革的一项目标。尽管数字化医院需要一定的投资，但是在控制医疗费用增长上，实际是可以发挥重要作用的。其缘由在于：一、信息系统应用可以提高医院资源利用效率；二、信息系统应用能够减少浪费和医疗费用上的跑冒滴漏；三、信息资源的利用和共享，能减少重复检查次数。四、医生诊疗效率提高，必然会直接降低患者费用。

第三，提高诊疗水平。数字化医院检验和检查设备的数据化，提高诊断准确性。医学知识库系统的应用，可以辅助医生决策，能够尽量避免人为失误，提高服务质量和水平。

当今很多医院的管理者开始把数字化医院建设，提升到单位战略发展目标。总体看来，医院信息化建设的驱动力来自于以下几个方面：（1）数字化检验设备引进，促进了医院PACS,RIS,LIS 等临床信息系统的发展；（2）硬件和网络技术发展，提供了更好的性能价格比；软件开发平台和数据库技术发展，系统开发效率提高；数据标准体系的形成和发展，降低了开发成本；（3）医务人员自身对信息技术应用水准逐步提高，并逐步从对数据的应用需求，转向对知识的应用需求；（4）医院面临市场竞争的压力。医院虽然并不完全是市场化经营，但是医院逐渐面临的市场竞争压力，医院领导不得不提升对信息化建设的认识，利用现代手段，增强单位核心竞争力。

三、数字化医院建设的关键因素

数字化医院是医疗服务信息化发展趋势。医院管理网络化、医生决策知识化、治疗运作流程自动化，患者健康状态信息的采集，处理，分析利用的数字化，成为数字化医院的基本特征。数字化医院能够提高效率，降低事故，提高质量的前景已被大家所认识。但是，在数字化医院建设中，所面临的挑战，艰难、险阻又呈现在信息化建设者面前，当前的技术障碍来自于以下几个方面：

1．信息标准基础性建设工作薄弱。包括医疗卫生领域的各种实体与活动的定义标准和标识标准；数据编码标准；术语、同义词标准；信息交换标准；临床治疗质量标准和临床过程标准；安全标准；以及与健康信息系统有关的信息技术方面的标准。

2．医疗仪器数字化工作的适应性与兼容性技术研究滞后，包括数字医学影像、音频、实验结果、人体生物信号的采集，数据传输与存贮技术。

3．医学知识库与循证医学研究和应用推广力度薄弱，实现医学知识的表达，整理，收集存储和服务利用等知识库技术。

4．医疗服务质量控制与管理需求不强，包括相关信息存储，交换，数据发掘和应用等技术。

上述各种障碍之所以多年来难以逾越，原因在于我国医院信息化基础性建设薄弱，整体开发力量不强。单独依赖一个或几个医疗单位或者是软件开发公司是难以克服的，需要政府、企业、医院和科教研单位的共同努力。

四、数字化医院建设的政策措施

1．加强信息标准研发工作

对于卫生和医疗相关信息标准体系的开发，无非有两种可能，一种是市场运作，一种是计划手段。市场运作的典型案例是美国模式，政府职能充分下放，各种标准是由行业协会来制定，比如化工行业、制造行业、纺织行业标准等等，都是由各个相对应的行业团体组织主要厂商，学术机构来制定标准，并有专门的组织机构来维护，更新标准。对于需要社会普遍使用的标准，政府作为推荐标准推向社会，使这个标准随着技术的发展不断更新。另一种标准体系建设的方式是采用计划管理手段，标准主要由政府制定，由于标准开发一次性投入额度很高，很难在中央财政列入预算项目，长期没有资金支持，导致信息标准研究开发严重滞后于单位信息化建设的要求，一方面增加了个别应用软件厂商的开发成本；另一方面为今后信息共享和交换带来严重的隐患。

医院信息标准化体系开发应用成为数字化医院建设的关键，该标准体系包括：医疗卫生领域的各种实体与活动的标识标准；数据编码标准；术语、同义词标准；信息交换标准；临床治疗质量标准和临床过程标准；安全标准；以及与健康信息系统有关的信息技术方面的标准。这些信息标准的研发工作，是一项长期而又复杂的研究项目。

为了推进我国卫生信息标准化建设工作，降低数字化医院建设开发成本，卫生部采用政府与市场相结合的方式，开展卫生信息标准的研发和推广工作。卫生部信息化领导小组办公室，利用医院信息学术团体开展医院信息标准化研发工作。

第一，卫生部委托中国卫生信息学会，卫生信息标准专业化委员会，承担《中国卫生信息标准基础框架》研究项目。卫生信息基础框架研究，从宏观水平对各类卫生信息的产生过程、内容和表达形式进行一般性的定义，为产生的各类卫生信息系统的数据提供一个通用的表达模型，在概念上对卫生事件及其构成要素进行定义。通过这个模型，各种各样的卫生服务或健康事件信息均可以用一种规范的形式表达，并且根据信息用户的层次级别和具体要求，提出每个构成要素中数据元的标准表达格式。

第二，卫生部委托中华医院管理学会医院信息管理专业委员会组织“医院信息系统最小数据集标准”研究工作。该数据集将被用来作为医院内部与外部，包括医院之间，医院和卫生行政主管部门，医院与医疗保险部门之间以及医院和疾病预防与控制中心之间进行信息交换的基础。数据集描述的是医院信息最基本的数据元素：包括中英文名称、缩写、数据类型、属性、内涵说明、分类标准和其他特性。为了推进这项工作开展，组织成立了 11 个研究小组，分领域承担信息收集和整理工作：

第一组：病人 ADT 及挂号和转诊

第二组：门急诊住院的医嘱处理与医生工作站

第三组：财务（包括账务与合算）与病人账务管理

第四组：药品管理（中西药品，药库，药房）

第五组：医技科室管理（含手术、解剖、ICU、CCU，不含 RIS、PACS、LIS）

第六组：实验室系统（LIS，含血库系统）

第七组：医学影像系统（RIS 和 PACS）

第八组：后勤与物资供应系统（供应链）

第九组：病案管理与电子病历（含体检）

第十组：人力资源管理和办公自动化（办公自动化，含培训、教育、科研、图书馆等

第十一组：医疗保险，社区保健

根据项目研究计划，医院信息基本数据集标准开发项目，2004 年底完成。

2. 信息化发展的制度建设和政策研究

卫生信息化制度和法制建设滞后是数字化医院建设的制肘，例如，电子签名合法性，病人个人隐私保护等方面的问题。信息化发展制度建设与政策导向，应该与信息化工作深入保持同步发展。美国为了推进医疗信息化发展，解决好患者居住迁移或工作调动导致医疗费用结算问题，以及患者信息隐私保护等方面问题，制定了 HIPAA 法（健康保险携带和责任法案 Health Insurance Portability and Accountability Act，HIPAA)。该法案针对医疗信息化中的交易规则、医疗服务机构的识别、从业人员的识别、医疗信息安全、医疗隐私、健康计划识别、第一伤病报告、病人识别等问题，制定了详细的法律规定，以保护医疗数据的安全和患者的隐私权。HIPAA 法案为电子病历和医疗信息共享奠定了基础。该法案实施，将促进患者医疗信息共享，以实现节约医疗资源和经费，提高医疗质量，保护患者利益为目的。HIPAA 作为政府强制性法令，要求医疗机构限期必须执行。针对 HIPAA 的要求，各医疗机构、系统开发厂家都必须认真对现有信息系统进行整改，以满足 HIPAA 的要求。尽管，HIPAA 内容和要求，与我国医疗制度并不相同，而且不可能照搬，但其中很多重要的思路、技术和方法都是可以借鉴的。

3. 数字化医院示范工程

为了促进医院信息化建设，卫生部提出组织数字化医院示范工程活动。但是，就医院示范工程来说，它不是目的，而是促进医院信息化建设发展的一种手段。过去，卫生部曾采取制定规范和要求软件厂商按照规范开发软件功能的方法，试图规范医院信息化软件市场，保护供需双方的合法利益。这种组织管理模式，在医院信息化发展初期，曾发挥一定的作用。但是，目前大家已经看到，面对医院信息化建设的迅速发展，管理部门规范制定步伐永远落后于医院信息化发展，导致评定标准滞后。此外，目前我国医院信息化开发厂商普遍存在规模小，风险抵御能力差等方面的不足，虽然当时可以通过评审，但并不能保证以后长期稳定发展，由于经营管理原因，一些单位又落后于形势的发展，更有甚者，在激烈的市场竞争中，走向失败。

卫生部信息化工作领导小组办公室及时总结经验，提出采用数字化医院示范工程活动，推进我国医院信息化发展。通过公平、公正、公开的评定和审核程序，确定信息化技术水平高，应用效果好的单位作为数字化医院示范，为其他单位的信息化建设，提供可借鉴的成功案例。

总之，数字化医院及建设工作，是一项长期连续发展的时期，目前与国外发达国家相比，无论是技术设备、资金投入、管理模式和人员水平上都存在一定差距。但是，如果我们能够找对一条适合我国特点的数字化医院发展道路，充分发挥出政府、企业和医院三者各自的优势，不断总结经验，研究问题，调整发展策略，就能够用较少的时间，较低的投入，加快我国数字化医院建设的发展进程。

边建设边应用、边完善边提高
积极推进人事人才信息系统建设

人事部人事信息中心副主任　戴瑞敏

全国人事人才管理信息化是国家政务信息化的重要组成部分，加快推进人事人才信息化建设进程，对于人事人才工作适应国民经济和社会发展的需要，实施人才强国战略和全面建设小康社会提供人才保证和智力支持具有非常重要的意义。实现人事人才信息化，对人事部门转变职能、转变工作方式、转变工作作风、提高工作效率和行政执法水平将起到极大的促进作用。

在部党组的重视和部信息化领导小组的领导下，经过全部和人事系统几年的共同努力，人事部机关和人事系统信息化建设取得了长足的进展：

1. 以人事部内网、专网、外网为架构的电子政务网络平台初步形成。1996 年人事部内部办公内部局域网建成，并在局域网上开通了“人事部内部办公网站”，实现了内部各类办公信息和多媒体信息的网上发布。2000 年建成了外部局域网，并接入了国际互联网，建立了人事部的门户网站，实现向社会公众发布人事新闻、政策法规、人事任免、政务公开、人事考试、培训教育等各类人事信息。

2. 电子政务应用范围和水平不断扩展和提高。1999 年人事部建立了与国务院各部委、各直属机构和中央管理的企业相连的《解决干部夫妻两地分居审批备案管理系统》，实现了解决夫妻两地分居备案文件的网上报送、审批和存储，并对批准解决的人员在人事部网站上进行公示，增加了工作的透明度，防止了审批上的腐败行为，受到社会公众的好评。

3. 2000 年组织开发并开通的《国家公务员考试录用网上报名系统》，将每年一次的大规模的现场报名改为网上报名，向社会公众公开国家公务员招录的职位数量、职位录用条件和与考试录用相关的政策和信息，在网上实现了考生可多次行使选择和报名职位的权利，为考生和招考单位双方都提供了更多的选择机会。网上报名减轻了考生到北京来报名的经济负担，也解除了家长的后顾之忧。招录职位的公开透明，树立了政府的良好形象；实施网上报名既提高了工作效率又节省了经费开支。

4. 开通的《国际职员招考网上报名系统》为报考人员提供了网上选择和报名的条件，为用人部门选拔优秀国际职员后备人才开通了渠道，拓宽了视野，为向国际组织输送优秀人才储备了资源。

5. 开通的《军队转业干部安置工作系统》为军转干部自主择业和用人单位选择军转干部搭起了相互交流的桥梁。

6. 信息资源开发利用取得一定成效，人事法规库等一批专业数据库相继建成并投入使用；人事信息标准化体系基本形成；管理规章制度逐步健全、完善。

7. 各地人事厅（局）的信息化建设发展较快。一是计算机网络等基础设施建设有了一定基础。目前，在省级（包括副省级城市）人事部门中，有 68%开通了局域网、74%建立了具有人事特点的门户网站，有 45%的人事部门不同程度的利用网络为公众提供在线服务。二是人事人才数据库建设已经起步。1998 年，人事部发出了《关于加快建立人员基础数据库的通知》，人员基础数据库建设开始启动。目前，一些省市已经建立了公务员信息库、专业技术人员信息库等各类人员信息库，实现了统计信息的自动生成，为领导决策提供了数字依据和信息服务。三是人事系统电子政务建设取得了一定成效。各级人事部门把转变工作方式、提高工作效率和为公众服务作为人事人才信息化建设的重点来抓，积极开展网上咨询、网上审批、网上办理和网上服务。如上海市人事局将所有审批项目全部实现在网上进行；北京、广州、南京等市人事局建立应届大学毕业生“网上择业快速路”，为人才供需双方提供方便快捷的服务。

8. 人事系统的工作人员计算机应用技能有了一定的提高。经过多年各种形式的培训，在人事系统内培养了一支基本能够适应人事信息化工作的计算机应用人员，广大人事管理干部的观念有了较大的转变，信息化意识有了很大提高，运用信息技术的积极性和能力得到了提升。

2003 年党中央、国务院召开的全国人才工作会议，深刻阐明了人事人才工作在国民经济建设和社会发展中的重要地位，明确提出了人才强国战略。为落实人才工作会议的精神和各项任务，迫切需要加快人事人才信息化建设的步伐，促进人事人才管理工作方式的转变和工作手段的改进。按照国家信息化的总体要求，人事人才信息化建设将本着统筹规划，应用主导、资源共享，讲求实效，突出重点，急用先上，小步快跑，步步见效的原则开展工作。根据推动政府职能转变和人事人才管理工作的实际需求，坚持服务导向，基础先行，点面结合、分步实施，边建设、边应用、边完善、边提高。

人事人才信息系统建设的总目标是：争取用五年左右的时间，基本建成以国家政务外网和电信公网为依托，现代信息技术为主要手段的多层次、开放式、智能型的覆盖全国各级人事部门的人事人才信息网络系统。建立较完整的、可共享的全国人事人才信息资源数据库群，实现“数字人事”，为党中央、国务院及各级政府部门的宏观协调和科学决策提供适时准确的数据服务；建立符合人事系统实际的人事人才管理系统，实现人事系统的办公自动化和业务管理服务的信息化，实现“信息人事”，为各级人事部门提供一个公共办公和协同工作的管理服务平台；建立完善的公众网络服务系统，实现“网上人事”，为社会和公众提供更方便、快捷的信息服务与人事人才业务互动的网上在线服务。

今后的主要任务：

建立部机关办公自动化应用系统。建设以人事部办公局域网为核心节点，联接部直属单位、各省（区、市）人事厅（局）和国务院各部委的人事人才业务管理系统，为各级人事部门提供互联互通、信息共享、公共办公和协同工作的网络平台。

建立人事人才业务公众服务系统。通过统一的人事人才电子政务应用系统平台，为各级人事管理部门、企事业单位和社会公众提供方便、快捷的信息服务和网上业务办理“一站式”服务。建设全国人事考试系统、国家网上人才市场管理系统、人事人才业务网上审批系统、人事诚信评估与认证系统和国家远程培训等系统。

建立以公务员、专业技术人员和人事政策法规数据库为主体的人事人才数据库群，实现信息共享。为党中央、国务院和各有关部门的科学决策和宏观管理，为人才资源的统计、分析、预测，人才结构调整，人才配置和引进，人才培养等提供及时、准确的数据服务。

加强人事信息标准化建设。形成一套比较完整的，能满足人事人才信息化建设需要的标准化体系。

加强信息安全保障工作。建立健全信息安全责任体制，实行“积极防御，综合防范”的方针，加强信息安全的基础设施建设和法规、标准和宣传等基础性工作。

加强人事系统信息技术应用培训。有计划地开展多种形式的信息技术培训，加强信息化的骨干人才队伍培养，着力建设一支能适应电子政务建设要求的人事管理干部队伍。

在部党组及部信息化工作领导小组的领导下，坚持统筹规划、统一管理，根据人事人才工作业务发展的实际需要，以需求为导向，以应用促发展，有计划、有步骤地推进人事人才信息系统的建设。

质检信息化建设推进报告

国家质检总局信息中心　王连印、林德康

一、质检信息化建设概况

近年来，在国务院和国家质检总局领导的关怀和重视下，质检信息化建设取得了重大进展。

2002 年，国家质检总局成立了信息化工作领导小组，并重新组建了信息中心和信息化工作领导小组办公室，在组织领导和技术保障上为信息化的发展奠定了基础。

总局信息化领导小组成立以来先后召开五次会议，就“金质工程”立项、信息安全保障、年度信息化重点工作等重大问题进行研究和部署，提出信息化建设的总体目标和指导方针，加强了组织协调和管理。

总局加强了网络和信息安全的保障工作，制定了《关于加强质检网络与信息安全保障工作的意见》、《关于质检计算机网络系统安全运行管理暂行规定》，许多质检机构结合当地的实际情况，制定了相应的网络安全管理办法和规定；在信息化基础设施建设中，网络安全的投入得到了一定程度的加强。

总局和各地质检机构加强了培训工作的力度，在计算机基础知识、组网技术和网络管理与维护、办公自动化系统软件（Lotus Domin/Notes）技术管理和使用、存储技术和使用维护、Unix 操作系统、Oracle 数据库、网络和信息安全等多方面开展了培训。

重点工程项目进展取得成效。

二、重点工程项目建设报告

（一）CIQ2000 综合业务计算机管理系统

1999 年，为了适应原国家商检局、国家动植物检疫局和国家卫生检疫局三个机构合并成立国家出入境检验检疫局的新情况，为了达到规范检验检疫业务流程，提高工作效率的目的，国家检验检疫局决定统一开发检验检疫综合业务管理系统（CIQ2000）。该系统以检验检疫流程管理为主线，以进出口货物检验检疫为重点，实现报验、计收费、抽样、检验检疫、签证放行和统计业务流程的计算机网络化管理。

CIQ2000 综合业务系统是检验检疫日常工作不可缺少的核心业务系统，自 2000 年在全国检验检疫机构正式推广应用以来，对促进检验检疫事业的发展起到了重要作用。

随着检验检疫业务管理体制的不断完善，特别是我国加入 WTO 后，国际、国内形势发生了很大的变化，检验检疫工作也在发生深刻的变革。为了适应业务深化改革的需要，解决由于业务发展而产生的数据压力增大、性能下降问题，满足新增的业务和新的数据管理、交换和接口需求，2002 年～2003 年，对 CIQ2000 综合业务系统进行了升级改版，新增了分布式数据管理体系、流程监控、业务数据异地交互传输、公共数据接口等一大批新的功能，完善报检、计收费、签证通关、检验检疫、统计汇总、电子报检、电子转单、电子通关的功能。

CIQ2000 作为检验检疫内部统一的业务管理系统，已在全国检验检疫系统 35 个直属局、279 个分支局和 271 个办事处运行了 4 年多，促进了“三检”业务的深度融合、规范了检验检疫行为、促进了科学管理和工作效率的提高。

（二）质量技术监督信息系统

质量技术监督信息系统的建设内容包括执法打假快速反应管理、质量管理、计量管理、标准化管理、锅炉管理、纤维检验和综合统计管理等计算机管理系统，软件开发工作由总局统一组织。该系统将直接服务于总局以及全国各级质量技术监督机构，有助于提高管理效率，强化政府职能的实施，使全系统的信息化建设工作上一个新的台阶。

确定了总体规划、分步实施的建设原则，完成了需求调研、系统分析和系统设计工作，完成了大部分子系统软件开发工作，测试、试点工作已经顺利完成，正在进行推广应用。

（三）“三电工程”

“三电工程”旨在解决内地检验检疫机构与口岸检验检疫机构之间，以及检验检疫机构与企业之间的信息交换问题，“三电工程”定义为“电子申报、电子转单和电子通关”。

“三电工程”以 CIQ2000 综合业务系统为依托，和 CIQ2000 综合业务系统有机结合在一起。“三电工程”的推广应用取得了很好的成效，2003 年全国检验检疫机构受理电子申报 1521 万批，占申报量的 60%；电子转单 249 万批；在上海、山东等 13 个直属检验检疫局和对应的 17 个海关实施了电子通关，电子通关达 92 万批。

“三电工程”的应用提高了工作效率，简化了报检手续，缩短了签证周期，方便了企业，促进了外贸的发展。

（四）全国大通关系统

随着我国对外贸易的不断发展，出入境检验检疫机构作为口岸行政执法部门，工作任务日益繁重，加快通关速度的要求越来越高。

按照吴仪副总理提出的“政府牵头协调、统一信息平台、手续前推后移、加快实货验放”的要求，从 2001 年下半年开始，开始了“大通关”的建设，按照“提速、减负、增效和严密监管”的指导思想，以进出口货物的现代物流为线索，以检验检疫业务综合管理系统为依托，通过检验检疫监管模式的改革和信息化建设的创新，实现检验检疫系统与海关之间通关业务数据和报关报检数据的共享，实现海关和检验检疫之间的通关数据传输和联网核查，既方便企业办理进出口报检报关报检和通关手续，又加强了监管，促进我国对外贸易的发展。先后统一开发了出口货物快速核放系统和进口货物口岸快速查验系统（海港版和公路版），在广东、北京、上海和辽宁等地开展了试点工作，取得了良好的效果，大大地提高了通关速度。

（五）办公自动化系统

政府办公自动化系统是电子政务系统的一个重要组成部分。国家质检总局机关办公自动化系统于 2000 年 8 月正式投入使用，收到了良好的效果。2002 年开始，根据机构改革的需要，对办公自动化系统进行了改版。

办公自动化系统包括收文、发文、签报、档案、大事记和公告版等近 20 个子系统，满足了政府办公的需要。

办公自动化系统以其强大的流程处理、通讯和安全机制，以其全面的功能和丰富的内容，以其快捷方便的技术特点深受机关工作人员的欢迎。

（六）政府上网工程及信息服务系统

国家质检总局积极实施政府上网工程，建立了国家质检总局政府网站，面向社会及时发布质量监督检验检疫信息。国家质检总局网站以 1998 年 10 月开始建设的国家检验检疫局政府信息网站和质量信息网为基础，在 2001 年机构改革之后，进行了大规模的充实完善。质检网站开辟了质检新闻报道、总局令、总局公告、法律法规、质量监督、检验检疫、认证认可、标准化、中国名牌、质量打假、质检抽查报告、业务指南、WTOTBT/SPS 咨询、国际卫生疫情等栏目，设置了质检投诉和案件举报电子信箱。此外，大批具有质检业务特点的专门网站也建设完成和不断完善，其中“中国质量信息网”，开辟了产品抽查、打假维权等十多个栏目；深受公众的欢迎。

（七）检验检疫广域网和检验检疫机构局域网系统平台

实现了总局和 35 个直属检验检疫局的互联。检验检疫广域网为三级结构，骨干网利用国家口岸专网实现，由总局统一组织实施。此外，还利用 VPN 技术在因特网上建立了虚拟专用网。直属局和其所辖的分支局之间的支干网，由各地根据业务需求情况、当地电信的发展情况组织建设。据统计，目前已有近 20 个直属局完成了和下属机构的联网。

为了保证 CIQ2000 综合业务系统在各检验检疫机构的顺利实施，在 2000 年度统一进行了检验检疫机构局域网系统平台的建设。全国共 313 个直属局和分支局配备了服务器、网络设备、操作系统和数据库等软硬件系统，建立配套的机房系统和网络环境，使检验检疫基础设施建设初具规模，基本上满足了核心业务系统的运行需要。这项工作提升了检验检疫信息化的技术装备水平，为检验检疫业务改革、综合业务系统的顺利进行提供了良好的技术运行环境。2002 年，对广域网建设进行了新的规划，目前正在实施。

（八）国家质检总局机关新办公楼局域网

国家质检总局是办公自动化、信息服务和业务处理系统的直接应用者，是相关信息的直接生成者，是全系统信息、数据的汇总和管理中心，是网络的控制和管理中心，是公文、数据和信息运转的枢纽，总局机关局域网的建设必须满足这些要求。

总局局域网的建设包括：数据处理中心、应用处理中心、办公自动化平台、电子通关平台、信息服务系统平台、专项应用平台（人事、科技管理系统等）、系统管理、存储管理、安全管理和网络系统等 10 个系统。

该系统从 2001 年底开始规划，2002 年底基本建设完成。

（九）全国质量技术监督平台

在建设全国质量技术监督信息系统的同时，加强了全国各地质量技术监督机构软硬件平台的配备，为 36 个省市质量技术监督部门及 7 个在京直属单位配备了网络设备和服务器。截止到 2002 年 6 月，完成了政府采购招标，完成了计算机设备和网络设备的下发和测试、验收工作。这些工作，为业务系统的实施应用提供了保障。

（十）“金质工程”建设

“金质工程”是国家电子政务建设的重要组成部分，是我国电子政务建设的 12 重点应用系统之一。

“金质工程”的核心内容是“一网一库三系统”建设。“一网一库三系统”是“金质工程”建设内容的概括，“一网”泛指支持“金质工程”应用系统运行的“质检软硬件平台和网络平台”，“一库”是指直接为公众服务的和支持应用系统的“质检业务数据库群”，“三系统”是指以监管业务为主要内容的“质检业务监督管理系统”，以提高行政审批和备案效率、优化审批流程为主的“质检业务申报审批系统”和面向公众服务的“质检信息服务系统”。

“金质工程”建设的总体目标是：通过“一网一库三系统”建设，通过与国家电子政务平台共享资源以及行政审批网络化、监管管理信息化、决策支持智能化、业务处理规范化、信息交互发布自动化等措施，全面提升质检信息化水平，进而提高质量监督检验检疫的行政执法水平，提高市场监管能力和质量安全监控的快速反应能力，改进质检行政管理模式，提高质检工作效率；实现促进对外经济贸易的发展，保护国家经济安全，推动政务公开，为公众提供广泛的信息咨询服务的总体目标。

“金质工程”（一期）计划在“十五”期间完成。“金质工程”（一期）的应用系统集中建设质检业务急需的、具有重要社会效益和经济效益的、关乎国计民生的若干个重点业务系统，例如：“全国执法打假快速反应系统”、“全国企业质量信用信息系统”、“进境货物（再生原料、旧机电和动植物）备案审批系统”、“国家强制性产品认证监管系统”、“特种设备安全监管信息系统”、“进境货物（冻肉、水果等）检验检疫电子监管系统”、“国家标准通报及信息服务系统”和“中国WTO/TBT-SPS国家通报、评议、咨询及风险预警快速反应系统”等。

“金质工程”（一期）软硬件平台建设包括①建立质检广域网主干网，满足数据、语音和视频等综合业务传输的需要，实现国家质检总局到检验检疫直属局和省（计划单列市）级技术监督局的广域网络骨干连接；②建设各级有关质检机构的局域网，满足业务处理、数据存储、信息发布、系统管理和安全管理的需求。此外，“金质工程”（一期）初步完成标准化体系、安全保障体系的建设。

“金质工程”目前已经完成了项目建议书的编写和评估，根据国家电子政务的建设的部署和审批进程，可望在2004年下半年全面启动。

三、未来发展趋势分析

质检信息化建设面临我国电子政务建设加快发展的有力时机，必将加快发展。

质检信息化建设快速发展具有许多有力因素，具体表现是在下几个方面得到落实或取得共识：一是各级领导高度重视，特别是总局领导的高度重视、亲自部署，不仅在全局范围内统一了思想、提高了对信息化工作的认识，而且也能够在经费保障、业务模式规范、推广应用等诸多方面加大力度，确保信息化建设沿着良性的轨道加速发展；二是广大业务人员和技术人员具有艰苦奋斗勇于实践的精神，质检信息化工程涉及的面广、任务重，时效性很强，各地的发展也很不平衡，开发和实施难度都很大，在信息化建设中，充分调动和发挥使用人员作用，集中大量优势兵力进行攻关，调动各方面的力量进行实施非常重要；三是经费有所保障，质检信息化建设经费在领导的重视和关怀下，得到了一定程度的保障，但质检信息化建设规模大，基础薄弱，多方争取经费支持仍然十分重要；四是具有严密组织、科学管理的经验，质检信息化的每一个工程项目都是一个庞大的复杂的系统工程，需要采用系统工程的理论和方法，对信息化工程进行科学的管理和合理组织；五是目标相对合理，重点相对突出，在统一规划的基础上，合理确定总体目标，合理确定各年度的工作任务，分步实施，针对具体的工程项目，对工程进行了合理的分期，明确每个分期的目标和任务，使各项工程建设能够在合理的期限内发挥作用，取得应用效果；六是坚持业务规则、业务标准和规范先行的原则，随着应用系统的不断扩展，开发组织必然面临多元化的局面，因此信息化建设必须遵循标准化先行的原则；七是培训了一大批具有业务素养和专业知识的人才，在信息化建设中，需要进行多方面、多层次和多种形式的培训，包括计算机网络知识的分级培训，应用系统的使用操作培训。

质检信息化建设目前还存在着基础设施建设薄弱，各地信息化发展很不平衡，应用系统建设需要进一步加强，信息资源加工利用水平急待提高，信息资源需要进行整合，基础标准和基本业务规范不健全，局部方面信息化建设的具体目标和评价标准需要进一步完善等问题。这些问题的解决，对于信息化的全面稳定发展十分重要。

民政信息化二十年成果回顾

民政部信息中心主任　　陈　倚

民政系统的信息化建设起步于上世纪 80 年代初，经过 20 年的不断发展，民政系统信息化建设工作领域不断扩展，工作步伐也在不断加快，取得了丰硕成果。回顾 20 年来民政信息化走过的道路，可以分为以下三个阶段。

第一阶段：起步阶段（1984 年--1991 年）

1984 年，民政部陆续购置了一批计算机，开始在本系统普及财务电算化，为便于管理，稳步推进财务电算化工作，于 1986 年组建了民政部电子计算机中心。随着计算机技术的不断发展，民政部计算机应用领域由财务部门逐步扩展到机关各业务司局，计算机中心一方面承担了财务电算化软件的编制推广工作，一方面承担了对机关工作人员进行计算机知识的普及工作，大力推广字处理软件及电子表格软件的使用，使机关工作人员逐步告别了手写公文时代。

第二阶段：稳步发展期（1992 年--2000 年）

1992 年，民政部成立了办公自动化领导小组（1999 年更名为信息化建设领导小组），并将民政部电子计算机中心更名为民政部信息中心，民政信息化工作由此进入了稳步发展期。在这一时期，随着计算机网络技术的发展，民政部计算机应用由单机化向网络化发展，并开发了部分业务管理软件，信息化建设初具规模。

1993 年，建成了部机关局域网，2000 年又对该网络进行了升级改造，部机关公务员可以通过局域网浏览因特网，用内部邮件系统实现公文和信息的传递。用计算机生成公文，用网络传递公文已成为每个公务员的工作手段。

1997 年，以部机关局域网为核心，建成了基于普通电话网的部省相联的民政信息网络，实现了部与省级民政厅（局）公文和信息传输的网络化。

除了网络建设，还陆续开发了城镇居民最低生活保障、灾害信息管理、婚姻登记管理、社团管理、来信来访处理等业务管理软件，这些软件的推广应用，有效提高了工作效率，促进了民政事业的发展。

2000 年，作为“政府上网”工程的发起单位之一，民政部在因特网上建立了网站，网站围绕民政工作重点，宣传民政事业，发布最新工作动态，提供权威统计信息，采用交互式的方式，拓展了政府联系公众的渠道，取得了很好的社会效益，树立了民政部门良好的政府形象。

经过十余年的发展，民政系统已形成了完善的信息化建设管理体制，建立了一支既懂民政业务又掌握信息技术的人才队伍。

第三阶段：快速发展期（2001 年至今）

2001 年开始，民政信息化步入快速发展期，当年 6 月，民政部召开了首次全国民政信息化建设工作会议，会议提出了民政系统信息化建设的总体要求：深入贯彻落实党的十五届五中全会“大力推进国民经济和社会信息化”精神，以改革管理手段，改进工作方式，促进民政事业发展，提高民政工作水平为方针，积极推进民政系统信息化建设，为实现民政工作现代化做贡献。会议认为，加强民政信息化建设，逐步实现民政业务工作决策科学化、管理规范化、服务网络化、手段现代化；逐步实现民政信息资源的共建、共享，为全社会提供高效优质服务，以信息化带动民政工作现代化，是新时期民政工作的重要任务。会议制定并颁布了《全国民政系统信息化 2001～2005 年发展规划纲要》（以下简称《规划纲要》）。《规划纲要》客观详实地分析了民政系统信息化工作的现状，制定了信息化工作的指导原则及发展目标，规定了主要任务并提出了保障措施，为未来五年的民政信息化工作描绘了蓝图。

《规划纲要》颁布三年多来，民政部全面实施了“数字民政”工程，积极探索了“便民”工程，加强了网络建设，推进了纳入国家电子政务重点工程的全国低保信息系统和民间组织法人库的立项工作，民政信息化工作驶入了快车道，实现了跨跃式发展。

一、“数字民政”工程

“数字民政”工程的框架是“一网一台多软件”，一网是连接各级民政部门的高速宽带广域网；一台是指在广域网上运行的民政公用政务平台；多应用是指基于一网一台的各类民政业务管理软件的开发和应用。

覆盖全国 37 个省级节点（省、自治区、直辖市、计划单列市、新疆生产建设兵团）的民政广域网于 2002 年底建成。该网络集数据、语音、视频功能于一体，为民政公用政务平台、各项业务管理软件、内部邮件系统等提供了运行环境，同时开通了内部 IP 电话系统和视频会议系统。IP 电话系统的开通方便了民政部于省级民政部门的勾通，大大节约了长途电话费用，具有很大的经济效益。视频会议系统在民政工作中，尤其在应对突发事件方面发挥了巨大的作用。

民政公用政务平台是“数字民政”工程的核心，是构建在民政广域网之上，支持政务管理、应用软件开发运行的系统软件，集日常办公、数据分析和各项业务应用为一体，实现一站通的访问方式、集成化数据分析、个性化用户界面和多应用无缝集成。公用政务平台整合了各项民政业务，为各级民政业务管理人员提供了全新的工作手段，随着平台的逐步推广应用，将有力地改进民政部门的工作方式，使民政管理工作方式由传统方式向信息化的方式转变，进而有效提高管理和决策水平，促进民政事业向规范化、信息化和现代化方向发展。

软件的开发和应用是“数字民政”工程中极其重要的一个环节，针对各项民政业务，民政部组织开发、完善、推广了各种业务管理软件，主要有：行政区域界线和地名管理系统、城镇居民最低生活保障管理信息系统、优抚安置管理信息系统、婚姻登记管理系统、居委会管理信息系统、殡葬管理信息系统。这些软件的推广应用，大大提高了各级民政部门的工作效率，为科学决策提供了强有力的支持。

随着民政信息化建设工作不断推进和国家电子政务建设的逐步深化，信息标准化工作已经明确摆上了议事日程，只有做好标准体系建设，才能消除信息孤岛，保证信息共享与交换，为此，民政部组织编写了《民政业务软件数据共享与交换标准》。《数据标准》的颁布，实现了各类民政业务系统的整合，规范了民政业务软件的开发模式和数据交换机制。

二、“便民”工程

“便民”工程就是以社区建设为中心，以民政信息资源及专项社会事务管理职能为基础，以信息技术为手段，以社区服务为切入点，建设集热线电话、因特网查询、单键呼叫三位一体的智能呼叫中心，为社区居民提供全方位的信息和服务，并构建社区服务信息平台，在社区服务工作者与社区居民之间架起方便的桥梁，进而结合“数字民政”工程的建设，实现现代化社区管理和服务的一个信息化工程。“便民”工程不同于“数字民政”工程，它是一个庞大的服务网络，涉及许多跨部门的业务，就全国而言，还没有大范围展开，但是已做了很多有益的探索，民政部已把推进“便民”工程作为下一步信息化工作的重点。将结合各地的实际情况，先在一些有基础的地方做好试点，然后逐步铺开，并将其与社区建设、星光计划、城市信息化结合起来整体推进。

三、民政部网站建设

网站建设是电子政务的重要组成部分，必须与政府的职能紧密结合，体现政府在政治、经济、社会、生活等诸多领域中的管理和服务职能，促进政务公开，提高政府工作的透明度。民政部网站自开通以来，结合民政工作的新发展、新动向、新热点，本着“以民为本，为民解困”的原则，民政部不断对网站进行完善，将其定位为全国民政系统综合门户网站，力求形式美观，内容充实，栏目设置科学合理，努力使网站成为联系人民群众的桥梁和纽带，成为便民服务的窗口。

四、全国最低生活保障信息系统和民间组织法人库立项工作

《国家信息化领导小组关于我国电子政务建设指导意见》（中办发〔2002〕17 号）提出了我国电子政务建设的三大任务：一是建设统一标准的网络平台，二是建设和完善 12 个重点业务系统，三是建设四个战略性基础性的信息库。民政部的全国最低生活保障信息系统被列为社会保障工程的两个子系统之一（另一个子系统是由劳动和社会保障部负责建设的社会保险信息系统），民间组织基础信息库被列为国家法人单位基础信息库的重要组成部分。

民政部于 2002 年 11 月份开始了全国最低生活保障信息系统和法人库的立项工作。低保信息系统已于 2003 年 4 月向国家发改委申报了项目建议书，发改委于 12 月批复了项目建议书，初步确定了 3.7 亿元（其中中央财政 1 亿元左右）的项目总投资和基本建设内容，目前项目已进入编写可行性研究报告阶段。全国最低生活保障信息系统的建设包括低保标准规范体系建设、网络建设、应用系统建设、低保中心建设、安全保障体系建设、试点示范工程建设、对西部地区支持和人员培训等八个方面。

法人单位基础信息库是以惟一机构代码为基础的全国法人单位基础信息库和查询服务系统，民政部所管理的社团（含基金会）、民办非企业单位、村委会和居委会四类法人单位列入了法人库的内容。民间组织法人库的项目建议书正在编写之中，将由国家法人单位基础信息库项目牵头单位国家质检总局汇总后报国家发改委。

全国最低生活保障信息系统和民间组织法人库都是国家级的重大信息化建设项目，一经发改委批准立项，必将有力地推进低保业务管理及民间组织管理的信息化，也将为整个民政信息化建设事业注入新的动力。

民政信息化经过近 20 年的发展，从无到有，从小到大，取得了很大成就，同时也为未来的发展奠定了坚实的基础。下一步的民政信息化工作，将在总结过去成功经验的基础上，做好规划，加强管理，紧密围绕“全国最低生活保障信息系统”和“便民”工程，不断加大投入力度，逐步向基层推进，向纵深发展。

金保工程及其建设概况

劳动和社会保障部信息中心主任　王东岩

金保工程是劳动和社会保障信息化建设工程的总称，是利用先进的信息技术手段，以中央—省—市三级网络为依托，支持劳动和社会保障业务经办、公共服务、基金监管和宏观决策等核心应用，覆盖全国的统一的劳动和社会保障电子政务工程。

一、金保工程实施背景

金保工程是我国劳动和社会保障制度改革依托于信息技术的应用而深化推进的产物。在过去的计划经济条件下，职工的生老病死基本由企业承担。随着20世纪80年代以来我国经济体制向市场经济的过渡，我国开始各项劳动和社会保障制度改革，各种劳动就业和社会保险政策相继出台，劳动保障事业发展迅猛。随着社会保险个人账户的建立、养老金的社会化发放，以及离退休人员管理服务社会化进程的推进，社会保险业务管理的信息量正以前所未有的速度急剧膨胀，社会保险基金量也相应急剧增长，传统手工方式乃至小规模的计算机管理系统已不能满足日常管理工作的需要；同时，市场导向就业机制的逐步建立，劳动者的流动日益频繁，实施建设全国统一的劳动保障信息系统工程就成为必然。

在九届人大四次会议上通过的《国民经济和社会发展第十个五年计划纲要》中明确提出要实施一批信息化重大工程，推进几个领域的信息化进程，其中包括社会保障领域。国家发展计划委员会《关于印发国家经济和社会发展第十个五年计划信息化重点专项规划的通知》（计规划[2002]1172 号）提出，“加快建立和完善覆盖人口统计、养老保险、劳动就业、社会安全、计划生育和社区管理，功能齐全、规范透明的社会保障信息网络和服务体系，提高社会保障水平”。2002年8月，《中共中央办公厅国务院办公厅关于转发〈国家信息化领导小组关于我国电子政务建设指导意见〉的通知》（中办发[2002]17 号）把电子政务建设作为今后一个时期我国信息化工作的重点，明确了 12 个重点建设的业务系统，社会保障是其中之一。为贯彻国务院有关精神，建设覆盖全国的劳动和社会保障电子政务工程， 2002 年 10 月，劳动和社会保障部在辽宁省沈阳市召开的全国劳动保障信息化工作会议上提出了建设金保工程的任务。2003 年 8 月，金保工程经国务院批准正式在国家立项。

二、金保工程建设规划

金保工程建设的总体目标是：在政务统一网络平台上，构建中央—省—市三级劳动保障系统网络；在此基础上建立网络互联、信息共享、安全可靠的全国统一的劳动保障信息服务网络；以网络为依托，优化业务处理模式，建立规范的业务管理体系、完善的社会服务体系和科学的宏观管理体系。

金保工程一期建设的基本任务是：建立中央、省、市三级劳动保障数据中心，集中管理业务和决策信息；搭建中央、省、市三级安全高效的网络系统；建立标准统一的应用系统，包括业务管理子系统、公共服务子系统、基金监管子系统和宏观决策子系统；重构和优化业务处理模式，实现对经办业务全过程的信息化管理，为宏观决策、基金监管和社会化服务提供全方位技术支持。

金保工程一期建设的重点工作：

建设数据中心 在省、自治区和地级以上城市劳动保障部门，建立统一的劳动保障数据中心。每个数据中心设立生产区、交换区和决策区三个逻辑工作区。在生产区建立标准统一的业务资源数据库，支持省级及全市社会保险和劳动力市场各项业务经办。在交换区建立标准统一的各类交换资源数据库，支持各种内外信息交换、异地业务经办、公共服务和基金监管，为宏观决策提供基础信息。在决策区建立宏观决策数据库，为宏观决策提供支持。

建设市域网，实现省市联网和部省联网 以城市劳动保障数据中心为中心节点，建设市域网。网络向上连至省级数据中心，向下延伸到各经办窗口和社区服务网点，横向与定点医疗服务机构、财政、地税、银行、邮局等相关部门和单位做好连接，通过网络实现劳动保障各项业务和决策信息无障碍安全传输和交换。建立统一的门户网站，为社会公众提供劳动保障信息服务。以省级数据中心为中心节点，建立连接省内各城市劳动保障数据中心的省级广域主干网，实现与劳动保障部中央数据中心的连接。

建设各应用子系统　生产区应用子系统的建设通过统一业务流程、使用全国统一软件，对社会保险和劳动力市场各项业务经办实行规范管理，实现全程信息化。交换区和决策区应用子系统的建设在使用全国统一软件的基础上，做好本地实施和应用工作，并做好生产区向交换区的数据转换工作。

全国联网重点应用任务　金保工程一期建设全国联网重点应用任务主要包括，养老保险宏观分析、失业登记和失业保险监测、医疗保险管理服务监测、工伤保险管理服务监测、社会保障基金监管、异地业务协同管理和劳动力市场信息监测等。同时，还将逐步开展视频会议、系统内部文件传输、IP 电话以及通过接入本地劳动保障公益服务专用号码 12333 进行异地查询等项应用。

三、金保工程建设现状

2002 年 10 月，劳动和社会保障部提出建设金保工程的任务后，金保工程建设在全国稳步推开。2003 年 8 月，金保工程一期项目建议书获国务院批准，金保工程完成了全国统一立项任务。随后，劳动和社会保障部组织力量完成了金保工程中央级项目可行性研究报告的编制、项目初步设计和投资概算工作，并上报国家发改委。2003 年 12 月中央级项目可行性研究报告通过了国家发改委的审批。目前，各地金保工程建设的可行性研究工作正在劳动保障部的指导下加快进行，共有 31 个省级单位上报了可研报告，其中 21 家通过了劳动保障部的审核。

建设金保工程这样一个浩大的工程，必须统一规划、统一标准、稳步实施。劳动保障部为了稳妥有序地推进金保工程建设，2003 年内先后制定下发了《养老保险信息系统全国联网实施意见》、《劳动保障业务专网 IP 地址规划方案》、《金保工程部省联网实施方案》、《金保工程部省联网准备工作的技术要求》、《关于做好养老保险全国联网数据整理工作的通知》、《关于全面实施金保工程统一建设劳动保障信息系统的意见》等一系列规划、标准文件，对金保工程建设的目标、原则、任务、重点和安排进行了明确，提出了统一规划部署、统一建设数据中心、统一标准规范、统一联网环境和安全应用支撑平台、统一核心应用软件、统一公共服务平台、统一社会保障卡应用，建设全国统一的劳动保障信息系统的建设要求，进一步促进、规范、指导各地的信息系统的建设、整合和应用开发，为各级数据中心建设和金保工程全国联网及联网应用开发打下了基础。

金保工程部省联网工程从 2003 年正式开始实施，按照“全国统一联网，养老保险先行”的建设方案和统一的养老保险宏观分析数据标准，各地劳动保障部门积极筹措资金、组织力量，搞好基础设施建设和数据整理等各项准备工作。劳动保障部在完成全国联网部端机房（过渡）和软硬件环境准备的基础上，为确保部省联网工程的顺利实施，对首批联网省市的数据分布方案、联网规划、省数据中心建设、地市集中式资源数据库建设方案逐一落实。下发了《关于建立金保工程建设调度制度的通知》，建立起全国金保工程调度制度，定期了解各地金保工程建设的实施进展情况，稳步推进金保工程部省联网工程建设。从 2003 年 6 月起先后实现了与天津、辽宁、陕西、山东、河南、河北、湖南、浙江、湖北、北京、福建、四川、上海、江苏等省市的联网，并开始联网传输部分养老保险数据，上传数据在宏观决策方面开始发挥重要作用。部分省份开始实现同地市联网。同时，全国联网应用开始向失业登记和失业保险监测、医疗保险管理服务监测等业务扩充，劳动保障部正在进行总体方案和信息标准的研究工作。

金保工程建设强调统一核心应用软件、统一公共服务平台。作为社会保险业务经办应用软件——核心平台，在 2000 年推出的一版 C/S 架构软件的基础上，于 2003 年 7 月 28 日正式推出了基于 J2EE 标准的 B/S/S 三层体系架构的二版软件，进一步推动了金保工程数据中心建设和社会保险业务经办的规范化管理；“劳动 99”软件是金保工程建设中的另一大核心应用软件，2003 年本着统一建设劳动保障信息系统的原则，确定了三版软件的技术路线，并着手软件开发工作，计划将在 2004 年底向全国推广使用，三版软件的推出将为下一步社会保险和劳动力市场两大子系统的整合做好铺垫，提供条件；金保工程全国联网主体软件开发完成，并在部省联网、省市联网应用中发挥重要作用。金保工程公共服务平台建设开始启用 12333 专用号码向公众提供劳动保障电话咨询服务，并获得良好的社会反映。

金保工程建设作为我国政府电子政务工程建设的重要组成部分，标志着劳动和社会保障信息化建设进入了一个新的发展阶段，必将有力地推动劳动保障事业的蓬勃发展和劳动保障业务管理水平的提高。

2004年金保工程重点建设任务

劳动和社会保障部信息中心副主任　贾怀斌

2004年将是金保工程进入实质建设的一年。在2003年进行的立项、方案设计、部分省份联网等基础性工作的基础上，今年金保工程建设要按照“完整、正确、统一、及时、安全”的总要求，落实各项建设任务。

一、完成部本级和地方立项工作

劳动保障部将抓紧完成中央部分初步设计阶段的立项工作。各地劳动保障部门也要按照金保工程的设计框架和立项部门的有关要求积极推进本级立项。有关的立项得到批复后，各级劳动保障部门要尽快进入项目正式实施阶段，确保建设任务的完成。

二、完成部省联网，扩大联网应用

2004年要完成全部省级劳动保障部门与劳动保障部的联网，同时抓紧落实各省、自治区与地市的联网。各地在联网工作中一方面要做好实时联网不间断的保障工作；另一方面要切实做好数据的整理完善工作，提高数据的上传质量和效率。

劳社部函〔2003〕174号文件已经对养老保险宏观分析、失业登记和失业保险监测、医疗保险管理服务监测、工伤保险管理服务监测、社会保障基金监管、异地业务协同管理、劳动力市场信息监测等全国联网重点应用任务进行了部署。在2003年已开展的养老保险宏观分析的基础上，2004年要先期做好失业登记和失业保险监测、医疗保险管理服务监测、劳动力市场信息监测等各项宏观决策应用，同时抓紧研究落实其他应用建设方案，并将网络应用扩展到视频和语音等方面。

三、完成各项试点工作，积累金保工程建设经验

完成网上职介和安全应用支撑平台建设等电子政务试点示范工程试点工作，为金保工程开展网上业务办理和安全体系建设探索经验。选择有条件的地区进行劳动保障综合系统建设试点工作，提取用于指导全国的劳动保障综合系统建设的需求分析、业务流程规范、数据结构设计，提炼出劳动和社会保险两大系统建设之间的内在联系，为城市级数据中心建设探索经验。

四、长远与过渡结合，推进各级数据中心建设

配合联网应用的开展，开展数据中心各项建设工作。各地要及早按照有关要求设计数据中心建设方案，并开展网络、服务器、机房、环境等方面的建设，既要满足近期重点工作的开展需求，又要满足远期各项联网应用的建设目标。要研究落实在各级数据中心统一进行数据整合的方案。

五、急用为先，推进统一应用软件的开发和应用工作

继续做好金保工程中用于本地业务经办的两大核心应用软件开发工作，即完善社会保险核心平台和开发劳动 99 三版，并实现两大系统的融合。根据业务需求完成部省及省市联网中的宏观决策监测软件开发；积极探索异地业务经办的业务流程，开发支持异地经办业务的软件；启动并完成社区平台等公共服务软件，完成劳动保障电话咨询服务中心建设方案的编制工作；根据社会保险基金监督的需求分析和政策框架开展基金监督软件的开发。继续扩大统计信息管理软件（LMIS）应用范围，并拓展到劳动工资、劳动关系、农保等业务统计。

六、统筹兼顾，推进其他各项信息化工作

劳动保障部一方面要进一步完善部办公网，搞好办公管理系统的应用，确保网络运行安全，另一方面要继续做好劳动保障部政府网站和中国劳动力市场网站建设工作，确保信息的权威性和及时性。地方劳动保障部门要利用在互联网上组建的劳动保障系统内部的工作信息网开展信息交流，利用业务专网进行语音和视频的传输。另外，要配合做好安全应用支撑平台的试点和试运行；继续推进社会保障卡建设工作，启动国产算法的应用试点；继续加大系统内信息化人才的培训力度。

总之，今年金保工程建设任务十分繁重，各地劳动保障部门要迎难而上。一方面要做好系统的统筹规划、方案的全面设计，前后一致，上下衔接；另一方面要努力克服资金、人员、技术等各方面的不足，加快工程建设进度。劳动保障部在完成中央本级建设任务的同时，将加大对地方调研和指导的工作力度，协助地方完成有关的建设任务，并在工作中研究建立金保工程建设的长效机制。

信息化建设，助推旅游业的振兴与发展

国家旅游局信息中心主任　董培南

“金旅”工程是中国旅游业信息化的系统工程。国家旅游局党组对“金旅”工程的建设给予了高度重视。2000 年 10 月 26 日，原则通过了“金旅”工程框架规划；2000 年 12 月 24 日，国家旅游局发出《关于建设“金旅”工程，推进旅游业信息化工作上水平的意见》；2001 年 1 月 11 日，在全国旅游工作会议上，正式宣布启动“金旅”工程建设。并制定了近其目标；中期目标；远期目标。

信息中心是国家旅游局负责信息化建设和推广的专设部门，具体承担着“金旅工程”的组织、规划和建设任务。各级旅游行政管理部门和旅游企业以极大的热情支持并参与“金旅”工程的建设，旅游业界的信息化建设以应用促发展，助推旅游业的振兴。

一、领导重视，旅游信息化发展走上快车道

21 世纪是信息网络的社会，是知识经济时代，信息技术已成为当代先进生产力的代表，渗入到社会生活的各个领域。《中共中央关于制定国民经济和社会发展第十个五年计划的建议》中指出：“信息化是当今世界经济和社会发展的大趋势，也是我国产业优化升级和实现工业化、现代化的关键环节。十六大报告中指出：要把推进国民经济和社会信息化放在优先位置。”根据党中央的部署，信息化工作在国民经济各个领域得到了重视和发展，以“金”字系列工程为代表的行业信息化建设有效地推动了信息化的建设、应用和普及。

在国家旅游局党组领导下，在我国正由世界旅游大国向世界旅游强国迈进的过程中。信息化将是我国产业优化升级和实现现代化的关键环节。

何光暐局长多次强调：在我国由亚洲旅游大国向世界旅游强国迈进的过程中，必须主动

占领市场和技术的制高点，这是中国旅游业发展的战略要求。局党组明确指出：旅游信息化必须先于行业达到世界旅游强国的水平，才能成为旅游发展的推进力。

自2001年国家旅游局在全行业实施“金旅工程”以来，国家旅游局党组对“金旅”工程的建设极为关注，多次听取专题汇报，从政策、人员、资金多方面给予了大力支持。

何光暐局长题词：加入金旅工程 建设世界旅游强国。孙钢副局长题词：金风送爽又逢秋，旅游硕果耀寰球；雅业紧追信息化，途长道远不须愁。张希钦副局长题词：指点江山，神州风采。金旅网络，掌上乾坤。顾朝曦副局长题词：锐意进取，开创中国旅游信息化辉煌的明天。局党组成员王军同志题词：创旅游新高 走金光大道。

各级旅游行政管理部门和旅游企业也以极大的热情支持并参与了“金旅”工程的建设，旅游信息化建设得到了业界的广泛认同，行业信息化应用能力逐步提高，已形成了多方重视、上下关注的良性发展局面，旅游信息化建设已步入了健康发展的快车道。

二、金旅工程实施情况简介

“金旅”工程是国家信息化工程在旅游行业的具体体现，和金关、金税等其他“金”字工程一样，也是国家信息网络系统建设的重要组成部分；是中国旅游业信息化的系统工程；也是各级旅游行政主管部门利用信息技术推动新世纪旅游业发展的一个重要举措。他是集全国旅游行政办公网、旅游行业管理业务网、公众信息网和旅游综合数据库于一体的一项庞大的系统工程，其中公众信息网包括了旅游电子商务网和政府网。

“金旅”工程在建设中始终坚持“统筹规划、统一领导、分步实施、远近结合”的原则，在工作中按照近期、中期和长期规划分步骤实施。2001年至2002年，以建设和完善电子政务为突破，提高行业的基础应用水平；2003～2005年，以目的地营销系统带动旅游电子商务的普及和应用，用新的宣传促销手段，与国际接轨，助推旅游业的恢复和发展；2006～2010，全面提高旅游行业信息化应用水平，达到和接近旅游先进国家的水平。

在国家旅游局党组的领导下，通过全行业的共同努力，在全行业形成国家和地方旅游管理部门互联互通的电子政务系统。坚持以应用促发展的原则，结合行业实际开发了行业管理多个应用系统。假日旅游预报系统实现了全国参报单位的网上数据交换，及时准确地完成数据汇集、传输、审核、分析功能，为黄金周的信息预报和发布提供了有力的技术手段。“办公自动化系统”、“旅行社年检管理系统”、“导游网络管理系统”、“旅游招商投资信息系统”等一批全国性应用网络系统的推广应用，初步实现了行政办公和行业管理部分功能的电子化，实现了政府电子政务要求的将管理和服务职能转移到网络上去完成，同时实现组织机构和工作流程的重组和优化，向社会提供高效、优质、规范适用、全方位的管理和服务。

作为国家旅游局的政府网站和网上信息发布平台，中国旅游网汇集了大量的旅游相关信息及多语言版本，日均页面点击率达 100 万次左右，首页点击率 4 万人次左右；今年 2 月，中国旅游网荣获了“政府上网工程网上应用示范单位”称号。

旅游电子商务的建设，是旅游信息化的重要组成部分，经过认证论证，已开发出适合中国国情的，面向消费者和旅游企业的多元化商务产品，并已在多个城市推广。

三、旅游电子商务应用——中国 DMS

(一)、发展背景

随着网络技术的不断进步和电子商务在全球的迅速发展，借助互联网进行商业交易，已成为国际间交流与合作的重要手段。世界旅游组织也致力于目的地营销系统的推广应用，WTO 在 90 年代中期开始致力于信息技术在旅游行业应用的研究，提出了 DMS 的概念和框架体系。目前，在奥地利、芬兰、爱尔兰、加拿大、新加坡、英国、南太平洋、纳米比亚、荷兰等十多个旅游发达国家或地区广泛运用了目的地营销系统（DMS），有效地将网络和传统营销业务相结合，支持了当地的旅游企业，明显地提高了旅游营销效果，成为旅游行业信息化的一个最核心系统。

世界旅游理事会（WTO）公布的 2002 年世界旅游产业报告中预测，会有越来越多的旅游者通过互联网获取旅游目的地的信息，并查询价格和行程。

据中国互联网信息中心的统计，我国互联网用户已经超过 5900 万人，而且还在以每年约 30%增长率增加。2002 年末，全球互联网人数超过 6 亿人。互联网已经从高科技转为大众生活的一部分。互联网已成为旅游服务于游客的重要媒介。尽快实现旅游营销手段的变革，是中国旅游业与国际接轨的必然选择。

（二）、中国旅游目的地营销系统（DMS）框架体系

为做大做强中国旅游业，在对旅游电子商务应用情况调研的基础上，结合中国旅游业的具体实际，国家旅游局在2003年提出：以建立和推广旅游目的地营销系统为切入点，整合旅游资源，完善旅游支付手段，构建中国旅游目的地总平台，提高中国旅游电子商务的总体水平。并于2003年1月，会同全国电子信息系统推广办公室联合下发了“关于在优秀旅游城市建立并推广使用‘旅游目的地营销系统’的通知”。

旅游目的地营销系统是一种旅游信息化应用系统，它以互联网为基础平台、结合了数据库技术、多媒体技术和网络营销技术，把基于互联网的高效旅游宣传营销和本地的旅游咨询服务有机地结合在一起，为游客提供全程的周到服务，可以极大地提升目的地城市的形象和旅游业的整体服务水平。

经过一年的努力，全国旅游目的地营销系统的中心平台建设已初具规模，粤港澳、大连、三亚、珠海、南海、深圳、厦门、苏州等十余个区域或城市的目的地营销系统也已投入运营或正在建设之中，在旅游宣传促销，特别是“非典”后的恢复振兴中发挥了重要作用。

借鉴国外的成熟经验，电子商务的发展需要较大规模、品牌意识和资源共享。我国真正意义上的电子商务，尚处在研究和起步阶段，必须克服各自为政和信息孤岛现象。全国目的地营销系统总平台的建立，将实现与国际预定网络的互连，并与国内建立广泛的信息交换机制，形成宣传和营销整体优势。提供了一个崭新的营销理念和运营模式。利用信息技术和网络进行旅游业的促销和服务是信息时代旅游宣传工作的新课题和必然的选择。目的地营销系统可以利用高科技更多地方便旅游者，更多地宣传旅游目的地的形象，使方方面面的旅游要素通过这样的高新技术手段进一步得到展示。将提升我国电子商务的应用能力和水平，推动网络互通、网上交易这个新型的旅游营销模式的实际应用，与各目的地城市一道，实现旅游电子商务的良性运营。

（三）、作用和优势

目的地营销系统架设了一个旅游目的地和客源地间非常通畅的桥梁，在提升目的地知名度、满足消费者资讯需求、增加游客访问量、方便旅游交易、提供旅游服务和增加目的地旅

游收入等方面都有积极作用。

1. 信息传播的广泛性和及时性

作为中国旅游的权威门户,"金旅"工程的电子商务平台,集中展示中国旅游的整体形象,宣传各旅游目的地的特色特点,是世界了解中国的一个窗口。

中国旅游电子商务总平台(DMS)提供了多语种、多层次、多对象的应用和浏览接口,还提供了手机短信、触摸屏、PDA 等信息传输手段,将目的地旅游信息广泛传播给消费者。

目的地旅游信息可以通过数据库及时上传到系统中,旅游消费者在通过系统及时掌握目的地信息的同时,也可以进行在线咨询、在线订购,极大地方便了供求双方的交流和交易。

2. 融入视觉识别系统理念

通过 LOGO 设计、宣传片、电子杂志、网络电视台、数据库电子地图、三维实景等技术手段,综合展示旅游目的地形象和特点,树立网络空间的旅游品牌。

如:广东宣传片:函盖广东旅游特色,节奏轻快,活力四射。

大连宣传片:涵盖了大连浪漫之都的所有性质,1 个概念、2 种颜色、3 种感觉、4 季风情、5 张牌、6 大浪漫、50 最等。

苏州 DMS 中文网站选择粉墙黛瓦的色彩,表达东方水城的温润和悠久历史的沉淀。

电子杂志设计制作方面,系统可提供旅游宣传部门在汇集各地旅游动态信息、信息加工整理、以信息网络手段自动发送给目标客户等功能,配合目的地主题宣传活动。

系统还提供了多媒体视觉传输功能,采用视频流媒体技术,实现网络电视,自由点播,三维环视,360 度环绕的真实虚拟等功能。

3. 信息的互动性

顺应旅游方式的变革,按照游客需求,DMS 系统提供了旅游行程设计、旅游电子地图示意服务、旅游市场调查、旅游社区等系统,建立起政府、企业、消费者、媒体之间方便快捷、高效、低成本的沟通和互动。

"旅游行程设计系统"基于庞大的旅游目的地信息库、旅游企业和产品信息库,根据用户给定的组合查询条件或游客所选择的地点、时间、费用等因素,智能产生满足用户要求的行程规划,为游客制定个性化出行方案。

电子地图示意服务系统,提供给用户交互式地图或示意图,游客可以通过该系统方便快捷地查询目的地旅游信息。

4.信息的存储和检索功能

通过信息收集系统、数据库和信息整理系统的加工整理，目的地营销系统提供了目的地的基本信息和“食、住、行、游、购、娱”等常规旅游信息包括：旅游企业（含景点、酒店、旅行社、餐厅）的基本信息；产品信息（含旅游线路、酒店客房、景点门票）、促销信息（近期主要活动、会展、促销、优惠等）。可说是内容丰富多彩，且基本做到了面面俱到。系统运用先进的搜索引擎技术，提供消费者快速、准确地获得目的地旅游信息。

5.起点高、低成本进行网络营销工作

旅游网络营销系统是一个以互联网络为媒介、以面向游客和旅游同业进行旅游宣传营销为目的、以营销过程控制和营销效果统计为重点的现代先进的旅游营销系统。旅游网络营销系统通过对营销活动达到的人群，在相关数量、地区分布、人群特征方面进行统计分析、积累整合，从而展开针对地理位置、人群、时间、内容方面的自动化和个性化的营销。

2002年“十·一”国庆期间(10月1日～10月7日)，南海和广东利用DMS对本地进行旅游营销，在全国各地取得了积极反响。

据统计，南海DMS网站点击量达511万，注册用户达3.7万；粤港澳DMS“活力广东网”点击量达到1564万，注册用户11万，充分显示了网络营销的效果，极大地支持了黄金周的旅游促销。

随着互联网的逐步普及，DMS应用面会越来越广。通过DMS和传统营销业务相结合，可以明显提高旅游营销效果，支持当地旅游企业。DMS必将成为旅游行业信息化的一个最核心系统。国家旅游局希望通过“旅游目的地营销系统”的建设和推广，推动我国旅游业的快速发展，在全世界进一步树立中国是世界上最具生机活力、最安全的旅游目的地，帮助实现我国由旅游大国向旅游强国发展的目标。

四、旅游信息化，前景光明

经过旅游行业的共同努力，旅游信息化建设取得了一定的成就，已基本建立起旅游信息流通渠道和旅游信息发布体系，多项业务管理系统实现了电子化和数据共享，为今后的发展奠定了基础。

根据旅游业信息化发展规划和国家旅游局领导指示，2004 年国家旅游局信息中心将积极配合旅游业中心工作，努力协调各方力量，充分发挥网络宣传及时性强、覆盖面广的特点，全面推进旅游业信息化建设和运营工作。主要包括：健全组织体系，加大信息化基础设施建设的力度；建设旅游行业权威的信息平台；旅游电子政务系统的建设工作和建设旅游电子商务系统的建设工作等四方面。

为加快旅游目的地营销系统的建设和推广，计划 2004 年建立以黄金周预报城市为主体的旅游目的地营销系统，实现各区域信息网络互通互联。争取实现在线交易功能，推动电子商务建设。具备条件的其它优秀旅游城市，也可适时开发建设。

加快旅游网络的宣传促销功能。2004 年国内旅游网上博览会于 5 月 18 日拉开帷幕。在各级旅游行政管理部门及广大旅游企事业单位的积极响应、支持和参与下，网博会取得了圆满成功。体现信息时代特征的新型博览会的成功举办，加大了“金旅”工程在旅游行业中的推广力度，为旅游企业提供了一个通过信息化手段进行交流和交易的平台。

本届网博会在认真总结 2003 年首届网博会成功经验的基础上，进一步增加了硬件设施，开发了新的展演系统，优化了交互性，丰富了展示手段，以全新的面貌展现在全行业和公众的面前。网博会的新特点：

一是开辟了一条旅游管理者与旅游从业者、旅游消费者之间面对面交流的新渠道；国家旅游局的官员，就 2004 百姓生活游、正在全国推进开展的工农业旅游以及编制“十五”旅游业发展规划等专门话题与网友进行在线交流，二是首次邀请了国内外一批知名的 IT 企业参加，以进一步扩大 IT 业和旅游业的联系，交流与合作，进一步提升旅游信息化的应用水平；三是首次开通了手机短信业务，以最大众、最便捷的方式，更好地为参展客商和公众提供服务。此次网博会进行了商务运作的有益尝试。

网博会的社会影响力逐步显现。中国国内旅游网上博览会是国内第一个全国性的行业网络博览会，引起了新闻媒体和 IT 行业的高度重视。

中国旅游报予以大力协助，进行了多次主题宣传和新闻报道；人民日报、旅游卫视等积极支持，发表在人民网上的题为“中国国内旅游网上博览会：网络为旅游开辟新天地”专题报道，详细介绍了网博会开幕式等情况，并被新浪、搜狐、网易、新华网等门户网站广为转载，影响面较大，旅游卫视也进行了专访和报道。

作为 IT 行业的权威刊物，《中国信息化》杂志对网博会高度评价；TTG CHINA 以三个整版的篇幅发表了“从中国国内旅游网上博览会看建构中国旅游业新商务模式”专文，对网博会和中国旅游信息化进行了全面介绍。

网博会成为旅游宣传促销的有效手段。随着网络技术的不断进步和电子商务在全球的迅速发展，借助互联网的及时性强、覆盖面广的特点进行宣传和交易，已成为国际间交流和合作的重要手段。在开展的十一天里，网博会首页浏览量达 61 万人次，达到了预期的目标。博览会不仅得到东部及沿海旅游发达地区积极响应，更是明显呈现出中西部地区参展积极的特征。内蒙、贵州、陕西、甘肃、新疆等中西部省份响应速度快，参展积极。这充分体现了中西部地区对信息化发展的重视和网络营销这种跨区域、高效率和低成本的促销方式的强大吸引力。东部地区在浏览人数排行榜上遥遥领先，其中广东省近 1200 家企业参展，累计点击率超过 200 万次。

2004 年继续完善业务管理系统，使之发挥更大的效能。建立各业务系统的数据共享，提高信息的有效性。配合新的旅游统计制度，开发建设旅游统计管理系统，实现旅游企业的网上直接填报和旅游行政管理部门的多级网上审批。开发饭店星级评定复核信息管理系统，实现评定复核网络化。

信息中心注重与大专院校和科研机构的合作，用先进的科技手段，为旅游信息化注入活力。承接了国家 863 科技项目，开发推广旅游地理信息系统。该系统采用国际先进的 3S 技术，将有效地解决旅游信息化中，电子地图的瓶颈问题；运用卫星传播技术，传输和发布旅游信息。

旅游信息化是一项系统工程，涉及到旅游行业的各个层面，需要各级旅游行政管理部门的通力合作，共同推进旅游信息化建设。作为国家旅游局负责信息化建设的专设机构，国家旅游局信息中心将在组织推动“金旅”工程建设上，更好地发挥规划、推广、管理、指导和事业发展的作用，与全国各级旅游行政管理部门和旅游企业密切合作，推动信息化建设工作更上一层楼，使“金旅”工程建设取得更加丰硕的成果，让信息化为旅游业插上腾飞的翅膀，成为旅游业高速协调发展的动力。

统计信息化建设的发展现状与展望

国家统计局计算中心　徐铁夫主任　李　青

多年来，国家统计局紧紧围绕统计业务的需求，从基础设施着手，从应用系统着眼，全面系统地进行了统计信息网络、应用平台、技术队伍的建设，为更好地行使统计职能，为政府宏观调控、微观指导经济运行，为社会和企业提供咨询服务创造了良好的基础环境，极大地提高了统计生产力，走出了一条投入少，见效快，经济实用的信息化建设之路。回顾展望统计信息化建设，从中汲取经验教训，对统计系统今后的发展是非常有意义的。

一、 现状

（一）统计业务网络平台已经形成

国家统计系统目前已建成国家统计局为核心，连接 31 个省级统计局、33 个重点城市统计局共计 64 个网络节点的国家统计信息主干网络 。截止 2003 年底，全国已有 2000 多家不同级别统计局建成了局域网，有 1/3 的统计局与国家统计局网络连接，初步形成了国家、省级和重点城市统计局和部分地市级、县级统计局互通互联的内、外网络工作环境。国家统计局建立了高速互联网出口，一条是中国电信的 34M 出口，一条是中国科学院的 10M 出口。

（二）应用开发成果比较明显

1. 电子化办公系统

国家统计局配合国家电子政务工程的实施，逐步推进统计工作电子化，提高统计系统办公的信息化水平。目前的主要应用为：

电子邮件邮局系统 31个省级统计局建立了电子邮件邮局系统，实现全国范围应用 Open mail 电子邮件系统进行网上数据传输和信息交换。

电子化办公环境 经过几年的运行，形成了较为完整的统计电子办公环境，建立了OA系统，形成了发文、采编、数据库、历史资料库等一整套的服务器群组。

国家统计信息网站 1998年，国家统计局建立了国家统计局内部综合信息网，1999年2月正式开通了国际互联网（http://www.stats.gov.cn）服务网站。随后，国家统计局各专业司、各省级统计局也纷纷开始建设自己的内部和对外网站。国家统计局充分利用现代信息技术，大力开发国家统计数据资源，把中国统计信息网建成中国的权威数据门户和统计资源中心，服务于国家宏观调控、社会公众和国际间比较。

2.统计业务应用系统

应用软件的开发和引进 国家统计局拥有自有知识产权、比较成熟的统计数据处理应用软件——SARP软件。经过多年的国家、省、地市、县四级统计局的广泛应用，积累了大量经验，已成为统计数据处理主要的支撑软件之一。作为单机版的 SARP 软件，经过十几年的不断升级和完善，具有系统稳定性、通用性、兼容性、扩展性强的特点，并且易于进行二次开发、系统维护、软件培训，特别适用于基层统计部门和专业统计部门。在软件引进方面，根据中美统计合作备忘录，进行了统计调查数据处理软件 CSPro 的移植汉化工作。CSPro 软件是基于过去的统计调查方法、数据处理流程的基础上开发的，能满足世界上大多数国家和国际组织在统计调查数据处理方面的需求，已在世界绝大多数国家、地区统计部门和国际组织中使用。国家统计局正在参照 CSPro 有关方法，制定我国统计调查数据处理软件有关数据规划、技术格式、处理规范的相关标准。国家统计局计算中心负责 CSPro 软件的汉化移植工作和辅助功能模块程序编码标准的转换（改为 UNICODE 国际标准），汉化工作的成果将主要满足使用汉语的国家和地区统计机构的应用需求。这项工作，经过双方的共同努力，目前已取得了阶段性成果。

网上直报系统建设 基于网络环境，建立点对点的数据采集和处理方式，称为网上直报系统。经过几年的努力，目前主要应用有5000家工业企业、3000家房地产企业统计数据的联网直报，农村调查总队统计数据的联网直报等。

网上直报系统适应多种统计调查模式，比如，全面调查、抽样调查、典型调查、重点调查的需要。其主要优势是缩短了统计调查周期，加强了统计数据质量的直接监控， 降低了人为因素的干扰和技术因素的影响，提高了统计数据的准确性和时效性，是统计调查工作快速反映机制的一种模式。

数据库建设 利用现代信息技术大规模、高效率、深层次地开发统计信息，实现信息资源社会共享，是统计管理的重要内容。目前国家统计局主要建设和完成的数据库有：统计项目管理元数据库、大型宏观经济数据库、统计综合进度数据库以及普查专项数据库等。

（三）培养造就了一批技术队伍

国家统计局规划了统计系统信息化教育的发展策略和实施方案，采用全员继续教育的方式，提高统计人员的综合能力和素质，适应网络环境和现代信息技术发展的需要，逐步实现人才教育的制度化、规范化。

近二十年来，国家统计系统采取自上而下，分级负责的培训方法， 培养了网络、计算机系统、应用开发、数据库管理、网站开发和管理、OA 应用等一大批专业和复合型人才，为统计信息系统的建设和发展提供了人力资源保障。

二、问题

（一）地区发展不平衡，系统建设后续投入不足，运行维护机制尚未建立

统计信息化建设的投入是行政级别高的单位比行政级别低的单位投入高；东、中部比西部投入高；硬件比软件的投入高；对信息网络的建设比信息资源管理投入高。经过“九五”的建设，统计信息网络系统建设已初见雏形，但由于后续投入不足，影响统计信息化工程整体效能的发挥。从网络建设看，全国 3205 家统计局，只有 1166 家与国家统计局相连，占总体的 36.4%；网络接入方式以专线方式接入的有 1257 家，占总体 39.2%。从大区分布看，以专线接入方式的单位占接通网络单位的比例分别是，华东 59%、华中 46%、东北 38%、华北 32%、西南 30%、西北 16%，地区差异很大。面对全国的应用系统，很难采用一种技术或策略方案进行全面部署，从而限制了新技术的普及和应用；为了兼顾地区差异性而采用了多种应用方案

进行区别部署，造成应用开发费用上升，培训费用增高，业务支持和技术支持难度、工作量增大，给系统整合带来了困难，难以形成规模效益。

从资金落实情况分析，落实资金的绝对额和覆盖范围非常有限。2001-2003 年，全国统计系统的信息化建设没有落实任何资金的统计局为 2112 家，占总体 66%，特别是基层单位，基本上属于维持状态，网络环境和应用系统都很难有所改善。其次，目前统计工作采用的是现代化的工具，使用的是传统的管理模式，形成了一个个的信息孤岛，造成信息资源和信息生产流程的管理工作上花费大量的精力和人力，但是效果不如预期的明显，统计信息化持续、稳定、协调发展显得后劲不足。

管理体系的建立，是统计工作现代化实现的有力保障之一。管理机制的创建需要在建设和部署中不断摸索和总结，不断调整和完善。由于缺乏统计信息化软课题研究，特别是缺少对统计信息化管理体制、运作机制、信息化标准、法制环境以及重大项目实施等方面的专题研究，造成目前的管理基本上采用“经验主义”和“拿来主义”，和实际工作需要的耦合度不高。

（二）应用开发“百花齐放”，应用环境亟待统一

统计系统的应用目前主要有电子化办公系统、统计数据采集和处理、数据库系统等。由于存在业务壁垒、重复建设，缺乏统一规划和建设标准，现有资源利用率低，应用系统“百花齐放、自成体系”，信息化工程的整体效能得不到充分发挥。

以数据处理软件为例，目前国家统计局登记的应用软件有 76 个。其中 56 个软件用于国家统计调查制度，其余 20 个程序用于其他业务。76 个软件中大部分是由各业务单位独立组织开发完成的。由于缺乏统一的管理办法和开发标准，软件的通用性、扩展性存在很大的局限性；跨专业之间的数据交换和数据共享，因数据格式的不同，缺乏公共平台，实现共享的程度低。其次，目前大部分应用系统是针对任务的专用程序，目标比较单一，软件的重用性低，开发经费被分散在各个应用系统，难以集中资金，进行整体攻关。另外，每个应用系统的平均开发经费少，也限制了开发合作伙伴的选择，应用系统开发缺乏创新，软件同质化重复开发，而针对统计数据生产的应用管理系统却还是空白。

国家统计局多头下发软件，基层单位不堪重负。比如国家统计局下发到县级使用的数据处理软件有 20 个，而县级统计局人员数量少，工作量大，再加上培训不到位，面对如此众多

的软件去完成不同的任务，负担相当沉重。基层强烈呼吁，尽快开发通用性、扩展性好的统计工作平台。

（三）技术人才外流，人才短缺现象严重

人才是统计事业发展的重要基础，统计系统由于机构建制、人才发展空间、物质待遇等多方面的原因，大批人才外流，技术队伍难以稳定。截止2003年底，全国统计系统72554名在岗职工中，技术管理干部2658名，占总体的比例为3.7%，在岗软件开发、系统网络、硬件维修的人员分别是475名、725名、248名，占总体的比例分别为0.6%、1%、0.3%,四项合计仅仅占到总体5%左右，技术管理人员和技术开发人员严重不足，许多基层单位这几方面的人才基本上是空白。人才的严重短缺，影响了统计信息化发展的步伐。

三、展望

（一）建立良好的管理运维机制，使管理逐步走向规范化、制度化、法制化

随着全国统计信息网络的形成，统计工作内部环境和外部环境都发生了相应变化。目前全国统计信息网络系统物理相连了，但管理模式却千姿百态；应用系统的专业壁垒，重复建设，流程管理的传统模式；内外部环境、干系人之间的利益关系，都是信息化管理系统必须考虑的因素。必须以全国统计系统作为一个整体，通盘考虑，寻找共性，比较差异，科学分类，建立管理标准；逐步形成全国相互协调，逻辑有机相连，运行稳定安全的统计信息化管理系统。

其次，任何管理机制的建设都不是一劳永逸的，而是动态变化的。认识管理机制的环境适应性和局限性，其管理机制必须随着内部环境和外部环境的变化而变化，适应新形势下统计工作的需要，逐步走向规范化、制度化、法制化。

（二）整合现有资源，发挥资源的最大效益

统计系统的主要资源有数据资源、统计调查和处理网络资源、信息网络系统资源、人力资源等。

从信息资源方面来看，目前延续传统的“谁采集、谁所有，谁汇总、谁管理”的数据管理模式，形成了一个个信息孤岛。信息之间缺乏有机的联系，造成了数据分散，数据处理软件不统一、数据结构不统一、数据管理和应用标准不统一。统计数据不但缺少必要的数据安全保障，而且难以开发利用和数据共享，致使数据资源流失、浪费严重，不能很好地发挥统计数据的使用价值。

从统计调查和数据采集处理的情况来看，由于业务壁垒严重，被调查者要接受来自统计系统不同部门、不同任务的各种调查。由于数据没有充分共享，重复采集、过度采集，而一些需要的统计指标又没有采集或没有好的方法采集，造成数据口径不一致、数据的唯一性得不到保证，对统计调查和数据处理缺乏整体的、有效的管理机制。

从统计信息系统网络资源来看，由于地区发展的不平衡性，网络建设也没有形成全国整体一盘棋的格局。目前，全国没有建设局域网的统计局有 1084 家，占总体的 33.8%;没有公网出口的统计局 1880 家，占 58.7%；没有专网出口的统计局 2123 家，占 66.2%，可以看出系统网络建设处于初级阶段，网络建设还是局部的，散落的，国家、省、地、县四级单位之间的整体互联互通还需要一个较长的时间。因此大型的应用项目还不能以全国为一盘棋，基于网络环境的应用系统部署都是局部的、小范围的。网络优势还没有得到充分地发挥。

从人才资源看，不仅绝对数量少，而且缺乏团队合作工作的锻炼，有限的人力资源由于使用不当，浪费的现象依然存在。

因此，整合现有的各方面资源，运用系统的概念，科学合理地调配资源，才能做到物尽其用，人尽其才，发挥系统资源的整体效能。

国家统计系统资源整合，发挥统计信息化的整体效能，其目标是：基于现代信息技术，以统计信息标准为基础，以统计信息资源建设为核心，建立一个面向统计工作所有相关人员，高效运行的国家统计信息系统，全面实现统计工作的现代化。具体的内容分别是：建设具有较强抗干扰能力、独立的“国家统计快速调查系统”； 作为国民经济和社会信息资源枢纽的“国家统计数据中心”； 规范统一的统计工作平台。

（三）培养使用人才，尽可能地提高他们的物质待遇

人才是统计事业发展最重要的资源，当今社会争夺人才的竞争异常激烈。统计系统要有远见卓识，及早研究对策，真正把培养和使用好人才作为发展的大事来看待、来落实。

首先，要做好人才的总体发展规划，建立吸引人才的机制，培养人才、使用人才、留住人才。加强人才培养，可以从四个方面入手，即：领导对人才的指导，业务培训的落实，适时轮岗，个人发展空间的规划，使他们成为统计事业发展的中坚力量。

其次，在使用人才方面，建立科学的职位管理体系，把最合适的人才放在最合适的岗位，给他们提供更多的机会，让他们在实践中锻炼成长。采用科学的绩效考核方法和竞争激励机制，使那些有抱负、有理想、有能力的人才能脱颖而出。

在留住人才方面，加强文化建设，形成价值认同；创建和谐的人际关系，形成吸引人才的工作氛围。建立富有激励作用的薪酬制度，提高人才的物质待遇， 解决人才的后顾之忧。建立合理的人才流动机制，使新鲜血液能够不断补充进来，做到人才培养和使用的动态平衡。

税务系统信息化的发展推动了税收征管工作上新台阶

国家税务总局信息中心副主任　余　东

中央和各级政府对经济和社会发展的投入主要来源于国家和各级政府的财政收入，而财政收入90%以上都来源于税收。以金税工程为代表的税务系统信息化是国家信息化重点工程之一。在过去十多年的时间里，我国税收信息化经过了从无到有、从分布到集中、从单一到复合、从分散到统一的历程，取得了很大成绩，税收信息化促进了全国税收收入的稳定增长，大幅度提高了税收管理的质量和水平，也带动税务干部素质和依法治税水平迈上了新的台阶，正在成为税收工作的重要生产力。

一、税收信息化的基础设施已具备一定规模

通过最近几年税务系统计算机广域网络建设，国税系统从总局到36个省级局、300多个地市局、3800多个区县局以及区县所属征收分局和税务所的五级广域网已联通；总局已与36个省级地税局联网，很多省份的地税系统已陆续开通本省的广域网。这个计算机广域网络是税务系统的“信息高速公路”，是网络通讯的支撑平台。同时各类计算机配备也进展较快，全国税务系统有各类小型机1400台，PC服务器25000台，微型计算机40万台。

二、金税二期工程和各应用系统在全国的使用情况

1．增值税信息管理系统在全国成功运行

金税二期工程即是现在所称“增值税管理信息系统”，该系统自 1994 年开始，经过试点，于 2001 年 1 月在沿海 9 个省市投入运行，7 月在全国国税系统全面开通运行。国家专项投入资金二十多亿元。到目前为止，原定的目标基本实现，运行情况良好，呈现出显著的经济和社会效益。该系统包括增值税一般纳税人使用防伪税控计算机开具增值税专用发票的子系统，在税务部门建立增值税专用发票扫描认证子系统、专用发票稽核比对子系统和专用发票网络协查子系统等四个子系统，实现了税务机关对企业增值税专用发票开具和增值税纳税状况的有效监控。

通过三年多的运行，各应用系统运转情况很好。企业用的防伪税控开票子系统已推行 140 万户，到 2003 年 7 月底增值税专用发票已取消手工开具，全部使用防伪税控系统用计算机开具。税务局对纳税人抵扣的专用发票全部进行扫描认证，以辨别真票和假票，使利用假票、大头小尾票骗抵税款的违法犯罪活动得到遏制。增值税计算机交叉稽核系统在全国 3800 多个区县以上税务机关联网运行，查找没有如实申报的线索，促进了企业依法申报纳税。金税工程发票协查系统的运行大大提高了稽查工作效率，加快涉税案件的查处。

2．全国统一税收征管软件在税务系统稳步推广

国税系统使用的全国统一税收征管软件正在各地推广使用。这个软件涉及基层税务机关的事务处理、管理监控和辅助决策等业务，涵盖了管理服务、征收监控、税务稽查、税收法制及税收执行等五个系列的基层税收征管和市局级的管理与监控功能。使用世界银行贷款项目和日本政府贷款项目的 23 个城市以及在河南、山东、浙江、湖北、江西、福建、北京、安徽等地的推广工作已经完成，其余每个省也都各有一个城市在推广使用。目前已有 140 个城市使用该软件。地税系统的征管软件以省为单位也正在推广使用。

3．出口退税计算机管理成为税务部门与其他部门信息共享的成功范例

为了加强出口退税管理，严厉打击骗取出口退税的违法犯罪活动，在海关、外贸、外汇等部门的配合下，出口退税管理系统已经初步建立。通过与海关口岸电子执法等系统互联，可以缩短出口货物报关单的收集时间，提高出口货物报关单、外汇收汇核销单信息的传递速度与质量，加快了对出口企业出口退税的审核。出口退税实行计算机管理，是税务系统利用权威部门提供的电子信息加强管理的成功实践，为税务部门与其他部门的信息共享提供了范例。

4．其他各应用系统也正发挥积极作用

公文处理系统、法规查询软件、反避税信息系统软件、地方税十税一费软件、土地使用税税源管理与分析软件、稽查查帐软件、资产管理软件等也开始运行，这些都为加强税务管理奠定了良好基础。

5．为纳税人提供充分的信息与政策指导

各地税务机关开始建立基于互联网的税收公共服务平台。这个服务平台基于税务管理信息系统，包括行政管理系统、数据仓库、外部信息交换系统、呼叫中心等，为纳税人提供全面、规范、准确、便捷的涉税综合信息网上服务。纳税人在这个税收公共服务平台上能够查询各级税务机关的组织结构，各种涉税事宜的办理指南，历年各类税收法律、法规，最新的各种税收政策、税务公告的通知，增值税专用发票开具、作废、丢失信息，纳税人关心的各种涉税统计信息、各种证照审批结果，以及纳税人的纳税诚信信息等。网上申报纳税也成为纳税人申报纳税的一种方式。

三、以增值税管理信息系统为例，看税收信息化的成效

1994 年我国实行了税制改革，增值税成为税收收入的第一大税种。到 2003 年国内增值税收入达到 7341 亿元，占全部税收收入的 36%，其中 75%的收入是中央级收入。税制改革初期，利用假票和虚开等办法偷逃增值税的违法活动曾一度猖獗，为了加强对增值税的管理，打击犯罪活动，税务总局通过增值税管理信息系统的设计、开发和推广，取得了实质性的重大效果。

从国内增值税税赋看，在增值税征收政策基本未变的前提下，国内增值税税负随着该系统推行到位而逐年提高。据测算，2000 年增值税的税赋为 9.1%，2001 年 10.1%，2002 年 10.8%，两年增加了 1.7 个百分点。从增值税收入增长情况看，2001 年是该系统实施的当年，增值税收入 5452 亿元，比上年增收 785 亿元，增长 16.8%。2002 年增值税收入 6275 亿元，增收 823 亿元，增长 15.1%。2003 年 7341 亿元，增收 1066 亿元，增长 17%。税收的增长，有经济增长的因素，也有加强征管的因素。从征收率的提高带来增值税收入增长的角度看，据专家测算，2000 年增值税增收率约 53%；2001 年增值税征收率达到 59%,比上年提高了 6 个百分点，由于征收率的提高增收增值税近 500 亿元；2002 年征收率达到 63%,提高了 4 个百分点，增收近 400 亿元，2003 年征收率达到 66%,提高了 3 个百分点，增收 300 多亿元。增值税管理信息系统的全面实施和其它征管手段的加强，是征收率大幅度提高的主要原因。

四、税收信息化急待解决的主要问题

一是条块分割开发的软件太多，光是税务总局各业务部门开发的软件就有三十多个；各地税务机关低水平重复开发的软件也很多，造成浪费。二是软件功能交叉，信息重复采集。给基层增加很多工作量，也给企业都带来很多麻烦。三是设备利用率还不高，项目自成体系，设备不能共享，设备的短缺和设备闲置的现象并存；信息高速公路建成了，但路上跑的“车”

少，“车”上拉的“货”也不多，“去时有东西，回来是空车”。信息传输量在有的地区还没不到设计要求，还有潜力需要挖掘。四是数据集中程度低，信息共享困难，难以综合利用。就全国范围讲，税收征管的基层数据多数还在征管一线，能够集中到地市一级的地区还是少数。很多宝贵的信息都在基层，领导机关进行分析、决策时无法利用。五是系统软件不统一，应用软件运行环境不兼容。操作系统、数据库和开发工具等，各种公司的产品都有，加大了各系统整合难度。六是“信息不对称”，上级机关和下级机关掌握的信息不对称，上级想了解的信息要向下级要；信息采集部门和信息使用部门掌握的信息不对称，重点税源信息、统计信息、征收管理信息只有少数信息采集部门能看得到，很多相关部门拿不到第一手材料；纳税人的信息和税务局掌握的信息不对称，造成征管的黑洞，很多纳税信息也掌握在和这个企业交易的另一方，以及银行、工商、外汇、海关、公安等相关部门，但是这些信息税务局并没有都掌握。

五、抓紧金税三期工程的研究和论证

尽管税务系统在信息化建设过程中取得了一定成绩，但从国家对整个税收工作的要求来看，税收信息化建设依然任重而道远。信息技术在税收管理各领域的应用有待进一步拓展、完善和深化，上述存在的问题急待解决，各系统间的功能需要进一步整合，利用信息技术改造税收工作以加强管理、改进服务的目标还远没有实现。2001 年年底，国务院领导同志对金税二期工程所取得的成绩给予了充分肯定，指示金税三期工程要尽快立项，并要求与有关部门联网，构成一个税务信息化的“天罗地网”，全面加强税收管理，加速我国税务系统电子政务的发展。目前税务总局按照国务院领导的要求抓紧金税三期工程的立项及有关研究工作。

金税三期工程建设的总体目标是建立“一个平台，两级处理，三个覆盖，四个系统”。“一个平台”就是要根据信息系统一体化的原则，建立一个统一规范的应用系统运行平台和计算机网络；“两级处理”就是随着税收执法权的分解和上收趋势进一步强化，信息处理的集中度将逐步提高，要改变数据处理主要在地市以下的现实情况，逐步实现在总局和省局两级集中处理信息，可以进一步减少税务执法的随意性，强化监督制约机制，确保税法执行的刚性，使税收执法行为更加公平和透明，还可以节省大量投资；“三个覆盖”就是要覆盖所有税种，覆盖税收征收和管理的重要工作环节，覆盖国税和地税，形成税务信息化的“天罗地网”。“四个系统”就是要通过业务重组，逐步形成四大子系统，其中包括以税收征收和管理业务为主的子系统，与银行、海关、工商管理等有关部门联网和信息交换的子系统，办公自动化和日常行政业务在内的行政管理子系统和决策支持子系统等，成为功能齐全、协调高效、信息共享、监控严密、安全稳定、保障有力的税收管理信息系统。它的建成，第一要满足基层税务机关税收业务处理的需要，同时也要满足市局、省局和总局各级管理层的监控、分析、预测、查询和辅助决策的需求；第二实现对税源的全面监控，实现税务管理业务的全面网络化运行，实现上级对下级机关征管业务的全面监控，实现国税和地税信息共享；第三实现与其它部门间的信息共享和网络互联，使税务机关拥有来自纳税人的大量数据，提高税务部门对经济税源的分析能力和监控水平，科学预测税收收入，更好地指导税收征管工作。

在推进税务信息化时，应坚持“以我为主”的建设方针，在规划和标准的制定、系统方案的设计、信息安全体系的设计以及保证系统正常运行等方面，主要依靠税务系统自身的力量；网络建设和改造的集成工作、应用软件开发等项工程通过公开招标，由中标企业完成，要把可以利用的社会资源充分利用起来。税务系统的广域网随着业务量的增加和视频会议、网络电话的逐步开通，网络改造任务将比较重；在中西部地区地税系统将会加快广域网和局域网的建设进度。

通过金税三期工程的建设，将利用信息技术和现代管理思想对税务机关的内部组织结构和业务运行方式进行改革和重组，实现税收征管更科学、合理、严密、高效，使对纳税人的管理与服务更加透明、更加便捷、更有效率，同时树立税收队伍更加廉洁的公众形象。

认清形势，把握机遇　开创环境信息化工作新局面

国家环境保护总局信息中心副主任　徐富春

“十五”以来，全国环境信息化工作在国家环境保护总局和地方各级环保部门的直接领导下，以“三个代表”重要思想为指导，全面贯彻国家信息化建设“统筹规划、资源共享，应用主导、面向市场，安全可靠、务求实效”的发展方针，认真执行《国家环境保护“十五”规划》和《“十五”国家环境信息化建设指导意见》，紧紧围绕国家环境保护重点工作，以需求为导向，以应用促发展，努力提高为环境管理提供信息服务和辅助决策支持的工作能力。

下面，就新形势下如何做好环境信息化工作，从四个方面进行论述：一是“九五”以来环境信息化工作回顾，二是环境信息化工作存在的问题，三是当前环境信息化工作面临的形势和任务，四是保障措施。

一、“九五”以来环境信息化工作回顾

“九五”以来，全国环境信息化工作以机构能力建设为切入点，以能力建设项目为推动力，不断加大对环境信息化建设的投入，国家、省、市三级环境信息机构及基础网络基本形成，环境信息化建设初见成效，环境信息工作实现了从无到有、从小到大的跨跃式发展。

（一）适应环境管理实际需要，抓好环境信息机构和人才队伍建设

“九五”期间是我国环境信息化建设第一个高速发展时期，国家环境保护总局和地方各级环保部门为提高环境管理工作效率，适应全国信息化发展形势的要求，加快了各级环境信息机构的建设步伐。国家环境保护总局组织实施了环境信息化基础能力建设项目，建立了国家、省和重点城市环境信息机构，环境信息化工作能力进一步得到加强，同时培养了一支具有较强业务能力的环境信息人才队伍，为环境信息化工作深入开展奠定了基础。

（二）环境信息化基础能力建设逐步加强，工作重点逐步转移到应用能力建设上来

“九五”期间，以国家环境保护总局信息中心为网络中枢、以省级环境信息中心为网络骨干、以城市级环境信息中心为网络基础，连接国家环境保护总局、各省环境保护局（厅）和重点城市环境保护局等单位和部门的全国环境信息网络系统已初具规模。国家环境信息卫星通信专用网建成并投入实际运行。

在基础能力建设项目的带动下，国家环境保护总局和地方各级环保部门相继开展了办公自动化以及各类环境管理应用软件的开发和应用，推进了环境信息化工作的应用能力建设，产生了良好效果。环境信息化建设工作重点开始由初期的“重建设，轻应用”转化为“重应用，以应用促发展”，强调环境信息化建设必须服务于环境管理的实际需要，通过信息化手段实现为环境管理提供技术支持和服务的工作目标，使环境信息化工作迈入一个“以需求为导向，以应用促发展”的良性发展轨道。

（三）广泛应用信息技术，提高环境管理工作效率

环境信息化工作为先进的信息技术应用到环境管理各个方面提供了条件和保障。近些年来，信息技术，特别是网络技术、GIS 与遥感技术、自动监控技术以及多媒体技术等在国家环境保护总局和地方各级环保部门得到广泛应用，提高了环境管理工作的效率，拓宽了全方位、立体展示环境保护工作成绩的渠道。

（四）提高环境信息资源开发与利用水平，为环境管理和决策提供技术支持

环境信息化建设的根本目的是提高环境信息资源的开发与利用水平，为环境管理与决策提供环境信息支持和服务。“九五”期间，各级环保部门以能力建设为基础，以应用建设为核心，带动环境信息资源开发与利用水平的发展。各级环境信息中心努力提高环境信息资源的开发与利用水平，承担了污染源等数据库的建设和管理、各类环境数据的汇总分析和逐级上报工作，及时为环境管理工作提供了数据支持；制作完成了大量的多媒体环境管理工作报告，为反映环境保护工作业绩提供了技术支持；各级环保部门在互联网上建立网站，向社会和公

众提供各类环境信息资源，加强了环境保护工作宣传力度，提高了公众参与环境保护工作的积极性，实现了环境信息的广泛交流与合作。

总之，自“九五”以来，我国环境信息化工作取得长足进步。国家和地方环境信息机构相继成立，环境信息管理工作队伍不断壮大，环境管理工作的网络化、自动化、信息化和现代化建设步伐也在加快。环境信息标准化和规范化工作也取得成绩，环境信息资源共享程度有了提高，服务于环境管理的意识和能力不断增强，环境信息化工作已经成为各级政府开展环境保护工作不可或缺的重要基础性工作，为环境管理工作进一步发展奠定了良好的基础。

二、环境信息化工作存在的问题

我国环境信息化工作经过了短短的十多年发展历程，还处在信息化建设的探索和经验积累的初期发展阶段。十多年来，环境信息化建设发挥了一些作用，取得了一定的成绩，但也存在不少问题和不足，特别是在制度建设、机构建设、技术装备、队伍建设、经费投入以及应用能力建设等方面仍存在较大缺口。

（一）环境信息化意识不强、认识不够

对环境信息化工作的重要性和必要性认识不足，对信息化工作重视不够，致使环境信息管理部门的职能定位不清，工作职责不明，任务经费不落实等。没有充分认识到环境信息化工作是贯穿环境保护工作的方方面面、具有与环境管理工作密不可分的特点。从长远和发展的观点来看，环境信息化工作是从根本上提高环境管理工作效率的重要保障，环境信息中心是各级环境管理部门的重要基础性技术支持单位。

（二）环境信息机构建设与体制建设不健全

全国环境信息管理的组织机构建设没有形成规范化、标准化的体系，环境信息管理机制没有充分理顺，造成环境信息管理多头化、环境信息机构设定随意性和人员岗位流动性大等问题，不能形成环境信息统一管理的优势和合力，环境信息化整体工作推进较为缓慢。在全国环保系统中，环境信息机构的性质和工作职能从国家到地方都不统一，特别是地方环境信

息机构多种多样，严重影响环境信息化工作的统一部署和协调管理。

（三）环境信息化建设和发展资金投入不足

信息技术的飞跃发展，信息产品更新换代快速和软件产品高成本等因素，造成了环境信息化建设与发展的资金投入需求大。近些年来，大部分地方环境信息化建设经费投入不足，硬件设备和软件更新没有明确和稳定的经费来源，环境信息化工作处于低投入、低发展、低应用的状态，形成投入不足，发展不力，成绩不大，从而又影响投入的不良循环。

（四）环境信息人才匮乏阻碍环境信息化工作的发展

全国各级环境信息中心人员待遇普遍较低，加上主管部门对环境信息化工作的重视程度不够，导致从业人员事业心、责任感难以牢固树立。在引进和培养环境信息技术人才，巩固和稳定专业队伍等方面存在困难。总局信息中心和地方各级环境信息中心虽然通过组织技术培训培养了一批技术骨干，但高水平的人才流失情况严重，技术能力的储备欠缺，极大地削弱了环境信息应用于环境管理、服务于环境决策的技术支持能力。

（五）环境管理需求导向不明确，也是制约环境信息化工作发展的一个不利因素

环境信息化建设的服务对象是环境管理工作，环境信息化为环境管理提供一个现代化的技术手段，需要通过具体的环境管理需求导向来实现。因此，环境管理职能部门明确的、积极的需求导向对环境信息化工作就显得尤为重要，离开环境管理具体工作的实际需要，环境信息化工作就会失去发展目标。不少地方环境信息化工作仍存在“重建设、轻管理；重开发、轻应用”等现象，“以需求为导向，以应用促发展”的环境信息化发展之路还任重道远。

除了以上几方面的不足之外，环境信息化工作还存在缺乏统筹规划，数据和信息共享程度低、环境信息资源开发与利用水平不高以及应用软件开发滞后、标准化和规范化程度低，环境信息技术支持能力不强、环境信息服务面不宽等问题。环境信息化工作缺少必要的行政支持和目标考核措施，对环境信息化工作的考核内容不多甚至没有，也不能有效地激发各级领导对环境信息化工作的重视。

三、当前环境信息化工作面临的形势和任务

党中央和国务院对国家信息化建设高度重视，党的十六大明确指出："信息化是我国加快实现工业化和现代化的必然选择。坚持以信息化带动工业化，以工业化促进信息化，走出一条科技含量高、经济效益好、资源消耗低、环境污染少、人力资源优势得到充分发挥的新型工业化路子"，提出要"优先发展信息产业，在经济和社会领域广泛应用信息技术"和"推行电子政务，提高行政效率，降低行政成本，形成行为规范、运转协调、公正透明、廉洁高效的行政管理体制"。国家信息化领导小组明确指出，政府信息化先行，以政府信息化带动整个国家信息化发展。强调要把电子政务作为首要工作来抓，提出电子政务是今后一个时期我国信息化工作的重点。推进信息化建设，是党中央、国务院的战略部署，是我国经济和社会发展过程中的一项十分紧迫而重要的任务。

社会进步、经济发展和公众环境意识的逐步提高，使环境保护工作愈来愈受到全社会的高度重视，环境管理任务也随之愈来愈艰巨，迫切需要改变传统的管理方法和决策模式，运用先进的信息技术来提高管理与决策水平，实现环境管理工作的科学化和现代化。《国家环境保护"十五"计划》提出，加强环境管理能力建设，提高环境管理现代化水平是实现"十五"环境保护目标和任务的重要保障措施，从而对"十五"期间环境信息化工作也提出了明确要求。

当前我国社会处于信息化高速发展的时期，以电子政务建设为核心的国家信息化建设正处于良好的发展时期，环境信息化工作也面临着良好的发展机遇，整个形势十分有利于推动环境信息化的发展，环境信息化发展空间将会进一步加大，前景广阔，当然也面临着很多困难。面对机遇和挑战，我们应当努力克服困难，勇于开拓创新，不断提高环境信息技术和环境信息管理水平，以环境信息化促进和实现环境管理的现代化和环境决策的科学化。

为进一步推动全国环境信息化工作，当前的主要工作任务是：

（一）建立和完善环境信息机构体制和管理机制

国家和地方各级环境信息中心是国家和地方各级环境保护行政主管部门环境信息业务管理的主体机构。环境信息业务管理是环境管理的重要组成部分，是有效实施环境保护的基础性工作，是一项政府行为。国家和地方各级环境信息中心是具有环境信息业务管理和技术监

督职能的社会公益性事业单位，其业务工作经费应纳入国家和地方各级政府的财政预算，实行全额拨款。

（二）进一步加强环境信息网络平台建设

环境信息网络系统是环境信息化工作的基础，要继续加大环境信息网络平台建设力度，依托国家电子政务内网和国家电子政务外网，集中力量建设三个环境信息基础网络系统，即“环保内网”、“环保外网”和“互联网”，建成“三网并用”的环境信息网络平台。国家环境保护总局将进一步加强总局基于“环保内网”和“环保外网”的网络基础建设，提高网络管理与应用水平，加强网络安全管理措施。各省、市环境保护局也要加强相应的网络基础建设。

（三）建设环境管理业务应用平台

环境管理业务应用平台是协同行政办公和业务监督管理的工作应用平台，由系列化、网络化和组件化的环境管理应用系统和应用集成环境组成。环境管理应用系统直接为环境管理工作提供技术支持，应用集成环境通过中间件和集成组件，为应用平台提供统一的用户管理模式、统一应用系统接口等，支持多种应用软件的协同工作和业务系统的互联，并且可以有效地集成各类环境管理应用信息系统，实现环境管理工作的信息化。

（四）建设环境信息资源共享平台

环境信息资源共享平台是实现环境信息资源交换和共享的工作平台，集成了环境质量数据、污染源数据、生态环境数据、核安全和辐射环境数据以及政务信息和社会外部信息资源等各个方面的数据和信息资源。环境信息资源共享平台的建设将大大提高环境信息资源的共享程度，促进环境信息资源的开发和提高利用水平，并且为环境信息交换、数据管理、信息共享提供技术支持和服务。

（五）建设环境信息资源服务平台

环境信息资源服务平台是集成各种环境信息服务的统一工作平台，提供统一的环境信息发布和信息服务机制。面向环境管理和决策需要，建立环境信息资源内部信息门户，为用户提供统一的工作界面，为领导和管理人员提供个性化的技术支持，为环境管理和辅助决策提供环境信息支持和服务。面向社会公众需求，建立环境信息政府网站和网上投诉中心，统一发布环境信息，实现政务公开，接受社会的监督，为社会公众和企业提供规范化“一站式”环境信息服务。

（六）建立环境信息标准规范体系

环境信息标准规范体系是由一系列环境信息标准、协议和规范构成的技术体系和管理制度。环境信息标准规范体系可分为总体标准体系、网络基础设施标准体系、应用支撑标准体系、应用标准体系、信息安全标准体系和管理标准体系六大类。加强环境信息标准化建设，进一步健全和完善环境信息标准规范体系是环境信息化建设的一项长期工作。

（七）开展环境信息安全保障体系建设

环境信息安全保障体系是环境信息化工作的保证条件。环境信息安全保障体系将环境信息的各种具体安全技术综合应用在统一的安全体系下，依据相应的管理机制实现数据和信息资源的共享、协同工作、业务联动，实现环境信息网络安全和系统安全。环境信息安全保障体系包括物理安全、网络安全、信息传输安全、信息存储安全、信息访问安全、防病毒安全、用户管理和身份认证安全等，全面构建环境信息的安全屏障。

四、保障措施

（一）增强信息化意识，积极开拓创新

要认清形势，深刻认识到环境信息化建设的必要性和重要性，增强环境信息化建设的意识和紧迫感。认真围绕国家“十五”环境保护工作目标和国家环境信息化建设各项任务，加强对环境信息化建设工作的正确引导，通过体制创新、观念创新和技术创新，开拓环境信息化工作新局面。

（二）加强组织领导，健全管理体制

环境信息化工作是一项涉及政府职能和工作方式转变的系统工程，也是典型的“一把手”工程。国内外信息化建设的经验表明，领导重视，组织有力是信息化健康发展的关键。各级环境保护部门主要领导要亲自抓，亲自管。有条件的要成立环境信息化工作领导小组，组织领导本部门的环境信息化建设，充分发挥统筹规划、科学决策、宏观调控、组织协调的作用。

各级领导对环境信息中心的规范化建设应给予足够重视，尽快制定并实施环境信息机构规范化建设办法，加快建设和完善各级环境信息中心机构，发展和壮大环境信息队伍，采取各种措施确保各级环境信息中心的机构、编制、人员、经费和工作任务的落实。

国家环境保护总局信息中心要充分发挥网络中心、技术中心和数据中心的作用，为国家环境保护总局环境管理和决策提供全方位的滑稽戏逆行技术支持和服务中心，并承担对地方各级环境信息中心的业务指导工作。

（三）拓展投资渠道，确保资金投入

资金投入是环境信息化建设的关键因素。“十五”期间，国家环境信息化建设任务繁重，不仅要加强网络基础建设，更新软件和硬件设备，还有更多的应用能力建设需要投入，因此，要政策推进和机制创新并举，加大环境信息化建设投资力度，加快建设步伐。各级环保部门要积极争取政府财政支持，充分发挥其资金主渠道作用，同时，要努力开拓各种渠道，采取国家导向投资与社会融资相结合、国家投资与地方配套投资相结合、国内投资与国外引资相结合、服务与赢利相结合等多种方式扩大资金来源。

（四）加强制度建设，提供基础保障

国家环境保护总局将抓紧制订并实施《环境信息管理办法》、《环境信息中心建设规范》等一系列环境信息管理和建设规范化的法规、制度，尽快出台《环境信息化工作目标考核管理办法》，为实施环境信息化建设各项任务提供政策和制度支持，为环境信息化健康发展提供基础保障。

（五）打破部门界限，推进信息共享

环境信息资源的共享和利用是环境信息化建设的重要任务，也是环境信息化建设的必要条件之一，必须把它摆在重要位置，集中力量，抓紧抓好。要打破部门界限，加强环境信息的收集、整理、加工和管理，采取多种措施，盘活环境信息资源，建立环境信息资源共享机制，最大限度地实现环境信息资源共享，提高环境信息资源的开发和利用水平，为环境管理与决策提供环境信息支持和服务。

（六）做好技术支持，强化技术服务

信息化工作要进入环境管理主战场，有力支持和主动服务于环境保护重点工作。各级环境信息中心要充分发挥主观能动性，积极参与环境管理的主体工作，自觉地把环境管理业务工作要求与信息技术结合起来。配合环境管理部门做好需求分析，把他们的应用需求转变成环境信息化建设方案，发挥信息和网络技术的优势，在技术支持和服务上不断有所作为，以工作实绩赢得领导的肯定和对环境信息化工作的重视，在环境管理主战场中发挥作用。

（七）重视队伍建设，加强人才培养

要创造条件，提高环境管理工作人员的信息应用水平和环境信息工作人员的信息技术水平。加强信息化教育与培训工作，使整个环保系统的信息技术应用水平不断得到提高。特别是要充分重视环境信息技术人才队伍的培养，逐步建立一支完整、稳定的组织管理队伍，培养一大批具备较高思想觉悟和专业素养的环境信息技术人才，以满足国家环境信息化建设和发展的需要。

目前我国已经进入全面建设小康社会，加快推进社会主义现代化建设的新阶段。在新形势面前，要增强紧迫感和使命感，用更开阔的视野，密切关注当代信息技术的最新发展。认清形势，统一思想，发扬成绩，明确目标，采取有力措施，继续推进环境信息化建设工作的开展。环境信息化工作责任重大，任务繁重，使命光荣。让我们遵循党的“十六大”精神，紧跟总局的部署，发挥各自的优势，把握良好的机遇，加快推进环境信息化建设，把环境信息化工作提高到一个新的水平。

信息化促进了气象事业飞速发展

国家气象信息中心副主任　　赵西峰

新中国的气象事业，是 20 世纪 50 年代初在国民党政府遗留的烂摊子的基础上开始发展的。在 1949 年新中国成立以后的 20 多年里，西方资本主义国家一直对我国实行经济封锁和抵制，致使我国只能靠自己的能力搞气象，靠自力更生研制、生产各类气象仪器和设备，自力更生培养气象专业人才，自力更生收集气象资料做天气预报，天气预报的水平与国外先进国家相比有较大差距。1972 年世界气象组织恢复我国在该组织的合法席位，自此以后，我国与国外的技术交流逐渐增多，对国外气象发展的现状有了了解，同时也认识到了自己所存在的巨大差距，有了迅速改变差距的设想和规划，但由于国内尚处在连续 10 年的文化大革命阶段，社会不稳定，又不注重搞经济建设，设想和规划很难实施，因此，我国的气象事业发展显得非常缓慢。

我国的气象事业飞速发展起步，是从上世纪 70 年代末我国实行改革开放开始的。在实行改革开放到现在的 20 多年时间里，在社会稳定、国家以经济建设为中心的条件下，党和政府非常重视我国气象事业的现代化建设，逐年加大对气象信息化建设的投入，使气象部门信息化程度逐年提高，天气预报能力明显增强，为我国的防灾减灾发挥了应有作用，取得了投入产出比 1 比 40 的经济效益。

目前我国的气象行业无论从信息处理设备、预报水平、预报准确率，还是预报时效来说，都已接近世界先进水平，受到了党和政府以及公众的好评。之所以如此，应该说，除了得益于党和政府的重视和支持外，另外重要的方面，得益于信息化建设起步早，坚持了不断发展。当前，从世界经济技术的发展趋势看，以计算机、通信、软件为核心的信息技术革命正迅速改变着传统产业和整个经济的面貌，推动着工业社会向信息社会转变，无论是发达国家，还是发展中国家，都把大力发展信息技术，加快信息化建设作为重点战略任务。相信，信息技术的快速发展，必将对世界经济、科技和社会产生巨大影响，我国也是如此。

党中央在“十五”规划建议中强调，大力推进国民经济和社会发展信息化是覆盖现代化建设全局的战略举措，要以信息化带动工业化，发挥后发优势，实现生产力的跨越式发展。这明确给我们指出了前进的方向，也可见大力推进信息化建设的重要性。本文旨在简单介绍气象行业20多年来在信息化建设方面所做的工作，所取得的成就，与读者交流情况，交流感想。

20世纪70年代末，为了改变我国气象通信的落后局面，中国气象局从国外引进了两台M-160（40万次/秒）、一台M-170（100万次/秒）计算机，及通信处理机、各种外围设备，1980年1月正式投入业务运行，从此，中国的气象通信告别了手工操作、机械化运行的通信方式，实现了计算机自动化通信。计算机自动化通信系统的使用，不仅使气象情报的接收、处理、中转、发送迅速准确，而且节省了大量的人力、物力。系统投入业务运行后，通信传输和处理能力大幅度提高，系统连接的各类电路由原来的42条，增加到128条。通信系统每天传输和处理的信息量由3兆字节增加到153兆字节。气象资料的传输时效提高了1～3小时。由于通信速率和时效的提高，使气象资料收集的范围进一步扩大，不仅北半球的资料更加丰富，而且南半球资料也日益增多，许多非常规资料和世界各国的气象预报产品资料也都能及时获得。

20世纪80年代，国家批准建设中期数值天气预报业务系统，目标是建立以巨型计算机、大型计算机、高速局域网、新的气象通信系统为平台的资料加工、图形图像输入输出、专用数据库系统，制作5～7天的中期数值天气预报产品，开展5天的天气预报业务，从资料收集、分析、模式计算、预报结果后处理、产品分发，全部实现自动化。作为中期数值天气预报业务系统重要组成部分的气象通信系统建设，引进了MIRA通信前置计算机和VAX6320（750万次/秒）、VAX6410（700万次/秒）气象资料处理计算机。MIRA通信前置计算机用于连接国际国内气象通信线路，遵照与国际接轨的原则，严格按照世界气象组织的要求进行气象通信传输，使我国的气象通信更趋于国际化。VAX6320、VAX6410计算机主要用于气象资料预处理和建立实时气象资料库， 加工的产品直接应用于天气预报会商。1997年，为了更加完善我国的气象通信系统，又引进了两台ALPHA1000（1100万次/秒）和两台ALPHA4000（1400万次/秒）计算机系统，使我国的实时气象资料接收、加工、产品分发能力显著提高。

中期数值天气预报业务系统的计算机系统，由一台巨型机、两台大型机和一套高速局域网络系统组成。巨型机采用了国产每秒运算 10 亿次的银河-Ⅱ计算机，主要承担 T63 中期数值天气预报模式的计算工作，制作 7 天的数值天气预报产品，1993 年正式投入业务试运行。大型机和高速局域网络系统从国外引进，1992 年正式投入实时数值天气预报业务，两台大型机中一台是 CYBER962（1500 万次/秒），另一台是 CYBER992（3500 万次/秒），它们既作巨型机的前端机，又可独立承担数值预报计算和气象图形、图像处理任务。高速局域网为 LCN 松散耦合网络，数据传输速率为 50Mbps，将中国气象局内的 8 台计算机主机连接起来，实现了资源共享。中期数值天气预报业务系统的建设，使我国的天气预报时效由 3 天提高到了 7 天，使我国的气象预报水平跻身于世界的先进行列，为我国的国民经济建设发挥了重要作用。

进入 20 世纪 90 年代，随着国家经济建设的快速发展对气象需求的日益提高，原有的国内气象通信网已不适应我国气象行业同步发展的需求。为此，国家批准中国气象局通过租用通信卫星，建设基于 VSAT 卫星通信技术的覆盖全国地市级以上气象局的双向通信网，和覆盖全国县以上气象站的高速数据广播网，即覆盖全国的数据/话音卫星通信网和卫星单向数据广播网，又叫卫星气象通信网。该通信网由 1 个通信主站、30 个省级次站、350 多个地（市）级小站、2400 多个单收站组成。历经 7 年建设，卫星气象通信网投入业务运行，大大提高了我国国内的气象通信能力，基本解决了长期存在的气象通信瓶颈问题，满足了气象信息传递量大、时效快的特点，使全国整体气象服务能力，尤其是地（市）级、县级的气象服务能力和服务效果得到了空前提高，从整体上提高了气象现代化的水平，缩小了与发达国家的差距。与此同时，地市级以上的气象部门还各自建设了计算机局域网络系统（省级气象局以小型机为核心，地市级气象局以微机为基础）和分布式气象数据库，各级局域网通过卫星通信网连成一个分级管理的计算机广域网，共享网络资源。

20 世纪 90 年代中后期，为了进一步增强气象应用的计算能力，先后引进了 CRAY EL98（5 亿次/秒）、CRAY J90（8 亿次/秒）、CRAY C92（20 亿次/秒）、IBM SP2（85 亿次/秒）、IBM SP（640 亿次/秒）等高性能计算机系统，安装了国产的曙光 1000A（36 亿次/秒）、银河-Ⅲ（180 亿次/秒）及神威-Ⅰ（3840 亿次/秒）等巨型计算机系统，并于 1996 年引进了一套 STK 自动磁带库系统，整个自动磁带库的总容量可达 1-5TB。计算能力的进一步增强，为开展数值预报业务起到了重大作用。目前，我国自行生产的千亿次巨型计算机上建立了用奇异向量生成模式初值的中期集合预报系统，并投入准业务运行，使我国成为继世界上少数几个发达国家之后能够开展中期集合预报业务的国家。

进入21世纪以来，中国气象局在信息化建设和应用方面不断向深度和广度推进，首先利用已经建成的卫星气象通信系统，建设完成了面向全国地市级以上气象部门的办公自动化系统，实现了全国地市级以上气象部门行政和业务管理的自动化办公；在某些省已到县，桌面微机已成为专业技术和管理人员的基本办公工具。完成了国家级骨干网络系统建设，实现了国家级业务单位、公共资源之间的高速（1000Mbps）互连。省级局域网正在实现 100Mbps 向 1000Mbps 的跨越。2000年，以神威-Ⅰ巨型计算机为基础，原国家计委批准在中国气象局成立北京高性能计算机应用中心，作为国家级的计算中心，自成立以来，不仅为气象部门，而且为其他部门的科研单位和大专院校提供了大量的高性能计算服务。

目前，中国气象局初步建成了由大容量磁盘阵列和自动磁带库构成的高性能气象信息存储系统。商用数据库管理系统在国家级和省级气象业务部门得到了广泛应用，以数据库为中心的业务流程正在形成，逐步开始建立国家、省、地、县四级分布式数据库。气象数据共享有了良好的开端，已初步建成基本气象资料共享服务平台。

1997年，中国气象局租用电信部门专线建立了 INTERNET 接入系统，通过隔离系统与本部门的局域网络系统互联，专线速率目前已达到 100Mbps。INTERNET 接入系统自建成以来，广泛应用于信息交流和发布，为气象科技进步发挥了重要作用。

近一年来，中国气象局的一些重大信息化建设工程，又有了重大进展。其中投资3000多万元的大规模存储系统设备采购已经签约；用于气候模拟和预测的投资1亿多元的巨型计算机系统设备采购也已签约；用于传输全国126部气象雷达探测数据的全国气象宽带网建设也已启动，等等。

相信，随着中国气象局信息化建设的不断发展，我国的天气预报水平将会不断提高，气象为公众服务、为国家经济建设服务、为政府决策服务的能力将不断加强，气象信息化发展的经济效益和社会效益将不断体现出来。

工商行政管理系统信息化建设概况

国家工商总局信息中心主任　刘泽范

1984年，地处改革开放前沿的深圳市工商行政管理局率先在企业登记管理方面引入计算机，拉开了计算机在工商行政管理中应用的序幕。之后，在各级领导的重视和领导下，在工商行政管理系统全体干部职工的努力下，经过多年的建设和发展，工商行政管理系统的信息化建设取得了长足的进步，信息化工作呈现可喜的局面。特别是2003年8月工商总局正式提出了“金信工程”即企业信用分类监管系统建设任务，使工商行政管理信息化建设进入了一个新阶段。

一、主要成绩

（一）领导认识进一步提高，信息化建设目标进一步明确

各级领导普遍增强了对信息化建设的认识，大力贯彻国务院、总局关于信息化建设的要求和部署。工商总局从1996年起就成立了信息化工作领导小组，2002年起由王众孚局长任组长，全国副省级以上工商局大多成立了信息化工作领导小组，均有负责信息化工作的专门机构和人员。

随着信息化建设工作的深入开展，各地工商系统的建设目标也越来越明确，就是要通过“金信工程”建设实现应用系统集成化，整合工商管理业务应用，促进工商工作体制创新，推进全社会的信用体系建设。

（二）信息化建设水平明显提高

经过几年的建设和完善，工商系统已经初步形成了《国家信息化领导小组关于我国电子政务建设指导意见》所要求的政务内网、业务专网、公共服务网的三网格局，大部分县区以

上工商局业务处理已不同程度实现了计算机管理，业务应用系统有了一定规模。

工商总局政府网站于1997年建立，几经改版升级，陆续开通了“中国外资登记网”、“消费者权益保护网”、“广告监管网”、“中国商标网”等子网站，利用二维条码技术受理网上年检，向社会发布12315热点问题、商品抽查、报纸广告监测公告等信息，实现了商标公告最新12期滚动发布，提供各地商标注册情况统计及商标案件等信息查询。目前包括工商总局在内，已有25个省、自治区、直辖市、副省级市及60多个地（市）、县级工商局在互联网上建立了自己的政府网站，提供工商业务信息发布、消费者申（投）诉举报等服务，开展网上受理、网上年检、网上互联审批等多种网上工商业务，简化、规范了办事程序，实现了注册登记“规范流程、高效审核”，为企业提供了方便，同时也促进了政务公开和廉政建设。

工商总局商标注册与管理自动化系统自1993年开始建设，已经完成一、二期工程，建立了权威的商标数据库，实现了商标注册从收文、审查到公告、发文全部环节的计算机化管理，提高了商标检索、查询的效率和质量，大大提高了我国的商标管理水平。

国家工商总局机关政务信息系统建设，目前已经完成了主体开发，该系统通过门户系统将各种应用系统集成在一起，使用户能够通过政务信息系统轻松地进行日常办公。

2003年，工商总局按照新的业务需求，开发了新的内资企业登记管理系统，实现了智能辅助审批。对企业登记电子档案管理系统进行了升级改造，增加了登记和监督管理系统的接口，提供了查询远程异地档案的功能。

部分省、市工商局建立了“12315”消费者申（投）诉指挥系统，利用电话呼叫、互联网、地理信息等技术建立了集投诉举报受理、市场执法联动、快速出击查处为一体的消费者权益保护网络，为保护经营者、消费者合法权益，打击违法违章经营行为，提供了一条快速、可靠的通道。

（三）网络基础设施建设进一步加快

网络设施建设是金信工程运行的基础保障，是联接企业登记部门与属地监管工商所的通路。目前，全国31个省、自治区、直辖市工商行政管理局均已建立了局域网；工商总局与46个副省级以上工商局的主干广域网已经联通，北京、天津、上海、江苏等省（市）及五个计划单列市工商局的网络系统已联到了工商所，实现了信息互通、业务联动，7个省工商局的网络系统联到了县（区）工商局，6个省工商局的网络系统联到了市（地）工商局，其余省工商局的网络系统也部分联到了市（地）或县（区）工商局。

根据国务院信息化工作办公室、国税总局、国家工商总局、海关总署、商务部、国资委等部门《关于开展企业基础信息交换试点的通知》、《关于在进出口领域开展企业基础信息交换试点的通知》的要求，一些地方工商局，还积极开展了与政府其他部门协作，与海关、税务等相关单位联网，共享信息资源，完善政府职能，取得明显成效。仅 2001 年北京地税局利用北京工商局“经济户口”数据库进行对比，就查出漏管户 1 万余户，增加税收约 1 亿元；2003 年杭州、青岛、深圳三地国、地税局在与当地工商局进行信息交换的试点工作中，通过利用“经济户口”数据库，共查出各种漏管户 1026628 户。

（四）数据建设得到了普遍重视

工商信息化近二十年来，各级工商部门积极建立以企业基本信息为主要内容的经济户口数据库，积累了大量数据资源。近几年，一些地方专门投入人力、资金和时间，用于清库、核对数据，保证了数据的质量。到 2002 年底，全国登记注册的企业及其分支机构 700 多万家。目前，约 96.78%外商投资企业、86.98%内资企业、77.72%私营企业数据已在各地分别建库。北京、上海、江苏、福建等地工商局建立了经济户口管理系统，实现了业务互通、上下联动的动态监管。

北京、上海等部分工商局建立了企业信用监管信息平台，对促进企业信用体系建设进行了积极的探索和示范。部分地区开始推广企业信用分类监管联网应用，汇集工商系统企业信用监管信息，实现信息资源共享，以此达到整合工商行政管理职能，建立上下联动的监管机制，推进全程监管，提高执法效能。

（五）安全系统建设有新发展

为贯彻落实中共中央办公厅、国务院办公厅转发的《国家信息化领导小组关于加强信息安全保障工作的意见》，工商总局开始统一规划，组织进行安全支撑平台建设，准备建立安全防范系统、网络信任服务系统，同时部分地方也结合业务发展的需要，建立和正在建立安全防范系统和容灾备份系统等。

（六）标准建设工作日臻完善

近十几年来，国家工商总局始终注意规划与标准的建设，先后制定下发了多项技术标准，为实现全系统的联网互通、资源共享奠定了基础。

1995 年 5 月，国家工商局制定了《工商行政管理数据处理网络建设方案》，工商行政管理系统信息化建设正式纳入了有计划发展的轨道。

2000 年后，国家工商总局又先后制定了《2001 年—2005 年工商行政管理系统信息化规划纲要》等规划性文件，《工商行政管理网数据交换与共享标准》、《企业登记档案电子化标准》、《企业信用分类监管数据标准》等标准性文件，出台了《全国工商行政管理系统红盾工程（二期）总体方案》。目前正在抓紧进行《工商行政管理信息化标准体系》的建设实施，制定一系列工商行政管理信息化的关键标准，做好工商行业的信息资源规划，为实现互联互通、信息共享、业务协同、安全保密打好基础，为金信工程建设提供支持与服务。

二、金信工程建设

2003 年 8 月,国家工商总局党组提出“加强金信工程建设，大力推进企业信用分类监管”。

搞好企业信用监管，必须建立完善与现代经济、现代科技相适应的监管手段。积极推进“金信工程”建设，重点是建立完善企业信用监管信息网络。要按照企业信用监管指标体系和实施分类管理的要求，在全国范围内统一指标体系，统一技术标准，建立统一的信用监管平台，通过联网实现资源共享，有效发挥工商行政管理部门的整体监管优势，建立上下联动、密切配合、运转高效的监管机制，进一步提高企业信用监管效能。

（一）金信工程建设总体目标

到 2007 年底，构成互联互通、安全可靠的总局—省—地—县—所五级网络系统；建成涵盖全国市场主体的经济户口数据库；建设全系统统一的企业信用监管系统；建立面向社会的公共服务系统，基本完成与其他政府部门的信息共享，实现对市场主体准入行为、经营行为、退出行为的全程动态监管，提高执法效能，促进市场经济秩序健康有序发展，推进我国社会信用体系建设。

（二）金信工程建设思路

金信工程以企业信用信息资源建设为核心展开。

一是完善企业登记数据库。完整、准确记录企业设立登记、变更登记、注销登记等基础信息，依法予以公告或向社会提供查询服务。二是完善企业“经济户口”数据库。以基层工商所为依托，以各级登记机关掌握的企业登记静态信息和日常监管动态信息为内容，为辖区内每户企业建立“经济户口”档案。通过现代信息技术手段与登记机关联网，实现资源共享，为工商所和各级登记机关依法对企业实施分级管理和属地管理提供重要的基础信息。三是完善“守合同重信用”企业数据库。将“守合同重信用”创建活动中涌现出来的“守合同重信用”企业记录在案，予以公布，宣扬其诚信守约的行为，促进全社会良好信用观念的形成。四是在整合上述三种数据库资源的基础上，建立企业信用监管数据库。全面反映企业在市场准入、经营活动和退出市场过程中的信用状况，为实施企业信用分类监管提供可靠的依据。

以企业登记和监管信息为基础，根据企业信用标准，将企业相应地分为守信企业、警示企业、失信企业、严重失信企业四个管理类别。根据上述分类，建立相应的管理机制，依法实施分类监管。一是建立企业信用激励机制。二是建立企业信用预警机制。三是建立企业失信惩戒机制。四是建立企业严重失信淘汰机制。为有效实施企业信用分类监管，工商行政管理机关实行企业信用信息披露制度。依法公开企业身份记录(即企业登记信息)和违法行为记录，并对情节特别严重、社会反响强烈的典型案件予以曝光。

（三）金信工程建设分期目标

金信工程建设分三个阶段。

第一阶段，2004 年，总局、大中城市等发达地区初步建立统一的经济户口数据库和企业信用监管系统，实现企业信用监管主要功能。

第二阶段，2005 年，较发达地区建立统一的企业信用监管系统，全系统形成企业信用监管基本框架。

第三阶段，2006 年～2007 年，实现全国互联互通，建成全国统一的信用监管平台，发挥工商部门的整体优势，在全国范围实现对市场主体准入行为、经营行为和退出行为的全程监管，全面推行与相关政府部门的网络互联和信息共享。

三、下一阶段工作重点

（一）加快进行工商信息化标准建设。结合工商行政管理信息化标准体系的项目实施，按照急用先上的原则，制定一系列标准，主要包括基础性标准和各地急需的数据标准、应用标准等。首先根据总局的要求，统一企业信用与分类监管标准的制定。

（二）推进企业信用分类监管应用。首先完善东部各省、市局企业信用监管信息网络，争取联到工商所。工商总局组织开发基于经济户口数据库之上的企业信用分类软件，完成金信工程第一阶段总局与东部地区联网应用的任务。通过企业信用分类联网，在全国范围锁定、限制违法违规企业及主要负责人，互通企业注册、变更、商标及经营行为等有关信息，切实加强对企业经营行为进行监管。

（三）各地在已经建立的企业登记数据库的基础上，完善经济户口数据库，整合数据资源，逐步建立企业信用监管数据库，全面反映企业信用状况。

（四）分阶段升级总局与省局之间的业务专网，提高带宽，增配网络备份设备，发达地区延伸网络联接到工商所，保证网络安全畅通。

（五）改造、优化业务专网的功能，结合金信工程实施，拓展工商行政管理网的应用范围。同时，建立业务专网上的数据共享与交换机制，提高各级工商部门对信息资源利用的积极性，充分发挥工商信息资源的作用，加快数据中心建设。

（六）加快全系统统一的安全保障体系建设，按照信息系统安全等级保护的原则，从信任服务、安全保护、容灾备份和应急恢复等方面建立完整的系统保护体系。

（七）加强培训，提高信息技术人员和公务员的技术和操作水平。继续组织信息技术培训，以提高系统设计、开发和维护管理水平；结合业务应用系统的开发使用，组织有关技术和操作使用培训，以提高业务人员计算机操作的应用水平。

电子政务是“数字城市”建设的战略主导

中国电子信息产业发展研究院 于萱、洪蕾

数字城市建设离不开电子政务。电子政务涉及城市的方方面面，负责城市的管理与运行，起着政府与企业、市民的沟通桥梁作用，是城市持续健康发展的重要保障。

一、数字城市建设是现代化城市的必然选择

（一）数字城市关键是电子政务

“数字城市”的概念有广义和狭义两种。广义的“数字城市”概念，即城市信息化，是指通过建设宽带多媒体信息网络、空间地理信息、信息应用等基础设施平台，整合城市各类信息资源，实现电子政务，实现城市运行管理网络化和信息化。狭义的“数字城市”工程是指：利用“数字城市”理论，基于3S（地理信息系统GIS、全球定位系统GPS、遥感系统RS）等关键技术，深入开发和应用空间地理信息资源，建设服务于城市规划、城市建设和管理，服务于政府、企业、公众，服务于人口、资源环境、经济社会的可持续发展的信息基础设施和信息系统。

可见“数字城市”的关键就是电子政务和与之密切相连的企业信息化和社区信息化。数字城市建设要以信息资源开发利用为核心，实现服务于政府、企业和公众的城市运行管理网络化和信息化。

（二）数字城市建设对促进城市经济发展作用显著

数字城市建设有技术和应用两个层面的积极意义。从技术层面看，数字城市是从工业化时代向信息化时代转换的基本标志之一。它一般指在城市自然、社会、经济系统的范畴中，

能够有效获取、分类存储、自动处理和智能识别海量数据的、具有高分辨率和高度智能化的、既能虚拟现实又可直接参与城市管理和服务的一项综合工程。从应用层面看，数字城市包括电子政务、企业信息化（电子商务）和电子社区，且三者在数字城市建设中，密不可分，既相互制约，又相互促进；要兼顾三者，形成良性互动，且应用效果良好，数字城市建设才可见效益。

数字城市建设对城市发展的作用明显，并且是多方面、多层次的。根据世界银行 2000 年的研究和测算，一个规模百万人口城市的数字化建设，当其基本达到开始实际应用的程度时（注意是开始实际应用），该城市的总产值（城市总财富）在投入不变的条件下将会增加 2.5～3.0 倍，相当于是目前传统城市状态下的 3.5～4.0 倍，这意味着数字城市建设可促进经济水平翻两番，实现“四倍跃进”。如果同时加上城市的环境保护、城市组织程度、城市的文化建设等，其价值还要大大超出仅仅只对经济增长的贡献。

二、电子政务是数字城市中的战略主导

电子政府实质上是将工业化模型的大政府（特点是集中管理、分层结构、在社会经济中运行）转变为适应以知识经济为基础，同时适应社会不断发展变化的虚拟政府（新型公共行政管理模式）。其功能一是通过政府业务信息化，精简机构和简化办事程序，提高透明度，大幅度提高效率；二是为公众、企业和社会提供优质服务；三是以政府信息化带动社会信息化，带动全民信息素质的提高。

（一）电子政务建设是一项复杂的系统工程

电子政务建设是一项体系结构复杂的系统工程，需要 10 年甚至更长的时间去完成。所以电子政务建设要以规划为指导，以需求为导向，以提高政府办公透明度、效率和服务水平为目标；在系统工程建设中，以为公民提供便利应用服务为突破口，统筹兼顾，务求实效，逐步推进。

理顺政务流程是工作重点，也是难点，需要从国家层面上进行研究、规划和指导。流程

包括三方面，一是部门自身流程；二是横向和纵向部门间流程；三是企业和公民的业务处理流程。

目前我国电子政务建设包括“两网一站四库十二金”工程，系统性强，工程量很大：“两网”，是指建设两个统一的内外电子政务网络平台；“一站”，是指政府门户网站；“四库”，是指人口、法人单位、空间地理和自然资源、宏观经济四个基础数据库建设；“十二金”，是指要重点推进办公业务资源系统等十二个业务系统。

伴随电子政务的逐步深入和应用业务的增加，国家及时颁布有关电子政务的指导意见、相关法律法规和规范标准；各地方也要根据电子政务进程出台有关政策措施，在安全、诚信、人才、互联互通、无纸办公等方面提出具体目标和措施，以保障政府业务“基本达到实际应用”。

（二）电子政务涉及城市建设各个方面

一个城市的数字化水平，首先取决于政府、企业和市民信息获取能力，以及与该能力有充分联系的信息产生、信息传递和信息共享等各个环节。电子政务涉及到城市建设和社会的方方面面。

一是通过政府业务信息化，精简机构和简化办事程序，大幅度提高办公和城市运行效率。在城市公安、交通、消防、自然资源、地下管线（供水、排水、煤气、电力、通信）等信息系统建设，建设城市应急联动系统，提高城市应急能力和公共事务处理能力；

二是为公众、企业和社会提供优质服务。包括城市环境建设、经济运行、工商管理、税务服务、户籍管理等方面；

三是以政府信息化推动社会信息化。电子政务是今后一段时期我国信息化建设的重点，政府先行，带动国民经济和社会信息化发展。

（三）政府网站应用是数字城市建设的关键点

我国电子政务建设初在初级阶段，其中建设、促进和提高政府网站应用的任务艰巨。政府网站的应用模式对电子政务的发展影响巨大，我国大部分城市政府根据地方特点，以提供“在线服务”为目标，积极探索和推进“一站式”应用，取得较大成效，积累了一些成功经验，但还存在很多问题。且看各市的经典做法：

需求推动，成效显著。北京中关村科技园区的“一区五园”先后成立了投资服务中心。这些服务中心为企业提供与项目有关问题的咨询以及审批等全程服务，为改善投资软环境，简化审批环节和手续， 2002 年初中关村推广“一站式”办公，缩短了 21 项批办事项的审批时间，平均每项工作缩短了一周时间。

政府主导，自上而下。在上海市政府推进下，上海电子政务应用项目已初见成效，目前政府网站已实现链接的政府部门达 143 个，“一站式”服务已见雏形；同时工商、税务、人事、司法等部门还在积极发展在线互动服务，上海 80%以上的政府部门都已在内部网上开发建设了办公自动化系统。

统一平台，协调发展。广州市政府狠抓信息资源开发利用，已建立了统一的信息资源管理平台，市政府各部门已建有 56 个网站，开通机关电子邮局约 20 个；在全市已开发的 300 多个数据库中，政府信息资源数据库占总量的 80%以上，初步形成政府信息资源交换和共享机制，为“一站式”服务奠定了基础。

百姓为先，服务基层。杭州道街道办事处在 2000 年 11 月建成了局域网，2002 年 12 月，实现了街道办事处和 11 个社区居委会的联网。这两个阶段完成后，2003 年 3 月他们继续寻找社区电子政务的最佳模式，并应用清华同方“eBuilder 中小电子政务平台”，在当年的 9 月，搭建起杭州道街道办事处对外信息发布和内部业务办公的两个平台，并在塘沽区 9 个街道率先实现其网络化办公。

积极思考，应对难题。重庆市领导与有关专家都认为：“当前电子政务建设的障碍不是技术问题，而是业务流程问题。”“要建条块结合的电子政务体系”。重庆市政府办公厅的网络中心与市委办公厅、市人大、市政协机关光纤专线联网，与 17 个区县专线联网，31 个市级政府部门或单位实现光纤联网。网络基础设施是有了，问题是“一站式”服务的大环境难以形成。经过认真研究，当务之急，重庆市要建立电子政务的协同工作站，使之成为整合业务流程的数据交换平台。

以电子政务建设为龙头，在数字城市建设中取得了一定成效，但很多城市还存在一些困难和问题，一些领导还没有理解数字城市的内涵，出台的发展规划指导性不强，没有找到推进数字城市发展的完整思路，实行的是“走一步是一步”的短期行为，这为今后发展埋下隐患。积极提高领导的知识和领导水平，强化信息化建设全局意识，在科学发展观的指导下，以保证持续、健康、稳定地推进数字城市建设，实现经济与社会的协调发展为目标，走务实学习，积极思考，理性发展之路。

三、发达国家电子政务建设的经验

2003 年 11 月 4 日，联合国经济与社会事务管理局公布了第三个全球电子政务调查报告——《2003 年全球公共部门报告：处在十字路口的电子政务》。为了评价电子政府建设水平，以**“电子化政府完备程度指数”**的形式公布了评估结果，为了评估居民参与政府决策的程度和获取政府信息的方便性，还从电子化信息、电子化征询和电子化决策三个方面计算出**“电子化参与指数”**。该报告对 191 个联合国成员国中已开通政府网站的 173 个成员国（高于 2001 年的 143 个）的电子政务进行了评估。**“电子化政府完备程度指数”**排在前十位的国家分别是美国、瑞典、澳大利亚、丹麦、英国、加拿大、挪威、瑞士、德国和芬兰；我国排在第 74 位。**“电子化参与指数”**排在前十位的国家分别是：英国、美国、加拿大、智利、爱沙尼亚、新西兰、菲律宾、法国、荷兰和澳大利亚；我国排在第 86 位。其中“电子政府完备程度指数”和“电子化参与指数”均在前十名的国家有美国、澳大利亚、英国和加拿大。

通过研究发达国家电子政务建设的主要做法，可以得出电子政务的成功就在于政府、企业和公民的广泛互动，在电子政务中积极建设权威性、便利性、及时性以及可靠性的政府网站，以政府网站为抓手，想方设法提高市民应用政府网站普及率，带动数字城市发展。具体来看，主要体现在以下两点：

（一）政府网站建设与公民应用互动共进

1、以应用为主导，推动政府网站建设。自从 1993 年起，美国政府积极倡导和推动电子化政府建设，并在政府网站推广应用方面采取了循序渐进的方法，特别重视引导用户对政府网站的关注、重视以至应用。

初期在政府网站上开展电子商务应用，吸引用户关注政府网站——中期为用户提供“个别部门”的电子化服务，使其享受到政府网站带来的便利与实惠，引起用户重视——再到用户可以从一个站点上，享受到各级政府和办事机构的服务，应用政府网站已经较普及，据统计美国已有 60%以上的互联网用户与政府网站有过接触。这其中政府网站的“一站式”、“联动处理”模式功不可没。

2、以法律法规为准绳，引导电子政务发展。在政策措施方面，一方面联邦 IT 费用的相当部分已经用于互联网行动计划；另一方面出台政策法规，促进电子政务发展。伴随美国一张涉及县、市、州、联邦的电子政务超级网络逐步形成，1997 年克林顿政府积极推进至少一年内免征互联网上所有贸易活动关税；利用电子技术消除政府与企业、公民之间的距离和障碍。1999 年美国国会通过了“政府文书工作减少法案”，要求各级政府尽可能将政府职能放到网上。2000 年底，联邦政府促进建成“第一政府网站”，在网上可以购买政府债券、缴纳税款以及进行邮票和硬币的买卖，能在一个站点内，解决竞标合同和向政府申请贷款的机会。目前美国各级政府已建成 22000 多个网站和超过 3500 万个网页。

3、以服务为宗旨，促进电子政务发展。2003 年美国联邦政府在“扩展的电子政府”策略报告中提出下一步行动的三条主要目标，即一是使公民易于获取服务以及与联邦政府接触；二是提高政府效率和效力；三是提高政府对于公民（需求）的反应速度。为了更好地服务于公民、企业、其他政府和联邦员工，当使用互联网时，公民获得所需服务和信息要很少超过三次点击以上，对“一站式”服务提出了具体要求。

（二）建设与评估并行，使下一步工作更有成效

1、以用户为中心推进。电子政务涉及政府各部门之间进行交互式办公和为用户服务的事项，而每一个部门的管理业务本身又有一个相对独立性，业务差别很大，要使这些政府机构之间实现互通互联，协同为用户服务，做到“一站式”服务，是一个非常复杂的问题。因此政府部门、公务员、企业与公民对政府网站的意见和建议都很重要，为了体现政府“以用户

为中心”的战略，在推进电子政务的过程中开展调查研究、检查、评估与总结等活动，重视用户对政府业务流程的建议，找出存在的问题，分析评估结果，以指导下一步工作，对电子政务建设事半功倍。

2、评估与总结结果是指导电子政务建设下一步工作的主要依据。加拿大所有的政府网上服务都基于对用户的广泛市场调研而推出，以确保最大程度地满足用户的需求。在 2001 年初，加拿大政府对政府门户网进行重新设计时，得到了 50 多个中心小组和国际组织的大力支持；2002 年，加拿大政府还成立了一个“在线公民小组”，以充分了解公民的期望和需求。美国推出了“电子政务计分卡”，根据政府服务的便捷性、用户数量、风险和收益等评估标准，将各部门的电子政务建设水平从高到低划分为绿色（符合所有评估标准）、黄色（满足部分标准）和红色（存在严重缺陷）三个等级。英国的电子大臣和电子专员向首相提交月度和年度进展报告。澳大利亚政府根据《政府在线战略》确定的五大关键要素，对所有政府部门和机构的在线信息和服务提供情况进行调查，并及时公布调查结果和进展报告。

我国电子政务地理信息系统的现状与展望

中国测绘科学研究院原副院长　张清浦

信息技术的发展，特别是网络技术的发展，正在改变着传统的信息传递方式和社会管理的组织方式，并深刻地影响着社会生活和政府运作的模式。从世界范围来看，工业社会型经济正逐渐为全球化的知识经济所取代。信息资源已成为战略性资源，信息资源的管理和知识管理，已成为各行业的核心管理领域。以信息和知识为基础的信息产业，已成为全球经济的主导产业。在国民经济和社会信息化过程中，政府信息化处在关键和核心的位置，这是由政府在推动国家信息化中的主导地位和特殊角色以及政府管理对信息的广泛依赖所决定的。为迎接信息社会的挑战，西方工业发达国家及地区政府，一方面积极发展国家信息基础设施，一方面致力于政府信息化，利用信息技术改革政府，构建电子政府[①]。

国内外的研究和实践经验证明：地理信息系统在国民经济建设、国防建设和经济社会信息化中具有不可替代的重要作用。GIS 在电子政务中的应用，形成了电子政务 GIS 的专门研究和应用领域。根据国内外信息专家的统计分析，政府机关的综合业务管理和辅助决策活动 80%以上与地理空间定位和空间辅助决策相关，基础地理空间数据是国家信息资源的重要组成部分，是其他经济社会统计数据的信息载体和空间定位平台；以地理信息系统（GIS）、遥感(RS)和卫星定位系统（GPS）为代表的测绘高新技术是国家信息化和电子政务建设的核心支撑技术[⑦]。上述情况为电子政务 GIS 提供了广阔的发展和应用空间。本文重点讨论电子政务 GIS 的现状和未来发展趋势。

一、政务 GIS 的发展现状

（一）国外政务 GIS 的发展

在西方工业发达国家，政府机构的信息化和网络化被称作“电子政府”，我国叫“电子政务”。西方学者对电子政府的一般定义是：“电子政府，实质上就是将工业化模型的大政府（特点是集中管理、分层结构、在物理经济中运行）转变为新型的管理体系，以适应虚拟的、全球性的、以知识为基础的数字经济，这种新型的管理体系就是电子政府。电子政务已经成为世界各国政府行政管理改革的主要方向，政府常规的行政管理方式正发生根本的改变。

“电子政务”的基本功能是：提高政府机关在行政、服务和管理方面的工作效率；在现代高新技术的支持下，提升政府机关的科学决策水平；利用政府机关建立的综合资源数据库和网络通信渠道，为企业、事业单位和社会公众提供优质的多元化信息服务；电子政务是国民经济和社会信息化的排头兵，可以带动国民经济和社会信息化的发展[③]。

通过对国外电子政务发展历程和发展现状的分析，笔者认为，国外电子政务的发展具有以下特点：

1．为企事业单位和社会大众提供良好的信息服务是各国电子政务建设的基本出发点。比如，美国政府提出了“以公民为中心、面向结果和基于市场”的电子政府建设原则，并制定了一个名为“走近美国”的计划，要求从 1997 年到 2000 年，在政府信息技术应用方面完成 120 余项任务；在 21 世纪初，政府对每个美国公民的服务都实现电子化，在信息技术的支持下，政府工作的效率要有明显提高。1998 年，美国又通过了一项《文书工作消失法》，要求美国政府在 5 年内实现无纸工作，联邦政府所有工作和服务将以信息网络为基础。英国政府提出了以电子形式传送政府信息给公众的新型服务方式，这样，既可以拉近政府与公众的距离，也能为公众提供更多的与政府往来的途径。为此，英国制定的电子政府建设目标是：提供更好更有效的服务，改善行政的效率与公开化，替纳税人看紧钱包等[①]。

2．全球电子政务的发展很不平衡，国家间的“数字鸿沟”正在扩大。2002 年 5 月，联合国公共经济与公共管理局与美国公共管理学会发表了一份联合报告，对联合国 190 个成员国的电子政务建设情况进行了调查研究。该报告将各国电子政务的建设划分为起步阶段、提高阶段、交互阶段、在线事务处理阶段以及无缝链接等五个阶段。根据该报告的分析，处于起步阶段的国家，主要是经济比较落后的发展中国家，占样本国家的 50%以上；而处于在线处理阶段的国家则主要是那些经济发达国家。中国在“联合报告”中被列为起步阶段的国家，说明我国电子政务 GIS 的建设任重道远。

3．行政级别不同的政府机构在电子政务建设目标方面存在着明显差异。电子政务一般面对 3 类问题：宏观问题，中观问题，微观问题。中央政府主要处理国家层面的宏观问题；省级政府主要负责处理宏观问题和部分微观问题；而地、县级政府及城市社区主要处理微观问题。在电子政务的建设中，基层电子政务的业务一般具有结构化、标准化和形式化的特点，便于计算机模拟，便于适时检验改正，因此，电子政务的建设易于见效。而高中层领导机关的中观和宏观决策过程往往具有非规范化和非结构化的特点，决策因素不仅来自数据，而且来自感觉、经验和悟性，因此，难于实施计算机模拟。因此，电子政务的建设需宏观规划，微观起步。

4．门户网站已成为政府机关提供政府信息服务的唯一的电子政务网站。为了提高政府机关的服务水平和服务效率，国外发达国家已开始将分散的政府网站综合到一个协调一致的目录下，根据用户群的需求开发一系列集成的政府服务项目。比较典型的例子是“美国第一政府”网站。美国的政府网站建设已经比较成熟，美国联邦政府一级机构已全部上网，州一级政府也全部上网，几乎所有县市也已经建有自己的站点。白宫网站实际上是所有美国政府站点的中心站点，链接了美国政府所有已上网的官方站点。美国的政府网站内容比较丰富，以人口调查站点为例，用户可以通过地图的形式，查看到州一级甚至县一级的极其详尽的统计数据，包括当地从事各种职业的人口组成等[①]。新加坡电子政务的建设在国际上独树一帜。以前，新加坡的各政府部门是分别建立政府网站并向社会大众提供网络服务，彼此之间没有进行整合。1999 年，新加坡的电子政务开始出现整合趋势，一些业务不再按照部门来设置，而是按照流程做打包处理，实现了“一站式”网上办公。目前，所有这些打包服务都可通过政府中心站点找到。到 2004 年底，新加坡将有 1800 项政府服务通过网络提供，占新加坡所有政府服务的 93%[⑥]。

5．地理空间信息和 3S 技术在电子政务建设的作用日趋明显。大到生态环境保护、城市规划设计、人口普查、防灾减灾、乃至局部战争，小到社区规划、建设和管理等都离不开地理空间数据和 3S 技术的“保驾护航”。基础地理空间信息已成为电子政务信息资源的重要组成部分，是其他政务信息资源的空间信息载体和定位基础，3S 技术已逐步成为电子政务建设和应用的核心技术[⑧]。

6．建立信息资源共享服务机构是实现电子政务信息资源共享的有效手段。加拿大安大略

省政府 CIO 办公室首席战略官员 Joan MeCalla 博士指出："在加拿大的电子政务建设中，信息无法共享、业务部门之间无法协同办公同样是个老大难问题。"为了解决上述问题，安大略省政府专门组建了信息共享服务局，它是统一的信息协调机构和内部业务信息的专门代理机构，拥有 1400 名职工，分布在 32 个办公地点和 16 个社区。该局建设的重大案件管理系统与 66 个警察局连接，部门之间联网办案。此外，安大略省政府还制定了一个信息共享服务战略，旨在帮助政府公务员和业务伙伴大幅度提升信息服务质量并实现信息资源共享。

（二）我国电子政务的发展

1. 中央政府为我国政务 GIS 的建设指明了方向。2002 年，中共中央办公厅和国务院办公厅下发了"国家信息化领导小组关于我国电子政务建设指导意见的通知"（中办 17 号文件）。通知中对我国"电子政务"建设的指导思想、建设原则、主要目标、重点任务以及保障措施等提出了明确要求，从而为我国电子政务 GIS 的建设指明了发展方向。

根据中办 17 号文件的要求，我国电子政务建设的基本原则是：

统一规划，加强领导；需求主导，突出重点；整合资源，拉动产业；统一标准，保障安全。我国电子政务建设的近期主要任务是：建设和整合统一的电子政务网络，该网络由政务内网和政务外网构成，两网之间物理隔离，政务外网与互联网之间实施逻辑隔离；建设和完善 12 个重点业务系统，包括办公业务资源系统、金关工程、金税工程、金融监管工程、宏观经济管理工程、金财工程、金盾工程、金审工程、社会保障工程、金农工程、金质工程和金水工程等；建设 4 个基础数据库，分别是人口基础信息库、法人单位基础信息库、自然资源和空间地理基础数据库、宏观经济数据库；积极推进公共服务，发挥政府业务部门和地方政府的积极性，促进各级政府开展对企业和社会公众的服务，增加服务内容，扩大服务范围；基本建立电子政务网络与信息安全保障体系；完善电子政务标准化体系；加强人才培训与考核；推进电子政务法制建设，尽快制定电子签章、政府信息公开、网络与信息安全等方面的行政法规和规章等。

遵照中央和国务院对电子政务建设的基本要求，笔者认为：我国电子政务 GIS 的基本任务是：采用全国统一的电子政务网络系统，遵照全国统一的数据标准和信息安全规范，在基础地理信息数据库和 GIS、RS、GPS（简称 3S）、虚拟现实、数据挖掘和空间辅助决策等新技

术的支持下，建设面向电子政务的综合资源数据库平台和电子政务的信息化技术支撑体系，为我国电子政务的建设提供基础地理空间信息服务和技术支撑；此外，通过12个重点电子政务业务系统的建设，形成具有中国特色的电子政务建设模式和运行机制。

2．我国已建成空间地理基础数据库，为电子政务建设打下了良好基础。

我国测绘技术已实现从模拟测绘技术体系向数字化测绘技术体系的转化，目前正大踏步实施向信息化技术体系的转移，在测绘高新技术的支持下，通过多年努力，国家测绘主管部门已建成空间地理基础数据库群，为国家信息化和电子政务的建设提供了有效的地理空间数据支撑。空间地理基础数据库主要内容包括：

全球1：1200万空间数据库，作为基础地理空间信息，可以加载全球和世界各国的政治、经济、自然和社会发展等专题信息，为中央和地方政府电子政务建设提供信息支撑。

全国1：400万地形数据库，作为基础地理信息，可以加载全国和各省的政治、经济、自然和社会发展等专题信息，为中央和地方政府建设电子政务提供信息支撑。

全国1：100万地形数据库，作为基础地理信息，可以加载各省和各县市的政治、经济、自然和社会发展等专题信息，为中央和地方政府建设电子政务提供信息支撑。

全国1：100万数字高程模型（DEM）数据库，可用于研究分析地形起伏对国民经济和社会发展的影响，对国民经济建设、国防建设和经济社会可持续发展有重要作用，使用范围很广。

全国1：25万地形数据库，对国民经济建设、国防建设和经济社会可持续发展有重要作用，使用范围很广。

全国1：25万DEM数据库，对国民经济建设、国防建设和经济社会可持续发展有重要作用，使用范围很广。

全国1：5万数字栅格影象（DRG）数据库；对国民经济建设、国防建设和经济社会可持续发展有重要作用，使用范围很广。

全国1：5万土地覆盖数据库，对国民经济建设、国防建设和经济社会可持续发展有重要作用，使用范围很广。

全国七大江河流域的1：1万DEM数据库，适用于工程规划、设计和施工，使用范围很广。

全国七大江河流域的1：1万数字正射影像地图（DOM）数据库，适用于工程规划、设计和施工，使用范围很广。

此外，地方测绘主管部门还建成了高分辨率的1：1万、1；5千、1：2千、1：1千和更大比例尺的基础地理空间数据库，可以为地方政府实施相关建设工程提供高精度的基础地理信息服务。

3．我国政务GIS的建设和应用初见成效

近年来，伴随我国国民经济和社会信息化的推进，我国政府机关的办公信息化和电子政务建设发展很快，突出体现在以下方面：

（1）在为政府宏观决策提供地理空间信息服务和GIS技术支持方面：

在国办秘书局的领导下，国家测绘主管部门联合有关专业部门，先后建成了“国务院综合国情GIS”、“国务院防汛气象信息系统”、“国务院西部大开发空间辅助决策信息系统”、“国务院电子地图系统”、“电子政务空间辅助决策示范工程”和“中国—东盟自由贸易区信息系统”等，为政府首脑机关提供了地理空间信息、防汛气象信息、西部大开发信息和东盟自由贸易区发展情况的信息服务，提高了政府首脑机关的综合业务处理和科学决策水平。国家测绘主管部门根据全国人大和全国政协国内视察和外事工作的需要，通过制作专题系列地图和多媒体电子地图为全国人大和全国政协的国内视察和外事活动提供了基本国情和电子地图服务。

测绘主管部门还和国务院有关业务部门合作，建成了一批面向业务管理和辅助决策的信息系统，如：中越边界谈判信息系统，行政勘界信息系统，国土资源动态检测信息系统，人口地理信息系统，广播电视的综合业务管理信息系统，环境保护与动态监测信息系统，公安侦破信息服务系统，车载导航电子地图系统等，为提高业务部门的综合管理和决策水平做出了贡献。

地方测绘主管部门根据地方政府的需要，以基础地理空间信息为基础，以3S技术为支撑，联合相关业务部门建成了一批面向地方政府应用的综合省情地理信息系统和专题业务运行系统，如综合省（市、自治区）情地理信息系统；省级防汛信息系统、省级退耕还林还草信息系统、省级资源环境生态信息系统、云南省—东盟自由贸易区信息系统、交通管理信息系统和国民经济辅助决策信息系统等；上述信息系统的建设为地方政府实施“数字省”、“数字城市”和“数字社区”等相关发展战略提供了有效的地理空间信息服务。

（2）在为国家重大发展战略提供基础地理信息服务和3S技术支持方面：

在基础地理信息和3S等高新技术的支持下，测绘部门与有关专业部门联合，通过基础地理信息与专题数据和统计数据的集成和深层次开发，为国家西部大开发、生态环境保护、国民经济与社会可持续发展以及振兴东北老工业基地等发展战略提供了多尺度、多类型、多时相的基础地理信息和3S技术支撑服务。

（3）在为国家重大工程提供基础地理信息和3S技术服务方面：测绘行业与有关部门合作，配合西新工程、三峡工程、南水北调工程、西气东输工程、西电东送工程、进藏铁路工程、精准农业工程等建成了一批面向工程应用的信息系统，为上述重大工程的规划、设计、施工和监理提供了多尺度的地理空间信息服务和技术服务，取得了良好的社会效益和一定的经济效益。

（4）在电子政务软件系统的开发方面，根据政府信息化和电子政务建设的客观需求，中国测绘科学研究院与国办秘书局合作，开发了面向电子政务应用的“Geowindows”软件平台。该平台由空间数据处理工具、图形编辑工具、符号制作工具、尺度空间数据查询系统、三维模型显示、栅格数据分析、矢量数据分析、统计分析工具、图文混排工具、WEB GIS模块和统计地图制作等11个功能模块组成，此外，还包括1个地理信息显示与查询组建。该软件平台的主要功能包括：地理区域的定义与描述，应用专题的定义与信息组织，基于空间信息框架的数据管理，数据显示，空间信息检索与查询，空间分析与决策支持，网络化信息服务等。该软件系统已作为电子政务建设的基础平台在政府首脑机关和相关专业部门投入应用，并作为基础地理信息系统软件平台通过了科技部组织的软件测评，获得推荐。此外，国内许多软件公司（理正人，安图，数字方舟,浪潮等）开发出了一批电子政务的应用软件系统，促进了我国电子政务产业的发展。

4. 空间地理基础数据库和GIS技术已成为电子政务的重要组成部分

国内外电子政务GIS的研究和应用实践证明，空间地理基础数据是电子政务的重要信息资源，GIS是电子政务的核心支撑技术。

（1）GIS是电子政务信息资源的空间定位平台。电子政务旨在为政府机关建设一套用于对政治、经济和社会发展进行综合业务管理和分析辅助决策的工具。政务办公业务综合资源数据库是电子政务建设的核心。政府办公业务综合资源数据库所涉及的信息是多方面的，既需要政府办公自动化(OA)和政府管理信息系统（MIS）中的大量政务数据、统计数据和专题数

据，更需要政务 GIS 的空间地理基础数据；其中，地理基础数据是政务数据、统计数据和专题数据的信息载体和定位基础。中办[2002]号文中确定的 12 个重要业务系统和 4 个基础信息库的建设和应用都离不开地理空间数据的支持。以“金水工程”为例，大型水利工程的规划和建设，水资源的合理配置，供水工程管理、水土保持，南水北调工程、抗旱工程、建设全国七大江河流域的防汛抗灾信息系统等都需要多源、多尺度、多时相国家空间数据框架(NSDI)的支持。

（2）GIS 可以为电子政务提供空间辅助决策平台。在电子政务建设过程中，统计型政务管理信息系统，一般只能用于事物处理、综合业务管理和非空间分析决策，因而制约了社会经济数据的使用层次和使用效率。政务 GIS 与电子政务的融合，就能实现对非空间数据的空间定位、空间分析和空间辅助决策；即不仅能确定客观实体是什么，还能确定客观实体的地理位置和空间分布规律；通过空间数据挖掘，可以获得新的信息和知识，从而有助于提高政府决策的科学性和时效性。

（3）GIS 可以为电子政务提供可视化工具。一般统计型管理信息系统难以提供丰富多彩的图形、图像显示工具，而政府 GIS 则可在符号系统和动态多媒体系统的支持下，通过模拟地图、电子地图、多媒体系统、三维仿真和虚拟现实技术等实现对政府机关综合业务管理和空间辅助决策的可视化表达，从而提高工作效率。

二、电子政务 GIS 建设中存在的主要问题

我国电子政务 GIS 建设虽然取得了一定成绩，但与电子政务的客观需求相比，还存在较大差距，主要体现在：

（1）在基础地理空间数据方面，缺乏多源、多尺度、多分辨率、多时相基础地理空间数据的支持；地理空间数据的现势性差、分辨率低；数据的标准化水平低，难以实现数据集成。

（2）技术支撑水平不够高。目前，地理空间数据主要以静态地图或电子地图的形式为电子政务提供背景空间信息服务，应用水平低，基于 3S 技术的海量数据管理、远程传输的数据压缩、空间分析、Web GIS、空间数据挖掘、空间辅助决策和三维可视化的技术应用潜力尚未

发挥出来；具有自主版权的电子政务软件平台尚未投入市场。

（3）部门间形成了许多“信息孤岛”，信息共享水平低，尚未形成协同服务和信息资源共享的业务运行模式，制约了电子政务 GIS 的发展。

（4）电子政务 GIS 的服务机制尚未形成，目前的基础地理信息和 GIS 技术服务大多处于项目级水平，尚未形成稳定、持久的政务 GIS 的运行机制。

（5）电子政务效益的评价指标体系尚未建立，人为评价因素太多。

（6）缺乏对电子政务建设的统一规划和管理，重复投资、重复建设现象严重。

三、电子政务 GIS 的展望

面对经济全球化和信息网络化的发展趋势，为了加速我国经济社会信息化的进程，电子政务的建设是大势所趋，势在必行。根据国家信息化和电子政务发展战略的总体部署，在未来一段时间内，电子政务地理信息系统的建设目标应当是：按照电子政务的建设标准，完成基础地理空间数据的加工与整合；实现 GIS 技术与 OA、MIS、Web 信息发布和信息安全技术在技术、数据和业务三个方面的集成；完成政府机关电子政务空间信息服务试点工程的建设，探索空间信息在电子政务中的服务模式、技术体系和运行机制；以政府专网和信息交换中心为支撑，建成面向政府部门的信息资源共享机制，并以公开的空间数据为基础，建成基础地理空间信息政府网站，为社会大众提供公开的基础空间信息服务。

为了实现上述目标，今后应重点研究和解决以下问题：

1．在基础地理空间数据库的建设方面：

* 根据电子政务对基础地理空间的多样化需求，丰富地理空间数据的内容，提高其分辨率和现势性，特别要重视高分辨率地理空间数据的采集、维护和更新；

* 按照电子政务建设的标准和规范，对基础地理数据进行深层次加工和处理，为地理空间数据与电子政务信息资源的整合和应用提供可能。

* 加快西部无图区和海岛无图区空间数据基础设施的建设，以满足西部省份和海洋地区政务地理信息系统建设的急需；

* 根据政府信息公开法的要求，测绘主管部门应加强对基础地理空间数据的监管力度，

尽快实现其在政府专网上的资源共享。

2．在以3S技术为基础的技术支持方面：

* 从理论和实践的结合上探讨具有中国特色的电子政务 GIS 理论和技术支撑体系，研究我国电子政务GIS的发展战略和主攻目标；

* 开发自主版权的政务 GIS 软件系统，建设空间统计分析平台，为电子政务的空间统计分析和空间辅助决策提供技术支撑；

* 实现GIS与OA、MIS和DSS的集成，将3S技术融入电子政务的技术保障体系之中；

* 发展可视化和虚拟现实技术，为电子政务提供清晰易读的可视化界面；

* 开发空间数据仓库、空间数据挖掘和空间信息网格技术，为电子政务提供深层次的辅助决策信息服务；

* 加强政务GIS的标准化和规范化建设，为资源共享创造条件。

3．在政务GIS的运行机制方面：

* 建设协同服务模式和运行机制，实现政务 GIS 在政府内网和政府外网上的资源共享和信息服务；

* 通过承担电子政务应用工程，逐步形成具有中国特色的政务 GIS 的服务模式和运行机制；

* 科学处理信息安全和信息共享的关系，逐步实现电子政务的信息资源共享；

* 建立科学的电子政务 GIS 的效率评价体系和成本回收模型，使电子政务 GIS 具有可持续发展的能力等。

中国银行业信息化建设概况（2003－2004）

中国人民银行科技司司长　　陈静

中国银行业近十年的快速成长，使银行业信息化建设水平迅速提高。2003 年～2004 年，银行业克服“非典”等不利因素给工作带来的影响，认真实践邓小平理论和“三个代表”重要思想，信息化建设取得了重大进展，在支付系统建设、银行卡联网通用、业务应用系统建设等领域继续呈现快速发展、不断深化的良好势头。

一、支付清算系统建设取得重大进展

“建立和完善统一、高效、安全的支付清算系统”，是党的十六届三中全会确定的人民银行的一项重要任务，中国现代化支付系统由大额实时支付系统和小额批量支付系统组成。

2003 年 4 月，大额支付系统在上海分两批成功推广上线运行；2003 年 12 月 1 日，大额支付系统在石家庄等 19 个城市切换上线取得成功。至此，大额支付系统成功推广覆盖到所有省会（首府）城市和深圳市共 32 个城市。计划于 2005 年 6 月底，完成大额支付系统在全国的测试、试点运行和全面推广工作。

2004 年 2 月 25 日，香港人民币清算行成功接入支付系统，如期开通了香港人民币清算业务。此外，2003 年还完成了支付系统行名行号管理系统的软件开发，2004 年初开通运行；完成了小额支付系统需求分析、概要设计，并加紧了软件开发工作；2003 年～2004 年，电子联行主站计算机存储系统更新工作和电子联行小站计费系统的软件开发、测试、推广工作也正在顺利进行。

二、银行卡联网通用工作不断推进

2003年，中国人民银行加强领导，组织、协调各商业银行和中国银联全面开展联网通用工作。组织协调各发卡金融机构对各类不符合标准规范要求的业务系统、终端机具和卡片进行了标准化改造；完成了45家商业银行和农村信用联社、城市信用社“银联”标识卡的审批工作；组织开展了45个“银联”标识卡推广应用城市终端机具检查验收工作；将发展银行卡推广应用与风险防范并进，组织各商业银行共享风险防范资源，加快各种新技术的采用步伐，遏制各种制假、欺诈等犯罪活动的发生。2003年，银行卡跨地区、跨行联网通用的范围逐步扩大，实现异地跨行联网运行的地级以上城市348个，经济发达市（县）336个；加入银联网络的发卡机构109家；全年跨行交易总量达11.99亿笔，清算金额3794亿元，分别比2002年增长89.5%和111.8%；银行卡同城跨行交易成功率达88.22%，异地跨行交易成功率达81.19%。银行卡受理环境明显改善，截止2003年底，全国特约商户约23.5万家，POS机具约35万台，银行卡消费占社会商品零售总额的比例也有了突破性增长，北京、深圳已分别达到10%和18%。

三、银行数据大集中与应用整合、灾难备份等工作不断推进

银行信息化正在由以账户为中心向以客户、管理为中心转变，数据大集中是实施这一转变的必然要求。目前，几大商业银行已经建立了数据集中核心系统，正在加快全国及海外数据集中步伐，并且向以数据深层次挖掘利用为核心的信息化建设方向转变。

2003年～2004年，中国工商银行北京、上海两大数据中心间的灾难备份工程建设顺利完成，采用XRC/GDPS技术建立了国际金融业规模最大的千公里级数据中心异地灾难备份恢复系统。工商银行还完成了澳门、新加坡、东京、汉城、香港亚洲地区分行数据集中上挂工作，实现了工商银行亚洲地区海外分支机构数据的集中处理。

中国农业银行在2003年上收青海、天津、海南、北京分行和总行营业部的基础上，2004年上半年上收了大连和吉林分行的数据。

建设银行在完成了南北两个数据中心的建设及核心业务系统版本优化的基础上，加快数据集中推广力度，截止 2004 年 7 月，全行已有 11 个省分行上挂南、北运行分中心，为全行核心业务系统的统一、数据大集中奠定了坚实的基础。

交通银行启动了总行数据中心和海外数据中心的建设，东京分行计算机系统于 4 月 1 日正式挂接香港分行综合业务处理系统，完成了交通银行海外数据集中的试点工作。此外，中信实业银行、兴业银行、华夏银行等其他各家银行也拉开了全行数据大集中的建设序幕。

四、业务应用系统的开发建设加强，金融服务体系进一步完善

面对多市场、跨平台、多交易品种的银行业未来经营格局，国内银行都面临新一代业务应用系统建设的问题。

中国人民银行配合支付系统建设推广，开展了会计集中核算系统、国库会计核算系统推广工作，并且组织开发了货币发行信息系统、全国人民币账户管理系统、银行助学贷款系统等。

中国农业银行全面完成了集中式信贷管理系统推广、联网通用、全国数据集中原型等重点工程，实现了全国数据大联网。原有独立发展的业务系统统一到新一代综合业务系统、集中式信贷管理系统和集中式外汇业务系统等三大系统。

中国银行在原来各应用系统的基础上进一步整合、规范，实现统一的本外币清算平台和资金通道。该项目将于 2004 年下半年投产。

中国建设银行开发中心研发了本外币贷记卡系统、个人售汇系统、个人贷款业务系统、个人理财系统、外汇会计网络处理系统、企业年金管理系统、风险评级预警系统等，并成功投入运行。

交通银行国际结算处理系统（ISP）在主要分行推广应用，通过该系统处理的外汇业务量已占全行外汇业务量的 72%。全行统一开发的以分行为中心的电话银行系统在全行推广，已有 30 多家分行完成了系统上线工作。

2003 年，招商银行“招商财富网”项目利用同一账户实现了股票、基金、外汇、债券、

保险等众多金融产品的投资，通过与招商银行“一网通”的集成，财富网客户可以完成除取现外的几乎所有银行业务。

正在建设中的中信控股统一金融信息平台将实现中信控股公司下属金融机构的客户资源共享，风险集中控制；统一核心业务系统替代了原来各分行的独立系统，将实现核心业务应用软件由全行集中统一开发和管理。

中国光大银行核心业务系统目前已进入综合测试阶段，2004 年底前上线投产使用。2004 年 6 月 7 日，管理会计一期按预定目标成功上线。国际结算系统二期 2004 年 4 月投产使用。

五、银行网络等基础设施建设稳步发展

经过多年的发展，银行业开展信息化的着眼点已经逐渐从最初的硬件设备向业务系统和管理系统等综合领域过渡，强化基础设施的建设和投资成为银行信息化迈向更高层次的有力保障。

2003 年，中国人民银行根据计算机网络总体规划，对内联网进行了升级扩容等多项工程建设，更新与更换了基础网络设备，提升了网络的整体性能和用户容量。内联网已成为人民银行内部信息传输以及人民银行与其它单位信息交换的基础平台。

中国工商银行于 2003 年 7 月全面完成了“一级骨干网网络规划建设项目推广工程”，规范了工商银行一级骨干网的架构。目前，分行二级骨干网和网点三级网络改造任务也已基本完成。

交通银行完成了全行骨干网络系统建设。实施了管辖、直属分行骨干网络的升级改造工作。管辖、直属分行的视频会议系统投入使用，交通银行总行与香港、东京及新加坡分行之间的 IP 电话试点工作已经完成，全行集数据、语音和视频于一体的综合数据网络基本建成。

中国进出口银行在新办公楼搭建了连接到国内各分支机构的 2M 高速广域网，互联网实现了双线冗余备份，可以满足未来两三年内业务系统对网络系统的需求。IP 电话、视频会议系统等越来越多的网络增值服务投入使用。

国家开发银行通过和中国电信、中国网通的电信外包合作，网络系统整体达到业内先进

水平，为移动办公搭建起了网络应用平台。

六、银行计算机系统信息安全保障工作不断加强

信息安全越来越成为各家银行在信息化建设与管理中密切关注的问题。目前，各家银行都已经初步建立了信息安全保障体系。

中国人民银行制定并下发了《中国人民银行关于加强银行数据集中安全工作的指导意见》。根据国务院指示，制定应急预案，初步建立了银行信息安全应急协调联系机制。受国务院信息化领导小组办公室委托，组织草拟了《关于加强我国重要信息系统灾难备份建设工作的意见》的起草工作以及相关配套文件，并作为 2004 年初国家信息安全工作会议正式配套文件印发。

银行信息系统安全措施不断完善，运行状况良好。各银行机构的网上业务系统普遍采用了身份认证、访问控制、数据加密、实时监控等技术。金融系统采取了相应的防灾减灾技术，有效地避免了因自然灾害造成的信息系统的破坏。建设银行统一了入侵检测、漏洞扫描、防火墙等安全策略和产品，优化了网上银行的 CA 认证。交通银行完善并执行了生产运行和信息安全等方面的规范和制度，使全行“全国通”等关键系统的交易成功率达到 98%以上。国家开发银行以 PKI 体系为基础，采用多种信息安全技术，为开发银行建立了支撑各种应用系统的信息安全服务体系，将为该行所有应用系统包括在建的核心业务系统上线运行提供安全基础保障。招商银行推出的“VISA 验证”服务提高了信用卡网上支付的安全性，维护了客户利益。

七、金融信息化“十五”科技攻关圆满完成

2002 年年初，科技部将“金融信息化关键技术开发及应用示范”列入国家“十五”科技攻关重大专项计划。银行、税务、证券、保险行业所属的 70 多个单位参与了攻关，并于 2004 年初通过了国家科技部的验收，取得了一系列重大科技成果，提出了金融发展战略研究报告；

设计了“金融业网间互联技术总体框架方案”和“金融业网间互联安全总体框架方案”，开发了“金融业网间互联前置系统”，完成了银行业网间互联平台建设及应用示范工程；建立了“金融信息化标准体系”，制定了20多项具有实用价值的标准、规范；建立了“地区性银行信息系统安全体系总体框架”、“安全保密技术体系”和“安全保障体系”并进行了工程示范；研究了银行大型数据中心灾难备份的关键技术；完成了网络金融应用示范工程、金融服务与金融创新系统、金融信息管理与决策系统等三类应用示范，为我国信息技术产业发展拓展了宽广的市场。

中国工商银行组织完成了《新型电子银行平台研究及其实现》、《电子商务网上支付研究与示范》和《银行计算机灾难恢复系统研究》三个项目的验收，以及《银行卡磁条信息格式和使用规范》国家标准和《银行集中式数据中心体系规范》行业标准的研制工作。

中国农业银行承担的国家科技攻关项目《银行信息系统安全保密平台应用示范工程》按计划投产，并通过了人民银行组织的验收。

实现信息科技的创新　提升工行核心竞争力

中国工商银行信息科技部

中国工商银行作为中国境内最大的商业银行，自 1984 年成立至今，已经走过了 20 年的成长历程。截至 2003 年末，工商银行总资产达 52,791 亿元，占中国境内银行业金融机构资产总和的 19%，在境内主要的银行业务领域中均保持着最大的市场份额。中国工商银行通过 24,129 家境内机构、70 家境外机构和遍布全球的 1,023 家代理行，以其领先的信息科技和电子网络，为中国数百万个法人客户和 1 亿多个自然人客户提供了最便利、最完善的银行服务。

随着全行经营实力的增强和核心竞争力的提高，国际化大银行的形象也进一步提升。2003 年又相继被国际主流专业媒体《欧洲货币》、《环球金融》、《亚洲货币》和《金融亚洲》杂志评为“中国最佳银行”，被英国《新兴市场》报授予“亚洲区最佳国际关系银行”，被美国《环球金融》杂志评选为 2003 年度“中国最佳个人网上银行”。在美国《财富》杂志 500 强排名中位居第 237 位，比上年上升 6 位。同时还被国内媒体评选为“中国最受尊敬企业”。

工商银行成立 20 年来，倡导“科技兴行”战略，以世界先进的金融科技应用为目标，不断创新发展，构建起坚实的信息技术基础，实现了各项业务的跨越式发展，不仅在国内银行业处于领先地位，而且大大缩短了与国外现代商业银行在信息化建设方面的差距。

近年来，工商银行沿着现代化商业银行的信息化道路不断前进，“数据集中工程”建设、全行骨干网络改造、全功能银行系统投产等重点任务相继完成，金融服务产品不断创新，管理信息化建设初具规模，全行形成了集约化的安全生产运行、应用开发和科技管理体系，科技水平与管理能力提升到了一个新的高度，为我行达到现代金融企业的发展目标奠定了良好的技术基础。

一、全行信息化基础设施建设日趋完善，形成了便捷高效的电子化经营服务、内部管理和办公信息化体系

工商银行电子化网点建设，除极少数地处偏远的特殊网点外，全行 20073 个营业网点实现了计算机联网和业务数据的集中处理，电子化网点覆盖率达到 100%，人民币结算量占中国金融业的 45%。全行装备 ATM 数量近 1.5 万台，占全国 ATM 机总量的 24.23%，POS 超过 8.1 万台，占全国 ATM 机总量的和 23.55%，自助银行达到 413 家，自助终端达到 3929 台。工商银行建立了三级计算机骨干网络，并根据技术的不断进步和业务的发展需要，进行网络改造和功能拓展，极大提高了网络的整体性能。同时，开通了全行电视电话会议系统，建立了"下管一级、监控全网"的计算机网络管理系统，全面提高工商银行计算机安全防范水平。

二、集约化科技管理体制基本形成，应用开发能力显著提升

全行的科技组织体系逐步完善，形成了以总行信息科技部统一科技归口管理，数据中心（北京）、数据中心（上海）、软件开发中心、海外数据中心以及全行各一级分行、直属分行、二级分行信息科技部门各负其责、相互协作的组织架构；在生产运行方面，目前全行 37 个分行和总行票据营业部、牡丹卡中心等附属机构的业务数据全部汇集在北京、上海两个现代化的数据中心处理，5 家亚洲分行以及工银亚洲的业务数据集中到海外数据中心处理；在应用开发方面，工商银行形成了以软件开发中心为应用开发、技术标准和质量控制中心，各一级分行负责本地的应用软件开发和维护。

三、在国有商业银行中率先完成了数据集中工程，奠定了工商银行集约化经营的技术基础

数据集中工程是工商银行信息化建设史上规模最大的项目，也是我国金融系统数据集中的开创性工程。通过数据大集中工程建设，将工商银行 36 个省市分行的数据处理中心集中为两个现代化的大型数据中心。工程在国内首次应用了"并行系统耦合体"等多项先进技术，实现了主机、系统、网络、应用等多重备份，有效提高了数据中心的数据处理能力和整体可靠性。同时，工商银行澳门、新加坡、东京、汉城、香港等海外分支机构的业务也逐步挂接到海外数据中心，建立了统一的业务系统应用平台，实现了工商银行亚洲地区海外分支机构

数据的集中处理，达到了海外分行客户服务和科技管理的集中与统一。在数据集中的新模式下，工商银行采用世界先进的 XRC/GDPS 技术建立了国际金融业规模最大的千公里级数据中心异地灾难备份恢复系统。启动了“总控中心”工程建设，通过技术手段规范和监控全行生产运行管理和工作流程，全面提升数据中心、软件开发中心和各分行的技术服务水平。这些措施，保证了工商银行计算机系统的安全稳定运行，为工行的经营管理提供了及时、准确、全面的信息资源和高效的基础平台。

四、全功能银行系统的成功投产增加了工商银行的核心竞争力

为加强产品创新和金融服务渠道建设，推动业务和管理流程改造，2003 年 11 月投产了全功能银行系统 1.0 版本。全功能银行系统是在综合业务系统的基础上开发推广的第三代应用系统。系统更加突出了以客户为中心的经营原则，强化了管理信息化功能。该系统的成功投产是工商银行信息化建设和经营管理体制改革的又一个新的里程碑。

五、应用产品不断创新与发展，使得全行的业务竞争实力进一步增强

工商银行陆续推出了个人结算账户、理财金账户、银保通等产品，全面推广了现代化支付、外汇汇款、国际结算等系统，有力地推动了各业务流程的改革，增强了业务竞争力。电子银行应用领域卓有成效，电子银行服务渠道整合取得了突破性进展，新一代网上银行系统“金融@家”，为客户提供了更好的服务，使网上银行的技术应用水平得到了实质性的提升。同时，牡丹卡电话银行、集中式国际卡电话服务系统和电话银行全国漫游项目也成功投产。业务产品的投产、推广和优化，经营方式逐步信息化，全行业务流程再造取得了新的成效。截至 2003 年 12 月，我行电子银行累计实现交易额 22.3 万亿元，是上年的 2.5 倍，其中网上银行实现交易额 19.4 万元，是上年的 3.7 倍，企业客户和个人客户分别达到 6.9 万户和 749.9 万户；电话银行实现交易额 8,866 亿元，是上年的 1.4 倍。网站点击率达 5,980 万次，是上年的 2 倍。个人网上银行被美国《环球金融》评为“中国最佳个人网银行”。

六、管理信息化建设的新成果、新项目不断投入应用

全行管理信息化应用不断丰富，信贷管理系统 CM2002 版本全面投产，综合统计报表系统不断完善。加强了数据仓库项目的研究，个人客户关系管理系统、法人客户关系管理系统进一步完善，标志着工商银行运用电子化手段进行经营管理的能力显著提高。

信息技术的飞速发展与金融全球化的紧密结合，将使银行业的信息化建设进入一个新的历史时期。传统意义上的银行将与网络银行、手机银行、电话银行中心（call center）、电子商务和网上支付结算等虚拟银行并存发展，成为未来银行业新模式。银行不仅可以为广大客户提供全天候、全功能、标准化的金融服务，而且可以为重点客户提供高知识含量、个性化的特殊金融服务。随着数据仓库工程的建设，管理信息将得到最大限度的挖掘和利用，各项工作将实现决策软件化、管理智能化，内部控制将实现程序化硬约束。未来的银行既不是劳动密集型产业，也不是资金密集型产业，而是信息、知识密集型产业。决定银行业竞争胜负的主要因素将不再是高楼大厦、资金规模和机构网点，而是银行全员的知识化及信息化手段。

从 2004 年起，工商银行的信息科技工作在基本完成“十五”科技发展规划任务后，也将跨入一个新的发展阶段。根据全行确定的今后一个时期的改革目标和基本任务，我行信息科技发展在未来三年里，将建立满足经营管理需要、具有国际先进技术和管理水准的信息科技体系，全面发挥信息科技的优势，为全行提供全方位的信息技术平台和更加高效、安全、优质的信息服务；通过管理信息化，实现对全行经营管理和各项业务的分析决策与风险控制，全面支持和推进我行业务创新和经营管理流程再造；建立与现代商业银行要求相适应的科技治理机制和科技队伍，全面发挥信息科技的优势，推动我行向现代化金融企业的根本转变。

变革与创新主导

2004年中国网络银行发展报告

中国工商银行总行　王广宇、北京大学　张红松

在商业银行业近年来的全能化、国际化、多元化、网络化、创新化、规范化的经营和发展趋势越来越突出的情况下，IT业的发展以及人们对网络服务的需求，催生了网络银行的出现和蓬勃发展。2004年，中国网络银行业在快速发展的基础上，又获得了新的变革和突破，但同时仍然存在着一些瓶颈和不足。本报告是对2003年～2004年度中国网络银行的发展状况和制约因素等进行的分析总结。

一、网络银行：定义和类型

网络银行是科技创新和金融创新相结合的产物，又称网上银行或电子银行，具体是指银行在国际互联网（Internet）上建立站点，通过Internet向客户提供信息查询、对账、网上支付、资金转账、信贷、投资理财等传统金融服务，并基于网络不断推出创新银行业务。

通俗地讲，网络银行就是银行在Internet上设立的虚拟银行柜台，银行服务不再通过物理的银行分支机构来实现，而是借助技术手段在Internet上实现，并根据两者的差异推出更有特色的服务。网络银行有一些基本属性：电子虚拟的服务方式；业务运行环境的开放；业务时空界限的模糊；交易实时处理；交易费用与物理地点非相关等。网络银行不同于“银行上网”。在Internet建立一个主页的银行只能定义为“银行上网”；而网络银行必须具备在Internet上开展电子支付等金融业务的功能。美国最著名的网络银行评价网站Gomez认为，至少可以提供以下五种业务之一的才能被称为网络银行：网上支票账户、网上支票异地结算、网上货币数据传输、网上交互业务和网上个人信贷。

网络银行可以分为两种类型，第一类是传统银行业务网站，这类网络银行以传统银行为依托，根据传统银行业务发展的需要而设立，为传统银行服务。目前，绝大部分的网络银行都是传统银行建立的，他们根据自己的母银行业务模式，强化实质银行的优势，拓展银行业务，提供传统服务并进行金融创新。这类网络银行数量众多，国际著名的银行，如花旗、汇丰等都有自己的网络银行。中国的工商银行、农业银行、中国银行、建设银行、交通银行、招商银行等都已经开展网络银行业务。另一类是虚拟银行，这类银行，没有传统银行为依托，直接利用网络进行网上支付、资金转账、信贷、投资理财等银行业务，依靠数字流和债权、债务关系保证银行运行。最早出现的网络银行——安全第一网络银行（Security First Network Bank）就是这种类型。目前，很多非银行金融机构也纷纷建立网站，开展网上业务，但是，受法律限制，他们无法进行存、贷等银行业务，不属于网络银行范围。

二、国内外网络银行发展：历史及现状

网络银行于20世纪90年代中期首先出现在美国，一般把1995年10月美国安全第一网络银行(Security First Network Bank，SFNB)的成立被认为是这一全新银行模式诞生的标志。据有关资料统计，自1995年以来，全球共有4000多家银行在Internet上设立了站点，600多家金融服务企业提供在线交易服务。全球最大的100家银行中有90%建立了网络银行。前美国的网络银行数量，已占所有银行和储蓄机构总数的12%。欧洲的网络银行已有一百多家，有三分之一的储蓄是通过互联网进行。从网络银行发展的角度看，北美（美国和加拿大）和欧洲发展最为迅速，其网络银行的数量之和占全球总数的90%以上，其次是亚太地区。

中国网络银行的发展始于20世纪90年代中后期。中国银行1996年10月在Internet上建立了自己的网站，是中国第一家“上网银行”。在上网初期，中国银行网页主要是用于发布各种业务信息，如年报、外汇牌价、信贷政策等。

招商银行是国内最早推出网络银行业务的商业银行之一。1997年2月，招商银行在Internet上推出了自己的主页和网络银行业务。招商银行网络银行业务总称“一网通”，提供“企业银行”、“个人银行”、“网上支付”、“网上商城”和“网上证券”等五项服务，并率

先推出了手机银行服务。

1998 年以后，各国有商业银行和部分股份制商业银行开始积极规划网络银行的发展，并陆续开始建立网站、开展网络银行业务。2002 年，各国有银行和大部分股份制商业银行都在 Internet 上建立了自己的网站，网络银行业务呈现出快速发展的态势。

目前，国有商业银行和大部分股份制商业银行都已开展了网络银行业务。中国工商银行、中国农业银行、中国银行、中国建设银行、交通银行、招商银行、中国民生银行等均能向客户提供交易类网络银行业务服务。而且网络银行业务量迅速增加，网络银行业务种类、服务品种也迅速增多。但是，我国尚未出现专门从事网络银行业务的“虚拟银行”。

三、2004 年中国网络银行发展状况

随着加入 WTO 以及随之而来的五年和十年承诺的迫近，中国银行在国内和国际竞争压力下，有意识的加强了网络银行的建设。2004 年中国网络银行业的发展状况，总体上是非常迅速的一年，突出体现在网络银行交易和网络银行业务模式变化上。这是因为一方面，2004 年中国进一步放开金融管制、兑现“入世”承诺，另一方面，国内商业银行逐渐改善企业治理结构，向现代银行转变，这些因素使商业银行活力增强，有了创新和盈利的内在冲动。

2004 年，中国网络银行的发展呈现十大特点。

第一，网络银行用户迅速增加。中国的网络银行用户由 2000 年下半年的 90 万人增加到 2002 年底的 250 万，2003 年，仅中国工商银行透露的网络银行用户就已经达到了 800 万人。到 2005 年，预计这个数字将达到 1.4 亿。招商银行的“一卡通”备受欢迎，到 2002 年底，其网上用户达 150 万；香港恒生银行也从 2004 年 1 月起在深圳、上海、广州、福州等分行推出个人网络银行服务。调查数据显示，网络银行、手机银行和银证通、银基通、银保通等银行业务被用户知晓的程度正在上升。特别是网络银行，用户的知晓率已经达到了 90%。

第二，交易量创历史新高。2000 年底，各中资商业银行办理网络银行业务的客户超过 41 万户，交易金额 6500 亿元。到 2002 年 6 月，各中资商业银行办理网络银行业务的客户为 150 万户，交易金额 3.5 万亿人民币，业务覆盖全国主要大中城市。截止到 2003 年底，工商银行

电子银行的客户数已经达到1500万，交易金额22.3万亿，占到了全部交易金额的18.5%，已经接近国外同行20%左右的水平。同样截止到2003年底，建行系统有37家一级分行开通了网络银行业务，网络银行客户交易量1156万笔，交易额10514亿元，其交易量和交易额均比上年增长了好几倍。据不完全统计，截止到2003年12月，各中资商业银行办理网络银行交易额将突破30万亿人民币，业务不仅覆盖主要大中城市，也开始向小城市渗透。

第三，业务模式不断丰富。长期以来，存款、贷款、汇款等传统业务一直在我国银行业的经营中占据主导地位。在银行的收入构成中，传统业务收入（即利差收入）的占比也比较高，一般都在90%以上，中间业务收入（即非利差收入）的占比非常小。而国外商业银行，中间业务收入即非利差收入占其总收入的比重一般都在40%以上，且呈逐年上升趋势。网络银行的出现，成为商业银行大力开展中间业务，针对客户需求提供个性化服务的平台。不仅传统存款、贷款、汇款、结算业务可以通过网络进行，银行还提供诸如个人理财、网上代为买卖证券、代买保险、网上商城、网上缴费等各种便捷服务。2000年以前，银行网上服务单一，一些银行仅提供信息类服务，作为银行的一个宣传窗口。2002年，交易类业务已成为网络银行服务的主要内容，提供的服务包括存贷款利率查询、外汇牌价查询、投资理财咨询、账户查询，账户资料更新、挂失、转账、汇款、银证转账、网上支付(B2B、B2C)、代客外汇买卖等，部分银行已开始在网上提供小额质押贷款、住房按揭贷款等授信业务。同时，各商业银行日益重视业务经营中的品牌战略，出现了名牌网站、名牌产品。2003年到2004年，是我国网络银行业务建立健全的一年。各商业银行为了适应竞争，不断完善业务体系，柜台服务和网上服务结合，挖掘创新点。例如，中国工商银行针对个人的网络银行业务有：个人储蓄业务、个人消费贷款、个人住房贷款、个人外汇业务、个人中间业务、个人电子银行等，既有传统银行业务，也有个性化创新性银行业务；针对企业的网络银行业务有：对公存款、融资业务、票据业务、国际业务、结算业务、企业中间业务、企业电子银行、投资银行业务、资产托管业务、机构金融业务等。这些网络银行业务涉及面广，有针对性，对视时间如生命的白领而言，尤具有吸引力。

第四，跨国网络银行业务出现。中国工商银行推出牡丹国际卡（贷记卡、借记卡），贷记卡给予持卡人一定信用额度，持卡人可在信用额度内先消费后还款，境内外通用；借记卡是可在境内外通用，以人民币和美元两种货币结算，具有消费、转账结算、存取现金等功能。

中国银行推出国际卡网上服务功能，同时推出长城国际卡；中国建设银行推出龙卡贷记卡；这些网上金融服务的跨国界进行，为人们生活提供更大便利。

第五，中资银行网络银行服务开始赢得国际声誉。从网络用户的急剧增加可以略见一斑。中国工商银行网站被英国《银行家》杂志评为“全球最佳银行网站”、美国《环球金融》“中国最佳企业网络银行”以及2003年美国《环球金融》“中国最佳个人网络银行”之后，中国网络银行的一个实质性的可喜变化。

第六，优质客户不断增加。客户始终是商业银行最为重要的资源。国际公认的企业经营的成功法则——“马特莱法则”认为，银行80%的利润是来自于其20%的优质客户，而剩下的80%客户只能给银行带来20%的利润。而中国银行业目前的情况是：60%的利润来源于10%的优质客户。由此可见，对优质客户的争夺，将是中外资银行客户争夺的主阵地。

第七，网络银行与客户日常生活相关的软件进行一体化集成，为客户提供更方便的金融及其他服务。中国商业银行纷纷推出针对性强、功能强大、更为方便快捷的服务，如工商银行的“金融@家”解决方案、建行推出网络银行系统3.0版等。2003年底，中国工商银行推出新版个人网络银行“金融@家” 是一个集银行、投资、理财于一体的新一代个人网络银行。它拥有12项大功能，58项子功能，能够满足不同层次客户的金融服务需求，并能提供相对安全和个性化的服务。包括：24小时的无限额任意转账、汇款；高度安全的智能芯片（USBKey）硬件加密；灵活、方便的各类缴费；专业化的外汇、证券和保险信息及交易服务；账务、财经等信息的通知提醒等。2004年4月3日，建设银行推出网络银行系统3.0版，为客户提供方便、快捷、安全的网络银行服务。

第八，CRM在网络银行中广泛应用。客户是银行的核心资源，客户关系管理决定着银行业发展，CRM正是帮助银行管理客户资源的软件。到2004年，四大国有商业银行和大部分股份制商业银行都采用了基于客户的CRM软件，开发、维护客户资源，提高客户资源质量。

第九，更加注重基础设施建设和方案升级换代。网络银行要不断更新才能跟上业务发展的需要，这就要求银行和网络设备提供商和IT产业密切结合，以业务量的增加促进解决方案的升级，以更优秀的解决方案提高网络银行的性能，吸引更多的客户。对网络设备提供商和IT产业提供了强大的发展动力。

第十，网络银行的安全成为整个行业关注的焦点。

四、核心难题亟待破解——网络银行安全体系

喧嚣一时的“网银大盗”事件，使30多家银行的安全体系出现了问题。同时也给网络银行消费者心理留下了挥之不去的阴影。

网络安全是网络银行业务顺利进行最为核心的问题，但同时，也是中国乃至世界网络银行发展的“瓶颈”。网络银行的安全隐患一般表现在几个方面：一是数据传输，一旦数据传输系统被攻破，就有可能造成用户的银行资料泄密，并由此威胁到用户的资金安全；二是网络银行应用系统的设计，一旦其在安全设计上存在缺陷并被黑客利用，将直接危害到系统的安全性，造成严重损失；三是计算机病毒的攻击，即由于网络防范不严，导致计算机病毒通过网络银行入侵到银行主机系统，从而造成数据丢失等严重后果。针对我国网络银行发展存在着的诸多问题，人民银行做了大量的工作，积极为各商业银行的网银业务发展创造条件，具体包括：1. 自1999年起，人民银行开始受理中资银行网络银行业务申请，同时展开调研，着手制定相关办法。2001年6月，人民银行出台了《网络银行业务管理暂行办法》。为使该《办法》更具操作性，2002年4月，进一步发布了《关于落实〈网络银行业务管理暂行办法〉有关规定的通知》。2. 为了确保网络银行的数据安全，人民银行积极完善网银服务的信息安全基础设施建设。1998年，人民银行联合12家国内商业银行开始筹建中国金融认证中心（英文简称CFCA），并于2000年6月开始投入运行。作为一个国家级权威金融认证机构，中国金融认证中心通过发放数字证书为网上交易的各方提供信息安全基础，确保交易信息的真实性、完整性和不可否认性。金融认证中心提供用于支付和非支付的各类证书，包括企业(个人)高级证书、企业(个人)普通证书、WEB站点证书、STK 手机证书、VPN设备证书等。3. 为了进一步推动网络银行业务的发展，协调解决网银业务发展中出现的问题，人民银行进一步明确责任并细化了分工，于2001年11月成立了由主管副行长任组长的“网络银行工作组”。4. 为了保障网络银行业务的安全，人民银行积极研究网络银行技术流程，分析信息系统安全隐患，制定了一系列相关的规定，为网络银行技术基础的安全提供指导。具体制定的规范和制度有：2001年，制定了《银行计算机信息系统安全技术规范》；2002年2月，印发了《银行计算机机房及柜面设备安全防护暂行规定》；2002年8月，印发了《中国人民银行关于加强银行数

据集中安全工作的指导意见》；2002 年 9 月，印发了《银行计算机安全事件报告管理制度》；还有其它一些相关安全管理规范和制度在制定流程中。

网络银行的网络都是大型网络，采用多种通信媒体，由多种协议网互联而成的复杂网络系统。为确保系统的安全，必须采用综合性的智能网络管理系统，提供一体化的网络管理服务，通过协调和调度网络资源，对网络进行配置管理、故障管理、性能管理、安全管理、灾难恢复管理等，以便网络能可靠、安全和高效地运行。这是网络银行安全管理下一步要做的工作。

五、未来中国网络银行发展面临的制约

1．技术瓶颈。网络银行要求强大的技术支持，但是，中国高科技产业特别是信息产业的发展远远不能满足这种需要。为了保证网络银行系统速度高、容量大、安全性能强，必须能够基于银行客户的潜在和现实需要设计出合适的网络银行解决方案，并能根据银行业务发展不断改进。但是，目前，我国并不掌握软件和硬件核心知识，商业银行在采用高性能解决方案时，只能依赖外国高科技公司，这就在一定程度上降低了整个金融系统的安全性，特别是战略安全。

2．网络银行相关标准体系尚不健全。目前商业银行进行网络银行建设时，还基本上处于各行其是的阶段，没有统一的标准对网络银行业务进行规范，各个银行之间兼容性差，不同银行之间由于设置的标准不同，很难进行网络银行之间的合作。这样，对潜在资源特别是客户资源的挖掘缺少共享性，在面对提供综合性服务外国银行时，很难拿出竞争力强的金融工具。

3．人员素质不高，复合型人才偏少。人员素质低已经成为制约中资商业银行发展的重要因素。现有我国商业银行的人员问题，不是数量问题，而是质量问题。就目前我国商业银行的人员构成来说，大约只有 20%左右的人能够适应新形势的需要；50%左右的人需要“充电”，需要通过培训来提高其业务能力和管理水平；30%左右的人需要进行更新。复合型人才偏少是当前我国商业银行发展中人才“瓶颈”。长期以来，由于专业分工过于细化，中资商业银行的

单一人才过多，而复合型人才稀少。复合型人才是指既精通金融专业知识，又熟悉现代信息技术的人才。因此，提升我国银行业从业人员的素质和能力，对我国银行业的发展至关重要。

4．网络银行业务创新不足。目前，中国商业银行网络银行业务还基本上局限在传统业务方面，网上存、贷，网上结算，一部分网上中间业务等。现代、前沿、创新性的金融工具还比较少，如更为个性化的网络银行服务，网上担保等表外业务。

5．外资银行的挑战。截至 2003 年 7 月末，仅上海市已有的 57 家营业性外资银行，全国营业性外资银行约 180 家。这些银行业务精熟，管理科学，实力庞大，而且，往往混业经营，一家银行可以提供银行、证券、保险、信托等综合性服务，网络银行业务开展也比较成熟。

6．国内银行资本充足率和不良债权等的制约。尽管从 90 年代初期中国金融业管理者已经意识到这个问题，但是，直到现在问题还没有解决。目前，国务院斥资 400 亿美元，提高中国银行和建设银行的资本充足率，但是，面对上万亿的不良债权，以及资本充足率偏低的状况，想一蹴而就是不可能的。此外，中资银行还有产权不清、结构臃肿、人才流失、金融工具落后等种种问题。但是，从根本上说，金融创新动力不足和金融业经营缺乏活力，才是最根本的原因。制度没有根本改变的前提下，快速提高技术水平，争取尽可能多的客户资源，才是中国银行业的根本出路。网络银行的发展正是解决中国商业银行面临问题的突破点之一。

从欧美主要发达国家银行业的发展来看，随着电子网络技术的发展、金融管制的放松以及资本市场逐渐走向成熟，间接融资（银行贷款）在企业融资中的比重越来越小；对个人来说，银行也不再是惟一的投资渠道。在这种状况下，银行传统的生存空间将会越来越小，因此银行必须做出调整，以适应经营环境的变化，去寻求新的生存与发展空间。而开展网络银行业务，为客户提供个性化的服务，同时利用网络大幅度提高中间业务在银行收入中所占的比例，正是现代银行应对这种挑战的一个突破口。

总体上看，2004 年是中国网络银行快速发展、网络银行业务大幅度变革的一年。网上交易人数和数量的增加，表明了网络银行在中国企业和个人客户心目中的地位越来越重要。但是，网络银行的发展和完善还任重道远，对于中国商业银行而言，要加强网络银行的业务创新；加强基础设施建设，丰富和完善网络银行功能；注重客户关系管理，实施以客户为核心的企业发展战略；加快配套法律法规建设，建立统一的信用体系和认证体系，只有这样，最终才能利用网络银行实现银行业务和资源的有效整合，提高银行竞争力。

钢铁企业信息化的发展和展望

中国钢铁工业协会专务理事　　漆永新

（一）　钢铁企业信息化的规模和实效

（1）　进入新世纪，我国钢铁生产飞速发展，钢产量连续四年以两位数的速度增长，从2000年的1.28亿吨猛增到2003年的2.2亿吨，钢材的消费超过了专家的预测，提前达到了2.5亿吨。中国不但是一个钢铁生产大国，也是一个钢铁消费大国。

可喜的是，这四年我国钢铁企业的信息化也取得了巨大的成就，走上了健康发展的道路。

截至2004年7月，先后有宝钢股份、武钢、衡阳钢管、上海益昌薄板（现已并入宝钢股份）、江阴兴澄特钢、湘钢、通化钢铁、天津钢管、承钢、涟钢、新兴铸管、杭钢、马钢、上钢一厂、石钢、邢钢和济钢等17个钢铁企业的项目在信息化方面取得阶段性成果。这些企业信息化项目的投资从3000万元到2亿元不等；年经济效益在1000万元到6000万元之间，平均投资回收期3.5年。2004年内计划将建成的项目有首钢、宝钢集团上钢五厂、梅山、宁波建龙；目前正在建设的还有：鞍钢、攀钢、武钢二期、沙钢、西林、昆钢、酒钢、太钢、重钢、邯钢等，以上两项共计14家；已经立项或进行立项准备的企业还有唐钢、莱钢、包钢、本钢、南京、北台、凌源、长治等。

电子商务也步入了理性发展。中国联合钢铁网、我的钢铁、东方钢铁在线，中国钢铁交易网等从事钢铁业的电子商务公司不断推出新的服务方式和服务内容，收支平衡，略有赢余。上海益昌、宝钢钢贸、武钢、马钢、太钢、梅山、通化网航等企业或做专卖交易，或做网上采购，成绩斐然。

（2）已经建成的信息化项目取得了显著的效益

首先，我国钢铁企业信息化追求的目标实现了从以生产以产品为中心向以客户以市场为中心的转变。满足用户需求，适应市场需要，按照订单组织生产已经成为当前钢铁企业信息系统建设的核心任务。宝钢交货期已经由论月加速到论周，武钢交货期由原来的45天缩短到现在的30天，提前了15天，将来可实现按旬及按周交货。客户订货的响应速度由过去的数天加快到数秒。湘钢的交货期缩短一半，合同兑现率提高了20个百分点。

其次，信息化和体制创新管理创新相辅相成相互促进。信息化促成了传统产业领域的体制创新和管理创新，企业管理实现了一级财务核算，集中采购集中仓库管理，统一的生产指挥调度等，从而显著提高了企业的竞争力。流程再造、机构整合、岗位角色转换、员工素质提高为信息化打下了基础，促进了我国钢铁企业信息化。武钢、湘钢等企业延续了40多年的多级财务在信息化中改了，变成了一级核算。武钢的二级生产厂的18个科室精简为5个部门，公司的机构由36个减少到22个，销售、生产、技术质量也实现了一级管理，全面提高了企业的市场反应能力和用户服务水平。在信息化之前，新兴铸管有七个管理层次。在信息化之后，取消了公司和分厂的两级机关，取消了工段一级建制，实现了总经理、部门长、专业工程师和班组的管理机制，管理人员所占职工总数比例由10.8%下降到4.8%。

第三，信息化打破了条条块块的信息壁垒和信息割据，有效地解决了信息孤岛现象，在一个全面统一的信息平台上实现了信息共享。生产中的实时成本核算强化了财务的事中监控作用，销售、采购、项目管理和财务系统的集成，强化了企业资金管理。武钢的产销系统建成后，货币回笼加快了3天，月财务决算由8天提前到3天。湘钢、邢钢月财务决算提前到2～4天。所有的财务数据做到了数出一门一数多用，会计账目的真实性有了实质性的保证。质保书所需的参数均由系统自动收集处理，打印过程中无需人工介入。炼钢化学成分由炼钢化验室自动上传，前后工序可实现共享，取消了传票。产品质量异常信息数据高度共享，计算机自动生成统计报表，结束了过去人工填写经常出错的历史。企业信息化的实施使得客户资源和工艺规程数据库化，保证了企业的运行安全。

第四，企业信息化也是企业技术进步的提升器，它全面地加强了企业管理的标准化和规范化。产品标准、技术规范、检验标准等均是成文标准文件，由系统自动执行。生产周期平均减少了5天左右。准时交货率提高10个百分点，中间库存平均降息割据低20%～30%。

第五，企业信息化是企业运作的安全阀。它改变了只重结果不重过程的传统管理方式，信息公开，程序透明，运营规范。信息化使财务账目数据一眼看到底，使采购、计量、检验、销售价格政策等等运作手续固化，保证业务活动轨迹有可追溯性，有效钳制了暗箱操作，防止腐败发生，新兴铸管等公司的经验证明了这一点。

最后，信息化还使企业走上世界实行跨国经营的直通车。我国已经加入了 WTO，成为全球贸易大家庭的一员，中国的企业在家门口就碰到了国际竞争。面对不正当竞争，无论是应对反倾销的指控，还是对倾销行为提出申诉，企业所提供的资料必须符合国际惯例。信息化的企业所提供的报告报表具有较好的公信性。跨国经营需要敏捷、全面、准确的情报，以便及时做出决策。战略性的决策最好是由数学模型提供若干套方案来供专家抉择，这些都是信息化的专长。国际贸易价格行情、汇率变化、股票市场瞬息变化，电子商务也是不可或缺的工具。

从总体上，钢铁行业已经掌握了企业信息化的全部技术，能够把握反映行业特点的 MES 关键技术；能够把握企业信息化建设项目的一整套路子。建设程序趋于规范。管理咨询、技术咨询、总体规划、可行性研究、基本设计、详细设计、开发实施、直至工程监理都开始进入角色。流程重组、机构改革、管理规范、公用编码、全员培训等重要的基础性工作摆在了应有的位置。企业内外合作，国内外合作，管理与技术合作，以至公开招标，聘请独立专家顾问等措施也逐步引入。

从规模、效益、技术上看，以宝钢为代表的企业信息化处于全国先进水平，我国钢铁企业信息化在整体上属于领跑的方阵。

（二）把握钢铁行业的特点实施突破

（1）关注行业特点

不讲究行业的特点，盲目搬用别人的应用软件，哪怕是在别的行业成功的软件，也要跌跟斗。

以物料管理为例。传统制造业创造了 MRPⅡ，可以精确地配置物料，使之与加工制造协调匹配。可以精确到不缺不积压无库存生产。能不能搬到钢铁生产中去？答案是否定的。理由是简明的：机械加工精确可控，而钢铁流程则不同。以炼钢为例，作为物理化学过程的炼钢工序，可控但不能完全控制；排除了有害成份，含碳量不符合预定要求，却可以改判钢种，满足别的用户的要求。钢种一旦改判，预定的后续加工流程就要做出调整。实时调度和动态调整是钢铁工业企业制造过程中物料管理的一大特征。进而，为了发挥产能，实行经济生产，订货全同的分解、归并、注销，对物料的转用、充当，都成了管理和制造结合部必须担当的任务。钢铁业在这一点上，确实是一个异类。

即使在钢铁行业内部，不同的企业解决管理和制造接合部问题的策略和技术也不应该相同。

(2)抓住钢铁企业信息化的核心：产销一体化

采用信息技术，实现从订货合同到生产计划、到制造作业计划、到制造作业指令、到产品入库出厂发运的信息化，生产与销售连成一个整体，质量设计进入制造，质量控制跟踪全程，计划调度和生产控制有机衔接。美国美钢联、德国蒂森、韩国浦项、中国台湾中钢及内地宝钢、武钢、湘钢等企业的实践证明：钢铁企业信息化要获得显著效益，要上台阶上水平，必须打通这条关键路径。打通了这个关键路径，还不算解决了企业信息化的全部问题；打不通这条关键路，还没有解决钢铁企业信息化的根本任务。

抓住关键业务，信息化与流程管理科学化有机结合，以市场为导向，贯彻以客户为中心的思想、打通销售、质量、生产、财务、存货和发运的关键管理流程，把客户订单自动转换为生产计划、作业指令、质量保证书、发运单、提高交货期和交货准时率，全面提高企业的市场响应速度和应变能力。

产销一体化系统跨过管理和控制的接合部，覆盖了企业资源管理系统中的销售、质量、生产、财务、存货、发运和 MES 的主要功能；集中的反映了钢铁行业生产经营的特点；被公认为钢铁企业信息化效益的催生婆和钢铁企业信息化的核心任务。

宝钢股份、武钢、上海益昌薄板、湘钢、通化钢铁、马钢、上钢一厂、济钢等企业在主要生产线上实现了产销一体化系统。

（三）四层系统和16项任务

（1）传统上，从贴近生产制造往上到经营管理钢铁企业信息系统按功能分成六级，即检

测驱动级，设备控制级，过程控制级，生产（制造）管理级，经营管理级，辅助决策级。

随着信息技术、自动化技术和管理方法的创新，六级功能机构发生了变化，近年来，世界普遍公认的钢铁企业信息化的功能框架被简化为四级：即生产控制系统 PCS，制造执行系统 MES，企业资源全面管理系统 ERM 和知识获取和管理系统 KMS。

生产控制系统 PCS 包括了烧结机、高炉、能源中心、计量数据采集、检化验数据采集、铁水预处理、转炉、电炉、精炼、连铸、轧坯出库入库、加热炉、热轧、冷轧、精整、钢管库位、镀涂控制系统等。它们接受从 MES 传来的作业指令，执行这些指令，执行的结果变成生产实绩，回馈给 MES。

从我们对65家钢铁企业的调查结果看，烧结、炼铁、炼钢、连铸、轧钢等主要生产工序和流程基本普及了基础自动化。过程计算控制系统近年来也有了一定的发展，但在优化数学模型的开发及引进模型的消化吸收方面有较大的差距。

制造执行系统 MES 重点在炼钢之后，覆盖了能源中心的管理，铁前生产管理，炼钢、连铸、轧制及涂镀等工艺构成的制造过程。它的功能是，按照用户订单，编排、协调由炼钢连铸轧制涂镀组成的工艺路线，并根据质量制定的结果，调整中间产品，使之均衡而经济地生产，最终把订单转化成作业指令。这中间还要采集工序成本数据和能源消耗的数据，提供给上一级的财务管理。MES 要管理工序的规程和作业标准；对用户订单做出质量设计，计算新需要的材料并提出申请，基于此，确定铁水需求量和必要的铁水预处理计划；编制冶炼计划、浇铸计划、轧制计划、精整计划、涂镀计划。根据这些计划，发生相应的制造命令和取样检化验命令。MES 还要收集各工序的生产实绩、收集中间产品库及成品库的库存实际状况。完成炼钢及精炼的成分判定，浇注、轧制和涂镀质量判定。根据生产实绩和质量判定以及 ERP 发来的直接指令，对作业计划做出动态调整。为了保证制造的正常运行，还需要对在线运转的工艺设备进行监控。MES 向 PCS 收集生产实绩和检验化验结果。它接受从扩展的 ERP 来的用户订单；并向它反馈用户订单执行状态。

宝钢股份、武钢、湘钢、马钢、济钢等企业的项目建成了重点产线的 MES；上海宝信、冶金自动化院、湖南创智、北京红河谷等 IT 企业在钢铁企业 MES 的核心软件的开发方面取得了重要进展。

企业资源全面管理系统 ERM，包括销售管理（含客户管理）、合同管理、质量管理、生产管理、出厂管理、运输管理、采购管理（含供应链管理）、财务管理、设备管理、能源管理、投资项目管理、统计管理、公文管理和办公自动化。它完成企业管理各项任务，其关键任务是接受用户订货、编排生产计划。

宝钢股份、武钢、马钢、衡阳钢管、江阴兴澄特钢、湘钢、通化钢铁、天津钢管、承钢、涟钢、新兴铸管、杭钢、上钢一厂、石钢、邢钢和济钢等企业的项目在建设企业资源管理系统中取得了阶段性的成果；其中以宝钢股份和杭钢项目覆盖的部门厂矿和业务范围最大；武钢、马钢等企业正在开展二期工程，以拓展ERM覆盖的部门厂矿和业务范围。

在这三级之上可以建立知识获取和管理系统 KMS，建立数据仓库，实施联机分析，进行数据挖掘，完成深度数字化管理。

目前，宝钢股份和通化钢铁在ERM之上建立了钢铁企业的知识获取和管理系统KMS。

（2）从业务的角度，我们可以钢铁企业管理信息化的16项任务

1．打通关键路径，实现产销一体。

2．质量设计进入制造，质量控制跟踪全程。

3．成本管理覆盖生产流程，资金控制贯穿企业全部业务活动，不仅有事后审计，而且有事中监控，还有权威的刚性预算。

4．仓库管理的信息化，使得异地分散的实物可以统一管理，实现就近存放和统一管理，避免重复储备。

5．阳光采购，整合供应链。采购信息化使科学合理的采购程序得以实施，制衡环节固化，有效掌握供应商动态，实施本企业采购战略，降低采购成本，保证采购品的合理价位，保持企业供应链的稳定。

6．销售网络化，实施信息化客户管理。

7．信息化的设备维修系统，减少非计划检修对生产的影响，提高设备作业率和完好率。

8．人力资源管理。除了劳动工资、人事、档案之外，现代的人力资源还应体现企业的人本思想，把对员工的考核、任用、培训结合起来，利用网络技术，建立一个学习型的企业文化环境。

9．钢铁企业的各级管理者，除了和文字数字打交道之外，还要关注生产现场。因此，多

媒体技术支持的办公自动化系统是需要的。考虑到采购人员、销售人员出差、厂长经理实时办公等因素，远程接入办公系统也是十分有用的。

10．董事会、经理办等企业管理的高层机构需要建设一个拥有商业智能和可视化的信息中心，以轻松驾驭企业。

11．固定资产投资项目管理；

12．能源管理；

13．铁前生产管理；

14．检斤计量化验系统；

15．数据仓库和知识获取系统；

16．全面、统一、共享的企业信息网络平台。

（四）未来3～5年行业信息化展望

钢铁企业有很强的规模效应，企业信息化的重点应该放在年产300万吨以上的企业。目前有18家（以集团公司为单位）年产钢300万吨以上的钢铁企业，它们占全国钢产量的62%以上。目前有5家实现了信息化的阶段性目标，占这类企业总数的27.8%。

在今后3年内，年产钢300万吨以上的钢铁企业至少增加8家。要求这些企业中的65%实现企业管理信息化的初期目标，达到武钢2003年底的水平，即实现计划、财务、采购、销售、仓库的一级管理，进行流程再造，实施管理创新，产销一体，物资流、资金流、信息流通步，新建的板材线实现管理控制衔接，向宝钢的管理水平靠拢。

在今后5年内，实现上述目标的企业比例应该增加到80%。

在此基础上，争取其中50%的企业建成覆盖全企业的统一共享的信息平台和企业资源管理信息系统。5～7个有条件的企业，可以建立数据仓库、联机数据分析、数据挖掘、决策支持和钢材供应链管理。

随着国家法律法规的完善，认证和电子支付、数字签名等技术系统的完善，钢铁企业的电子商务也应该有一个较大的发展。

（五）切实引导并推动钢铁企业信息化

（1）编制《钢铁企业信息化总体规划及可行性研究指导意见》

2003年，中国钢铁工业协会组织6个单位8位专家起草、17个单位26位专家参加修订完成了《编制钢铁企业信息化总体规划和钢铁企业信息化建设（改造）项目可行性研究报告的指导意见》。《指导意见》分成两部分11章和两个附录，共2.75万字。

《指导意见》结合钢铁企业的特点和已经取得的经验，阐述了钢铁企业信息化的目标、任务、技术和建设项目的管理，用于指导企业在信息化规划、立项、申请贷款和项目组织实施；帮助企业做好规划和可研报告的编制工作，把握规划和可研报告的宗旨、内容、要点和编制方法，提高钢铁企业编制规划和可研报告的水平和质量。

（2）中国钢铁工业协会还在组织大家研究解决建设钢铁企业信息系统中面临的共性问题：有关钢铁企业需要的物资编码、产品编码、工艺和工序、设备和备品备件编码、财务编码、供应链商户编码、管理编码，将在2004年内提出一份指导意见书。

（3）组织钢铁企业和IT供应商解决钢铁企业信息化中的共性问题和共性技术

我们已经在上面介绍了钢铁工业协会组织钢铁企业和 IT 供应商解决有关钢铁企业信息化中的共性技术的情况，包括制造执行系统、产销一体化技术、优化排产技术、管控衔接的技术等。

（4）加强技术创新，大力促进信息化应用成果向市场产品的转化，培育有钢铁行业特色的名牌信息产品和名牌信息工程企业，发展钢铁行业的信息产业，包括软硬件产业、网络产业、集成业、自动化产业、制造执行通信产业和信息服务业。

（5）钢铁企业实现管理信息化有两条路可以走通。一条是全程性应用开发，成功例子很多，境外如美钢联，中国台湾中钢，大陆如宝钢，武钢、马钢、鞍钢等；另一条是以 ERP 套装软件为基础，集成有钢铁工业特色的软件，做适应性开发，这条路子也是成功的，如德国蒂森、韩国浦项、我国的湘钢、涟钢、通钢、杭钢、济钢、邢钢、首钢等。

选择实施信息化的技术路线要考虑行业的特点、产品的品种、生产的组织方式、资金投入的大小、技术力量的多少以及本企业的特殊需求等综合因素。

我们要引导应用开发商和应用软件供应商进入钢铁企业信息化市场，帮助他们了解钢铁企业的特点，提供对路的产品，实现供需双赢。

2003－2004年有色金属行业信息化发展概况

中国有色金属工业信息中心　章吉林

2003年有色金属行业信息化工作在中国有色金属工业协会的领导和支持下，经过有色金属行业广大信息化工作者的共同努力，克服“非典”带来的不利影响，取得了一定的成绩。

一、行业信息服务部分

1．有色金属工业信息中心对其下属的信息服务机构实现了资源和业务整合

2003年上半年，中国有色金属工业信息中心对其下属的两家信息服务机构，北京安泰科信息开发有限公司和有色金属工业计算机管理信息中心进行了资源和业务整合，将计算机管理信息中心的资源及业务统一并入北京安泰科信息开发有限公司，并对公司的股本进行进一步的扩充，此举不仅壮大了安泰科公司的各项实力，而且有效地消除了长期以来一直存在的内部竞争和资源浪费，使“安泰科”品牌的影响力在广大客户中得到进一步提升，更有利于为广大有色金属企业提供更加优质的信息服务。

2．克服“非典”影响，确保行业信息服务工作正常进行

2003年3月起，一场突如其来的“非典”给人们的日常工作、生活造成了重大影响，由于无法正常出行进行面对面的交流，网络几乎成了人们进行沟通和获取信息的惟一安全手段，此时，客户比以往任何时候更加依赖像中国金属网（MetalChina.com）这样的权威的行业信息发布网站。为了为广大客户提供快速、准确的市场信息服务，尽量减少“非典”对企业生产经营造成的损失，行业信息服务工作者在确保安全的情况下，想尽各种办法，坚持工作，

保证每日信息的正常采集和发布，满足了客户的需求。此外，由于“非典”的出现，也使得一些年前安排好的国际性行业活动不得不延期，但活动的组织者们并不放弃，而是利用这段“空闲”时期将会议的组织工作做得更加细致、扎实，由于组织工作的严密、周到，2003 年下半年，由中国有色金属工业协会主办的 “2003 中国国际铅锌年会”、“2003 中国国际镍钴工业年会”、“2003 年中国国际铝业研讨会”以及“第三届中国有色金属投资贸易与合作国际研讨会”等几个品牌级的国际性行业活动相继隆重召开，国内外参会人数超过分别超过以往历届，进一步发挥出了为全球有色金属同行搭建沟通信息、增进交流与合作的平台作用。

二、企业信息化部分

有色金属行业由于金属品种多，大部分企业规模小，产业集中度低，各企业信息化意识及经济技术实力相差较大，因此各企业的信息化状况也是千差万别，总体而言，大型企业和部分中型企业信息化建设情况较好，而无论是企业数量还是产量仍占据半数以上的中小企业的信息化状况较差，企业信息化意识仍然有待提高。在 2003 年度，有色金属企业信息化工作在往年的工作基础上有所进展，一些大型综合性企业的信息化重点项目，如中国铝业公司，西南铝业（集团）有限公司等企业的 ERP 建设项目呈缓慢向前推进的状况。这一年，西南铝业（集团）有限公司被重庆市列为向国家推荐的三家“信息化标杆企业”之一；金川有色金属集团公司由于其企业信息化工作的长足进步，被列为甘肃省企业信息化示范单位，并入选国务院测评中心组织的首届“中国企业信息化 500 强”。本年度有色金属企业信息化工作可以从以下几方面概括。

1．企业信息化基础设施进一步完善

根据抽样调查，到 2003 年底为止，有色金属行业几乎所有的大中型企业都建成企业内部局域网络系统，其中 60％以上企业的网络节点覆盖范围已延伸到其下属二级单位、分厂、车间甚至班组。一些大型集团公司，针对所属的矿山企业距离总部遥远的实际情况，采用灵活多变的技术实现方式建设企业内部局域网络系统。

如铜陵有色金属集团公司早在 1997 年起就开始投资 2000 多万元建设“铜陵有色集团公司信息及生产指挥系统通信网络”，该网在市区部分采用铺设光缆的方式实现，而对于总部与边远地区的两个矿山企业（其中一个矿山距总部 75 公里，另一个矿山距离总部 108 公里）之间采用无线扩频传输技术进行网络连接。该网络的建成使铜陵有色集团公司的生产调度指挥通讯网、计算机网和内部有线电视网实现了三网共路，系统中采用了多路复用技术，将数据及话音信号复用到同一个数据信道上进行传输，提高了传输效率，同时采用了双串口路由器，实现了公司局域网和两个远程矿山局域网之间的网间互联、互访。

金川有色金属集团公司现已建成了千兆主干网，通过光纤覆盖连接公司总部所在地的所辖 26 个厂矿及机关部室局域网，而对于总部与北京、兰州办事处局域网的接入则在国际互联网的基础上通过采用基于 WIN2000 的 VPN 技术加以实现。

白银有色金属公司经过十几年的发展，现已形成了对内以光纤（采用自建和租用相结合的方式）连接为主，电话网和双向卫星地面站为辅的方式将其下属的 25 个企业局域网同公司总部连接起来，其中有 15 个单位采用光纤连接，从硬件环境上解决了“信息孤岛”问题，使信息、软件、硬件、技术、人才实现了初步的共享，逐步形成了白银公司的信息化高速。

西南铝业（集团）有限公司经过近两年共两期的网络工程建设，目前已建成以公司计算机中心为中心、互联各个二级单位、生产厂车间、库房及检斤等关键点，形成了覆盖整个西南铝厂区的内部网络系统，光纤长度达 50 余公里，信息点超过上千个，建设了符合国家 B 类要求的公司中心机房和生产监控中心。

此外，大部分企业通过采用关键服务器双机备份、安装防火墙、代理服务器、虚拟局域网及病毒防护等技术建立了企业网络安全系统，使企业内部网的安全性大大加强。近一年多来，很多企业通过对系统关键设备进行更新升级和优化配置，如采用三层交换技术等，大大提高了网络的性能和稳定性，大型企业基本实现了千兆主干、百兆入户、十兆进桌的网络水平。

所有这些，满足了企业信息化应用和各类信息传输的需要，为企业实施信息化，进行各种不同的管理信息之间的进一步集成奠定了坚实的物质基础。

2．办公自动化及各种管理信息系统获得普遍应用，效益明显

根据调查，目前办公自动化系统（OA），财务管理信息系统在几乎所有的大中型企业中都有不同程度的应用。一些大型企业还建成了企业视频会议系统。计算机辅助设计（CAD）也得到广泛的应用，一些企业围绕自身产品设计、工程设计、机械制造等工作，积极推广优良设计、虚拟制造和数字化制造，采用三维立体软件 Solidedge，基本实现了工程、机械及产品设计的自动化、网络化。在日常管理信息系统的应用方面，一些信息化技术实力较强的企业，依据自身生产经营的需要，围绕劳动工资、养老保险、人力资源管理、金属物流管理、生产调度信息管理，计量管理、综合计划管理、原料采购管理、设备采购管理、备品备件管理、生产管理、房产管理等企业经营管理内容，自主开发出相应的专业化的管理信息系统，并在实际管理工作中加以实施应用。

上述各种管理信息系统的应用，不仅大大提高了企业的工作效率，而且在企业的实际生产经营过程中产生了可观的经济效益。许多企业反映，通过采用办公自动化系统，加强了企业内人与人之间、部门与部门之间、员工与领导之间的沟通，提高了工作效率，保证了及时决策，为员工参与企业管理开辟了通道，同时，办公自动化使企业各种行政资源的使用公开、透明，个别企业统计，通过采用办公自动化，使企业的各项办公费用下降 10%以上。白银有色金属公司由于实施物资采购信息管理系统，直接推动了企业的管理创新，不仅减少了采购人员的工作强度，提高办事效率，而且每年还可以为公司带来 1000 多万元的经济效益。西南铝业（集团）有限公司，通过实施板带箔生产线监控系统，强化了板带箔产品生产计划的执行，实现了公司对各条生产线的集中控制，据重庆市组织专家组鉴定，提高生产效率 20%以上，间接产生经济效益 5600 余万元，其视频会议系统大幅度节约了驻外机构回集团公司开会的差旅费，加强了公司与驻外机构的信息沟通，加快了公司响应市场的速度。

3. 重视生产过程信息化建设

近年来，许多有色企业通过产业升级或技术改造，其主要生产工序普遍采用 DCS、PLC 等先进控制系统，并积极开展在线控制数学模型的消化吸收和创新研制工作。如金川有色金属集团公司 2003 年以来，依靠公司自己的力量完成对亚洲第一座镍闪速炉控制系统改造，取得了良好的经济效益，每年仅备件消耗就为集团公司节约资金 50 多万元，同时为闪速炉的长周期、满负荷生产创造了条件；完成了新建选矿 6000t/d 工程自动化系统的安装调试，实现了

"仪电控一体化",《有色金属选矿过程监测技术与自动控制系统研究》课题被列入国家科技攻关计划，实现了磨矿、分级过程的自动控制，完成了磨矿、分级优化控制的软件，建立了浮选过程数学模型，并进行了计算机仿真。通过技术改造项目的实施，实现了在线工艺数据检测和基础级自动化控制，对工艺流程进行优化控制、稳定工艺生产及技术经济指标，提高技术装备水平起到了积极作用。

一些生产过程信息化的先进企业，将主要工序的控制系统与企业计算机管理系统进行互联，大大提高了企业生产管理水平。如代表国内生产过程信息化先进水平的铜陵金隆铜业，其各生产工序共十多套控制系统全部经光缆与工厂管理计算机网络互联。江西铜业集团公司贵溪冶炼厂不但各主要工序控制系统与工厂管理网络连接，而且实现了与公司级（江西铜业集团公司）的网络互联。韶关冶炼厂积极采用现场总线（FCS)、智能仪表、新型 DCS、过程控制、优化和决策支持等先进自动化技术，集成应用于整个铅锌冶炼生产过程，以实现企业综合自动化，由岭南铅锌集团与包括凡口铅锌矿和韶冶在内完成的"铅锌采选冶生产过程自动化集成技术"项目已经申报列为"国家高技术示范工程"。目前这些企业的生产技术经济指标已接近或达到世界先进水平。

以上生产过程自动化控制系统改造以及生产过程管理信息系统的开发应用，不仅提高了企业的生产效率，改善了管理功能，而且为企业今后实现企业管理信息系统的全面集成，实现管理与控制一体化，提高企业管理和控制水平，消除信息孤岛打下了坚实的基础。

4. 企业电子商务成效开始凸现

2003 年以来，有色金属行业不仅建立企业网站的企业数量在增加，而且很多企业对于企业网站建设的观念逐步由从前的重建设、轻维护，重形式、轻实效向追求网站功能的完善、关注企业网站日常信息的维护与更新、注重为企业的生产经营服务的方向发展。如以前绝大部分企业网站以静态网页为主，而现在注意应用数据库技术使网站"动"起来，实现和客户之间的交互式的沟通，如很多企业利用网站发布产品销售价格信息和一些技改项目的招投标信息，真正把企业网站当成一种和客户进行交流和合作的平台。以前很多企业将企业网站的建成视为企业信息化的全部，忽略了信息资源必须转化为经济效益这一关键环节,在日益激烈的信息竞争中错失先机，而现在很多企业在进行网站建设的同时，非常重视在网络空间延伸企业的品牌影响力，十分重视企业网站的宣传和国际化推广。企业的这些努力，换来了丰厚的回报，根据有关调查，一些企业通过网站获取的销售订单不断增加并逐步成为主流，如 2003 年浙江海量集团外贸销售业务突破 2000 万美元，有 80%是通过网上联系确认的，而江苏高新张铜股份有限公司的所有海外订单中，通过其网站自行找来的新增订单约占外贸总订单的三分之一，其中相当多的订单来自中东地区。

5. 通过技术手段解决不同管理子系统之间的信息集成

企业各种管理信息系统只有进行信息资源的整合、集成才能在企业的生产经营过程中发挥其应有的作用，才能帮助企业的经营者做出正确的决策。近年来，有色金属大中型企业相继完成了企业内部局域网络系统建设，在大力开发各种管理信息系统的同时，也始终关注不同系统之间的信息集成与整合，并首先选择从技术层面去解决信息资源的集成问题。很多企业，如金川有色金属集团、白银有色金属公司等相继建立起公司内部信息港，其基本做法是利用公司办公自动化系统或建立企业内部网站，将公司企业管理、生产环保、设备管理、经营快报、人力资源、物资采购、计划统计、质量管理、科技专栏等各类信息进行整理，集中发布，供有关人员进行访问查询和交流信息平台，使公司内部信息港成为一个信息集散地，并成为公司生产、经营、管理和决策的重要信息载体。有些企业，如江西铜业集团公司，则通过开发经理查询系统的方式来实现信息集成，并根据不同系统的实际情况采取不同的技术策略，对于不太复杂的管理系统，采取编制系统对系统间的数据抽取程序，实现点对点的数据交换。目前该公司已将其他 8 个管理信息子系统的关键信息整合起来，供公司经理做决策参考，并计划将在经理查询系统的基础上进一步建立公司内部网站，整合办公自动化平台，实现应用系统的集成，形成公司的决策支持系统。

6. 认真进行企业信息化总体规划

近 1～2 年来，一些大型有色金属企业开始认真反思多年来企业信息化过程的经验与教训、成败与得失，结合公司未来的发展战略，全面梳理公司的业务流程，本着认真务实的科学态度，从服务企业未来发展战略的高度制定企业的信息化规划，基本制定出了适合各自企业实际情况的企业信息化构架和技术路线。

西南铝业（集团）有限公司聘请中国最大的信息化管理咨询机构——汉普管理咨询公司，在对西南铝管理现状进行全方位描述的基础上，提出了管理诊断方案，制订了西南铝 IT 战略规划以及信息化项目可行性研究报告。同时进行了信息化理念方面的专题培训，提出了西南铝解决如何搭建高效内部管理和运作体系、如何优化业务流程、采用什么样的信息技术手段和组织机构、绩效评价体系以满足公司策略及流程方面的需求等问题的能力，保证了西南铝信息化建设的实施效果及投资风险控制。结合西南铝信息化实施范围覆盖面广，下属主体生产厂生产类型既有离散型，又有流程型的特征，加上整体业务复杂，对应用系统功能要求高等特点，按照以国际竞争对手的信息技术运用模式为标杆，“高起点、高标准”信息化建设的指导思想，公司采用大型 ERP 系统进行二次开发或配置、定制，实现高技术、低投入、快产出。在实现管理信息化的同时，解决生产自动化控制的问题，即基础自动化（L1）、过程控制（L2）、生产控制（L3）三层生产自动化控制层面的功能，使之与 ERP 销售、计划、生产、库存、质量等功能模块（L4）进行全面集成，以实现管理和控制一体化，提高管理控制的水平和效率，避免形成新的信息孤岛。

铜陵有色金属集团公司在其企业信息化规划中提出了实施“三网合一”构建“六大平台”的企业信息化战略目标。所谓三网合一是指公司的生产调度、计算机以及内部有限电视网三网合一，目前已经成功实现；六大平台具体包括：财务管理信息平台、物流管理信息平台、人力资源管理信息平台、技术研发管理信息平台、房地产管理信息平台和综合应用信息平台。在六大平台中，前 5 个是基础，而综合应用平台才是关键，它将提供集成的内容和应用以及统一的协同工作的环境，将业务系统及不同用户透过协作功能连接起来，形成共同工作的统一的平台。其作为应用平台具体包含：企业门户平台（Portal）、协同办公自动化平台、应用集成平台（Integration）、统计信息系统和辅助管理/决策分系统等，应用集成平台支持数据、应用（EAI）以及流程的集成。其中辅助管理/决策分系统是以应用集成平台为支撑环境，综合利用人工智能和经济预测、经济分析数学模型技术，融合了各种各样的现有企业信息资源，利用数据挖掘、数据仓库和 OLAP 等先进的计算机技术，提取、整合、挖掘、分析企业数据为企业领导提供服务的计算机化的决策支持系统，可帮助企业领导科学决策、合理调配资源，对于提高企业的经济效益将具有重大的价值。为了确保该信息化战略目标的顺利实施，公司现已制定了包括公司财务、采购、物流等一系列机构和机制改革方案和措施，如实施规范的流程管理和统一的财务制度，统一财务应用软件，委派财务负责人进行日常的财务监控，取消成员企业大宗物资的对外采购权，对物资供销分公司建立高价理赔、质量理赔制度等。

金川有色金属集团公司通过信息化规划，制定了企业信息化建设的基本思路和技术路线，并最终实现建立基于 ERP/MES/PCS 三级结构的流程企业现代集成制造系统，通过对物流、资金流的有效控制和企业资源的合理配置与高效利用，实现管理方式系统化、集成化和对生产过程的优化控制的企业信息化总体目标。并根据本企业的实际情况，规划出近期公司的重点实施内容：①构建开放式的基础网络平台。充分利用以太网络技术、虚拟专用网 VPN 技术进行 AccessVPN、IntranetVPN 和 ExtranetVPN 建设。全面建成集团公司广域网络，实现管理系统网络与自动控制系统的有效集成。②实施企业资源计划管理系统（ERP）。结合金川集团公司发展实际和行业特点，实施企业资源计划管理系统（ERP），实现物流、资金流和信息流一体化管理及集成化运行，实现管理方式系统化、集成化，为公司加强财务管理、提高资金运营水平、建立高效率供应链、减少库存、提高生产效率、降低成本等方面提供强有力的支持。③实施企业电子商务系统。实现市场营销、商务运作的数字化、网络化，提高客户服务水平。④实现生产过程控制系统与管理信息系统的有效集成。连接生产过程控制实时数据库和管理系统关系数据库，在对生产过程进行实时监视、控制和诊断的基础上，完成单元整合、过程模拟和参数优化，并在生产过程管理层进行物料平衡、生产计划、调度、排产、离线与在线模拟与优化等。

打造数字烟草　服务行业发展
——烟草行业信息化建设与发展

烟草专卖局烟草经济信息中心　陈彤　岳欣

在全球信息化浪潮的推动下，中国烟草行业信息化建设经过十几年的努力，特别是近几年的快速发展，已初具规模，由局部系统应用发展到了网络化、集成化阶段，逐步向数字化和智能化方向发展，信息化建设在行业宏观调控、决策管理和经济运行中发挥着越来越重要的作用。

一、烟草行业信息化建设回顾

烟草行业实行“统一领导、垂直管理、专卖专营”的管理体制，国家烟草专卖局（中国烟草总公司）统一管理着全行业的产供销、人财物、内外贸业务。烟草行业信息化建设既包括了卷烟、烟叶、烟机等企业、生产经营的信息化；也包括专卖管理、卷烟营销、卷烟交易、物流过程的信息化和行业管理、决策的信息化等。

（一）信息化管理工作逐步规范

为保障行业信息化工作顺利进行，加强烟草行业信息化工作的领导和管理，1998 年 8 月，国家局正式设立了烟草经济信息中心，并成立了以国家烟草专卖局局长为组长的信息化工作领导小组，各省级局(公司)及地(市)级局(分公司)也相继成立了信息化工作领导小组及信息中心。目前，行业共有 28 个省级局（公司）成立了信息中心，6 个省级局（公司）的信息中心与其他部门合署办公，新成立的 16 个工业公司都有专门部门、专人从事信息化工作，各基层企业也大都成立了信息化管理部门。据不完全统计，目前行业已有 3600 多名专职从事信息化工作的人员。

近年来，国家局先后制定、发布了《全国烟草行业信息化工作管理办法》、《烟草行业信息化建设“十五”计划》、《烟草行业计算机网络和信息安全技术与管理规范》、《全国烟草行业卫星通信网运行管理办法》、《烟草行业计算机信息网络安全保护规定》等一系列管理制度和技术规范，进一步加强了对行业信息化建设的规范管理和统一指导。2003 年 6 月，又成立了烟草行业标准化委员会信息技术分标委，制定了《烟草行业信息分类与代码汇编手册》、《烟草行业组织机构代码编制规则》、《卷烟代码编制规则》等标准、规范。

（二）信息化基础设施建设初具规模

通过几年的建设和应用，烟草行业已基本建成了以卫星通信为主干、上下贯通的行业内联网，共建成了国家局主站、34 个省级局卫星通信地面站、291 个地市级局(分公司)和工业企业卫星通信地面站，具备了数据传输、电视电话会议的功能。有 28 个省级局（公司）基本建成了基于地面专线连接的省域网，设立了域名服务器、邮件服务器和 WEB 服务器等，各卷烟工业企业特别是重点工业企业也都建成了局域网，绝大部分省域网的带宽在 2M 至 4M 以上，内部网主干带宽在 100 兆至 1000 兆，达到了高速传输水平。行业以国家局为中心，各地区、各企业的信息通信网络构架基本形成。据不完全统计，全行业联网计算机已达到 5 万台左右，大部分省级局（公司）业务管理人员达到人手一机的水平，其他基层单位也基本做到了每项业务有一台计算机。

（三）信息技术在行业各方面的应用范围不断扩大，信息化应用水平不断提高，应用成效逐渐显现

近年来，烟草行业信息化建设促进了行业管理水平的提高、产业结构优化升级、经济效益的提高，信息化在行业专卖管理、卷烟营销、烟叶购销、人事、计划、财务、科技、外事管理等各个方面得到了广泛应用。

电子商务系统应用水平不断提高。运用电子商务新技术平台建成了中国卷烟交易系统，实现了工商、商商（B2B）之间卷烟、烟叶的网上集中交易，烟草物资电子商务网也投入了使用。不少省还建成了省内卷烟网上交易系统。安徽、四川、山东等省在网上交易系统的基础上建成了资金结算系统。

电子政务水平逐渐提高。全行业建成了公文远程传输系统。建成了烟草行业网站和国家局内部网站，实现了网上公告、干部任前公示、文件检索查询等办公自动化业务，以“公文流转、网上审批、信息门户及信息查询、综合事务管理”为主的办公自动化系统正在建设。云南、浙江、广东、安徽、福建等省级局（公司）已基本实现了公文流转。

行业农、工、商信息化建设稳步推进。在总结以往信息化工作成果和经验的基础上，国家局着力组织开发并在行业内推广了“卷烟工业基础软件”、“卷烟销售管理基础软件”、“烟叶信息管理基础软件”。卷烟商业企业从实施业务流程再造入手，结合供应链管理（SCM）、客户关系管理（CRM）等先进管理模式，运用信息技术实现“电话订货、电子结算、网上配货、现代物流”的现代卷烟营销网络运行机制。卷烟工业企业广泛开展了企业资源计划（ERP）、生产执行系统（MES）、计算机集成制造系统（CIMS）等企业信息化建设，在国内制造行业中处于领先地位。在国家信息化测评中心主办的2003年度中国信息化建设500强评选活动中，上海烟草（集团）公司、玉溪红塔集团、杭州卷烟厂、长沙卷烟厂、红河卷烟厂等15家单位入围，其中玉溪红塔集团获最佳信息化效能奖，上海烟草（集团）公司获最具灵敏度奖。烟叶信息管理基础软件，已在行业内烟叶主产区内推广应用。

专卖信息化建设进一步规范了行业管理。开发应用了专卖许可证管理系统、专卖准运证管理系统和专卖户籍管理系统等，对烟草专卖品的运输、生产、客户零售环节实行了计算机网络化管理，不仅提高了烟草专卖品管理水平，加强了行政管理部门在宏观管理上的作用，还进一步规范了烟草专卖品的经营行为和流通秩序。

（四）信息化建设重点工程稳步推进

从2003年开始，烟草行业启动了卷烟生产经营决策管理系统建设。按照“计划取码、物流跟踪、到货确认”的总体集成方案，通过掌握烟草行业卷烟生产和销售环节的卷烟牌号、产量、销量等多项数据指标，实现烟草行业的工商数据集成，实现对行业卷烟生产经营的及时、准确、全面的监控管理，进一步提高行业生产经营决策管理的科学性。目前这一系统已完成在行业重点卷烟工业企业、重点卷烟销售城市的推广工作。

此外，近年来行业还建成了统计信息系统、财务报表系统、进出口管理系统、人事、科教等管理信息系统，建成了一批具有相当规模的基础信息数据库，承担了国家“863”计划研究课题——《烟草行业现代集成制造系统总体方案设计及关键技术攻关》。这些系统的开发与应用，进一步提高了行业生产经营、管理水平。

二、烟草行业信息化建设经验

按照国家对信息化建设提出的“统筹规划、资源共享、应用主导、面向市场、安全可靠、务求实效”的24字指导方针，结合烟草行业的特点，研究提出了行业信息化建设主要遵循“实用、可靠、先进、经济、完整”的原则，信息化建设首先要保证标准化、通用化、系列化。

经过十几年的摸索，我们感到，信息化建设是一个比较漫长而艰苦的过程，是一个涉及范围很广的系统工程，需要很多部门的协同工作，需要全行业从上到下，统筹规划。因此，信息化建设首先要总体规划，分步实施，保障步步见成效；二是信息化建设要重视应用，突出实用，靠“用”树信心、上水平；三是信息化建设要典型引路，观念先行，发挥示范效应；四是信息化建设要做到突破在基层，规范在上层，规章、技术要保证信息的畅通、安全等。

三、烟草行业信息化建设发展趋势展望

2003年，烟草行业开始进行以“工商分离”为突破的工商管理体制改革，行业改革与发展的新形势对行业信息化工作提出了新的要求。国家烟草专卖局适时提出了“以信息化带动行业现代化建设”、“打造数字烟草”的新时期信息化发展规划。

以“数字烟草”为核心的烟草信息化建设将紧密围绕行业“深化改革，推动重组，走向联合，共同发展”的主要任务，以信息化技术和管理手段，推动烟草行业现代化水平的提高。在行业信息化建设上，要按照“统一平台、统一数据库、统一网络”的要求，努力实现“系统集成、资源整合、信息共享”，加快行业卷烟生产经营决策管理系统、办公自动化系统和电子商务系统的建设和实施，以信息技术为手段来支持行业的改革与发展、支持行业资源的优化配置和整体竞争实力的提升。

烟草行业信息化将进入集成的数字化阶段。集成的数字化主要表现在一是“集成”上，即纵向的行业决策、管理、生产经营三个层次之间的信息集成，横向的农工商之间的信息集成；二是“数字化”上，即对业务、管理用数字加以量化，通过数字量化，实现管理从粗放型向精细化的转变。

重点任务是：

（一）建立统一的行业内联网和网络与信息安全平台、统一的信息资源管理平台和统一的信息化建设技术、标准平台；

（二）建立以卷烟产品的生产、销售和市场监管、决策为主线的卷烟生产经营决策管理系统，进行行业的数据分析、决策支持；

（三）建立以信息整合、网上审批的政务办公系统，提高行业的管理决策水平和行政办公效率；

（四）建立专卖体制下完善的电子商务(EC)环境，实现工商协同商务的经营模式；

（五）建立以“产品设计数字化、制造过程智能化、规范管理信息化、市场掌控网络化”为主的、支持集团化企业经营模式的工业企业信息化；建立以支持“电子结算、现代物流”的卷烟营销网络和供应链管理(SCM)系统、客户关系管理(CRM)系统，提高商业企业的市场营销竞争能力；按照“市场化、专业化、标准化”原则建立烟叶管理系统，支持“中式卷烟”的可持续发展战略。

铁路运输管理信息系统（TMIS）建设纪实

铁道部信息技术中心主任　　李中浩

十年磨一剑，可以说是铁路运输管理信息系统（TMIS）建设的真实写照，从 1994 年到 2004 年， TMIS 建设通过两代人的努力，历经艰难终于取得了正果，实现了铁路运输管理水平的跨越。

上个世纪 90 年代，铁路行业为提高市场竞争力，改善服务质量，提高运输能力，在学习国外铁路运输管理信息系统的先进技术和国内京沪圈运输管理信息系统建设经验的基础上，决定在全路建设铁路运输管理信息系统（TMIS）。TMIS 是一项巨大的信息工程，投资 26 个亿，这样大规模的信息系统建设当时在国内尚属首次，涉及运输管理生产关系的调整、铁路信息网络的建设、应用软件的开发、工程的组织、实施、人员的培训等。TMIS 建设的任务之艰巨，工程之复杂，建设之困难远远超出了预想，其中总体方案几经周折，应用软件不断完善，运输管理部门和信息技术部门都在这一艰巨的任务实施过程中增长了才干、提高了认识。

一、运输管理信息系统十年的奋斗历程铁路

1994 年铁道部以[1994]291 号文正式批准 TMIS 工程启动，随之全路 IT 人开始了艰苦的奋斗历程。十年 TMIS 建设，工程可大致分为三个阶段：

1．工程技术准备阶段

1994 年到 1997 年为工程技术准备阶段。该阶段对 TMIS 建设方案进行了规划和论证，从工程设计和应用软件开发入手，在全路组建信息系统设计队伍和软件开发队伍。先后完成全

路货票制票系统、确报系统以及 14 个铁路局、52 个铁路分局、1800 多个站段信息系统工程设计和货票制票软件、确报软件以及车站系统软件的开发工作，在 TMIS 主机没有到位的条件下利用北方交大的模拟试验环境进行了主机引进软件（Tracs）的消化吸收工作为下一步的系统建设打下了基础。

2. 大规模工程建设阶段

1997 年到 2000 年为规模工程建设阶段。经过应用软件试点，在取得成功经验的基础上全路铺开实施建设，先后建设了全路货票信息系统、确报信息系统、车站信息系统。由于中央系统没有完整的数据不能正常运行，而原始数据采集按总体方案及中央系统引进软件是全路 2200 个报告点直接上报铁道部由中央集中处理后再下发到各级应用。这种信息采集模式与我国的部、局、分局、车站四级管理模式矛盾，仅靠信息系统的力量难以完成完整、准确采集原始信息的任务。只能按业务的各个纵向应用，实施信息的采集（如货票，确报、集装箱等）。车站没有进行以车站业务需求为目的的信息综合，纵向应用取得了局部领域的成功，也为今后车站信息系统的整合留下了隐患。另外根据总体设计的范围，在车站系统建设同时开发了调度系统应用软件，陆续开始路局、分局调度信息系统的试点，调度信息系统的建设由于运行模式的复杂、系统建设涉及生产关系调整、运输效率、行车安全、原始信息采集等众多困难，难度非常大，系统试点几上几下，历时近两年始终得不到运输部门的认可，直至 2000 年初刚刚在羊城总公司个别调度台真正投入试运行。

3. 调整、巩固、完善、提高阶段

2000 年开始， TMIS 建设进入调整、巩固、完善、提高阶段。通过前阶段 TMIS 系统的建设，系统的建设者认识到系统的建设遇到了两个不可逾越的障碍：一是原总体方案按照加拿大铁路生产关系设计的铁道部集中收集数据进行批处理的技术路线和引进的 Tracs 软件不适应中国的运输生产实际；二是由于建设周期过长，外部环境发生了一些根本性的变化必须加以适应，比如 ATIS（自动抄车号系统）、DMIS（调度指挥信息系统）建设以后的信息共享等。为此进行了对 TMIS 总体建设方案进行调整，由集中处理模式改为集中分布模式，在路局和分局结合其管理职能，开发相应的软件并建立数据库，以适应中国铁路的管理模式。

网络通道的建设在2000年以后取得了飞速发展，解除了TMIS建设的后顾之忧，ATIS系统的成功使得TMIS能绕开车站系统的数据上报进行大节点的车辆追踪，这些有利因素大大推动了TMIS建设的进程。在此期间系统建设还狠抓了原始信息（货票、确报、车号）的及时、准确和完整性，狠抓了基础数据的统一维护。使得TMIS的信息越来越有效，与运输生产结合的愈来愈紧密，逐步得到了运输和财务、统计部门的信任。业务部门逐渐站到了信息化建设的第一线，整个系统建设逐渐处于良性的发展状态。

经过长时期的磨合，TMIS与DMIS系统的建设者都意识到，两个系统一定要结合起来，互为补充，信息共享以提高运输生产效率和运输指挥能力。以此为目的，两个系统在兰州联合开发出综合调度管理信息系统，经过半年多的努力，T/D结合的综合调度管理信息系统在兰州全局取得了成功，并实现了部、路局、分局三级调度系统的信息共享和利用计算机网络进行统一的调度指挥，为2004年全面完成TMIS建设任务，奠定了技术基础。

经过这样三个阶段，目前全路TMIS建设除调度系统以外已基本完成，广州、兰州、郑州等铁路局已全部完成TMIS建设任务。TMIS工程通过验收的投资额已超过总投资的90%以上，到2004年末具有划时代意义的TMIS建设将随着运输调度管理信息系统建设的验收画上一个圆满的句号。

二、铁路运输管理信息系统实现的功能

铁路运输管理信息系统由多个子系统构成，每个子系统与其它子系统共享基础数据信息，面向不同的用户部门，实现各自的业务功能。系统实现的功能如下图所示：

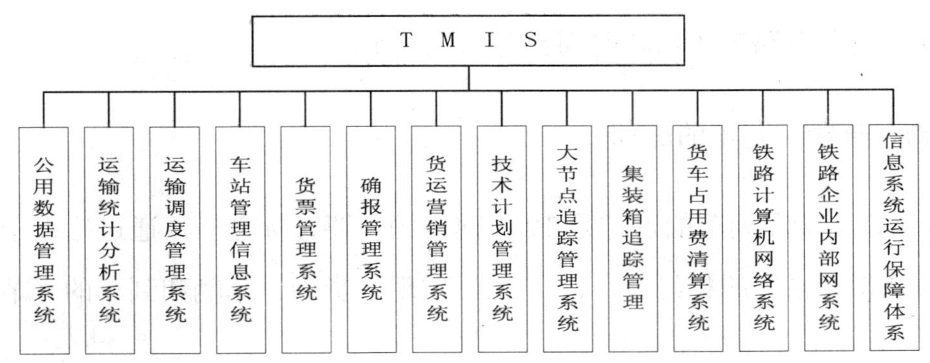

TMIS系统总体功能组成

下面从四个方面简述系统实现的功能。

1．运输数据的统计和分析

铁路运输统计分为两类。一类是及时反映每日运输生产进度和指标完成情况，为组织和指挥运输生产提供依据的“运输日常统计”；另一类是通过对原始单据的摘录、整理、汇总而定期编制的月、季、年度的统计报表，称为“精密统计”。TMIS 系统收集的数据，已逐渐替代人工统计和上报，在铁路计算机网络子系统和运行保障体系子系统的支撑下，成为铁路运输统计工作可靠的、准确的信息来源。

新开发的车站子系统能够自动实现分界站的“货车出入统计”，实现车站的“现在车统计”、“货车停留时间统计”、“货车运用成绩统计”、“货物列车正点统计”等主要统计内容，并能够根据车站的不同性质实现其不同的统计功能。

有了准确的车站数据，分局、路局就能够及时准确地汇总出分局、路局的运输日常统计信息。特别是随着分局调度子系统和货票子系统的建成，“分局调度系统在十八点统计中的应用”和“货票系统在十八点统计中的应用”也走入了系统发挥作用的日程表。此外，货票子系统建立的电子货票数据库，已成为各路局“货运精密统计”的主要数据来源，纸面票据只作为校核的依据，大大减轻了精密统计的工作量，同时提高了统计的准确性。

TMIS 信息在车站、分局、路局逐渐成为了运输生产指挥的依据，在铁道部一级的统计分析系统也发挥了巨大的作用。例如铁道部的“主要装卸站统计报表”和“分局主要指标统计报表”，结合货运营销计划子系统和技术计划子系统提供的信息，对主要指标进行计划对比分析、旬月累计分析等，为领导指挥提供了准确直观的数据，通过相关领导每旬电话会议的指挥和督促，目前全路货车周转时间已有明显减小。

2．货物、车辆、列车的追踪

实现货物、车辆和列车的追踪是 TMIS 建设的主要目标之一。通过确报子系统、货票子系统与车号自动识别系统的相结合，TMIS 已经实现了货物、车辆和列车的大节点追踪。

列车到达、出发信息（车次与时间）是实现对货物、车辆等进行追踪管理的关键信息，与车号自动识别系统相结合，大大提高了列车到、发信息采集的实时性和准确性。确报子系统提供了列车的车次、编组、车号、编组站、解体站等信息，货票子系统提供了货物的名称、收发货人、收发到站等信息，车号自动识别系统提供了车辆的车号、位置和到发时间等信息，通过匹配算法，将这三部分信息结合起来，为用户提供统一的服务界面。

货主（或车主）输入货票号（或车号）能够对货物或车辆进行实时的追踪管理，掌握其位置、状态和内容，包括列车组成、车辆或集装箱的空重状态、装载内容、货物名称、重量、去向等信息。并可以通过与铁路地理信息系统相结合，以图形的方式更直观的查看。

3. 信息共享，更大地发挥TMIS作用

在TMIS建设的同时，系统自身也在不断地改进与完善。近两年，TMIS数据信息在完整性、准确性上都有较大的提高，一方面提高了自身系统应用的质量，另一方面也成为了其它专业系统寻找的基础数据来源。

为货运清算系统提供基础数据的货票子系统；与DMIS系统相结合的分局调度子系统；为集装箱、行包、特货公司提供基础信息的货车追踪子系统；为各种应用信息系统提供基础数据的铁路基础数据子系统；为TMIS、OA、HMIS、PWMIS等众多系统提供基础网络平台的铁路计算机网络子系统等等。这些都是通过信息共享，发挥TMIS作用的另一舞台。

4. 运输调度管理系统

（1）分局运输管理系统

铁路分局是直接指挥运输生产的部门，是运输生产信息产生和汇总的单位。分局运输管理信息系统是三级调度体系的基础和重要组成部分。按照运输的业务实际，分局运输管理系统又可以有机地分成以下几个子系统：行车调度子系统，车流计划子系统、货运调度子系统、客运调度子系统、机车调度子系统和其他工种调度系统等，通过现代化信息技术手段采集运输生产过程中的各种信息和运输调度业务相结合，利用计算机的特性和网络资源，把调度人员从手工作业中解放出来，减轻劳动强度，大大地提高了劳动生产率；还将使调度人员更加

全面、准确、及时地掌握调度指挥的相关信息，有利于均衡地组织生产，提高运输生产率，提高计划兑现率。

至 2002 年末广州铁路集团公司全局实现了计算机综合调度，全路 500 多个调度台有 200 多台实现了行车调度计算机化，甩掉了传统的一张纸、一支笔和一部电话，大大调动了广大运输指挥人员推动信息化的积极性。

从 2003 年起在跨越式发展思路的指引下，在 2002 年南昌局、沈阳局与 DMIS 结合的基础上，TMIS 调度系统与 DMIS 结合在兰州开展大规模的联合攻关，开发综合调度信息系统，以充分发挥两个系统的优点，满足运输的需要。系统建设的立足点从仅放在传统生产关系的信息化，上升到调整现有四级调度模式，为跨越式发展提供有效的信息平台的高度上，给运输调度系统的建设注入了新的动力和活力。

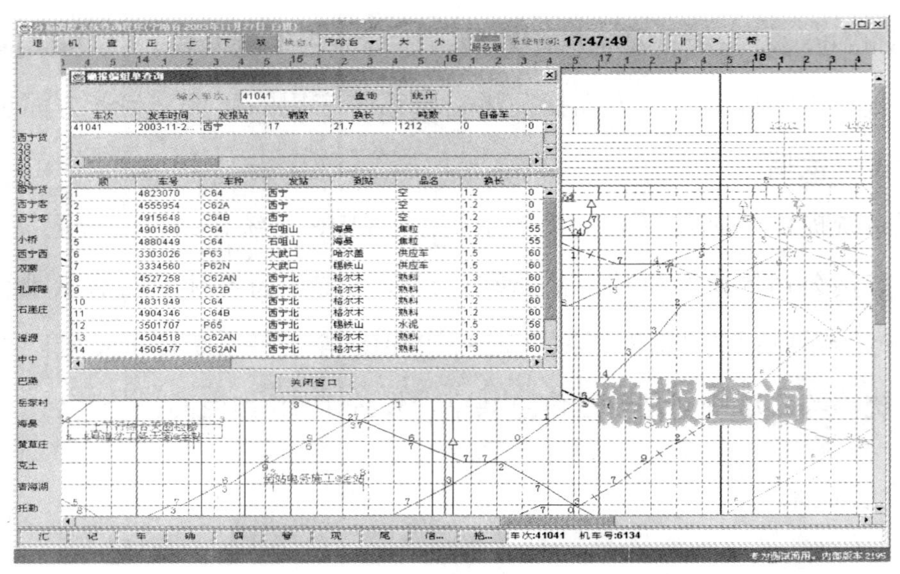

青藏公司西格段 T/D 结合实现功能示意图

（2）三级调度体系

我国铁路运输采用高度集中、统一指挥的管理模式，在组织结构上分为铁道部、路局、分局三级，下级单位的运输生产实际信息需要向上级单位报告，上级单位的指挥意图需要通过月度、日班计划和调度命令层层下达。正是在这样的背景下我们提出搭建铁道部、路局、分局三级统一的调度生产信息平台，形成三级调度体系，利用先进的实现技术，统一的技术规范，结合各级调度指挥单位业务实际，为各级用户提供风格一致，操作一致的系统，以确保各级单位之间的信息流贯通，构成一个有机的整体。

2003 年底随着铁道部调度管理信息系统和路局报部子系统的实施，铁道部、路局的共享平台搭建完毕；同时分局运输管理系统各个子系统的投产运行，也推进了分局级调度共享平台的建设。目前三级调度体系已覆盖全路调度指挥单位的 80%以上，到 2004 年底将全部建成部、局、分局三级调度体系。

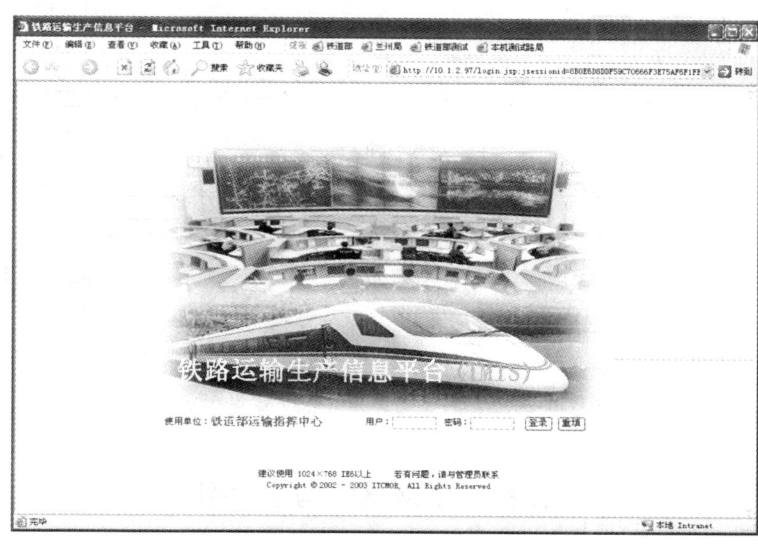

三级铁路运输生产信息平台首页

1．铁路运输管理信息系统的安全网络结构

经过 20 多年的建设，目前铁路计算机网络系统遍及全路 15 个路局，44 个分局以及 2000 多个联网站段，承担着全路多项关键应用系统的运营。

我们在国家信息安全有关部门的指导下，制定了全路信息系统安全总体方案，该方案以实现保卫网络基础设施、保卫区域边界/外部连接、保卫本地计算环境和支持性基础设施建设为目标，涉及信息系统的各个层面。最终使铁路信息系统整体按照功能和安全级别的不同形成一整套安全、高效的纵深防御系统，使之既能够抵御各种网络攻击，又能够实现内外网的信息交换和内网的信息共享。

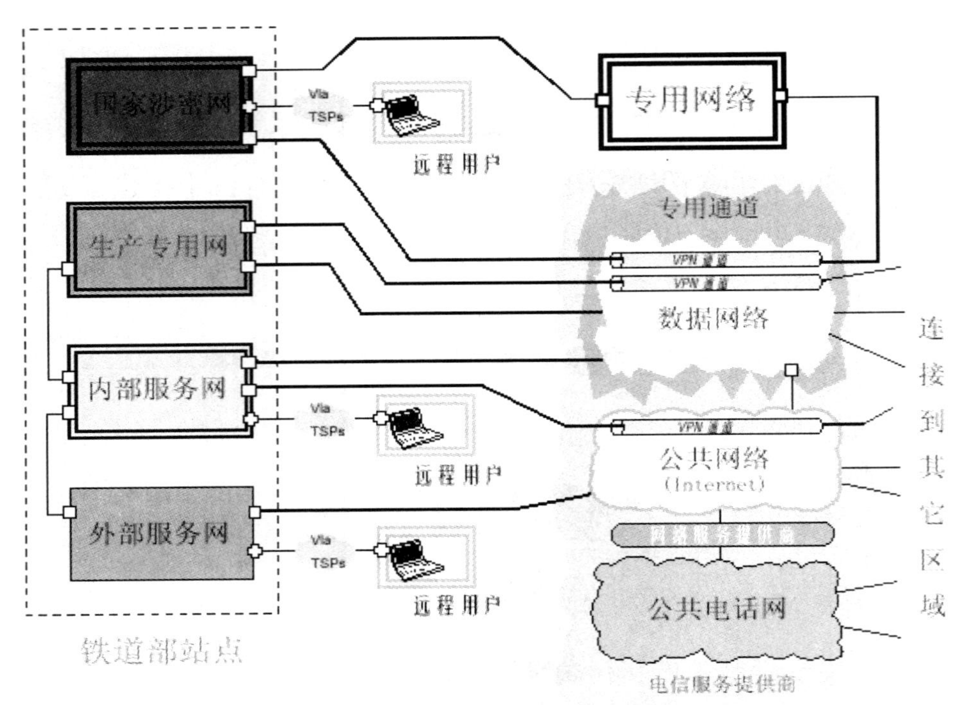

铁路安全网络结构示意图

首先，我们对现有的网络结构进行调整，形成层次型保护结构，即以铁道部、铁路局和铁路分局机关网为基础形成外部服务网、内部服务网和安全生产网的三层结构，实现外层网络对内层网络的保护，控制各层次之间的信息流。同时建设网络安全隔离系统，该系统实施强边界保卫。另外通过病毒网关和内容过滤机制，有效地净化数据，控制消息类的攻击。

其次，建立全路统一的用户目录系统和密钥管理系统，建立统一的身份认证与授权平台。以建设铁路数字证书管理系统为龙头，逐步形成覆盖全路联网用户的目录管理系统，在此基础上结合各项关键应用，实现跨区域、跨应用的统一用户认证与授权，利用统一的身份认证授权平台为用户提供身份认证，授权和单点登录服务，保证只有采用指定的认证方式（比如数字证书、用户名/口令等）通过认证、得到授权的用户才能够访问被保护的应用和数据。

第三，建立完善的网络管理与监控以及安全审计系统，该系统基于事件报警机制，按连通性管理、应用系统监控、安全管理和性能管理 4 种类型的应用方式对各种关键网络设施进行管理监控。依托日志管理系统完成相关的安全审计工作。

通过网络安全系统的建设，我们建成了更加完善的访问控制体系，形成了安全的数据传输和交换机制，健全了网络行为监管和相关的审计工作。

TMIS 和 OA 系统的网络安全体系的建设，成为铁路网络安全的基础，为对内提供信息共享的网络平台及面向社会的电子政务、电子商务提供了安全保障。

三、路运输管理信息系统的发展方向

TMIS 系统建设取得了成绩，发挥了效益，也存在着不足。一是车站系统建设较早，其基础又是以达到纵向业务需求为目的，车站内的各种信息系统没有构成有机整体，信息资源难以共享，综合运用难以展开，整体效益难以发挥；二是车辆追踪系统运行质量不高，车站的车辆空/重,运/非、装/卸等状态的转换，列车的到达/出发信息没有与车站的实际工作结合起来,原始信息的采集不够及时、准确、完整，与实用要求有差距；三是采用信息技术以后，仍沿用传统的作业流程，组织机构、管理流程和规章制度没有实质性的改变，信息化的效益难以充分发挥。

今后的信息化建设工作要以运输组织、客货营销、经营管理为重点，加强基础建设，整合既有资源，建设技术先进、结构合理、功能完善、管理科学、经济适用、安全可靠、具有中国特色的铁路智能运输信息系统。实现调度指挥智能化、客货营销社会化、经营管理现代化，以提高运输效率、扩大运输能力、保障运输安全、提高服务质量、提升管理水平，为铁路跨越式发展提供技术支撑与保障。

TMIS 建成以后，运输管理信息系统将在以下几个方面继续发展。

1．突出重点。 要在以下领域用信息技术支撑改革发展，如要加速调度指挥现代化的进程，尤其要在东部沿海地区率先实现现代化，以提高运输组织水平和线路通过能力；要以车辆、货物全过程追踪为重点，完善运输生产信息系统的建设，开展系统整合，逐步实现车辆号码制管理和车辆小时清算，压缩车辆周转周期；要结合运输布局调整研究车流合理调整和空车合理分配，提高列车编组质量，提高铁路网络的运输能力。

2．加强基础。 要采用多种联网、多种信息接入方式消灭信息报告的盲区，采用移动设备、语音设备等手段增强信息报告手段，保证信息的完整性和及时性；大力发展信息自动采集设备，保证信息的准确性；采用 GSM-R 等无线网通信技术，解决移动设备信息传递问题，将列车运动中的信息纳入系统管理。

3．系统整合。 要逐步实现已建成信息系统间的互联互通、资源和信息共享。要根据在跨越式发展思路下制定的铁路信息化总体规划，规范各专业系统的建设，加快构建基础的计算机通讯平台和信息共享平台，提供铁路电子商务、电子政务的门户平台服务，避免重复投资、重复建设，促进软硬件资源和信息资源的共享，并为信息资源管理集中化打好基础。

4．重视标准。 标准化是实现资源共享的前提。要建立公共基础信息平台，健全统一基础代码的建立、维护、发布机制和配套管理措施。要重视各类标准的制定、积极采用国际、国内标准的推广应用和执行检查。

“雄关漫道真如铁，而今迈步从头越”，铁路运输管理信息系统的建设、运行管理将跨入一个新的阶段，它必将在铁路现代化的进程中发挥越来越重要的作用。

物流信息化的新发展

中国物流与采购联合会副会长　戴定一

在过去的一年里，我国的物流业发展继续保持高速的增长，同时也呈现出更加务实的特点。首先是制造业的信息化更多地关注产前产后的流程整合与优化，供应链管理的理念已经在许多企业中得到重视。例如冶金、汽车、家电等行业的信息化项目都十分重视采购、分销和物流配送等环节。其次是商贸企业的连锁化进程在加快，其中最重要的是配送中心的设计与运营效率，尤其是信息系统的建设被称为连锁企业的“生命线”。第三是传统物流企业向现代物流企业发展，除了体制上的变革之外，最主要的措施是建立物流信息系统，整合资源，优化流程，提供跟踪服务。第四是各类物流基地、物流园区的建设逐步落实，信息系统平台的成功案例也丰富起来，成为物流信息化市场的一个新的热点。第五是与物流相关的电子政务项目取得明显的进展，例如电子通关、医药监管、交通收费等系统都取得了区域性的成功，为全国推广积累了宝贵的经验。国家的科技中长期规划已经把物流信息化作为重要的内容考虑进去。第六是信息的标准化进程也迈出了新的步伐。成立了全国物流信息标准化技术委员会，一批实用的物流、电子商务等信息化的相关行业标准出台，IT 企业在物流信息标准化方面也开展了许多有益的探索。此外还有一点应该提及的，就是 2003 年“非典”考验了我国物流系统的应变能力，也使更多的人认识到物流系统的应变能力实际上归结为信息系统的灵活性、可靠性，促使社会对于物流信息化的重视程度上升到一个新的高度。

在各行业、各地区的实践基础上，2003 年中国物流与采购联合会组织业界权威的专家评选出了一批物流与采购信息化优秀案例。其中有以 TCL 为代表的制造企业，有以同仁堂为代表的分销网络企业，也有以中铁货运为代表的物流服务企业。它们的共同点是应用效果显著，对同类企业有示范作用，还形成了一批行业标准化成果。可以说这些应用案例代表了当前我国物流信息化的先进水平。从缺憾来看主要是公共信息平台类的成功案例偏少，这方面政府和企业虽然都加大了推进力度，一些与物流相关的政府服务系统开始得到应用，一些区域性的物流园区信息平台也开始起步，但是就全国而言，有影响的物流信息公共平台还是亟待发展的薄弱环节，这也在一定程度上影响了企业乃至整个行业信息化的实际应用效果。

展望新的一年，我国物流业将继续保持高速、理性的发展特点，在物流信息化领域内上面所谈及的许多成就会带到今年来。从地区上来看，东部沿海地区仍然是现代物流发展最快的区域，特别是外商投资集中的开发区、加工贸易区、工业园区等等，在世界制造业向中国转移的过程中，对现代物流的需求极大。同时也会带动国内产业的整合与升级，促进我国制造业的整合与优化从生产环节向采购供应和市场分销两端拓展，向跨国公司那样打造供应链；进一步促进我国的商业流通领域的连锁化，形成以先进的信息系统和物流配送系统支撑的全国（甚至包括境外）分销网络。尤其是以下几个行业，如汽车、IT 制造、石化、冶金、医药、烟草、商业连锁、家电、快速消费品等行业将成为市场热点，此外建材、农副产品等行业的需求也开始明显上升。政府方面在海关、税收、银行、保险、交通等部门将加大信息化力度，物流信息标准化也将取得新的进展，这些都将为建设社会化的物流公共信息平台创造有利的环境。总的来看，物流行业仍将是我国信息化市场的一个热点领域。

在这样的有利形势下，我认为还要注意一些长远的发展规律，以便为物流信息化的具体工作确定其战略定位。

第一，从企业的内部应用角度来看，物流的信息化至少是可以分为两个层次的：一是解决信息采集和交换，其主要的目标是信息的通畅、低成本、标准化。在此阶段的信息化是打基础的阶段，不具有决策的功能，是为人工决策提供信息基础的，要解决决策机制中的随意性。二是以优化决策为目的的信息加工、挖掘，把信息变为知识，提供决策依据，甚至在数据积累和决策规律、模型已经形成的基础上，信息系统可以具有一定的优化或智能决策功能。目前物流信息化项目的绝大多数还属于第一种，但是已经有一部分有基础的企业开始关注第二种需求，这将是一个更加宽广的市场，需要更多的积累。

第二，从技术角度来看，物流信息系统始终要处理好集中与分散的矛盾。技术的发展提供了更快的运算速度、更宽的通讯网络、更大规模的存储设备等等，使得建立集中式的信息系统越来越可行，许多跨国公司的信息系统也确实是集中式的，很成功，如沃尔玛。但是千万不能成为一种导向，认为越集中越好。一定要跳出技术范畴来分析需求，分析决策管理的模式。即使从技术的长远发展来看，国外的专家也认为信息系统的发展方向是神经系统模式----集中与分散相结合的。具体应用还要看需求的实际。

第三，信息化的标准问题要充分重视。这里至少包括两个方面，一是物流信息本身的标准化，如格式、语言、传输协议、处理程序等；二是物流信息系统的结构、接口、基本模块的基本统一性。目前已经有一些企业在探索这方面的问题，希望更多的企业参与，共同来形成行业标准，物流业的整合非常需要这样的标准，其社会效益、经济效益都是巨大的。

第四，关注一些战略性技术创新，例如射频标签(RFID),可能会带来商业模式的战略性创新。射频标签的成本降得很快，国外已经开始普遍使用，所带来的不仅仅是信息化的方便和普及，并且已经开始在商业模式、结算方式等许多方面引起了根本性的变化。此外无线通讯的一些技术创新也值得密切关注，因为物流服务中的信息跟踪与反馈以及全程实时控制的要求越来越突出。在这些重大技术的推动下，专家们预期“移动商务”、“实时商务”的时代将会到来。

最后，我认为在物流信息化项目组织、设计和实施的过程中，还是应该坚持“需求引导、效益为本、统筹规划、循序渐进”原则。无论是物流领域还是在其他领域，信息化项目失败的现象并不罕见，客观上来说有环境变化快的原因，例如经济体制和结构均处在迅速的变革之中，信息技术的发展之快也有“摩尔定律”之说为证。但是更主要的原因往往还是在于主观上的决策偏离了实际，主要是没有看清楚当前的实际和未来的发展趋势。所谓当前的实际是指经营管理中的关键矛盾，有时并不是信息化自身的问题。一定要把信息系统当作工具来看待，是为了解决经营管理中的问题而建立的，所以要坚持效益为本的考核。许多经营管理上的困难并不需要特别复杂、特别先进的技术，因此信息系统也不必求复杂和先进，重要的是信息系统应体现先进适用的经营管理思想、制度。所谓未来的发展趋势既包括经营管理，也包括技术的发展。显然要求我们能够准确地把握长期的趋势是很困难的，所以在实践中只能循序渐进，尽量能够有一个统筹规划作指导，但也只能是相对的。只有在成功的实践积累的基础上才有科学的长期规划。

大力推进信息化建设　服务知识创新工程

中国科学院计算机网络信息中心主任　阎保平

中国科学院在“十·五”期间专项部署了信息化建设工程，并将其列为重要科技基础设施建设项目，有力地提升了信息化的建设和应用水平，为知识创新工程全面推进阶段的工作提供了有效的支撑服务。

一、信息化建设工程概述

中国科学院的信息化工程是知识创新试点全面推进阶段部署的重要科技基础设施建设项目，工程于 2002 年与创新二期的其他任务同步启动，计划总投资 3.5 亿元，在信息化基础设施、信息化支撑体系和信息化应用方面安排了一系列的建设项目。两年来，各项建设任务得以顺利实施，全院信息化基础设施的水平有了明显提升(见下表)，信息化应用更加广泛，并在服务知识创新、推进科技发展中发挥了重要作用。

设　施	指　标	“九五”末期	到 2003 年底
计算机网络	核心网带宽	1GB	2.5GB
	主干网带宽	2MB	155MB
	国际出口带宽	55MB	310MB
高性能计算	浮点运算峰值	1300 亿次	5.5 万亿次
	存储能力	2.1 TB	82TB
	Linpack 实测运算速度	500 亿次	4.2 万亿次
科学数据库	建库单位	21 个	45 个
	数据库数量	180 个	313 个
	数据存储量	725GB	8.2TB

二、信息化建设工程的进展与成效

（一）建设思路与建设内容

经过不断凝练，中国科学院确定了信息化建设的总目标，即打造21世纪的“数字化科学院”（Digital CAS），并将这一目标分解为两大任务：实现科研活动的信息化（e-Science）和实现科研活动管理的信息化ARP(Academia Resource Planning)。“十五”期间信息化建设专项部署的项目如下图所示：

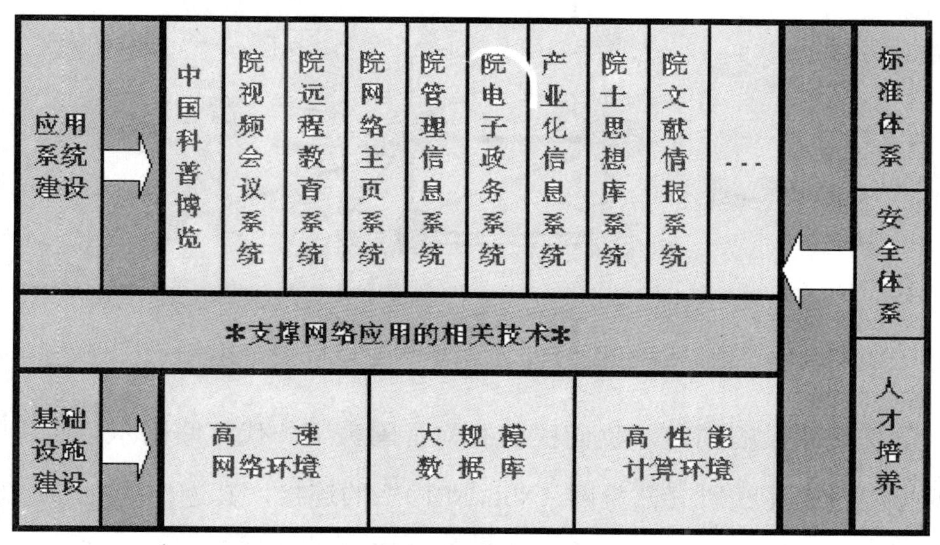

中国科学院“十五”信息化建设项目总体框架示意图

（二）进展情况及效果

根据建设21世纪“数字化科学院”的总体目标，院“十五”信息化建设项目得以全面实施，并取得了可喜的成果。以下分别介绍部分信息化项目的建设和应用情况。

1. 中国科学院网络建设

中国科学院院网是信息化最基础的支撑条件，随着知识创新工程的全面推进，中国科学院科技创新、管理创新的各项任务都对现代网络通信环境提出了更高的需求，为此信息化工程对网络的升级改造做了重点安排。在充分利用国家公共网络资源的原则指导下，中国科学院网快速提升了支撑服务能力。截止到 2003 年底，国际出口带宽达到 310M，核心网速率达到 2.5G，广域网速率达到 155M，城域网（分院网）速率的 1G。与国内其他网络的互联状况为：到中国电信 1G，到中国网通和互联网交换中心各 155M。

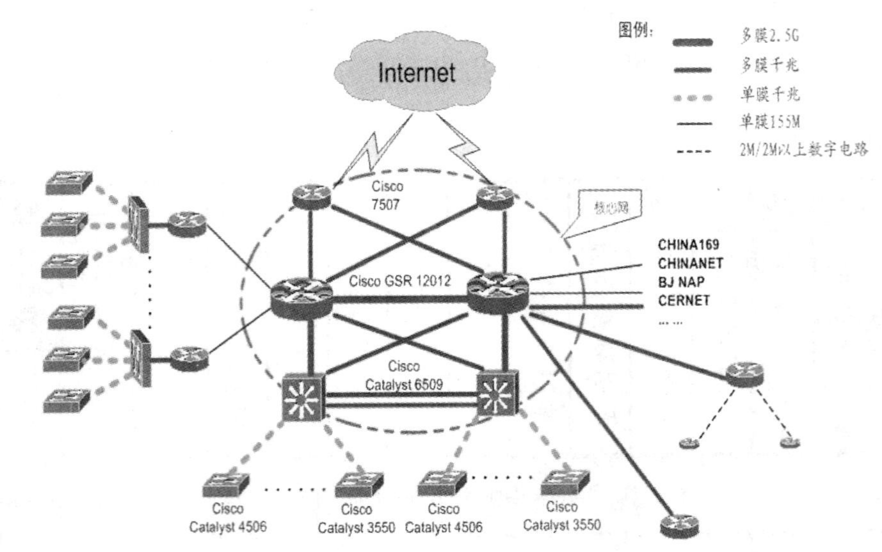

在中国科学院网建设的同时，我们积极参与了国家下一代互联网示范工程（CNGI）的建设，目前实现与“高速互联研究试验网（NSFCNET）”的连接，其速率为 2.5G/10G。在国际合作方面，与美国、俄罗斯有关单位合作，建设并开通了高速的中—美—俄环球科教网络，在国际互联网界产生了很大反响。

2．超级计算环境建设与应用

院信息化专项支持、联想公司研制的联想深腾 6800 高性能计算机系统已通过验收，并安装在计算机网络信息中心，这标志着中国科学院初步形成了具备国际一流水平的超级计算环境。

联想深腾 6800 高性能计算机系统，以每秒 4.2 万亿次的 Linpack 实际运算速度位居世界超级计算机 TOP500 排名的第 14 位，同时在中国软件行业协会数学软件分会 2003 年公开发布的中国高性能计算机 TOP100 排行榜中高居榜首。

联想深腾 6800 面向网格的超级计算机系统包括 265 个四路结点机，1060 个主频为 1.3Ghz

的安腾 2 处理芯片，其中 1024 个处理机用于计算，内存总容量为 2.6TB，磁盘存储总容量为 80TB，光纤盘阵容量 61TB。高速连接网络为 Quadrics 公司的 QsNet，点对点通信带宽大于每秒 300MB，延迟时间小于 7 微秒。它可广泛应用于大规模科学工程计算，商务计算和网络信息服务的各个领域。在大规模科学工程计算方面，它可成为石油勘探开发、气象预报、核能与水电开发利用、各类航天器及飞机汽车舰船设计模拟、生物信息处理、新药设计开发筛选、基础科学理论计算的有力工具。在大规模商务计算方面，它是银行、证券、税务、邮政、社会保险等行业和电子政务、电子商务等新兴应用主服务器的理想选择。在大规模信息服务方面，它在各类门户网站、信息中心、数据中心、流媒体中心、电信交换中心和大型企业信息中心应用中优势独具。基于海量存储的数据大集中已是大势所趋，具有 64 位地址空间的深腾 6800 超级计算机更是大有用武之地。深腾 6800 超级计算机将成为中科院 e-Science 的重要基础设施环境。

3. 科学数据库及其应用系统

科学数据库系统是以中国科学院科研单位长期积累的大量科学实验数据为基础建设而成的多学科的科学数据库群。其建设目标包括数据资源建设、标准规范建设和系统平台建设。通过“十五”信息化的建设，科学数据库在共享技术、共享政策、共享平台和共享应用等方面将实现跨越式发展。

目前参加科学数据库建库的单位已达到 45 个，已建成 313 个专业数据库，总数据量达 8.2TB，上网数据量 4.3TB。内容涉及化学、材料、能源、大气、天文、生物、地理等几十个学科。初步形成了科学数据库数据共享的政策体系，科学数据库元数据的标准体系，数据质量的评测体系。科学数据库系统平台以数据网格技术为基础，已经实现 20TB 的海量存储能力、高性能数据处理能力和大规模信息服务能力，并以网格服务方式初步实现了支撑统一数据共享的技术平台。

科学数据库的建设过程是一个不断跟踪信息技术的发展和应用的过程。1997 年荣获中国科学院科技进步一等奖，1998 年国家科技进步二等奖。2003 年中国科学院科学数据库已成为科技部科技基础条件平台中科学数据共享工程的重要试点项目。

4. 中国科学院资源规划（ARP）项目

ARP 项目从中科院院所两级治理结构出发，以科研计划与执行管理为核心，综合运用创新的管理理念和先进的信息技术，对全院人力、资金、科研基础条件等资源配置及相关管理流程进行整合与优化，构建有效的管理服务信息技术平台。通过 ARP 项目的实施，进一步推进中科院管理创新，不断提升管理工作水平和效率，促进科技创新和人才培养效益的最大化。

ARP 项目通过完善中科院信息化基础设施，建立信息资源中心，建立应用软件支撑平台，建立院所两级应用系统，以及建设相关的信息化支撑环境，实现以下目标：

决策依据科学化。利用现代信息技术，充分获取、挖掘和分析各类信息资源，为院所两级管理部门决策提供有力支撑，以全面把握国家战略需求，准确判断科技发展趋势，敏捷调整科技计划，组织科技创新项目，加快知识技术转移。

资源配置最优化。形成较为完整的以信息系统为支撑的资源规划系统，优化院所两级人、财、物等各类资源的配置，提高各类资源使用效益，充分满足全院科技创新、人才培养和各项事业发展的需要。

管理工作协同化。通过 ARP 项目提供的统一平台和工具，打破条块分割，整合优化院部机关各部门管理业务流程，提高综合管理能力，同时实现院所两级各类管理信息的快速交换，提高全院协同作战能力。

工作流程规范化。规范流程，简化程序，大幅度减少院所两级管理工作中随意性和重复性的劳动，提升管理工作质量和效率。

信息资源共享化。统一信息标准，建立覆盖全院各个机构的信息互联互通应用系统，为院所两级管理部门及科研人员提供有效、快捷的信息获取渠道。实现全院信息资源的高度共享。

ARP 项目一期建设，将覆盖中科院现有的直属事业单位共 112 个，其中包括：院机关及分院 12 个、研究单位 88 个、学校及公共支撑类单位 12 个。

ARP 项目由五大部分组成。最顶层是直接面向用户的统一的、界面友好的门户系统。往下一层是覆盖院所两级的业务应用系统，包括科研计划与执行管理系统、人力资源管理系统、综合财务管理和监督系统、科研条件管理系统、基本建设管理系统、电子政务系统、教育资源管理系统、评估评价系统。支持院所两级业务应用系统的是标准统一、涵盖院内外信息资源的信息资源中心，包括数据资源中心（处理结构化信息）和内容管理平台（处理非结构化信息），以及在此基础上的综合服务系统（统计查询、决策支持等）。最底层是信息基础平台，包括软件支撑平台、硬件支撑平台和网络支撑平台，共同对上层应用起到支撑作用。对整个ARP 项目来说，还有非常重要的一部分就是相关支撑体系，主要包括信息安全体系、标准化体系和运营维护体系。而管理创新作为 ARP 的核心理念，将贯穿于整个 ARP 项目过程中。

5. 中国科普博览系统

“中国科普博览”的建设始于 2002 年 1 月，建设两年来，取得了理想的成果。以积累优秀科普资源为目的的资源建设工作稳步增长，有目的、有步骤地建设新的虚拟博物馆，加强博物馆互动性建设，提供形象逼真的虚拟环境。项目期间，“中国科普博览系统”已建设完成 30 个中文虚拟博物馆，10 个典型英文虚拟博物馆，使“中国科普博览”的中文博物馆总数达到 61 个，英文博物馆总数达到 11 个，网站总体信息量达到 30GB。

“中国科普博览系统”全天候 24 小时通过 Internet 向全社会提供服务；日平均访问人数 25000+，日页面请求数 300000+；开通电子杂志订阅发布平台，发行“科学无限”电子杂志 90 期，目前订阅用户达 41000+，得到公众的积极认可；国内外镜像站点数目达到 4 个（北美、台湾、兰州、南京）。

“中国科普博览”项目还广泛开展了国际合作，目前与美国著名儿童电视节目制作机构——芝麻街工作室（Sesame Workshop）合作，广泛进行包括节目共享、合作拍摄视音频科学教育内容在内的合作项目已达成初步意向。近期启动的与美国德克萨斯 A&M 大学为主的一些单位共同发起“China-US Virtual Science Center”的建设，全面进行中美网络科普资源、科学教育平台和科学研究平台三个层面的共建与共享的高水平国际合作，将对“中国科普博览”走向世界起到不可低估的促进作用。

“中国科普博览”的信息资源直接来源于科学院遍布全国的各个专业研究院所，是这些科研院所多年来的科学研究成果的精华与提炼。将科学研究成果进行加工与提炼，传播给大众，进行普及、教育，提高全民的科学素养，本身就是对科研工作的一次创新。2004 年 1 月 17 日陈至立国务委员在听取了该网站的汇报后，当即指示：“全国的中小学生就应当看这样的网站”。

“中国科普博览”这个拥有自主知识产权的虚拟博物馆群以其科学知识的系统性、科学性、趣味性成为科学院进行科学知识传播与教育的一支重要的生力军，伴随着英文版及国际合作的顺利开展，它作为向世界宣传中国科学院科普教育的一个窗口正发挥着越来越明显的作用。

6. 中国科学院视频会议系统

视频会议系统的实施是在一个非常的时期启动的。2003 年春季，SARS 疫情爆发，中国科学院广大科技人员满怀高度的责任感，积极投身于抗击 SARS 这场不见硝烟的战斗。院领导对全院 SARS 科技攻关的进展高度重视，并时刻心系科技人员的身体健康，为加强中国科学院参与 SARS 科技攻关有关研究单位的信息交流，路甬祥院长等领导于 4 月 29 日亲临院计算机网络信息中心视察，观看了视频会议系统演示，并指示“在加快推进院视频会议建设项目的同时，尽快建设一个覆盖北京、上海、武汉地区的视频会议应急系统”。经过 7 天的奋战，5 月 6 日，中国科学院历史上第一次利用 Internet 通信环境的视频会议，在北京、上海、武汉三个地区的 5 个分会场同时召开，“中国科学院视频会议应急系统”诞生。

经过一年多的建设，视频会议系统充分利用现有中国科学院网络的资源，已覆盖了大部分的院属单位。截至 2003 年底，中国科学院利用视频会议系统已召开院内外、国内外各类型会议百余次，节省会议经费近千万元。视频会议系统不仅提高了中国科学院管理工作效率和协同工作能力，而且更有效地支持并促进了国内外学术交流，是院知识创新工程在支撑条件方面和信息化建设上的一个突破。

7. 远程教育系统

中国科学院研究生院是目前国内最大的研究生培养单位，现有学生 2.5 万人，分散在全国近百个教育中心和教学点，建立一个覆盖全院的远程教育系统，对于提高研究生培养质量、共享教学资源是十分必要的。目前远程教育系统的软、硬件平台已基本建成，硬件平台包括 1 个中心（研究生院北京玉泉路园区），3 个分中心（中国科学技术大学、上海教育基地、北京中关村园区），1 个卫星双向站（长春），1 个地面双向站（合肥物质研究院）及 42 个卫星地面接收站组成的覆盖科学院京外 66 个院所的远程教育卫星广播网络。每个教学站还建有 1 个多媒体教室，3 个分中心除了条件较好的多媒体教室外，还建有采集存储系统、数据回传系统等，可以实现数据向中心的发送，再通过教育中心实现向全网数据的广播。软件平台，可以实现教学教务管理、网上课程发布以及基于互联网的实时交互，可实现教学的实时与非实时答疑、讨论。

远程教育中心经过一年的积累，北京教育中心已完成流媒体普通课件 50 余门，总计 2030

学时；卫星播出课程 18 门，网上发布课程 36 门，总学时达到了 3200 学时；局域网直播课程 11 门，合计 300 学时；制作精品课件 6 门（部分章节）；上海分中心正在进行生命科学院 2 门系列课程的制作。科大分中心已有很多教育资源，正在逐步连接到中国科学院远程教育系统，以供全科学院的学生共享。

为了保障远程教育系统的健康发展，2003 年 3 月 23 日，成立了由 12 人组成的远程专家指导委员会，形成了一系列规章制度，为远程教育系统的进一步发展奠定了基础；同时，远程教育中心建立并完善了远程教育系统的各项管理制度、岗位职责，充分引进、吸收优秀人才，也形成了一只专业技术队伍，全系统也正逐步形成一支技术强、素质高的专业化人才队伍。

8．中国科学院网站系统

中国科学院主页（网站）系统于 2002 年进行了全面升级改造，现已拥有 19 个频道、100 多个栏目，每日更新的大量信息涵盖科技教育众多领域。追踪新闻时事热点、深入报道专题事件，使中国科学院主页（网站）系统成为向国内外科学教育界和社会公众介绍宣传中国科学院、提供科技信息服务的重要窗口。中国科学院网站以信息快捷、内容丰富、风格鲜明、服务周到的突出特色，受到科技教育界和社会公众的热切关注。中国科学院网站紧密配合院知识创新工程的推进，及时展现知识创新工程的成果，发挥了重要作用。

中国科学院网站的特点包括：以快捷准确丰富的内容，充分展示中国科学院的前进步伐和精神风貌，及时传播中国最高学术咨询机构中国科学院学部的声音，跟踪报道中国科学界最新发现与创新成果；突出宣传科学创新思想，营造为实求真的学术氛围，使中国科学院网站成为传播科学思想、宣传先进文化的重要阵地；为公众展开了一幅中国科学事业历经坎坷、不断前进创新的历史画卷，从中更清楚地了解我国科技工作者不畏险阻勇攀高峰的昂扬斗志和奋进足迹；覆盖中科院百余个研究单位，涉及数学、物理、化学、天文、地学、生物及高新技术等当今世界科学研究的前沿领域，与国内外科技教育界建立了畅通的信息渠道；建设了英文网站并及时更新信息的少数网站之一。英国皇家学会、德国马普学会和《自然》杂志等国际著名科研学术机构认为中国科学院网站已与国际接轨，是有关中国科学信息的最好的网页。

三、信息化建设的未来规划思路

根据全院的统一部署，目前中国科学院“十一·五”信息化建设的规划工作已经全面展开，初步形成了一个基本思路。

（一）发展目标

继承和发展中国科学院确定的信息化发展总体目标，确立数字化科学院（Digital CAS）的体系架构。全面发展和完善 ARP 项目，促进科研管理的创新和管理水平的提高。组织一定面的 e-Science 试点，探索和实践 e-Science 的应用。继续对支持 ARP 和 e-Science 应用的公共基础设施进行加固，保障数字化科学院的顺利实施。

（二）指导原则

在未来信息化建设的过程中，我们将遵循“统筹规划、应用牵引、突出重点、试点先行、小步快跑、注重实效”的原则，注重信息化应用环境的营造，注重信息化应用的全面推进，努力通过信息化的建设和应用，促进科技事业的发展。

统筹规划　是指全面、系统地考虑中国科学院信息化发展的计划，使信息化的建设和应用形成一盘棋。

应用牵引　是指通过推进信息化的应用来进一步牵引需求，针对新的需求再不断深化信息化的建设，使之进入良性循环的状态。

突出重点　是指在信息化项目的实施过程中，应分轻重缓急，对需求迫切、影响面大、实施条件成熟的项目要重点部署，并在资源配置方面给予倾斜。

试点先行 是指对于那些探索性的信息化建设项目，要先试点、后推广，降低实施风险。

小步快跑 是指在推进信息化发展的过程中，找准切入点，在可以实施的关键点上快速推进。

注重实效 是指在推进信息化发展的过程中，要遵从务实的原则，边建设、边应用、边见效，注重建设成果产生的实际效益。

（三）主要建设思路

中国科学院未来的信息化建设将根据新的需求进行统筹部署，主要包括：

1．保证信息化基础设施和应用的持续发展

长期以来，中国科学院信息化工作遵循了“统筹规划、分步实施”的原则，以需求牵引信息化的建设，以推进信息化的应用服务各项事业的发展，效果十分良好。因此，在规划中国科学院新时期信息化发展的过程中，仍然要注重结合实际需求，保证可持续发展。应该认识到 e-Science 的提出，一方面是科技创新的需要，另一方面也是中国科学院长期信息化发展的必然结果，众多已经实施或正在实施的信息化项目，为 e-Science 的建设奠定了坚实的基础，e-Science 是中国科学院信息化发展的延续和升华。对在建信息化项目的完善和拓展，是 e-Science 建设的重要环节。《中国科学院网络升级改造》、《科学数据库及其应用系统》、《文献情报信息系统》、《中国科学院资源规划（ARP）项目》等，都将是 e-Science 的重要组成部分，这些项目都需要不断完善和持续发展。

2．探索和示范基于 e-Science 的科研模式

基于 e-science 的科研创新环境是对“以人为本”的人才战略的主动实践，它有利于加强科研人员信息化意识和素质，变革传统科研方法和手段，提高科研效率。当今世界的科学研究，从学科的复杂性、涉及的应用范围和计算规模方面都具有极大的挑战性，中国科学院要面对挑战，依赖和借助先进的信息化 e-Science 科技创新环境，启动一批 e-science 应用示范项目，占领对国家发展至关重要的科技与产业发展制高点，实现关键领域和前沿技术的

创新跨越，并通过试点带动全面。

3．建设 e-Science 应用支撑平台

针对中国科学院科研单位地理位置分散、学科覆盖面广和科研信息资源积累丰富的特点，形成基于 e-science 的科研环境有利于各种科研资源的开放、共享和整合，促进科技水平的创新和跨越。新的阶段，信息化的一项重要使命就是，营造公共的 e-Science 科研创新环境，实现跨研究所、跨专业局、跨地域、跨学科的深层次的资源开放、共享和整合，促进新的科研创新机遇的形成，实现学科的跨越发展，有效避免重复建设、购买和资源浪费，提高科技资源的使用效益。

4．广泛开展 e-Science 的国际合作

在新阶段，中国科学院信息化发展不仅需要在内部机构和人才之间引入合理的竞争与合作机制，而且很关键的是还需要进一步加强国际上的科研合作，实现关键领域的科研条件、科研手段和活动与国际接轨，促进科研水平的跨越发展。近年来，以 e-science 为代表的最新科研信息化工作模式发展迅速，它本身就是一个跨国界、跨地域的分布式科研协作平台和环境，它支持全球科研人员的沟通与交流。当前越来越多的基础性科学问题或全球性科学问题的研究，已经采用 e-science 全球协作科研模式。基于 e-science 环境的大规模国际科研合作，有利于促进学科的交叉，并在这种交叉的过程中，碰撞和启发科学灵感和创新思想，能对科学研究活动发挥巨大的杠杆作用，加速重大科研创新成果的产出，为中国科学事业实现跨越发展，创造出新的巨大机遇。

推进信息化的不断发展，是伴随中国科学院科技事业发展的一项永恒的任务，我们将持之以恒地为此做出努力。

呼叫中心和中国信息化建设

九五资讯 CIO　　李宝民

我国信息化建设状况

当今世界，经济全球化深入发展，以信息技术为代表的科技革命不断取得突破，信息化已经成为各国经济社会发展的强大动力，推动了人类社会以前所未有的速度走向新的历史高度。无论是发达国家还是发展中国家，都在适应时代前进的潮流，把推进信息化作为增强综合国力和国际竞争力的战略举措。我国政府把以信息化带动工业化，以工业化促进信息化，走新型工业化道路作为中国经济和社会发展的长期战略，放在了重要的位置。

上个世纪 80 年代以来，在经济社会发展取得巨大成就的同时，信息产业得到了快速的发展，到 2002 年，已经占到 GDP 的 5.7%，成为国家重要的支柱产业。下面的一组数字可以说明经过十几年的发展，我国信息化建设已经在企业信息化、政府信息化、家庭信息化方面有了巨大的改变。截止到 2003 年 6 月底，电话用户的总数达到 4.72 亿，9 月底超过了 5 亿的用户。互联网达到了 6800 万用户，联网的计算机达到 2570 万台，国内的电视机拥有量达到 3 亿台，其中有限电视用户达到 1 亿户，经过改革重组和打破垄断，电信市场竞争的格局初步形成，信息技术在国民经济和社会各个领域得到了比较广泛的应用。电子纳税工程，国内叫金税工程，已经覆盖了 80%的纳税企业，电子货币和金融电子化发展的步伐明显加快，已经实现了各类银行卡在一百个大中城市跨行联网通用。四大商业银行在本系统的三百多个城市实现了银行卡联网运行和跨地区使用。电子政务建设得到大力推动，特别是在许多城市开展了网上联合审批、网上招标、政府采购、市民综合服务窗口、网上教育培训、网上社会保障、市长邮箱等等，对公众的服务信息系统越来越多，深受企业和居民的欢迎。

企业信息化是国家信息化建设的重要组成部分

要推动中国信息化的全面发展，推动并加快企业信息化尤为重要。那么，如何理解企业信息化？企业信息化实质上是将企业的所有业务过程和管理过程计算机化和网络化，通过各种信息系统网络加工生成新的信息资源，提供给各层次的人们洞悉、观察各类动态业务中的一切信息，以做出有利于生产要素组合优化的决策，使企业资源合理配置，以使企业能适应瞬息万变的市场经济竞争环境，求得最大的经济效益。判断一个企业信息化程度，可以看企业战略、文化、财务、分销、生产等各环节是否信息化，是否实现企业资源计划（ERP）、客户关系管理（CRM）。

呼叫中心、CRM与企业信息化

建立呼叫中心（Call Center）是企业实现客户关系管理（CRM）的重要途径，利用呼叫中心(Call Center)资源，使其由成本中心转换成利润中心，更是企业实现客户关系管理(CRM)的目的，是企业做到利润最大化的有效方式。

呼叫中心概念及现状

呼叫中心可以这样定义，它是充分利用现代通讯与计算机技术，如 IVR（交互式语音应答系统）、ACD（自动呼叫分配系统）等等，可以自动地处理大量各种不同的电话呼入和呼出业务和服务的运营操作场所。在这个相对集中的场所，由一批服务人员组成的服务机构，通常利用计算机通讯技术，处理来自企业顾客的电话垂询，尤其具备同时处理大量来话的能力，还具备主叫号码显示，可将来电自动分配给具备相应技能的人员处理，并能记录和储存所有来话信息。一个典型的以客户服务为主的呼叫中心可以兼具呼入与呼出功能，当处理顾客的信息查询、咨询、投诉等业务的同时，可以进行顾客回访、满意度调查等呼出。

对于任何一个企业来说，选择实施呼叫中心项目不仅能为其顾客提供更好的服务，还是为了减少和降低运营管理成本。除此以外，实施呼叫中心项目还可以有以下一些好处，其中包括：更好地控制电话呼入和呼出的优先次序；全员生产力最大化；提升顾客满意度，达到客户要求的服务水准协定；确保员工安全（取消员工与顾客的直接接触）。呼叫中心作为提升顾客服务水平、降低运营成本的工具，应同时具备一系列的技术与管理支持手段，其中包括：对于各种类型的投诉或报表进行远程归档；针对顾客相关信息的调查；信息管理系统的支持，如注册信息、归档信息、及分配程序等；进行事实追踪，以便进行记录或注册。

那么，我国现阶段呼叫中心行业现状如何？

总体来说，中国呼叫中心市场比较零碎。在某一地区，其呼叫中心产业发展也存在较大差异。例如北京、上海和广州经济较发达地区，该产业的发展比较迅速，而中国内陆地区该产业的发展较为缓慢。中国呼叫中心市场规模难于确定。根据 CTIForum 的统计数字，截止到 2003 年，中国呼叫中心座席总数达 125，900 个，市场规模达到 173.67 亿元，分别较去年同期增长 16.14%，27.17%。中国呼叫中心产业发展的三个重要行业：电信、金融和零售/消费品服务行业。

伴随着先进的信息新技术的迅猛发展，呼叫中心已经逐渐对这些新技术非常敏感，而且能迅速地应用起来。

呼叫中心在商务机构和公司为员工办公桌配置电话时起就存在了。直到 1980 年正式的“呼叫中心”短语才开始使用；但是，客户或委托人仍然能自由地给公司打电话提出问题和疑虑，并和公司代表交谈。由于当时呼叫中心惟一的技术是电话，公司代表只能或者回答问题，或者询问客户的姓名和电话号码然后回呼。为了给客户提供信息，公司员工不得不加紧查询文字记录和档案以找到回复问题的答案。

20 世纪 60 年代和 70 年代，计算机的出现使公司开始提供给客户比电话更好的服务。通过使用计算机技术，员工如今能够在与客户电话通话的同时更快捷地获得产品及服务的信息。这减少了对信息查询员工以及回呼客户的需要。呼叫中心开始先使用转换设备，但是，专用分组交换机（PBX）仍然在处理多重呼叫和呼叫转换时能力有限。专用分组交换机（PBX）基本上提供了一种客户与员工呼叫间的一对一的关系。

20 世纪 80 年代个人计算机的出现意味着电话功能可以进一步由计算机控制。计算机的运用和能力使交换机处理大量呼叫成为可能，并使其能够将呼叫转送至下一位员工。由于有着先进的能力诸如公共数字电话基础和一线员工接收定单、检查目录等，公司能够通过电话为客户提供全套服务。这种通过一部电话提供全套服务的能力对世界商务管理方式产生了深远的影响。

90 年代随着复杂的电信技术和互联网技术的发展，当今的呼叫中心已经发展成为一个多媒体的服务或交易渠道，有的还能处理基于互联网的垂询和呼叫，而有的则是一个虚拟的顾客联络中心。伴随着先进的信息新技术的迅猛发展，呼叫中心已经逐渐对这些新技术非常敏感，而且能迅速地应用起来。2000 年 3 月，一个国际调研机构 Pelorus Group 针对美国呼叫中心经理进行的一次关于呼叫中心互联网应用的调研。其中显示，90%的呼叫中心经理指出到 2000 年年底，互联网应用将成为其呼叫中心总体业务的一部分。因此，与 1999 年底相比，呼叫中心互联网应用的增长率为 15%。同时，该调查还显示，Email 业务占互联网应用的 79%，call-me-back 与互联网电话应用分别占 14%和 7%。截止到 2000 年底，以上数字分别为：EMAIL 占互联网应用总业务的 55%；call-me-back 与互联网电话应用分别占 19%和 25%。但是，这些新技术要想被整个商业和政府机构所接受还需要时间的考验。当呼叫中心经理意识到在一个基于互联网的呼叫中心其平均通话处理成本比电话呼叫中心降低 43%，这种转变试图使呼叫中心获得更加巨大的发展动力。

由此可见，呼叫中心的发展是依赖与整个国家信息化建设的大环境的，信息化建设的快速发展会为呼叫中心的发展创造良好环境并带动其发展；反过来，呼叫中心的发展也会为信息化建设提出新的技术要求，他们之间是相辅相乘、相互促进的关系。

展望未来

展望未来，中国的信息化和经济发展，将以更加稳健、更加开放、更加强劲的步伐，在新世纪的步伐上阔步前进。当我们迈向美好未来的同时，呼叫中心的发展也翻开了新的一页。

“金财工程”建设　服从整体 重视统一

河北省财政厅信息中心高级工程师　侯冰雪

主持财政部下达的科研课题——省级财政预算数据库管理系统的建设，获优秀项目奖。负责完成了厅内局域网改建工程项目的考察、调研以及工程方案的论证和实施工作。

先后在《河北经济研究》、《河北财会》、《河北农业综合开发》、《农村财政与财务》、《公共支出与采购》等部、省级刊物上发表十余篇理论文章及调研报告。

财政部在推进部门预算、国库集中支付改革的同时，于 2002 年正式启动“金财工程”建设，即政府财政管理信息系统(GFMIS)。“金财工程”是利用先进的信息技术，支撑预算编制、国库集中支付和宏观经济预算为核心应用的政府财政管理综合信息系统，通过信息化的设备、技术和手段对传统的财政工作模式、工作流程进行改革，从而提高工作效率。

服务财政改革的总体思路

财政改革的方向是基于财政管理信息化，对财政管理制度、财政结构体系进行的革新与完善及对市场的逐渐规范，实现在第一时间内将优质准确的财政产品——财政数据和分析资料提供给政府、经济宏观调控决策部门和社会公众，实现高效的社会经济运行态势，即实现由传统的“以预算数据为中心”的封闭式工作模式，逐步转向“以社会、公众为中心”的现代开放型财政工作模式。

要实现财政信息化和财政改革的有效结合，就必须以财政改革为中心，提高服务超前意识，用“金财工程”建设的实效与成果，促进财政改革的“观念创新、方法创新、手段创新、体制创新”，达到提高财政工作生产力水平的最终目标。

建现代化公共财政框架

“金财工程”建设是改变传统管理方式的一个主要手段，是公共财政框架体系发展到一定程度的必然产物，也是提高政府监管能力、工作效率和公共服务水平的有力保证。

“金财工程”建设对政府管理的影响体现在以下几个方面：第一，“金财工程”建设可从根本上改变政府与社会之间的关系，也就是说政府和社会之间可加强信息的互动和信息的交流。从长远发展来看，这种改变将大大推动社会的民主，甚至行政民主；第二，从根本上改变政府提供的公共服务模式，传统公共服务由政府提供、管理，其中一个最主要原因在于政府和民众之间处于一种信息欠交流状态，政府掌握了全社会信息的约 80%，而社会民众只掌握另外的 20%，因而使民众与政府之间产生了距离；第三，从根本上提高政府管理的绩效。

“金财工程”建设的最终目的，是使政府管理更加规范化、高效化和透明化，尤其是在我国加入世贸组织后，我国政府管理能力面临着考验，而加快“金财工程”建设无疑是一个重要的应对举措。政府管理绩效的提升，将为建立一个具有现代化管理水平的政府（现代化公共财政框架体系）提供一个强有力的技术支撑。

营造宏观和协作的环境

“金财工程”建设本身是一个复杂的系统工程，“金财工程”建设的进程及成效并不是哪一个部门能够独立完成和把握的，它需要一个良好的宏观环境和协作环境。做好这项工作，首先要认清形势，统一思想，要充分认识到大力推进信息化是国民经济跨越式发展的必由之路，是财政改革的现实要求。建立“金财工程”是推进财政工作和财政管理信息化的重要内容，是财政部门和财政工作适应国民经济和社会管理信息化的必然要求。

河北省财政系统近几年来，按照省委、省政府和财政部的要求，按照“金财工程”建设政府财政管理信息系统的指导思想，进行了大量科学、严谨的信息化建设工作，并取得了初步成效。在硬件基础设施建设上，构建了具有 2M 出口带宽、千兆传输速率、百兆/十兆交换到桌面的广域网系统，全省财政系统租用光纤信道 5000 余公里，连接省、市、县三级网络近

200 个部门，4 万个信息终端的光纤自愈环网，为全省财政系统及省直重要部门提供宽带互联网服务，为全省市县财政部门、省级政府各部门间、同志间的信息交流提供网络载体。

按照“金财工程”建设设计方案和目标要求，建立纵横交错的财政综合业务网络的总体思路，以全省财政广域网为主干，建成连接各省直部门的省直预算网，连接人事、编办、人行的人事工资监控网和社会保障网等横向业务网络，以小型机和存储网络为依托，以大型数据库为中心，构建了 B/S 模式三层架构财政核心业务运行平台。

财政核心业务运行平台支撑着全省“金财工程”中预算编审、预算指标、工资发放监控系统、非税收入系统等 11 个财政核心业务系统的运行。对促进不同经济部门经济数据的共享和交流，更好地发挥公共财政职能，起到了基础保障作用。

在改进财政工作方式上，从现代财政管理理念出发，整合财政运作程序，对外提供财政信息网站（包括内网、外网、专网）邮件系统、媒体点播、电子图书馆、期刊资料查询等多种网络服务。建立面向社会公众、方便快捷的网站式办公模式，以提高社会对政府工作的监督，增强政府工作的透明度和公正性，有力地促进河北省财政改革，为我省建立公共财政体系框架，提高财政管理的科学性、规范性和透明度奠定了坚实的基础，为全面推进政务信息化做好了组织保障。

加强安全体系及规范建设

“金财工程”建设是一个包括多种应用系统的集成体系，各类业务应用系统彼此作用，相互链接，形成了一个有机的数据流处理体系。为了使财政核心业务和政务信息化系统平稳、高效、安全地运行，必须采用统一的建设规范和具有行业独立知识产权的信息安全防范体系及技术，确保“金财工程”建设高效、有序地开展。

在网络构造规范方面，应制定政务网络设计结构规范和网络设备选型及安装管理规范；在政务数据资源交换规范方面，制定出台公文信息的数据规范和信息交换格式标准，从而解决国家各部委纵向网与各省财政综合业务网系统的融合；在安全体系建设方面，采用内、外网之间物理隔离和系统加密，子网虚网划分、信息交换 CA 认证的安全防范技术，要十分重视预防病毒感染和黑客入侵，认真研究防范措施，积极采用安全域的划分及防火墙、IDS 的防护配置等安全技术，及时发现和消除隐患，确保数据的安全性和系统的可用性。

为了保证财政核心业务应用系统的统一，各级 GFMIS 系统采用统一的数据库平台。财政核心业务应用系统采用财政部制定的统一编码体系，应用软件开发采用统一的数据字典。以标准化为核心，建立各省数据网络管理中心，建成一批有保存价值和使用意义的 IDC 数据挖掘中心，形成“信息分布、管理集中、科学决策”的电子政务整体应用模式。

以培训提高人力资源质量

“金财工程”能否顺利完成，能否发挥预期作用，最重要的是要靠人才，靠一支既懂业务、又懂技术的信息技术人才队伍。为此，一方面要加大对现有信息化技术人员的再培训，使其成长为能打硬仗的队伍，顺利保证工程质量和业务软件的开发;另一方面也要加强对系统干部职工的普及培训，使广大干部尽快掌握各类财政信息系统的操作技能，把“金财工程”的功能发挥好、运用好，更好地为财政工作服务。

信息化的兴起带来了从业人员专业结构的多样化，财会、金融、法律、工程、外语、计算机等各类专业人才汇聚一堂，通过相互吸收、取长补短，加快知识和经验的接收与传播速度，同时也使政府部门跳出繁杂的事物性工作，有能力涉足专业研究的开发和宏观经济调控领域。

采用专题讲座、集中培训等多种方式，采取“走出去、请进来”的办法，不断加大对财政信息化专业技术人员和全省财政干部的信息技术培训力度，为“金财工程”建设提供强有力的人力支撑。全面优化实施“金财工程”建设的工作思想与思路，努力塑造“金财工程”建设自身信用形象，保证工作任务高质量、高效率地完成。

建立完善的技术服务体系

“金财工程”正常有效地运转和发挥预期作用，离不开技术服务体系的支持。制订和完善财政运行技术保障机制，加大网络安全管理力度，进一步健全全省整体网络安全体系，建立起省、市、县三级防火墙系统，利用多种途径，提高网络故障的快速诊断及解决能力，通过电话支持、远程维护、网上保修及技术培训等方式搞好网络技术支持与服务，增强快速反应及解决实际问题的能力。

加大软件的开发整合与应用力度。遵循大系统理念，采用三层架构模式，从加强软件系统通用性和稳定性研究入手，强化财政业务管理系统各模块的有机衔接和业务流程的高效运转，逐步形成一套符合财政业务管理和监督要求的综合信息管理系统。

坚持以推广带应用，以应用求发展，在应用中完善软件功能；逐步培养和建立一只技术过硬、服务周到、能打硬仗的团队。各级财政部门既要加强自身服务力量，又要充分利用社会的力量，使“金财工程”在建设和运转过程中，能得到及时、全面和良好的技术服务。

人类已进入信息化时代，加强政府系统信息化建设，对转变政府职能，提高政府部门的工作质量和效益，加强社会监督力度，密切政府与人民群众的联系，建设廉洁、勤政、务实、高效的政府等，都具有十分重要的意义。

加强政府集中统一领导
建设江西省电子政务统一网络平台

江西省信息中心主任　　金　锋

一、加强政府集中统一领导，制止分散重复建设，是搞好电子政务建设的组织保证。

江西省电子政务统一网络平台——江西省政务信息网，是为省委、省人大、省政府、省政协、省直各部门与市、县党政部门提供联网和信息交换的统一网络平台，是全省电子政务的一项基础性、关键性工程。

工程分三个建设阶段，总投资 1.8 亿元。

△省级横向联网工程；

△省市纵向联网工程；

△市县纵向联网。

省政府明确提出按照“统一组织领导、统一规划实施、统一标准规范、统一网络平台、统一安全管理”的“五统一”原则，积极、有序地推进全省电子政务统一网络平台和业务应用系统建设。

△省、市、县三级分别成立了信息化工作领导小组及其办事机构，负责全省政务信息网建设的统一领导和综合协调。

△明确各级发改委负责工程的组织实施，各级信息中心具体承担统一网络平台的建设和运行维护。

1997年,时任常务副省长、现任省长黄智权主持召开了省信息化工作领导小组第一次会议，专题研究了我省电子政务建设的有关问题，决定集中力量建设全省党政信息网统一网络平台(现称政务信息网)。

一期省级横向联网工程，先后利用日本政府贷款1.5亿日元和国内配套资金共计3000万元构建了省级政务信息网统一平台，实现了省委、省人大、省政府、省政协和100多个省直部门的横向联网。

为了解决省市党政务机关纵向和横向统一联网问题，防止新的分散重复建设， 2002年4月，时任常务副省长、省信息化领导小组组长彭宏松同志主持召开了省信息化工作领导小组第二次会议，决定集中力量建设省政务信息网省市联网工程，构筑全省政务信息网统一平台，实现省市党政机关的网络互联和信息共享。

二期省政务信息网省市联网工程总投资约7000万元，其中省级财政投入4721万元，各设区市级财政分别投入188万元。经过省市建设者八个月的努力工作，工程于2002年底建成开通。

根据我省电子政务发展的实际需要，2003年8月，省委副书记、常务副省长、省信息化工作领导小组组长吴新雄同志主持召开了省信息化工作领导小组第三次会议，就省政务信息网市县联网工程建设作了具体部署。

省政府办公厅专门行文，要求省市县三级政府部门都要按照“统一领导、统一标准、集中采购、同步开通”的原则，做好工程建设的组织落实、人员落实、经费落实和机房场地落实，高标准、高质量、按工期完成市县联网工程建设任务。

三期市县联网工程投资约8000万元，建设经费由省、市、县三级财政分摊。省市县三级建设者用八个月时间圆满完成了省政务信息网市县联网工程，构筑了全省电子政务统一网络大平台。

2004年6月，江西省人民政府利用省政务信息网视频会议系统举行了全省政务信息网建成开通仪式，省长黄智权亲自点击开通按钮，宣布江西省政务信息网建成开通！

为了充分发挥全省电子政务统一网络平台的作用，制止分散重复建设，省政府明确要求，省市县三级政务部门都要依托省政务信息网统一网络平台，加快整合分散的业务系统和信息资源，进行纵向、横向联网和业务应用系统开发，已经建成的电子政务业务系统和网络，要逐步迁移到统一网络平台上来，新建的业务应用系统，必须利用全省电子政务统一网络平台。

二、完善电子政务统一网络平台的结构和功能，是电子政务取得实效的技术保证。

江西省电子政务统一网络平台，是按照中办发[2002]17号文件的要求，在全国第一个同时进行政务内网和政务外网建设，同时提供内外网服务的省份。

在网络结构上，分别建设了政务内网、政务外网两个“王字型”网络平台。

江西省政务信息网统一网络大平台示意图

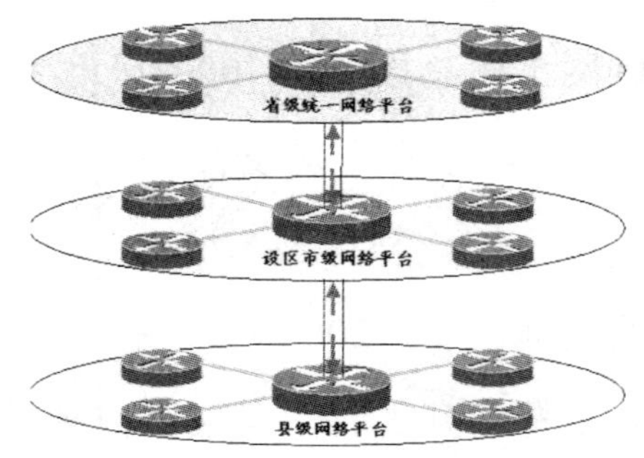

江西省政务信息网省市联网工程网络拓扑图

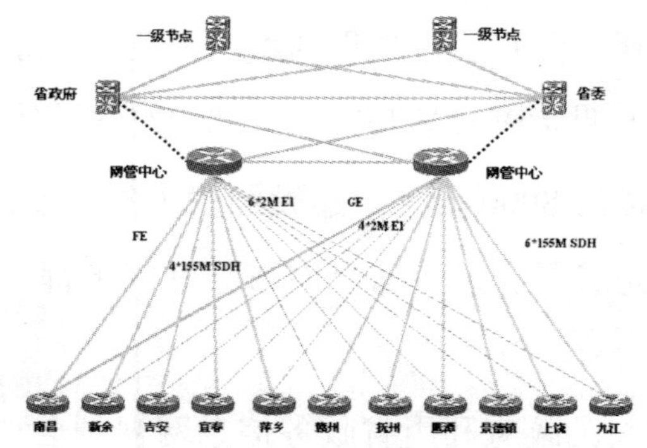

内网和外网完全物理隔离，分别采用了两条不同的物理线路，配置了两套不同的网络传输设备。内网与外网在横向联网上是两个“同心圆”，在纵向联网上是两条“平行线”，内网与外网永远不相交。

江西省政务信息网纵向网逻辑示意图

政务内网业务系统
省级政务内网
市级政务内网
县级政务内网
保密通信
物理隔离
政务外网业务系统
省级政务外网
市级政务外网
县级政务外网
公共通信
逻辑隔离
政府门户网站

内网主要传输内部涉密机要信息，外网主要传输内部非涉密办公信息，内网与外网共同组成的全省电子政务统一网络平台，为省市县三级政务部门提供了一个具有高安全性、高可靠性、可管理的统一电子政务“信息高速公路”。

基于网络的应用：

①建设了全省政务信息网视频会议系统，覆盖了省市县三级政府，共计 120 多个节点，充分发挥了政务网视频会议系统的作用。

②建设了省政务信息网电子邮局，集中购买了拥有 10 万个用户的电子邮件软件，配备了多台电子邮局服务器和三套杀病毒软件，指定专人做好电子邮件的防杀病毒、反黑客攻击等运行维护工作，大大提高了电子邮件系统的安全性和稳定性。

江西政务信息网电子邮局

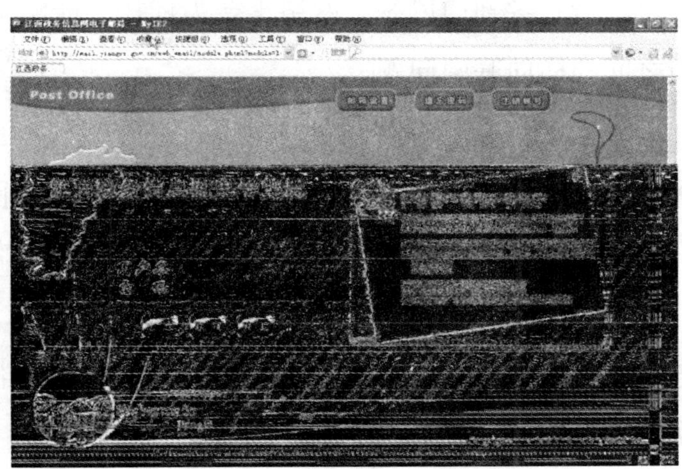

③建设了视频点播系统。可在省政务信息网上直播会议实况，播放领导考察动态信息，实时播放中央电视台和江西电视台新闻节目，并可点播十天内保存的相关新闻节目。

省市县三级视频点播系统

江西省政府集中力量建设电子政务统一网络平台的做法，具有很好的经济性、实用性和安全性。

□　经济性

全省各级党政机关分散重复建网，总投资高达20亿元以上，建设统一网络平台只需1.8亿元，分散重复建网、每年通信费和运行费高达8000万元以上，统一网络平台只需400万元。

△实用性

省直各部门分散建网，只能解决本部门、本系统的联网问题、不能解决跨部门、跨网段的联网问题，结果只能形成一个个大的“信息孤岛”。

建设统一网络平台，全省各部门以统一网络平台为依托，能够十分方便快捷地解决各部门的纵向联网与部门之间的横向联网问题。

△安全性

各部门分散建网，难以实现内外网物理隔离，存在很大安全漏洞和隐患。建设统一网络平台，有利于实现内外网物理隔离，有利于全网采取统一的安全策略、安全技术和措施，保障网络和信息安全。

江西省电子政务统一网络平台省级网管中心已与180多个省级部门、11个设区市和109个县（市、区）实现了互联互通。

目前已接入省政务信息网并开通运行的应用系统有：

△江西省委机要局的省直党政机关计算机密码通信系统；

△省政府办公厅的信息报送系统；

△省财政厅国库集中支付系统；

△省司法厅司法行政系统；

△省教育厅视频会议及远程教学系统等。

依托省政务信息网正在建设的业务应用系统有：

省工商管理系统、省地税征管系统、省财政管理系统、省金保工程系统、省金审工程系统、省交通管理系统、省防汛抗旱系统、省物价管理系统、省统计信息报送系统等。

最近我们正在制定江西省电子政务统一应用平台建设方案，计划以全省政务信息网统一网络平台为依托，集中力量建设政府数据中心、数据交换中心、网上服务中心、安全管理中心、灾难备份中心和应用支撑平台。

电子政务建设机制、效益的思考与实践

扬州市信息办副主任　　唐正元

2002年中办发（2002）17号文件从总体上对我国电子政务的目标、思想、重点任务和措施进行了明确的规定，目的是实现我国电子政务建设的“统一规划、突出重点、整合资源、统一标准、保障安全、提高效益”。经过IT企业和媒体的过度市场宣传，在全国掀起了电子政务建设的高潮。但由于需求不清、体制不顺、投资单一、人才不足等问题，使得电子政务建设形象工程多，成功率不高，总体应用效率不如意。我们在两年的电子政务建设过程中，充分认识到无论是体制、投资还是人才、技术问题，只要坚持需求主导、应用为本，从机制上深入探索研究，这些问题是可以解决的，电子政务效益和效率是可以提高的。

一、电子政务的机制探索

电子政务以履行管理和服务职能为目的，是提高管理效率的问题，是管理体制的改革、管理理念的更新、管理方式或管理手段的改善。在渐进发展的一个过程，我们面临着条块分割导致数据资源分布不均衡甚至被垄断，工作流程界定不清，责任主体不明确，各自为政重复投入，缺乏标准和规范，总体推进不平衡等问题，导致电子政务效益和效率不高。虽然这些问题产生于体制、技术、人才和投资主体单一等方面，但我们不能期望短期内先解决这些问题再建设电子政务，我们唯有从机制上去探索研究解决。

另一方面，电子政务的投入属于政府的公共基本建设，属于管理和服务能力的积累，不能看作是成本而期望短期就能拿到回报，应该侧重于社会效益或效率的提高，在这个过程当中，它是一个复杂的系统的效率提高的进程，要实现对系统过程的有效监控和确保系统的效能，也必须从机制上解决问题保障成功。我们通过实践和思考提出政府主导、市场运作、战略合作和系统工程四个机制的建立来保障电子政务建设的应用实效与运行效率。

1．政府主导机制

我们讲政府主导不是说政府包办一切，而是针对电子政务的特殊性，需要政府在总体规划、业务设计、资源共享、安全管理等方面推行主导机制，在公共性公益性基础项目建设上实行主导机制。

主导总体规划、业务设计。信息技术的高速发展变化，社会各方面对信息应用需求的多样性，多部门多机构多平台并行建设，部门、行业对信息资源的垄断等导致信息化建设不平衡性和数字鸿沟的加大，形成条强块弱，条块分割，在地方政府造成数据共享与信息应用的缺乏效率，政府公共服务效率没有得到应有的体现。因此，扬州市的所有信息化和电子政务项目统一由市信息办扎口，项目规划和实施方案必须经信息化专家委员会论证后报信息化领导小组审核才能进入招标。通过建立信息化和电子政务建设总体规划的政府主导机制，避免条块分割和重复建设，实现资源共享和信息有效应用。另一方面，信息技术不同于以往人类发明的工具，必须要再设计才能使用。在电子政务前期阶段，市四套班子及各个部门业务负责人与信息办、网管中心人员一道担负起设计的责任，要把如何工作、如何处理问题的机理根据工作实际理清楚，将这种事务处理的原则规范化、标准化、形式化，才好交给结构设计专家，由结构设计专家进行顶层设计后再返回业务人员审核后，才能交程序设计人负责做进一步的处理。并在整个开发过程中保持不断的交流互动，因此这一设计没有精通政府业务的人员来主导设计，系统是设计不好的。

主导投入、共享、管理。既然电子政务属于政府的公共基本建设，属于管理和服务能力的积累，就如同政府公共服务设施一样，无论是采取政府直接投资，还是租赁、服务外包等何种形式，都是公共财政支出的范畴。同时，电子政务属于一项开创性的工作，更需要政府先期引导投入。因此，原则上应由政府主导投入，特别是公共性、公益性的纯服务项目应由政府完全主导投入。扬州市 2003 年和 2004 年度在近亿元的电子政务项目中，财政安排经费近 4000 万元。由公共财政主导投入的电子政务是以服务社会公众为根本目标的，是社会公共资源而不应该为部门、行业所垄断控制，必须服从政府主导的管理与共享机制。为统一扎口管理，市政府先后出台了“扬州市电子政务工程建设管理意见”、“政府部门电子政务建设分工职责意见”等多份规范性文件，保证了政府在资源共享、宏观管理上的主导地位。

2．市场运作机制

我们讲政府主导的同时，必须抛弃那种政府统揽一切、包打天下的陈旧认识，充分重视并认真研究政府与市场之间的分工，充分发挥市场机制的作用，充分调动运营公司和社会各方面的积极性，为电子政务建设注入新的活力。在项目建设中我们积极创造条件，调动企业参与电子政务建设，形成政府与市场之间良好的互动机制。在数字城市项目中，政府只对战略性资源全要素大比例尺地形图进行全数字化测绘，而平台建设与行业应用开发则成立数据公司，负责更新、维护与应用推广；电子政务政府只招标数据交换、安全管理、公文交换等项目，而政务外网、专网网络则由运营商提供；社区信息平台政府只为公众提供内容服务，而平台、网络、综合服务则由投资商进行市场化运作，形成了扬州电子政务建设多元化投资的新模式。

3．战略合作机制

电子政务是一个新生事物，特别是和政府转变职能、流程重组这样的政府改革任务结合起来，难度更大一些。所以，我们认为电子政务是个过程不是一项工程。在建设和发展的过程中，很多事情需要创新，需要积极地探索。问题是政府对新技术新成果了解不充分，对于电子政务建设的复杂性、艰巨性认识不够，而且缺乏高素质的人才；缺乏有远见、负责任、能针对实际情况，科学地提出电子政务发展路径的人才；缺乏懂得如何走出以需求为主导，以效益为主要评价标准之路的人才，这支队伍的形成需要慢长的时间，而电子政务建设不能等待有人才再推进。我们需要与经济管理、信息技术、系统工程方面的研究机构、大型企业建立良好的“伴侣”关系，只所以说是“伴侣”关系是因为这是个长期的一荣俱荣、一损俱损、共同成长的机制，不是以项目可分可合的伙伴关系。在数字城市建设方面我们以科技部863 项目为纽带，联合中科院遥感所、测绘科学院、清华大学等形成战略合作机制，在电子政务方面沈阳东软、北京鼎天、北大青鸟建立长期合作机制，与微软、INTEL、甲骨文建立培训与服务合作机制。我们认为，在一个城市中如果每一个电子政务项目分别由不同的公司来中标实施，那么几年后我们会有几十个甚至几百个公司参与一个城市信息化建设，这对双方都管理和服务都是不利的。我们主张择优数家大企业实行市场准入制，相对固定若干家企业参与竞争，这不仅有利于企业对扬州需求的把握，而且有利于企业建立长期的本地化服务机制，也有利于对政府人才的培养。例如，东软在扬州连续承担电子政数据平台和房产综合管理系统，鼎天连续中标承担应急指挥、视频会议、公安三台合一、公共卫生应急救援系统，东方得网连续中标承担多个监理工程。

4．系统工程管理机制

决策机制。电子政务和其它工程一样，最大的失误是决策失误，要保证项目的可行性、实效性必须经历科学的决策程序，决策程序如何避免好大喜功的政绩工程和形象工程，避免因决策者的更替而变更，或随决策者的认识水平而变化，避免供应商和专家的为技术而技术、贪大求洋等问题，必须建立有效的约束保障机制。决策机制应对总体规划、应用需求、资源共享、流程改革、建设项目、建设方案等方面进行全程控制，使得决策结果科学合理、经得起历史的检验。决策机制要克服政府的单一性，为广泛吸收各方面意见，建立决策咨询的专家委员会，并明确政府与专家委员会的决策流程和相互监督机制，使决策的失误控制在最低限度。

建设机制。科学正确的决策只是成功的开始，信息化项目建设需要再设计的特殊性使得建设的过程更加复杂和难以控制，缺乏有效的约束机制将会使项目的不可预见性加大。因此，需要对项目招投标、工程监理、阶段评估、验收考核等建立相关约束机制。在招投标方面虽然政府采购有相关政策法律，但这些法律目前只能适用于对评价标准相对清晰的工程和硬件招标，对于像系统开发这样需要根据需求不断调整再设计、再细化的项目则缺乏有效约束，必须建立良好的招标机制，进一步细化项目的效能考核评测标准；信息化项目监理制度的建立是对传统工程管理体制的改革，是信息系统工程建设顺利实施的保障。有效的监理机制包括：明确监理与业主、开发商相互的职责义务，确立贯穿信息化工程全过程的控制程序，审核监理主体的科学合理性，避免监理单位本身又做系统集成同体监理，监理效率的评价体系等。对于项目的实施与监理必须定期不定期的进行阶段性的评价，良好的阶段性评价机制可以既能保障项目随业务改革和需求变化而作科学合理的调整，又能确保项目达到或超越设计目标，同时也为项目最终考核验收打好基础，积累经验与素材。实践中我们按照序时进度实行业主、监理、施工三方周例会和月度分析例会机制效果明显。

运行管理机制。项目能否取得实效，仅有以上机制是不够的，效益在很大程度上取决于运行管理的机制，运行管理机制取决于投资、服务机制。从我国现状来看，依据项目服务对象和自身服务能力可以采取多种投资服务模式来确保项目的效益。在投融资机制上，区别项目的基础性和经济性采取不同途径，除政府必须投入的基础性项目外，凡是可以市场化的尽可能市场化，鼓励企业参与建设运营。即使是政府性项目也可能通过市场化来投资建设。我们将电子政务建设资金作为资本金成立信息投资发展公司，由公司投资政府信息化项目，政府考核投资公司的项目效益，而公司必须以良好的效益来证明项目的实效性和再投资的可能性。以投资公司为载体与著名 IT 企业合作也增加了项目融资与推行外包服务的能力。政府成立统一网络管理中心，将逐步取消每个部门设立网管中心，网管中心与投资公司的合作分工为全市部门提供外包服务，不仅可以整合全市人才资源，确保了服务质量和响应时间，而且可以减少了运行维护的财政成本。

资源整合机制。信息应用在于资源共享程度，而资源共享在于机制创新。要实现资源的有效共享，信息化领导小组通过建立联席会议制度，统一思想认识、明确职责任务，制定相关政策，发挥指挥决策机制的作用才能达成共享的共识。信息化主管部门只有站在全局的高度，以利益为纽带，充分建立统一规划、统一标准、统一共建、统一共享、统一管理机制才能推进共享。

二、扬州电子政务建设概况

1．扬州市电子政务建设的决策程序

扬州市作为首批国家信息化试点城市，按照“规划先行、想的要大”的指导思想，进行城市信息化建设的总体规划，并通过在扬州成功举办“中经 50 人论坛”会议的契机，邀请国内经济界、IT 界、管理界的知名专家进行了规划方案的论证。随后，在中科院有关院所、中关村科技等著名研究机构的协助下，按照“有所为有所不为、小步快跑”的建设方针开始分项目规划设计，提出了扬州市电子政务建设的三年规划，即在 2005 年前建成电子政务外网、电子政务专网、空间地理基础信息共享平台、人口基础信息共享平台、数字化社区、CA 认证与城市信用系统等项目。

经市信息化领导小组会议和市政府常务会多次充分调研论证，决定在 2004 年前启动建设前四项工程，2002 年向国内公开征集上述项目的建设方案，先后有沈阳东软、北大青鸟等

300 家公司参加方案投标，经过专家组几轮评选最终由沈阳东软、中关村科技等四家公司中标进行电子政务规划设计。同时，我们积极争取国家 863 项目的扶持，与中科院、测绘院等六家国内 GIS 权威机构联合攻关，探索满足国民经济各个行业应用需求的 GIS 共享平台与电子政务平台建设的可行性和解决方案。2003 年初对电子政务中标方案再次进行方案优化集成，并开始政务外网、GIS 全数字化测绘、工程监理三个标段招标，2003 年 9 月完成电子政务专网招标，2004 年 3 月人口基础信息共享平台被列为国家试点工程，于 6 月启动，至此，四项工程全面启动建设，目前部分项目已建成并投入使用。

2．扬州市电子政务建设的初步成效

空间地理基础信息（GIS）共享平台是国内第一个以政府提供公共基础数据平台，行业部门基于平台建设应用项目并实现跨部门跨行业的数据共享平台，不仅避免了部门获取数据的重复投资而且实现了资源与应用的共享。借助国家 863 专家组的力量，将项目建设与课题攻关相结合，研究与建设同步，使 GIS 共享平台的设计思路、技术框架、数据标准可以满足全市各个行业的应用需求。测绘初期成果已经为土地管理、城市三维仿真、专经地理网、消防接处警等十多个行业管理工作应用。应用 GIS 共享平台初期成果正在规划建设的项目还有公共卫生应急指挥、安全生产监督管理、环境保护综合管理系统等。

电子政务专网工程。主要建设内容包括：网络、安全管理和数据交换三个平台，办公自动化与公文交换、应急指挥与视频会议、网上审批与在线服务等应用系统。项目经过需求再调研、系统再设计、平台构建、软件开发、组件集成、阶段评价、系统测试等工作，目前已初步上线试运行。测试和试用结果系统达到了设计要求，正在全市 81 个部门进行推广应用。网上审批系统实行政府外网受理内网办理的模式，用户可以通过政务外网行政办事在线平台下载行政审批表格、提交审批服务申请、查询办事流程和业务进展、接收办理结果等。应急决策指挥、视频会议和信息化展示中心是电子政务“拿得出、用得上、看得见”中容易看得见的项目，视频会议已与七个县市区、市直主要部门十四个单位接入使用，公安 36 个交通道口监控视频信号已接入应急指挥中心应用。移动办公和短信服务项目，方便了领导和公务员更方便快捷地处理公务。

基于政务专网平台的财政集中支付系统、“财税库行”结算系统、网上报税系统、经济户口及企业信息系统、统计信息系统、房产综合管理信息系统等部门行业应用越来越普遍，增强了政府经济监管和公众服务的效能。

“中国扬州”政务外网投入应用一年多来，已成为市民、企业、旅游投资者了解扬州、关注扬州最重要的窗口。围绕全市重大活动、热点焦点问题，建立了30多个专题，发布市内要闻4500条，采编政务信息500条，提供便民咨询问答2000条，可供下载各类审批表格650张，制作了“扬州投资百问”英、日、韩文版。政府目标考核系统，政府采购系统的应用已完全取代传统工作方式，价格查询、二手房交易、科技文献查询等服务栏目已开通近20个，寄语市长（市长热线）、寄语部门每月受理答复市民见意1000条以上，实时实景、扬州全景、扬州通等展示扬州投资、居住、旅游环境的多媒体系统不仅技术先进而且特别受用户欢迎。政务公开、公众监督、投资指南、投诉举报等政务公开栏目强化了政务的透明度，受到全国政务公开领导小组的肯定，全市绝大多数部门、单位外网统一整合作为“中国扬州”二级子网，实行部门分工负责制不仅方便了用户浏览，也增加了外网的信息量。

3. 扬州市电子政务建设的模式

国内电子政务和管理界专家们普遍认为我国电子政务建设的目标是要实现“经济调节、市场监管、社会服务、公共服务”，从政府、企业、公众三个层次来说，电子政务就是要为政府决策支持、企业跨起式发展、大众生活改善服务。在实际工作中我们普遍存在的统一规划的机制要求与多部门多机构多平台并行现状、需要实行“一把手工程”与项目科学论证决策的矛盾、目标监理与低成本实现、外包服务与信息安全机制、系统开发的不可预见性与政府采购原则对接等问题。这些问题的根本是影响了电子政务中数据共享和信息应用两大类问题。只有解决了数据共享与信息应用才能真正体现出电子政务的效益与效率，而效益取决于我们以什么样的机制来保障。经过两年的实践，扬州市在国内探索出一条对中小城市具有指导意义的信息化建设模式（12345），即贯彻一条以信息化带动工业化的主线，解决数据共享与信息利用两类问题，实现政府决策支持、企业开拓发展、大众生活改善三级服务，采取政府主导、市场运作、战略合作和系统工程管理四个机制，最终取得产业拉动、经济发展、社会进步、生态环境与科技创新五种效益模式中的1，2，3，5项是宗旨、任务、目标和效果，而要实现理想的效益与效率，实践证明核心是从机制入手。

中国电信全力推进中国电子政务的发展

中国电信集团公司大客户事业部总经理　　梁志平

一、前言

信息技术的飞速发展极大地推动着经济和社会的发展，作为信息高速公路五个应用领域中的首要应用，电子政府/电子政务在全球范围内受到广泛的重视。中国的政府信息化大体可以分为三个阶段：一是 20 世纪 80 年代末期，中央和地方党政机关开展的办公自动化(OA)工程，重点在于政府各部门的内网及专网建设；二是 1993 年底启动的“三金工程”(金桥、金关和金卡)，重点在于为重点行业和部门传输数据和信息的基础设施建设；三是电子政务，1999 年正式启动的政府上网工程标志着电子政务的起步。经过几年的努力，电子政务已经逐步成为中国信息化的龙头和全国各级政府工作中的重要组成部分。

二、电子政务的建设需求

国家在电子政务上将重点建设两网一站四库十二金，即 一站：政府门户网站 ，两网：政务内网和政务外网 ，四库：建立人口、法人单位、空间地理和自然资源、宏观经济等四个基础数据库，十二金：重点推进办公业务资源系统等十二个业务系统。“两网一站四库十二金”覆盖了我国电子政务急需建设的各个方面，涉及信息资源开发、信息基础设施建设与整合、信息技术应用等领域。特点各异，又相互渗透和交融，将初步构成我国电子政务建设的基本框架。

三、电子政务的网络建设

应用中国电信的丰富的网络资源和运用各种信息及通信技术构建一个电子化的虚拟机关，政府机关间及政府与社会各界经由各种电子化渠道进行相互沟通，并依据人们的需求、可以使用的形式、要求的时间及地点，提供人们各种不同的服务选择，各级政府部门可以实现：

◆政府机关内部办公网络互联。

◆建立快速公众服务响应系统。

◆建立新的网络办公模式，提高办公效率。

电子政务网络分为政务内网和政务外网，政务内网与政务外网在物理上是隔离的，政务外网与 Internet 网在逻辑上是隔离的。政务办公信息流，主要存在于政府机构内部办公的过程中，承载在政务内网上；公共事务信息流，主要存在于政府机构对外办公的过程中，承载在政务外网上；政务咨询信息流，主要存在于社会公众和企业查询相关信息的过程中，通过政府门户网站进行查询。

政务内网、政务外网以及政府门户网站的结构图如下：

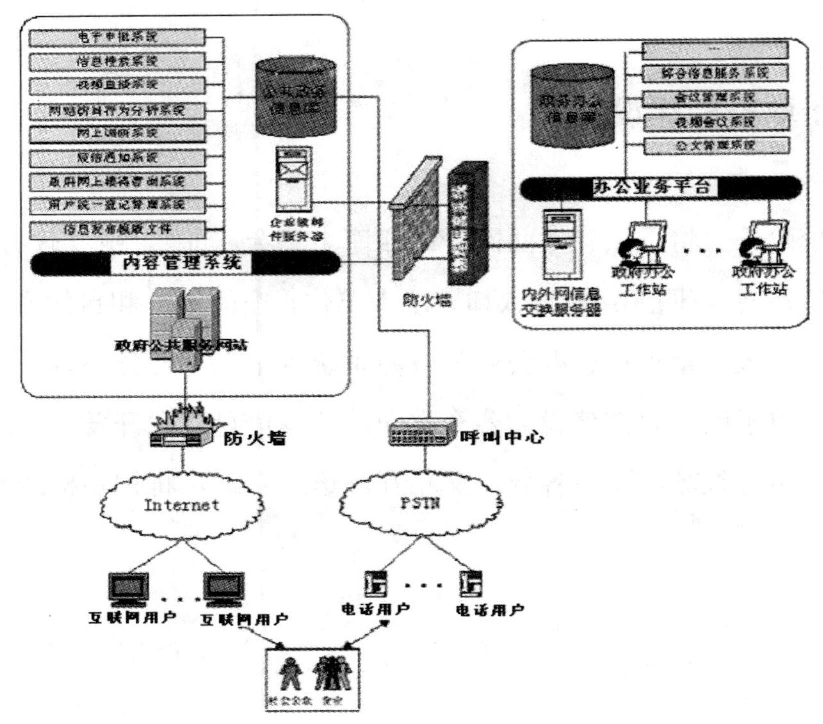

1、 1、利用中国电信宽带网，构建政务内网

政务内网包括政府机关内部办公业务网和政府部门办公业务资源网。因此，政务信息网络必需是一个高速宽带网络平台，以适应多媒体信息等不同应用的需要。政务内网既要满足安全保密的需要，分别建立国务院办公厅、部直属机构内部办公的三级纵向网络，实现多级政府文电、信息、督查、会务、值班、接待、档案等主要业务的数字化、网络化、信息化；也要满足各政府部门间资源共享的需要，适应政府机关办公业务和辅助领导科学决策的需要，建立分级别的横向网络，实现政府间信息/知识的管理和资源共享。其逻辑结构是一个复杂的"格"状的立体架构，政府及各直属单位应用系统之间既具有相对的独立性，同时又存在很强的关联性。纵向看，每个政府部门内部的用户均能访问纵向网络的相应资源；横向看，各级政府单位只有部分授权用户能够访问横向网络资源。依托中国电信覆盖全国的各种通信网络平台（ATM、FR、SDH、DDN、IP MAN），可以建立稳定可靠的中央—省—市－县三级政务内网，政务内网的逻辑结构图如下：

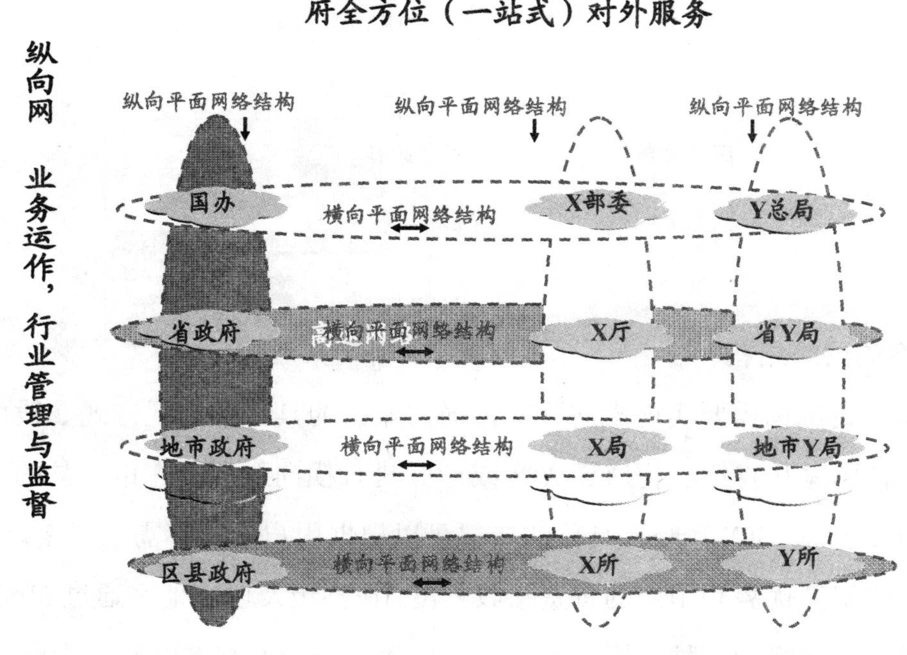

（1）　纵向网络的网络结构

在我国，政府行政部门的最高行政级别是国务院，从国务院办公厅、各部委到省政府、

各厅局构成纵向的一级网络，省政府到地市政府构成二级网络，地市政府到区县政府构成三级网络。重要业务采用骨干双路由、接入双路由的完全备份方式进行保障。

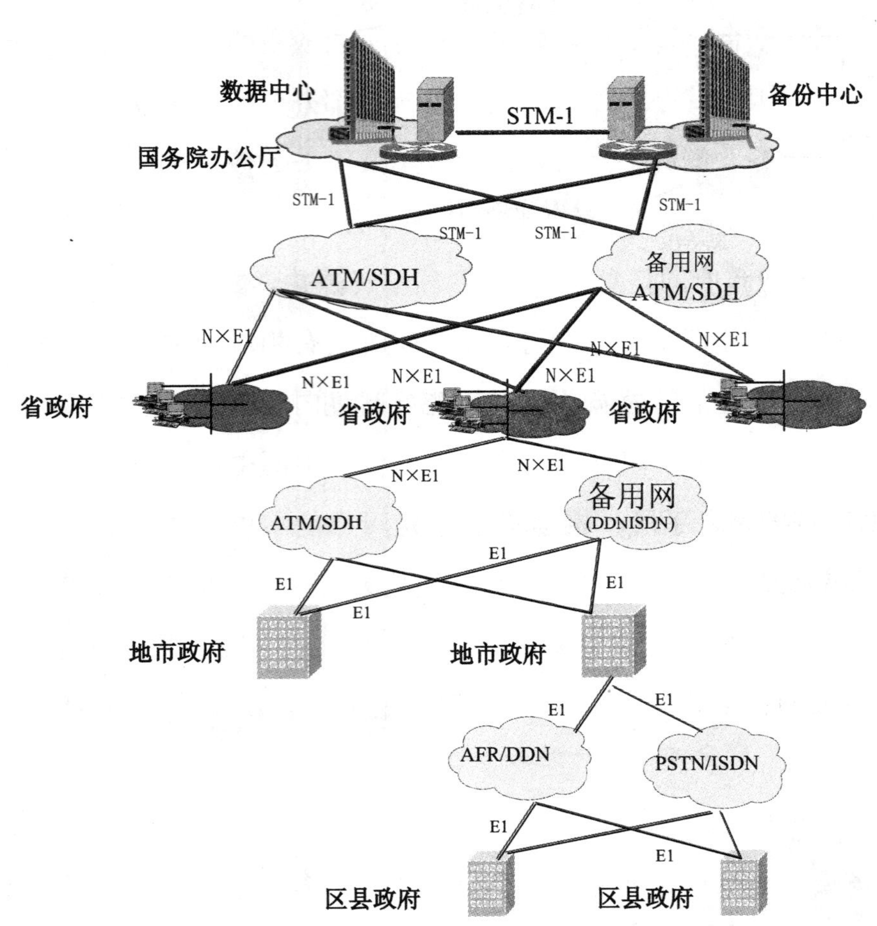

（2） 横向网络的网络结构

各级政府部门和直属机构需要实现横向互联，横向连接的具体的实现方式一般可采用传统的专线方式。如，在国家和省级机构通过 ATM 或 SDH 进行横向互联，在市、县的各级政府部门和直属机构间用 DDN 或 ISDN 互联，具体的接口可以根据用户的速率需求而定。

考虑到中国电信的资源优势和用户的资费接收程度，在县级及以下地区通过 ADSL 专线互联组成 VPN 也是构成横向网络的一种实用的手段。下面给出横向网络的结构示意图：

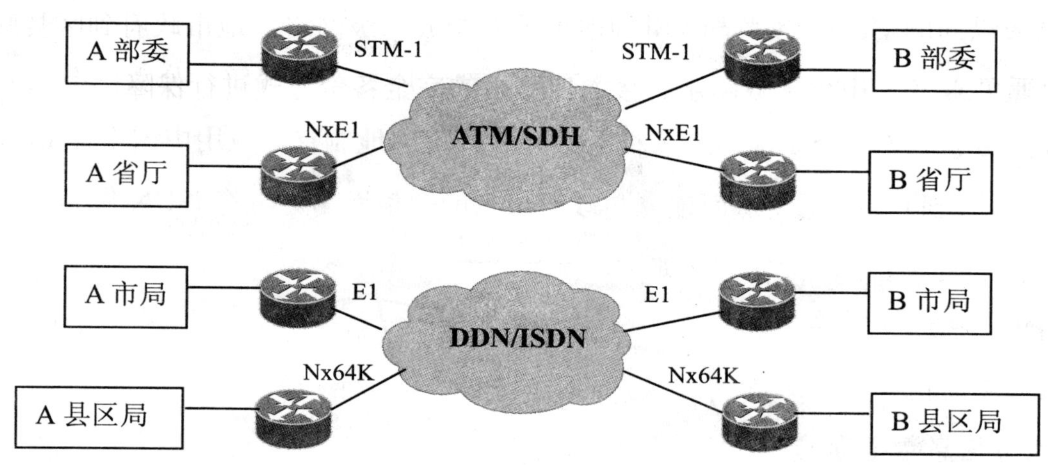

横向网络的网络结构图

2、利用中国电信丰富的接入手段，构建政务外网。

社会公众和企业需要通过政府门户网站查询公共政务信息，并提交相关事务申请，政务外网和政务内网通过物理隔离系统建立异步联结，在确保内部信息不泄密的前提下，实现内外部的可靠沟通。政务外网在承载业务上要求不仅支持数据业务，而且要支持语音业务和视频业务。

由于需要接入政务外网的单位和个人地域分布广，信息化建设程度不同，所以通信方式的选择也会不同，这就要求外联网络具有丰富的互联手段，覆盖区域广，能适应不同的通信对象的联网要求。依托中国电信覆盖全国的各种通信网络平台（ATM、FR、SDH、DDN、IP MAN），以及各种接入手段（ADSL、LAN、WLAN 、ISDN 等），建立经济高效、灵活方便的外联网信息交互网络。

（1）大、中型企业与政府机构互联

企业总部和政府机构数据中心机房间需要建立高速链路，并通过低速率带宽型业务或宽带业务进行线路备份（如：DDN/FR/ADSL），用于数据的实时交换。

根据接入方式和带宽的不同，建议三种互联方案：

◆2M 专线

◆ADSL/LAN＋EVPN

◆10M VPN 同城互联

（2）小型企业或个人与政府机构互联

小型企业或个人由于业务量小，专项资金有限，或者所处位置偏僻、分散，不能被当地电信部门的专线服务覆盖，为实现与政府机构的互联，可因地制宜，应用中国电信 ISDN、ADSL 或 PSTN，接入到 Chinanet，从而建立与政府机构的通信网络。可将 ISDN 做为备用线路，保证数据信息的实时交互。接入方式如下：

◆ADSL+EVPN 互联

◆VPDN 互联

3、政务信息数据存储

由于政务外网数据中心要连接分散的、各种规模的企业或个人，因此需要政务外网支持多种网络接入方式，如拨号线路、ADSL、ISDN、DDN 专线、帧中继、以太网等。政务外网需要有多套网络汇聚设备，并且需要汇聚所有与之相连的企业或个人的 VPN 流量，因此对于 INTERNET 接入速率有比较高的要求。同时政府的门户网站对 INTERNET 接入资源也有一定的需求，将公众服务网站服务器托管在电信互联网数据中心 IDC 机房，可以很经济、很方便地建立起政府门户网站。所以建议政务外网信息中心将 VPN 网关、主用数据库服务器、备用数据库服务器、WEB 服务器、E-mail 服务器等应用服务器托管在中国电信机房，利用托管机房相对廉价的 INTERNET 接入资源（如：10M/100M 专线）以达到高速通信的目的。政府信息中心和 IDC 机房需要建立高速链路，用于数据的实时交换。

4、网络安全

政务网的一大特点就是安全性，所包括的内容是十分丰富的，可以从多个角度去考虑问题，目前在技术体系上有防火墙技术、防病毒技术、入侵检测与漏洞扫描技术、认证与加密技术等。针对电子政务的安全问题，可采取下列安全防患措施：

(1) 内网、外网要物理隔离。

(2) 在政府机构的数据中心内或异地建立灾难恢复中心，采用双链路双对端节点等备份方式。

(3) 应用 ATM/FR 的 VC 和 MPLS VPN 等 VPN 技术将政府机构内部不同的业务网进行隔离。

(4) 企业和个人访问政务外网时，在企业与政务外网间建立 IPSEC 隧道。

(5) 对特定网段、服务建立访问控制体系。

(6) 应用专门的系统安全软件，对系统安全漏洞进行扫描、进行入侵检测。

(7) 增加加密机，对关键的业务流进行加密。

(8) 健全认证体系，可防止攻击者假冒合法用户。

四、电子政务的网络应用

1、组建呼叫中心，提供政府办公热线服务

随着政务公开化的深入开展，政府与公众的距离越来越紧密，许多政府机构都开通了政府办公热线电话。如果能够采用全国统一的接入号码既方便公众记忆，也有利于树立政府形象。中国电信“一码通 商务热线”业务，可以向政府提供全国统一接入号码 4008XXXXXX，将全国的电话呼叫集中接续到政府机构的呼叫中心。当政府机构需要时，可向其提供呼叫分析报告，内容包括：呼叫、遇忙、无应答的数量，通话总时长、平均通话时长，并对使用情况提供专家级的分析，管理非常方便。政府机构可结合自身的技术管理能力、投资计划，决定自建呼叫中心平台或是外包。

2、采用固网短信，建立新的沟通渠道

新时期的政府工作由管理型向管理和服务并重型转化。利用中国电信的“家加 e”固网短信平台，政府可增加一种新的公众访问渠道，同时通过固网短信业务也能丰富政府办公人员之间进行信息沟通的手段，加快政府上下级、部门之间办公信息的互动，开拓政府办公新的信息传递模式。

信息终端具有比手机更大的显示屏，能够显示更大的图形，更多的文字，同时可以动态下载菜单，具有更强的交互性。和 PC 相比，信息终端又具有投资少、易于使用的特点，方便企业和个人建立与政府的信息交互通道。

3、提高办公效率

(1) 电视会议

政府部门通过电视会议系统，可以组织各种视讯会议、培训、交流，实现“准实地”高效视像办公模式，丰富政府信息传送形式，从而精简会议、节省经费开支。

政府机构组建自己的电视会议系统可以采用如下方式：

◆政府机构自建电视会议系统

◆政府机构已有的视讯专网接入到中国电信“新视通”网络，扩大通信范围

◆政府机构利于中国电信大客户专用会议电视系统召开会议

◆政府机构应用中国电信新视通电视会议系统召开会议

(2) 电话会议

政府机构内部或相关企事业单位可以使用任意一部固定电话，拨打一个事先约定的会议电话号码及密码，即可加入在中国电信“会易通”平台上召开的电话会议，及时传达文件精神和工作指示、讨论各项政务工作。方便、省时、高效。

即使会议参加者在家办公，也可以由“会易通”平台发起会议呼叫，电话费和会议费由单位支付。

4、简单、方便的远程安全办公

为了实现高效的办公，政府部门的出差人员需要远程接入政务内网，同时还要保证数据传送的安全可靠，防止泄密事件的发生。中国电信提供的“V 信通”（VPDN）业务和 EVPN 业务可以满足政府出差人员的需求，使其能够随时随地访问政府部门的内部网络，及时处理各种政务工作，实现远程移动办公、现场办公。

(1) 应用“V 信通”业务，远程接入政务内网

“V 信通”业务充分利用中国电信覆盖广泛的电话网和中国公共计算机互联网（CHINANET）资源，提供合法用户以拨号方式接入 CHINANET，利用公共网络资源建立虚拟通道，访问客户内部数据资源，实现客户员工的移动办公。全国使用统一号码 17979，便于记忆。出差的员工只需要支付市话通话费和网络使用费，无须缴纳长途话费，费用经济。

(2) 应用“EVPN”业务，远程接入政务内网

中国电信的 VCN 平台可以为政府部门提供安全的 VPN 接入服务，通过专业加密技术，充分保证数据的私有性和安全性。政府部门可以自主管理账号。使用操作简便。支持各种上网方式，包括宽带和窄带。在政府部门的数据机房无需放置 VPN 网关设备，避免了网关式架构中容易出现的网关瓶颈问题。每个使用 SecureVCN 服务的用户只需要在其 PC 上安装 SecureVCN 客户端软件，以实现端到端的双向数据加密传输。SecureVCN 平台 SecureVCN 客户端软件为每个用户终端提供了高性能的安全通讯能力，满足了政府部门人员出差或在家安全办公的需求。

5、远程监控解决方案

利用中国电信监控平台实现远程监控，将监控功能引入政府机构，帮助政府机关更加及时的为公众提供服务。

“全球眼”远程图像监控业务系统利用中国电信无处不在的宽带网络将分散、独立的图像采集点进行联网，实现跨区域、全球范围内的统一监控、统一存储、统一管理、资源共享，为各行业的管理决策者提供了一种全新的直观的扩大视觉和听觉范围的管理工具，提高工作绩效。同时，通过二次应用开发，为各行业的资源再利用提供了手段。

6、政府网站增值服务

政府部门使用网上直播业务，使政府更加贴近群众，增加政府办公的透明度，树立政府在公众面前的良好形象，同时通过这个渠道加强政策法规的宣传力度。网上直播可直观和动态地将各类大型会议、文化艺术活动、展览、论坛、推广活动和人文与旅游景点的景观展示等，及时、立体地展现给公众，同步再现现场盛况，给人以身临其境的感觉。

五、结语

当前，人们对电子政务的预期很高，希望它能提高政府办公效率、政府监管效率、政府对社会的服务效率，以及政府和国家的竞争力；希望它能促进勤政、廉政建设、政府职能转变，使政府从管理型政府转向服务型政府；还希望它能带动整个信息产业(包括硬件、软件和服务业)的发展，促使数字鸿沟逐步缩小，真正成为国民经济和社会信息化的突破口。但是在建设过程中难免会出现这样或那样的问题，中国电信愿为电子政务建设提供全方位的解决方案，建设符合我国国情的电子政务系统，使电子政务的发展稳步推进。

“数字防汛”建设及其应用

上海市防汛信息中心、上海市水务信息中心主任　　胡传廉

上海作为一座正在迈向现代化国际大都市的特大型城市，人口稠密，经济发达，在我国经济建设和社会发展中具有极其重要的战略地位。受特定地理环境和气候因素影响，上海的洪涝灾害呈明显的台风多发性，暴雨突发性，水位趋高性，洪水复杂性、三碰头的经常性和四碰头的可能性等特征。做好上海城市防汛工作，确保社会稳定、经济发展和人民生命财产的安全，任务十分艰巨、意义特别重大。

上海历届市委和政府十分重视防汛防台工程性和非工程性措施的建设及防汛防台的各项工作，形成了千里海塘、千里江堤、城市排涝、郊区除涝四条防线和信息化的防汛指挥系统。其中，服务于防汛指挥的信息系统建设起步于上世纪八十年代中，目前已经初具“数字防汛”规模，成为上海现代化城市的防汛中枢，在近几年的防汛抢险、减灾救灾工作中发挥了显著的效益。

一、　“数字防汛”的总体架构

上海市“数字防汛”是综合应用地理信息系统(GIS)、全球定位系统(GPS)、遥感(RS)、宽带网络、数据仓库、数字模拟、多媒体传输、虚拟仿真等技术，以数据平台、网络平台和应用平台三个平台为框架，对河道、水闸、泵站、管网等防汛基础设施和水位、雨量、风速、风向、等水情信息进行自动化监测、实时化调度、网络化办事、系统化管理、规范化服务的技术系统，它是真实防汛指挥的数字化再现。

上海市“数字防汛”依据市、区（县）分级负总责，各行业分线负主责的防汛责任体系

需求，按照防汛信息系统“采集自动化、传输网络化、处理实时化、管理数字化、决策智能化、指挥可视化”的建设总目标，着重建设数据平台、网络平台和应用平台三层架构的市区（县）两级防汛指挥信息系统。

其中数据平台由实时信息采集系统、行业信息管理系统组成；网络平台由专业通信网络系统、网络信息发布系统组成；应用平台由指挥决策支持系统、可视会商监控系统组成。

实时信息采集系统建设已经完成防汛水情自动测报系统（一期、二期工程），太浦河、红旗塘、拦路港防汛水文自动测报系统，河道水闸自动监测系统，市区排水泵站防汛自动测报系统（B3 包），太浦河泵站自动监控系统；正在建设太湖流域（上海段）水闸泵站自动监控系统（一期工程），松江新浜圩区自动监控示范系统。

行业信息管理系统已经搭建由地理信息、遥感信息合成的防汛空间地理信息平台；完成接入水务行业所辖的黄浦江防汛墙信息管理系统，滩涂、海塘信息管理系统，排水处信息管理系统，太湖流域河道水闸信息管理系统，水文数据库管理系统。

专业通信网络系统建设完成了水务大厦和防汛指挥部内部计算机局域网，充分运用电信公网资源，组建了水务局属防汛单位计算机广域网和全市防汛重要单位城域网，完成接入国家防汛指挥系统骨干网；以及支撑信息采集组网需要的有线、无线通信网络。

网络信息发布系统已经建设完成基于防汛专网网页浏览方式的上海市防汛信息服务网站，各区县防汛信息服务网站，同时在市委公务网上成功移植防汛指挥部信息服务网站；水情信息采用手机短信信息发布系统和声讯服务台广播系统等发布。

指挥决策支持系统建设有水资源普查信息管理系统，防汛设施地理空间信息管理系统，暴雨积水模拟系统，台风暴潮信息管理系统，风暴潮预报模拟系统，河网水动力模拟系统。

可视会商监控系统建设有多媒体智能会议控制系统，防汛指挥视频会议系统，防汛信息调度系统，野外汛灾情视频监控系统，移动汛灾情监视系统。

二、“数字防汛”的功能实现

已经建设完成、陆续投入应用的防汛指挥信息系统已经具备有别于传统防汛指挥的强大功能：

1. 汛情信息自动化采集

汛情如敌情，兵贵神速。快速、可靠地传递汛情信息是夺取防汛抢险救灾胜利的根本保证。目前，全市范围的 80 个水情测站、85 个防汛水闸，市区排水 162 个排涝泵站全面实现自动监测，每 5 分钟到 15 分钟采集传输所有测站有关沿海测站风速风向，全市水情测站水位、雨量，防汛水闸启闭运行及其闸内外水位变化数据，排涝泵站启闭运行及其集水井水位和过泵流量等数据；同时，气象、海洋、海事以及长江、太湖流域的气象、雨情、海潮、流域水位都动态采集、通过联网定时传输。太浦河泵站等重点防汛枢纽还具有远程监控功能。快速准确的各类汛情信息的汇集为实时处理、及时决策争得了宝贵的时间。

2. 行业信息数字化管理

工情如军情，知己知彼方能百战不殆。完整、准确的防汛设施信息和水资源信息是防汛工程建设规划和抢险措施实施的重要依据。目前，按照行业管理职责，全市 6711 平方公里范围内总长为 21646 公里的 23787 条河道等水资源容量及其空间分布；3808 公里堤防（其中 508 公里海塘、523 公里黄浦江防汛墙），2195 个水闸、6322 个电灌站以及市政泵站、排涝泵站、排水管网、水文站、险工险段、防汛物资分布等几乎都实现地理信息空间数据库管理，这种数据库是基于数字高程的 1:2000、1:1000、1:500 地形图叠加 5.8 米、2.5 米、0.61 米分辨率卫星遥感影像和 1:50000 航空遥感影像。面广量大的防汛信息为科学可靠的决策指挥提供了坚实基础。

3. 防汛信息网络化发布

一呼百应，军令如山倒。无所不到的网络为瞬间传递防汛指挥信息提高有力载体。今天，上海防汛指挥网络架构已经以公网专用宽带（2M）方式上联国家防汛抗旱总指挥部、市政府应急联动中心、市政府公务网、长江委、太湖流域机构，下联覆盖全市 19 个区县防汛指挥部和上海气象局中心气象台、东海海洋局海洋预报台、上海海事局海测大队水文队以及水务局各防汛企事业单位。在这网络平台上，基于浏览器服务器方式的上海防汛信息服务网向全市防汛部门实时发布了卫星云图、台风路径图、地面天气图、气象雷达图、雨量分布图、气象预报、水位预报、汛情通告、水情通报、长江、太湖、以及东海动态水情数据，全市水位、雨量和水闸、泵站运行实时监测数据；同时，在这个网上还可以很方便地查询基于高清晰度遥感地图上防汛指挥用电子地图，应用地理信息技术在空间分布中无限展示海塘、防汛墙、水利分片、圩区、河道、水文站、水闸、市政泵站、排涝泵站、电灌站、排水管网、行政区划、道路、桥梁、建筑物、重要单位和设施、社会经济、数字高程、险工险段、防汛物资等有关防汛抢险指挥所需的信息，如防汛设施的设计标准、防御标准、空间分布、结构形式、工程图纸、照片等；网站还不断更新法律法规、防汛新闻、灾情信息、防汛机构、防汛技术等常用信息。

4. 防汛指挥智能化决策

运筹于帷幄之中。智能化的决策支持系统是防汛指挥调度的科学决策的智能手段。针对上海面临的最大可能汛灾：台风暴潮、中心城区暴雨积水、区域性洪涝等，运用地理信息空间分析、综合数据库、实时系统接口、数学模拟等技术，进行预报模拟决策支持。根据上海市排水管网情况、历史统计资料、降雨统计资料、降雨雨型情况，雨量站实测数据和雨量预报数据，连接城市暴雨积水模型，预测某场降雨或某种频率的暴雨后的积水及退水情况，并统计积水灾情；根据东海海底地形、长江口和杭州湾陆地地形、台风及其预报风力、行进路径、风力半径、中心气压等技术参数通过风暴潮预报模型，预报一场台风行进过程中对上海沿海和黄浦江潮位变化过程，并可对沿海沿江堤防进行危险告警，实现在防汛风险电子地图上进行抢险救灾决策；目前正在研究针对上海感潮河网特点，根据太湖流域河网水位和河口潮位变化以及水闸泵站运行实时数据，通过河网水动力模型，计算获得整个区域性河网任何河段的水位变化的预报，实现河网防汛调度科学化。

5. 防汛会商监控可视化

决胜于千里之外。多媒体自动控制技术的应用，是远程指挥调度千里眼、顺风耳。上海防汛指挥部所在的水务大楼实现智能化大楼功能，防汛指挥中心有多幅大屏幕投影可灵活组合显示多种防汛信息和图像，国家、市、区县三级防汛视频会议可同时接入 32 个会议点、视音频分别由 96 路输入、64 路输出。同时，信息控制大厅可集约式控制多个会议室、值班室同时开会，在任何一个会议室可以对 28 个野外防汛（海塘风浪、河道水位、水闸泵站启闭、暴雨积水等）视频监控点实施远程监控；85 个水闸实现远程监视；通过机动灾情信息采集车辆以通信卫星方式可将任何地点防汛险情或灾情图像传入信息中心调到会议现场。实现防汛远程现场指挥和会商。

三、 “数字防汛”的实战效益

“数字防汛”在建设完善过程中，始终以需求为导向、以应用为核心，从实用性出发，用实战性检验，在近几年台风、暴雨、高潮袭击及其抢险过程中，极大地发挥了现代防汛抢险的效益。主要表现在：

1. 工作效率明显提高

防汛指挥效率有了质的变化。过去，防汛情况通报是一张一张地发出传真，水情信息的汇总传递是每天一次，水闸、泵站启闭运行数据是一个月汇总一次，根本无法实现实时调度。记得 1997 年的“9711”号台风影响上海期间，黄浦江苏州河口水文站达到 5.72 米的历史高潮位，曾有专家提出开闸削峰调度方案，由于信息无法实时传递，调度方案未能顺利实施。今天，所有这些气象、水文数据自动化采集汇总及网站发布都只需要 5 分钟！而雨量数据更是每变化 1 毫米采集传输至中心，每次超警戒水位预报都会牵动沿江沿海水闸的启动，每次暴雨警报的发出都会牵动防汛排涝泵站的准备。大大增加信息覆盖面、加快了信息传递的频次和速度，减少信息传递环节、节省大量人力物力。另外，每年更新的高清晰度的遥感图片技术的应用可以分析调查河道的变化，节省了以前只能靠勘测普查才能完成的大量人力物力。

2. 预测预报明显加强

水情预报范围扩大和预报精度大大提高。过去水情预报只有一个站点，今天，“数字防汛”水情预报模型加上全方位信息支持下的专家预报系统可以预报上海所有沿海和黄浦江水文 7 个站点的水情。2003 年平均预报幅度在 25 厘米内的精度达到 97.9%，远远高于国家水文标准中幅度 30 厘米内 85%的甲等精度要求。

3. 工作方式明显转变

防汛的工作方式也实现很大变革，信息共享效益明显。过去，防汛会商会先找通信录、召集相关人员在各种地图和图纸前开会商量；防汛值班的主要任务是收发电话、传真。今天，视频会议和电子地图可以避免各级防汛指挥人员在最紧张的时候疲于奔会，充分利用网络坐镇一线实现异地会商；防汛值班需要掌握现代化信息技术操作技能，从网上收集和发布信息、统筹协调、指挥调度。网络化的信息共享也节省了大量建设经费，如按照国家防汛抗旱总指挥部的要求，区县一级防汛指挥部都要配备卫星云图接收系统，而上海防汛利用网络化网站共享发布，就节省19个区县费用200万元。

4. 灾害损失明显减少

2000年8月31日凌晨，“派比安”台风影响上海，，刚刚建成的防汛决策支持系统始终在第一时间监视着台风动向，及时准确地预报出超历史第二的高潮位，为各级防汛部门做好准备赢得了宝贵时间。当黄浦江黄浦公园水文站达到历史上第二高潮位5.70米时，郝桥港防汛墙建筑工地临时围堰出现缺口险情时，又是系统在第一时间将经过GPS定位的遥感电子地图呈现在防汛指挥中心的大屏幕上，供市防汛指挥部领导坐镇指挥。

2003年地铁四号线工地发生意外造成地面沉降，现场抢险指挥部非常担心暴雨积水影响地铁隧道及其周围地区。位于沉降中心的文庙泵站已经严重受损倾斜，在其屋顶上的雨量自动测报系统在停电的情况下，及时利用自备备用电源将雨量实时数据传到信息中心，供抢险指挥部的决策，被誉为“永不消逝的电波”。

近年来，“数字防汛”在防汛测、报、防、抗、救、援等方面发挥愈来愈显著效益，按同比灾害损失减少，每年防汛经济效益都近亿元。历届市委市政府领导多次应用该系统指挥防汛现场指挥，国家防汛抗旱总指挥部、水利部领导也多次视察指导工作。近年，计划建设苏州河水系水情、工情自动测报系统；正在着手建设河道水闸行业、排水行业等行业完整基础数据库系统；计划完善防汛指挥调度移动呼叫通信系统；计划建设和完善防汛决策的核心应用数据库，防汛调度模拟系统，水情预报专家决策系统、灾害评估模拟专家系统，防汛风险电子地图和应急预案实施信息管理系统；计划建设移动战地指挥系统等。

Haier 海尔电脑

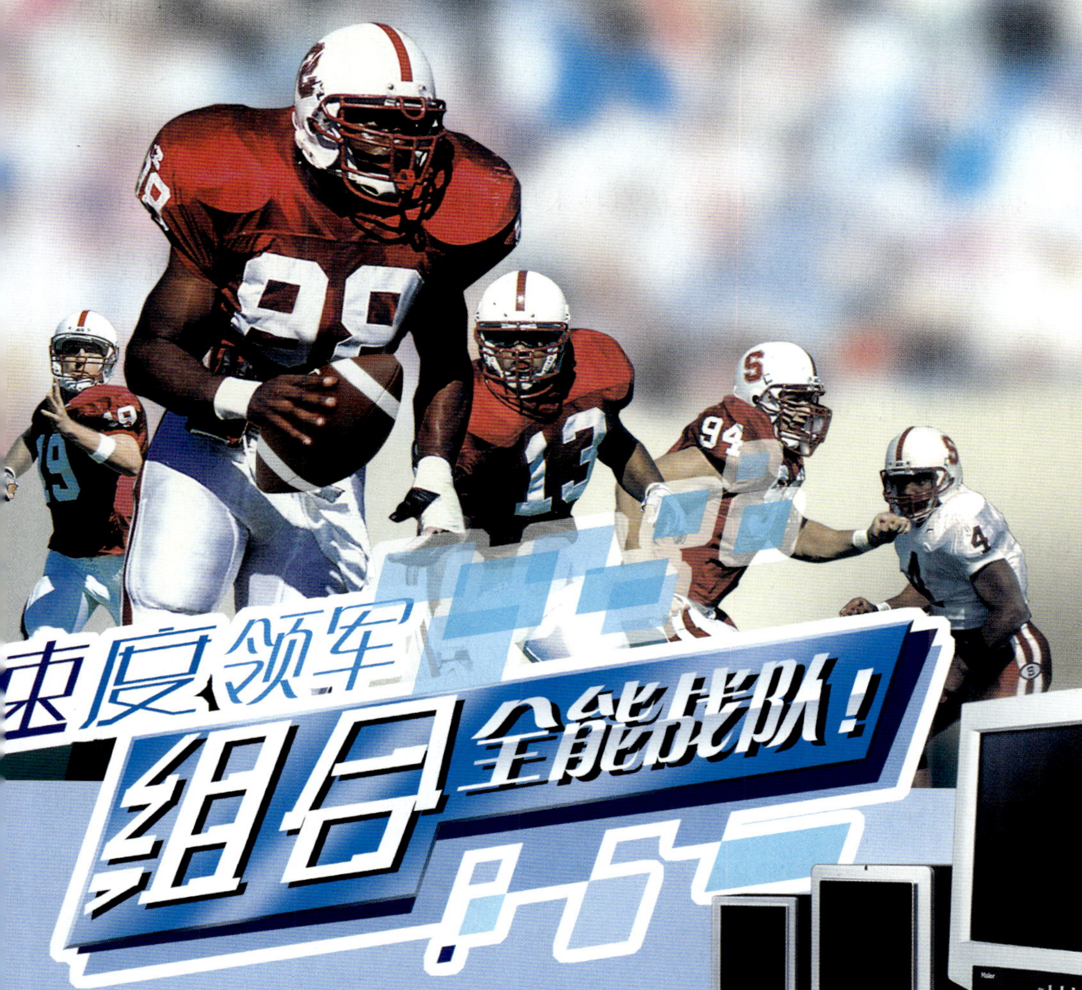

速度领军

组合全能战队！

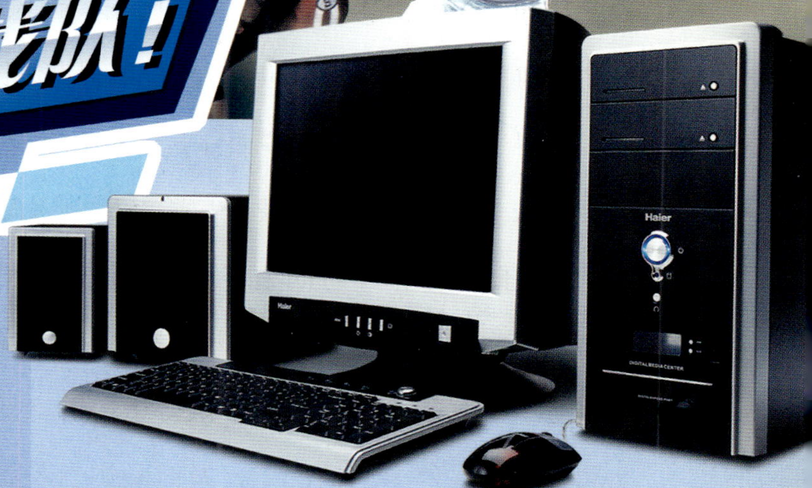

机敏的你，最需要的莫过于一台同样反应机敏的高性能电脑。
"战队"系列配置豪华均衡，辅以人性化的精细设计，让你劲
对刺激的热血征战！绝对反应，反应更快，绝对更有胜算！

尖端配置，畅享娱乐自由　　功能再度强化，加量不再加价

散热工程，尽情娱乐不死机　　智能变频风扇　降噪更有绝活

工学典范　闪耀设计灵感

战队系列 3010

	CPU	显示卡	内存	硬盘	光驱	显示器	MODEM	软驱	键盘	鼠标	电视卡	读卡器	前置	音箱	影音娱乐	安全备份
0	英特尔®奔腾®4处理器 3.2G (90纳米)	FX5500 256M DDR显卡	512M DDR	160G 7200RPM	DVD ± RW	17" LCD	56K	3.5英寸	超薄多媒体键盘	光电鼠标	电视卡	八合一	USB2.0 及音频接口	2.1低音炮音箱	海尔影音一点通（带遥控器）	海尔一键记忆恢复
0	英特尔®奔腾®4处理器 2.8G (90纳米)	Geforce4 128M独立显卡	256M DDR	80G 7200RPM	COMBO	17" 纯平	56K	3.5英寸	超薄多媒体键盘	光电鼠标	电视卡	八合一	USB2.0 及音频接口	2.1低音炮音箱	海尔影音一点通（带遥控器）	海尔一键记忆恢复
0	英特尔®赛扬®处理器 2.6G	Geforce4 64M显卡	256M DDR	80G 7200RPM	16X DVD-ROM	15" LCD	56K	3.5英寸	超薄多媒体键盘	光电鼠标			USB2.0 及音频接口	2.1低音炮音箱	海尔影音一点通	海尔一键记忆恢复

选择海尔电脑　全程服务无忧

- 故障3年免费维修
- 全程管家" 免费上门保养服务
- 免费送货上门安装调试
- 免费个性化培训（限目前开通的地区）
- 24小时全天候即时响应服务热线
- 终身免费提供升级方案（不含部件成本费）

信心就在英特尔

海尔电脑采用英特尔®奔腾®4处理器

海成(上海)信息技术有限公司

地址：上海市桂平路410号兴园商务楼4楼
邮编　200233　服务热线：(0532)8939999

http://www.ithaier.com
E-mail地址:service@it.haier.com

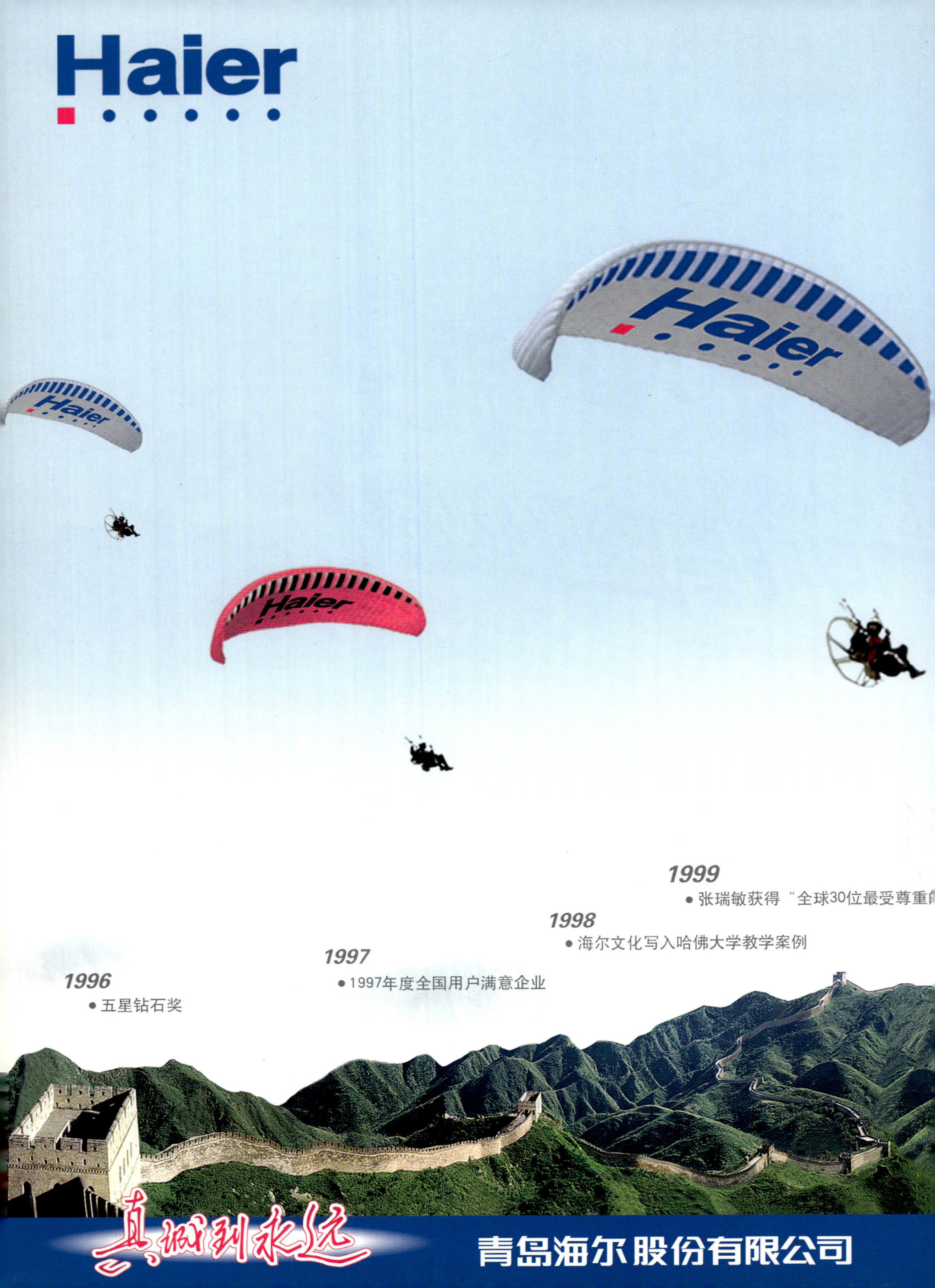
Haier
1999
张瑞敏获得“全球30位最受尊重
1998
海尔文化写入哈佛大学教学案例
1997
1997年度全国用户满意企业
1996
五星钻石奖
真诚到永远
青岛海尔股份有限公司

第四部分

产业专题

产业融合与新兴市场展望

中国信息化推进联盟　　李　峻

2003年中国信息产业全年实现销售收入1.88万亿元人民币,比2002年增长34 %；增加值达到7090亿，占我国国内生产总值的6%，信息产业已经成为国家的基础性和战略性产业，成为我国国民经济第一支柱；另一方面，由于信息产业具有的关联度高、渗透性强的特点，使其对传统产业辐射带动能力越来越强。凭借其与国民经济其他部分较强的关联性，信息产业对生产力的发展具有显著的促进和倍增效应。

随着电子信息产业、通信产业、软件产业等的飞速发展，信息产业与传统产业出现明显融合趋势。在“加快国民经济和社会信息化，以信息化带动工业化”指导思想下，传统行业的信息化改造、国民经济生产要素的优化配置、行业应用产品的产业化推广，都使得信息产业和传统行业相互渗透、相互结合的进程加快。随着具有明显融合特点的新兴产业的不断涌现，也使得信息产业的结构发生根本性变化：

从产品应用的角度来说，由以前“产品同质化”和“分散式”应用产品到面向行业用户的“个性化”和“集中式”的大规模应用，而正是这种大规模的个性化行业应用促使了IT新兴产业的茁壮成长，也使得信息产业的结构孕育着变化与调整。

产业融合造就出一批上百亿的新兴市场，这将是未来产业结构发展的最大变化，也必将进一步引发市场资源的重新配置，引领企业创造更大财富。信息产业和传统彩电行业结合，产生了数字电视产业；与汽车行业结合，产生了汽车电子产业；和医疗设备结合成为医疗电子产业；与传统信息服务业结合，形成数字内容产业；与娱乐产业结合，产生了娱乐电子产业等等。

那么如何来判断一个市场是否属于新兴的IT市场呢？从需求、供给、政策和投资等四个方面来看它的四个关键要素，首先，广泛的市场需求是新兴市场的存在基础，而技术可行的有效市场供给为市场提供了发展可能，另外，积极的产业投资和政府的鼓励扶持政策都为市场的加速发展铺平了道路。

汽车电子

汽车电子是信息产业与汽车制造业融合而产生的新兴产业，产品主要分为发动机电子、底盘电子、车身电子以及汽车通信与娱乐系统等四大类。

2003 年，由于全球汽车生产能力过剩，全球汽车销量仅为五千六百多万辆，出现了 1%的负增长。与此同时，作为汽车产业新增长点的汽车电子领域的市场规模却出现了加速增长。2003 年全球汽车电子市场规模达到 1150 亿美元，同比增长 8.1%，而反观中国市场，汽车电子销售额保持了 41.5%的大幅增长，其中 GPS 导航、信息娱乐、防盗、自动变速控制、防抱死制动等产品的市场销售额增长率高于汽车电子市场的平均增长水平。

而发动机电子控制系统、安全气囊、汽车音响以及中控锁等产品的销售额增长率均略低于平均增长水平，但仍高于 34%的全国汽车销量的平均增长。

医疗电子

医疗电子是信息产业与医疗设备制造业融合而产业的新兴产业，产品主要包括医用电子诊断设备、医用电子治疗仪器等。

医疗电子作为高新技术产业，与人的生命健康息息相关，不随经济景气度的波动而大幅变动，具有较强的发展稳定性。

未来五年，全球医疗电子产业将保持 15%左右的增长速度。在西方发达国家，医疗电子设备市场与医药市场的比例约为 1：2，而在中国，这一比例仅为 1：8，可以看出，中国医疗电子市场潜力巨大。

娱乐电子

娱乐电子是信息产业与传统玩具制造业和游戏设备制造业融合而产业的新兴产业，主要包括电子玩具、电子游戏机、智能休闲益智玩具等。

中国娱乐电子市场在 2003 年持续了 2002 年的快速增长，已经取代日本而一跃成为世界第一娱乐电子出口大国，但是值得关注的是，我国的出口产品大多集中在中低端市场，产品附加值低，自主技术的欠缺与薄弱都是影响我们成为第一娱乐电子出口强国的重要因素。

数字内容

数字内容服务是信息产业与传统的媒体出版、教育、信息服务业融合的结果，（是在 3C 的基础上，融合了信息内容服务所形成新兴市场），主要包括电子出版、无线内容服务、网络游戏、互联网内容服务、数字动画、在线教育、数字图书馆等服务形式。

2003 年，全球数字内容服务市场达到一千五百多亿美元，中国市场方面，在网络游戏，和基于无线通讯的信息服务的强势带动下，数字内容服务市场达到了超过 200%的巨幅增长。

数字电视

数字电视是信息产业和传统彩电行业结合，通过卫星电视传播与数字电视节目，提供高品质图象质量、特色化服务内容视听服务。

未来几年，全球数字电视市场呈现稳步增长态势，2008 年全球数字电视用户规模将达到 6.3 亿户，市场规模达到 970 亿美元；全球数字电视的技术与标准趋向美、日、欧“三极”垄断。

而中国数字电视产业基础雄厚，尤其是在终端产品制造方面。目前，已经形成年产量超过 5000 万台的完整彩电产业链和 1000 万台的机顶盒产业规模，其中 98%的产品都是卫星机顶盒，且主要面向海外市场。但是，在内容服务、传输标准以及市场空间等存在的一些不容回避的问题，导致了 2003 年中国有线数字电视用户为 16.8 万，并没有达到国家广电总局的发展目标。

新兴 IT 市场成长的巨大空间，为企业突破产业边界约束提供了新的投资发展机会：

汽车电子产业领域，新的投资发展机会包括：汽车 DVD、汽车 GPS 定位系统、汽车电子安防设备、汽车移动电话等；

数字电视产业领域，新的投资发展机会包括：数字电视的专用集成电路芯片、高清晰度的显示器件、数字电视的应用软件和系统集成、数字电视网络运营、高端电视机等；

数字内容信息服务产业领域，新的投资发展机会包括：网络游戏、网上教育、视频点播、多媒体短信 MMS 等；

医疗电子产业领域，新的投资发展机会包括：家庭保健电子、核磁共振设备、彩色 CT、直线加速器、超声定位体外震波碎石机、神经电位诊断系统、正电子断层扫描机、伽玛照相机等；

娱乐电子产业领域，新的投资发展机会包括：智能电子玩具、激光玩具、电子游戏机等；

面对新兴 IT 市场增长的空间，许多企业已经先行一步。如摩托罗拉与哇冠合作做“摩托罗拉”电视；Dell 开始在日本市场销售 17 寸液晶电视；Acer 推出 e-TV、e-Box；空中网、TOM、网易热战彩信市场；盛大网络的传奇经典引起网络热潮；联合汽车、德尔福万源 、山东威明等一批汽车电子公司成立；东软通过螺旋 CT、核磁共振等加大数字医疗投入……这些企业突破了产业的边界约束，进入了新的投资领域。

产业融合已经成为新世纪信息产业发展最重要的趋势之一。这一趋势不仅决定着信息产业未来的发展方向和空间，也影响着企业的可持续发展能力。主动顺应产业融合趋势，是企业抓住发展机遇，提升核心竞争力的根本之道。“因时而变、抢占先机”将成为新一轮产业发展高峰来临之前企业的理性和必然选择。

发挥信息化优势 推进电信运营企业管理创新实践

中国信息化推进联盟 IT 治理专业委员会副主任委员 孙 强

自改革开放以来，我国电信行业经历了邮电分营、移动剥离、电信重组等改革过程，在改革的实践中，不断借鉴国外先进的管理理念和经验，结合我国的国情，积极探索，自主创新，走出了一条电信行业管理创新之路。

今年 2 月 24 日，国务院副总理黄菊在全国国有资产监督管理工作会议上强调，“当前和今后一个时期，国有企业改革要重点抓好以下方面的工作：一是加快推进国有经济布局和结构的调整，培育发展具有国际竞争力的大公司大企业集团；二是推进国有企业股份制改革，加快现代企业制度建设，完善公司法人治理结构；三是深化企业内部改革，转变企业经营机制。”

要切实贯彻好这些要求，就必须不断推进企业管理创新工作，促进企业不断改善和加强管理。国际上先进的现代企业管理，不论是理论上，还是实践中，都重视利用现代信息技术，对企业信息资源进行广度和深度的开发利用，从而对企业实现有效的管理和监控。

国内外的成功实践表明：电信运营企业的管理创新，离不开信息化的支撑。作为降低成本的重要举措，信息化是运营企业增强市场应变能力的必要条件，是加强管理、堵塞漏洞的有效手段，已经成为企业核心竞争力的重要内容。在一个竞争激烈、逐渐迈向国际化的市场环境下，谁能率先借助信息技术提升业务与服务水平，谁就能够在激烈的市场竞争中脱颖而出。

一、我国电信运营企业信息化的发展现状

长期以来，我国电信运营企业对于信息化非常重视，并且也从实践中感受到了信息化的好处。始建于95年，主要部分在97年底完成的97工程，就为电信运营企业从手工管理阶段转向计算机管理阶段迈出了很关键的一步。经过几年的努力，做到了本地网范围内的数据集中、应用管理集中，理顺了本地网的生产组织机制，满足了当时电信业务运营管理的需要，为运营企业今天的发展打下了一个很好的基础。

近年来，电信运营企业的投资重点正逐步从基础网络投入转向电信业务系统和企业信息化管理系统的建设上。各大电信运营公司都把企业信息化建设提上了日程，不断加大对信息化的投资，电信运营企业的IT投入在其固定资产投资中所占的比例持续上升。中国电信集团公司召开企业信息化座谈会，推出了企业信息化战略规划（ITSP）。企业信息化成为集团公司九大发展战略之一，实现企业信息化是中国电信提升运营和管理水平、提高企业核心竞争力的重要保证。中国网通集团公司在企业信息化工作会议上提出，中国网通集团将按照党的十六大提出的要求，务实推进企业信息化建设，以促进企业生产经营由粗放型向集约型转变，发展由外延型向内涵式转变，加快实现“力争用3至5年时间把中国网通集团打造成世界一流通信运营企业集团”的目标。根据CCID的统计数据，2003年中国电信业在IT上的投资为349.68亿元,同比增长12.4%，占固定资产投资的15.8%。以运营支撑系统为例，2003年投资规模为87.1亿元，同比增长23.9% ，远高于全球3.9%的增长率，这表明电信运营企业对综合性业务系统的建设力度加大，从侧面也反映出电信行业IT应用水平的提升。

对于企业信息化的投入，使得运营企业得以利用信息化手段改造优化业务流程、管理模式、运行机制等，从深层次上完善和创新企业管理。企业运营效率得到提高，内部管理控制能力得到增强。在日趋激烈的市场竞争中不断的成长起来。2003年全国电信业务收入达4610亿元，比上年增长13.9%，是同期GDP增速的1.5倍，对国民经济的增长起到了积极的推动作用。

电信业与整个信息产业的发展，促进了先进生产力的发展、先进文化的传播和人民生活质量的改善，成为中国经济社会发展的重要驱动力量。但同时也必须看到，我国电信运营业

信息化管理、应用水平和核心竞争力，与国际领先电信运营企业相比还有明显差距，在为经济社会发展服务方面还存在诸多的不适应。为此，我们要树立和落实科学发展观，总结宣传推广信息化与管理创新典型经验，采取切实措施，以自身的协调发展，推动国民经济和社会信息化的协调发展。

二、我国电信运营企业信息化与管理创新典型经验

经过多年的发展，我国电信运营企业在发挥信息化优势，推进信息化管理创新实践中，积累了丰富的典型经验。我们可以归纳如下：

1．信息化与管理创新、体制创新相辅相成，相互促进

信息化已经成为促进电信运营企业管理创新的重要途径，通过信息化的手段，来改造优化电信运营企业业务流程、管理模式、运行机制等，从深层次上完善和创新公司治理与管理机制，这为进行信息化改造创造了有力条件。反过来，信息化也将进一步促进企业的现代化管理。因此，我们要坚持技术创新与管理创新、体制创新并重。在这方面，众多电信运营企业都进行了成功的探索，例如：

北京通信经过近二十年的信息化建设认识到，IT 系统的建设不仅仅是帮助企业建立一套信息系统，更重要的是引入先进的现代管理思想和方法，通过业务重组、组织重组和管理重组，建立一套符合市场经济体制要求的现代企业管理模式。因此进行 IT 系统的建设，首先要以业务流程为目标，进行业务流程的优化与改进。IT 系统的建设依赖于企业管理机制、业务流程的改善和规范，也必将推动企业的管理创新与服务创新。

山东联通：以管理为重点，迅速提高公司运转效率；以效益为中心，努力提升企业利润水平。

网通国际：构建共享服务管理平台。

2．信息化工程既是“一把手工程”，还必须全员参与

企业信息化工作是一项非常复杂的系统工程，不仅涉及计算机技术、网络通信、软件工程，而且还涉及到企业的生产、业务、管理等，涉及人和事，涉及到企业的流程再造（BPR），涉及到企业的变革，协调工作重，难度相当大。要做好企业信息化工作，发挥信息系统的作用和效应，领导的参与是关键，没有领导的参与、关心和支持，企业信息化工作是无法成功的，同时，信息化工作涉及企业所有的管理层面和业务层面，需要得到所有管理者和员工观念上的认同和行动上的支持，从企业整体利益出发，才能顺利推进信息化进程。这样才能解决信息化战略目标的合理性、可执行性等问题，可见，信息化的过程“不是一套正式的制度，而是持续的互动”。如：

北京通信：将企业信息化建设视为“一把手”工程，同时信息化理念需要深入到全体管理者和员工头脑中。

福建电信：公司成立以来，福建电信领导一直重视企业信息化建设，把加快企业信息化建设作为提高公司运行效率、促进管理创新、提高服务水平和提升整体竞争实力重要举措和年度工作的重点来抓，并多次列为公司总经理办公会、专题会的议题，认真研究提出有关企业信息化的规划建设、应用开发、组织建设等问题的指导意见，指出建设企业信息化要从单纯实现系统功能为主转到为经营决策服务和适应上市要求，为提高工作效率、及时了解市场动态，和提高市场应变能力服务上来，要求各类信息系统即管理支撑系统、运营支撑系统、业务支撑系统的开发、建设、维护和管理等都要适应这个要求。

上海电信：在多年的企业信息化建设过程中，上海市电信有限公司的最高领导对此有清醒的认识，为了推进企业信息化工作，上海市电信有限公司专门成立了公司的企业信息化领导小组，公司总经理程锡元亲自担任组长，公司副总经理和各部门的经理作为领导小组成员，企业信息化领导小组专门负责领导、协调和推进公司的企业信息化工作，并有例会制度保证，定期召开公司企业信息化领导小组会议来及时决策、协调和解决公司企业信息化发展中问题。

3．引入国际信息化管理先进理念，积极参与全球竞争

为了适应经济全球化和加入 WTO 的新形势，在更大范围、更广领域和更高层次上参与国际经济、技术合作和竞争，贯彻落实信息产业部提出的电信强国战略，我国电信运营企业必须熟悉和掌握国际通行规则，这包括目前已经引起我国电信运营企业高度重视的相关信息化

管理标准。

这些信息化管理标准浓缩了工业发达国家先进企业许多年来的管理经验，融合了当今诸多优秀的管理方法，并用最简洁的方式将企业信息化的过程加以概括，指明了企业信息化管理的基本流程，同时还具有弹性，以此作为信息化管理工作的出发点，我们的电信运营企业可以在全球最佳实践的高度上，结合自身特点加以最大限度的发挥运用。

如基于ITIL标准的IT服务管理作为全球公认的IT管理最佳实务，在各国电信运营企业的IT管理中得到了广泛的应用，在英国甚至成为衡量电信运营企业管理水平的标准。目前，我国众多的电信运营企业都在实施基于ITIL标准的IT服务管理，比较典型的有广东移动、网通国际、云南联通等。另外，上海电信在信息系统审计项目正在展开。

4. 坚持“以人为本”，注重电信运营企业文化建设

当今企业之间的竞争实际上是知识与人才的竞争。企业要想在竞争中保持长盛不衰，唯有不断提高员工个人的综合素质，这样企业才能获得持续发展的源泉与动力。当前，要重点探索管理人员、科技人员、一般员工按生产要素贡献进行量化分配的激励措施和在企业产权制度安排中如何突出人力资本价值等问题，通过建立学习型组织，强化职工终身的持续教育和培训。

山东联通：企业信息化建设具有自身特色，不仅公司的规章制度、礼仪规范全部纳入系统，系统内还设置了企业文化关键词和联通发展历程；开辟了各层面的员工论坛，设立了总经理信箱、企业廉政举报信箱，为员工谏言献策和参政议政提供条件。

上海电信：E-Learning系统的建设是上海电信公司管理创新、以人为本的有效尝试。公司领导在考虑公司发展战略的同时，充分意识到引入新的企业教育模式的必要性，通过结合传统的教学经验和优势，为公司开拓出一条崭新的人才培养模式，从而使企业储备更多的优秀人才，在日益激烈的市场竞争中立于不败之地。

网通国际：e-HR系统的建设改变了传统人事管理模式，是走向现代化人力资源管理的重要步骤。e-HR系统的上线是“共享服务”管理模式的真正体现，为推广共享服务奠定了坚实基础，实践了“以人为本”的信息化。

5．IT与电信业务相融合

现在，越来越多的电信运营企业认识到要使信息技术能够真正地优化企业的业务运作，除了要有先进的设备和技术外，还必须要有良好的配套服务保证IT和企业业务实现最大程度的融合。只有这样，才能让信息化发挥真正的效益。我国一些企业在实施信息化战略时，往往出现IT投资巨大却没有取得应有的效益，其微观原因就在于企业在进行IT投资时没有重视IT与业务需求的融合。可见，重视并探索IT与业务相融合的方法是当前我国信息化建设非常紧迫的一项工作，我国的电信运营企业在这方面进行了成功的实践。

北京通信：信息化建设不是 IT 部门自己的事情，需要业务部门的广泛参与和协作。作为需求提出者和系统使用者，业务部门需要根据企业战略和业务发展的需要，明确系统的业务目标，业务流程和业务需求，积极参与系统建设的全过程。IT 部门需要根据 IT 总体规划和业务部门的需求，确定系统的技术方案并组织系统的实施工作。IT 部门和业务部门在信息化建设过程中，只有职责清晰、分工明确，密切合作，才能顺利推进系统的实施，实现预期的业务目标。财务管理系统的建设，在业务部门的积极配合和推进下，系统需求明确、业务流程清晰，仅用了 4 个月的时间就成功地上线运行，成为北京通信 IT 建设的典范。

6．搭建统一信息平台，实现信息共享

企业信息化中一项非常重要的工作或标志是数据的信息化，只有实现了数据充分共享，信息发挥了有效的作用，企业信息化才算成功。俗话说，三分技术、七分管理和十二分数据，数据管理在企业信息化中非常重要。

上海电信：非常重视数据管理工作，为了更好地规范企业的数据管理工作，更有效地实现数据、信息的共享，更好地指导应用系统的建设和应用系统之间的集成，2003 年成立了专门的项目，启动了构建企业数据模型的工作。在充分考虑业务发展对数据需求的基础上，详细调查了公司当前的系统数据需求，分析外部的数据需求，同时，借鉴了国际主要电信运营企业建立数据模型的经验和 eTOM 模型，从客户、产品/服务、计费帐务、资源、财务、人力、库存等七大主题领域提出上海电信统一的企业级数据模型。

企业数据模型的建立，第一，使上海电信改变了过去数据分散、语义重叠的现状，促进信息、数据的交互和共享，有力地指导信息系统建设；第二，有利于在 EAI 平台上实现不同支撑系统间的数据映射和转换，有利于应用系统之间集成；第三，有利于企业运营数据仓储（ODS）和数据仓库构建，可以为企业提供统一数据视图，便于各支撑系统之间的数据同步，有利于提供企业经营分析和管理决策支持。

随着信息技术的发展，信息系统的整合已成为传统大型电信运营企业信息化必然选择。2003 年，上海市电信有限公司开始对 1996 年建设的综合办公服务系统（OA）进行整合与升级，在此基础上构建企业协同环境与知识管理平台。

7. 客户管理信息化

面对日益激烈的市场竞争，电信运营企业越来越意识到客户关系资源才是自己所拥有的最为宝贵的财富，而客户服务则是发展、维系和巩固这一关系最根本、最直接、最有效的手段。因此，以客户为中心，为客户提供高质量服务，从而获取较高的客户满意度和忠诚度，是企业最重要的核心竞争力，是企业在竞争中立于不败之地的根本保证。因此，企业只有通过梳理流程、改造流程、固化流程，整合客户服务和营销渠道，建立以客户为中心的服务体系，才能提供及时、有效的服务，提高客户满意度。

这就要求企业充分利用信息化手段，建设功能强大、稳定可靠的运营支撑、客户服务和企业管理平台，为企业适应激烈的市场竞争、实现管理创新提供可靠的保证。

山东通信：为最大限度地方便客户享受通信服务，山东通信首先增加了客服窗口，建造了全方位、一体化的客户服务界面，成立了重点客户服务中心和客户服务中心，由重点客户服务中心对重点客户提供上门服务，由客户服务中心通过通信业务电话全受理系统“1000 电话营业厅”向客户提供电话服务。对于重点客户，公司根据“分类管理、分级负责、分片包干”的原则为他们开辟了服务“绿色通道”，提供真正的“一站式”、全方位服务。

北京通信：在通信市场格局巨变的大环境下，北京通信提出了“一切从客户需要出发，一切落实到企业效益”的经营理念和“用 2～3 年的时间，实现从任务型企业向服务型企业的全面转型”的发展目标。

福建电信：为适应形势发展，满足客户需求，以客户为中心，切实将“用户至上、用心服务”的服务理念贯穿于企业信息化的建设中，不断建设并有针对性的开发具有人性化受理、个性化服务、自动化运营的一系列营销服务系统。

山东移动：2003 年实施的服务链整合项目，山东移动以 1860 服务热线扩容改造为切入点，从解决客户投诉的解决及时性、有效性出发，对从各营业窗口到各后台服务支持部门和系统的整个服务流程进行了重新梳理，对服务链上的每个环节进行了有效整合，建成了包括业务受理、咨询投诉在内的统一后台支撑系统，解决了投诉及时性问题，大大提高了客户服务水平。

三、以科学的信息化发展观为指导，发挥信息化优势，推进电信运营企业管理创新再上新高，实现电信业的可持续发展

党的十六大指出，大力实施可持续发展的战略，走“以信息化带动工业化，以工业化促进信息化”的新兴工业化道路。在十六届三中全会上胡锦涛同志进一步指出，要树立全面发展、协调发展、可持续发展的科学发展观，坚持以经济建设为中心，更加自觉地推动社会主义物质文明、政治文明和精神文明协调发展，实现社会全面发展和促进人的全面发展，实现经济社会可持续发展。科学发展观进一步指明了新世纪新阶段我国现代化建设的发展道路、发展模式和发展战略，进一步明确了中国要发展、为什么发展和怎样发展的重大问题，是全面建设小康社会和实现现代化的根本指导方针。深刻领会和准确把握科学发展观的精神实质，自觉用以指导实践，对于我们深刻理解、落实以信息化带动工业化，以工业化促进信息化，走一条科技含量高、经济效益好、资源消耗低、环境污染少、人力资源优势得到充分发挥的工业化路子，具有重要意义。以科学发展观为指导，树立科学的信息化发展观，指导我国的信息化发展道路是落实党中央树立科学发展观的重要举措。

电信行业作为国家信息化的基础性产业，在党中央、国务院及社会各界的大力支持下，电信行业信息化建设经历了高速发展，电信行业信息化建设取得了举世瞩目的成就。在电信行业信息化建设步入深化、整合、转型和创新的关键时期，如何在科学发展观的指导下，开展电信运营企业的信息化建设和管理创新？我们提出了在科学的信息化发展观思想的指导下，以 IT 治理为方法论，以国内外信息化管理标准规范为工具的理论体系。

（一）科学的信息化发展观的内涵

科学的信息化发展观是关于信息化发展的本质、目的、内涵和要求的总体看法和根本观点。有什么样的信息化发展观，就会有什么样的信息化发展道路、发展模式和发展战略，就会对信息化发展的实践产生根本性、全局性的重大影响。我们都知道，世界观决定方法论决定人们的行为模式，我国及全球ICT行业在经历高速发展及泡沫破裂之后，一系列问题浮现出来，如信息化投资效益不高、技术高消费、信息孤岛、重建设轻管理等等，都表明我们关于信息化建设的指导思想有亟待纠正、调整和完善之处。由此可见，科学的信息化发展观对于电信运营企业的信息化建设具有重要的战略指导意义。

科学的信息化发展观的内涵体现在以下4个方面：

1.科学的信息化发展观是以高效益发展为前提的。高效益发展就是要克服片面追求技术、速度和数量的倾向，将技术与效益、速度与效益、数量与质量有机地统一起来，实现信息化建设的效益之路。目前，我国电信行业信息化建设已经取得了举世瞩目的成就，但不可否认的是，在信息化建设过程中，我们存在着许多盲目性，片面追求技术的先进性和发展速度，缺少全局考虑，缺乏科学的项目论证，出现了不少问题，如“技术高消费”、信息孤岛，信息资源得不到充分利用，信息化效益低等等。树立科学的信息化发展观，就是要加强电信行业信息化建设的可行性研究和绩效评价，探求信息化建设的效益之路，以高效的信息化发展促进工业化发展和国民经济的快速高效发展。

2. 科学的信息化发展观是以经济建设为中心，坚持协调发展。科学的信息化发展观就是要大力发展信息产业，同时加快以信息产业带动传统产业的改造与升级。在推进电信行业信息化发展的同时，更要以协调发展为中心，注重加快社会发展，努力解决信息化发展过程中出现的法律、道德、文化等社会问题，做到信息技术与社会组织目标协调一致，避免出现“一条腿长、一条腿短”的现象。坚持跨组织、跨部门之间的协调发展。要站在国民经济发展全局的高度研究电信行业信息化建设问题，避免出现信息孤岛与重复建设。坚持技术与管理协调发展。信息化不仅影响生产力本身，它还影响到组织内人与人的关系，在信息化条件下，要加强管理，及时调整人与人的关系，形成技术与管理相互促进、共同发展的新格局。必须坚持协调发展。当前我国电信行业的发展已经呈现了很多新特点，从业务上讲，电信业务已经从语音业务为主发展到现在的多业务模式，运营企业的角色相应地从网络提供者转变为同时提供网络业务运用综合信息服务商，承担了整合产业价值链，实现产业价值链有效互动协调发展的重任。

3．科学的信息化发展观以促进人的全面发展为目的。以人为本，是马克思主义的基本观点。马克思说过，未来的新社会是“以每个人的全面而自由的发展为基本原则的社会形式”。我们信息化发展理所当然应该以促进人的全面发展为目的。信息化是一场革命，它彻底改变了人的工作方式、生活方式、娱乐方式和交流方式，信息化越全面发展，就越能为社会创造更多的物质财富和精神产品，人民的生活就越能得到有效的改善；反过来，物质文化条件越充分，生活水平越高，就越能促进人的全面发展和信息化小康社会的实现。现在我国还处于社会主义初级阶段，无论生产力发展和物质财富的积累，还是生产关系和上层建筑的完善，满足人们的多方面需求和实现人的全面发展还不可能完全做到。因此信息化发展过程中必须处理好整体与局部的关系、长远与近期的关系，实现人民利益最大化。我们发展信息通信事业的目的就是要最大限度地满足人民群众日益增长的通信需求，努力为广大用户提供满意的业务和服务。以人为本，而不是单纯从技术的角度看待电信业的发展，要把消费者的利益作为开拓市场、创新业务的落脚点。不断满足人们的多方面信息需求，帮助实现人的全面发展。今天我们从网通国际的典型案例中可以看到，网通国际提倡的E-HR就是“以人为本”信息化的具体反映，所以网通国际的做法非常难得。上海电信构建的共享学习平台(e-Learning)也为我们提供了“以人为本”的典型案例。

4．科学的信息化发展观以可持续发展为根本。可持续发展就是要在信息化建设中，必须从生产关系和上层建筑的高度，从信息化的角度，把传统产业信息化改造、信息产业自身的发展环境和信息化制度创新放到重要位置，实现工业化和信息化并行和相互促进，实现在产业发展顺序、产业转移和结构升级中，某些技术和产业的突破式发展，打破工业化和产业结构常规的渐进式演变升级模式，带动传统产业升级和管理创新，使信息化建设与产业结构调整相协调，使产业升级实现良性循环。因此，在我们必须坚持可持续发展，努力促进产业升级环境的良性循环，造福子孙后代。这也是我国在深刻总结国内外经济与社会发展正反两方面经验教训的基础上做出的必然选择。

刚刚过去的2004世界电信日的主题是“信息通信技术：实现可持续发展的途径”。这表明，推动电信业的可持续发展已成为全球共识。

实现可持续发展必须坚持全面发展，我国信息通信产业的发展涉及很多方面，既要提高信息工业技术的自主创新能力，提高民族通讯业的核心竞争力，也要提高电信运营质量，因此，必须坚持全面发展，统筹考虑重点地区的突破与整体的协调发展，城市与农村的总体发展，以及当前与长远发展，努力实现整个电信行业的持续协调全面发展。由此可见，促进电信业自身可持续发展是实现整个社会可持续发展的重要内容。加强对电信业自身可持续发展的研究不仅关系电信业自身发展问题，而且关系我国可持续发展整体战略目标的实施。

据有关研究，在我国实现可持续发展过程中面临的主要问题里面，基础设施薄弱和国民经济信息化程度不高是其中两个重要因素。而且由于电信业作为国家基础性、先导性产业，对推进和提升其他行业价值具有倍增效应，其发展速度和效益必然会对整个经济发展产生辐射作用。过去，电信行业在尽快满足社会对通信的需求方面采取了一些成功做法，行业自身发展也呈现出较快的增长态势，但多年来行业发展很快的事实也使行业内部或多或少出现了一些自我封闭、盲目自大、忽视与社会其他各方协调配合的现象。

因此，当前要进一步增强电信业对促进国家整体经济发展所负有的使命感和责任感，要把电信业的发展与社会信息化建设要求紧密结合起来，与国家整体经济的发展紧密结合起来，与全面建设小康社会目标的实现紧密结合起来，构建电信业在社会经济生活架构中所应当具有的价值体系和目标结构。从政府管理部门的角度，要对电信业在促进和带动经济发展、社会进步中的地位和作用做出清晰的定位，在政策的制定和实施过程中应更注重以实现国家利益、维护社会利益为出发点；从企业经营者的角度，要将满足社会各行各业对电信服务多样化的需求，积极开发引导业务应用，及时主动地为客户提供优质周到的服务作为最高境界。只有将电信业的发展置身于宏观经济发展的大环境中来考虑，将电信业对社会发展的贡献水平作为衡量电信业发展程度的重要标志，才能真正树立起电信业对国家和社会负责任的形象。也只有把电信业的发展与社会各行业的发展有机地协调起来，电信业的发展才具有可持续发展的基础。

此外，电信业还肩负着促进国家信息化建设，消除数字鸿沟的责任，提高国家包括农村地区的信息化水平，带动传统产业的发展，这既是经济与社会可持续发展对电信业的要求，也是电信业自身持续发展的要求。近年来，我国电信业快速发展，已由过去制约国民经济的瓶颈发展成为拉动国民经济快速增长的重要行业。电信用户数、互联网用户数分别已分别居世界第一位和第二位。2003 年中国的移动电话用户数超过固定电话用户数，IP 语音长途通话时长超过传统的固定移动电话通话时长，相信 IP 带宽也超过了传统话音业务的带宽，我国电信业步入了全新的发展阶段，但目前还存在着农村通信发展滞后，电信运营企业竞争力和业务创新能力有待提高、监管工作还需加强、电信市场竞争环境亟需规范等问题。今后，电信业要进一步提高服务水平，有效满足经济和社会各方面的通信需求；要充分利用先进通信技术，根据实际应用情况推动远程教育、远程医疗、农业信息化、电子政务、电子商务、信息安全等重要领域的发展。要围绕国家宏观发展战略，为经济与社会的全面协调可持续发展做出更大的贡献。

（二）科学的信息化发展观的方法论——IT 治理

如何以科学的信息化发展观为指导，更好地促进电信运营企业管理创新，实现电信业的可持续发展，我们的看法是 IT 治理是电信业可持续发展的基本要求和必然要求。为什么提出这样的观点呢？因为，在可持续发展的过程中，我们必须正确处理变革与发展所涉及的各利益方的关系、当前与长远、局部与全局、政府与市场的关系，从而实现各方利益和公共利益的最大化。IT 治理就是使各方利益和公共利益最大化的社会管理过程。所以，我们说要实现电信业可持续发展，并促进人类的可持续发展，IT 治理是必由之路，IT 治理就是使信息化的公共利益最大化的社会管理过程，是科学的信息化发展观的方法论。

国内的主要电信运营企业都已开始建立 IT 治理机制或将 IT 治理提到了议事日程上。IT 治理不是一个虚的东西，我们说 IT 治理包含治理机制、治理结构、治理流程和企业文化等，而作为科学的信息化发展观的方法论，IT 治理的具体实施需要我们借助国内外众多的最佳实践，这些最佳实践涵盖信息系统审计、IT 服务管理、信息安全治理、IT 项目治理、COSO 等多个领域。而整合这些领域的最佳实践如 COBIT、ITIL、ISO/IEC17799、PRINCE2 则为我们提供了构建善治的 IT 治理战略的切实可行的途径。从 2003 年到现在，我们通过培训、咨询、研讨、调研指导等多种方式，与国内主要的电信运营企业合作开展了众多的项目。中国移动实施了 IT 服务管理战略，网通也在开展以 IT 治理为框架的 IT 管控流程项目。

四、总结与展望

1. 树立科学发展观是做好信息化建设各项工作的根本要求

牢固树立和认真落实科学发展观，对于实现我国现代化建设战略目标具有重大而深远的意义。只有以科学发展观为指导，辩证地认识和处理与发展相联系的各方面重大问题，发展才能有新思路、新局面，才能实现可持续的信息化发展。

2. 建立和健全电信运营企业信息化与管理创新的动力机制

要实现信息化与管理创新的可持续发展，必须建立健全电信运营企业的信息化与管理创新的动力机制，使信息化与管理创新有源源不断的发展动力。一是要建立现代企业制度，有效的约束和激励机制是我们进行一切工作包括信息化工作的前提条件。二是要培育管理创新精神，提倡主动变革与创新。三是应建立激发管理创新意识的人事制度、分配制度和鼓励创新的其他激励制度。党的十六大报告中明确提出，管理作为一种重要生产要素，也可以参与分配。这一理论上的重大突破为我国企业激励制度的建立创造了前提条件，电信运营企业在这方面要加大力度。四是要搞好推动创新的企业文化建设。通过企业文化建设，创造一个良好的创新氛围。

3. 完善公司治理和 IT 治理结构，提升科学决策水平

公司治理的问题是企业制度与组织的核心问题，从国务院领导到我们的企业领导和投资人都很关心。近年来，因上市公司频频“惊曝黑幕”，“公司治理”成为全球性的问题。从美国的安然、世通舞弊案件，到我国出现的蓝田股份和银广夏的利润神话破灭事件，特别是 2002 年夏天美国颁布的萨班斯法案更是加强了对公司治理的要求，美国纽约证券交易所和 NASDAQ 有史以来首次要求上市公司必须公告其内部控制制度体系，公司治理正在成为企业议事日程中最重要和最迫切的任务。但是目前企业内外环境都发生击打变化。网络在日常生活中普及化，企业管理信息化，信息技术与信息系统对企业组织形态、治理结构、管理体制、

运作流程和商业模式的影响日益深化，原有的治理控制机制已经不再适应，公司治理面临正前所未有的挑战。

目前，我国主要的电信运营企业都已经上市，网通近期也将上市，他们需要建立并完善公司治理结构和机制，而这其中最核心的是公司信息的真实与准确性，以及处理与传递的效率问题，我们认为这是目前公司治理最大的问题。IT 在实现透明度原则和体现监控力度上正成为日益有效的工具。因此，电信运营企业的信息化主管领导需要思考在信息时代如何建立健全公司的内部控制制度，如何建立一种对公司管理和运营进行监督和控制的体系，思考如何运用 IT，以公司治理的法规和原则为标准，以真实、准确的信息公开为基础，建立起能够对公司治理有关信息进行人机对话，及时检验、处理、传递，既能保守公司商业秘密，又能实施有效监督与控制的信息系统。当然，这个系统不可能是万能的，也不能超越企业制度、经营机制和人为决策的决定作用，但可成为完善公司治理和改进公司治理的有效辅助工具。这有利于改进和完善我国电信运营企业的公司治理状况，有利于提高公司的治理水平和市场价值。

在电信业的变革中 IT 起着重要作用，但它只是一个启动力，这意味着在信息化的战略中，IT 不应该作为我们电信运营企业管理高层关注的焦点。我们应该把 IT 作为一个支持广泛战略目标的工具，并通过配套措施与政策促进管理变革和公司革新来实施信息化。

4．引进消化吸收国际先进的信息化管理理念

在经济全球化的今天，积极引进国际先进的信息化管理理念，提升我国电信运营企业管理创新至关重要。通过对国际信息化管理标准的贯彻实施，企业可以消化吸收国外先进的管理手段与方法，并结合企业管理的实践，进行管理创新，使企业具有国际先进企业的管理现代化水平。在采用国际标准时，要密切结合我国国情和企业的特点，要对各大国际信息化管理标准进行一体化的整合实施，避免每个体系都单独建立，单独实施，造成重复劳动和资源的浪费。

5．电信运营企业要肩负起社会信息化“栋梁”的使命

电信运营企业的信息化，将促进社会信息化发展的进程，不仅可以提高客户的信息化水

平，而且也为其他企业用户信息化提供信息承载网络平台，满足其信息接入内部系统的要求。由此，在一个高度信息化的社会中，电信运营企业承担起了“栋梁”的使命，不仅开拓了自己的市场，而且也将为整个社会的可持续发展做出重要贡献。

6．加快 IT 深化应用与扩散的步伐

目前，电信运营企业的信息化建设正从基础业务应用转向管理信息化建设，电信业对于 IT 的投资将持续增加。信息是有价值的，和其他无形资产（如人力资本、品牌与管理质量等）一样，是企业核心竞争力的组成部分，这些资产的运转都离不开 IT 的深化应用与扩散。现在，越来越多的电信运营企业管理层认识到一个组织的信息资产及其利用信息资产能力的战略重要性。这些无形资产重要性的增加，必然要求人们在如何为利益相关者创造价值方面重新审视 IT 的价值、定位和作用。在信息时代，IT 已从组织管理的辅助手段、解决管理问题的工具上升到影响组织全局的角色，IT 应用已经深化到制度和战略层面（或生产关系和上层建筑层面）。可以预见，随着 IT 的作用日益重要，电信运营企业在这方面的投资必将呈现增长的态势。

7．在电信运营企业信息化建设上，要更强调业务应用与信息化的一致融合

国外的研究表明，公司收益率与其在 IT 方面的花费完全没有关系，IT 就像其他工具一样，必须通过有效的应用才能体现价值，因此，关于 IT 投资战略与业务战略的一致性就是一个非常值得关注的焦点。

没有持续、有效的IT应用，没有业务应用与IT的一致融合，业务目标是无法实现的，电信依赖于建立在IT基础上的各种商业模型，诸如客户关系管理等，没有IT支持，它们难以实现业务流程自动处理，实现现金流，同样，没有IT它们也难以达到合同服务水平。所以，对于系统的评价将不再是所采用的技术是否先进，而是能够给企业战略目标以有效支持。

8．信息化与管理创新要充分体现“以客户为中心”的营销理念以及与各种合作伙伴共建价值链的合作理念

作为服务业，电信运营企业要坚持以人为本，通过不断满足用户的各种需求，为用户提供更多便捷的、个性化的、人性化的服务，得到更好的发展。而这些都需要得到企业信息化的支持。无论是要建设满足网络运行维护和网络资源管理需要的运营支撑系统，还是满足经营生产的需要的业务支撑系统以及提升管理水平、加强运营支撑的管理支撑系统，都要本着这两个原则。

目前，中国电信运营企业之间的竞争已从基于业务层面的“异质竞争”转变为客户层面的价值链竞争。因此，价值链竞争将处于未来电信业竞争的主导地位，不同的运营企业将构筑不同的价值链，竞争将体现为一种全面、综合的竞争，营销观念和合作观念将贯穿系统设计和建设的全过程。

总之，我们认为我国的电信运营企业信息化与管理创新正向着纵深发展，这必然要在更深层面上解决体制和机制问题。通过信息化与管理创新，实现善治的公司治理与IT治理机制，在新的改革层面发挥IT的新使命，是实现可持续发展战略目标的重要途径。

政府网站绩效评估的指标体系设计与实施办法选择

中国信息化推进联盟数字城市专业委员会秘书长　　孙国锋

近年来，北京、青岛等地政府陆续开始对电子政务和政府网站的绩效进行评估或评议，2003年起国务院信息化工作办公室委托赛迪顾问对全国各级政府网站进行了一年一度的全面调查，作者就参与以上评估工作的实践经历，围绕政府网站评估指标体系的设定、评估组织模式的选择以及评估执行流程的制定等，阐述个人体会，以供参考。

政府网站绩效并不能绝对替代电子政务绩效，但是开展网站绩效评估对于加速电子政务发展具有重要的现实意义，无论是从目前电子政务绩效的可测量角度来看，还是从全球电子政务绩效评估的实践案例来看，政府网站在很大程度都是测评电子政务成熟度的有效方式，尤其是测评电子政务公共服务实现程度。另外，网站评估的排名也会对电子政务工作起到积极的推动作用。

政府网站绩效评估并不是抛开电子政务单纯评估政府网站本身的优劣，而是通过政府网站透视电子政务实现程度，尤其是政务公开和公共服务的情况。从这一点来看，网站指标的设定将和电子政务的发展要求密切相关。从评估方式来看，网站绩效评估强调结果，政府网站绩效评估的数据将主要是从政府网站上直接采集获得，并且个人推崇引入公众参与。

政府网站绩效评估指标体系设定

1．制定评估指标的四条基本原则

第一，强调评估以客观指标为主。为保证评估公正性，政府网站评估必须强调评估指标的客观性，评估数据基本上以网上客观数据采集为主，以各参评单位上报书面材料为辅。

第二，强调对网站建设正确引导。评估目的是为了促进政府网站和电子政务的健康快速发展，评估指标的设定至关重要，因此必须强调评估指标的正确引导性。

第三，强调评估指标体系易懂性。为了使得各参评网站能够参照评估指标进行网站建设的修正和完善，因此评估指标必须能够很容易被网站建设者理解，并且不会产生歧义。

第四，强调评估指标体系可操作性。全面反应网站绩效需要综合性很强的体系，包含很多难以客观测量的技术指标，为保障评估执行效果，必须强调评估指标的可操作性。

2. 高绩效政府网站主要特点分析

分析国内外众多高绩效的政府网站，其基本特点主要有三条：

特点之一——有用。网站高绩效的第一个特点是网站上所提供的内容对网站用户真正有价值，即“有用”，提供“有用”内容的网站能够做到对网站用户需求的准确把握，注重网站内容给用户创造价值。

特点之二——适用。网站的“适用”指的是网站能够关注自己的“客户”特征，通过细分自己的用户群，研究每类用户群的行为特征，提供适合不同用户群使用的服务，在技术条件保障下提供形式多样的个性化服务。

特点之三——易用。为了追求用户满意度的不断提高，高绩效网站除了在网站内容本身做足“功夫”以外，还在保证网站容易使用方面“挖空心思”，尽一切努力让网站成为“傻瓜网站”，因而在网站界面、栏目设置、服务导航、搜索引擎等方面均有上佳表现。

根据以上“三用”特点，可进一步归纳出高绩效网站具有的一般技术特征：

- 追求网站信息内容的全面性、完整性、准确性和时效性；
- 按照不同服务对象进行网站内容分类，或者朝此方向积极努力；
- 页面简洁，多媒体文件使用合理，保证不同网络接入方式下的浏览可用性；
- 提供多种网站使用辅助功能，例如站点地图、使用说明、自动演示等；
- 重视用户意见收集，通过有效方式鼓励用户参与网站服务的建设；

● 尊重用户信息隐私权，网站明示用户隐私保护条例，打消用户顾虑。

3．政府网站评估体系的指标构成

（1）明确政府网站的目标定位

制定网站评估指标首先必须清晰确立政府网站的目标定位，指标需要集中体现网站目标。政府网站是集中电子政务功能的载体，是电子政务创建责任政府、透明政府、服务政府、高效政府、民主政府的重要反映，根据中办发 17 号文件精神和我国政府行政管理发展要求，可以将我国各级政府门户网站和各类政府部门网站的功能特点大致归纳为以下三点：

● 政府网站是政务信息公开、创建透明政府的良好平台

政府门户网站首先是实现政务公开的重要渠道，公众、企业等受众可以通过访问政府网站全面、快速了解到政府通知公告、相关政策法规、政府工作动态、重要人事变更、政府招标信息等政务信息，通过对政务信息公开指标的设立，将初步提高政府透明度。

● 政府网站是政府公共服务、创建服务政府的良好平台

中央政府明确提出了创建以人为本的服务型政府要求，公共服务成为电子政务的重点建设内容，政府网站是各政府部门面向社会提供服务的“一站式”窗口，因此，政府公共服务提供状况成为考评政府网站的核心指标模块。

● 政府网站是实施公共参与、创建民主政府的良好平台

随着服务型政府的逐步创立和政府透明度的进一步提高，公众对政府决策过程也逐渐会表现出越来越高的关注程度，公共参与程度也成为衡量一个政府民主程度和文明程度的重要标志，政府网站的建立给公共参与提供了一个很好的途径。

（2）区别对待不同类型的政府网站

就评估工作易操作性和网站间可比较性而言，理论上针对所有政府网站采用一套评估指标体系为最佳，但是由于不同的政府部门所赋予的职责不同，职责不同决定电子政务要求不同，于是政府网站建设要求和发展方向之间便存在差异，难以用同一套指标体系予以评估。经初步分析，作者认为至少有以下三类政府网站需要区别对待。

第一，省、市、区/县的政府门户网站和构成一级政府的政府部门网站需要区别对待。作

为我国一级政府的省、市、区/县人民政府（如北京市海淀区）与构成一级政府的政府部门（如北京市民政局）在职责定位上存在无法比较的差异，因此其相应网站所赋予的功能也无法相提并论。

第二，有对外办事职能的机构与无对外办事职能的机构的政府网站需要区别对待。政府网站考评中最主要的内容是网站提供的信息和服务，而对于是否具有对外办事职能的机构而言，网站提供的信息和服务相差很大，围绕办事者开展在线服务将是前者网站的重要评估内容，而后者不具有。在有对外办事职能的机构中，具有行政审批职能的机构与不具有行政审批职能的机构，在相关指标上也需区别对待。

第三，不同社会发展背景决定了不同地区政府工作重点有所不同，导致电子政务建设重点的差异，因此这些政府的政府网站评估指标也应适当区别对待。例如，在以工业为主的地区，面向企业和城市居民的电子政务服务需求较大，而对于以农业为主的地区，面向农业发展和农村居民的电子政务服务需求较大，因此这些政府网站的评估指标应适当予以区别。

（3）政府网站评估的指标体系构成

根据以上分析的政府网站目标定位，作者认为政府网站评估指标体系主要由以下五个指标模块构成（见图 1 所示），其中第一、二和三指标模块组成“网站内容”。对于不同类别的政府网站，可以对每一模块的二级、三级指标进行选择组合，也可以根据当地实际情况予以修正。各指标模块具体涵盖内容见下表所示。

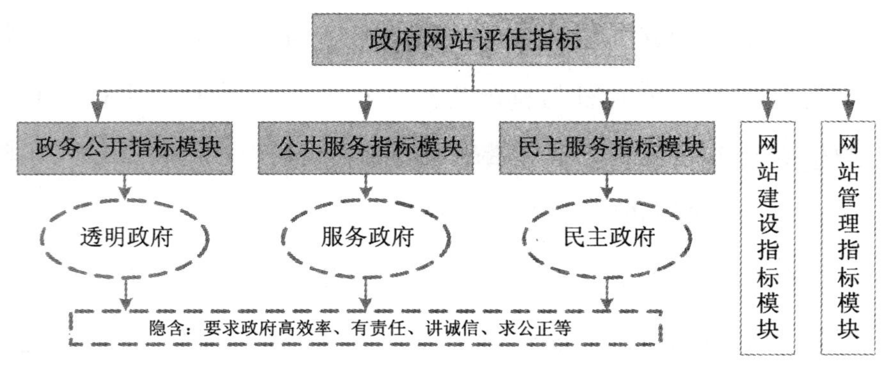

资源来源：赛迪顾问电子政务咨询事业部

图 1 政府网站评估“3+2”指标模型

指标模块一：政务公开

二级指标	三级指标主要涵盖内容描述
机构设置	机构设置及各部门职能；各部门主管领导；各部门服务指南、办公地点等详细联系方式、办公联系人等（重点考察信息的全面性、完整性和准确性）
领导分工	各主管领导个人简介；各领导工作分工情况；领导信箱和其他基本联系方式等（重点考察信息的全面性、完整性和准确性）
人事任免	公务员招聘信息、应聘流程和应聘结果公布；政府的重要人事变更信息等（重点考察信息的全面性、完整性、准确性和时效性）
政策法规	有关企业和公众利益的政府法规；规范政府行为的制度规定等（重点考察信息的全面性、完整性以及信息查询方便程度）
重大事项	本地或部门发生的受公众普遍关注的事件处理进展通报等，例如涉及城市建设和社会管理的重大项目通报、涉及城市运行和居民生活的重大事件通报（主要考察信息的完整性和时效性）
政府工作	政府年底或者季度工作计划；政府公报公告；政府工作计划执行情况；政府重大会议决议和精神通报；政府最新工作动态；政府为民实事进展情况等（主要考察信息的完整性和时效性）
政府采购	政府重大项目的招投标信息；招投标流程公布；招投标进展情况通报；招投标结果的公示等（主要考察信息的完整性和时效性）
财政投资	财政投资的重要项目进展情况；财政专项资金使用情况通报等（主要考察信息的完整性和时效性）

指标模块二：公共服务

二级指标	三级指标主要涵盖内容描述
办事指南	按照事项详细介绍办事流程、办事须知等（重点考察信息的全面性、完整性和准确性）
在线办事	实现在线办理的事项绝对数量和事项覆盖面；在线办理实现程度；在线事项办理进程查询等（重点考察信息的完整性和时效性）
在线咨询	意见提交方式；意见反馈承诺和实际意见反馈情况等（重点考察信息的完整性和时效性）
在线投诉	网上投诉渠道；投诉处理承诺和实际投诉处理情况通报等（重点考察信息的完整性和时效性）
统计数据	统计数据覆盖面；数据时效性；数据查询便捷等（重点考察统计数据的全面性、完整性和时效性）

指标模块三：民主服务

二级指标	三级指标主要涵盖内容描述
民愿处理	公众向政府提出的建议、投诉、意见等处理结果的通报（主要考察电子民愿窗口设置、民愿处理情况通报等，注重时效性）
决策公开	涉及老百姓生活的公共政策制定流程公布；公共政策意见征询；意见处理结果通报等（主要考察信息的完整性和时效性）
公众参与	关于重大决策或事件处理的网上参与渠道设置；参与状态查询；政府对公众参与的信息反馈（重点考察信息的完整性和时效性）
公共讨论	设立专题讨论区，鼓励公众自由发表见解；对需要政府出面回答的问题，政府回答情况等（主要考察论坛建设水平和政府回应时效性）

指标模块四：网站建设

二级指标	三级指标主要涵盖内容描述
重要功能	信息检索（重点考察检索方式和结果呈现等）
	使用帮助（重点考察站点地图、使用帮助和常见问题等）
	语言版本（根据当地需要，重点考察英文、日韩语等不同语种内容）
	定制服务（重点考察邮箱定制、内容定制、界面定制等）
	隐私保护（重点考察隐私保护申明和用户隐私实际保护情况等）
服务规范	内容分类（重点考察网站栏目内容设置标准，是否方便用户适用）
	版面布局（重点考察网站界面内容布局和页面的简洁程度等）
	内容层次（重点考察网站服务内容的链接层次）
技术要求	网站打开速度（考察各种接入方式下网站页面打开速度）
	网页浏览兼容（考察网页在各种通用浏览器下是否能正常浏览）

指标模块五：网站管理

二级指标	三级指标主要涵盖内容描述
域名管理	英文域名、中文域名是否规范等
人员管理	部门建设；是否确定专管领导；人员培训情况等
制度管理	主要考察网站建设相关重要制度建设情况，如网站建设规划、信息发布和审核制度、信息存档制度、网上服务检查制度、内容监管制度、用户信息管理制度、网站安全管理制度、网站应急响应制度等
安全管理	网站安全方案制定与实施（网站安全需求分析、网站安全方案制定、网站安全方案实施等）；网站安全定期检查与改进（网站安全定期检查，网站安全持续改进等）；网站应急响应预案的制定（应急响应预案制定，应急响应预案更新等）

4．政府网站评估指标权重值考虑

关于评估指标权重的设定，原则上应该以“网站内容”为重，因此“政务信息”、“公共服务”及“民主服务”三个指标模块权重之和不低于70%，“政务信息”、“公共服务”及“民主服务”之间权重的分配，可以根据当地网站服务水平具体确定，起步阶段“政务公开”权重可以略高，参考分配方案如图2所示。

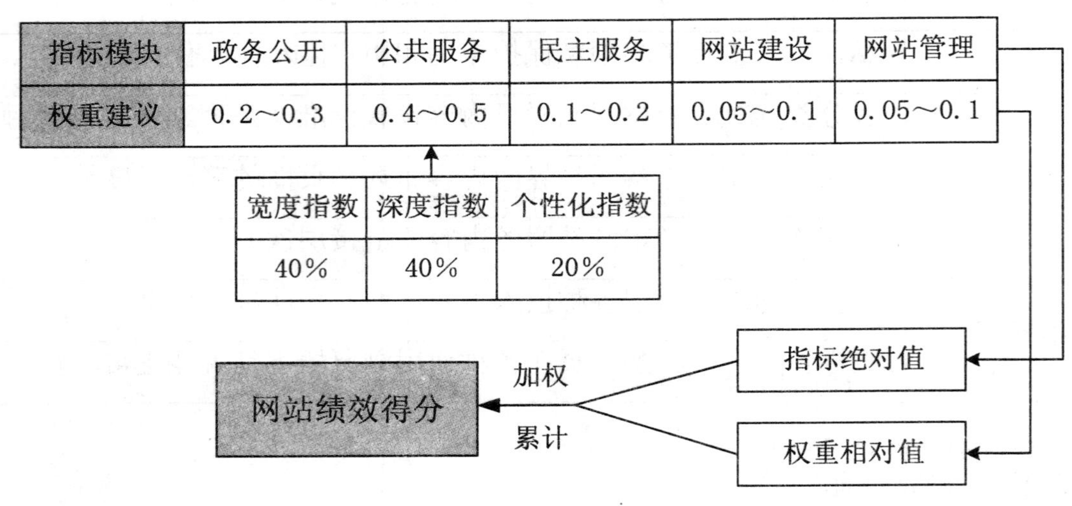

资源来源：赛迪顾问电子政务咨询事业部

图2 地方政府网站绩效评估指标权重参考模型

政府网站绩效评估实施办法选择

1．评估组织模式对比分析

总结国内外政府网站评估模式，基本存在四种模式，即政府机构自行评估、聘请社会专家评估、专业中介机构评估、网站用户代表评估，虽然我国政府网站评估工作开始不久，但目前这四种方式在我国各级政府中均有不同程度的应用。根据作者工作实践中的亲身体会，现将这四种评估模式独立应用中的优缺点进行对比分析（如下表所示）。

评估模式	优点	缺点
政府机构自行评估	● 评估者容易组织管理 ● 评估发生的经济费用低 ● 评估工作持续性容易保障	● 对评估者的专业要求较高 ● 评估工作量大常常难以应付 ● 评估公正性受到一定挑战，容易引起评估者与被评估者之间的矛盾
聘请社会专家评估	● 评估发生的经济费用较低 ● 评估者选择得当的话，个人专业能力强，专业权威性较高 ● 公正客观，并敢于表达各种批评意见和建议要求	● 对评估专家的选择要求高 ● 评估者松散，不容易管理 ● 无合同约束，评估时间和评估质量难以严格保证 ● 需要提前起草指标体系，并且集中专家修正意见存在难度 ● 对专家培训困难，对评估指标的理解和评分尺度难以统一
专业中介机构评估	● 制定评估指标经验丰富，并且评估专业权威性较高 ● 团队工作，评估人员容易管理 ● 以合同为保障，评估质量和时间能够严格保证 ● 通过评估培训，可以基本统一对指标的理解和评分尺度 ● 公正客观，并敢于表达各种批评意见和建议要求	● 评估发生的经济费用较高 ● 对中介机构选择存在风险，选择不当的话，评估全盘受影响 ● 目前国内具备电子政务绩效评估的专业机构较少，给选择评估机构带来一定的难度
网站用户代表评估	● 用户评估，直接反映网站效能 ● 体现以人为本思想，引导网站尊重用户使用效果	● 用户样本选取困难，并且评估组织难度大 ● 需要提前制定一套评估指标

	● 尊重用户，社会效果好	体系，对评估组织方要求高 ● 用户不具备专业素质，对评估指标理解力不够，因而对培训要求非常高

2．评估组织模式选择与评估执行流程建议

从上面的分析可以看出，四种评估模式独立应用时均有各自的优点和缺点，总体上建议各地区应该根据各地的人力资源情况和评估资金预算情况，从实际出发选择评估模式。例如，2004 年北京市政府网站评议采用的是“专家评议”（9 名专家）与“群众评议”（8 名群众）相结合的方式，但是北京能够采用专家评议的方式主要源于首都拥有大量的信息化专家，对一般地区而言，在选择评估专家方面将面临很大压力。

作者认为，以上分析中提及到的四种力量，对于政府网站评估将具有不同的贡献，并且每一种力量的贡献也将是其他力量无法替代的，因此也决定了这四种力量在评估工作中适合的不同角色，对比分析见下表所示。

力量种类	对网站评估发挥的不可替代的贡献	评估中适合的角色
政府机构	● 评估工作的组织和协调 ● 赋予评估工作的官方性质 ● 强制被评估单位对评估结果的接受	评估工作的组织者 评估结果发布者之一
社会专家	● 对评估指标设定的原则性把握 ● 从主观上对评估结果总体把握	评估工作指导者

中介机构	● 专业设计网站评估指标 ● 网站评估的具体打分工作 ● 网站评估结果分析与评估报告撰写	评估工作的主体 评估结果发布者之一
用户代表	● 从用户角度评断网站的绩效 ● 引导网站建设者愈加尊重用户意见	评估工作参与者 （随时间发展，其在评估工作的地位将逐步提高）

由对评估工作不同贡献决定了四种不同角色，一种较为理想的方式是四种力量的融合，加上被评估对象形成“1＋3＋1”评估模式，评估组织模式及评估执行流程见下图所示。

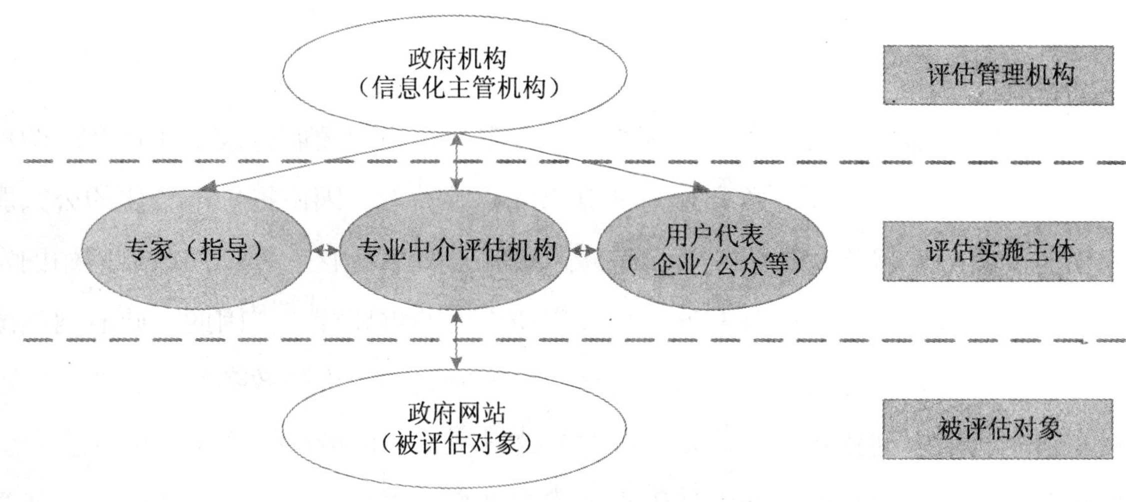

资源来源：赛迪顾问电子政务咨询事业部

图 3 政府网站评估“1+3+1”组织模式

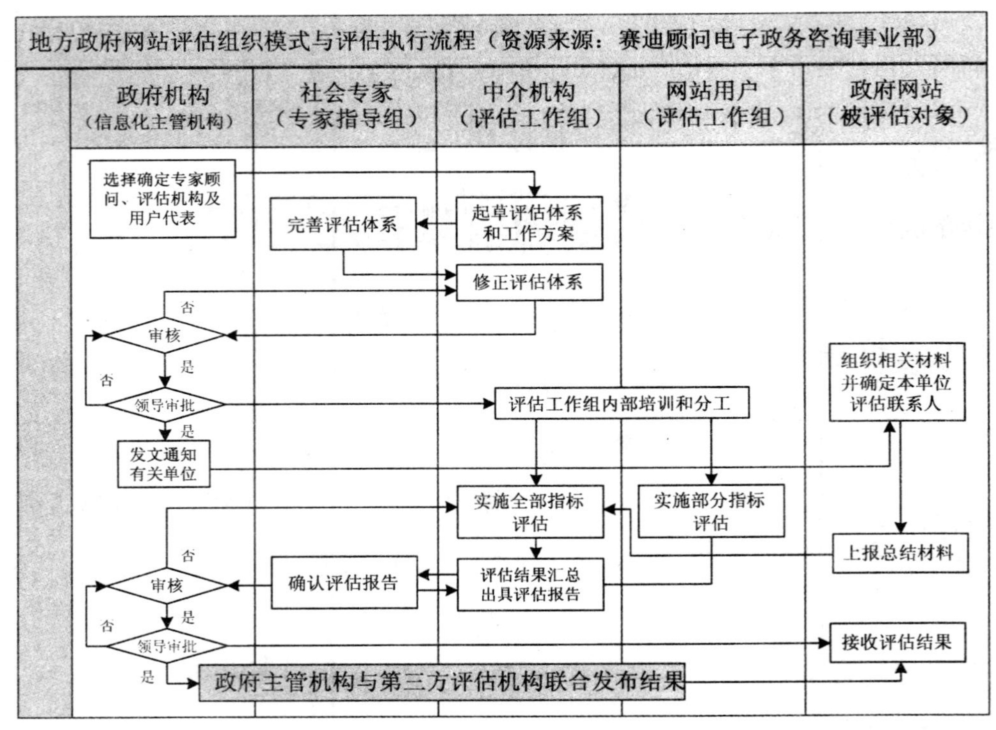

资源来源：赛迪顾问电子政务咨询事业部

图 4 政府网站绩效评估执行流程示意图

小 结

随着我国政府向服务型政府的逐渐转变，公共服务在我国政府行政工作体系中的地位逐渐升高，公共服务也将成为我国政府行为价值的持续增长点，因而提供电子化的公共服务已经成为我国电子政务发展的“航标”，从该意义上讲，我国各地区、各部门政府网站的发展水平，将成为衡量各级政府电子政务发展水平或实现程度的重要标志。因此，政府网站绩效评估不仅仅应该受到重视，更应该进行深入研究，将政府网站与电子政务发展、政府网站与服务型政府及透明化政府创建相结合，制定科学的政府网站评估指标体系和评估方法。

归根结底，网站绩效高就是指网站用户的满意度高，提高网站绩效主要的任务就是提高网站用户的满意度。因此，在网站建设实际工作中，我们必须始终强调结果和效益，关注用户的新需求和满意程度，同时有责任努力争取让用户逐步参与到提高网站建设质量过程中来，有责任保持网站利益共享者之间能够进行经常性的、公开性的交流。

客户关系管理信息化建设综述

中国信息化推进联盟客户关系管理专业委员会常务副主任　　郭晨东

导　言

当前，人类社会已从工业经济时代进入到“电子商务”时代；全球经济一体化进程不可逆转，市场竞争环境正在发生巨大变化，企业将不得不面对以“客户”、“竞争”和“变化”为特征的时代背景。另一方面，以因特网和计算机通信集成技术为主的现代通讯手段，近年来取得了突飞猛进的发展，信息的传输效率大大提高，而成本却相当低廉。这些低成本高效率的通讯工具，为提高信息服务水平提供了技术保障和系统支持，快捷高效的立体式沟通成为现实，并最终提升客户的满意度和忠诚度。

客户是企业利润的源泉，体现着企业存在的意义。在日益剧烈的市场竞争的今天，各个企业都在寻求新的客户服务及与此相关的营销解决方案。如何进一步提高客户服务水平，维系老客户，拓展新客户，不断提高客户满意度和忠诚度，保持业务成交量持续增长和市场份额的扩大，已成为所有企业的一项最重要的工作。

在这样一个越来越激烈的市场环境中，企业之间的竞争已逐步从生产竞争转向市场竞争、客户竞争；企业管理的重心随之从传统的生产、物流、财务等内部管理转向全面的客户关系管理。能否取得竞争优势，决定于企业的服务水平和创新能力，也就是核心竞争力。企业在不断提高质量、降低生产成本的同时，正在大力改善服务水平。“高科技，高质量，高水平服务”的竞争格局正在形成。

随着服务方式的逐渐增多，服务范围的逐渐扩大，服务响应速度的不断提高，服务管理体系愈来愈复杂，传统的管理模式已无法适应新的服务管理需要。因此，企业借助于信息化建立起一套完善而高效的服务管理系统，满足新形势下的服务管理需求，为企业提供强有力客户服务支持体系，就成为了当今实现高效率客户服务的发展方向和趋势。

放眼全球，无论是GE、SONY、沃尔玛这样的跨国企业巨头，还是国内名不见经传的小企业，对客户以及客户服务的重视都达到了前所未有的高度。企业间客户的争夺日趋激烈，呼叫中心、客户关系管理软件等基于新技术的客服手段广泛应用于各行各业。

作为整个社会信息化的重要组成部分，客户服务信息化着眼于建立先进的客户服务信息系统，实现客户服务信息化管理，使与客户沟通的渠道多样化，服务方式自动化，服务过程个性化、程序化，客户信息数据化，服务环境网络化，服务管理科学化，从整体上提高企业的管理效率和服务水平，给企业带来更丰富资源、更多的便利和更快捷的效率。

何谓客户关系管理

如上所述，对现代企业来说，客户资源将日显重要。故此，现代企业管理的重心随之从传统的生产、物流、财务等内部管理转向全面的客户关系管理，客户关系管理系统因而成为企业的核心管理系统之一。那么，究竟什么是客户关系管理呢？

首先，客户关系管理是一种管理理念，其核心内容是将企业的客户作为企业一项重要的资产，通过完善的客户服务体系来满足客户的需求，实现客户的成功和终生价值。

其次，客户关系管理是一种旨在改善企业和客户之间的关系的管理机制，它涉及到企业的市场营销理念、销售策略、服务与技术支持等与客户相关的领域。通过向企业的销售、市场和客户服务的专业人员提供全面、个性化的客户资料，并强化跟踪服务、信息服务能力，使他们能够协调建立和维护一系列与客户和合作伙伴之间的面对面的交流、沟通，为客户提供快捷、优质的服务，提高顾客满意度。

再次，客户关系管理旨在通过信息共享和优化企业业务流程来更有效地降低企业经营成本。客户关系管理的实施，要求以客户为中心来构架企业，完善对客户需求快速反应的组织形式，规范以客户为核心的工作、流程，建立客户驱动的产品、服务设计，进而培养客户的品牌忠诚度，提高获利水平。

客户关系管理技术及系统的发展

客户关系管理系统出现于 1990 年的美国，经历了“销售力量自动化系统（SFA）→客户服务系统（CSS）→呼叫中心（Call Center）”三次变迁，综合了现代市场营销（Marketing）和现场服务（Field Service）的理念，并结合了计算机电话集成技术（CTI）和 Internet 技术，已经火热的发展了十余年。在这十余年中，客户关系管理的自动化功能已经取代了曾经是文字处理器，电子表格，手工单据，及前端数据库的功能。与此同时，蓬勃发展的经济使供应商们拥有了应用程序来帮助他们提高销售与市场研究的效率，同时也帮助他们降低了热线支持，客户服务和上门服务的成本。

客户关系管理（Customer Relationship Management，CRM）系统通过围绕客户细分重组公司，满足客户需求，连接客户和供应商等手段来最大化利润和客户满意度。关键的客户关系管理技术投资能提供更好的客户理解度，增加客户联系渠道，客户互动以及对客户渠道和企业后台的整合。客户关系管理的应用范围包括技术辅助式销售（Technology enabled Selling，TES），客户服务和支持（Customer Service and Support，CSS）和技术辅助式营销（Technology enabled Marketing，TEM）。

虽然客户关系管理的体系架构和应用随着时间的推移发生了很多变化，但它的大多数核心技术则仍然保留其共同性。

(1)以关系数据库为核心的商务对象模型

(2)数据流操作

(3)商务规则支持

(4)集于 XML 的表示和通讯

(5)商务分析模

(6)集成和协同工作方式支持

客户关系管理在技术上的革新与完善，在很大程度上引导客户关系管理产品市场与应用。

企业的应用需求和信息技术的发展是推动客户关系管理系统发展方向的重要因素，可以肯定客户关系管理系统的技术架构发展将会呈现以下几种趋势：

趋势一：客户关系管理系统将全面采用 B/S 技术；

趋势二：客户关系管理系统将全面集成各种信息交流技术；

趋势三：客户关系管理系统将更多的采用数据仓库和数据挖掘技术；

以上是目前客户关系管理系统的一些技术发展趋势。我们相信，随着客户关系管理理念的进一步完善、客户管理手段的变革和 IT 新技术的飞速发展，客户关系管理系统也将不断实现技术和应用的最新结合，发展为企业最重要的前端业务支撑系统。

就系统分类而言，从开发商的角度来看，客户关系管理系统可分为：集成型、数据库型、流程型。从企业应用的角度来看，客户关系管理可分为：集成型、分析型、操作型。

“分析型客户关系管理”是企业客户关系管理发挥功效的基础，主要用来对“运营性”前台客户关系管理中的客户信息进行分析，以科学地对客户进行分类管理。可以预见分析型客户关系管理将具有非常广阔的市场。

“分析型客户关系管理”的建设有三种模式：自建（内部开发）——难度高，费时又费钱；购买（授权软件）——需要购买软件和硬件，费用比较高；外包——未来的一大趋势。外包具有很多独特的优势，例如降低前期成本和总体风险、加速实施、总成本低，以及容易获得持续改进等。

国内客户关系管理信息化建设的进展

在强大的信息技术的支撑下，在企业内部强烈的需求驱动下，国内客户关系管理已经取得了长足的发展。在过去的几年中，尤其是最近两年中，客户关系管理已经不仅得到了很多企业的认可，而且也被很多企业应用到日常的企业管理之中。客户关系管理正逐步走向成熟、走向应用。但是，在客户关系管理发展的过程中依然存在着很多问题需要我们共同去解决。长期以来，中国的企业生存在卖方市场条件下形成的营销体系、不甚健全的市场反应机制、基础薄弱的企业信息化建设和中国特色明显的管理体制，是建设现代企业机制的四大“死穴”。但人们发现，借助客户关系管理，以营销环节的信息化、科学化，还是可以拉动整个企业管理体制和水平的进步。

目前，国内很多企业对于客户关系管理系统的实施，更多的还是停留在酝酿阶段。对于企业用户而言，客户关系管理不是纯理论，而是实践。它们需要的是能帮助其改善业绩，赢得竞争的方法和工具。对于大多数企业来说，它们更注重的是客户关系管理在企业中的实施效果，能不能为企业带来现实的收益，这才是企业所普遍关心的问题。毕竟国外客户关系管理市场经过几年的发展，已经处于比较成熟的阶段。但对于国内客户关系管理市场来说，一方面，国外客户关系管理软件商已经加大了开拓中国市场的力度，国内的软件商也纷纷推出或正在开发客户关系管理软件；另一方面，国内企业在这方面的需求越来越强烈，一些企业已开始进行客户关系管理系统的实施。企业主管设置客户关系管理时，也会考虑到它对每个使用者的效益或不便之处。但一个设计良好的客户关系管理，不一定是能存储最多最精密的客户信息系统，但一定储存了最有用和最好用的信息，否则结果就会事与愿违了。作为国内正在被许多企业讨论的一个热点，客户关系管理并不仅仅是一个产品，而是一种以客户为中心并且触及到企业内部许多独立部门的商业理念，它的发展离不开客户的具体需求和一定的应用环境，并且只有在需求的推动下培育并形成一定的市场主体后，才会得到越来越多的企业钦赖。

纵观整个国内客户关系管理市场，一方面，国外客户关系管理软件商已经加大了开拓中国市场的力度，国内的软件商也纷纷推出或正在开发客户关系管理软件。从早年跨国公司对中国客户关系管理市场的开拓，以至到现在用友、金蝶、联成互动、创智、星际网络等公司的百花齐放；另一方面，国内企业在这方面的需求越来越强烈，一些企业已开始进行客户关系管理系统的实施。但是从已经实施客户关系管理的企业来看，能够实现期望值的企业很少。为什么？因为客户关系管理的发展，离不开一定的市场环境。归根到底对于任何企业来说，从概念炒作到真正实施，都需要一段较长的距离。

国内客户关系管理信息化的发展预测

在客户关系管理系统进入中国的短短几年时间里，发展非常迅猛。从以下几个方面可以看到客户关系管理在中国的未来发展趋势：

（1）客户关系管理成为管理软件中增长最快的领域

（2）面向客户全方位的管理

（3）客户关系管理厂商多样化发展趋向成熟

（4）客户关系管理品牌格局初步形成

（5）中高端市场成熟发展

（6）低端市场稳步增长

（7）行业应用发展引向纵深

（8）重点区域市场应用成熟

多元化的客户交互手段已成为现代客户关系管理的工具，如互联网、移动电话等手段已加强了传统的传真和电话交互方式。

互联网服务（Web Service）为客户关系管理开辟了一个新的应用前景。全分布式的应用服务体系将成为可能。

客户关系管理还带来了一场管理和观念的革命。它在原有的传统面向市场的服务营销基础上，增加了面向个人的服务与营销。也就是所谓的一对一市场服务与营销。

来自市场的信息表明，传统的以产品为驱动的特征正演变为以服务为驱动的特征。在产品的差异变得无足轻重的时候，客户能得到的服务成为市场的决定因素。客户关系的管理变得至关重要。客户关系管理给企业带来新的思维方式。它已进入企业决策的各个阶段。

结　　语

总的来说，要让客户关系管理信息化建设稳步发展，客户关系管理应用系统将具有更强的“集成性”和“可定制性”；客户关系管理产品本身正逐步走向完善、走向应用。可以预见，客户关系管理未来在各行各业中的应用将越来越广泛而深入。未来客户关系管理应用主要有以下特点：客户密集性的企业将首先广泛应用客户关系管理，例如金融、房地产等；实施“差异化战略”的企业将会更容易应用好客户关系管理；中端企业将成为客户关系管理应用的“主流”；企业将广泛应用“分析型客户关系管理”来支撑“运营型客户关系管理”；基于Web的客户关系管理将成为一大发展趋势；企业将不断拓宽客户关系管理的应用范围；客户关系管理将与其他“前台”、“后台”系统进行集成使用；产品更新和升级频率高的企业将广泛应用其交叉和追加销售的功能……

一言以蔽之，无论是从技术角度，还是从市场角度而言，客户关系管理都将具有更广阔的前景。可以预见，客户关系管理在不久的将来将会得到国内更多行业、更高层次的接受与应用。

实施 IT 服务管理　　重塑 IT 管理

中国信息化推进联盟 IT 治理专业委员会副主任委员　　孙　强

IT 服务管理（ITSM）是以流程为导向、以客户满意和服务品质为核心的 IT 服务指导框架。在各国的信息化建设的实践中，形成了 IT 服务管理的最佳实践——ITIL（Information Technology Infrastructure Library，IT 基础设施库）。涵盖了 IT 服务管理十大流程和服务台管理职能（如图 1、2 所示）。

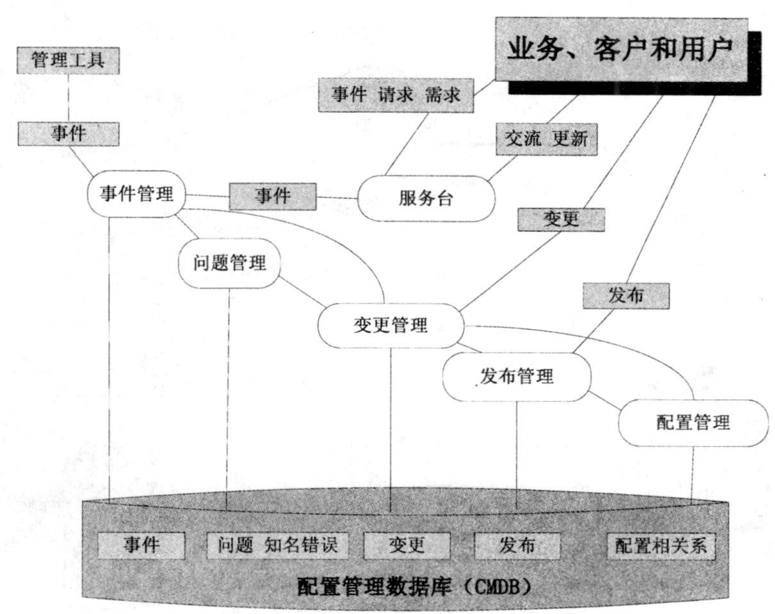

资料来源：OGC　　图 1 服务支持流程

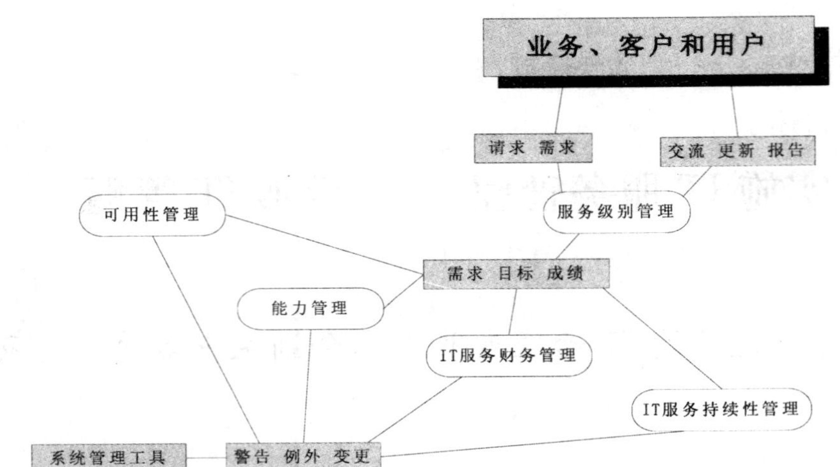

资料来源：OGC　　图 2 服务提供流程

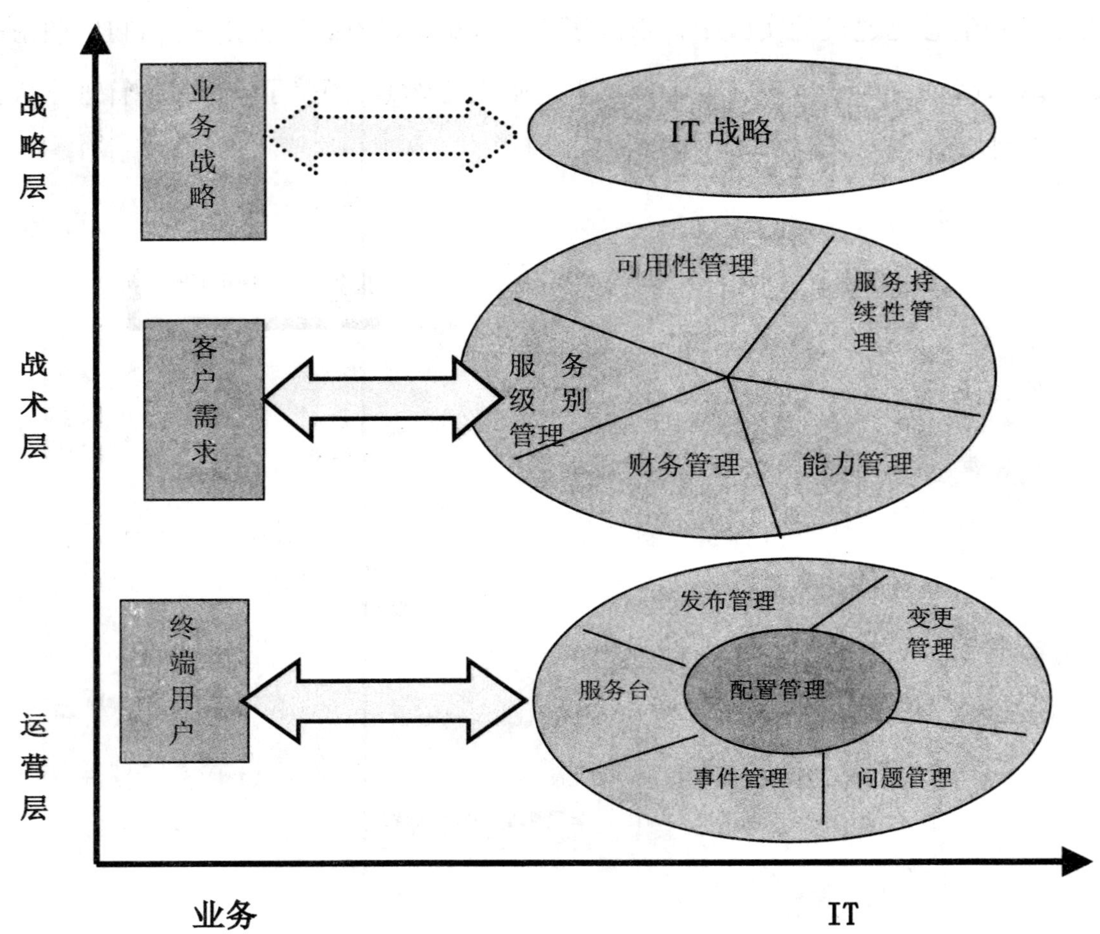

ITIL 从战术和运营层面描述了 IT 如何与业务整合（如图 3）。

注：用户：直接使用 IT 服务的人或机构，通常是指业务部门内某个具体的职员

客户：为 IT 服务付费的人或机构，通常是指某个具体的业务部门

尽管 ITIL 清楚讲述了各大流程的基本概念、职责和功能、主要活动、成本效益以及关键成功指标、关键绩效指标等，但 ITIL 作为一个描述性的内容体系，没有阐述企业如何具体实施 IT 服务管理。以致很多 IT 组织的主管不得不尴尬地承认，在读了 7 大卷 ITIL 知识体系，翻阅了 50 多个关于 ITIL 的实施方案后，仍然对从何处开展本部门的 ITIL 实施工作感到迷惑不解。对 ITIL 的实施从何处下手感到束手无策。

路在何方？

ITIL的制定者OGC考虑到不同的组织会有不同的IT服务管理需求，制定ITIL时就强调ITIL的普遍适用性，因而缺乏详细实施指导的特点使得ITIL执行起来往往令人“一筹莫展”。ITIL系列丛书之一《Planning to Implement Service Management》（服务管理实施规划）指出企业在实际操作中，应根据企业自身的复杂程度、信息化成熟度、应用水平状况和企业对服务管理的需求程度，进行有针对性的实施。一般来说，可以把这些不同的实施方法归纳为三类：

单流程法。一次只实施一个服务管理流程，比如可以从实施服务台和事故管理流程开始，或者从实施问题管理开始，也可以从实施变更管理流程开始。但由于 ITIL 各流程之间有着特定的联系（如变更管理得以有效实施，必须实施配置管理），这种方法只适用于企业实施 IT 服务管理的初期，用以探索适合企业自身的 IT 服务管理方法。

多流程法。一次同时实施、开发或改进多个流程。这种方法一般是为了实现业务或者 IT 客户的某种需要而使用。多流程法具体包括持续服务改进法（CSIP，The Continuous Service Improvement Programme）、客户满意度调查法(CSS，Customer Satisfaction Surveys)、SWOT 分析法(Strengths,Weaknesses,Oportunities and Threats analysis)、标杆法（Benchmark）和服务目标定位法等(Service Target)5 种，这些方法根据实际情况也可综合适用。多流程法是实施 IT 服务管理流程最常用的方法。

全流程法。即一次性实施、开发或改进所有 10 个核心服务管理流程和服务台。这种方法易于形成“协同效应”，但由于其高投入和高风险的特性，一般适用于 IT 服务管理较成熟的

企业。

不管你计划采用上述三类方法中的哪类方法，《Planning to Implement Service Management》都建议你按下图顺序具体实施。

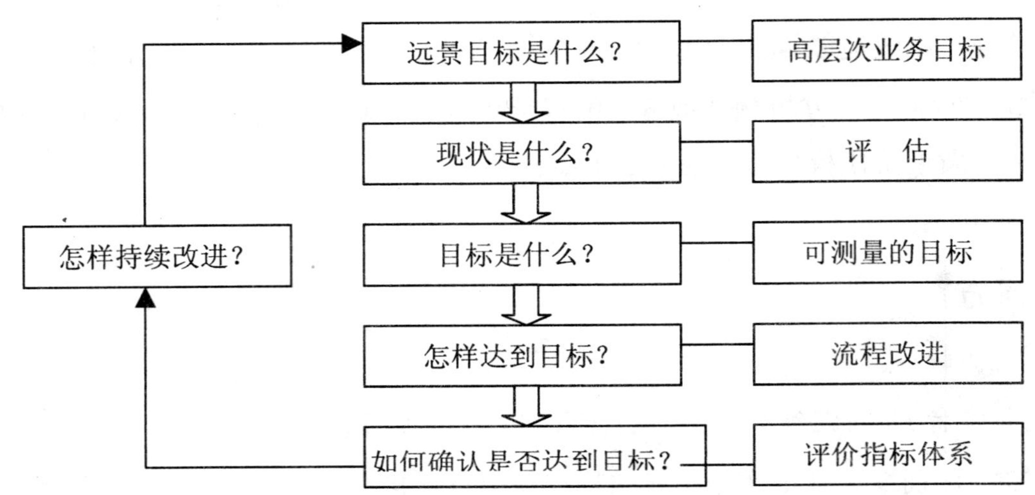

图 4 IT 服务管理持续服务改进活动

资料来源：Vernon Lloyd 等著，《Planning to Implement Service Management》, OGC, 2002 年.

第一步，确定远景 / 愿景（Vision）目标：服务管理远景目标是有关各方对服务管理的期望所作的声明。它是业务部门和 IT 部门双方根据业务目标制定的。一个好的远景声明至少有以下四个方面的作用：

- 明确持续服务管理改进活动的方向；
- 促使有关人员朝正确方向采取行动；
- 协调不同人员的多个行动；
- 简要有力说明高层管理者的意图。

第二步，评价现状：评估企业目前的成熟度级别，IT服务管理的现状如何。ITIL 自我评估手册提供了一个彻底全面的评估方法，可以到http://www.ogc.gov.uk/itil上免费下载。分析和评价现状可从以下几个方面考虑：

- IT 部门理解业务战略和方向、业务面临的问题以及这些问题对 IT 的影响吗？
- IT 部门理解技术及技术对业务的作用吗？

- IT 部门和业务部门对当前 IT 服务成熟度和 IT 服务质量的看法一致吗？
- IT 部门清楚了解利益相关者吗？他们是谁？需求是什么？需求得到满足吗？
- IT 部门清楚了解不实施改进的后果吗？

第三步，确立目标：分析和评估现状后就要确定一个合适的发展目标。为此 IT 部门可以利用“IT 组织发展阶段模型”，根据模型中每个要素的特征评价部门当前所处的状况和可能达到的下一个状态。

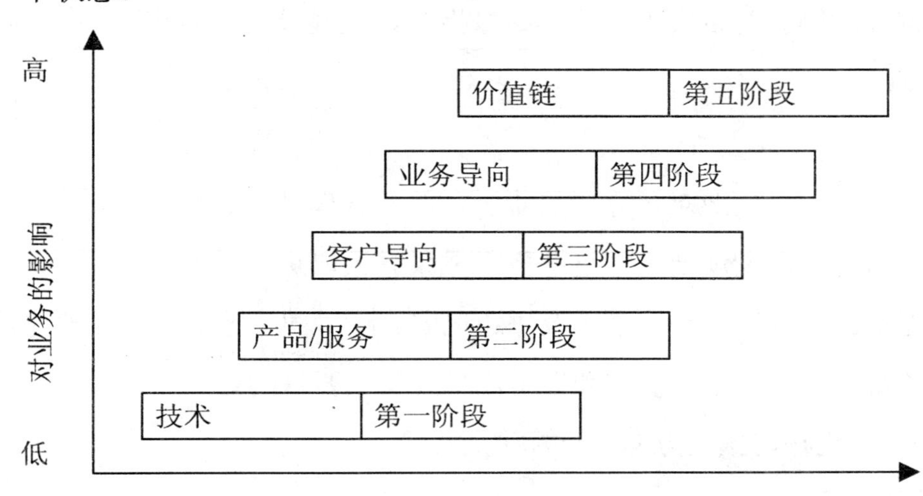

图 5 IT 组织发展阶段模型

资料来源：Vernon Lloyd 等著.《Planning to Implement Service Management》, OGC, 2002 年.

第四步，制定行动方案：在前面的介绍中，我们说明了如何“画蛋糕（饼）”（设立远景目标），怎样让人接受和喜欢上这个“蛋糕”（宣传和推广远景目标），然后让相关人员“争抢蛋糕”（授权），并教这些人应该“切哪块蛋糕”（设定方向）。为此，这些人先要了解自己（评估现状），然后确定可切多大的一块“蛋糕”（确定目标），接着说服别人同意行动（开发业务计划）并评估在目前情况下要切这块“蛋糕”还有哪些风险（风险识别和管理）和不足（差距分析和报告），再接着就是本节要讲的如何“切蛋糕”的问题（制定行动方案）。行动方案包括两个方面，一是选用何种服务管理工具，二是组织变革、教育和培训、文化变革和项目管理等。经验表明，成功的服务管理实施更多的依靠后者。

第五步，检查效果：检查效果是保障实施成功的关键过程之一，是检查和确认是否真正吃到了这块“蛋糕”的过程。需要事先明确定义一系列分阶段的、可测量的目标和里程碑，然后在完成每个阶段的任务后，进行“实施后评审（Post Implementation Review，简称PIR）”，检查阶段目标是否达到，最终的服务质量是否得到提高。如果达到目标且服务质量得到提高，就进一步定义新目标；否则，提出和采取补救和改进措施以实现预期目标。

为此，我们可以先为每个服务管理流程确定和定义一些关键成功因素（CSF）和关键绩效指标（KPI）。关键成功因素是使每个IT服务管理流程成功所需达到的最低目标，关键绩效指标是测量每个关键成功因素是否实现的具体数量指标。关键成功因素和关键绩效指标建立了每个流程的绩效基准。

第六步，持续改进：“创业难，守业更难”，服务管理同样如此。一旦上一步确证服务改进活动已经达到目标，我们就要巩固这些取得成果并采取进一步的改进行动。这又像“逆水行舟，不进则退”。服务管理是一个边改进边巩固、边巩固边改进的持续改进过程。

持续改进的关键是持续测量、监控和评审流程。其主要目的是：

- 证实改进行动正在向预定方向和目标进展；
- 证实有效利用了资源；
- 给各类小组成员提供反馈，认可其取得的进步和成绩，并激励他们进一步努力；
- 根据实际效果调整行动计划，提高决策水平；
- 评价使用的指标体系和设立的关键成功因素和绩效指标。

路在脚下

实施IT服务管理流程，我们应首先探明什么是IT用户／客户主要关心的事项并且据此决定实施IT服务管理的顺序是重要的。ITIL建议实施的通常顺序是首先实施面向用户的服务支持功能。这样做的好处是对IT用户／客户和IT服务提供者之间的日常关系给予重视，双方因而可以看到立竿见影的好处。

在实施IT服务管理流程的过程中，我们应关注各流程间显而易见的依赖关系。例如，配置管理依赖于变更管理提供控制流程，因此配置管理应该在变更管理的同时或之后实施。同样，如果没有Service Desk和事件管理，问题管理不可能发挥作用。

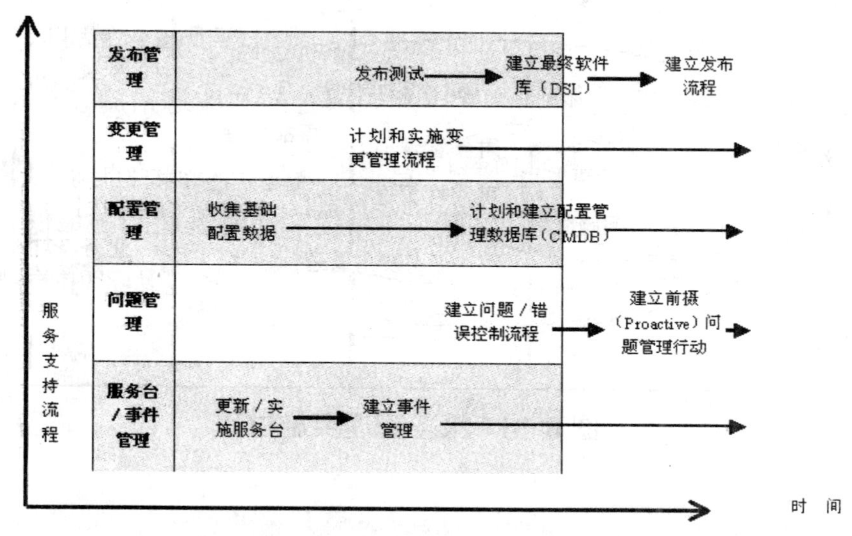

图6 服务支持可能的实施顺序

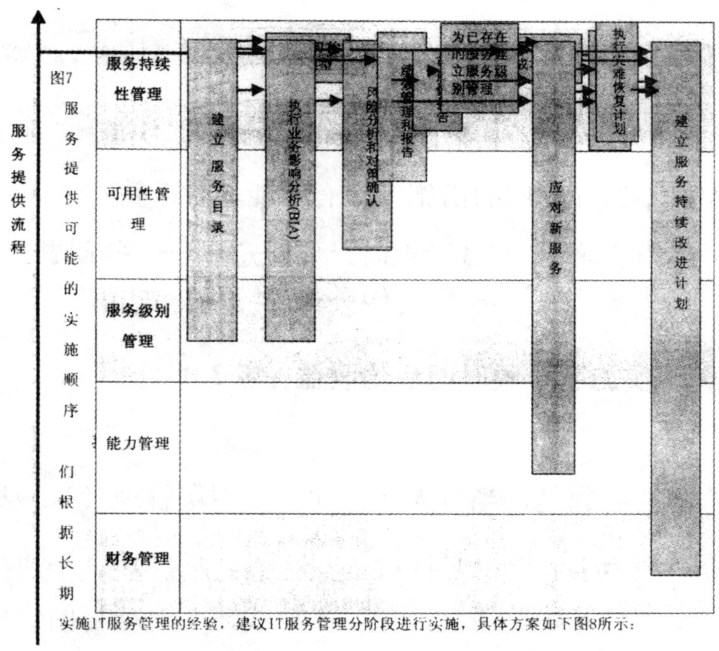

图7 服务提供可能的实施顺序

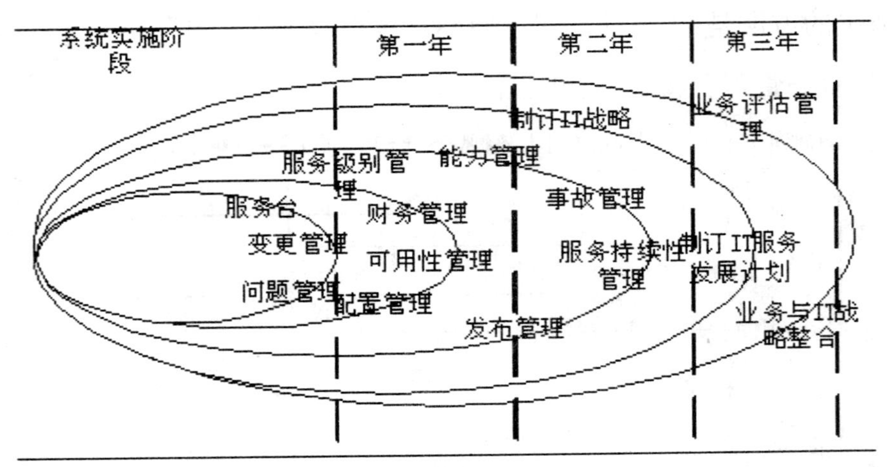

图 8　IT 服务管理实施过程

防范暗礁

实施 IT 服务管理之路并不平坦，借用一句很流行的话：实施 IT 服务管理是改革，亦是一场对组织的革命，如果不做好相应的措施，极有可能功亏一篑。

根据我们的研究，组织实施 IT 服务管理时，要注意以下一些问题：

暗礁一：IT 服务管理实施了一段时间后的收益在哪？！

一个最让人有挫败感的问题是，当有人（比如某个中层管理者），发现了实施最佳 ITSM 的方法，并满怀热情地开始实施 ITSM 项目时，却并没有赢得高层管理的支持。

两三个月后，高层管理将开始关注已经花了多少钱，并对项目的价值产生怀疑。中层管理者需要解释这样做的理由，并说明项目的实施将带来什么样的收益（以及这些收益什么时候产生），并向高层管理展示投资汇报。通常中层管理者对这些准备不足，仅能用诸如“我们将获得一个 CMDB（变动与配置管理数据库）”之类的技术术语来描述收益。一旦中层经理无法准确说出投资回报的规模，以及回报什么时候产生的问题，这常常意味着宣判了项目的死刑，并使人们对 ITSM 项目产生了消极印象，从而使类似项目在今后再难以重新启动。

避免这种情况的方法是：

考察能从 IT 服务管理获得的潜在收益，并关注那些在此时与此关系最密切的人。

考虑 IT 业务中哪些环节最薄弱，以及哪个 ITIL 流程对这些环节的影响最大。建议实施者应针对当前的 IT 支持能力的优势、劣势、机会和威胁做一个正式评估（SWOT 评估）。理论上说，这需要一定的独立性，因为客观地分析你自己是非常困难的。这种评估将为实施者提供一个参照标准（Benchmark），以便度量和证实所希望取得的进展。而且，也可以避免在已经运行得很好的环节盲目投资。

在你认为薄弱的 IT 管理领域与高级经理进行沟通。这种讨论一方面可以消除高级经理由于不了解情况而可能产生的窘迫感，另一方面可以事先避免各种风险。你可以就需要进行改善的地方提出建议，并对预期的收益做出说明。这种收益可能是在成本节约上体现出来，但需要在一个合理的时间区间内。

做到这一点，高层管理者通常会因为这种有预期、有计划的前摄方法（Proactive）而给予支持。

暗礁二：实施 ITIL 时，以 IT 部门为中心，变成“孤芳自赏”

一些组织对 ITIL 的印象如此之深，以致很快便陷入对 ITIL 的痴迷。这通常会导致对 ITIL 的“过分顺从”，而不是以 ITIL 为有用的进阶石，想办法使 IT 业务为其他组织成员带来更多的价值和更高的生产力。

过分痴迷 ITIL 将导致“孤芳自赏”，而非以用户为中心，并让人感到（在用户和高层管理者看来）最重要的事情并没有得到改进。

ITIL 本身并不是目的。ITIL 的原创者和推进者，都希望它能成为 IT 业务运营的行动指南，希望它在实践中被采用和调整。当 ITIL 适合组织需求时就采用它，一旦发现 ITIL 与组织需求发生冲突时，就调整它。取得 ITSM 改善，必须组织业务及政府目标为背景。好的 ITSM 的目标是增进 IT 与组织内其他部门的融合。好的 ITSM 总是开放型的，无论是对高层管理、用户还是供应商。好的 ITSM 会率先受益的领域降低成本、提高质量。好的 ITSM 执行一个流程不是仅仅因为 ITIL 里有这个流程，而是因为执行这个流程所带来的收益远大于其执行成本。ITIL 应该被作为一种手段，而不是“孤芳自赏”。

暗礁三：没有建立相应的“服务文化”

一些组织花费了大量的时间和财力来设计程序、购买工具和实施项目。然而，当项目不能带来实际收益时，这些组织便感到非常失望和困惑。这通常是因为这些组织未能转换 IT 部门的文化。成功的 IT 服务管理通常有三个组成部分：人、程序和技术。在“人”的方面，非常关键但经常被忽略的是文化。如果参与 ITSM 的人员看不到流程和工具的价值，并且不愿意使用它们，那么纵然有高效率的流程和世界级的工具也是徒劳。

获得这种转变最有效的方式是建立沟通渠道，并有意识地向员工传播关于客户重要性，以及客户在整个服务提供链中所处位置的重要性。在实施 ITSM 项目时，应当全力以赴地去构造好的员工交流渠道，建议让 IT 员工参加 ITIL 培训，这是创建服务文化最有效的方式。通过培训，他们就会对整个服务管理（而不只是他们工作所涉及的流程）有全新的理解，包括基础知识和实践经验的分享，效果非常好。

总之，实施 IT 服务管理之路充满了坎坷，但是要坚信一句话：风雨之后能见彩虹！目前国内外已经有大量成功的案例用以坚定我们的信心。比如，宝洁公司 Proctor＆Gamble(http://www.pg.com)于 1997 年实施 IT 服务管理以来 4 年内为公司节省了超过 5 亿美金的开支。对 Procter＆Gamble 内部财务和 IT 部门的调查表明：运营成本降低了 6％～8％，而技术人员的人数减少了 15％～20％。

科学的发展观和信息产业的地位及作用

中国人民大学教授　陈　禹

科学的发展观的提出，对于我国改革开放事业的健康发展具有深远的意义。发展是硬道理，这已为人们普遍接受。但是，什么是健康的发展，什么是可持续的发展，还需要我们认真研究和思考。

对于信息产业来说，建立科学的发展观尤为重要。作为近几十年来发展起来的新兴产业，信息产业发展中的盲目性相当普遍地存在着，大起大落的现象屡见不鲜。更重要的是，信息产业的兴衰已经不仅仅是信息产业自己的、局部的、行业的事情，而与整个国民经济的健康发展有着不可分割的联系。作为经济与社会的神经系统，信息产业不仅直接影响到整个国民经济的效率，而且已经成为整个社会经济系统的不可缺少的基础和命脉，经济与社会安全的枢纽。信息产业的这种特殊地位，更加要求我们深刻领会科学的发展观，以信息产业的健康发展推动整个国民经济的健康发展。

一、区分两种根本对立的发展观

对于发展，从来就有两种对立的观点。形而上学的观点认为，发展只是量的变化，是重复，是循环。而辩证法的观点则强调发展是旧的质的否定，新的质的产生，是飞跃，是质变。对此，经典作家早已有非常明确的论述，这里没有必要再重复。

然而，在我们的现实工作中，却常常能够看到形而上学的观点的影响。具体到发展的问题上，突出地表现为以下这几种情况：用一个或少数几个评价指标作为衡量发展水平的唯一标准；把某些定量指标绝对化和僵化；只顾当前不顾长远的短视行为等等。这些表现除了各种利益的驱使之外，从认识论和思想方法来看，则正是形而上学的发展观的反映。

首先，把少数甚至单一的定量指标当作发展的主要评价标准，这是与丰富多彩的客观现实完全不相容的。必要的量化指标能够帮助我们描述和界定客观情况，这无疑是必要的。然而，量是描述质的，把定量指标绝对化往往把工作引到邪路上去。列宁早就指出过，客观事物的方面是无穷的，我们永远不能完全地把握它，但是要求全面性将能够使我们避免僵化。在事物发展的一定阶段，某些定量指标的确可以反映当时当地的经济在某种意义上的基本情况或主要矛盾，然而随着事物的发展变化，其作用就会改变。这种情况是很常见的。例如，在工业化的一定阶段，钢产量曾被作为一个国家经济实力的体现，这在当时是合理的,但是，到了今天，我们还能这样看吗？电视机的普及率在一段时间里是人民生活水平不断提高的标尺，到了现在，谈论电视机普及率的意义已经不大。所以，定量指标的作用是相对的、有时间性的。至于脱离实际，为了数量以至弄虚作假则更是背离了实事求是的基本原则。至于为了在一年内把钢产量翻一番，竭力追求 1070 万吨钢而掀起的大炼钢铁，则是经济生活中罕见的一场灾难，经历者至今心有余悸。近几年来把国民生产总值或增长速度作为唯一考虑的偏颇，也同样植根于这种形而上学的，片面强调数量、忽视质量的发展观。

其次，过分强调某一方面大发展，忽视均衡发展，以偏盖全，则是形而上学的发展观的另一个突出表现。世界在质的方面是无穷的，任何客观事物都可以从无数不同的侧面去考察或描述。一个或者几个指标只是反映无穷方面中的少数几个。脱离了整个系统的均衡发展，片面地追求某一个或几个指标，肯定是要吃苦头的。我们并不是否定定量指标的必要性，而是说要看到掩盖在平均数字之下的隐忧，要看到指标背后的更为丰富的真实状况。可能有人会认为质的区分比较困难，不如有把定量的尺子，容易做到“公平”。其实这至少是一种思想懒汉的做法，即试图用“一把尺子”、“一刀切”来代替艰苦细致的“具体问题具体分析”。事实上，在实际工作中，这往往还是巧妙的牟取私利的好办法。正像有些单位按某些人的情况制定分房的计分办法，结果是“名正言顺”地保证了某些人的既得利益。思想懒汉的外表常常掩盖着深层次的牟私利。至少从思想方法上讲，以少量指标来取代丰富多彩的系统全局，显然是一种形而上学的方法。

第三，形而上学的发展观还突出地表现为只顾眼前利益、不顾长远发展的短视行为。辩证法强调发展，强调过程，而形而上学的观点则只注意眼前的状态和指标。无论从人类历史上看，还是我国这几十年来的经验，人们已经越来越认识到短视行为的恶果，这里不必再举出实例。除了干部任期的现实考虑之外，原因与结果之间必然存在的时间差，也是出现这种短期行为的原因之一。从认识论的角度来看，任何人都不可避免地受到社会环境和历史条件的限制，所谓的长期考虑当然只能是相对意义上的。然而，近几十年来，随着科学技术和社会的飞速进步，人们的眼界已经大大扩展了，一些以前无法考虑的因素，现在已经可以比较清楚地把握了。这就给我们打破形而上学的观念，建立更有远见的发展观创造了良好的条件，提供了有效的手段。

总之，我们应当认真学习党中央关于科学的发展观的重要精神，吸取历史上正面和反面的教训，摒弃形而上学的思想桎梏，建立科学的发展观，为改革开放事业的健康发展提供根本保证。

二、信息产业在可持续发展中的地位和作用

贯彻科学的发展观，对于信息产业来说，提出了新的更高的要求，也提供了进一步发展的机会与空间。因为，健康的、可持续的发展大局要求信息产业更加有效、更加敏锐。前面所说的重视质量、全面均衡和长远考虑，实际上都是建立在信息产业健康发展的基础上的。其核心问题就在于大力提高全社会对于信息资源的合理与有效利用水平，信息产业对于社会的贡献从根本上说，就在于大大提高了全社会开发和利用信息资源的能力。从这个意义上讲，信息产业所担负的重任正在于为科学的发展观的落实，为可持续发展的实施提供可靠的基础条件和先进的实现手段。

信息作为一种资源，在人类历史上早就发挥着作用。正如学者们所公认的，社会进步和经济发展靠的是物资、能量、信息三大资源。但是人类对于信息资源的重要性的认识是经历了一个发展过程的。农业时代的人们主要注意物质资源；从蒸汽机开始，工业文明以开发能量资源为突破口，迅速地提高了生产力。然而，上世纪60年代，一批学者在《增长的极限》这一著名研究报告中，向全人类提出了警告：地球上的物质资源（包括土地、矿产）、能量资源是有限的，有些还已经看到了尽头。人类不能再像前三百年那样，以为可以无节制地、掠夺式地开发物质资源和能量资源。事实上，这种开发带来的问题，如环境污染、温室效应、土地荒漠化等已经不容小视。所谓可持续发展的概念正是在这样的背景下提出来的。

出路何在？人们想到了第三种资源——信息。科学研究和社会实践的大量事例告诉我们，只有充分地掌握了信息，从信息中找出知识，才能有效地利用有限的物质资源和能量资源，才能理性地对待我们唯一的家园——地球，才能设计未来，保证人类持续地、健康地生存下去。而信息产业正是为人类收集、传递、加工、利用信息资源提供手段的。所以，今天信息二字成为热门话题，信息产业蓬勃发展，都不是偶然的，而是人类社会发展的必然趋势和必然结果。我们把当今的时代称为信息时代，把现代信息技术作为今天的先进生产力的代表，确实是很有道理的。

信息社会与以前社会的不同之处就在于信息资源的重要性和地位空前突出，因而信息产业的地位也就大大提高。这是时代和社会发展的客观要求。党的十六大提出了新兴工业化的道路，只要仔细分析以下新兴工业化的具体内容，就不难看出，这条道路处处都与现代信息技术密切相关。例如，节省能源靠的是什么？从窑炉改造到数控机床，处处都要用到计算机和通信技术。又如，协调发展靠的是什么？不也是在大量信息收集基础上才能进行的统筹规划吗？没有现代化的信息采集、传递、存储、加工的技术，人们根据什么来统筹规划呢？就拿今天的海关、航运和国际贸易来说，离开了现代的通信和计算机技术，怎么能够想象今天的全球经济一体化和国际分工呢？总之，新型工业化道路必须以现代信息技术为手段，以新兴的信息产业为基础，立足于全社会信息资源利用和开发水平的大幅度提高。

从另一方面说，近几年越来越明确的科学的发展观，也同时为信息产业的再一次大发展提供了机会和空间。当全社会都在考虑协调发展、长远规划的时候，社会对于信息的要求就会越来越高。为了如前面所讲的那样，实事求是地从长远考虑、从全局考虑，就必须建立完整、可靠、及时、安全的各级各类信息系统，以便收集和利用信息。近年来，数据仓库、数据挖掘、智能代理等新技术的兴起，正是这种广泛的社会需求所促成的结果。恩格斯曾说过，一种迫切的社会需求，要比几十所大学更能推动科学和技术的发展。近几十年来信息产业奇迹般的发展，再次雄辩地证明了这一点。而且，我们相信，这个发展趋势还将持续下去，持续一个相当长的历史时期。

总之，贯彻科学的发展观，对于信息产业来说，既提出了要求，又提供了机遇。这是由信息技术和信息产业在当今时代的特殊位置决定的。作为信息社会的神经枢纽和技术手段提供者，信息产业对于实现科学的发展观担负着十分关键的作用。

三、用科学的发展观推进信息产业的健康发展

作为一个新兴的产业，信息产业本身这些年来也遇到了不少问题，经历了若干次大起大落。这其中原因当然包括新生事物不可避免的过程，然而，通过学习科学的发展观，检查形而上学的发展观对于我们的干扰和影响，我们可以得出不少有益的启示。这对于今后信息产业的健康发展是十分重要的。

前文所提到的几个问题在信息产业中同样存在。比如，片面地用几个指标来衡量信息化的发展水平和成绩。这种情况曾经给信息产业的发展带来消极的影响。在一段时间里，争上光纤，争上宽带网成为风气，而在相当长时间内忽视了信息内容的整理与提供，从而出现了所谓“有路没车，有车没货，有货没好货”的现象。当我们重温邓小平同志的题词“开发信息资源，服务四化建设”的时候，我们不得不承认，那种单纯追求数量的形而上学的观念，确实是干扰了信息产业的健康发展。

从信息产业自身的均衡发展来看，值得反思的地方也不少。运营和增值服务的关系，硬件和软件的关系，建设和管理的关系，以及不同地区之间的均衡发展，都需要我们认真地、逐项地去研究和解决，而不能陶醉于高居不下的增长率，忽视了这些从长远来看将影响产业健康发展的问题。

由于信息产业的行业特点，它的发展具有一系列不同于传统行业的特殊情况。如某些方面的天然垄断，增值业务的极低成本，进入门槛的特殊要求，技术更新的高速度，使得这个行业中的不确定性更多，更难预测，也就使得宏观调控、协调发展的难度更大。所以，信息产业的工作人员更需要下功夫、实事求是地研究新情况和新问题，真正用科学的、辨证的思想方法去找出切实符合中国实际的解决方案。这不仅是信息产业健康发展的需要，也是整个国民经济与社会健康发展的需要。

党中央提出建立科学的发展观是一项深谋远虑的战略举措，将对我国的社会主义建设和改革开放事业产生重大的、深远的影响。信息产业应当抓紧这个机遇，认真学习，树立科学的发展观，在推进整个社会和经济的健康发展中，实现信息产业的再一次腾飞。

永不停顿的IT

赛迪顾问股份有限公司执行董事　　黄涌

自90年代以来，信息技术作为财富和智慧的象征而受到社会各界广泛关注与尊重，无论是置身其中的信息技术企业，还是从事其商业运营的IT人士都头顶着高科技的光环而踌躇满志。IT产业在经历了10余年的高速增长以后，2000年的网络泡沫导致整个产业经历了持续近3年的严重衰退，并且IT的重要性受到置疑；而IT企业在面对日益激烈的全球化竞争的同时，不仅背负着大量的库存和沉重的债务负担，并且其股价多数缩水在50%以上，甚至频频出现企业财务丑闻。显然，以IT为代表的高科技企业及其精英们遭遇了前所未有的市场挑战。

IT仍然重要吗？其对经济的驱动是否已经衰退甚至枯竭？财智是否真的开始远离IT？未来IT产业将呈现什么样的发展趋势呢？

日益凸显的IT战略地位

当然，从经济学角度我们不能否认央行货币政策、利率等财政手段对整个经济的改善和调节。但从产业经济与市场需求的研究中，我们发现IT仍然充满了活力并且在整个国民经济中具有举足轻重的作用和贡献。它不仅促使整个经济与商业运营模式的深刻变革、推动商业运作的高效率、智能化，同时IT产业在融合中孕育和催生着众多的新兴产业。显然IT作为先进生产力代表的地位无容置疑。

或许2003年对整个全球IT产业是一个重要转折。2003年全球IT市场销售收入再次突破9000亿美元，其中信息技术硬件设备投资在连续三年下滑后，2003年增长1.4%，达到3900

亿美元;软件销售额达到1725亿美元,比2002年增加2.3%;而信息服务更增长3.4%达到3420亿美元。同时，IT产业的好转还表现在电信、消费电子等领域的增长。2003年全球电信设备销售额比2002年增加8%，达到1905亿美元，这是自2000年以来的首次增长。在消费电子市场方面，数码相机、DVD刻录播放机（DVD-RW）、MP3、无线移动终端以及数字电视等新兴数码消费产品带动整个消费电子产业呈现勃勃生机。

2003年中国电子信息产品制造业实现销售收入1.88万亿元人民币，同比增长34%，该产业对中国GDP的贡献率为8%到10%，出口额超过1200亿，占中国全部出口的30%。电子信息产业已成为中国第一大产业，整个产业规模位居世界第三，其中程控交换机、移动电话、彩电、彩色显示器等产品产量已居世界第一位．2003年产量占世界总产量的比重分别为30%、35%、40%和55%。同时，上述产品大量出口，其中移动电话和PC出口比例达到50%，彩电出口比例约40%，彩色显示器出口比例超过60%。

毫无疑问，中国已经成为全球电子信息产品的制造大国，并确立了在全球产业分工体系中的重要地位，同时产业聚集已经显现，初步形成了长江三角洲、珠江三角洲和环渤海三大信息产业基地。1989年中国电子信息产品制造业规模居世界第九位，1996年排名世界第五位，目前排名上升至世界第三，总量规模仅次于美国和日本，已步入电子信息产品世界制造大国的行列，而且提升的趋势还在持续，在计算机硬件产品制造方面目前已经超过日本位居世界第二 同时我们也十分清楚地看到，中国电子信息产业存在的主要问题是缺乏核心技术，面临从“量的扩张”到“质的飞跃”的转型。

在经济全球化的背景下，国际产业发展的显著变化之一是产业分工方式的改变，即跨国公司为主导的产业链纵向分工方式的形成和高度细分化，以及由此推动的新一轮产业的国家间转移 中国凭借着市场需求巨大、低成本生产要素(劳动力、土地、智力资源等)、相当实力的产业基础和生产能力等综合成本优势，获得了此轮产业转移的有利地位，已初步确立了在全球IT产业分工中的重要地位——电子信息产品的加工制造。

产业的区域聚集化发展已经成为当今IT产业发展的重要特征。美国的硅谷、英国的苏格兰科技区、印度的班加罗尔、台北的新竹科技工业园区都是集群式创新的成功典范 产业发展的区域聚集化是出于提高规模经济、降低交易成本、有利要素流动、共享服务和基础设施等多重目的，从而提高产业的竞争力 中国已初步形成了长江三角洲、珠江三角洲和环渤海地区三大信息产业基地在这些产业聚集区内，形成了主机企业和多级零部件供应企业分工高度细化的产业分工方式，尤其是形成了能够实现即时供应、交易成本较低的产业配套能力，使得区内企业表现出了很强的竞争力和市场适应能力　上述电子信息产业聚集区也是外商直接投资的首选地，使其具有很高的国际化程度，一些产业基地成为了某些电子信息产品的全球重要的生产基地并逐步发展成为影响全球市场的重要的世界生产制造基地

更重要的在于，随着全球化竞争特征的日益明显，跨国企业本土化、本土企业国际化进程在非均衡发展状态下提速。产业链加速转移、市场规模与潜力进一步提升中国在全球电子信息产业链中的战略地位。

2003 年经济全球化趋势日见明朗，跨国企业海外扩张速度明显加快。随着中国加入 WTO 时间的延续，包括金融、电信、交通、制造、零售等在内的一系列行业开放力度逐步加大，开放所引发的竞争迫使行业与企业在 IT 技术领域保持竞争优势，其对信息技术的依赖度越来越高，最终结果是中国行业与企业信息化建设需求日益旺盛。2003 年中国手机用户超过 2.6 亿，互联网用户数达到 6800，IT 大众化趋势更加明显，中国作为一个潜力巨大的市场已经在整个世界范围内凸显出来。同时，中国 IT、电信以及消费电子市场在过去两年全球低迷环境下所保持的快速稳定增长也牢牢地吸引了全球知名企业的目光。

随着中国投资环境的不断改善，同时中国在电子信息产品制造业及人力成本等方面所具有的优势，以及包括半导体、软件等产业在中国的兴起，使得跨国企业在中国实现本土化、降低企业运营成本、提高国际竞争力都具有十分重要的战略意义。2003 年，跨国企业在原有中国战略基础上开始重新评估中国市场的价值，它们在将中国作为一个潜在电子信息产品消费大国的基础上，开始将营销以外的研发等基础产业链转移到中国。另一方面，2003 年包括 TCL、联想等众多本土企业也加快了国际化步伐，但与跨国企业相比无论是在国际化人才、运营经验、渠道以及品牌等方面存在差距， 2003 年中国本土企业国际化海外扩张的动作表现得相对谨慎和缓慢。

永不停顿的中国 IT 市场

从中国 IT 市场的角度分析，我们可以看到在过去 10 年中，中国 IT 市场总投资规模近 1.4 万亿元，年均复合增长达到 24%。信息技术 10 年发展深刻地改变了我们的工作与生活，电子信息产业也成为了国民经济的第一支柱产业。未来的中国 IT 市场在经历过去 3 年平缓发展以后，将重新步入快速平稳的增长轨道。赛迪顾问预测 2004 年中国 IT 市场的整体增长将达到 18.9%，总体市场规模近 4000 亿元人民币。整个市场未来 5 年（2004-2008 年）将保持 18.1% 的复合增长。预计到 2008 年规模将达到 7630 亿元的市场规模。

对比过去 10 年的 1.4 万亿元的 IT 投资，未来 5 年中国 IT 市场的总投资规模将达到 2.3 万亿。在分类市场方面，硬件、软件与服务市场平均投资比重分别为 60.1%、15.4%和 23.7%，其年均复合增长分别为 16.4%、19.5%和 23.6%。中国良好的经济与政策环境以及强劲的内部需求将是中国 IT 市场快速增长的重要驱动力量，而专业化 IT 整合与大众化 IT 应用则是未来中国 IT 市场最重要的应用发展方向。

在商业应用领域，企业 CIO 着重于 IT 应用创新与企业成本控制之上。数据信息安全、风险管理控制、绩效评估以及基于 IT 的企业可持续发展成为关注焦点。过去几年里，中国良好的经济环境、积极的政策引导以及强劲的内部需求促进中国信息产业和市场得以长足的进步和发展，在“信息化浪潮”中，业界经历了互联网的喧哗与躁动，中国 IT 市场也告别了跳跃式的成长而进入平稳发展的阶段。中国大多数企业基本完成了 IT 基础架构的部署，IT 投资开始趋于理性。面对大量的 IT 基础设施投入，用户所关注的焦点是如何高效专业地优化和整合现有 IT 系统、提升 IT 运营效率。

在企业 IT 应用方面，目前用户面临基于 IT 的业务支撑与创新、系统整合与优化、投资回报以及运营管理成本等方面的挑战，其根本在于如何有效运用 IT 技术提升和塑造企业核心竞争能力。未来企业 CIO 注重的是将信息技术溶于企业的持续发展之中，特别注重基于信息安全、风险管理控制、绩效评估以及业务持续计划的 IT 治理。

在消费 IT 方面，消费 IT 市场重新提速，品牌与时尚、简约与集成、网络化应用与 web 服务形成潮流，产品生命周期进一步缩短、价格竞争日趋激烈。中国所拥有的巨大消费 IT 市场在经历了过去两年的相对低迷后，2003 年开始重新焕发活力。随着宽带、无线以及移动等技术的日益成熟，网络基础架构基本完善；基于互联网的在线游戏、短信下载、远程教育等信息服务内容也日益丰富；同时新兴融合计算、通信、消费电子等特性的数码产品层出不穷，价格不断下降。2003 年，上述状况带动中国消费 IT 市场加速发展。

在消费 IT 市场，网络服务已经形成巨大的市场规模。赛迪顾问数据显示，2003 年该市场已经形成近 190 亿元人民币的市场规模，年度增长高达 60%以上。在产品品牌、外观设计、功能等方面，品牌价值、简约、时尚以及基于网络的应用集成成为焦点；同时消费 IT 产品的更新换代逐步加速，价格竞争十分激烈。

新兴的宽带、无线以及移动应用将成为应用热点，高性能、公用计算与 IT 运营将受到更多的关注。2003 年中国宽带用户呈现 300%的爆炸式增长，累计宽带用户超过 1200 万户。而基于宽带的信息提供、在线游戏娱乐等内容日益丰富，包括设备供应商、运营商、内容提供商以及网络服务消费群体在内的宽带产业链渐成气候。冰冻若干年的宽带网络以及基于宽带的应用开始走向成熟。

随着 Intel 发力推出其具有 WLAN 功能的迅弛技术，大量移动便携式笔记本电脑具备了无线上网的功能，企业级无线网络应用已经浮出水面，而 Wi_Fi 公共热点也在相关电信运营商的共同努力下在中国各地迅速扩张。无线 PDA、智能手机等具备移动、无线上网功能的数码产品受到消费者追捧，同时具备强大数据功能的 3G 在 2003 年也使整个 ICT 产业为之兴奋。

2003 年 IBM、HP、Oracle、SUN、Intel 等业界巨头大力推行“公共计算”概念，将信息技术描绘为现实及未来社会最基础的公用设施，作为全球领导性企业所倡导的未来计算模式，实质是将“IT 运营”的概念在业界传播。IT 成为未来社会的公共基础设施以及领导性企业持有的“IT 运营”概念受到业界广泛关注。

互联网开始重新崛起，网络游戏、短信下载、搜索引擎等网络服务市场高速增长，企业上市与并购浪潮再次涌动。无论是在海外，还是在中国，包括 Yahoo、eBay、Ama、新浪、搜狐、网易等在内的互联网企业全面实现赢利增长，搜索引擎 Google 更是风光无限，互联网泡沫在 2003 年开始消失并重新焕发活力。2003 年在中国互联网市场，不包括 ISP 接入的网络服务市场增长 60%以上，市场规模接近 75 亿元，包括短信、在线游戏以及搜索引擎在内的网络服务为互联网注入了生机。网易、搜狐、新浪三大门户在 Nasdaq 受到资本市场的强力追捧，并造就了中国第一首富的“神话”。

2003 年，处于低潮中的全球 IT 业并购重组暗流涌动。Overture Services 2 月宣布以 1.4 亿美元的现金和股票收购搜索技术公司 AltaVista， Yahoo 出价 2.35 亿美元 收购 Inktomi

公司。2003 年，国内互联网企业携程、慧聪等纷纷海外上市。

本土企业知识产权意识逐步加强，产业与技术标准受到政府以及整个业界的高度重视和广泛关注。2003 年 1 月起，思科与华为展开知识产权纠纷，思科状告华为在其产品中涉嫌侵害其知识产权，由此形成了在数据通信市场上两家最为杰出的中美公司之间的较量。最终，思科和华为发表联合声明，希望通过协议终止今年 1 月思科对华为的诉讼。根据双方已签署的协议，华为将继续遵守初步禁止令的条款，并自愿对其某些路由器和交换机做出了修改，双方已就审核该修改的程序达成了一致。上述事件进一步强化了中国本土企业对知识产权的保护意识。

作为产业追随者将始终面临知识产权与技术专利的壁垒和障碍，中国具有巨大的市场潜力为产生“中国标准”提供了基础，除 TD-SCDMA 以外，2003 年国家质检总局和国家标准化管理委员会联合发出《关于无线局域网强制性国家标准实施的公告》，中国 WLAN 产品新的安全标准——WAPI 是积极有效的尝试，2003 年 11 月，核心技术完全为中国自主知识产权的 EVD(高密度数字激光视盘)播放机正式投放市场，实现了从”中国制造”到”中国创造”的跨越。同样，11 月 25 日中国正式对外发布了 AVS 视频最终标准草案，中国相关产品技术标准的形成及应用将对未来相关产业产生重大影响。

产业融合与竞争变革

产业融合已经成为新世纪信息产业发展最重要的趋势之一。这一趋势不仅决定着信息产业未来的发展方向和空间，也影响着企业的可持续发展能力。主动顺应产业融合趋势，是企业抓住发展机遇，提升核心竞争力的根本之道。计算机、通信以及消费电子等产业融合趋势已经日渐明显，同时电子信息产业对其它传统行业的渗透孕育着系列新兴市场开始走向成熟，基于计算、通信以及消费电子的产业链面临新一轮的变革和重组。产业融合造就出一批上百亿的新兴市场，这将是未来产业结构发展的最大变化，也必将进一步引发市场资源的重新配置，引领企业创造更大财富。电子信息产业和传统彩电行业结合，产生了数字电视产业；与汽车行业结合，产生了汽车电子产业；与医疗设备结合成为医疗电子产业；与传统信息服务业结合，形成数字内容产业；与娱乐产业结合，产生了娱乐电子产业等等。

显然新兴电子信息产品市场成长的巨大空间，为企业突破产业边界约束提供了新的投资与发展机会。中国广泛的市场需求是新兴市场的存在基础，而技术可行的有效市场供给为市场提供了发展可能，同时，积极的产业投资和政府的鼓励扶持政策都为新兴市场的加速发展铺平了道路。

无论如何，中国信息技术市场的决胜将是一场旷日持久的竞争，企业竞争由单一价值链环节拼比向全程价值链对决转移。品牌建设、客户体验、精细化管理、运营效率与执行力成为竞争焦点。中国电子信息产品市场中企业之间的竞争，已经由过去单一的价值链拼比向全程价值链对决进行转变。过去企业在产品技术、市场推广、销售渠道或客户服务方面所具备的个性优势或许能够维系企业在市场竞争中保持阶段性的领先优势，但今天企业之间的竞争要求必须在企业整体价值链中凸显优势，才可能在市场中掌握主动。

当今中国 IT 市场的领导企业必须保持和发扬自身固有的传统优势和能力，在关注外部竞争的同时，更加注重企业内部价值链的纵向整合，在企业制度、治理结构、精细化管理、业务流程与执行力等方面进行提升和变革。企业横向价值链竞争呢对比向纵向价值链整合也是当今企业面临的最大挑战。

无论是面对未来趋势，还是置身现实市场，只有以更加卓越的制度、更为精细的管理、更具效率的运营手段，保持企业在产品技术、营销渠道、客户服务以及品牌建设等方面的持续创新能力，才能够真正保持企业在市场中的可持续发展能力。未来的中国市场谁真正具备对客户的直接掌控能力，谁将赢得持久战的最终胜利。

财富与智慧并没有远离 IT，它正追随 IT 的创新发展而不断壮大。

2003年中国软件产业发展现状与发展趋势

中国软件行业协会

一、中国软件产业的政策环境

（一）国发[2000]18号文件是我国软件产业发展史上的重要里程碑。 2000年6月国务院颁布了《鼓励软件产业和集成电路产业发展的若干政策》（以下简称18号文件）。18号文件是国家鼓励和支持软件产业发展的重要的专项产业政策，是我国软件产业发展史上的重要里程碑。 18号文件从投融资、税收、产业技术、出口、收入分配、人才吸引与培养、采购、企业认定、知识产权保护、行业管理等方面提出了一系列鼓励与优惠政策，对中国软件产业发展起到了巨大的推进作用。

（二）18号文件的政策目标通过政策引导，鼓励资金、人才等资源投向软件产业，进一步促进我国信息产业快速发展，力争到2010年使我国软件产业研究开发和生产能力达到或接近国际先进水平。

鼓励国内企业充分利用国际、国内两种资源，努力开拓两个市场。经过5到10年的努力，国产软件产品能够满足国内市场大部分需求，并有大量出口。

（三）国办发（2002）47号文件明确提出了软件产业的发展目标为认真贯彻落实《国务院关于印发鼓励软件产业和集成电路产业发展若干政策的通知》进一步明确发展目标，采取切实有效措施，尽快提高我国软件产业的总体水平和国际竞争力，国家制定了《振兴软件产业行动纲要（2002年至2005年）》。文件明确提出了到2005年我国软件产业的发展目标。

（四）到2005年软件产业发展目标到2005年，软件市场销售额达到2500亿元，国产软件和服务的国内市场占有率达到60%；软件出口额达到50亿美元；培育一批具有国际竞争力的软件产品，形成若干家销售额超过50亿元的软件骨干企业；软件专业技术人才达到80万，人才结构得到优化；在国民经济和社会发展的关键领域大力发展具有自主知识产权的软件产品和系统。

二、2003年中国软件产业整体状况

（一）　软件产业规模不断扩大

根据中国软件行业协会的调查显示，2003年软件产业销售总收入1600亿，同比增长了45.5%，占全国电子信息产业总额18800亿的8.5%。2003年软件出口为20亿美元，同比增长33.3%，占全国电子信息产业出口总额1421亿美元的1.4%。

2002-2003年中国软件产业总额与信息产业总额比较

单位:总额为亿元，出口为亿美元

	软件产业总额	信息产业总额	所占比重	软件出口	信息产业出口	所占比重
2002年	1100	14000	7.86%	15	920	1.63%
2003年	1600	18800	8.51%	20	1421	1.41%
同比增长	45.5%	34.3%		33.3%	54.5%	

1999-2003年软件与系统集成收入（亿元）

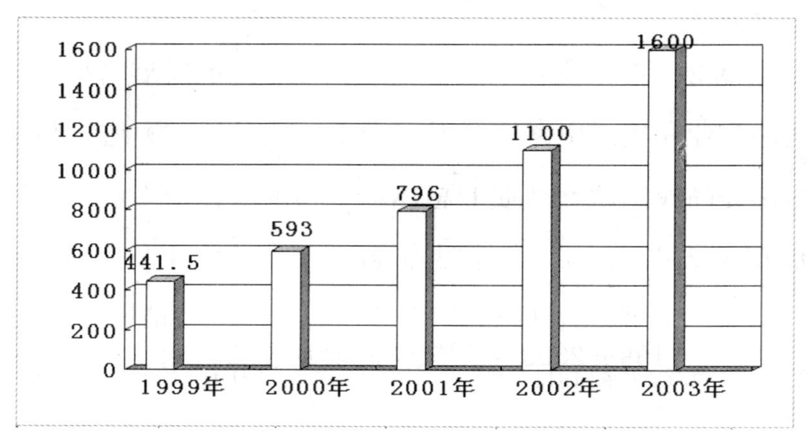

（二）中国软件产业总额占全球软件产业总额的比重不断提升

中、美、欧、日等国在全球软件产业总额中所占份额

单位：亿美元

	中国	美国	欧洲	日本	印度	韩国	全球
2000 年	67.6	2400.0	1860.0	572.0	88.5	83.2	5960
份额	1.13%	40.20%	31.20%	9.60%	1.48%	1.39%	100%
2001 年	90.6	2612.0	1980.0	660.5	102.3	99.0	6219
份额	1.46%	42.00%	31.80%	10.60%	1.60%	1.60%	100%
2002 年	133.0	2797.0	2159.0	712.0	122.0	168.3	6965
份额	1.91%	40.16%	31.00%	10.22%	1.75%	2.42%	100%
2003 年	193.2	2,967..0	2,248.0	785.0	160.0	201.0	7,480
份额	2.64%	39.67%	30.05%	10.49%	2.14%	2.69%	100%

（三）软件出口规模不断增长

1999-2003 年软件出口情况　（亿元）

	软件产业总额	软件出口额	出口额百分比	出口同比增长
1999 年	441.5	21	4.8%	-
2000 年	593	33	5.6%	57%
2001 年	750.6	60	8%	80%
2002 年	1100	124	11.2%	100%
2003 年	1633	165	10.1%	33.3%

单位：亿元

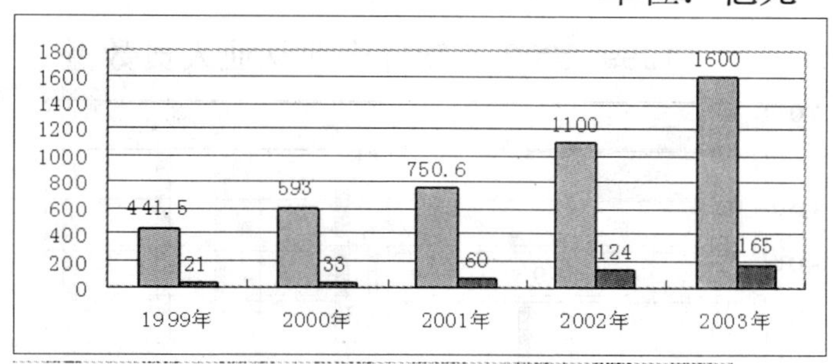

1999-2003 中国软件总额和出口额对比

（四）软件服务市场以较快速度增长

单位：亿元

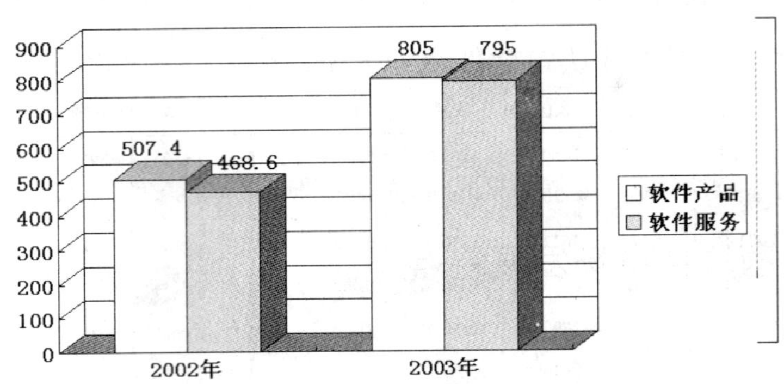

（五）应用软件是软件产品市场的主导力量

单位：亿元

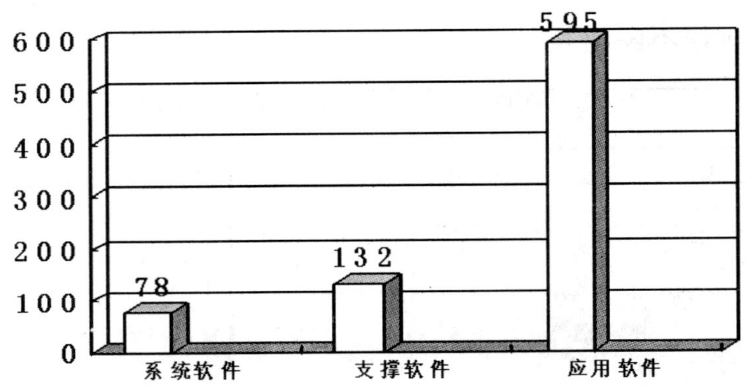

（六）软件人才队伍不断扩大

经过多年的发展，我国已培养出一批优秀的软件人才队伍。2003年，全国软件行业从业人员总数约62万，占电子信息产业全行业408万人的15.2%。

1999~2003年软件产业从业人员数量

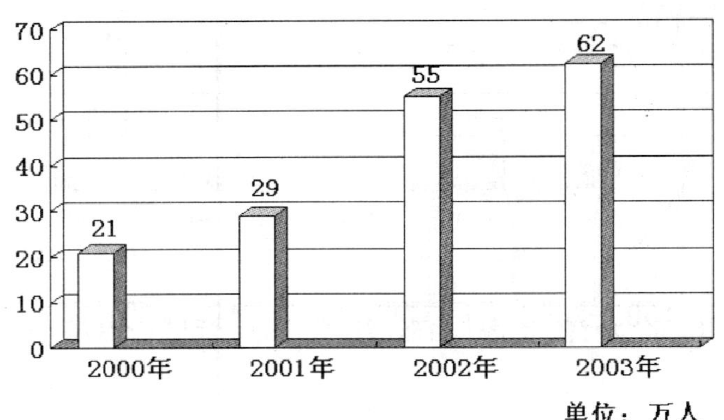

单位：万人

（七）软件企业与软件产品认定数量迅速增长

2003 年，全国新认定软件企业 2000 多家，新登记软件产品 8000 件，全年退税额约 30 亿。到 2003 年 12 月底，全国累计认定软件企业 8700 多家，登记软件产品 18900 多件，累计退税额约 100 亿元。

三、2003 年中国软件市场发展特点

（一）软件企业实力不断增强，规模不断扩大

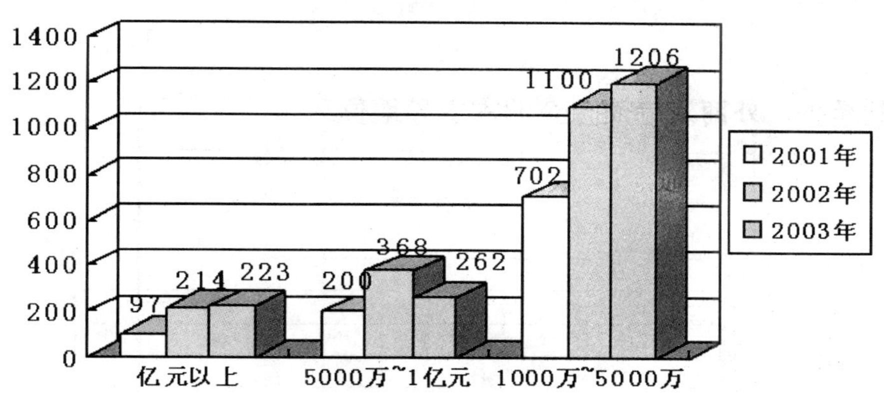

（二）2003 年产业规模向优势地区集中 2003 年软件产业地区分布情况

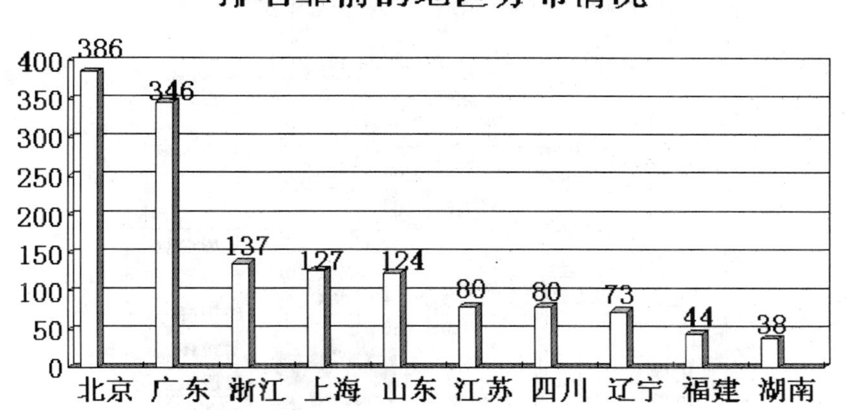

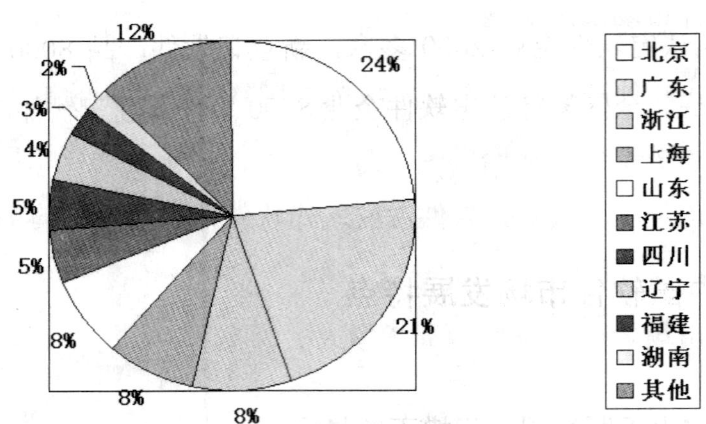

（三）股份制经济、外商及港澳台企业占主导地位

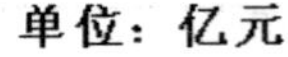
单位：亿元

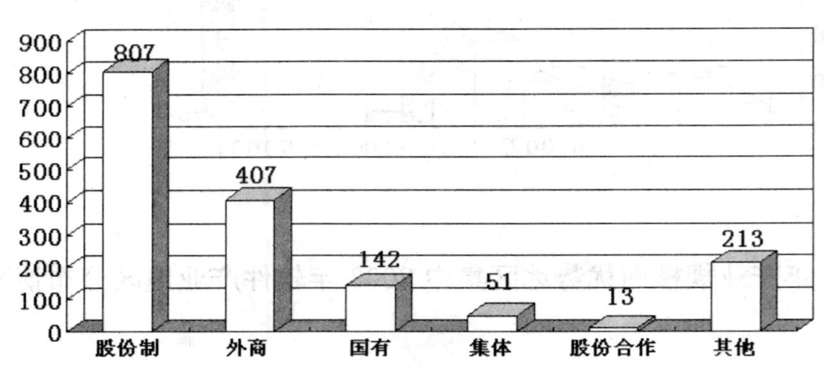

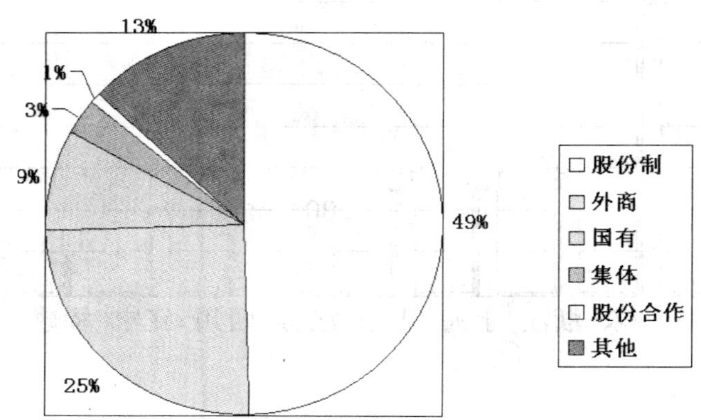

（四）嵌入式软件市场发展迅猛

近年来我国嵌入式软件产品发展迅猛，成为中国软件产业新的市场增长点。2003 年嵌入式软件在移动设备、数字家电、数控机床、汽车电子等领域得到广泛应用，尤其在通信领域中扮演了极为重要的角色，其嵌入式软件占嵌入式软件销售总收入的 78%。

（五）电子政务市场软件投资比例继续增大

2003 年，中国电子政务市场正逐步摆脱“重硬件、轻软件”的建设模式，在中国政府电子政务采购中，软件和信息服务的投入比例逐渐提高，已达到 30%左右。投资重点也逐步由基础软件转向应用软件。

（六）信息安全市场快速增长

2003 年我国信息安全市场规模快速增长，增速达 80%以上。信息安全的主要应用市场是政府、金融、电信和教育，这些市场对信息安全的投资保持了较高的水平。

（七）Linux 行业应用市场逐步细化

中国 Linux 的应用已扩展到服务器领域、嵌入式系统、互联网领域以及信息安全领域等各个方面，在金融、电信、邮政、传媒、烟草等行业的应用不断增多.并开始逐步向 PC 桌面系统渗透。

从市场分布来看，2003 年政府应用的市场份额基本保持稳定，中小型企业在中国 Linux 操作系统市场所占份额明显有所上升，比 2002 年翻了一番。

四、2004年软件产业发展预测与发展趋势

（一）2004年软件产业发展预测

2004年，我国软件市场销售额预计将达到2100亿元人民币，同比增长31.3%。其中软件产品收入1008亿，软件服务与系统集成收入1092亿元。

（二）2004年软件产业发展趋势

2004年中国软件产业的政策环境、市场环境将不断得到改善，软件产业的规模不断扩大，继续保持高速的发展态势，在以信息化改造传统产业的进程中，在支持西部大开发、改造东北传统老工业基地的进程中将发挥重大作用。

1．开源软件开始进入推广应用的关键时期

开放源代码与跨平台应用是国际软件技术开发的重要趋势，开放源代码操作系统及其它开放源代码软件有利于信息交换、技术共享和软件的开发、利用和推广，有利于促进软件产业整体的长远发展，是中国软件产业实现跨越式发展的重要机会。2004年7月22日，在产品司主持下，中国开源软件OSS推进联盟在北京成立。承蒙信产部产品司的信任，联盟秘书处设在中国软件行业协会。

中、日、韩三国签署了《开放源代码软件合作备忘录》，并共同成立了三个工作组：技术开发与评估组、标准化与认证研究组、人力资源开发组，其中人力资源与培训工作的联络单位与组长单位也为协会。

2．软件服务成为市场竞争的重要手段

根据专业化分工的需求，软件多元化增值服务已成为软件产业发展的大趋势。软件与服务外包、软件定制以及软件网络化服务、呼叫中心、数据加工等软件服务模式正在为人们所接受。2004年将有越来越多的软件企业向服务提供商和软件集成商（SI）转型，软件服务市场将进一步增大。

3．嵌入式软件的市场不断扩大

嵌入式软件为信息产业的发展带来了新的发展机遇，被视为我国软件产业新的增长点之一。中国拥有强大的电子信息整机制造能力和消费市场，随着经济信息化程度的加深和对传统工业的改造，嵌入式系统及软件与传统产业日益紧密结合，我国将有越来越多的企业从事嵌入式软件的开发与应用，大幅度提高整机系统的附加值，走出一条制造业带动软件产业发展路子。

4．软件出口快速增长

2004 年中国软件出口将继续保持快速增长的态势，预计增长速度将达到 30%左右。软件外包服务是世界软件产业发展的一个重要趋势，今后中国的人力资源成本优势将不再成为主要竞争优势，具有高素质、高能力的软件人才与高效率、高质量地完成更高层次项目的能力将是今后取得竞争优势及软件出口高速增长的关键所在。

5．软件产品向平台化，软件开发向构件化方向发展

平台化是软件产业的技术革命。使用软件平台，可极大降低软件开发难度，提高软件开发效率与软件开发质量，既为最终用户提供了开发、部署、运行、管理、集成和安全为一体的开放平台，也为其在平台的基础上开发个性化的应用软件打下基础。

软件平台供应商要与应用软件开发商、系统集成商、咨询服务商结成广泛的合作伙伴关系，形成良性互动的局面。软件构件即相当于工业流水线生产上的“标准件”。构件的最大特点是可以反复用，可以显著降低成本，缩减开发周期。据美国 Gartner Group 的研究报告：“到 2005 年至少 70%的新应用将主要建立在软件构件和应用框架这类构件的基础上。”

把零件、生产线和装配运行的概念运用在软件工业中，使得软件开发方式发生巨大改变，使软件产业开发、生产从手工作业方式向工厂化转变。

专注核心技术，洞察产业趋势，全力打造国际一流的汽车电子基地

天津市人民政府信息化办公室主任　　路　平

☆ 预测到 2005 年我国汽车需求将超过 550 万辆

☆ 平均每辆车的电子装置在整个汽车制造成本中所占的比例已增至 23%以上

☆ 汽车领域 70%的技术革新来自汽车电子产品

一、天津汽车电子行业具有国内领先地位和强劲实力

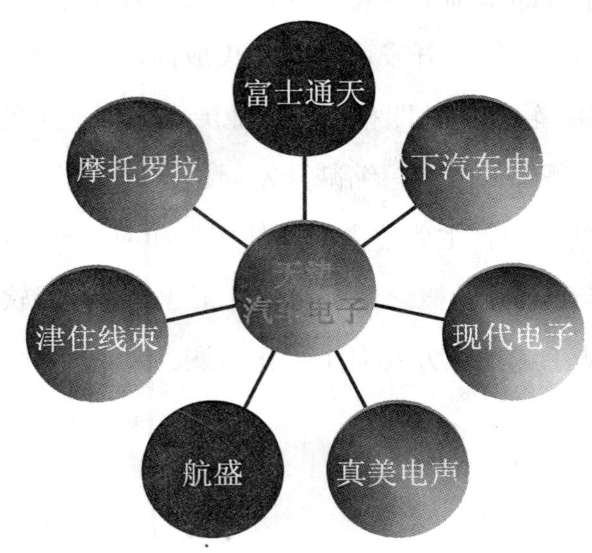

1．科研体系完善，技术实力雄厚

☆ 40所高等院校，在校生26.6万人，166家研究院所，科研人员75万人

☆ 中国汽车技术研究中心、天津汽车研究所、天津大学

☆ 松下汽车电子、航盛电子、现代电子

2．高起点、高投入，经济效益显著

☆ 实施高投入、高技术、大规模、产业化的持续性发展策略。

☆ 与周边地区强强联合，构建了汽车电子产业完善的供应链。

☆ 2003年，我市汽车电子行业共完成销售额50.16亿元，工业增加值11.46亿元，净利润3.09亿元，税金1.80亿元，出口3.36亿美元，固定资产投资1.69亿元。

3．走国际合作化道路，形成大规模生产

☆ 在我市汽车电子行业投资额超过3亿元的外资企业有10家，销售额超过3亿元的有12家 。

☆ 摩托罗拉2005年在天津建立首家汽车电子工厂。

□ 日本丰田汽车的汽车电子配套企业也将陆续进入我市。

二、天津汽车电子行业具有得天独厚的配套环境和地理位置。

1．天津是中国四大轿车生产基地之一

天津有一汽夏利和一汽丰田两大制造企业。2003年，天津生产轿车总量达17.25万辆，有近百亿元汽车电子产品市场。 2002年天津一汽丰田整车项目的启动， 2005年将形成6万辆中高档轿车的生产规模 ，2007年全市汽车生产能力将达到90万辆。

2．天津信息产业在全国名列前茅

☆ 国家级研发中心、工程中心 5 家，超过 100 万美元的外商研发中心 5 家。

☆ 在《财富》500 强企业中，已有 39 家跨国公司在我市投资了 81 个项目。

☆ 2003 年我市电子信息产业销售收入达 1170 亿元，同比增长 26.4%，完成出口交货值 545.9 亿元，增长 20.9%，位列全国前茅。

3. 天津地理环境优越

☆ 天津港是北方第一大港，与 170 多个国家和地区的 300 多个港口通航。

☆ 高速公路网密度居全国第一。

☆ 滨海国际机场开通国内外航线 40 多条。北方最大的货运空运中心。

☆ 互联网用户突破 200 余万户。

□ 光缆总长度达到 1.9 万公里。

三、抢抓时机，全力打造国际一流的汽车电子基地

1. 总体要求：

依托现有的产业基础，尽快形成以国际知名企业为龙头，带动全市汽车电子行业全面发展的产业格局。充分发挥我市汽车电子产业雄厚的技术科研力量、高度聚集的重点企业以及优良的投资环境等优势，加强对高附加值产品的研究和开发，不断提高产业整体水平，扩大出口，形成规模化优势，建设国家级汽车电子园。

2. 主要建设内容：

我们将专注核心技术，洞察产业趋势，在汽车电子园建立起信息共享、内引外联、政策聚焦、培育骨干、形成品牌、鼓励出口的发展环境：建立以新技术实验中心、测试中心、质量中心、认证中心为核心的技术支撑体系；以汽车信息、汽车电子信息、人才信息、政策信息为主的服务体系；以采购信息、新技术发布、行业动态及展会论坛为主要内容的汽车电子行业专业网站；以出口业务交易、绿色通道、国际交流为中心的出口业务体系。

3．发展目标：

我们力争在 2006 年，使全市从事汽车电子研究的机构超过 5 家，汽车电子企业数量达到 50 家以上，产业规模达到 100 亿！全力打造国际一流的汽车电子基地！

信息技术是自然科学与社会科学深化融合的催化剂

中国社会科学院网络中心　　曹雨生

摘要：本文通过人文社会科学信息化建设尤其是应用开发中的部分实例简要论述了利用信息技术如何促进自然科学与社会科学两大科学的深化融合。融合应是双向的，但作者主要介绍了通过信息技术如何将自然科学的新成果引入人文社会科学研究过程中来，从而使研究方法和手段突破传统，注入新的活力。

关键词：自然科学 社会科学 融合 智能检索 人工智能 虚拟现实技术

新世纪科学发展趋势之一是自然科学与社会科学的进一步融合，这一趋势正在加速，且给社会经济产生的深远影响越来越凸现出来。无论是智能科学的突破，还是生态环境、公共卫生等问题的解决，绝非单靠自然科学或社会科学所能解决的。许多案例已证实两大科学融合所产生的意想不到的效果。实践证明，信息技术的快速发展催生了两大科学融合的进程，并由此而产生了许多闪光点。我院信息化建设的实践已充分说明社会科学研究通过信息技术作为工具引用自然科学的研究成果，使许多传统的社会科学的学科面貌发生巨大的变化，产生了新的活力。下面简要介绍几方面的情况。

我院信息化建设都是围绕科研活动这个中心而展开。院信息化建设已从基础设施建设阶段转入应用开发阶段，也即社会科学的信息化建设从网络建设、用于科研参考的文献型数据库开发，进入科研成果的综合开发及专题研究的应用系统的开发。这方面的工作可以归纳为两个方面：

一．开发我院的科研成果库、院属各类期刊库，院属专家学者个人信息库，这就是所谓的院“三库”建设。这是一项综合性的、大型的、多功能的、具有我院特色的学术数据库开发工程。其中科研成果库作为建设的重点，其目标很明确：就是把它建成对国家和社会较具影响的信息库。规模覆盖建院以来的人文社会科学所有各学科的成果。结构上按一二三级学科各层次分类，既能按类独立应用，又能综合应用。功能上既能检索查询，又能提供分析预测、对比研究、模型建造等专题研究的应用功能。该项目是全院研究所参与的一项系统工程，准备用 3 年左右时间基本建成。

二、开发具有学科特色的用于研究工作的专题应用系统。我院二三级学科就有约 260 个，几乎覆盖了人文社会科学的所有领域。学科信息化建设的基本任务是如何使传统学科适应信息时代的发展要求，使学科发展获得“新生”，而且能在传统基础上产生出“全新”的研究方法。同时，为适应信息社会的发展，一批自然科学与社会科学紧密融合的新的交叉学科必然会建立、发展和壮大。这一切的促成都借助于信息技术的成功应用。

经过对我院学科的调研，我们把人文社会科学如何与自然科学融合、吸收自然科学的成果、促进人文社会科学研究的发展（反之亦然），归纳为之六大类型的融合，我们称之为人文社会科学信息设计模式类型，它们分别是：用于经济、社会、人口等学科的统计分析和预测类；用于所有学科的智能检索类（包括图像检索）；用于哲学、社会、经济、语言等学科的模型建造类；用于考古、民族、史学等学科的虚拟现实技术类；用于语言等学科的知识智能类；用于历史、语言、民族、人口等学科的 GIS 类。由于网络信息技术、数字技术的快速发展，促成了人文社会科学研究上了一个新台阶，信息化建设与科研的紧密结合，产生了一批学科信息化的新成果，这些成果又加快促进了社会科学研究的步伐，产生较好的良性发展。人文社会科学研究方法和手段如何适应信息时代的发展要求，并促进学科自身的发展，这一关键问题在社会科学领域已显得非常重要。传统的研究方法和手段已显得底气不足，如何在继承、革新传统研究方法和手段的基础上，探索新的方法和手段已摆在每个社会科学工作者和自然科学工作者面前必须紧迫解决的问题，借助信息技术的手段使两大科学有机的融合，似乎是一个行之有效的途径。下面简述我们近期在这方面所进行的几项工作，有的已开展，有的正计划开展。

1、智能检索将主导人文社会科学领域的文献资料的查询检索：传统的文献资料检索已不能适应网络环境下对海量信息的查询，随着信息时代的多媒体信息大增，音像资料的查询越来越重要，传统的检索方法根本无法解决图像资料的查找。如何快速、准确、齐全、保证高

QOS 控制的解决网络海量信息的查找，这是摆在我们面前的一大课题，将自然语言处理与传统的检索方法融合在一起，进而形成智能化检索系统是当前发展的趋势。这也是我们当前的一项重点课题。另一方面，如何引进图像检索的新方法也是我们关注的重点。在图像检索方面，可归纳为三种类型：其一，是图像“文本化”处理后，利用文本检索的方法对图像进行检索，通常称为基于文本标注的图像检索，这种方法目前比较成熟，应用也较广，对于规模不大的图像库，其优点还是突出的，但对于大规模的图像库，其缺点就凸现出来了，标注费时费力，主观性和不确定性的局限性，使检索结果难以满足预期要求。其二，是基于图像自身内容的图像检索，即利用图像自身的视觉特征如颜色、纹理、形状等进行检索，主要解决图像内容的表示和图像特征的相似性匹配。其三是，基于语义的图像检索：由于基于内容的图像检索技术仅建立在图像低层视觉特征的相似性上，因此检索效果仍不理想。除视觉相似性外，还应建立在高层语义特征基础上，所谓语义特征它包含人对图像内容的理解，这涉及人的知识判断，利用知识推理图像语义视知觉，亦即基于图像理解和相关领域知识指导下进行的图像检索，这是真正的智能化检索。

2. 知识表达和人工智能科学在人文社会科学领域的应用有广阔的前景。我们在这方面已开展了一些工作，比如语言研究引进了知识和人工智能，使语言学研究的面貌焕然一新，而且，语言学与知识工程和人工智能结合起来，不仅促进语言学研究的深化，而且，其成果又促进言语工程的突破性进展，无论在语言合成、语言理解、机器翻译、智能检索等由于语言研究的新成果而产生更大的进展，过去的一些关键问题和难点，正在逐步解决，这就是两大科学融合的典型例证。用数学方法（知识和智能）研究语言，寻找语言结构的形式、模型和公式，使语言的语法规则能像数学符号和公式一样具有系统化、形式化的特点，可以用来生成无限的句子。语言的数学描述推动了语言学研究的发展和深化，揭示语言结构的内在联系和含义，同时语言学新理论的产生又促进了知识和人工智能的研究深化。又如社会模型的数学描述，实际上就是运用知识和人工智能的数学方法描述社会结构的内涵极其复杂关系，并能较科学的解释社会现象和治理社会。反之，知识工程和人工智能在应用实践中也得到丰富和发展。

3. 虚拟现实技术在人文社会科学领域的应用获得前所未有的成果。网络技术的快速发展，使虚拟现实技术在建立网上虚拟博物馆的工程中提供了广泛卓有成就的应用，如虚拟考古博物馆和虚拟民族园，不仅如此，它在社会学、历史学等学科中都得到了应用。它是一种新型的人机交互技术，它用计算机模拟一个真实的虚拟世界，使人们犹如亲历现场场景进行具有真实感觉（视觉、听觉、触觉等）的交互操作，从而能真切的感受到虚拟环境的存在，获得与真实环境一样的全方位感觉。

我国是一个闻名古国，有丰富的珍贵文物和遗迹，采用有效方法来保存这些国宝并真实再现，是一件刻不容缓的工作。虚拟现实由于自身的特征，正是文物和遗迹信息保存、重建和虚拟再现的一种有效途径。

4．地理信息系统（GIS）在人文社会科学领域近年来已得到人们的重视和青睐。我们利用 GIS 平台（运行平台、开发平台、维护平台）已先后初步开发了历史地理信息系统、语言地理信息系统、民族地理信息系统。尽管还是初步的，还有很多局限性，仅属于二维系统，但已凸现出其在人文社会科学中的重要作用。这方面的开发任务还很重，重点任务是如何从微观的角度开发三维地理信息系统。

5．数学建模和统计分析在社会、经济、人口、语言等学科领域都得到较好的应用，使这些学科的研究注入了新的活力，所产生的成果更科学的描述了我国社会、经济、人口等方面的现状和更科学的预测他们的发展趋势。

由于体制方面的原因，我们正在积极寻找合作伙伴，使两大科学领域的人员结合在一起，通力合作，协调各自的优长，这样才能快速促进两大科学的融合，并产生更多的信息化新成果。

MIS 建设三忌

中国电力科学研究院　张华钦

MIS 建设要遵守一些的基本原则，比如：全局性、渐进性和切合实际。否则就会引发诸如信息孤岛、达不到预期效果、系统和实际工作脱节等一系列的问题。遵守这些基本原则的必要性是易于理解的，但是十几年以来，不少 MIS 建设却一再违反上述原则。这种情况严重地影响了 MIS 建设的效果，为引起充分的注意，将其称为 MIS 建设三忌。这三忌分别为：

瞎子摸象。MIS 建设要把握全局，而不能仅仅顾及到局部，这是一个共识。问题是怎样去把握全局？简单地就全集团公司的范围，使信息系统覆盖所有的内容，开发所有的子系统，这种“全面进攻”的做法并不能真正地把握住全局。把握全局关键是要有一套系统的方法，使开发者和用户之间、各个子系统之间、管理工作与计算机系统之间、前一次开发与后一次开发之间、计算机系统内部各种软硬件之间等等都能够协同起来，逐步发展成为一个有机的整体。一个企业在一两年的时间内在多个部门分别建立起来多种计算机应用，这是能够做到的。然而对于这些系统如何形成一个有机的整体，如何进一步发展，如何协调上述各种关系，这是把握全局必须充分地考虑、解决的问题。

拔苗助长。企业的信息化能够提高管理的水平，提高企业的经济效益。要得到这样的效果需要在管理流程和 MIS 之间进行反复地改进和磨合。因此，信息系统建设是长期的、变化的、渐进的过程，是与管理互动、协同发展的过程。有的信息系统开发往往忽视了 MIS 建设与管理的互动，以为 MIS 建设是象购买发电机、变压器一样，只要软件系统好就能解决问题，甚至盲目迷信国外产品，希望通过一次性的系统开发或者系统的购买解决问题。结果往往是不仅急于求成而未成，还为今后系统的维护和升级造成了妨碍。

一厢情愿。信息系统是给广大的第一线用户使用的，因此，系统开发首先要充分地了解、研究第一线用户的需求。研究 MIS 和人工进行数据处理在方式上的不同。要把众多的用户十分具体的需求弄明白不是一件容易的事情，这是信息系统建设中首先需要面对的问题。然而，更严重的问题是有时信息系统开发中主要关注的并不是第一线用户的需求，而是关注计算机技术的先进性、所购买的软件系统性能的高低、甚至于哪一种概念更加流行。这样的开发往往是开发者的自作多情，第一线的用户并不积极。结果往往是系统开发与实际工作脱节。

出现这些问题的主要原因是：不了解 MIS 建设的规划、开发过程的组织是一套专门的学问，而错误地将具体的计算机技术等同于系统开发过程的组织。战斗英雄不一定能当指挥员，指挥员也不一定能当战斗英雄，这是两个不同层面的问题，这样一个问题在 MIS 建设中往往被混淆了。

解决三忌的问题可以有以下两种考虑：

人治的方法：要求系统开发的组织者对于信息系统建设有深切的了解，具有较高的对于系统建设规划和开发过程进行组织的能力。但是，企望通过人治的方法解决 MIS 建设三忌的问题是不可行的，这有以下的原因：

- 由于系统开发过程涉及到众多的用户和开发者，涉及到复杂的数据流程和众多的计算机内容，因此，系统建设规划和开发过程进行组织的是十分复杂的综合性能力，这种能力的提高，需要有长期的系统开发经验。对于系统建设规划和开发过程进行组织这样的综合性能力是很难普及的。

- 即便是有人具备了这样的能力，也会受到许多的干扰：如果系统开发的组织者是开发厂商，则要听命于甲方单位的要求；如果系统开发的组织者是甲方单位，则要听命于本单位领导的要求。因此，系统开发的组织者即便是具备了较高的系统开发的策划能力，实际的开发过程往往也难以遵从他的意愿去办事。而组织者自身情绪的波动也会影响到开发的过程。所有这些到会使 MIS 建设重犯三忌的错误。

标准化的方法。标准化在 MIS 建设中具有重要的作用，这在 80 年代已经形成了共识。但是，对于标准化的内容、作用和方法在认识上还存在着误区。在标准化的内容上，关注点大多集中在信息分类与代码、数据接口等技术层面上，不理解标准化能够将系统建设过程中的经验教训汇集起来，规范系统建设的规划和开发的过程，避免其走弯路。比如对于连接用户和开发者的《系统功能规范》究竟应该怎样写，至今尚未有标准规范的出台。而没有有效的标准规范，《系统功能规范》所涉及到的系统建设的规模、性能、进度等基本问题的确定难免就是随意的；再有 MIS 建设中的“统一领导”原则，执行这一原则的是必须靠标准规范的。否则，对于 MIS 建设这样内容丰富而又隐蔽的问题只能靠拍脑瓜进行决策。在标准化的方法上，信息化的标准化工作习惯上就象对待变压器、避雷器的标准那样，希望依靠个别有经验的专家去制定。而信息化的标准化和工业化的标准化有什么不同？信息化的标准化工作究竟应该怎样进行？缺乏深入的研究，致使信息化的标准化这个重要而又急迫的工作，从 80 年代到现在一直不能得到解决，而且至今尚未能够采取有效的方法去解决。

标准化的方法能够克服系统建设中的随意性，使信息化建设逐步正规化，并走向深入。标准化也是总体规划的基础，是上级单位实施监督管理的必要手段。因此，只有用标准化的方法才能解决 MIS 建设三忌的问题。而标准化问题的解决，则需要建立包括研究体系、标准化体系、管理体系在内的信息化建设的支撑体系。

第五部分

精选案例

北京海关信息化应用全面推进

北京海关的信息化应用在近年来向网络化、社会化深入发展，根据需要更多的综合了通讯、自动控制等现代科技发展的成果，形成了基础建设、系统开发集成、科技应用管理等各项工作集成和并进的态势，信息化应用的范围也从以业务流程应用为主，向业务管理、内务管理、物流信息监控、音视频应用、政务信息化管理、社会化服务等领域全方位发展。

一、北京海关多元化的应用平台建设

北京海关自 2002 年基本完成关区网络改造以后起，计划、筹建了多个信息化应用的基础平台。各个基础平台在流程设计上相对独立，功能设计和安全设计针对各自相对稳定的用户群，建立了符合海关总署统一要求的网络结构体系，保证了各应用系统数据的一致性。

1、通关及业务应用平台：以海关总署统一推广的 H2000/H883 应用系统为基础，通过“数据订阅系统”等其他业务数据和流程数据建立该平台的基本数据库，由实时的、可靠的数据源构成了北京海关较完整的业务数据资源，作为开发各类业务应用的基础海关业务数据库。

2、物流信息监管平台：进出境货物和物品的实物信息流监管是近年来海关监管工作的热点。北京海关以首都机场为试点，开发应用了延伸到航运承运人、境内外运输和报关代理等用户群的物流信息监管系统。目前“空中报关”、“SITA 网航空舱运单联网”等项目已投入应用，取得了良好的效益。同时，以模拟和数字监控方式实现了对一些重要监管场所的音视频监控。

3、政务信息化平台：“北京海关办公网”平台于2000年投入应用，在海关内务工作中发挥了巨大作用。到2004年，该系统已经实现关区公文流转的“无纸办公”。今年，我关将继续开发“北京海关阳光网站”，完善“北京海关互联网站”，使我关政务信息化平台功能更具完善，辐射力更强。

4、北京电子口岸平台：建立于2003年，“北京海关监管业务平台”、“加工贸易联网监管”等多个应用项目已上线运行，逐渐成为北京海关与各政府主管部门和进出口企业、高科技企业进行海关业务信息沟通的桥梁，是海关总署建立“电子海关”、“电子口岸”的重要组成部分，已经成为我关的对外窗口，产生了良好的效益。

此外北京海关还承担了海关总署“H2000 工程”、“卡口控制与联网系统”、“风险管理平台”等的试点任务，为海关系统信息化建设作出积极贡献。

二、北京海关的科技管理更加科学和规范。

在近年来北京海关信息化应用加速推进的形势下，上至关领导，下到普通的科技工作者，都意识到加强科技管理工作、健全管理规范、提高管理的技术含量，对于全关科技应用的持续发展至关重要。自2002年起，北京海关在科技管理工作中采取了一系列的强有力措施。

1、树立“全关一盘棋”的思路，建立、健全科技管理的流程、机制和规范。北京海关成立了以一把手为组长的科技应用领导小组，作为全关科技应用的决策机构，确定信息化科技应用中的重大事项。在科技应用领导小组的推动下，从2003年起，先后出台了《北京海关科技工程项目管理办法》、《北京海关科技工程项目评估管理办法》等一系列规范，并逐步建立、健全、实施了科技项目从申请、评估、立项到方案论证、技术实施、项目测试验收等一系列科学的工作流程，对科技应用的持续发展产生了良好的作用。

2、在科技应用项目运行维护和管理方面，北京海关实行业务职能部门、业务部门负责操作管理和业务维护，技术部门负责技术保障和运行监控等一系列规范，各部门各司其责，保证项目顺利运行，这也是科技应用取得良好效益的重要保证。

3、我关的运行技术保障主要体现在运行监控和信息安全保障两个方面。以 H2000 通关管理系统的运行为例，自 2002 年该系统在全关区投入运行至 2004 年，已初步建成该系统的运行监控系统。

在信息系统安全管理方面，建立并实施了全关病毒防杀策略和全关接入端 Mac 地址绑定策略。2004 年，北京海关与外界合作开发完成了“综合网络安全管理系统”，正在全关推广使用。

北京海关的信息化应用工作取得了显著的成绩，建立了持续发展的基础硬件平台，并正在按照业务发展和科技发展的总体规划逐步实施。随着海关工作对科技应用的需求越来越高，北京海关将继续在“科技开发”和“科技管理”两个方面做出不懈努力，深入推进海关的信息化事业发展。

加大信息化建设力度，保障首都水资源的可持续利用

北京市水务局　刘 栋　潘安君

北京是资源型缺水的特大城市。当前正进入建国以来最严重枯水期，连续五年干旱，水库蓄水和地下水源都已是历年最低水平，城乡供水安全受到前所未有的挑战，水资源紧缺已成为制约首都发展的第一瓶颈。

为科学应对这一严峻形势，北京市水务局提出了以水资源工作为中心，以信息化为手段，“用三年时间基本实现北京水务现代化”的奋斗目标。通过开源、节流、保护、管理，对水资源优化配置，提高水资源的承载能力。以水务的可持续发展保障首都经济社会的可持续发展。

为实现上述目标，我局信息化建设重点从信息基础设施建设和规划建设两个方面入手，按照局领导提出的统一规划、突出重点、整合资源、信息共享、统一标准、分期、分部门建设的指导思想，完成了一批信息化建设项目的前期论证工作，开工建设了一批重点信息化项目，部分项目已建成投入使用。

一、统一思想、整合资源，扎扎实实做好水务信息化的规划工作

规划是搞好水务信息化建设的先决条件。由于信息化具有高投入、高风险、长周期的特点，因此制定一个好的规划是信息化建设成败的关键。去年上半年编制完成了《北京水务信息化建设三年计划（2003—2005）》。《三年计划》明确提出我市水务信息化建设目标是：实现“信息采集和工程管理的自动化，信息传输的网络化，信息分析的数字化，行政决策的科学化，通过水务信息化带动水务现代化”。明确了“1781”的基本建设内容，即建设一个骨干通信网，七个信息采集系统、八类基础数据库和一个综合信息平台，全面构筑北京水务综合决

策支持系统。

首先是抓好骨干网建设。骨干通信网是水务信息化的的基础设施。其主要内容就是按照"公网为主、公专结合"的原则，在水管单位、事业单位、区县水务（水资源）局之间建设高速宽带、互联互通的通讯网络。以公网为基础，满足基本水务信息和业务的需要；公专网相结合，满足防汛抗旱及水资源调度等业务的特殊需要。

二是建设 7 个信息采集系统。信息采集系统是信息化建设的重要基础， 7 大信息采集系统即雨情信息采集系统、水情信息采集系统、地下水信息采集系统、水环境信息采集系统、墒情信息采集系统、水土流失信息采集系统、工情信息采集系统。

三是搞好 8 类基础数据库建设。为了对水务基础信息进行科学管理，实现资源共享的目标，建设 8 类基础数据库，即：水文数据库、供水数据库、水环境数据库、工情数据库、综合地理信息数据库、灾情数据库、水土流失数据库、社会经济数据库。

四是打造一个综合信息平台。根据我局行政职能和主要业务工作需要，建设一个综合信息平台，包含两个层次和八大系统。即：两个层次是指业务运行层和决策支持层。八大系统是水资源管理信息系统、防汛抗旱指挥系统、水环境管理信息系统、水务工程管理信息系统、水土保持管理信息系统、节水管理信息系统、电子政务管理系统和水务综合信息服务系统。

《三年计划》明确了建设目标、落实了建设任务，为实现"力争用三年时间使北京的水务现代化水平进入全国先进行列"的目标，又组织开展了 8 家局属水管单位单位及 14 个区县水利（水资源）局的信息化建设规划工作。到去年年底，全市 14 个区县水利（水资源）局已全部制定出未来三年信息化发展计划，有些区县已经按照规划开始建设。全市水务信息化建设规划体系已基本形成。

二、水务信息骨干通信网建设初具规模，基本实现互连互通

按照《北京市水利骨干通信网总体规划》的要求，坚持"公网为主、公专结合"的原则，2002年充分利用北京电信公网资源，完成了市水务局机关与局属 14 个单位的光缆连接，开通 2 兆的数字专线，初步实现了市水务局和局属单位以及部分区县水利（水资源）局等单位之间的互联互通、信息共享。同时，加快重点水务工程无线通信网络建设，为确保"三河四库"重

点防洪、供水工程通信畅通无阻，完成了市水务局—潮白河—怀柔水库—密云水库微波通信干线改造工程建设，开通了市水务局与密云水库、怀柔水库、潮白河管理处微波宽带专网，实现了互联互通和实时图像传输。通信容量可扩展到 16 个 2 兆至 63 个 2 兆。为满足汛期气象云图和气象预报传输的需要，又开工建设了北京市水务局至北京市气象局光缆通信工程。这样一批骨干通信工程建设，为实现信息资源共享、及时准确掌握雨水情、实现风险调度、优化配置水源奠定了基础。目前骨干通信网在局属单位的覆盖面已达 80%以上。

三、七个水务信息自动化采集系统全面开工建设

按照数据统一、标准统一和资源共享的原则，为了满足防洪供水调度，快速整编水文资料的要求，对水文自动监测网和防汛雨水情遥测网进行技术改造，实现了“两网合一”。利用海事卫星更新了 22 个遥测站、利用 GSM 改造 51 个遥测站、对原有的 8 个海事卫星站和 22 个盖达卫星站增设了有线电话网的传输功能，提高雨水情监测精度和时效性；全市水文站网改造工程已经全面启动，在有关部门的大力支持下，配备一批水文观测设备，观测手段和数据采集速度明显加快。全市完成 142 眼水位专用观测井建设任务，绝大多数观测井监测设备已安装就绪，其中有 12 个区县地下水自动监测系统投入运行，监测中心和分中心建设也基本完成；完成了 40 眼水质监测井网点布设，为了加强城区水质监测，确保供水安全，建设了 7 个地表水质自动监测站，实时掌握水质变化，为有效治理河湖水质污染提供了科学依据；为了及时掌握旱情动态，指导广大农民抗旱防旱，经过三年的努力，我市的旱情监测网建设初具规模，到目前为止已建成固定监测站 38 个，巡测站 60 个。旱情监测中心监测软件已开发完成并投入使用。取得旱情数据 5 万余条，为抗旱工作提供了科学依据；全市已建立、完善 9 个坡面水土流失径流场、98 个坡面径流小区，进行水土流失动态监测，发布水土流失监测简报；利用 3S 技术完成了北京市水土保持生态环境管理信息系统建设；结合重点工程建设，在官厅水库、怀柔水库、永定河、潮白河、清河等地建设了水务工程安全监测和图像监视系统，初步实现工情信息的远程传输。全市 7 个水务信息自动化采集系统进入全面开工建设。

四、精心组织、合理安排，抓好重点信息化工程建设

按照局信息化建设领导小组确定的“以流域为重点，通过流域数字化建设带动水务信息化建设”的新思路和“突出重点、成熟一个、启动一个”的总体要求，我局优先启动了“一河一库一中心”信息化建设工程。

“一河”指“数字永定河”。该工程可行性研究报告已通过市计委组织的专家评审，并经市计委正式立项。项目前期需求调研工作已经结束，现正紧张地进行项目的初步设计。三家店及官厅水库部分项目已开工建设。

“一库”指“数字密云水库”。建设内容包括大坝渗流监测系统、溢洪道及输水隧洞自动化系统、地震反应监测系统、水文测报系统、水质监测与分析系统、上游水土保持监测系统、通信系统、计算机网络、图像监视系统以及防汛供水指挥调度中心建设。目前，工程各子系统已全部完成基础设施和设备的安装调试工作，今年汛期已投入使用，现在正进行部分专业软件的开发工作。

“一中心”指“北京市防汛抗旱及水资源指挥调度中心”。主要建设内容包括中心基础设施建设、综合数据库建设、信息管理系统建设、决策支持系统建设及系统安全建设五部分内容。目前，指挥中心硬件建设任务已全部完成，汛期已投入使用并发挥了极大的作用。专业软件开发工作正在紧张进行。

五、水务信息化标准化工作进步喜人

为实现信息资源的共享，水务信息化标准化工作也是摆在我们面前的一项刻不容缓的任务。今年年初制定了《北京水务信息化项目验收管理暂行办法》，连同去年制定的《北京水务信息化建设管理暂行办法》，使信息化建设基本程序、运行管理模式更加明确和规范。

同时，为实现信息资源的共享，我们组织编写了《北京市水务工程名称代码》、《北京市水质数据库表结构》、《北京市地下水数据库表结构》、《北京市水务工程数据库表结构》和《北京市防汛抗旱及水资源指挥调度分中心建设的若干要求》等一批标准。其中《北京市水务工

程名称代码》、《北京市水质数据库表结构》和《北京市地下水数据库表结构》已上升为北京市地方标准。

六、分中心建设力度加快

在认真抓好流域信息化建设的同时，按照“先干先支持，后干后支持，不干不支持”的原则，加快分中心建设的力度。区县方面，房山、昌平分中心建设已经完成，初步实现重要雨水情、图像、灾情等信息与市中心的实时传递。平谷、怀柔、朝阳、海淀、密云、通州、门头沟、大兴、延庆分中心建设正在进行，力争明年汛期投入运行。

城市河湖信息化一期工程已经完成清河、土城沟、三家店、东水西调和转河等已建自动化系统的整合，河湖水情、图像等信息已接入市中心。

全市水务信息化“线（流域）面（区县）结合”的建设格局基本形成。

七、开发新版办公自动化系统，提高电子政务水平

我局新版办公自动化系统经过近半年的开发，于今年6月1日在局机关正式投入运行。该系统集网上审批、OA、内网于一体，具有网上审批、收文、发文、会议管理、信息发布、档案管理、车辆管理、订餐管理8个功能模块。实现了我局行政事项的网上审批、内部办公自动化，更为重要的是，由于该系统采用B/S结构，通过骨干网，局属各单位和区县水务（水资源）局均能利用该系统接收公文，从而实现了水务系统内部公文流转与文档的一体化管理，大大提高了我局电子政务水平。

截止目前，北京水务**骨干通讯网建设初具规模，基本实现互连互通；信息采集系统基本成型；应用系统建设进展加快，应用的范围和领域得到了拓展；水务信息化的框架基本显现。**

陕西防汛信息化建设特点与成效

胡彦华

陕西省防汛抗旱总指挥部信息中心

陕西地跨黄河、长江两大流域，南北狭长，地形复杂，气候多变，干旱、暴雨、洪水灾害交替发生，严重制约了工农业生产和国民经济的发展。进入21世纪以来，在短短的五年时间内，连续两年发生了陕南“6.8”、渭河“03”特大暴雨洪水灾害，给人民生命财产安全带来了极大的危害。特别在2002年陕南佛坪、宁陕遭受“6.8”特大暴雨洪水灾害后，陕西省采取专项投入、工程带动、分级兴办等多项措施，进一步加大了防汛信息化投入力度，有力地推动了防汛雨量监测速报、水库洪水自动化调度、江河洪水跟踪监测、防汛异地可视会商系统等防汛信息化基础设施的建设，在防汛抢险、抗洪救灾中发挥了非常重要的作用，取得了明显的经济效益和重大的社会效益。

一、陕西防汛信息化建设的特点

陕西虽然地处西北干旱地区，但防汛形势仍然十分严峻。针对陕西重点防洪部位一江两河一库区（汉江、黄河、渭河、三门峡库区）防汛工程基础薄弱，陕南秦巴山区暴雨洪水山地灾害严重，陕北库坝群防汛基础设施不健全的现实，在统一规划的基础上，开展了具有明显地域特征、工程特征的防汛信息化基础设施建设。

1. 陕南防汛雨量监测速报系统

为准确监测陕南秦巴山区暴雨洪水灾害，利用“北斗”卫星SMS功能，实施“一发多收”的信息传递方案，自动将雨量监测信息实时传递到省、市防汛信息网络系统和县级防汛工作站。目前，在汉中、安康、商洛三市14县建成的100处雨量自动监测站，每2mm

降雨发送 1 条信息，省防汛信息中心站、3 个市防汛办和水文分局分中心站、14 个县级工作站可同步接收雨情信息，并以 GIS、图形、表格三种模式展现雨情分布，实现实时动态监视、越限报警等功能。经过两年的运行证明，整个系统性能稳定，误码率低，信息传输及时准确，为提高防御山地灾害能力，提供了成功的经验。

2．水库洪水调度系统

水库洪水调度系统是保障水库安全乃至下游防汛防洪安全的重要基础设施。近年来，通过病险水库除险加固工程项目带动，加大了水库洪水调度系统、大坝安全监测系统的投入力度，全省 47 座大中型水库中，16 座水库已建成了水库水情自动测报系统、水库洪水预报及洪水调度系统。已建成的水库水情自动测报系统主要采用超短波通信，太阳能供电，其特点是单独组网，自成体系，并通过卫星或有线通信实施联网。为水库的科学调度奠定了基础，在水库兴利除害，实现洪水资源化方面发挥了重要作用。

3．江河洪水跟踪监测系统

江河洪水跟踪监测系统的建设，可及时、准确地掌握延河流域、渭河中游、渭河下游及南山支流、红柳河芦河库坝群、汉江干流汉中段、安康段洪水的发展变化趋势，大大提高了防汛预警能力。江河洪水跟踪监测系统建设的特点是以地级市为中心，以超短波和 SMS 通信方式作为信息采集传输信道，以超声波水位监测、太阳能供电为手段，实现无人职守与自动化监测，通过有关市防汛专用卫星地面站，集合转发自动化监测信息，在省市及有关防汛部门之间实现资源共享。

4．防汛异地可视会商系统

防汛异地可视会商系统建设的特点是以防汛会商软件系统为核心，以软硬件相结合的视音频/数据双流交换技术为基础，以 2M 光纤链路联接各市计算机网络系统为拓展的防汛异地可视会商系统。该系统以自动接受整合各种信息资源为前提，以 WebGis 展示各种分析处理成果为基础，以视频/数据双流交换为手段，通过省市两级的防汛异地可视会商网络系统，为防汛决策提供会商环境和科学依据，有力地提高了防汛快速反映能力和科学决策能力。

二、陕西防汛信息化取得的成效

陕西防汛信息化基础设施建设在历年的防汛抢险、抗洪救灾中发挥了非常重要的作用，取得了明显的经济效益和重大的社会效益，特别在 2003 年 8 月 24 日～10 月 14 日渭河连续发生 6 次特大洪水，8 月 30 日～9 月 10 日汉江连续发生两次特大洪水，宁陕县境内再次遭受特大暴雨、洪水、滑坡、泥石流灾害过程中，防汛信息化基础设施发挥的作用尤为明显。一是在石头河、冯家山、羊毛湾、黑河水库没有为渭河下游防汛设计防洪库容的条件下，省防总依据水库洪水自动调度系统、渭河洪水自动跟踪监测系统实时监测，科学分析，准确把握，实施了有效的错峰调度，使渭河 3 号、4 号洪峰分别推迟 24 小时和 30 小时到达华县站，最高水位较一般情况降低了 0.65 米，大大减轻了渭河下游的防洪压力和灾害损失，为抢险救灾提供了有利的条件。二是在汉江同时出现了大洪水过程中，省防总依据陕南防汛雨量监测速报系统、安康与石泉水库水情自动测报系统的准确监测，及时下达调度命令，在确保安康水电厂安全运行的情况下，连续削峰达 4 小时之久，使安康城区段的洪水位(247.96 米)低于 2 号撤离命令的水位 (248 米)，大大减轻了洪灾损失。三是宁陕县继 2002 年“6.8”之后，于 2003 年 8 月 28 日～9 月 1 日，长安河流域再次发生了宁陕县有资料记载以来最大的降雨过程，为超 500 年一遇的罕见大暴雨。8 月 29 日宁陕县城 24 小时降雨达 326.5 毫米，在长安河来水不足 30 年一遇的情况下，宁陕县依据陕南防汛雨量监测速报系统，提早做出撤离决定，在县城群众撤离后 15 分钟，大面积的滑坡、泥石流蜂拥而来。尽管暴雨诱发 69 处滑坡、崩塌和泥石流灾害，但未发生一例人员伤亡。这充分说明防汛信息化是防汛工作非常重要的技术手段，也将随着经济社会的飞速发展，发挥着越来越重要的作用，有必要进一步加大投入力度，加快防汛信息化的建设步伐。

创建信息化建设新模式　推动信息产业化发展

平谷区信息中心成立于 1998 年 12 月，隶属于平谷区人民政府，主要负责平谷区信息化建设的整体规划、建设实施、管理和服务等工作。平谷区的信息化建设遵循“统一规划、互连互通、一个平台、资源共享”的总体方针，本着“实际、实用、实效”的原则，坚持一个平台、一个出口，把平谷区的信息化建设划分成三个阶段：第一阶段是网络建设阶段，从 1998 年 12 月至 2000 年底，建成了覆盖全区的基于有线电视网的宽带城域网；第二阶段是试点建设阶段，从 2001 年至 2003 年底，在政府、教育、农业、企业和社区信息化方面重点抓了试点建设工作，信息技术在各行各业得到了广泛应用。目前，我们正面临着第三阶段，就是全面建设“数字平谷”，把信息化引向深入的重要发展阶段。

信息中心经过 6 年的努力，使全区的信息化建设有了突飞猛进的发展，网络覆盖了全区 16 个乡镇和所有委办局，有 96 个委办局建立了局域网；275 个行政村有 183 个村配备了计算机，光缆已联到 197 个村。在政府信息化建设方面，各单位局域网的建立、全区视频会议系统的开通，单位内部应用系统、区电子政务系统、全程办事代理系统等各应用系统的使用提高了政府工作效率，加速了向服务型政府的转变。99 年初，信息中心成功开发了我区的政府 OA 系统，该系统于 201 年 9 月被 OA’2001 办公自动化国际学术研讨会专家组评为典型应用系统，并被平谷区所有的乡镇政府、委办局、公司安装使用。为满足用户对办公自动化系统的新需求，2004 年初，信息中心对平谷区电子政务办公平台进行了升级，并在平台中采用国产 Linux、国产 NC、国产数据库及其他国产化软件系统，实现电子政务系统的完全国产化，不但有效解决了电子政务平台的安全性问题，而且为国产软件在大型政务平台的应用、推动国产软件产业的发展与成熟起到积极的促进与示范作用。在教育信息化建设方面，在完成校校通工程的基础上，部分学校实现了电子化教学，在2003年非典时期，开通了北京市第一家“视频互动在线网校”，实现了教师网上答疑、学生在线提问等功能，做到了资源共享，2004年7月开通了中国卫星远程教育网。在农业信息化建设方面，建立了雕窝村民俗旅游网络村、桃园村网络村，并建立了30个农民远程基地，12个农村“数字家园”，农业信息化的建设有力的促进了农民的增收致富，大大提高了农民的整体素质。在企业信息化建设方面，全区大部分企业建立了自己的网站，通过网站宣传企业的形象，拓展了多种销售渠道，同时完善了电子商务平台建设，信息网专门设立了招商引资栏目，并重新改版了绿都商务平台，重点宣传了我区各项优惠政策、招商项目，为前来投资建厂的商户搭建了桥梁。在社区信息化方面，卫星城所有小区和街道都以宽带链接了国际互联网，全区已经拥有电脑用户5万个左右，其中接入宽带网的家庭个人用户达3000余户。

信息中心在我区信息化工作人才引进方面，改变了事业单位传统的用人方式，用优厚的待遇和高效的激励机制吸引大批高新技术人才，实现了全区信息化人才共享。通过高效激励机制，造就了高水平的信息科技人才和具有综合能力的复合型人才队伍，目前信息中心共有员工160人，稳定的信息化建设队伍，保证了我区信息化建设的顺利进行。这些高水平、高素质的技术人才除服务于全区信息化建设外，还“以外补内”，到区外承接信息化建设和软件开发工程，创造经济效益来补充区内建设资金的不足。

行政主导、市场化运作是信息中心提出的信息化发展的新模式。作为一个隶属于平谷区人民政府的事业单位，在信息化建设的道路上，我们开创并始终坚持走一条企业化运作的道路，这是一种新的尝试，更是一种创新，它使我们成为北京市各区县第一个也是到目前为止唯一一个事业单位企业化运作的信息化建设单位。为解决建设资金不足问题，平谷区信息中心采取了事业单位企业化运作模式，这种模式的优势在于利用企业的盈利来弥补区信息化建设中的资金不足，更深入、更全面的进行信息化建设。目前信息中心共有下属公司 9 家——北京七色光环企业策划有限公司、北京波畅达无线电技术咨询服务中心、北京科讯立达网络有限公司、北京拓普伟业网络传输有限公司、天津华辰科技有限公司、北京师范大学网络中心、北京俊科数据有限责任公司、北京东方优派广告公司、北京东方明珠房地产开发有限公司，业务涉及政府机关、企事业单位、教育教学、医疗卫生、旅游行业、农业等领域，由创建初期的只负责平谷区本地区信息化建设的地方机构发展成为服务范围遍及其他省市的多元化机构，为平谷区和其他省市各行业的信息化建设和发展提供了优质的服务，在得到了广大用户赞誉的同时实现了盈利。几年来，信息中心依靠这些企业盈利补充信息化建设资金的不足，从基础设施建设、网络应用等方面，对政务、农业、企业、教育、社区等领域进行信息化建设。事实证明，这种大胆的创新是成功的。经过了机构改革与整合，信息中心现已实现规范化、流程化的管理。成为北京市各区县中第一家通过 ISO9001 的政府机构，工作质量和工作效率及各项管理工作都已走上标准化、国际化的道路。

面对信息化和信息产业的蓬勃发展，平谷区信息中心将继续同国内外同行精诚合作，发挥自身优势，为信息化建设做出应有的贡献，有力的推动国民经济和社会的发展。

统筹全局　务实推进

加速数字　邯郸建设

邯郸市以战略的眼光超前谋划，以积极、务实、创新的精神加大力度扎实推进，使全市信息化建设的各项工作取得了显著成效，先后被确定为国家城市信息化试点城市、国家数字城市建设综合示范城市、河北省信息化示范城市、河北省制造业信息化试点城市。2002 年全国城市信息化工作会在邯郸市举行，与会的各级领导和专家对信息化工作充分肯定，认为：邯郸的信息化工作创意新，基础扎实，花钱不多，讲求实用，效果明显。

（一）建成了全市统一的政务网络（内网、外网）平台

我们按照“统一规划、联合建设、互联互通、资源共享”的原则，建设了邯郸市政务工作网。网络覆盖了市委、市人大、市政府、市政协四大机关，19 个县（市）区和 130 多个党政部门，是全市实施电子政务的统一网络平台。网络实现了内网、外网的物理隔离。

（二）整合网站资源，加强门户网站建设

1、建立“新浪邯郸”城市门户网站。“为改进传统招商模式，加强网上招商工作，2003 年邯郸与国内知名网站之一的“新浪网”合作，建立了“新浪邯郸”招商在线网站。“新浪邯郸”的开通，拓宽了邯郸与国内外客商、各界朋友的沟通渠道，是宣传邯郸、推广邯郸、发布项目、招商引资的新平台，对外开放的新窗口。

2、建立全市统一的政府网站内容发布平台

整合全市网站资源，提高信息资源共享程度，全市统一的政府网站内容发布平台建成并已投入使用，目前邯郸市政府公众信息网在该平台上已经全新改版，党政系统网络信息资源整合及信息资源共享取得了重大进展。

3、网上开通邯郸论坛

《邯郸论坛》是邯郸市政府建立的旨在“关注民意民声，促进政民互动”的交互平台，使政府能够更好地解决群众困难，倾听群众意见和建议，接受群众监督。自 2003 年 10 月正式启用以来，累计注册用户约 4000 人、主帖 10000 多条，总帖 70000 多条，累计页面访问量 2000000 多次。最高在线人数为 6142 人，最高日发帖量达到 1392 条（不包括跟帖），日均发帖量在 1000 条左右。对收到群众的投诉、建议和意见，由相关职能部门一一回复并进行处理，切实解决了百姓们的一些疾苦问题，得到群众的一致好评。先后被《河北人民广播电台》、《燕赵都市报》、《邯郸晚报》、《邯郸日报》和《河北日报》等新闻媒体进行了大篇幅的相关报道。

（三）推动电子政务建设，促进应用系统的开发和推广

按照“以需求为导向，以应用促发展”的思想，邯郸市在电子政务建设方面重点抓了以下 6 项应用：

1．2001 年 1 月，我们利用政务工作网内网平台开通了全市视频会议系统。中心主会场分别设在市委和市政府，16 个远郊县（市、区）各设一个分会场，实现了与网通视频会议系统的互联，具备了召开省、市、县三级会议的功能。使用该系统已召开各种重要的大型会议 300 多场，取得了非常好的效益和效果。

2、建立了全市政务电子邮件系统。这个邮件系统采用统一规划的域名地址，为全市所有公务员，市直各单位、各县（市、区）建立了电子信箱。

3、开发信息资源，推动网上办事和网上服务。我们将市直各部门的工作职责、办事程序上网公开，将需要申报、审批的一百多张表格上网，市民可随时通过网上下载、填报和审批各种表格，方便市民办事，为市民提供网上服务。

4、积极推动数字图书馆项目。邯郸市数字图书馆建设是河北省文化信息资源共享工程“1112”计划安排的 11 个分中心之一。该项已于 2003 年 12 月开通使用。

5、实现了党政部门公文、信息、资料的网上传送和交换。

6、建设了 12345 市长公开电话系统、投资项目审批系统、收费系统等。这些系统的建立，拓宽了政府和市民的联系渠道，加大了政务公开力度，提高了工作效率，优化了经济环境，树立了良好的政府服务形象。

（四）全面建设数字邯郸，重点实施三大基础工程

市委、市政府提出数字邯郸建设的具体目标是：大力实施“1115 工程”：即围绕一个目标（建设数字邯郸），构建一个数字平台（全市公用信息平台），突出十大应用领域（数字城市、数字政府、数字企业、电子商务、数字教育、数字医疗、数字金融、数字社区、数字公民、数字行业），实施五十个应用项目，加快推进全市的信息化建设。

（五）在数字邯郸建设中，确定了三个基础性项目。

一是宽带城域网项目。项目主要包括：地下通讯管网工程、宽带城域网工程、全市信息交换平台和互联网交互中心。

二是基础地理信息系统。基础地理信息系统主要包括：市主城区和全市的数字地图、基础地理信息数据库及相关的基础应用系统。

三是“一卡通”项目。包括以社会保障与市民服务为核心的“居民一卡通”和以公共交通自动收费、计费为主要内容的“收费一卡通”项目。

（六）、全面推进数字城市建设各项应用。

一是继续抓好数字邯郸基础性项目建设。尽快完成城市基础地理信息系统建设，实现城市规划管理的数字化。加快城市地下管网建设进度。二是继续推动各行业、各部门的应用建设。启动建设数字档案馆工程，推动农业信息系统、环保监测信息系统、水利防灾信息系统、数字城管系统、地震监测信息系统等业务部门应用建设。三是加快数字邯郸软环境建设。四是积极利用世界银行贷款完成数字邯郸软课题项目建设，邯郸市数字城市建设研究项目分为六个软课题项目：

1、数字化邯郸基础平台及其综合管理框架的研究；

2、电子政府总体设计方案的研究；

3、邯郸市信息资源数字化综合开发利用的研究；

4、邯郸城市基础空间数据库设计与开发；

5、数字邯郸与区域经济可持续发展的研究；

6、邯郸“一卡通”实施方案的研究；

此项目已于 2004 年 9 月下旬正式开题，将重点完成：数字邯郸技术方案设计、电子政务应用平台设计；相关技术标准、数据规范、政策、法规研究制定；人口信息数据库、基础地理信息数据库设计、原型开发等课题和任务。

晋城市电子政务建设

晋城市电子政务建设始于1997年，以建设政府面向公众服务的综合业务平台为支撑，以“公开、公平、高效、便民”为宗旨，以政务应用为基本出发点，以全面信息服务为手段，突出信息提供、政务公开、便民服务和网上办事职能，目标是建成集政务公开、政府应用、公众信息发布、政府面向社会服务和接受社会监督为一体的具有视频、音频、图文、电信服务多种功能，标准统一、资源共享、安全可靠的电子政务体系。

一、网络结构

晋城市电子政务网络的物理结构为一张光纤网络，联接了市委、市人大、市政府、市政协及市直属单位，向下联接了所辖的六个县(市、区)相应机构和85个乡镇，涵盖了市县乡三级政府的所有机关。为加强电子政务网络建设。市信息中心在市区自己投资建设了一张千兆光纤交换网。通向县乡的网络为百兆光纤网，采取和运营商联合共建或租用的方式形成。在电子政务网络建设中我们始终坚持统一规划、统一标准，统一网络、分级建设的原则，审慎决策、稳步推进，保证了各个业务系统的互联互通和资源共享。在政府各部门之间我们采取了统一平台建设，一个出口向外的建设方法，保证了不同部门之间的信息互通，同时节省了出口线路费用。政府办公网与互联网之间通过逻辑隔离(符合中办(2002)17号文件精神)，在接口处设置了防火墙、入侵检测系统、病毒检测系统来保证内部网络的安全。互联网出口申请了独立的自治系统(AS)，出口带宽为两条百兆线路，采用BGP协议分别与网通和联通联接，在国家互联网络交换中心有自己独立的国际路由。这样不仅保证了负载均衡，而且互为备份，提高了网络的安全性和访问速度。

二、政府公众信息网

晋城在线(http://www.jconline.cn)是晋城市人民政府的公众信息网站，它是由原晋城经济信息网、晋城市人民政府网、晋城在线三个网站经过有效的资源整合形成的，定位为市政府的公众信息网综合业务支撑平台，以政务应用为基本出发点，突出信息提供、政务公开、便民服务和网上办事职能，形成标准统一、资源共享、安全可靠的政府门户网站，通过虚拟整合替代职能部门的整合，解决业务系统跨部门的需要。

“晋城在线”在内容上开设了时事、政务、经济和社区四个频道，提供市县乡三级政府的公务员专用信箱，按照行政区划整合了所辖的六个县(市、区)政府网站，按照政府职能划分整合了市政府33个职能部门的政府网站，全方位提供信息咨询和表格下载，新增了网上采购、网上审批事项，向客户提供一站式网上服务。客户通过“晋城在线”即可直接进入业务办理程序，无须与具体的政府机构打交道，客户面对的网站就是一个“超级政府”。

“晋城在线”在技术上采用了B/S-D(浏览器/服务器-数据库)结构，采用了后台发布技术，采用了标准件组装技术，采用了模板生成技术和网页自动生成技术。设置了强大的站内检索功能和网站导航服务。

此外在晋城在线网站架构下设立的市人大、市政协、市纪检委、市政法委、市组织部的网站都很有特色，解决了部门及行业的需要，市农业局的太行农网、市经贸委的招商引资网、开发区网站、市人事局的人才招聘网等向社会提供了便捷的沟通渠道，产生了很好的经济效益和社会效益。

三、政府办公网

目前，晋城市的电子政务网络平台已经形成，市直单位和县(市、区)政府通过虚拟专网技术和子网划分技术实现部门间的互联。根据电子政务发展的需要，目前正在建设全市统一的党政办公网交换平台。该平台的建成将能有效促进政府部门之间的协同办公，提高公文交换速度和行政效率，为领导决策和各级党政机关的内部日常办公提供服务，促进全市经济和社会发展。该项工作预计今年底能够全部完成。

四、主要公共应用服务系统

1、网上审批。根据行政审批制度改革的要求，我市建设了全市统一的行政审批大厅，在大力精简行政项目的同时，以提高审批效率，增加审批透明度，加强社会监督为目标，建设了审批大厅内部并联审批网络，公开项目审批程序，公开项目收费标准，公开办事时间，自觉接受社会监督。建设了行政并联审批系统和审批信息公开网站，通过晋城在线公布审批情况，开设了行政审批论坛，通过论坛让社会参与行政审批管理，监督行政审批工作，大大提高了行政审批效率，受到了社会的好评。

2、网上采购。根据政府采购的特点，为了方便、快捷向采购人提供采购服务。同时实施市政府的阳光采购工程建设计划，晋城在线开设了网上政府采购系统，做到了采购项目公开、报价公开，在更大范围接受社会监督。由于采购通过网络进行，供应商投标通过网络进行，不但节约了大量费用，而且增加了采购工作的透明度，减少了人为因素，保证了采购效果。在大大节约政府采购资金的同时，防止了权钱交易，以权谋私等不正当行为，从根本上保证了政府采购工作的阳光作业，营造了一个公开、公正的采购环境，是促进政务公开、党风廉政建设的一项重要举措。

3、网上纠风信息系统。根据市纠风办纠风工作需要，晋城在线开通了网络纠风应用系统，建设了专门服务纠风工作的电子论坛，指定专人负责管理，及时在网上发布纠风信息，在网上发布行风大家谈视频信息，通过论坛接受社会评议。不但解决了社会关心的重大问题，更重要的做到了政府和社会的及时沟通，使政府能够通过论坛了解社情民意，解决人民所关心的重大社会问题，做到情为民所系，权为民所用。

4、网上举报信息系统。根据市委、市政府要求，晋城在线开设专门的举报和信访信息系统，及时接受社会信访和举报信息，及时处理。该系统成为政府与公民沟通的重要渠道，一方面密切了干群关系，另一方面树立了廉政勤政的政府形象。

5、人大议案、政协提案管理信息系统。人大代表和政协委员所关心所反映的情况是社会所关注的焦点问题，为了充分发挥人大代表的监督职能和政协委员参政议政的职能，提高议案、提案水平，增强议案和提案办理的透明度，提高市委、政府各部门的办理水平，自觉接受社会监督，市人大、市政协领导高度重视，推出了电子议案、提案管理信息系统。在本年度的人大、政协两会上得到了成功应用。该系统根据议案、提案的办理要求，实施网上办理的同时，把议案、提案和办理情况全部上网，由社会监督办理情况。此系统的成功使用大大推动了相关部门的党风建设。

6、视频会议和网络电话。晋城市的视频会议系统涵盖了市县乡三级政府的所有首脑机关，可以和省政府的视频会议对接，可以按区域和行业同时召开多个视频会议，可以有效缩减会议时间，大量节约会议经费，提高会议效率。

晋城市电子政务网网络电话系统采用了朗讯公司先进的软交换技术，可以为晋城市党政机关提供 2 万门网络电话，采用公众电信网(PSTN)的码号资源，支持以太口、USB 口、WEB Phone 联接，同时通过语音网关可以和传统 PSTN 电话联接。网络电话在政府机关的实施，使全市党政机关的电话形成一个内部网络，将大量节减通信费用，提高办事效率。

五、发展规划

晋城市信息化发展规划，计划用 10 年左右时间建设一张高性能的多媒体宽带数字城域网络；建设国际互联网和城域网两个本地交换中心；在政府、城市建设和管理、企业、商务、教育、医疗、金融、社区、社会（即数字公民）及行业服务等十个重点应用领域大力推进信息化建设，并以此带动全市各行业、各部门的信息化；为保障十大应用领域信息化的全面实现，重点建设八大系统工程，包括：三大基础设施：运营场所(即信息大厦工程)、基础网络(即城域网工程)和 3S 系统；数字城市核心工程——网控中心（包括交换中心、数据中心、CA 认证中心、客户服务中心）；重大便民工程——居民卡工程；三大系统应用工程：电子政务、电子商务、电子社区。

通过实施信息化发展规划，晋城将建设成为运用信息化加快工业化和现代化，实现跨越式发展的现代新型城市，建设以数字化为根本特征的政务、经济、社会全新的管理、服务信息体系，信息化程度达到全国中小型城市先进水平，逐步实现全市国民经济和社会信息化。

整体规划、统一管理、注重实效
以信息化提升企业核心竞争力

中国网通集团北京市通信公司

北京市通信公司隶属中国网络通信集团公司，经营除移动通信、寻呼通信以外的所有电信和信息业务。在通信市场格局巨变的大环境下，北京通信提出了“一切从客户需要出发，一切落实到企业效益”的经营理念。

北京通信将信息化建设作为提升企业核心竞争力的战略举措，在集团 IT 系统总体规划的指导下，在信息化建设、维护与管理方面取得了较显著的成果，公司成功入选了 2003 年度中国企业信息化 500 强，并获得了企业信息化战略单项奖。

一、北京通信 IT 系统在企业运作中的定位

通过近二十年的信息化建设，北京通信认识到，IT 系统的建设不仅仅是帮助企业建立一套信息系统，更重要的是引入先进的现代管理思想和方法，通过业务重组、组织重组和管理重组，建立一套符合市场经济体制要求的现代企业管理模式。

对于北京通信来说，IT 系统已成为企业赖以生存和发展的生命线，IT 系统的建设已成为企业战略的重要组成部分，是提高企业核心竞争力的重要手段。

二、整体规划是实现信息化的基础

IT 系统的规划与建设遵循并服务于企业的发展战略和业务策略。因此，北京通信在进行 IT 系统规划时，从企业的业务策略出发，分析业务需求，明确业务流程，制定 IT 系统发展总体策略以及 IT 系统的总体架构，从而在此基础上制定 IT 系统的规划与计划。

为了准确把握、适度超前，北京通信借鉴国际上电信运营公司的成功经验，2001 年底与埃森哲咨询公司合作，进行了北京通信 IT 策略与规划的咨询工作。在此基础上，制定了《北京通信 IT 系统总体架构》；并于 2002 年第一次将 IT 建设视为一项专业工作，编制了第一部《北京通信 2003-2004 年 IT 系统的滚动发展规划》。

经过几年的 IT 规划实践，北京通信充分体会到，规划是 IT 系统的生命，只有经过充分的论证和规划，才能明确发展方向和重点，发挥系统整体优势，避免盲目建设，更好地为企业战略服务。

三、统一管理是信息化的保障

北京通信将信息化视为一项专业工作进行管理，建立了一套三层结构的 IT 管理机制，明确了各级 IT 管理部门的职责，从决策、管理、操作等不同层面，保证信息化的预算、规划、建设、维护等各方面的工作。

IT 建设管理委员会是公司 IT 最高决策机构，负责 IT 总体规划和预算的审批、重大 IT 项目的立项与管理等；信息与技术部是信息化工作的归口管理部门，负责 IT 规划、预算、项目管理、维护管

理等；各单位均明确了 IT 管理部门，负责对本单位的 IT 工作进行归口管理。

为了保证信息化建设的顺利进行，北京通信于 2003 年颁布了 IT 项目管理办法，加强了对 IT 项目的预算、立项、实施、验收、以及后评估等全过程的管理，该办法是对全公司 IT 项目进行集中管理的制度保证。

四、注重实效是信息化的关键

在信息化的实施过程中，北京通信本着务实高效的原则，注重系统的实际应用效果，强调 IT 系统对业务目标的支持，对管理创新的推动。

企业运作管理系统是北京通信的统一工作流平台，以企业办公管理为主，包括公文管理、会议管理、公告通知、邮件服务等子系统。通过系统的应用，规范了内部管理机制，优化了管理流程，使北京通信的管理效率大幅度提高。

财务集中管理系统选择了 SAP 公司成熟产品 mySAP 作为系统平台，实现了“多点登录、一点核算”的财务集中管理，建立了全面预算管理和控制体系，实现了对资金的有效使用和控制，为企业决策层提供及时准确的信息支持有力地推进了财务集中管理模式的实现。

客户资源管理系统运用了统一规范的客户资源模型，是北京通信实现“一站购齐”的服务方式的基础，在此基础上可以为客户提供更方便、更灵活、更全面的服务，实现服务的个性化，以及更有效地进行产品营销和开发新产品，从而实现企业服务创新，全面提升企业竞争力。

集中计费帐务系统是将产品和服务转化为公司效益的核心系统，可以快速、灵活地实现对各种销售活动和优惠策略的支持，灵活地实现对新产品和服务的快速支持，使企业得以在现有的通信网络平台上迅速地部署新的高附加值业务，以适应瞬息万变的市场变化。

企业信息化是一项长期的、充满机遇与挑战的任务，北京通信将致力于以企业信息化推动管理创新和服务创新，不断提升企业整体竞争力，为广大客户提供优质的产品和服务。

河北省通信公司信息资源规划介绍

一、河北省通信公司信息资源规划简介

2003年9月2日，中国网通集团河北省通信公司与大连圣达IT咨询合作正式启动信息资源规划。作为电信运营企业信息化建设的基础工程，从省公司和一试点市分公司（石家庄市分公司）两个层面上，采用工程化方法和严谨的项目控制，利用规划层面软件工具的统一支撑稳步实施。截至2003年11月30日，河北省通信公司信息资源规划历经一个多月的需求分析和接近两个月的系统建模，完成全部信息资源规划任务。

1、本次信息资源规划的基本过程

需求分析阶段完成业务功能分析、业务数据分析和数据流分析三项主要工作。这个阶段以业务人员为主，计算机分析人员为辅，对省公司和市分公司的各个职能域（市场营销、客户关系、业务提供、计费帐务、网络运行维护、人力资源、财务管理、运行监控等）进行了全面业务梳理，打破职能部门的局限，摒弃人为因素的各自为政，从总体上自顶向下架构出简洁、扁平的业务模型框架，依据科学合理的层次体系，用准确精炼的语言描述职能域、业务过程，同时也选择性地对关键业务活动做出明确定义。在梳理业务的同时，收集、分析和规范业务中流转的各类纷杂数据，找到信息加工、处理的运行轨迹，这时候的数据对象是企业员工每天都面对的报表、单证、帐册等各类用户视图，需要拆分和一定程度的规范，进而形成数据元素/项的基础集合。对每个职能域分析一、二级数据流，包括流向分析和流量的量化计算。期间，需求分析也是在职能域之间进行交叉复查，消除冗余和不一致定义的不断演进过程，河北通信的信息资源规划在10月上旬达到了第一个里程碑，标志着需求分析阶段基础地位的完成和确立。

系统建模阶段完成系统功能建模、系统数据建模和体系结构建模三项主要工作，其间还贯穿信息分类编码的识别、定义和录入。系统建模参加人员已经发生角色转换，系统分析员上升到主要位置，业务人员做辅助，对需求分析阶段的工作进行计算机化提升，这个阶段是整个规划的核心。逻辑子系统与职能域存在一定的对应关系，但经过分析可以形成未来信息系统的进一步抽象和认识，这时候，除了对于现有系统和业务流程的总结之外，我们还借鉴了国际先进的功能框架，比如NGOSS/eTOM、TMN等，期间识别定义出的功能程序模块和其输入/输出的数据交换存取关系，作为未来构件化和模块化开发的基础指导。系统建模的核心还体现在面向主题的概念/逻辑数据库模型，需求分析阶段形成基础数据的分析成果，提升为对每一个主题的精心组织和每一个基本表的严谨规范，并从最底层的约束规范数据元素标准。在系统建模阶段，自始至终把具有分类编码属性的数据元素识别出来，对这些编码对象进行规则定义和其中关键部分的编码加载。河北通信公司于12月初达到信息资源规划的第二个里程碑，标志系统建模工作的顺利完成。

2、本次信息资源规划的基本过程和意义

以下列出我们河北省通信公司的信息资源规划基本成果统计，数据来源截止到2003年12月初。

中国网通集团河北省通信公司
信息资源规划基本成果统计表

标准规范项目	统计数	说 明
业务过程	344	省市通信主业务流程框架
业务活动	1775	凝聚性和基本的业务活动
功能模块	248	主系统功能
程序模块	1355	基本编程单元
用户视图	3722	大约 2500 张分析组成
主题数据库	68	面向电信的基本业务主题
基本表	670	达到 3-NF 的数据结构
数据元素	2311	数据元标准
信息分类编码	521	A 类 78，B 类 51，C 类 392

河北省通信公司深刻体会到信息资源规划在企业信息化战略和信息化实施上的重要意义，认识到信息资源规划具有先导性和基础性，是实现信息化建设不可跨越的关键环节，也是河北省通信公司信息化“统一规划、统一管理、夯实基础、分步实施”的切入点。实际上，这次规划也是建立科学的企业整体业务流程框架，完成企业全域的数据模型建设，为企业今后的各项改革工作和应用系统建设确立方向并打下的坚实基础，初步建立了信息资源开发利用上的重要框架体系。同时，尽管信息资源规划艰巨复杂，省公司和各市分公司调动大量的资源来支持这项工作，以一种“超常规”工作方式和善打硬仗的作风，确保信息资源规划工作顺利完成。没有这次战略层面的统一规划和梳理，很难预测未来的应用需求，也很难落实数据环境的优化改造工作，更难真正把握管理企业核心的信息资源以应对多变的市场和客户需求。

参加此次信息资源规划的有河北省通信公司的相关业务专家和计算机方面的系统分析员，技术咨询服务方，还有企业高、中层领导和电信领域专家的参与。在信息资源规划和管理方面培养了一批技术骨干，形成重要的信息元库和围绕这一核心资源的管理控制体系。信息资源规划是一个良好的开端，在河北省信息化建设的长期过程中将越来越多地发挥其指导和基础作用，帮助企业掌握其自身的信息化建设主动权。

二、信息资源规划的定义与定位

在河北省信息化建设的推进过程中，我们深切认识到，信息化是激烈的市场竞争、企业改革发展的需要，它已经不仅仅是技术问题，更要上升到管理角度解决问题，并且信息化本质是企业深化改革的过程，也是企业持续、健康发展必不可少的手段和必然选择，关系了企业未来走向和生死存亡。作为信息服务领域走在前列的通信企业，尤其要从战略高度看待和关注信息化，注重总结提升企业自身的先进管理模式，充分借鉴、吸纳国际和国内同行业的先进经验和理论方法，也更有责任满足企业信息化内需的同时，拉动和促进周边信息化发展，充分发挥国家信息化建设的主力军和示范典范作用。

作为实现企业信息化目标和实施企业信息化战略的重要一环，信息资源规划无疑从理论的成熟度上、工程化的实施方法和完善严谨的工具支撑上，提供了重要的保障，也作为河北省通信信息化建设在企业业务分析整理和初步优化、计算机框架模型建立的重要阶段，已被成功实施和奠定了良好的开端。

信息资源规划（Information Resource

Planning，简称 IRP）是指对企业生产经营所需要的信息，从采集、处理、传输到使用的全面规划。信息资源规划是企业信息化建设的基础工程，是信息工程方法论（IEM）的核心内容。IRP 的一整套理论方法和标准规范，在强调信息资源开发利用是信息化的核心任务的今天，对电信运营企业也同样适用。

信息资源规划有很深厚的理论渊源和技术背景，从国际上大型信息系统建设的主流方法：信息工程方法论发源，IRP 继承发展了其解决信息孤岛的关键技术，在信息工程实施和战略数据规划上做了重要的研究，通过十几年的国内大型信息系统的建设实践，逐步形成适合国情的方法论体系；信息资源规划着重补充了数据管理和信息资源管理等重要理论，找到数据组织的源头，从最小的信息单元开始控制和规范，并在十几年的行业实践中，形成了行业的元库体系，其中的标准的相当一部分在多个企业通用。信息资源规划还研究了计算机化企业的发展阶段，能够帮助企业在合适的时机切入。

信息资源规划本身是一项严谨和复杂的工程，包含一整套工程化方法，从横向看是两大阶段：需求分析和系统建模；从纵向来看则主要是两条主线：业务功能分析到功能建模，业务数据分析到数据建模。两条主线之间贯穿着数据流（Data Flow Diagram，简称 DFD）分析、实体关系（ER）分析和系统体系结构建模等重要的关联；还包括一些列的标准、规范和规划元库的建设。河北通信大规模的人力参与下，面对涉及企业主业务领域的大范围调研，这样高的复杂度必须遵循工程化的进度和方法（见图 1）。

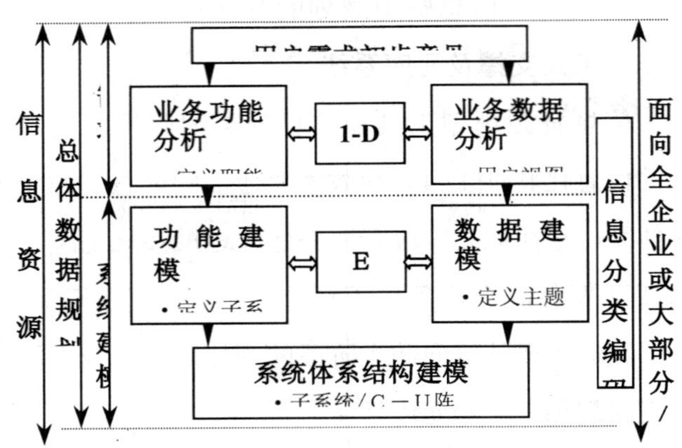

图 1 信息资源工程化方法体系图

进入 21 世纪，企业的经营从以扩张资源和依靠硬件设施投入的粗放模式逐步向着以市场为导向、客户为中心的集约化管理运营阶段过渡，生产运营支撑和企业管理的信息化已经成为赢得市场、赢得客户的不可替代的重要手段。国际电信组织也越来越关注电信运营企业的信息化建设及在信息化领域的共享及交换标准的研究，有很多先进的经验和体系框架可供借鉴、吸纳，同时，对于国内电信运营商来说，也为在信息化方面参与国际电信行业规范设计和交流、甚至推进方面提供了良好契机。尤其值得注意的是，电信运营企业的信息资源开发和利用是架构各类支撑系统和管理信息系统的基石，电信行业本身业务复杂，更兼近年的新技术、新市场、新需求的剧增和多变，以往分散开发和引进的各类孤立运行的应用系统，虽然对管理工作有一定的作用，能应对某些传统或特性业务，但并不能充分有效的开发利用企业的信息资源，也不能特别有效地支撑各类新业务和增值产品。信息资源的开发利用首先要规划和组织全企业有序的信息资源，强调信息的结构化、标准化、一致性的存储和使用，信息资源规划的意义也在于此。

三、工具支撑及元库系统

信息资源规划工具和信息分类编码工具是高端的信息化软件工具，承载河北通信的信息资源元库体系，它在规划阶段帮助搭建起标准和规范统一的共享平台，支持各个工作小组按照权责分工协作。我们主要从纵向两个阶段的规划过程，分析信息资源规划工具和元库体系。

1、对于需求分析的支持

首先，业务流程中的职能域、业务过程、业务活动进行按层分解，逐步细化，对业务模型功能树的各级处理分别进行定义和规范描述，用以梳理复杂的业务流程，使其简单明了地界定业务流程总体框架和层次细度均衡的每一个业务过程/活动，抽象和定义与业务流程密切相关的其他外部实体。

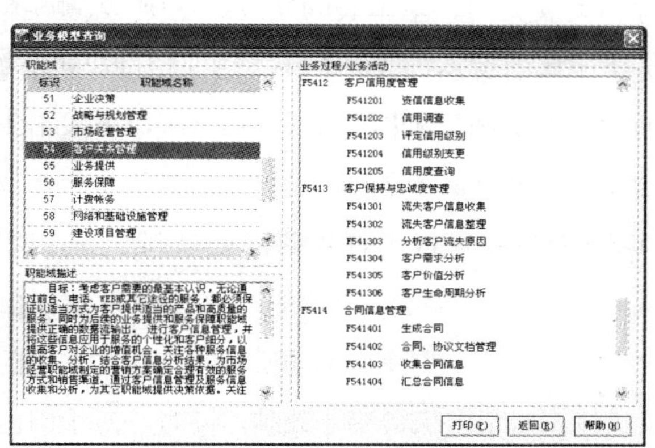

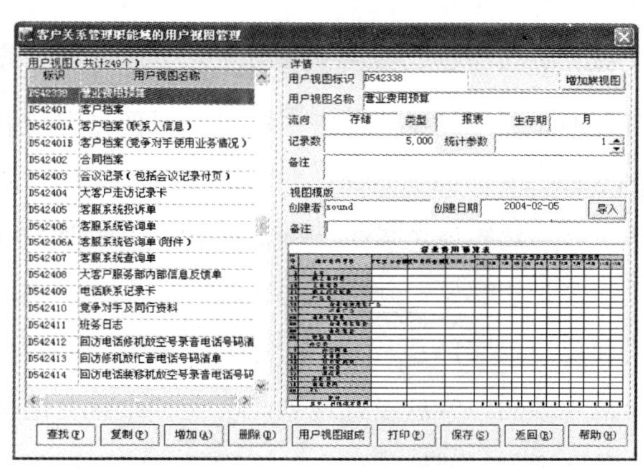

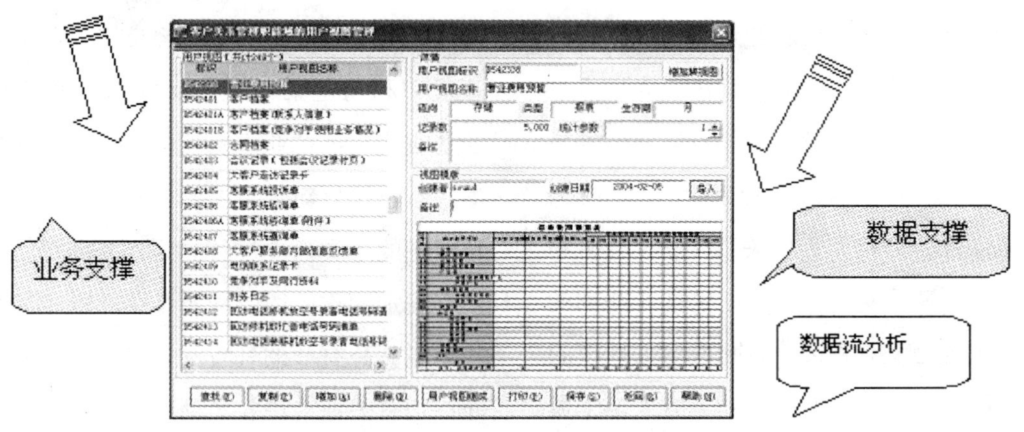

图 2 需求分析工具支撑

同时，经由自动处理和人机交互，可以进行复杂的业务数据分析，登记各类用户视图和相关重要属性（如：流向、类型、记录数、生存期等），对用户视图自动进行编码和归类，并可进行用户视图的族视图分析和用户视图组成登记工作。应该说，这项工作是非常艰巨的，也是河北通信从来没有过的一次对于数据环境现状的全面调研、整理和规范。

结合业务建模和数据分析，一级数据流程图在数据流分析的基础上自动生成，二级数据流程图可人机交互快速完成。同面向用户视图的数据需求分析一样，对于顶层一级数据流和二级数据流梳理分析，同样具有重要的意义。（需求分析的工具支撑见图 2）

2、对系统建模的支持

工具支撑功能模型中的子系统、功能模块、程序模块的按层分解，对功能模块和程序模块的描述为组件化开发打好基础，构架方法同业务建模。

支持数据模型的建立，包括概念和逻辑数据模型。概念数模型是业务人员与分析人员共同规划的反映整体信息需求的框架，工具辅助规划人员确定概念数据库，汇总形成全域数据模型。逻辑数据库是系统开发人员的观点，工具支持逻辑数据库/基本表的组成规范化管理、逻辑数据库与现有数据资源的关联分析、基本表的组成、主键-外键与信息分类编码的关系等，成为物理数据库设计和信息资源整合的基础。还将形成实体关系分析图，作为数据模型重要的补充文档。

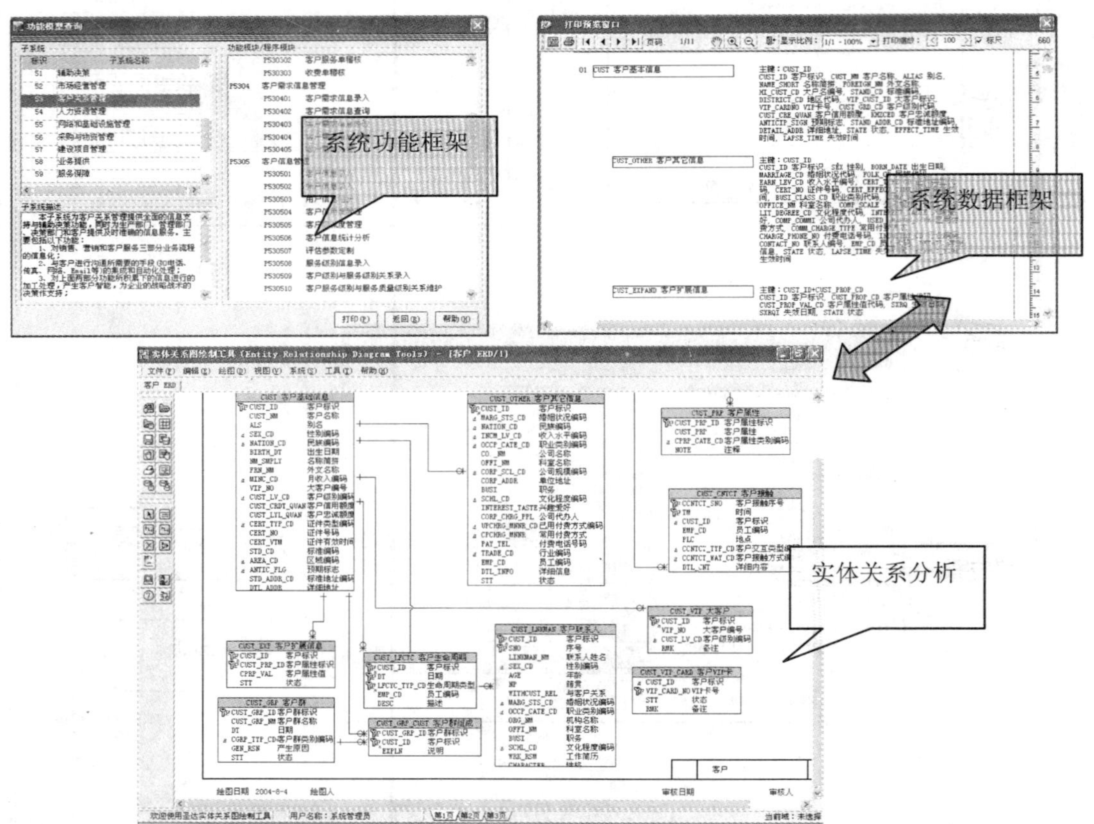

图 3 系统建模工具支撑

系统体系结构模型表达功能与数据的存取关系，用C-U矩阵表达。工具自动生成各子系统的C-U矩阵和全域C-U矩阵。作为河北通信信息化实施的战略总图，C-U矩阵简明科学地表达了信息需求和处理的逻辑关系。（系统建模的工具支撑见图3）

3、对数据元建立的支持

在数据元方面，提供数据元素的定义和同义分析、一致性控制、聚类分析、分布分析、冗余处理等自动化手段，使得数据元素的标准化管理更加简便易行。信息分类编码工具IRP3-icc还统一管理编码对象的分类、编码规则、码表编制和修改等。

四、NGOSS的关键部分与IRP的设计思路

许多电信运营企业和电信信息化专家都承认，我国许多电信企业的信息共享水平低，接口问题多，信息孤岛现象严重，企业管理层面的信息系统建设滞后。这是一个时期以来，运营支撑系统的开发在数据环境建设方面力度不够，缺乏信息资源管理基础标准的建设，缺乏总体数据分析和数据模型的正规规划的必然结果。这一关键问题，NGOSS解决得怎样呢？NGOSS的关键部分简要来讲主要包括：定义新一代业务流程框架；为信息和电信服务行业定义业务流程的一套标准；定义可在上面建立业务流程的系统框架；实践并实际地进行方案演示；遵循NGOSS规范进行行业兼容软件的开发；创建文档、模型、代码、培训素材的资源库等。现阶段的主要工作是针对完善的eTOM实现端到端的NGOSS，也包括技术无偏移性的系统框架、组件、流程、产品和新的应用等，总的目标是定义一个基于组件的分布式系统架构和一套关键的系统服务。NGOSS本身和对于它实践和实现，不仅是一个长期的还是一个复杂的过程。而对于某具体的电信运营企业来讲，NGOSS还是对现阶段OSS的指导原则和参考，所以既要遵循和理解NGOSS，又要根据企业现状及其自身特点，才能确保企业信息化战略的正确实施，两者都不容忽视，尤其在挖掘企业核心信息资源方面更应该加强，这仅靠业务功能的表层描述和简单罗列还远不够。

eTOM作为NGOSS的根本框架，本质上是电信行业通用业务模型的参考。eTOM框架在二维空间上纵横交叉、分割细化，层次和结构体现得非常清晰，功能也准确定位。包括顶端层面的Level.0、第二层面的Level.2功能组群业务、还包括分解到第三层面Level.3的业务过程。eTOM实现了Level.0、Level.1、Level.2的业务描述，包括对Level.3的选择性（小部分）描述。

信息资源规划如何支持并规范表达eTOM的业务框架?信息工程方法论中的业务模型是用“职能域-业务过程-业务活动”这样的三层结构来分析企业的业务功能。IRP吸收了IEM这种业务建模过程和方法，注重对业务过程和活动的计算机化可行性分析，运用业务流程再造或优化的思想方法，构建“子系统-功能模块-程序模块”这样的三层结构来反映新的信息系统功能框架。实践表明，IRP的业务分析和系统功能建模，是建立企业信息化所需要的业务流程框架的科学、简明和实用的方法，具有广泛通用性。事实上，建立业务模型是一次对管理经验和知识的总结提升过程，企业中高层业务人员需要在系统分析人员的帮助与工具支持下（详见第三部分的阐述），才能完成；在业务分析、建立业务模型的基础上，运用系统分析人员的知识和经

验，并获得业务专家的帮助，就能研制出新系统的功能模型。信息资源规划的业务分析和功能建模，强调企业自身的需求，借鉴和吸收外部先进经验，这样建立的系统流程新框架不会因为人的流失而轻易丢掉，能对信息化水平的提升真正并持久起作用。

信息资源规划除了在业务功能框架上融合IEM/eTOM，也吸收企业管理咨询的成果，比如对于ISO9000流程的吸收。更加重要的是，通过面向用户视图的数据流分析，在把握企业基本数据需求和调研完成基本数据元素的情况下，对国际上共享信息数据模型(SID)的成果也进行了学习和借鉴，建立主题意义上的数据模型。(信息资源规划的设计思路见图4)

司的一、二级运营图，作为河北省通信公司的个性化eTOM模型，而不是简单照搬照抄得来的。信息资源规划构建公司未来信息系统的系统功能和应用实现，并且保证企业数据“统一规划、统一标准、一处创建、多处共享”，同时也制定了软件最终实施的业务验收标准。

考虑到从规划到实现还有很漫长的路要走，在总体信息化框架指导下，具体地说，有功能逻辑框架（即系统功能模型）、数据逻辑框架（即系统数据模型）、数据存取策略框架（即系统体系结构模型），RUP（软件工程化过程）是将我公司IRP成果通过工程化的方法转换成企业信息系统的有效途径，通过RUP将第一阶段规划出的IRP模型转化为适合软件开发的计算机模型。以财务管理、物资采

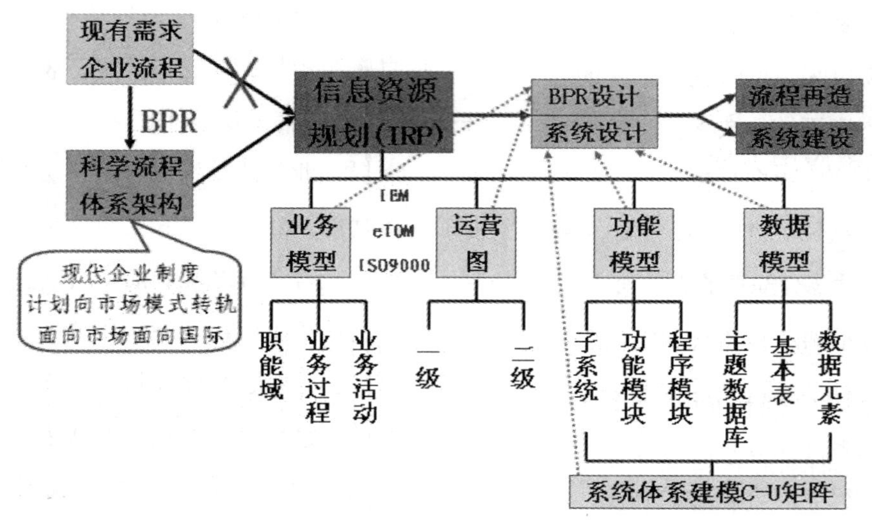

图4 信息资源规划的设计思路

五、信息资源规划的作用

在河北省信息化建设的推进中，信息资源规划初步建立了科学、高效的运营体系框架，使之“结构化、模块化、流程化、标准化”，并规划出我公司

购、建设项目、人力资源和综合事务管理五个职能域作为IRP深化应用项目的切入点，进行企业业务流程、信息系统模型的进一步优化和细化，最终以财务体制改革推动公司其他方面的改革，达到提高公司整体管理水平的目的。

金华电业局移动信息化综合解决方案

——浙江移动通信有限责任公司

一、项目概述

金华电业局是浙江移动公司的集团客户，浙江移动公司从简单的客户关怀到为客户组建VPMN、综合VPMN、宽带上网，IP电话系统，推荐客户使用随E行、移动短信办公系统、移动会议通系统，努力为金华电业局行业应用移动信息化提供解决方案。

二、需求分析

电表、路灯、配电变压器的管理一直消耗电业局大量的人力和物力，并且效率低下，如何简便地获取数据，进行有效监控是金华电业局信息化建设的一个重点，通过自建专用电台的方式耗资巨大且维护量大。针对以上情况，浙江移动公司适时地建议电业局使用无线公网，并根据实际需求提出一揽子的移动信息化解决方案。

三、解决方案

1、移动信息化常规应用方案

● 移动语音解决方案

针对金华电业局的下属单位多、行政区域分明的特点，将金华电业组成一个大的虚拟网，VPMN大大地方便了电业局员工的内部沟通，降低了内部通信资费。

通过金华电业局专用交换机同浙江移动公司交换机之间的光缆互连，为电业局开通企业IP电话，实现在不改号的情况下与固定电话正常接续，同时将长途电话业务接续到移动的IP电话网络中。

● 移动办公解决方案

根据金华电业局的需求，浙江移动公司通过专线将其接入CMNET，充分保证金华电业局快速、安全、稳定地连接上互联网，并为IP电话、短信应用及视讯会议等创造了有利条件。通过CMNET，电业局员工可以很方便地在外地接入公司内网，同时浙江移动公司推介随E行业务，提供短消息发布系统和移动会议系统的应用，使随时随地办公成为现实。

2、移动信息化行业应用

目前，基于公网的工业应用系统得到了大量的应用，浙江移动公司利用自身强大的网络优势，应用户不同的需求，通过短信技术、USSD 技术、GPRS 技术为用户提供优质的无线传输服务。

● 自动抄表系统

通过手机短信将各个电表所记录的用电量等数据传送到电力营业部门，代替人工抄表，市县抄表、统计、监控等工作的自动化。系统覆盖广，采集点全面，数据丰富，成本低廉，并可避免上门抄表效率低、容易打扰用户生活、偷电漏电无法得到及时监控等问题。另外，该系统还可以进一步与银行计算机系统联网，与客户小额支付平台相结合，用户可以直接使用自己的手机号码进行付款，市县别有特色的无线缴费。

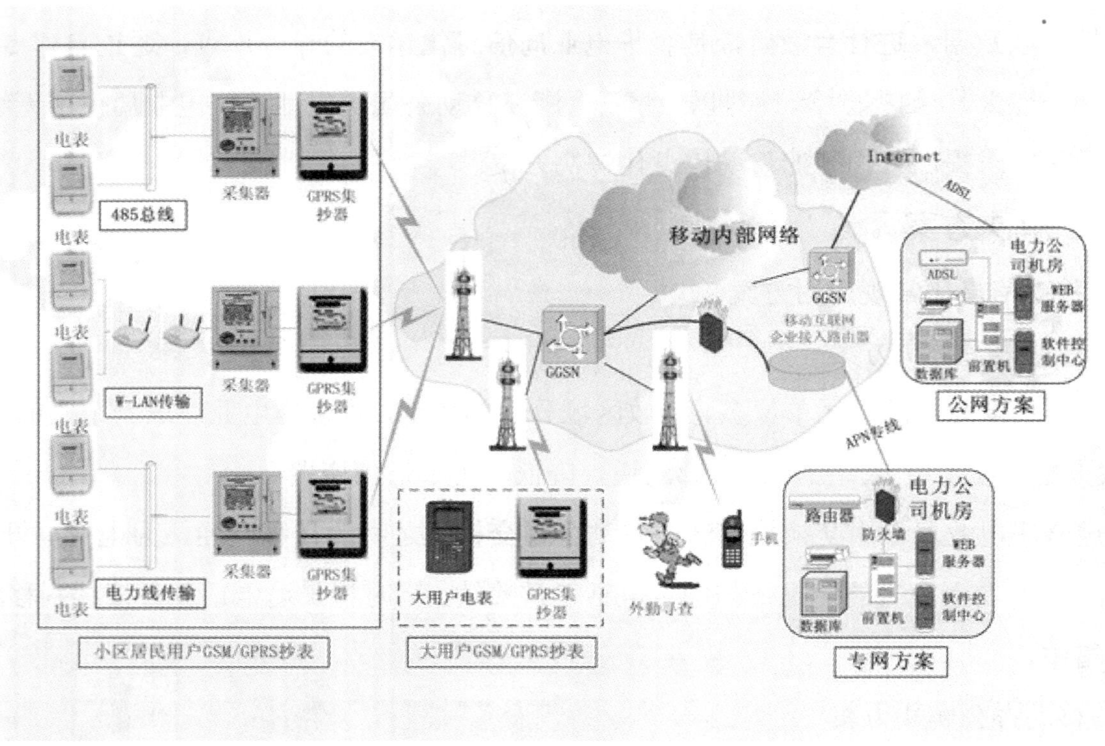

● 小水电监控系统

针对电业局小水电规模小、分布散、不易控制的特点，根据短信自动抄表系统的经验，浙江移动公司向金华电业局提供了通过短信监控小水电的延伸方案，通过浙江移动公司现有的短信平台，分配给电业局专用的接入号，能够方便低通过短信对小水电的发电机组的电压、电流、发电量、开关进行监控，电业局因此节省了大量的人力物力，并大大地提高了工作效率。

● 路灯监控系统

USSD技术具有具有快速、实时在线等特点，非常适合工业控制标准。浙江移动公司利用自身强大的网络优势向金华电业局提供了USSD无线通道和短信服务，在路灯监控系统中采用以USSD技术为主短信为辅的方案，通过USSD无线通道和平台控制路灯的开关、电压、电流等参数，实现了对路灯的遥控、遥测、遥信。提高了道路照明质量，从而提高了路灯服务质量；提高了维护、检修效率，从而保证了城市整体亮灯率和设备完好率；降低了能耗、减轻劳动强度，从而避免了无谓的电能和人力物力的浪费。

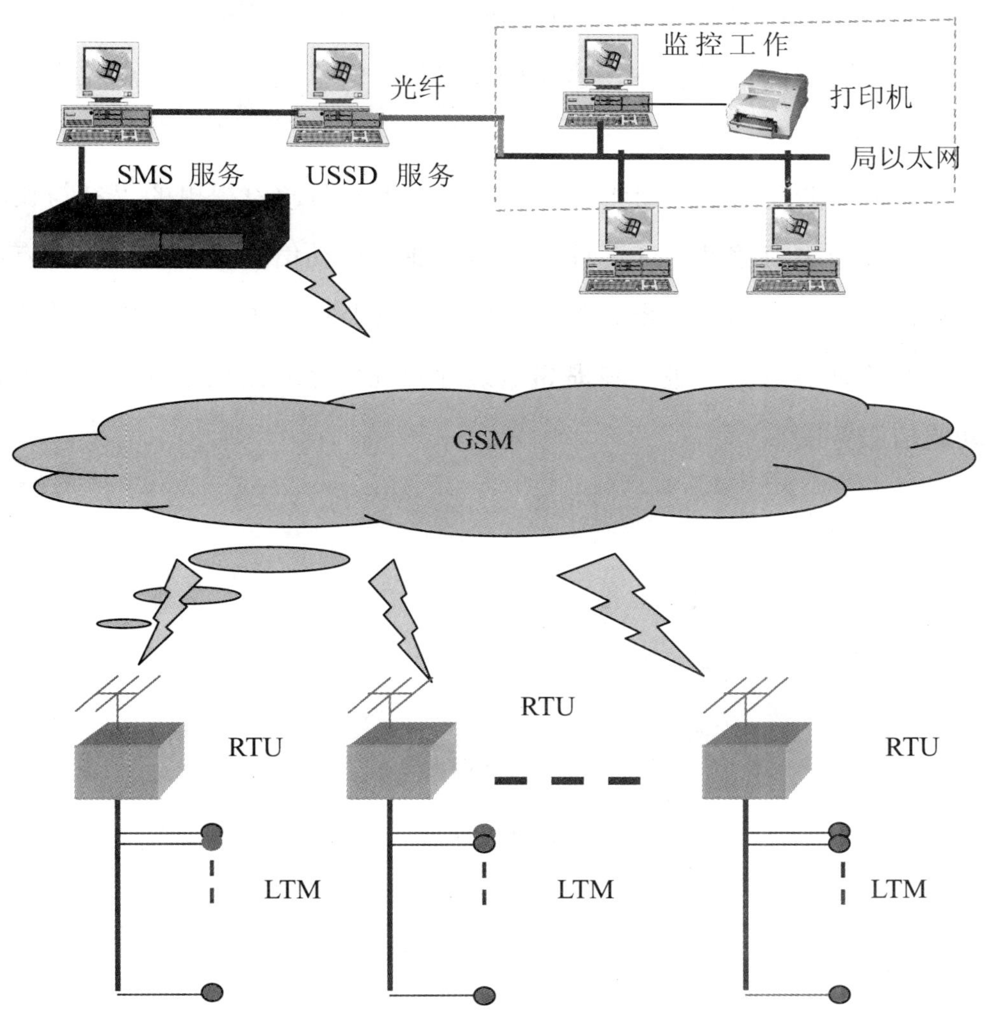

● 配电变压器检测系统

浙江移动公司与金华电业局之间建立了一条 2M 的专线，同时在各变压器安装 GPRS 模块，通过 GPRS 传输检测数据，实时检测配电变压器的参数，包括三相电压、三相电流、三相功率等，GPRS“永远在线”和“按时计费”的特性，既可满足数据采集实时性、同时性的要求，又能使用户自主选择流量以控制费用。

浙江电力行业在浙江移动公司的支持推动下，打造出了具有宽带、高速、大容量、多媒体等特点的信息传输平台，使得电力行业信息资源开发深度和广度明显提高，一批信息化重大工程陆续建成并取得明显的经济效益和社会效益；各领域信息技术应用达到较高的普及程度，形成与浙江电力发展相适应的信息基础结构，能够为各单位的生产、经营、决策管理工作提供准确、及时、有效的信息服务。建立起较完善的信息化体系，信息化程度达到电力系统先进水平。

在未来的几年中，浙江移动公司将积极响应浙江省委省政府提出的“参与长江三角洲”经济合作的要求，联合上海移动、江苏移动公司，通过移动信息化的各种解决方案，尤其是在智能无线远程监控系统上的进一步完善，包括设备的监控、电力网络的预警能力和抵抗能力、以及内部系统管理等方面，进一步提高电力行业现代化通信技术的层次，为长江三角洲打造一个移动通信服务圈。

信息化助广东邮政腾飞

广东省邮政局是国家邮政局领导下的大型国有公用企业。1999 年邮电分营以来，广东邮政在坚持普遍服务宗旨，服务社会、服务大众的同时，确立 “改造传统邮政，建设电子邮政，发展网络邮政”的“三跨越”发展思路。用现代电子信息技术提升邮政科技含量，重组、开发新的业务，拓展了现代物流、连锁经营和电子商务等新的服务领域。五年多来，在坚持普遍服务的基础上，广东邮政积极推进企业信息化建设，初步建成了市场化、商业化运作的邮政网络，打造了物流渠道、资金流通渠道、广告传媒渠道、电子商务分销渠道，架起了连接企业与客户之间的桥梁。

——建设了覆盖全省的骨干 IP 通信网，开发应用了国内领先的“物流管理与动态调配系统”，打造了个性化、柔性化服务的物流同城配送平台，以及仓储平台、运输平台、信息平台和账务清分结算平台，构筑了功能强大的物流渠道。

——建成了覆盖全省的大型金融计算机网络系统，与全国绿卡中心、广东银联、深圳银联联网，实现了全国的通存通兑和银行间的互联互通，与美国西联公司合作开展国际汇款业务，形成了邮政快捷安全、方便准确的资金流通渠道。

——开发了由个性化邮票、账单商函、广告商业信函、邮送广告、邮资广告信封、邮资明信片、生活快递、邮政绿页、邮政黄页、邮政报刊亭广告、信报箱广告、编码牌广告、户外灯箱广告等组成的邮政媒体资源。

——开通了 www.183.gd.cn 电子商务网站，建设了 21 个 11185 电话语音客户服务中心，拥有近千个坐席，成为华南地区最大的呼叫中心。实现了邮政 11185 本地语音接入的全省无缝覆盖、183 网站全省交易数据的大集中以及全省物流配送节点和报刊亭点的联动作业，形成了全省联动的电子商务分销渠道。

信息化使广东邮政实现了腾飞。五年的时间里，广东邮政从一个亏损大户，转变为中国邮政的创收大户和龙头企业，业务收入从1998年的28.23亿元增长到2003年的54亿元，2001年，广东省邮政局荣获“第八届国家级企业管理现代化创新成果一等奖”，并被授予“全国五一劳动奖状”；2002 年，广东邮政物流配送服务有限公司（YCC）荣获“广东省第三方物流龙头企业”称号；2003 年获“中国企业信息化 500 强”称号（排名第 20 位），被广东省委、省政府评为“广东省文明行业”。

打造“数字化中远”， 加快实现中远集团的战略目标

中远集团的前身中国远洋运输公司成立于1961年，是新中国最早的远洋运输专业公司。在一代代远洋人的辛勤耕耘下，中远日益发展成为以国际航运为主的大型跨国企业集团，目前拥有和经营着600余艘现代化远洋船舶，总计超过3000万载重吨，规模和实力位居世界前列。中远集团目前在全球50多个国家设有专业公司和驻外机构，海外员工近5000名，印有醒目“COSCO”标志的中远船舶足迹遍及世界160多个国家和地区的1300多个港口。中远集团是中央直接管理的首批39家关系国家安全和国民经济命脉的国有重点骨干企业之一；2001年1月，经国务院批准，中远集团成为国家授权投资机构。2002年9月，中远集团被中国工业经济联合会和中国名牌战略推进委员会评为 16 家向世界进军具有国际竞争力的中国企业之一。

除了强大的远洋运输实力，中远集团在长期发展中，逐步形成了以物流、贸易、工业、上市公司、金融、IT等航运相关及支持产业。为加快实现中远由单一的全球航运承运人向以航运为依托的全球物流经营人转变，中国远洋物流公司于2002年北京宣告成立，标志中远过去的以远洋船舶运输为载体、以遍布全球港口为连线的货运网络正在向建立海运、铁路、公路、空运全方位的物流网络的目标迈进；在工业领域，中远集团所属中远船务工程集团在南通和大连拥有2座全国最大的15万吨级浮船坞，被誉为中国修船业的“航母”。同位于南通的中远川崎船舶工程有限公司，是中国首家中外合资大型造船企业，能够承造世界最先进集装箱船舶和30万吨级巨型油轮。

中远集团是国内最早进入国际资本市场的企业之一。目前中远在境内外拥有包括“中远投资”、“中远太平洋”、“中远航运”、“中远发展”等7家上市公司。其中“中远太平洋”于2003年正式晋身香港恒生指数成分股；“中远投资”在新加坡被评为年度管理完善、透明度最高的上市公司；“中远航运”有中国远洋第一股之美誉。

一、中远集团信息化建设的重要意义

面对不断变化的国内外形势，“九五”末期，结合未来世界航运企业的发展趋势，中远集团提出两个战略转变，明确未来的总体发展战略是：由全球承运人向以航运为依托的全球物

流经营人转变；由以船舶为服务基地的跨国经营，通过发展物流业，向拥有或控制以境外为基地的生产或服务的跨国公司转变。再以“两个转变”战略为核心，进一步确定“一主”、“两重”、“五支柱”的集团产业分布体系，一主是运输主业，两重是航运业和物流业，五支柱是贸易、工业、上市公司、金融、IT 产业。

在成功完成战略转型的基础上，中远集团又重新策划并构建了以“逐步确立在航运及物流业中的领先地位，保持与客户、雇员和合作伙伴诚实互信的关系，最大程度地回报股东、环境和社会”为企业使命，以“服务客户最优、回报股东最大”为企业价值观，以“求是创新、图强报国”为企业精神，以“全球承运、诚信全球”为经营理念，以“创国际一流企业、跻身世界 500 强”为经营目标的全新的企业文化体系。在中远集团新世纪发展战略中，企业信息化成为战略转变不可或缺的重要手段。

二、中远集团信息化建设的经验

中远集团信息化工作起步早、投入大，长期以来积极贯彻党中央、国务院关于科技创新和信息化的一系列方针、政策，一直坚持不懈地投身于企业信息化的具体实践，取得了一定的成绩，积累了较为有效的实施经验。

1、必须加强并保持对信息化建设的领导

历史经验告诉我们，信息化建设必须坚持“一把手原则”。企业信息化不单纯是技术问题，信息化的实现过程根本上是组织重组、流程再造的管理过程，如果没有一把手的坚定信心和强有力的行政决策，是难以实质性推动的。

2、科学的规划和标准是信息化成功的重要前提

作为一个跨行业、跨地区的大型企业集团，中远集团的业务范围分布很广，组织架构和业务流程很复杂，没有一个科学的、具有指导性的整体规划和技术标准，信息化建设是不可能取得成功的。我们在信息化建设中始终坚持“五个统一”原则，即统一领导、统一规划、统一管理、统一标准、统一窗口。我们紧紧围绕“信息化必须服务于企业核心业务有效运作，支持集团发展战略快速实现”的基本思路，制定了集团信息化建设“十五”规划，并已着手制定中远集团信息化建设“十一五”规划，明确信息化的目标、方向、任务和具体对策。

3、坚持“业务需求驱动、先进技术引导”的项目组织原则

我们在总结历史经验和教训的基础上，提出了“业务需求驱动、先进技术引导”的信息

化项目组织原则，目的是让业务部门和关键用户唱主角。在具体项目实施中，我们要求业务部门派出主管领导和既懂业务又懂得信息化基本原理的业务人员，全程参与项目实施，以需求来带动项目的整体实施，保证最后的信息化应用既能满足又能促进公司的经营管理需要。同时，我们非常重视业务和信息人员的精诚合作和协同作战，通过建立有效机制，发挥他们的团队精神，形成 1+1>2 的拳头效应。

4、建设有效益的信息化，确保信息化的资金投入

我们认为，信息化建设是企业的一项投资行为，需要对其投入产出进行经济效益分析和评估，力求以最合适的投入，回报最大的经济价值，真正实现有效益的信息化。无论在项目可行性研究、系统选型、过程建设还是验收评审阶段，中远集团都非常重视对项目建设成果的经济性评价。目前，我们准备着手研究适合企业实际的《中远集团信息化效益指标体系》，从根本上改变传统的信息化决策和评价模式，把建设有效益的信息化的考核真正落到实处。

5、坚持“技术引进和知识转移相结合”的信息化实施策略

随着全球信息技术和企业经营管理理念的进步和发展，国有企业只有勇于吸收引进国际先进的、专业化的计算机软件为我所用，才能在低起点上，以较小的投入实现企业竞争力的跨越式发展。在引进专用先进软件的基础上，企业应发挥主观能动性，在项目实施和客户化的过程中，注意加大知识转移力度，通过员工观念的主动转变和管理方式的创新应用，最大程度地发挥信息化的潜在效益。中远集团这几年在 IRIS-2、SAP 等重大信息化项目的建设实践中，比较成功地了推行了这一策略。

6、培养善于学习、勇于创新的学习型团队

企业信息化要做出成效，重要前提是要拥有很高素质且具有自我组织学习能力、勇于创新的 IT 技术、管理和干部队伍。这不仅意味着 IT 队伍要有一定规模，更意味着人员结构和人员质量要得到根本性改善。中远在信息化的过程中注重了两方面人员的培养。对于信息技术人员，在对其进行专业技术培训外，还要积极为他们创造条件，不断学习和掌握先进实用的企业经营业务和管理理念。对于业务人员，通过参与项目实施，促进他们对信息系统的理解和应用，掌握基本的技术原理，帮助项目团队实现对系统的功能优化和提升。培养了一批既懂企业经营管理，又懂信息化的复合型人才。

三、中远信息化建设简要情况

中远集团信息化工作起步早、投入大，“九五”、“十五”期间，以实现管理科学、向管理要效益为宗旨，我们成功开发、建设和推广应用了一批信息系统项目，特别是近几年进一步加大了信息化的投入，引进、实施和推广了一些重大项目，这些项目的成果在各公司的生产、经营和管理中发挥了积极作用，为打造数字化中远战略的实施，提升集团核心竞争能力，实现中远的“双百”目标，进入世界500强打下了良好基础。主要有以下系统：

1、开发了“网上货运系统”

2、成功推进网络基础平台的建设

3、开发了“公路大件运输计算机辅助决策系统”

4、开发、推广了“全球航海智能系统”

5、开发、推广了中远集团数字化管理平台（CDMS）

6、重大件货物装卸模拟和管理系统成效显著

7、中远全球可视会议系统

8、引进、实施全球集装箱经营管理系统（IRIS-2）

9、实施中远财务信息系统（SAP）

10、开发、实施中远物流信息系统（LMIS）

11、开发、建立中远船岸信息系统（SSIS）

中远集团的信息化建设经过20多年成功和挫折的历练，在学习—认识—实践—再认识—再实践的过程中，不仅积累了一些行之有效的信息化实施经验，而且取得阶段性成果。在国家信息化测评中心组织的2003年度中国企业信息化500强评选中中远排名第33位，在国内航运企业中排名第一；2004 年成为首批“中国企业信息化标杆企业”， 成为在信息化方面具有相当先进性、信息化效益相关指标具有典型意义的企业。2004年被《商业周刊》评为亚太地区动成长企业6家入围企业之一，获得MERIT AWARDS。

改革、创新、发展是企业的永恒主题，中远集团将认真贯彻“三个代表”重要思想和“十六大”精神，与时俱进，扎实工作，积极推进以现代企业制度为核心的企业治理结构改革和以“数字化中远”为目标的信息化建设，为尽快实现集团的战略目标，早日跻身世界500强，为我国远洋运输事业在新世纪的发展和进步做出积极贡献。

E　蛹　成　蝶

---森达集团信息化情况介绍

森达集团创建于1977年，经过20多年的创新创业，企业不断发展壮大，现已成为集制鞋、鞋材、服饰、IT、热电、生物化工、物流等七个产业于一体的大型企业集团，全国最大企业500强之一。主产品皮鞋以美观舒适和品质优良引领时尚消费潮流，皮鞋产销量和市场占有率连续11年位居全国同行第一，并出口欧盟、美国、巴西等40多个国家和地区。2002年，森达集团被评为跻身“向世界名牌进军，具有国际竞争力”的中国16强企业行列。

集团的领导清醒地认识到，企业的高速发展必须要有现代化的管理手段相支撑，1997年成立计算机中心，负责全集团信息化过程中的科技研发、信息集成和业务培训等职能，几年来累计投入近6000万元资金，购置了三台小型机、12台PC服务器和500多台微机，内部建立了高速局域网络，建设了庞大的数据库，外部100兆宽带接入Internet高速连接全球各地的分支机构、合作伙伴。目前信息部门有36名专业管理研发人员，600多名电脑终端操作人员。

2001年6月，集团投资1500多万元，在国内制鞋业率先引进世界先进的加拿大GEAC公司的ERP系统，推进现代化管理进程。在实施ERP的过程中，我们特别注重ERP的中国化，把ERP的理念与制鞋行业的特点有机地结合起来，针对制鞋行业标准化不强、材料的代用性高、员工素质较其他行业偏低的特点，我们与合作方一起进行广泛的调研、反复的研究、充分的论证，对GEAC的ERP系统进行适合中国本土国情和行业特点的二次开发，尤其在计划领域进行了大胆的改进。我们一方面强化计划的灵活性，通过MPS层整体优化、MRP层分段调优的计划体系，大幅度提高了ERP系统的柔性，从而使系统能对采购、库存、产能、成本等各种资源均衡考虑的基础上生成科学合理、执行性强的计划；一方面强化计划执行的严肃性，通过引进条型码、语音平台、短信网关等技术手段使每个车间、每个流程、各种关键数据都随时处于受控状态，使执行过程中的任何一点偏差都能及时地反应出来，便于计划的及时调控。为了使集团的管理水平能达到世界领先水平，我们在实施 ERP 过程中，尤其要求自己站在行业的制高点来指导系统的建设，我们利用集团多年的中外合作的经验，集中了国、内外多名鞋业专家，针对集团的目标、未来一段时间制鞋业发展的趋势、集团比较国内外同行的优劣势一起对我们的业务流程进行研讨，创造性地重组业务流程，建立一个一切围绕有效产出为目标的绩效成本考核体系，提高了员工的积极性，使集团的运作效率大幅度提升。

2002 年，集团整合了北京鼎天软件公司，一批高新软件人才加盟森达，使森达的信息化具有更为强大的技术支撑，目前已建立一个横向覆盖产、供、销、人、财、物，纵向覆盖基层业务操作、中层流程效率分析、高层决策支持的立体化的信息系统，各成员企业也能在一个协作的平台上工作，“弹指键盘之上，决胜万里之外”成为现实。

在 ERP 初见成效的基础上，为了使每年上万个品种、数千种物料、近百个车间运作得更科学，真正使企业的各种资源得到最合理的运用，2004 年我们又联合国内两座名校、三家软件公司一起进行“运用数学模型优化企业资源”的研究，把固化在各个业务领域专家个人头脑中的经验逐步计算机模型化，来提高整个系统的适应能力，使信息系统从科学化走上艺术化。目前针对制鞋业特点的决策模型已得到集团的认可并投入运行，使每周数千个产品、每个产品五、六十种物料、近百个车间如此众多参数与约束条件下的资源得到真正合理的优化，仅此课题每年可使集团的年资金周转率提高两次，增加效率 5000 万以上。

几年的信息化实践，不仅提高了广大员工的管理水平，也推进了思维方式的变革，促进了经营领域的拓展。最重要的使我们确立了全新的资源整合观念，整合品牌资源，打造名品牌家族；整合市场资源，开拓国际市场；整合产业资源，进军 IT 和其他行业。丰富了企业精神财富，加速建立学习型企业。培养了全体员工崇尚科学的精神，增强了团队协作意识。计算机操作运用成为广大员工的必备技能，知识的价值得到充分展示。利用网络建立了共享的知识管理平台，为员工学习现代知识创造了条件，推进了学习型企业的形成。

通过“五个一工程”获得信息化的主动权

江苏威特集团有限公司是一个以汽车配件产业为核心的工业、贸易一体的外向型企业，是国内汽车离合器、制动器行业重要的生产基地。集团多年来一直致力于企业信息化工作，在实践中也逐步形成了自己的模式与理念。从 1997 年就开展网络营销活动开始，一直到 2001 年按照规划全面启动与集团二次创业高度贴合的信息化事业，信息化不再仅仅是一个提高具体事务处理速度的工具，而是集团经济进步的灵魂，更是集团中长期战略的两个支撑点之一。

集团最近五六年的信息化工作的最大贡献就是企业要在市场竞争中取得自己的独特地位，就是营造了一个具有鲜明自主特色的信息竞争力体系。建设这个体系，有赖于一个开放式的不断生长和适应体系建设的信息化基础。其实就是信息化工作要老老实实地实施“五个一”工程。这五个一是：一把手、一张图、一支团队、一个伙伴、一杆子到底。

1．一把手

信息化工作不只是获得“一把手”支持，而是要一把手来领导。许多企业的经验表明，在正常的情况下，一个企业的信息化程度取决于企业“一把手”对信息化的认知程度。正是因为高层领导把信息化当作企业战略，把它列为集团经济发展的两个基本点（另一个是虚拟化），企业才能从容地实事求是地独立自主的做好信息化工作。

“一把手工程”并不要求一把手时时刻刻地做这方面的事情，而是在规划论证方面注入他的智慧，在具体实施的时候，全程掌控。为一把手配一个尽职的 CIO 是好的一把手工程成功的重要条件

2．一张图

就是要做好规划。他们以前在信息化方面热情很高，投入也大。但综合效益并不显著。随着集团规模的扩大，做一个统一的中长期规划是非常重要的。所以在做企业“十五”规划的时候，专门做了一个“信息化的”十五规划。

Information system=IRP+ISO+IT。（信息化=信息资源规划+质量保证体系+信息技术）是威特做信息化规划的重要依据。

很多时候，我们能看清技改项目的需求，但是信息化的需求往往不容易看清。它需要我

们有“透过现象看本质”的本事。既要考虑当前资源状况，又要考虑未来几年的资源要素的变化。既要考虑信息化基础差的时候的状况，又要考虑有一定信息化基础后，对企业经营管理带来的各种“冲击”。

3．一支团队

团队的情况：一是在人员构成上懂信息化技术的占一半，熟悉企业，懂管理的占一半；二是市场化操作，团队对集团其他企业提供的咨询，信息服务、软件开发应用、软件实施（指引进的软件）实行有偿服务，确保这个团队有自我生长（如接受培训等）。的资源保障，团队必须时刻与集团的生产经营活动同步，有顽强的战斗力。对企业情况有透彻的了解，对信息技术有到位的把握，确保开发的软件或者模块可迅速投入使用，使引进的软件的二次开发及实施的周期最短。同时为有关企业提供贴心的软硬件服务。这支团队是企业信息化的侦察兵、先头部队、后勤部和纪律检查委员会。

4．一个伙伴

企业的信息化工作必须选择合适的外力，帮助企业做规划，提供解决方案和优秀的软件，从目前形势看，选择厂商就是要高度注意它在企业管理方面的背景，其次才是技术实力。本质上要找和企业理念相通的厂商。

5．一杆子到底

一杆子到底要求的就是在项目实施和贯彻上不能温文尔雅，必须雷雳风行，软件系统是客观的，刚开始用的时候，工作模式的变化会为具体工作人员带来很大“麻烦”。大家都能看到信息化的好处，但是好的方案，好的软件在应用时的阻力是很大的。在实施阶段“休克疗法”往往是最奏效的。当然，还要充分地进行系列培训，只有高效地群众性的培训活动，才能使这“一杆子”有充分的亲和性。否则杆子折弯了，折断了，麻烦就大了。

通过“五个一”工程，信息化的推进工作相对容易地进入了状态，回报也是相当大的。目前威特已经构建了覆盖集团大部分公司的“软硬兼施”的局域网，自主开发或引进了包括市场与销售管理、生产作业计划管理等系统在内的二十多个软件或模块。为企业的超常规发展提供了进展性特别好的运作平台。

他们正在计划在市场精细化、生产管理精细化方面倾力推进信息化工作，按照既定规划做好需求和系统分析，配合业务流程重组，建设一个更加稳固的信息竞争力体系。

推进中国信息化，西门子在华建功勋

韦思德
西门子（中国）有限公司高级副总裁
西门子（中国）通信集团总裁

西门子公司是全球最大的电子电气设备企业之一。在通信领域，西门子提供无缝的通信技术解决方案，产品跨越移动通信网络基础设施、固定通信网络基础设施和移动、固定通信终端，是世界领先的可以提供全套端对端产品的电信设备制造商。

西门子在通信技术和信息化建设方面与中国的交流和合作源远流长：早在1872年，西门子就向中国提供了第一台指针式电报机，帮助近代的中国迈出信息化第一步。

斗转星移，在经历过半个多世纪的历史阻隔之后，西门子在改革开放的中国重新开始了各项业务，并于1990年成立第一家合资企业：北京国际交换系统有限公司，开始为中国生产建社全国基础固话网络急需的程控交换机。十几年来，西门子EWSD交换设备以其优秀的品质，稳定的运行，及时全面的服务和灵活的组网能力取得了用户的信任而赢得了市场。产品覆盖全国所有省、市、自治区和直辖市，其中许多设备担当着国际关口局和长途局的关键角色，全国销售总量近6000万端口。中国通信事业的迅速发展给西门子提供了更广阔的空间：西门子在骨干传输网络领域又建功勋，迄今为止在中国部署的DWDM和SDH网络总覆盖范围超过四万公里。这广阔的传输网络无疑是中国在上世纪九十年代信息化大发展的坚实基础。

如今的中国已经进入了移动通信大发展的新时代，移动通信成为中国国家信息化的重要手段。在2G当红的过去10年间，西门子为中国移动和中国联通在26个省和直辖市建设了34个GSM移动网络。在3G即将到来之际，西门子已经做好了充分的准备：西门子在中国已有3G研发人员逾400人，并将进一步扩大。同时，西门子注资3000万美元将上海西门子建设成为全球的3G产品生产基地。西门子是外商中唯一一家同时拥有和提供W-CDMA和TD-SCDMA两种3G核心技术的公司。自1998年开始，西门子移动就同中国的本地通信企业展开了在3G领域的研发合作，共同开发由中国提出的3G标准TD-SCDMA。目前，西门子为该技术的研发共投入了多达一亿七千万美元，北京已经被确认为西门子TD-SCDMA全球研发中心。2004年2月，西门子与华为公司正式签约成立TD-SCDMA合资公司，双方将为新公司共同投资一亿多美元，专注于TD-SCDMA技术和产品的开发，生产，销售与服务，以推动TD-SCDMA的进一步发展。

环顾全球，自去年以来，西门子3G业务在欧洲及亚洲市场的发展势头强劲，在W-CDMA市场排名前三位，技术及产品成熟度均居各厂家之冠。目前，西门子（中国）通信集团已积极准备将其在欧洲市场的成功经验服务于中国电信市场；同时，在TD-SCDMA业务方面，与华为成立的合资公司也正以前所未有的力度推动TD-SCDMA技术的商用化进程。

西门子与中国运营商有着良好的长期合作关系， 加上其成熟的3G技术和全球市场的丰富经验，必将在中国通信产业迈向3G，国家全面信息化的进程中发挥重大作用。

Evolium™ UMTS　释放 3G 新动力

上海贝尔阿尔卡特

在中国，人们对 3G 的需求不可能像在 2G 初期对话音的需求那样在短时间内大规模释放，而将随着网络不断完善、价格稳步下调、业务逐渐丰富而逐步得到释放。随着信产部的 MTNET 外场测试即将结束，各大厂家的 3G 移动网络解决方案都已经准备就绪，移动领域一场新的革命正在蓄势待发。

UMTS 是 3G 的一个重要组成部分，在全球已经有众多的成功商用案例。首先来了解一下 Evolium™ UMTS 系统，Evolium™ UMTS 由无线接入网（UTRAN）、核心网（Core Network）以及应用平台三大部分组成。具体来说，Evolium™ UMTS 无线接入子系统主要由 A9100 MBS 和 A9140 RNC。核心网部分包括移动交换机 Evolium™ MSC，归属位置登记器 A1422 HLR，GPRS 节点 A1000 SGSN 和 iGGSN，ATM/IP 路由交换平台 A7670，计费网关 A1338 和操作维护中心 A1300 等系列产品。

1. 无线接入产品解决方案

Evolium™ 无线接入网解决方案专为帮助运营商优化网络投资和运营成本而设计，具有可升级性，能够提供优化的网络结构够很好地满足市场未来发展的需求。基站系列包括室内型（MBI3,MBI5）、室外型（MBO1,MBO2），微蜂窝（Micro Node B）、微微蜂窝（Pico Node B）以及射频拉远模块（RRU）等，满足不同环境的覆盖要求。此外，UMTS/GSM 基站还可实现共站，采用预失真技术提高发射模块的效率，并有 30W 普通功放和 56W 的高功放可供选择，同时能够支持发射分集、接收分集和射频拉远等多种无线功能，提高容量和覆盖的同时，为运营商节约成本。RNC 从 RNC500 到 RNC3000 满足不同容量的要求，今后也将推出更高容量的RNC6000，在广泛的商用过程中久经时间考验，经受住大话务量的冲击，拥有高可靠性和高稳定性。

2. 核心网络解决方案

作为整个 UMTS 网络的核心部分，能否满足现有市场需求并平滑过渡到未来 NGN 和全 IP 结构，成为核心网络建设的重要考虑因素。Evolium™ 核心网络帮助运营商以最小的成本保证 UMTS 运营收入最大化。功能强大可升级的大容量解决方案将保证运营商的网络建设满足市场发展要求；向 R4 NGN, IMS 和全 IP 结构的平滑的网络演进方案将满足未来数据业务和市场发展的需求；强大的 Evolium™理念将最大的保证 2G/3G 网络平稳和谐运行；循序渐进的 3G 叠加网实施步骤将保证在已存在的 GSM 网络中经济高效地引进 3G 服务。

3. 3G 业务和应用：强大、丰富、开放的应用和业务平台

在移动应用方面，上海贝尔阿尔卡特的移无论在 2G、2.5G 还是 3G，均充分贯彻了用户核心的理念，无论是商机无限的定位服务、梦想成真的视频业务还是方便快捷的移动即时业务都为用户营造了一个多彩便捷的移动宽带世界。在上海的 3G 网络应用中心，目前已经可以提供数十种 3G 应用，包括移动视频电话、信息门户、网上存储空间、视频下载、内容下载、即时消息、视频流、MMS、移动互联网、视频点播、在线游戏和实时电视转播等等。

上海贝尔阿尔卡特推出基于电信级应用技术的开放业务平台，包括数十类的业务引擎和 ISMP（综合业务管理平台），正是为了帮助运营商在这一领域的竞争中占居先机。综合业务管理平台 ISMP 在 3G 网络中通过水平化的业务引擎集成框架，强大的多业务控制能力，丰富的计费策略、优惠策略支持，快速统一的服务提供商（SP）接入框架，严格的 SP 监管机制来建

立水平式的数据业务平台。上海贝尔阿尔卡特强大的业务平台支持丰富多彩的可运营可管理可计费的终端用户应用给运营商和第三方带来大量的收入和利润。

4．精细的无线网络设计和规划，丰富的优化经验

对于UMTS这项新技术，深厚的商用经验积累显得尤为重要。上海贝尔阿尔卡特充分继承了阿尔卡特在DoCoMo， Orange等3G商用网络以及全球数十个UMTS外场网络部署中积累的丰富经验，在网络设计和规划方面表现了杰出的能力。它充分结合现有Evolium™商用网络设备的性能和实际无线环境应用的经验来确定恰当的干扰预测和覆盖预测，进而确定最合适的覆盖范围并能兼顾网络发展。在运营期间上海贝尔阿尔卡特为运营商提供无间断的技术支持，使得运营商更加专注于吸引用户和发展新的业务，从而帮助运营商获得商业成功。在国内，我们也与多个运营商合作，至2004年11月，已完成或正在进行一百多个城市的WCDMA无线网络设计和规划工作，充分显示了上海贝尔阿尔卡特在3G无线规划的强大技术实力。

3G渐行渐近，上海贝尔阿尔卡特已经为此做好了充分的准备，我们相信上海贝尔阿尔卡特将以成熟的端到端解决方案，众多的成功案例，以及丰富的网络部署经验，与中国的运营商一道，共同谱写移动领域辉煌的篇章！

朗讯全球服务部业务持续性和灾难预防专业服务

帮助您保护自己的业务收入免遭意外事件的影响

我们的业务持续性和灾难预防（BC&DP）服务有助于您在灾难情况下保护业务和网络免遭影响。我们的BC&DP专家利用贝尔实验室的方法和模式来帮助您正确地规划和备份业务，因此，您能够以最小的中断时间保持业务的持续运行，并在发生灾难时得以迅速恢复。

概　述

业务持续性和灾难预防（Business Continuity& Disaster Preparedness BC&DP）服务为您的规划工作提供支持，可以在您的网络、运行和/或计算机服务不可用的情况下，保护您的企业免遭影响。容灾管理是实现这一目标的关键。周密的规划流程可以最大程度地减小运行的中断时间，保持您企业的稳定性，实现井然有序的灾难恢复。

该服务满足了您企业的一些必然要求，包括电子商务、与贸易伙伴的联系、管理供应链关系、客户服务、职员安全以及管理要求等方面的需要。您的企业要依赖网络技术和自动化的系统和流程，因此任何中断都会带来严重的后果。您企业网络的连续运行取决于管理层对潜在灾难的认识。朗讯全球服务部的BC&DP专家将与您共同开发相关计划，帮助您最大程度地坚守关键功能的中断，使您能够灾发生故障时迅速成功地恢复运行。

优　势

■ 提供业务连续和灾难恢复计划，更好地保护持续的业务收入来源

■ 根据行业最佳案例来评估您的现有能力，为您的网络和系统的持续改善提供指导

■ 充分利用我们在BC&DP计划设计和实施方面的丰富经验和强大后盾

特　性

■ 确定您企业面临的风险，并建议控制措施，以缓解潜在中断事件的影响

■ 端到端关键应用和网络基础设施方面的专业知识

■ 制订BC&DP策略

■ 开发业务影响分析（BIA）和实施BC&DP的商业案例论证

■ 根据行业最佳案例和公司的业务目标来评审和评估现有的BC&DP计划

■ 贝尔实验室提供的世界一流的网络和系统的可靠性和可用性模式和工具

■ 我们的结构化、经过验证的网络实施方法（NEM）结合了最佳联网实践、项目管理标准以及具体的技术流程

服务产品

1.评估和建议阶段

a.确定关键的基础设施组成要素（如网络、系统、流程、步骤等），并掌握企业关键要素所面临的风险

b. 决定时间在企业、业务和管理流程方面的重要性

c.评估灾难和中断事件对这些关键要素业务的影响

d.开发对关键要素的综合、端到端BC&DP可用性描述

e.量化现有的端到端应用可用性，并建议满足您具体需求的备用方案

2.设计和实施

a.涉及BC&DP战略方案

b. 评估所建议解决方案的成本/优势/适用性

c. 确保业务连续性的设施设计（物理位置、计算机、通信和办公设备等）

d. 负责所有BC&DP项目的实施，包括软硬件和系统的设计和安装

3. 测试和维护

a. 启动整个公司范围内的认识和培训计划

b. 将建议的操作方法集成到实地BC&DP计划和/或策略中

c. 制订测试计划，进行模拟练习

d. 阶段性地建立维护周期和修改措施计划*

*只适用于朗讯5ESS交换机和电路交换网络

朗讯全球服务部(LWS)的优势

朗讯全球服务部提供端到端、全面的一系列专业、部署、操作和维护服务，有助于您提高网络在整个生命周期的赢利能力。我们无与伦比的一套解决方案可以帮助您降低运行费用，充分利用资本投资，提高收入。我们在全球成功地部署网络方面拥有公认的历史记录，并以10，000多名专家级的专业技术人员和贝尔实验室的创新为后盾。

ZXPCS 系统特大型网络解决方案

方正　张　　顾翔

PHS 网络经过多年的发展，在一些大型和特大型城市，用户规模较大，数量往往超过 50 万，甚至某些网络实装用户达到了 100 万，网络设计容量接近 200 万。如何合理组织网络，达到安全、高效运营的目的，成为运营商高度关心的问题。本文以中兴通讯承建的广州 PHS 网络为例，介绍了大型 PHS 网络核心网组织方式和高话务区无线解决方案。作为规模最大的 PHS 网络之一，目前广州网络用户数超过 90 万，并呈现出较快发展的态势。广州网络体现了 PHS 网络最新的设计思想，采用了业界最先进的技术，对各地网络有较强的示范作用。

一、核心网解决方案

广州电信于 2002 年底开始建设 ZXPCS 网络，初期网络建设根据广州市覆盖区域的地理分布和预期用户，规划网络容量为 130 万。在首期建设中，采用具有中兴通讯先进的移动网络的架构的 ZXPCS 系统进行建设。考虑到网络需求以及未来网络发展，整个网络的规划如下：

广州市建设七套 IGW（互联互通网关）及两套 GIGW，处理本地的 PHS 用户的话路交换和信令处理；GIGW 与本地的 PSTN（包括市话汇接局、长途汇接局、关口局、固定智能网 SSP 等）通过 ISUP 信令进行信息交互，来完成出局话务的疏通；

广州市建设两套 HLR，管理本地的所有的 PHS 用户的数据；

广州市根据实际的容量建设相应的 ANU、CSC、CS；ANU 设备布置在广州市共 12 个区局，各区局可以自行管理辖区内的无线接入设备，包括基站，基站控制器和接入网络单元。

广州市建设 ZXPCS 智能网平台，本地的 IGW 可以通过 NO.7 信令网接入智能网平台，服务于本地的 PHS 用户；

广州市建设一套 ZXPCS 短消息中心，本地的 IGW 以直连方式接入短消息中心，本地用户可以在此平台上进行短消息的收发和其它增值业务的开展；

网络话路网结构如下：

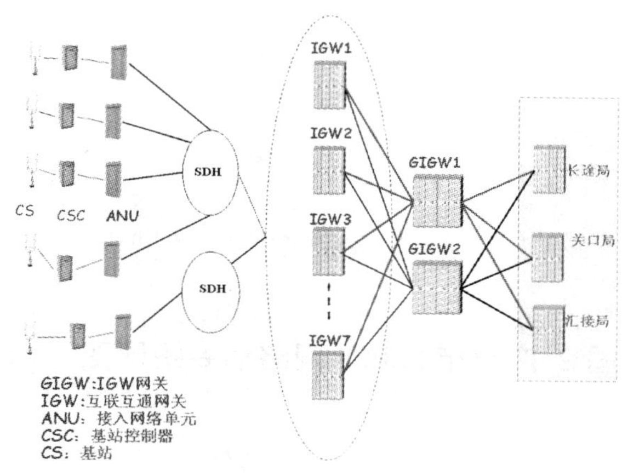

图 1 广州市 ZXPCS 网络话路组网图（130 万容量）

广州小灵通用户发展迅速，截至 2004 年 5 月，用户数已经达到 90 万。随着用户数量的迅速增长，需要对网络进行扩容，才能满足市场发展的需要。根据网络发展的预期，中兴通讯提出了将现有 130 万网络容量扩充到 180 万的技术方案。

广州网络扩容至 180 万，对网络的整体能力进行提升和优化，更便于对全网的管理，更加有利于网络的发展，中兴通讯对广州市进行了统一规划，扩容建设思路如下：

在现有的基础上新增 2 套 GIGW，同时对现网的 IGW 和 GIGW 进行相应的扩容，在此基础上，广州市共有 7 套 IGW 及 4 套 GIGW,处理本地的 PHS 用户的话路交换和信令处理；GIGW 与本地的 PSTN（包括市话汇接局、长途汇接局、关口局、固定智能网 SSP 等）通过 ISUP 信令进行信息交互，来完成出局话务的疏通；

新增 1 套 HLR 作为容灾 HLR，实现“2＋1”的容灾方式；对原有的 2 套 HLR 进行扩容，以满足 180 万用户数据存储的需要。在此基础上，广州市共有 3 套 HLR，其中 2 套主用 HLR 管理本地的所有的 PHS 用户的数据；1 套容灾 HLR 备份 2 套主用 HLR 的用户数据。充分保证网络用户数据的安全。

在经过本次网络扩容后，网络的结构图如下，可以满足相当长一定时间内网络的发展：

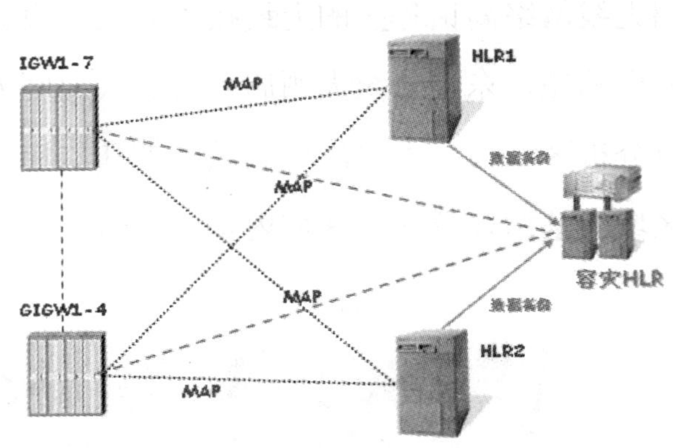

图 2 广州市 ZXPCS 网络信令组网图（180 万容量）

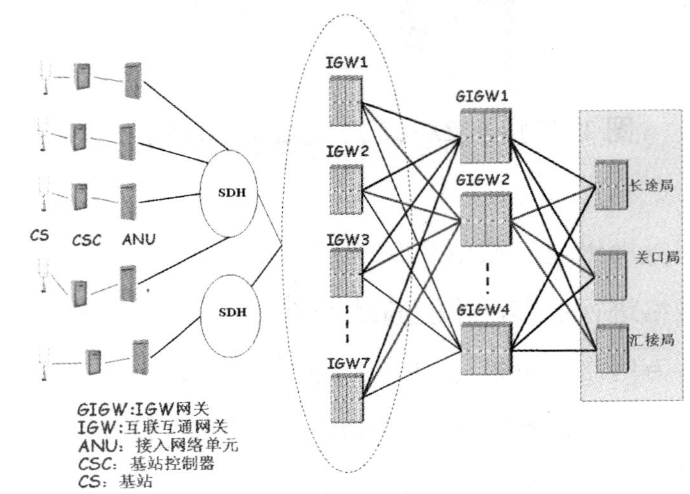

图 3 广州市 ZXPCS 网络话路组网图（180 万容量）

二、高话务区解决方案

众所周知，无线网络质量好坏直接影响用户的使用满意度，影响用户对网络的认可度。随着网络的发展，在整个覆盖区会出现局部的话务热点地区。该类地区的典型特点是用户数量多，话务量大，产生信道资源和频率资源的瓶颈，导致用户无法使用系统或者使用效果较差。这类地区的无线接入解决方案成为网络建设的重中之重。

在网络设计的早期，由于用户数量较少，无线网络设计的重点是网络的覆盖，随着用户数量上升，话务量的解决变得更为重要，因此需要对网络进行适当的调整。本文以广州市天河电脑城区域为例介绍无线网络高话务区的无线接入方案的设计思想和解决方案。

分析区域西起天河电脑城，东至总统大酒店，北起天河区人民检察院，南至长安医院，石牌村牌坊一带。重点分析区域为：太平洋电脑城一期和二期、龙苑大厦、天河电脑城、总统大酒店，包括这些区域的基站以及这个区域内基站覆盖到周围建筑和区域的情况。

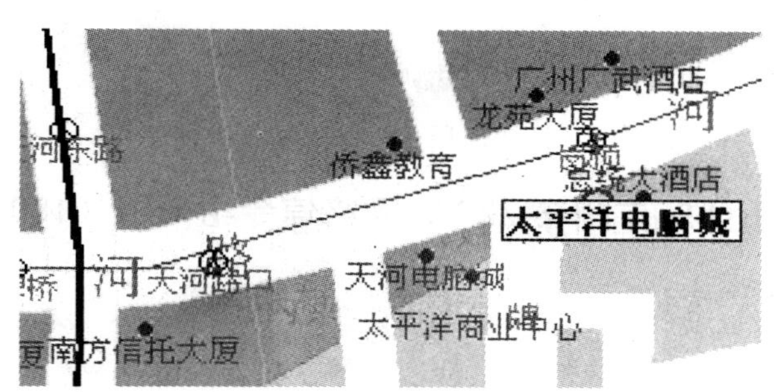

图 4　天河电脑城周边地形图

现有基站布局和评估（2004 年 5 月情况）：

序号	基站类型	安装位置	天线类型	覆盖区域	效果评估
1	15 信道	天河电脑城楼顶（5 层）东北角	全向 20 度下倾角	—	话务忙，阻塞率高
2	7 信道	太平洋电脑城一期楼顶（9 层）西南角	定向	西南向	话务忙，阻塞率高，再请求率高
3	15 信道	太平洋电脑城一期楼顶（9 层）东南角	全向 20 度下倾角	—	话务忙，阻塞率高，再请求率高

4	7 信道	太平洋电脑城一期楼顶（9 层）东北角	定向	正北方向	话务高，阻塞率高，再请求率高
5	7 信道	太平洋电脑城一期楼顶（9 层）东面	定向	正东方向	话务高，阻塞率高，再请求率高
6	15 信道	太平洋电脑城一期南面，石牌西直街 17 号楼顶西南角	全向 20 度下倾角	—	覆盖电脑城和石牌村边缘。话务高，阻塞率高，再请求率高，接入成功率低。此基站在石牌村内的信号很差，但村内基站较少，用户仍向此基站发起呼叫
7	7 信道	太平洋二期停车场后垃圾场（二层）	定向	正南	覆盖石牌村，话务忙，阻塞率高
8	7 信道	太平洋二期停车场后垃圾场（二层）	定向	西偏北	仅覆盖太平洋电脑城 2 期南面室内部分房间，峰值话务超过 6 ERL，表明室内的话务量非常高。
9	7 信道	总统大酒店 11 层楼顶西北角	定向	正北	话务忙，阻塞率高
10	7 信道	总统大酒店 11 层楼顶东北角	定向	东北	话务忙，阻塞率高，再请求率高，接入成功率低
11	7 信道	总统酒店附楼的五层楼顶	全向 20 度下倾角	—	话务量高，但阻塞率不高，基站运行状况较好

12	15 信道	龙苑大厦四楼平台南面	全向 20 度下倾角	—	由于被总统酒店阻挡，很难覆盖到太平洋电脑城话务并不饱和，说明室外话务并不多
13	7 信道	龙苑大厦四楼平台南面	定向	正南	话务高，阻塞率高，再请求率高
14	7 信道	龙苑大厦四楼平台东面	定向	正东	话务高，阻塞率高，再请求率高
15	7 信道	龙苑大厦四楼平台北面	定向	正北	话务高，阻塞率高，再请求率高
16	16 个室内型小基站（3 信道）	太平洋电脑城一期和二期室内	全向	室内覆盖	12 个基站忙时话务量超过 1Erl，最高达到 2Erl。时隙忙拒绝率高

另外，由于该地区话务密度较大，基站经常处于时隙忙的状态，处于该区域内的用户占用了外围一些基站的资源。导致周边一些外围基站资源紧张，指标下降。

根据目前的网络指标，该区域存在的的主要矛盾是话务量超过原有的设计，存在大量的潜在话务无法吸收，需要对系统进行扩容优化；另外，由于部分基站安装位置较高，覆盖范围大，导致周边其它地区的用户接入此基站，且大量增加基站后，频率干扰严重，这类基站需要进行位置调整。针对该地区情况，进行如下调整：

1、对话务大的 7 信道基站采用捆绑技术提供 15 信道基站，增加可用的业务信道数。

2、由于太平洋电脑城内的小基站话务非常高，而且室外的基站话务也很繁忙，建议在建筑内部的各楼层安装 7 信道基站大功率基站各一个，吸收室内话务，减轻室外基站的话务

负担，减少基站切换和掉话，改善通话质量。天河电脑城同样在室内安装大基站，分流室外基站的话务量。

3、上表中 2、3、4、5、9、10 和 11 号基站全部要降低高度，由 9 至 11 层降到 2 层平台，收缩覆盖范围，以提高该局部区域的无线容量，用以新增基站吸收话务，同时做到精确覆盖，另外减少 TCH 干扰，改善其各项性能指标。部分定向单站改捆绑，增加业务信道。

4、周边地区基站降低高度，减少对该区域的覆盖。同时在周边地区增设基站，吸收周边话务量。

总结，对于高话务密度区域，需要考虑在减少该区域及周围区域同频干扰的前提下，有效吸收话务。在上述案例中，运用了多种手段：

对单个基站进行捆绑，有效提高单基站话务吸收能力；进行分扇区覆盖，增加物理信道容量。

使用有效的室内覆盖手段，在话务非常集中的室内区域，室内大基站成为第一层覆盖，有效分担室外基站负荷。

通过降低基站安装高度，收缩基站覆盖范围，提高无线容量，减少 CCH、TCH 干扰；做到精确覆盖（精确覆盖一般还要配合天线类型、角度的使用，安装位置、高度的调整，及被覆盖区域的环境）。

通过在附近区域加装基站，吸收区域附近的话务，改善室内覆盖，实现分层覆盖，用较强的主信号“覆盖掉”经过多径衰落后受到干扰的弱信号，提高 TCH 接入成功率、干扰规避率等指标。

另外，还有参数调整和频率分组等各种精细化调整技术，为 ZXPCS 系统在高话务密度区域的解决方案提供充足的保证。

城市应急联动与社会综合服务系统可持续发展的商业模式
——基础框架、应用标准和运营发展

建设城市应急联动与社会综合服务系统市政府转变职能提高为公众服务能力的需要，也是城市信息化建设的重要任务之一。但长期以来，我国城市应急系统一直处于各自独立、分散管理的状态，公众“特服号码”就存在多个，如公安 110、火警 119、急救 120、交警 122，让百姓难以分清，而水、电、煤气等公共服务号码更是不为人知。

由于缺乏统一的指挥调度平台，不同警钟与不同部门之间无法进行很好的配合与协调，分散在各个单位的资源无法共享，使得对综合性复杂突发事件的处理应对不力。而各部门分别建立独立的应急指挥中心，重复投资、重复建设，并且不能和各种社会综合服务系统平战结合，造成人力、物力、财力的浪费。

目前，城市应急联动与社会综合服务系统的建设已引起我国政府的重视，并且在部分城市开始试点，如南宁、北京、上海、重庆、深圳等。2003 年，信息产业部把“城市应急联动与社会综合服务系统”列入“电子信息产业发展基金”招标项目，黎明网络成功中标。建设“跨组织、跨区域、整体联动、平战结合”的城市应急联动与社会综合服务系统已是大势所趋。黎明网络谨以经验和积累，与政府主管部门、行业伙伴和客户共勉。

我国于 1986 年开始建设公安 110 报警系统，其后相继建成了 119、120、122 等系统。近年，各地“数字城市”规划中也多有应急指挥系统。这些系统在发挥巨大的作用的同时，也存在着标准不统一、难以协同作战、缺乏综合服务功能等各种各样的问题。

在国外，“平战结合”的城市应急联动与社会综合服务系统已经得到广泛的应用，如在美国，同一套信息系统中，911 用于紧急求救，311 用于非紧急求救。为此，信息产业部把城市应急联动与社会综合服务系统列为“2003 年电子信息产业发展基金”招标项目，选择具有较强创新能力和应用推广能力的单位，为城市应急联动与社会综合服务系统提供全面的解决方案。黎明网络非常荣幸的成为其中一员。本文即讨论与之有关的基本概念及实现策略，以为借鉴。

一、建设城市应急联动与社会综合服务系统的紧迫性

我国于 1986 年开始建设公安 110 报警系统，其后相继建成了 119、120、122 等系统。一些城市的市政部门也开通了 12345 市长热线，为市民提供救助服务，收到了良好的成效。各地“数字城市”规划中也多有应急指挥系统，例如广西南宁的城市应急指挥系统。有关部委也在行动，如交通部海事局建设的海洋船舶溢油监视和应急管理系统、国家环境保护总局组建的国家环境保护总局环境应急与事故调查中心、国家和地方的防汛抗旱指挥部及其应急系统，那么，信息产业部为什么还要突出城市应急联动与社会综合服务系统的建设？

目前看来，各地建立的各类应急指挥系统还存在这样一些问题：一是各种系统分立，服务单一，不利于联合行动，不能提供综合服务；二是除 110、122、119 和 120 外，其它系统设施简陋，功能有限；三是没有保障市委、市政府领导管理和指挥的系统，缺乏统一的指挥和快速有效的协同作战支持，不利于应对突发事件、大型灾难；四是没有统一的规范标准，重复建设，投资浪费，多个特服号码并存，不利资源共享，造成各个系统的重复投资和管理的分割，技术含量偏低，并缺乏广泛的资源共享和持续发展的机制。

从现实生活来看，战争、自然灾害、流行疾病等城市公共安全突发紧急事件，其社会影响之大、涉及面之广，已经不是单一政府职能部门可以解决的问题，需要调动、指挥和协调各方面力量，统一领导，快速行动。因此，卫生部、公安部、水利部、交通部、铁道部、财政部、国家安全部、国土资源部、国防科工委、国家环境保护总局等部委以及北京、深圳、上海等城市建设的应急信息系统，都迫切希望互联互通、信息共享和联动指挥。同时，各种离散、局部、单独、传统的政府服务也正朝着社会公共综合服务的方向发展，需要彼此之间实现信息共享和业务协同。我国政府部门面临日益重要的课题：充分整合城市现有各种政府资源，建立一种能够连接各种通信网络、协同各种政务应用、支持各种信息终端的城市综合服务基础设施，平战结合，从而提高政府在紧急情况下的联动处理能力和平时的各种社会综

合服务的覆盖能力。

二、城市应急联动与社会综合服务系统的基础框架

城市应急联动与社会综合服务系统是“数字城市”和“电子政府”的重要组成部分，可以看作是一个城市的系统工程或发展战略。它包含了很多系统，并综合运用了现代通信技术、计算机网络技术、地理信息技术、遥感技术、卫星定位技术等先进的技术。通过该系统的建设，既可以将不同政府部门的应急指挥系统整合形成统一的城市应急联动指挥平台，又可以将各种政府公共服务资源整合形成统一的社会综合服务平台，从而使得相关的各种政务、商务、社区、应急等应用系统联动，并通过平战结合的运营模式，形成平时社会综合服务、战时应急联动指挥的全网运营机制。

城市应急联动与社会综合服务系统的基础框架由城市基础信息交换平台、城市信息资源共享与应用平台、应急联动指挥平台、社会综合服务平台四个基础平台组成（框架图如下）。

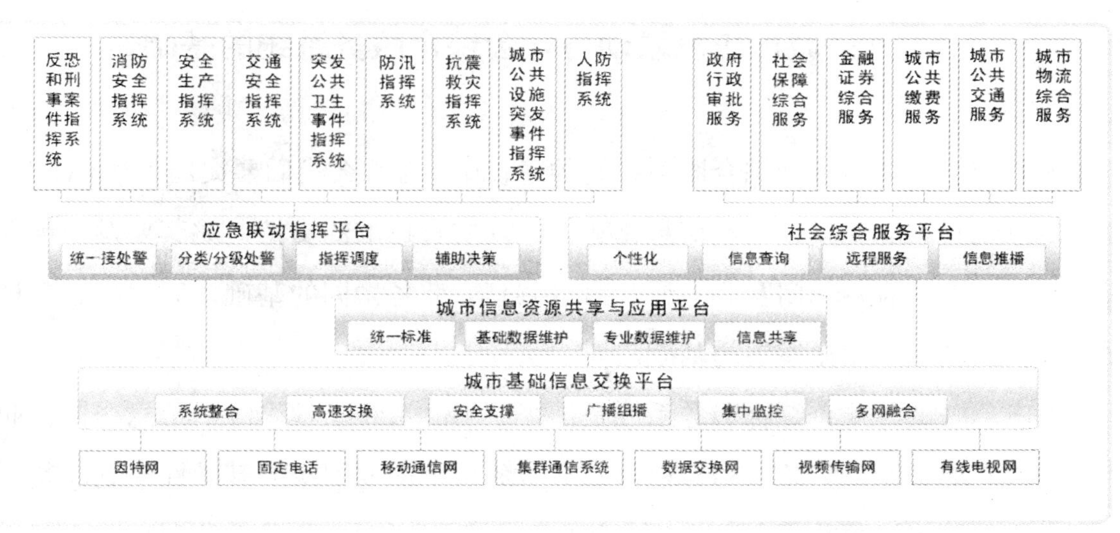

城市基础信息交换平台主要实现信息交换、应用集成、业务流程控制、统一安全体系等功能，通过它连接各个政府部门、金融机构与相关企业。其主要功能包括：实现各种通信网络系统的融合，形成城市应急指挥和社会综合服务系统的基础通信与通讯平台；

城市信息资源共享与应用平台是一个分布式的网络化环境，基于城市统一的人口基础信

息库、法人基础信息库、自然资源和空间地理基础信息库、宏观经济信息库等基础性重点数据库，由不同的业务部门维护不同的基础信息，从而形成全市综合业务的信息资源共享与应用平台，为城市应急联动指挥和社会综合服务提供综合信息服务。

应急联动指挥平台主要面向各级政府部门，实现了紧急突发事件处理的全过程——突发事件的上报、相关数据的采集、紧急程度的判断、实时沟通、联动指挥、应急现场支持、领导辅助决策，使得相关政府部门对应急突发事件的情况了解更加全面，对突发事件的反应更加迅速，对相关人员之间的协调更加充分，决策更加有依据。同时，系统还大大降低了工作人员的工作难度。

社会综合服务平台利用城市基础信息交换平台的基础设施，由各种用户终端、综合服务门户、政府相关业务部门等部分组成，主要为社会公众提供各种社会综合服务，如大社保服务、信用查询服务等。

三、统一信息交换、业务协同和综合服务标准——城市应急联动与社会综合服务系统的基础

在城市应急联动与社会综合服务系统的建设中，为什么我们要突出“统一标准”的概念？国内外信息化建设的实践证明，信息化建设必须要有标准的支持，尤其要发挥标准化的导向作用。标准化是政府各部门互联互通、信息共享、业务协同的基础，同时也是各种电子政务工程可持续发展、产业化发展的基础。

城市应急联动与社会综合服务系统是一个庞大的系统工程，统一信息交换、业务协同和综合服务的标准是城市应急联动与社会综合服务系统需要解决的基础性问题，其目的就是要实现网络基础设施资源共享和数据资源共享与业务的联动。除了政策和行政协调方面需要解决的问题外，技术上也有大量的问题需要解决。在标准的确定上，要从系统建设的实际出发，坚持标准的自主开发。当然，这些标准不能闭门造车，而要体现标准的开放性，要符合国际标准。

XML 信息交换标准是解决上述问题的最好方法。黎明网络在这方面作了大量的努力。黎

明网络在十几年网络应用和服务经验的基础上，把各种网络应用的公共部分抽象出来，形成了一种在各种网络层之上、各种应用层之下的基于 XML 信息交换的统一标准：各种网络应用对外提供的服务都可以通过 XML 这种结构化、标准化的语言，在业务层上表示出来，使得不同的网络应用，有一个共同标识，在不同的网络上有沟通基础。

具体到城市应急联动与社会综合服务系统的应用，通过 XML 信息交换的标准，可以把各种应急指挥系统和政府公共服务资源对外提供的管理与服务行为抽象为一种标准化的业务构件，通过这些业务构件对其进行定义和流程的控制，使得不同网络上的终端设备和不同的应用在同一层次上交互，从而改变目前各种应急指挥系统和社会综合服务系统离散的、局部的应用现状，把各种独立的政务应用整合形成为综合的服务，实现跨地域、跨部门、跨系统的协同运作和统一服务。

四、平战结合，运营发展

——城市应急联动与社会综合服务系统可持续发展的运营环境和商业模式

目前，各地建立的应急指挥系统主要用于战争、自然灾害、流行疾病等城市公共安全突发紧急事件的处理，系统投资巨大，但是上述事件毕竟是属于突发性事件，在平时情况下，系统大多处于闲置状态，造成了系统资源的极大浪费。这也是信息产业部之所以将城市应急联动与社会综合服务系统作为电子政务试点示范工程，希望解决上述问题的重要原因。

从城市应急联动指挥平台和社会综合服务平台的关系来看，城市应急联动指挥平台和社会综合服务平台可以共享基础网络和信息资源，在正常情况下，社会综合服务平台日常不间断地运行，既可以为企业和市民提供包括行政审批、社会保障、公共缴费、公共交通等在内的综合服务，又可以为应急联动提供时刻可用的快速响应状态；在突发情况下，当应急联动指挥平台处于高度繁忙状态下，社会综合服务平台还可以达到分流各种应急事件的作用。这种“平战结合”的运作模式，可以保障系统的持续发展。

虽然城市应急联动指挥和社会综合服务系统由政府牵头，但是系统的投资和系统的持续发展可以加入企业的力量，并且依靠系统自身的经济效益来支持。在国外，政府和企业建立某种合作关系的商业模式已经较为成熟。美国亚利桑那州的汽车驾驶执照发放系统就是完全承包给了某 IT 公司，州政府不拿一分钱，从系统设计、建设、运营和服务都由 IT 公司负责，而州政府只需在每个驾驶执照发放时给 IT 公司一定费用，这样就极大节省了政府的投资，并提高了政府服务的效率。在国内，例如北京和广州等城市的一些地区也开始进行试点。

政府与 IT 企业建立“政企合作，运营发展”的合作模式，通过 IT 企业建设的公共平台运营服务设施，政府可以在瞬息万变的信息技术发展中始终处于领先地位，从而实现低成本、高质量的城市应急联动指挥和社会综合服务系统的可持续发展之路。这方面，黎明网络建设并运营的深圳、上海、北京等地商通服务平台，建立在多网络融合、多业务协同的 XML 信息交换综合服务基础设施之上，为城市应急联动指挥和社会综合服务系统的建设提供了可借鉴的思路。

结束语

城市应急联动与社会综合服务系统是一个庞大的系统，它是城市发展和社会信息化的必然趋势，是“数字城市”战略的重要组成部分，也是城市发展的新的经济增长点。目前建设城市应急联动与社会综合服务系统的技术手段已趋成熟。黎明网络在这方面的解决方案也比较成熟，不仅入选信息产业部“2003 年电子信息产业发展基金——城市应急联动与社会综合服务系统”，而且在深圳、成都等地拥有成功案例，解决方案的成熟度和技术的先进性使得系统的投资降低。

城市应急联动与社会综合服务系统作为一个战略目标早启动、早规划比晚启动、晚规划要好。要抓住网络资源与数据资源的共享与互联以及“统一标准、联动协同、平战结合”这两个关键环节，做好规划，尽早启动，使城市应急联动与社会综合服务系统真正产生巨大的社会效益和经济效益。

随需而动　完美服务

神州数码助力深圳市行政服务大厅信息系统

在电子政务领域，神州数码以客户系统的成功应用为己任，提供切合政府信息化需要的技术、构件、产品及行业解决方案，建立了一整套行之有效的售后服务体系，成为专业化、标准化和政府最可信赖的电子政务服务的提供者。

下文将详细介绍神州数码电子政务典型案例——深圳市行政服务大厅信息系统项目。

深圳市市民中心行政服务大厅信息化工程是全国首个城市级、涵盖全市范围的电子政务联合审批系统，系统包括大厅核心管理业务、排号系统、多媒体信息发布系统、呼叫中心系统、外网信息门户、数据交换系统等部分组成，规模大，系统复杂，涉及的单位多。市 32 个行政审批单位在市民中心行政服务大厅设置 145 个服务窗口，受理 390 多项覆盖市政府主要部门的审批项目，实现并联审批和集中监管。

作为深圳市行政服务大厅信息系统的顾问监理和总集成商，神州数码在仔细分析用户需求的基础上，综合考虑市民中心的搬迁进驻、行政审批制度改革的复杂性等各方面问题，提出了整体系统建设方案

行政服务大厅的功能定位为：着眼于优化投资发展环境，以投资促进为主要服务范围，以方便企事业单位和市民群众办事为核心，提供集中窗口式柜台审批办证服务。行政服务大厅对各进驻单位的窗口审批办事业务具有组织、协调、服务、督察，对窗口人员有监督、考核等职能。

深圳市行政服务大厅是深圳市政府的窗口，是深圳市政府向公众展现政府形象的窗口，提供服务的窗口。行政服务大厅信息化工程将成为深圳市信息化水平的集中体现、电子政务成果展示的舞台。

需求分析：科技便民

大厅信息系统的建设目标是要建立统一的行政服务大厅信息系统，通过信息化的手段，实现管理的信息化、自动化，并逐步实现必要的政府资源的合理整合和业务模式优化；创造方便快捷的市民办事环境，以技术的手段提供给办事市民必要的信息；提供决策支持手段，供职能部门和领导单位分析审批业务的统计信息。对工程实施的具体要求是：

保证行政服务大厅工作有序进行、各个进驻系统有序工作、各个办事项目有序受理；为办事市民创造一个良好的审批办事环境。

- 实现全方位和多途径的便民手段，使前来办事的市民能够切实感觉到市民中心办事的方便性。
- 充分利用信息化的技术，实现及时监控、规范管理，提高审批工作质量，增加政府工作透明度，实现多途径的监控和查询手段，提高政府办公的服务水平。
- 建立信息化的大厅管理系统；为行政办事模式的优化组合、分析决策，做好数据、管理经验等方面的准备。

方案思路：随需而动

作为深圳市行政服务大厅信息系统的顾问监理和总集成商，神州数码在仔细分析用户需求的基础上，提出了整体系统建设方案。

系统建设分两期进行，目前完成的一期工程主要包括以下内容：

- 接入第一批进入大厅的约 30 个职能部门的近 70 套审批办证业务系统，确保平稳过渡。
- 提供多渠道的办事指南、法律法规咨询、表格下载、投诉申告和事项办理状态查询。这些渠道包括：电话、触摸屏、手机短信、邮件、大屏幕及门户网站。
- 建立银行的统一收费。
- 为大厅管理机构提供实时掌握进驻单位业务办理情况的手段，具备查询、统计、督办、监察等功能。

- 按照“一门受理、抄告相关”的模式初步实现并联审批功能。
- 在大厅管理机构内部实现网上办公系统。
- 从系统设计和规划上为建设二期工程打好基础，为将来实现一站式办公系统做技术准备。

项目现状：完美服务

深圳市行政服务大厅位于市民中心中区一层，分东西两个办事大厅，受理区采用开放的柜台方式，共设有受理窗口 127 个，卡座 105 个，同时设有投诉室、监察室、办公室、会议室、咨询台、商务中心和休息等候区。

大厅内部设有取号机、多媒体查询终端、等离子显示屏、大屏幕等。其中多媒体查询终端可供办事人员查询通知公告、办事指南和办事结果信息。等离子显示屏和大屏幕面向等候休息区的办事人员显示通知公告和叫号信息。

行政服务大厅于 2004 年 5 月底正式投入试运行，第一批共 26 家单位进驻大厅，已开展约 400 项行政审批和办证业务。

1. 项目意义

1.1 全面支持行政许可法

本系统在业务需求设计上全面支持《行政许可法》。大厅提供统一的《受理回执单》，对审批时限做出承诺。同时对于不予受理、不予许可的申请事项，系统提供打印《不予受理告知单》、《不予许可告知单》的功能，符合行政许可法的相关要求。

1.2 方便市民，提升政府形象

针对办事企业和市民，大厅系统实现了办件状态多途径实时主动发布和被动查询手段。同时系统还对公众提供了合理、丰富的咨询手段，方便市民通过互联网、呼叫中心、Email

以及大厅内触摸屏等途径获得信息帮助，了解办事指南、法律法规、通知公告等信息，充分体现了行政服务大厅的全方位服务手段，使广大市民足不出户，就可以享受 7×24 小时全天候的、规范的信息服务。

1.3 提高政府运作效率

在大厅运作管理中，由于进驻单位审批系统与大厅系统协同工作，在不改变原有审批系统业务运作模式的前提下，实现了大厅系统“管进管出”，即监控进驻审批系统业务受理环节（进）和结案环节（出），因此，大厅管理机构可以随时通过大厅系统发现违规操作、处理超时等不符合规定的案件受理情况，有效实施效能监查的职责。

采用“一门受理，抄告相关”的工作模式实现跨部门的联合审批业务，审批流转在政府部门内部自动进行，改变申请人到多个部门或多个窗口“跑批文”的情况，大大方便企业和市民。

1.4 建立统一的数据交换规范

系统建设过程中制定了统一的数据交换规范和基于 XML 的交换标准，构建了数据交换平台，各进驻审批系统通过数据交换向大厅系统上传业务受理信息和办件状态信息，各进驻单位的审批事项的基本数据集中存储，为今后实现各单位的互联互通和信息共享打下了基础。

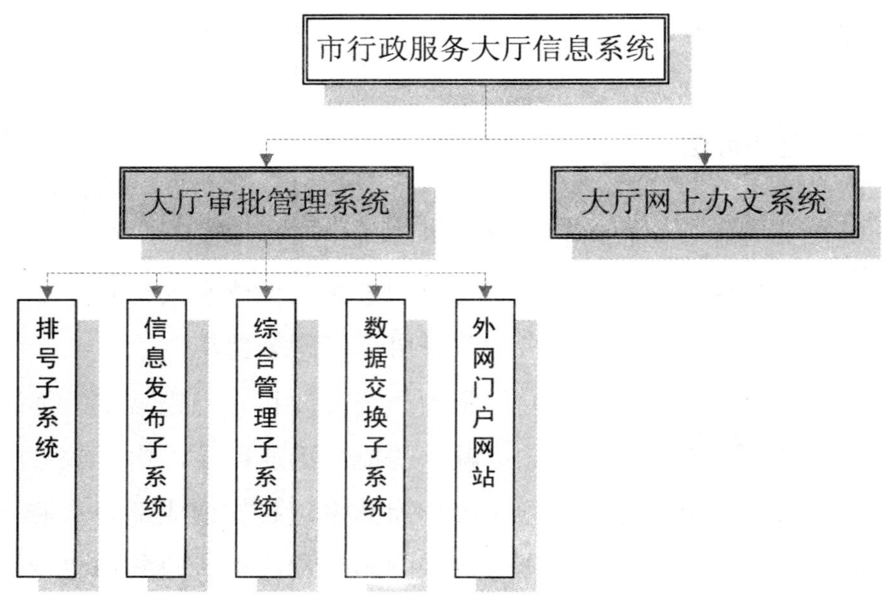

打造全方位沟通的绿色通道
----V2 Conference视频会议系统应用于福建省邮政局

在计算机、网络技术高速发展的今天，传统的通讯方式如电话、传真等无法达到“面对面”的沟通效果，不能满足人们日益增长的全方位交流需求，另一方面，随着社会交流的不断发展，各种社会经济活动的愈发活跃，人们对于多方之间的实时交流的需求也在不断增加，因此，充分利用先进的计算机及网络技术，开展基于网络的远程会议，实现多方之间音频、视频和数据的全方位沟通，成为包括政府部门、企业等各行业的普遍而又紧迫的需求。
视频会议系统的应用，是政府部门电子政务建设的一项重要内容，作为多媒体通讯平台的核心，视频会议应用有着强烈的现实需求和良好的发展前景。运筹于帷幄之中，决策于千里之外，视频会议的应用，对于政府机关来说而言，不仅意味着更方便和更灵活的沟通方式，使相关事务的商榷及决策环节更加直接、全面和透彻，同时对于内部沟通、文件传达、学习提高也是一个通用的交流平台。更重要的是，视频会议系统的使用，为用户所带来的经济效益和社会效益也是显而易见的。

传统的会议形式，需要参与会议的人从四面八方赶到同一个地方，来就一些事务来进行讨论和决策、学习、培训。从经济上而言，需要消耗大量的差旅费用和会议费用，以及差旅补贴等，而这么多人为了参加一个会议，也必须都放下手上的工作，因此而带来的经济方面的影响也是显而易见的。除了考虑经济上的因素之外，许多业务繁忙的商务人士和政府工作人员，会经常因为参加各种会议而四处奔波、舟车劳顿，非常辛苦。此外，各种各样的意外都会给会议的正常进行以及与会人员的人身安全和健康带来不利的影响，如航班的延迟、火车汽车的晚点、天气等自然因素的影响。

非典是一次突如其来的灾难，对我们国家的经济发展和人们正常生活都有不同程度的影响。但同样SARS引爆了沟通的革命，“非接触”的概念迅速诞生，电子政务的重要性和必要性也被越来越多的人所认识和重视，视频会议作为其中重要的组成部分和通讯应用核心，更被提到了非常迫切的日程安排上。从非典所带来的影响看，电子政务的建设也需要“防患于未然”，一方面各级政府机关需要真正的重视起来、实施起来，另一方面，电子政务建设也需要有更好的前瞻性，通过更多的技术实现来满足人们现实需求和潜在可能。

从技术发展前景和满足现实应用的角度来看，软件视频会议系统已经成为电子政务中多媒体平台构建的核心部分，完全满足政府机关对网络通讯的多种需求：

随时随地的沟通需求。满足用户“能上网即能进行视频会议”的最普遍要求。此外，随着对用户对于网络安全的日益重视，系统必须能够具备在最严格的防范机制下（如通过各种代理服务器上网及只开放上网端口等）仍能够进行视频会议的应用。

物美价廉的构建成本。软件视频会议系统可以利用企业现有网络和机器设备，通过配备一些必要的外设就能够满足绝大多数沟通需要，在成本节约上其成效是显而易见的。

规模化的应用需求。传统的硬件视频会议几个点的并发量（和系统建设成本有关）无法满足电子政务系统的应用需求。让电子政务系统更多的使用者真正感受到视频会议系统带来的便利和效率是系统规划的一个重要思想，而这种规模化应用需求正是非软件视频会议系统莫属。

多方位的功能需求。提供给用户音频、视频、数据三位一体的功能。

系统的一体化需求。视频会议系统作为电子政务的一个重要部分，需要提供与电子政务其余系统（如OA）的结合能力，使视频会议系统嵌入在整体应用之中，为用户提供统一的信息交互平台。

作为中国电子政务系统视频会议平台建设的主力军，北京威速科技有限公司（V2）所提供的V2 Conference视频会议系统正是这样一个功能强大、性能稳定、应用丰富的多媒体网络通讯平台，目前已在国家邮政总局、湖南林业厅、吉林卫生厅、山西地税、重庆工商、陕西科技厅等诸多政府机关应用，为电子政务建设贡献了力量。

福建省邮政局正是这样一个典型的应用。该单位是主管福建省邮政行业以及下属邮政企业的机构，既是行政机关，又是公用企业。它是一个包括资金流、信息流以及物流的庞大综合企业。为了维护并经营好日益庞大复杂的邮政网络，提高邮政网路的综合能力和效益，需要使用功能强大、技术先进、信息协同的综合办公管理信息系统和管理思想来提高福建省邮政系统的管理水平，加快内部的信息流通与信息的有效利用。

福建邮政系统视频会议应用覆盖了包括泉州、厦门及福州中心等九个地市及省局之间远程会议、培训交流、工作协调等音视频和数据通讯的需求，满足了十一个会场之间的大规模会议和桌面会议、小组讨论等不同级别的应用。该系统构建于邮政系统现有网络环境中（邮政生产网和邮政办公网）。福州中心申请9条2M SDH线路用于主用线路，各地区中心分别申请一条通往福州中心的主用2M数字电路。在福州信息中心2950D上分配5个10/100M端口、在3550上分配一个千兆端口用以新增视频会议vlan，简称V2LAN，其中部署视频服务器、流媒体服务器以及H320－323网关设备。在骨干交换机3550上创建一个办公网VLAN，简称OAVLAN，其中用户部署办公网设备以及视频会议客户端，与信息中心异址的会场，通过一台MP2692路由器使用2M数字电路接入信息中心rvlan1实现异址会场的互联，如下图所示：

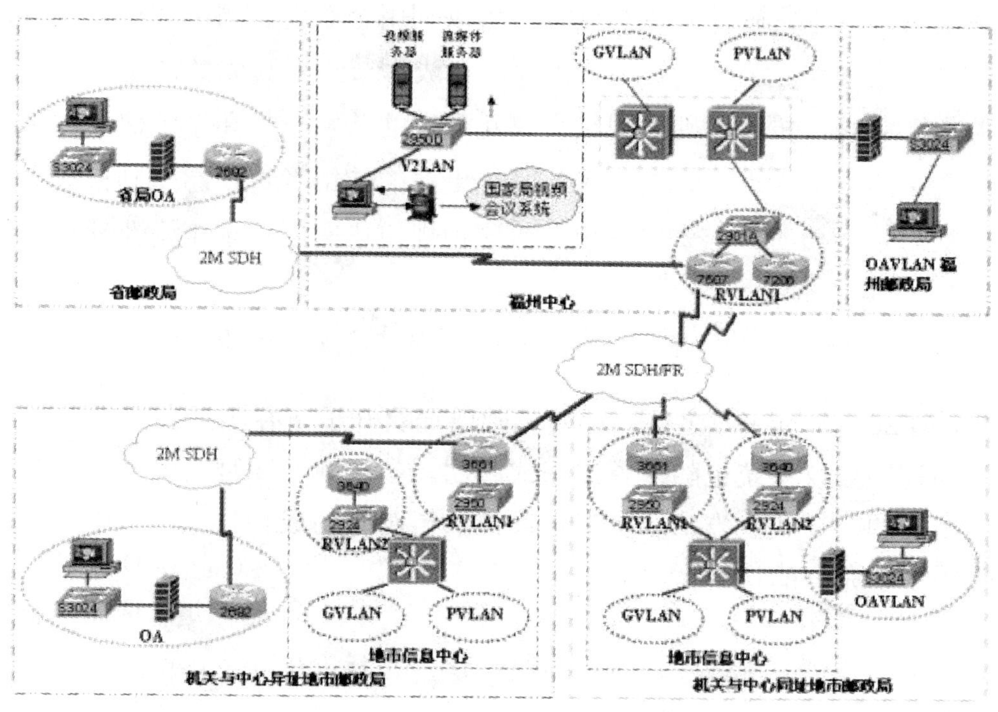

同时在系统的部署中需要充分考虑到带宽的合理利用机制及网络安全策略，V2 Conference的带宽管理方案使得整个视频会议的应用高效和可靠，从而不会因为视频会议的应用而对生产网、办公网的其他应用造成影响。此外，V2 Conference所特有的隧道技术让该系统的部署不会对网络的安全管理产生任何影响，所有的应用均可部署于防火墙之内，无需额外开放任何特殊端口。

在V2视频会议平台上，通过配备不同的外设，即可满足福建邮政局的各种级别会场及桌面应用的需求，会场部署示意图如下：

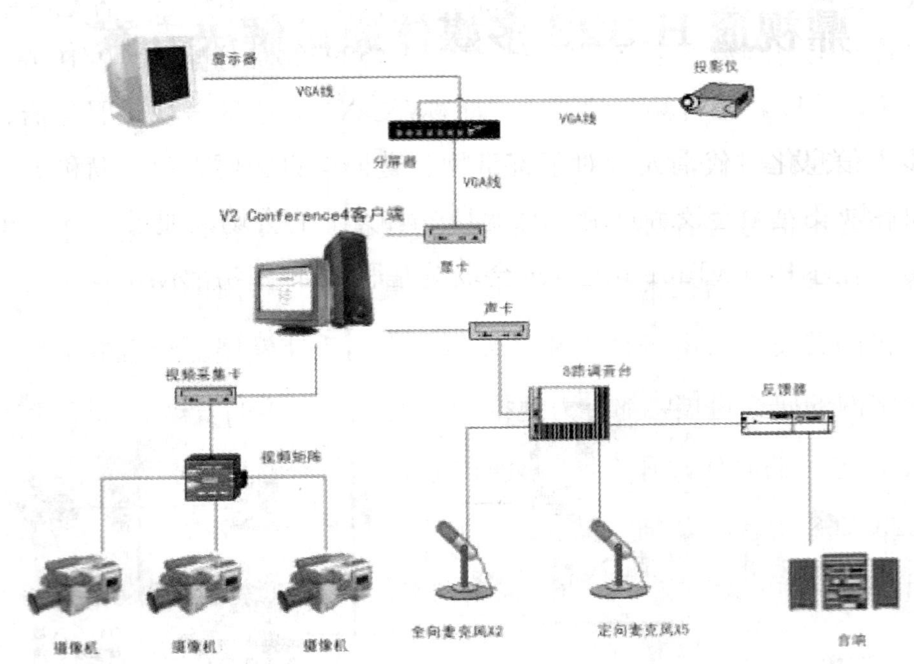

省局主会议室系统设备连接图

元月20号，在2004新春来临之际，福建省邮政局召开了新春团拜会，采用V2 Conference的福建省邮政局视频会议系统也随之首次正式起用。参加新春团拜会的有福建省邮政局的省局领导、各地市局的领导和全省邮政员工，会议取得圆满的成功，福建省邮政局的领导对V2的产品及服务给予了充分的肯定。

鼎视通 H.323 多媒体通讯解决方案

随着全球步入信息化时代，人们对了解事物、交换信息的要求已经从纸、笔、书本、话音等发展到通过声光电信号等各种方式更准确、更快捷、更丰富地表达出来。在需求的推动下，多媒体计算机技术与通信技术相结合，逐渐发展成为一种新的边缘技术——多媒体通信技术。个人计算机的普及、微电子技术和多媒体技术的飞速发展、综合业务数字网的建立及宽带综合业务数字网的研究进展，都有力地推动了多媒体通信的发展。如果说 19 世纪是电报的时代，20 世纪是电话的时代，那么，21 世纪就是多媒体通信的时代。

以 DST H.323 MCS 为核心，辅助鼎视通其它多媒体产品，配合市场上主流的终端产品，以 IP 网络为通讯链路便可以组成一套功能强大的多媒体通讯综合解决方案，该方案适用范围很广，各行各业的用户都可以以此方案作为参考，众多行业方案也可以由此派生出来。下图为以 DST H.323 MCS 为系统核心构建的三级网综合多媒体通讯的网络拓扑图：

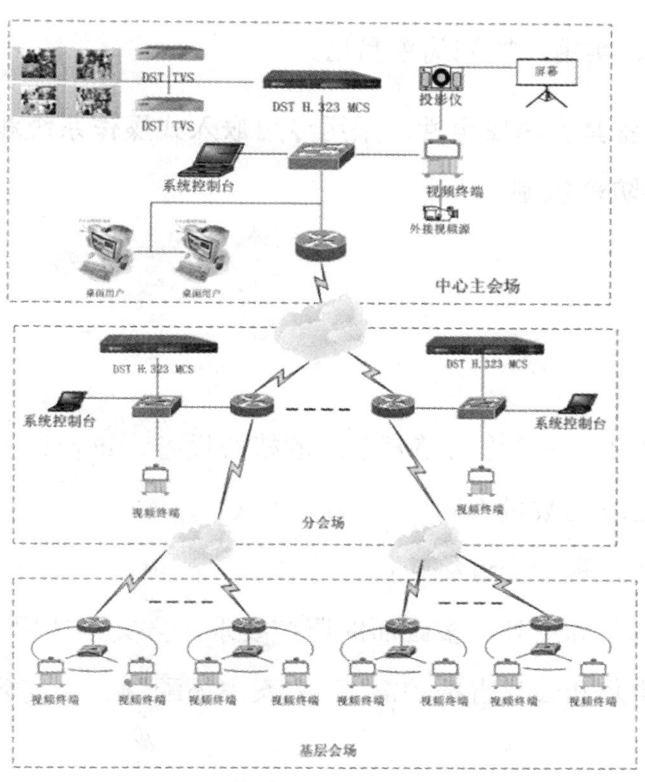

方案特点

系统稳定、可靠

要保证系统的稳定性，就要保证系统选用的所有视频会议核心设备拥有大容量、高性能，此方案中选用的 DST H.323 MCS 产品就是一款优秀的产品，其拥有二百余例成功应用。

系统必须保证在全网级联状态下的优良性能

在这样的大型视频会议系统中，需要多台 MCU 设备协同级联工作，这对 MCU 设备的综合性能要求非常高。除了要在级联状态下保证与单机状态下同样的视、音频效果，还要保证较小的系统时延和良好的“唇音同步”性能。另外，要求一定要有专用的管理软件，对全体会议进行方便、快捷的集中控制。本方案中选用的 DST H.323 MCS 拥有多个 10 台以上 MCU 级联的成功应用，配合专业的 DST DMMC 进行集中管理控制，各方面性能都十分突出，受到了用户的广泛好评。

MCU 系统功能强大、实用，控制简单易用

整套系统的核心设备具有高安全性，采用专用嵌入式操作系统和一体化硬件平台设计，具有较高的保密和病毒防范机制

方案说明

设备选型

- 选用多台 DST H.323 MCS 作为整套系统的核心设备，每台设备的具体容量根据不同分会场下辖基层会场的数量不同而不同；
- 每个会场配置 1 台视频会议终端；
- 为了保证主会场的高清晰、多画面的监控要求，方案还选用了 DST TVWall Server；
- 为了满足桌面用户和会议直播的需求，方案中还配置了一定数量的 DST mPoint 和 DST Player。

使用模式

中心会场的MCU作为主MCU，各地市的MCU作为从MCU，由中心会场使用集中控制软件统一管理、组织会议，在召开全体会议时，无需各分会场管理员干预，完全由中心的管理员统一控制即可。若以中心会场作为主席会场，可任意轮询或选择观看对象，各分会场观看主席会场，也可由主席会场指定与任意会场进行面对面交流。

- 主席完全控制模式：在此种会议模式下，各分会场的观看对象完全由主席会场指定，主席会场可自由选择轮询和观看任意会场。为了充分保证会场秩序，各分会场不能随意发言，需要发言时可通过手持遥控器向主席会场进行发言申请，经批准后方可发言。配合DST H.323 MCS多级级联下的远程摄像头控制功能，主席会场可以控制观看会场的摄像头，调整到合适的观看位置。这种模式适用于主席演讲模式；
- 语音激励模式：该模式无需管理员，适用于自由讨论的会议；
- 密商模式：通过DST H.323 MCS的混音、静音、闭音功能，无需中断会议，几个会场
- 可单独进行讨论，且不被其他会场听到。

主席会场监控功能的实现

方案中，在中心会场配置了2台"视鼎"产品(DST TVWall Server中的一款)，与DST H.323 MCS的专用电视墙服务器接口相连，在不占用局域网络资源的情况下，同时监测16路会场的高清晰视频图像（最高分辨率可达 4CIF），每路画面可以自由指定显示位置。根据中心主会场的具体情况，可选择采用8个显示设备分别显示8个分会场画面，也可使用2台显示设备，以4画面方式显示。如果需监控的会场数超过了电视墙的点数，则可以采用分组轮询的方式。与此同时，每个画面都可显示字幕，让会议主席对正在监控的对象情况一目了然。

双视频功能的实现

配合具有双视频功能的终端，即可实现在级联会议下的双视频功能；会议进行中各分会场不仅能看到发言者的图像，同时还可观看发言者 PC 机上的文稿和图片等，亦可同时观看第二个摄像头拍摄的视频或通过 DVD、VCD 等视频源播放的视频。

多画面合成加会场字幕功能的实现

DST H.323 MCS 可使全体会场共同观看多会场合成画面，支持多种分屏模式，且可动态切换。在每个分屏画面上都可显示该会场的名称，并支持实时滚动字幕。

桌面用户需求的实现

桌面用户可以通过 DST mPoint 直接参与会议。

直播与录播功能的实现

- 会议终端有限或需参会人员不能到达会场，就可以用一台 PC 机实时的在异地接收会议实况；
- 各分会场终端没有备份的情况下，一旦某会场终端出现故障，该会场就无法参加会议。这时可以利用组播功能接收会议实况，用投影机投放到大幕上收看；
- 对于重要的会议或教学内容，可以实时录制下来，供日后收看或永久保存。

会议保障功能的实现

- DST H.323 MCS 具有实时网络状态和终端状态监测功能，可以实时判断每个点的网络通讯状态并进行报警，协助管理员进行故障定位，同时提供调整、优化功能，缓解不良网络通讯状况带来的负面影响；
- DST H.323 MCS 拥有独特的掉点保护功能，个别终端因网络状况不好而掉点，不会导致观看它的会场掉点；
- 拥有自动断线恢复功能，意外掉点的会场一旦恢复即可在最短的时间内被自动邀请重新加入会议，无需管理员干预。

部分成功案例

国家科技部　山西省政府　内蒙古财政厅　全军保卫信息系统
西昌卫星发射中心　公安部出入境管理局　云南省海关　民航管理局华北局
浙江省水利厅　中石化石油勘探研究院　江苏省气象局　吉林市邮政局
中国科学院　北京市海淀区教委　广西省中国银行　世纪证券
中国建筑集团总公司　春兰集团　国美电器集团　DELL 中国公司
……

安氏中国　创新安全

安氏 SOC（安全运行中心），领航信息安全新产业

随着我国信息化程度不断深入，伴随而来的信息安全问题也日益突出，用户的网络安全防范意识有了明显的提高和加强，拥有种类繁多的网络安全设备，如防病毒、防火墙、IDS、数据加密等。可是，企业的安全架构在新一代攻击手段面前依然十分脆弱，频频受到攻击。如何突破各种安全设备受制于本身的技术局限，整合利用各种安全设备的优越性能，将这些安全设备打造一个在紧急情况下能够快速反应且不会出现纰漏的安全防御体系，来保证业务的顺利运营已经成为企业信息安全管理人员日思夜想、挥之不去的课题。

成功来源于思路的创新，更来自实践的摸索和经验的积累。安氏凭借多年来在对网络安全技术发展脉络的理解与对用户需求的充分把握，在 2002 年初就开始酝酿这一全新安全防御体系——安全运行中心（Security Operation Center，简称 SOC）的研发，SOC 这一综合的安全管理运行平台，将其职能分成管理层面的职能和技术层面的职能，有效地将企业的策略管理、安全组织管理、安全运作管理和安全技术框架结合在一起，并保持高度的一致性，成为安全策略管理、安全组织管理、安全运作管理和安全技术框架的中心枢纽，帮助用户从分散的安全转向实现集中的、可管理的安全。

安全运行中心(SOC)，关心的最核心的问题是“安全的有效性”问题。安全问题得到重视，是新世纪前就开始的事情，到今天为止，各个企业都充分认识到安全的重要性，配备了大量的安全产品，并采取了各种可以采用的措施，但是，安全问题仍然不能有效解决和控制，这里面一方面是安全的发展日新月异，另外一方面就是安全的零散性决定了单一使用安全产品的效率底下，在这种情况下，通过安全运行中心提高安全管理的效率成为一种必然的选择。

什么是安全运行中心及安全运行中心在安全架构中的地位

安全运行中心（SOC）安全运行中心是协助用户实现安全策略管理、安全组织管理、安全运作管理和安全技术框架的中心枢纽。安全运行中心是一种安全管理的形式，他的职能分成管理层面的职能和技术层面的职能，他的存在有效地将企业的策略管理、安全组织管理、安全运作管理和安全技术框架结合在一起，保持一致性。

安全运行中心在整个管理框架中的地位如下图所示：

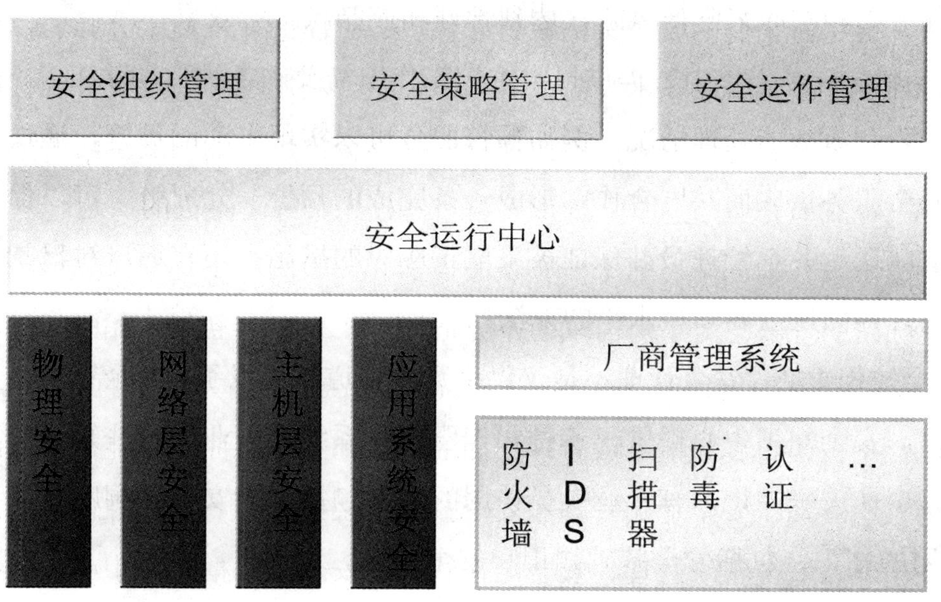

安全管理中心是整个安全框架的核心和枢纽，作为一个技术系统，他向上为安全策略管理、安全组织管理、安全运作管理提供自动化协助，同时，更为重要的是，安全运行中心向下贯彻到整个技术层面，他能够收集来自所有安全产品和非安全产品的信息，进行统一的自动化风险评估，评价是否符合安全管理的策略和基线，并报告给决策者，还可以提供必要的响应。安全运行中心将安全管理和安全技术链接起来，保证安全产品部署符合安全管理的要求。

安全运行中心的主要职能包括：

● 安全组织和策略的制订者：企业应该任命专门的 CISO，建立企业的安全委员会，建立以安全运行中心为核心的安全组织结构，安全运行中心应该是整个企业安全管理的统一规划者和具体执行人，该中心必须负责建立完整的安全策略制度，并负责宣讲、推行和审计。

● 安全风险控管理中心：全面收集信息资产的漏洞和相关事件，通过关联分析去除各种误报，发现有用信息，给出级别度量。系统能够自动完成以往专家完成的风险计算工作，并自动触发任务单和响应来降低风险，达到管理和控制风险的效果。

● 安全维护中心：该中心提供日常维护工作中需要的各种自动化工具：例如任务单服务用于追踪风险和事故的处理情况；例如预警服务可以实现主动的预警，通过企业安全运行中心和各个安全服务供应商共同合作，形成一条完成的预警－处理链，可以保证在漏洞出现还未被利用前就送达各个管理员并保证被采取了应对的措施；还有通过对日常工作的进行评价来促使我们找到如何提高安全水平的方法；

● 安全知识中心：安全管理不是仅仅少数人知道就可以了，安全管理需要大量的知识的传播和宣讲，安全知识中心提供了各种知识服务于系统和企业，这些知识有系统使用的定损关联知识、事件关联知识，有专业人员使用的知识包括各种安全漏洞库和病毒库，也有普通 IT 人员使用的知识，包括安全基础知识和安全园地。

安全运行中心功能如下图：

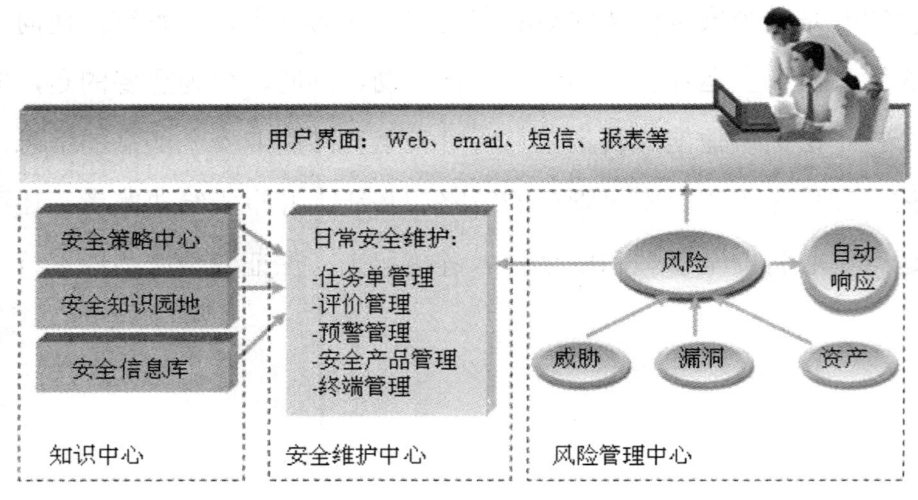

总 结

在建设安全运行中心的时候，必须注意他不是一个单纯的技术系统，他是一种运作方式，他是连接了安全组织管理、安全策略管理、安全运作管理和安全技术框架的枢纽，安全运行中心将安全风险管理从一种抽象的概念化的东西变成了我们日常工作时时刻刻可以来评估和控制的东西。

安全运行中心是继网络管理中心（NOC）后的又一类引人注目的管理系统，它综合了许多国际标准、安全模型、IT 管理技术，属于安全领域的新生事物，安氏以他为核心，构筑了完整的安全解决方案，涵盖了安全管理服务、评估加固服务、边界隔离解决方案、终端管理解决方案、监控审计解决方案等全面的安全体系结构。

美髯公 E-OA----协同办公自动化系统的最佳选择

适用对象： 国内政府、企事业单位

美髯公 E-OA 系统基于 Internet/Intranet 网络技术，采用纯 JAVA 技术开发，结合国内政府、企事业单位办公业务流程，是具有结构灵活、能自主定义、功能齐全、跨平台等突出特点的新型工作平台。通过她，政府及企事业单位将真正实现高效、协同和远程办公。该平台经国家授权的北京软件评测中心严格测试，是国内目前基于 JAVA 技术的性能最佳，BUG 最少的优秀平台，并且在最近国家发改委的重大软件立项竞标中胜出。

强大的基于 web 方式图形化的工作流管理系统

系统所有的工作流程、公文流程均可灵活、自由的进行配置，用户无需修改程序，就可以根据实际需要灵活定制新的工作流程。

组织机构、人员、角色、权限可视化定制

对复杂而繁多的业务工作流、各不相同的单位组织结构、动态变化的办事人员以及灵活多变的用户角色等，通过可视化设计，实现最基本也最繁杂的应用定制。

与国产办公套件相结合，符合国家“软件正版化、国产化”的战略

除与 MS OFFICE 外，本系统还可以与 WPS、中文 2000 等国产办公套件无缝嵌入式结合起来，而不是传统的外挂式。通过严格的系统测试及多个实际应用案例证明，这种结合不但稳定可靠，同时更加方便，符合系统使用者的操作习惯。

移动协同办公管理

采用基于 WEB 的软件结构，使得本系统随时随处可用，实现真正的移动协同办公管理。

成熟技术，无壁垒操作

E-OA 的软件结构采用完全的 B/S 结构，无须在用户端安装任何客户端软件，用户就可在任何具备浏览器的机器上通过 Internet/Intranet 进行日常办公业务的处理，应用系统全部在服务器端，实现零客户端安装。

系统功能构成

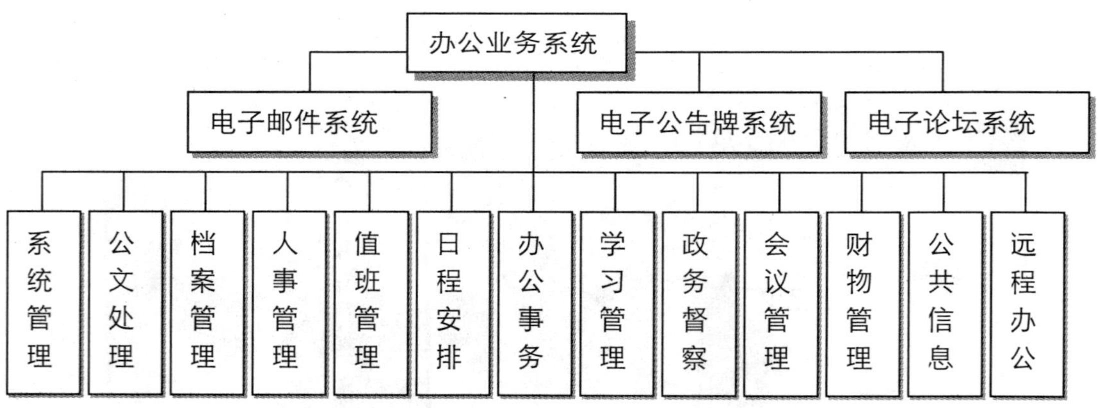

典型客户

北京市监察局
北京市科学技术委员会
浙江省平湖市政府
山东省招远市政府
浙江省扬州市邗江区政府
天津港保税区管理委员会
北京市知识产权局
……

公共部门 SAP

简要概览和部分成功案例

SAP – 公共部门成功案例的跟踪记录

是 SAP 为公共部门提供成功解决方案的有力证明

SAP 在 55 个国家有超过 5400 例安装，拥有 2390 多家客户

	美国	欧洲中东和非洲	亚太地区
公共部门	160 家客户 553 例安装	628 家客户 1459 例安装	100 家客户 336 例安装
国防和安全	26 家客户 153 例安装	50 家客户 225 例安装	25 家客户 105 例安装
卫生保健	52 家客户 160 例安装	541 家客户 853 例安装	31 家客户 67 例安装
高等教育	175 家客户 515 例安装	514 家客户 780 例安装	93 家客户 200 例安装

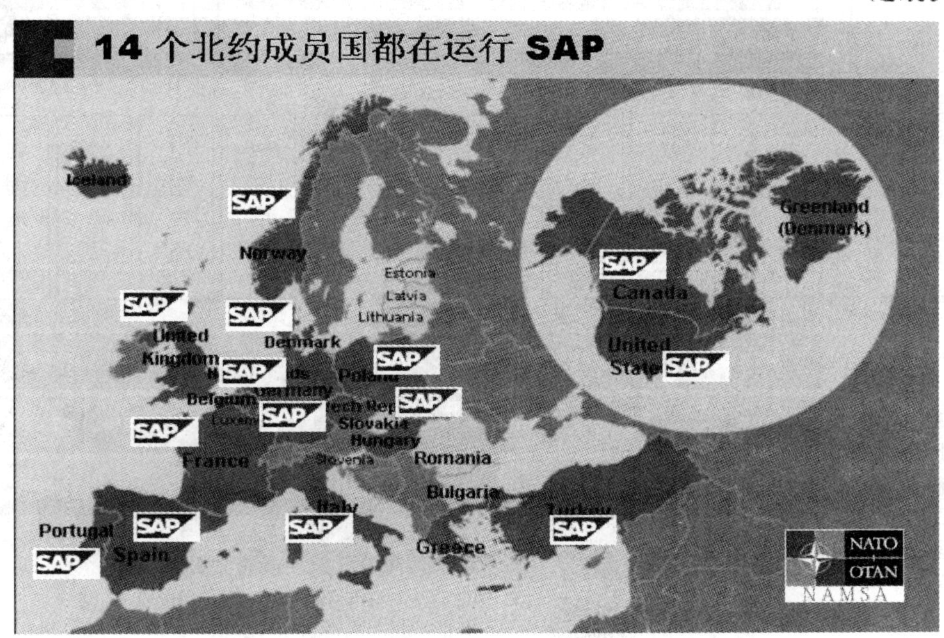

战略计划管理	战略和资源计划	决策支持和数据仓库	计划设计和评估	预算准备	预算执行管理				
财务管理	财务会计	管理会计	预算执行	赞助和捐款管理	现金管理和金库				
运营管理	文档管理	技术资产管理	不动产管理	设备和车队管理	计划和项目管理	差旅管理			
人力资源管理	员工生命周期管理	员工事务管理	时间管理	工资核算	职位预算和控制	人力资本管理服务提供	战略计划和配合		
采购和供应商关系管理	定义需求	市场调研	Synopsis & RFx	标书评估	下达采购订单和合同	监控执行/合同管理	库存管理		
政民服务	多渠道服务请求	处理请求	服务提供	开票和会计	更新和定期处理	查询	安全和验证	电子政务	社会服务
税收管理	注册	纳税	退还处理	付款和征收	纳税人会计核算和服务	税务调查和强制执行	收入会计核算		
公共安全	边境安全和运输安全	紧急救援人员准备	事故应对和事件管理	储备管理	信息共享和分析	事业架构			
社会服务	顾客管理	联系/储存	评估	援助计划处理	服务提供	监控和检查			
政府项目	国防	能量、水源和废品管理	机场和码头授权服务	公共卫生	保险业	燃料管理	教育	服务供应商	运输

SAP 国防解决方案图 2004

	性能管理和控制									通用支持工具
军队计划	战略计划开发	军队需求开发	军队目标定义	军队计划开发						
维持部署的任务	任务标识	粗略计划	详细计划	部署	任务解决和支持	重新部署	结束			
购置	项目/程序管理	研究和开发	系统工程	后勤管理	测试和评估	采购	配置管理	生产和部署	现代化和更改计划	
服务期间支持	服务期间管理	生命周期维护计划	后勤工程分析	后勤管理	配置管理	设计数据				
经常维护	维护计划和准备	维护控制	检验和质量保障	维护执行	维护完成	直线运行支持	配置管理			
日常维修和大检修	项目管理/程序管理	维修计划	配置管理	工作计划和准备	维修控制	质量检验和质量保障	执行维修	维护完成		
物料管理	物料需求计划	供应链管理和采购	库存管理	危险物料和特殊物料管理	运输和分配					
员工和公司	公司管理	劳动力计划和人事管理	工资会计核算	时间管理	学者和条件开发及培训	差旅管理	员工支持服务			
基础设施管理	不动产管理	环境	建设	IT 基础设施						
财务和成本会计	确定资源	基金管理	管理会计	财务会计	现金管理和融资					

成功客户

非营利大型国际组织
示例：联合国

成功客户
电子政府
示例：税收管理

项目获奖

佛罗里达州税务部门概览

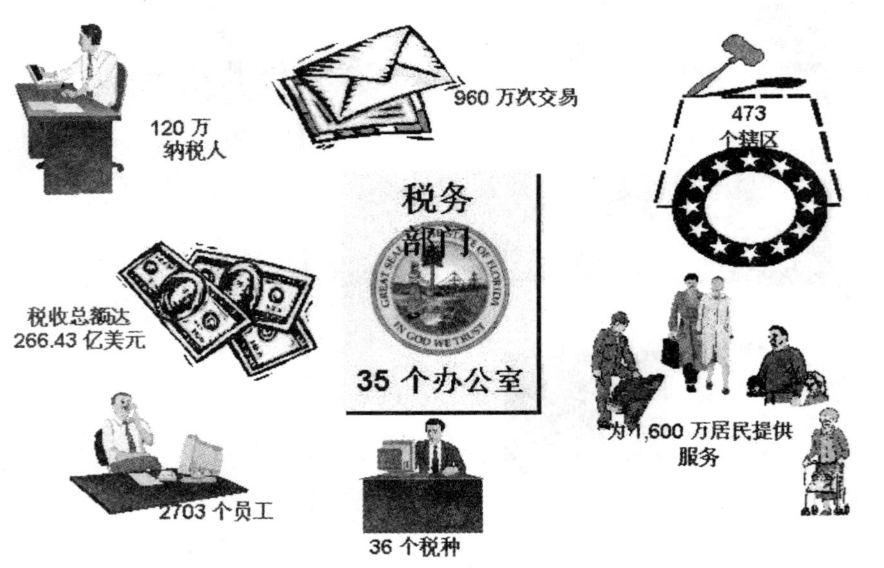

纳税人门户网站

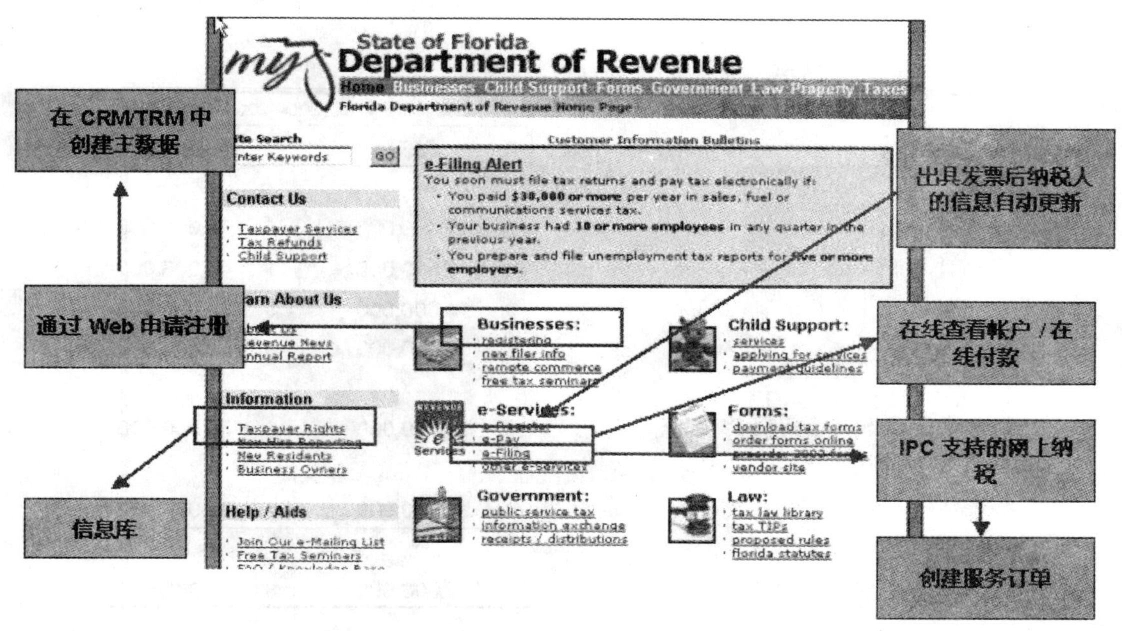

政府投资回报的实际情况：

“使用 **SAP**可以减少成本，增加额外永续的收入，每年节约的资金达千百万，并且 **SUNTAX**项目的投资回报是立即的、显著的和可持续的。”

State of Florida Department of Revenue
——佛罗里达税务部门

“此项目的成功证明可以更低廉、更高效、更好的管理行政。”

——**Jim Evers**，佛罗里达综合税收管理项目主管

Jim Evers, FDOR 主管
一般税收管理程序

佛罗里达部门税收管理的投资回报

SUNTAX 项目收益

	评估 (2004-2006) 低	高
增加的税收		
发现	$ 15,000,000	$ 45,000,000
审计选择	$ 10,000,000	$ 40,000,000
征税	$ 14,000,000	$ 30,000,000
自愿纳税	$ 100,000,000	$ 150,000,000
避免增加成本 – 使用旧 IT 系统	$ 20,000,000	$ 35,000,000
处理效率	$ 15,000,000	$ 35,000,000
总计	$ 174,000,000	$ 335,000,000

来源：Deloitte Consulting

成功客户

示例：联邦政府或者中央政府

参考客户：奥地利联邦共和国

奥地利共和国总面积 84,000 km²
公民人数 810 万
预算 11.4 亿欧元
联邦财政部门
160,000 多名员工
130 多个办事处
5,000 个 SAP 用户

版本：4.62

驱动项目的动因：项目目标

重组预算和会计功能
工序自动化取代任务自动化
模板推广项目 集成 12 个部门和 130 多家顶级机构
最现代的商业软件实现互联网/企业内部互联网、电子商务、电子现金等。

mySAP.com 完全许可证
购买日期：1998　上线日期：2001 年 7 月
为什么采用 SAP：SAP 促进了政府管理办公室对商业知识的采用

使用 SAP 获得的好处：
SAP = "Slim Administrative Processes"（简化管理流程）
提高效率（如采购处理流程）：14 步取代了原来的 25 步
提高数据质量以进行更好的管理决策
成本会计达到最新技术水平
完全集成的数据仓库解决方案

奥地利联邦共和国政府信息系统愿景

一个信息系统可以满足中央政府机构日常的信息需求（尤其是财政部）。

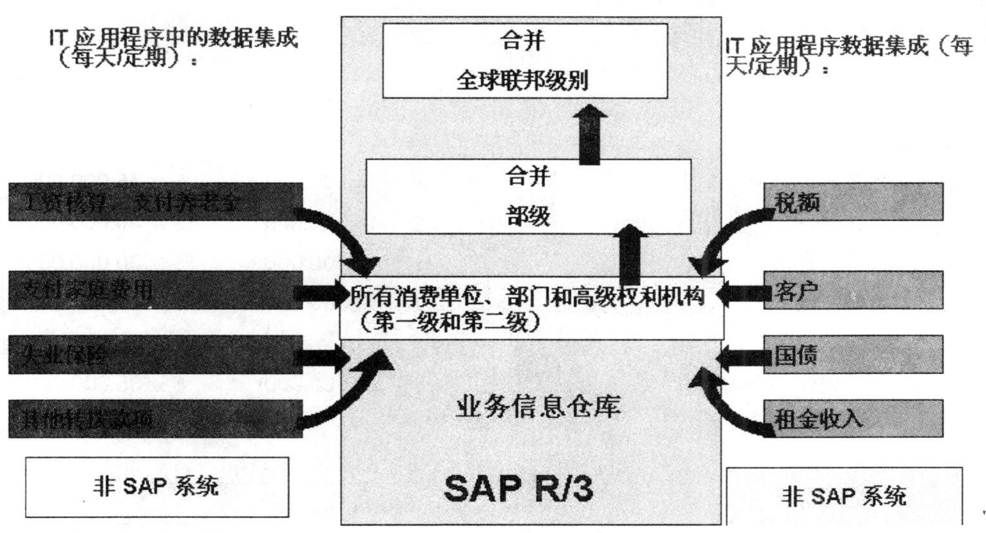

系统性能指标 — 奥地利联邦共和国

示例： 提高采购处理流程的效率

内容	现有流程	新流程
流程步骤数 *)	25	14
组织间接口 *)	6	4
中断次数	5	1
员工数 *)	约 15	约 7
角色数	约 20	约 10
持续时间	约 12 天	约 6 天
处理时间	约 44 分钟.	约 30 分钟.
流程通讯时间 [*)=约 5 分钟]	约 225 分钟.	约 110 分钟

基本原则： 最低 1 百万个采购处理流程，
订单总量的年度税收报表达 600 亿 (EUR 43。6 亿）

成功客户

政府信息化管理

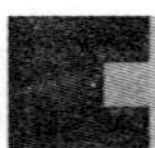

地点 – 墨西哥瓜纳华托

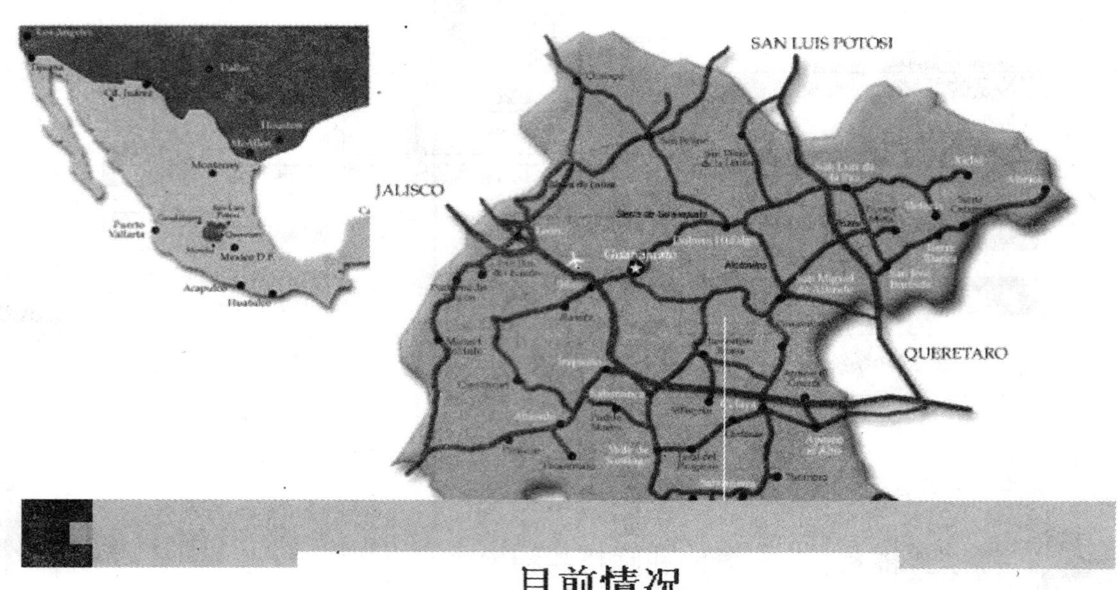

目前情况

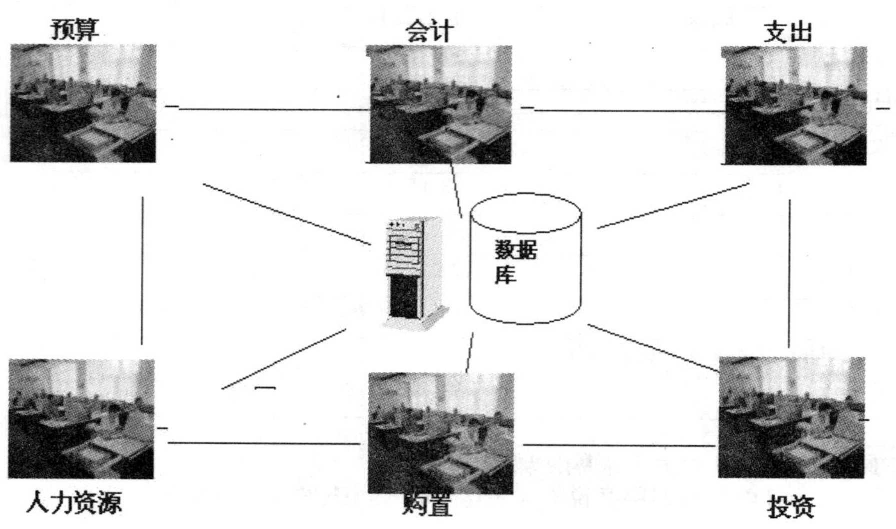

采购处理流程改进示例

	原始处理流程	使用 SAP 的处理流程
活动	134	10
签名和授权	19	1
涉及的区域	14	2
数据库更新	9	1
手动控制记录	18	0
物理数据文件	36	1
预算可行性检查	1 周	自动
给供应商付款	48 天	3 天
接受申请	15 - 20 天	实时

成功客户

开普敦市

开普敦市：项目收益

即使是最保守的看法，即使我们看到的财政数字是“冰山一角”，但是情况仍然是令人信服的

年度最差的成本和利润

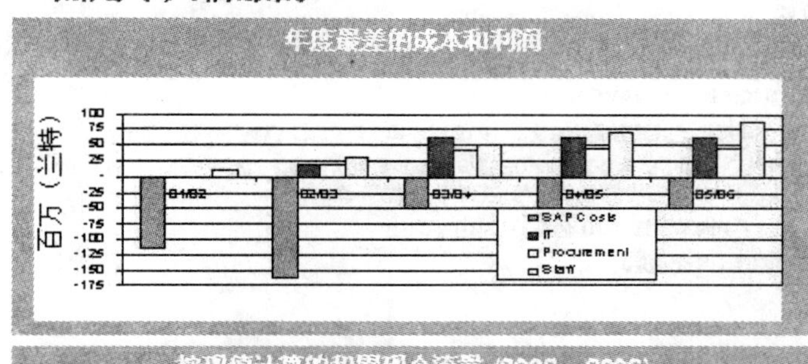

按现值计算的积累现金流量 (2002 ~ 2006)

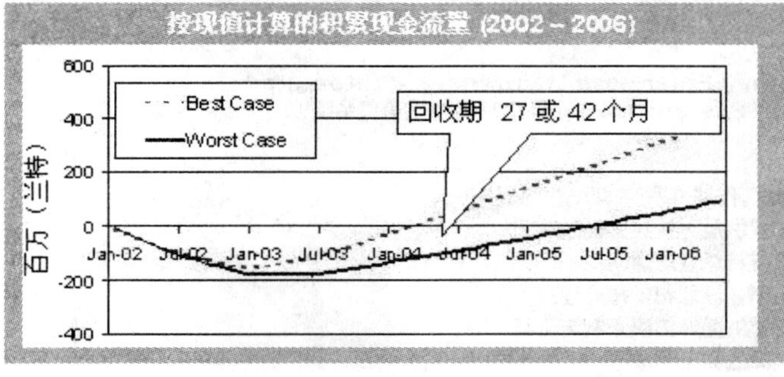

主要假设

- 02 年 10 月财务、人力资源和工资核算、采购应用程序已经可用
- 此分析基于 VCO，仅包含 IT、采购和员工
- 在 02/03 年 2 月产生 1/3 的 IT 年利润，到 03/04 年 2 月完全扩展
- 从 03 年 1 月采购利润开始增加
- 从 02 年 1 月员工利润开始增加
- 所有的数据都是 2002 年的现值
- 没有计算内部成本和网络及桌面计算机升级的成本**

成功客户

示例：军事部门

开普敦市：价值和投资回报

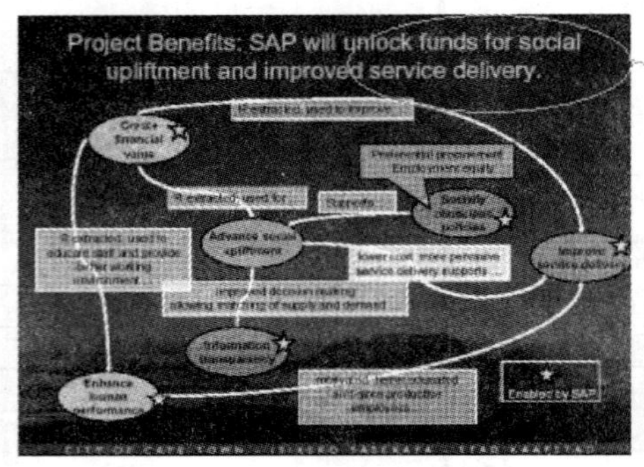

社会福利
改善国民服务

财政回报：
每年超过 500.000.000 兰特
（大约每年 7 亿美元）

美国海军 - NEMAIS

使用者 海军海上系统指挥部（NAVSEA）

愿景 NAVSEA 公司提供了世界上最好的技术、购置程序和生命周期，以支持其领先水平。

使命 在海军的整个生命周期中，为今天、明天及未来的海军提供运行所需的性能卓越、造价低廉的船只、系统、军火，使得美国"海军一号"在世界上屹立不倒。

规模 50,000 名员工，海军预算 200 亿美元，300 多只船

管理 130 个购置程序，4 个造船厂

Navy Enterprise Team Ships

项目名称
NEMAIS（Navy Enterprise Maintenance Automated Information System）海军企业维护自动化信息系统

焦点
区域维护 – 改善作战准备 / 降低生命周期成本

- 提供及时快速的信息访问
- 支持总资产透明化
- 增强计划和安排处理流程
- 提供更好的决策制定工具
- 降低物主总成本
- 简化数据的采集

NAVSEA/NEMAIS 成就

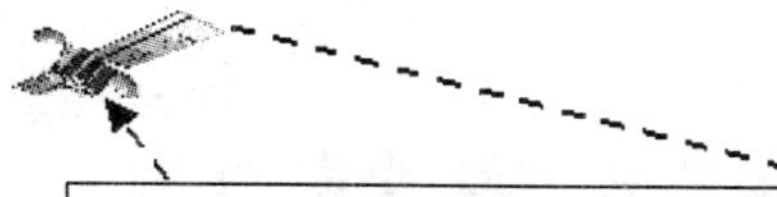

改进维护程序，使海运和沿海工业活动流程现代化

■ SAP 功能：
- ■ 装运配置管理
- ■ 维护管理
- ■ 工作代理、计划和评估
- ■ 生产计划、安排和控制
- ■ 项目计划 / 排产 / 控制
- ■ 资源引进管理和工人技能管理

USS Bataan

NEMAIS 改进 – 投资回报

支持的战略目标	衡量标准	现有基准	实际结果	实际提高
当前准备（作业计划和执行）	在工作定义会议和开始使用之间接受的已完成作业百分比	56.8%	86.5%	增加 29.7 个百分点
当前准备（作业计划和执行）	开始使用之后接受的已完成作业百分比	64.0%	71.1%	增加 7.1 个百分点
服务质量（作业拒绝）	分配给中间维护活动（SIMA）被拒绝的作业百分比	10.9%	2.4%	增加 8.5 个百分点
服务质量（已拒绝作业的周转）	通知 RSG SIMA 拒绝作业并给 RSG 返回工作文书数据包的时间	20 天	立即	减少 20 天
服务质量（收货）	处理物料收货的平均时间	2 分钟	1.5 分钟	提高 25%

环网核心　　高效安全

——华为 3Com 公司服务于天津电子政务专网

用户简介

天津市 1996 年底启动了天津城市信息化标志性工程--天津信息港。经过 7 年的艰难探索和不断开拓，政务信息化取得成效，政府委办局和区县机关已经普遍建立了办公局域网，工商、税务、土地、规划、外贸、科技等与企业和老百姓联系密切的部门已经开始网上办公。2003 年，天津市政府为了更好的实现全市政务信息交换、资源共享、业务协同处理，全方位地向社会提供优质、规范、透明、符合国际水准地管理和服务，天津市政府规划建设天津市电子政务专网平台。

关键产品

核心路由器 Quidway NE80、通用交换路由器 Quidway NE40 等。

用户需求分析

天津市电子政务专网目标是建设全市党政机关统一的电子政务平台，建设以大规模光纤设施为载体，以 IP 宽带多业务交换网为核心，支持数据和话音、图像、视频等多媒体应用，提供 MPLS VPN 等多种 IP 增值服务。

天津市电子政务专网建成后将承载大量政府信息资源，设计时须兼顾可靠性、稳定性和安全性。

解决方案与特点

根据网络设计思想及其应用需求，鉴于天津政务专网各部门的特殊安全性要求，在总体建设上采用业务与网络分层构建、逐层保护的指导原则，利用宽带 IP 技术，保证网络的互联互通性，提供具有一定 QOS 的带宽保证，并提供各部门、系统网络间的逻辑隔离(VPN)，保证互访的安全控制；整网采用了 MPLS 技术实现了业务隔离，并能进行有效的 QOS 处理。天津政务专网采用的设备以及网络构架都具有良好可扩展性，可以根据后续发展的需求，在不改变现有组网方案的情况下，通过增加语音卡、MCU 等语音、视频设备，即可提供 IP 电话，电视会议等业务。

天津电子政务专网基础网络层按分层方式搭建，分为核心层（4个节点）、汇聚层（26个节点）和接入层。具体组网如下：

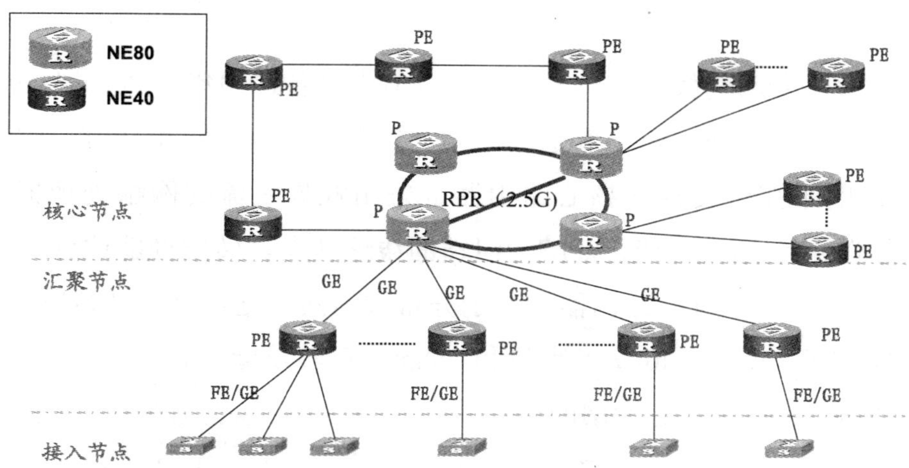

天津市电子政务专网拓扑共四个核心节点，核心节点处于整网的核心位置，核心节点设备的性能会影响到整个网络的性能，同时从设备、组网可靠性角度考虑，核心节点设备本身还应有可靠性的冗余措施。因此，天津市电子政务专网核心节点选用了华为3Com公司电信级的核心路由器Quidway NE80，Quidway NE80具有双主控、双总线、热插拔、热备份等高可靠能力，同时Quidway NE80作为第五代路由器采用网络处理器技术实现IP报文处理和转发，可以在保证高速转发的同时进行复杂的协议处理，从而支持丰富的业务。同时，四个核心节点NE80之间采用先进的RPR（弹性分组环）环网技术，组成2.5G的RPR环网。通过RPR环网技术提高了整个网络的可靠性和带宽利用率。这样组网方式可以保障四个核心节点间某一链路出现故障时做到低于50ms的故障快速恢复。

天津市政务专网设立了26个区县汇聚节点，汇聚节点处于网络的中间位置，起着承上启下的作用，汇聚节点设备选择应从处理性能、网络的可靠性、扩展能力以及网络的安全性等方面进行考虑。天津市电子政务专网汇聚节点最终选用了华为3Com公司通用交换路由器Quidway NE40。Quidway NE40继承了核心路由器的基于分布式的网络处理器硬件转发和大容量无阻塞硬件交换转发技术，融合路由器强大的IP业务处理能力和三层交换机低成本以太交换能力，可提供非常丰富的业务和理想的性价比，并且Quidway NE40重要部件都有冗余备份，可靠性高，完全满足天津政务专网汇聚层要求。26个汇聚节点根据现有的光纤资源上行通过

GE 链路就近接入到核心节点 Quidway NE80。

接入层主要是为最终用户接入服务，接入节点采用低端的路由交换机，上行根据业务量采用 GE 或 FE 与汇聚节点 Quidway NE40 相连。

方案特点：

- **高性能：**天津政务专网的核心节点设备、汇聚节点设备选用华为 3Com 公司具有国际领先水平的核心路由器 Quidway NE80 和通用路由交换器 Quidway NE40。核心节点 Quidway NE80 是一款大容量的千兆位交换式核心路由器，采用业界主流的网络处理器技术，实现包括 2.5G 在内的所有接口的 IP、MPLS、组播的线速转发，转发性能达到 96Mpps。汇聚节点 Quidway NE40 继承了核心路由器的基于分布式的网络处理器硬件转发和大容量无阻塞硬件交换转发技术，具有 64G 交换容量和 48Mpps 包转发能力。
- **高安全与高可靠：**A、天津政务专网的核心节点设备、汇聚节点设备 Quidway NE80、Quidway NE40 均采用电信级的设计，设备本身具有很高安全可靠性。B、核心节点互联的 RPR 环网技术增强网络的可靠性、提高带宽利用率。RPR 具有强大的保护切换和恢复能力。RPR 环网应用一整套智能型保护倒换(IPS)提供主动的性能监视、快速的自愈、以及在环网节点或光纤出现故障的情况下进行 IP 业务的恢复。RPR 技术不依靠 SDH 设备，提供 50ms 的 IP 业务恢复。C、市核心节点设备、汇聚层的所有核心设备 NE80、NE40 全部支持作为电子政务网的最佳解决方案的 MPLS VPN 技术，并可通过 MPLS VPN 技术实现整个电子政务网络良好的安全性、防攻击性、私密性、可扩充性、灵活方便的可管理性，并可通过 MPLS VPN 实现不同 VPN 的 QOS 和流量监控，提供视频和多媒体业务，更好的服务天津市各级政府。
- **良好的扩展性与强大的业务支持能力。**天津政务专网建设以大规模光纤设施为载体，采用的设备以及网络构架都具有良好可扩展性，可以根据后续发展的需求，在不改变现有组网方案的情况下，通过增加语音卡、MCU 等语音、视频设备，即可提供 IP 电话，电视会议等业务。

利益与评价

天津电子政务专网建成后，将为天津市党政机关提供统一的电子政务平台，实现市委、市人大、市政府、市政协四大机关的高速互联和各部委办区县局的宽带接入。

天津电子政务专网的建成，将为全市政务信息交换、资源共享、业务协同处理提供高效的网络服务，实现政务部门网上办公和面向社会的政务公开服务。

国有资产运行信息监管平台(ASSG)

产品登记号：2003SR12448

概述

《国有资产运行信息监管平台》(简称ASSG)是由上海软中信息技术有限公司和上海市国资委在充分解析了集团公司对其投资子公司的资产监管现状的基础上，结合相关专家对资产监管的理论研究和实践经验而研发成功。

ASSG是一个以资产运行监管为主要目的的计算机软件系统，系统设立了一套资产监管指标体系并将之与企业重大事项，相关制度，以及国家，行业、历史、绩效等标准建立关联，主要为董事会、集团高管、资产、财务等部门提供一个资产运行监管的信息平台，适用于国家各级地方政府国资委、办或集团公司对下属子公司的资产运行进行规范化管理和科学监管。

ASSG的特点：

- 资产运行状况一目了然，警示、提示、表示信息图文并茂
- 科学的监管指标体系和多套国家、行业资产判断标准库
- 根据指标异常情况跟踪查找引起异常的资产运行重大事项
- 可以从各种财务、资产统计软件接口，自动导入数据
- 通过资产监控来保障制度的贯彻落实
- 基于互联网的多层系统结构，使用简单、维护方便

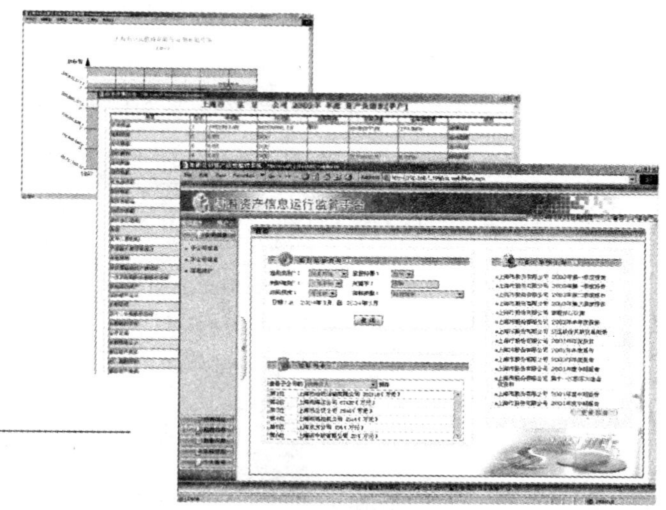

ASSG的作用：

您是否正为这些问题所困扰？

- 无法及时了解集团及下属公司的经营情况
- 每个子公司所用的财务管理、资产统计软件各不相同，无法进行统一集中监控和分析
- 财务指标、统计数据杂乱无章，不知该从哪里着手分析
- 想查阅公司历年来的资产管理状况及在行业中的企业整体水平，无法通过人工实现
- ……

ASSG可以帮您解决的问题：

- ✓ 在线的数据采集、查询、监控功能使集团公司及时了解子公司的最新情况
- ✓ 强大的报表采集功能能够兼容各种品牌各种版本的财务管理、资产统计软件
- ✓ 模型分析和指标查询模板，为您提供科学、快捷的分析手段
- ✓ 将您的工作经验作为知识宝藏存进资产监管经验库，在您需要时随时展现给您
- ✓ 针对您的需要，还可以向您提供应收账款、对外投资、合同管理等各类专项管理模块
- ✓ ……

Shanghai RuanZhong Information Technology Co.,Ltd.

功能介绍

ASSG 系统运行结构：

系统安装在国家各级地方政府国资委、办或集团总公司。各个公司负责本公司信息的更新和数据上传，并可以查询本公司和下属子公司的信息。系统的管理由国资委、办或集团公司负责。客户通过 Internet Explorer 浏览器来访问系统，数据传送通过 tongGTP 保证完整、安全。

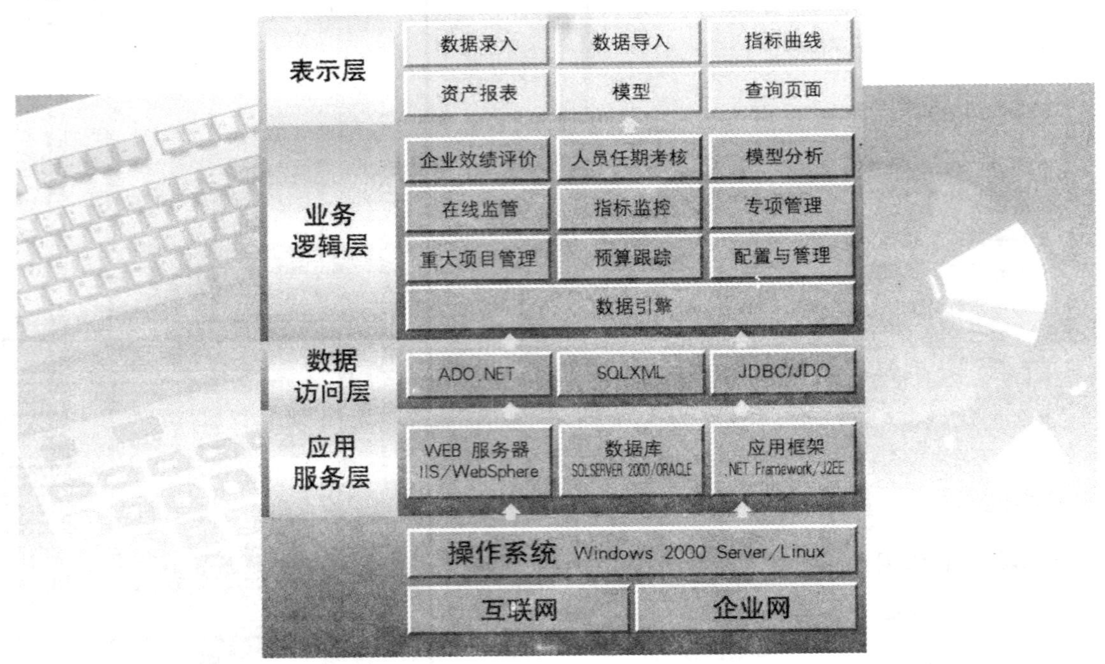

ASSG 系统功能：

系统的功能主要有以下 9 大类，涉及数据的获取以及各种形式的处理和输出。

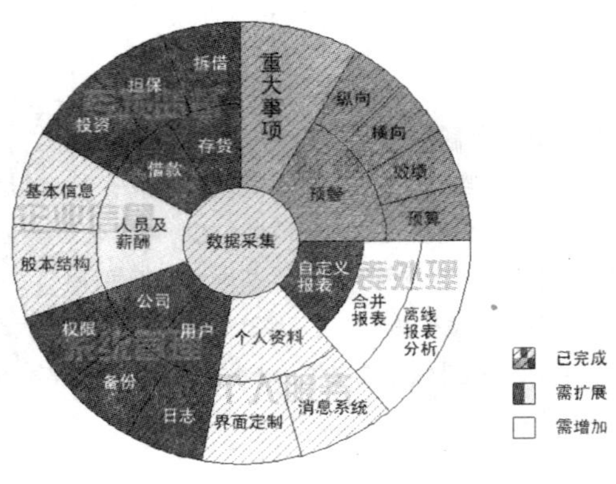

①数据采集

主要用来输入企业的基本信息，包括董监事、经营班子、资产、财务、投融资担保情况。大部分数据通过自动数据采集、交换，在进行正确性验证后转入系统。ASSG 已经实现了对各财务系统报表的自动导入。

②专项监督

专项监督便于集团领导层及时了解到子公司的重大资金运行状况，系统提供对投融资担保、资金拆借、存货、土地管理等方面的专项监督。

③数据分析

对于财务信息采用历史、行业、效绩、预算等判断标准来进行纵向、横向的对照比较，查看是否有异常，对财务危机进行预警，为企业的经营提供决策支持。

④重大事项

结合重大事项管理和企业的效绩指标考核，对重大项目进行事前审批、事中跟踪、事后的评估管理。

⑤报表处理

报表格式可定制，合并报表模块方便集团公司对下属子公司财务报表进行合并，离线报表分析模块可对报表进行离线分析处理。

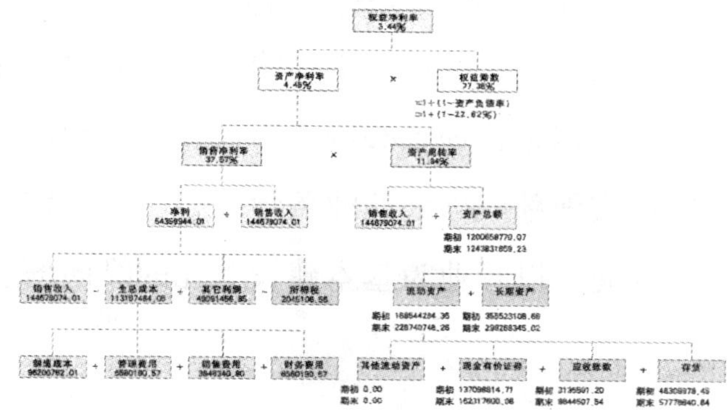

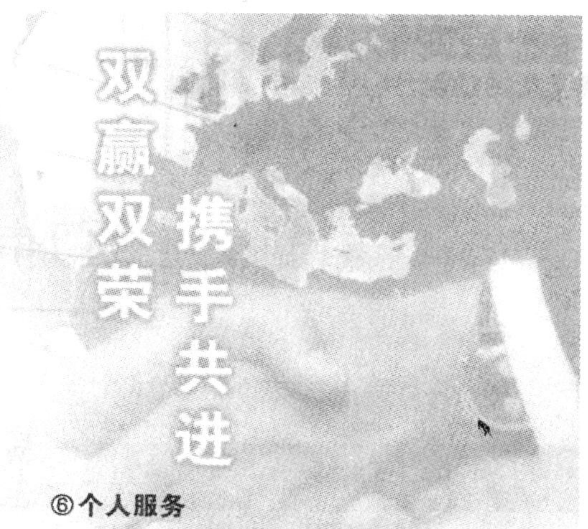

⑥个人服务

可以为用户提供个人操作系统界面。利用在线消息系统可以及时传递针对特定用户的消息，使信息能及时被查阅和进行反馈，提高企业办事效率。

⑦企业信息

提供企业基本信息，股本结构，人员信息，进行人员薪酬管理。对企业的重要人员，包括管理层人员及一些关键的技术人员，可以为他们制定任期内的考核方案、考核指标。定期查询各考核计划的执行情况以及计算奖励方案。

⑧系统管理

我们为用户提供了权限、公司管理、数据备份、使用日志等系统管理功能。考虑到用户使用中的灵活性，我们还开放了标准库的维护以及指标库的二次开发等功能。

应用技术：

■ 基于构件的软件开发方法

ASSG 采用构件化的开发方法，系统以不同的功能构件装配而成，增强了系统的灵活性，为功能的扩展打下了良好的基础。

■ 基于 XML 的数据采集中间件

我们采用 XML 可扩展标记语言实现了数据采集中间件的功能，通过该数据采集中间件，ASSG 可以将各财务系统不同格式的财务数据或办公系统中的数据以相应的格式导入到 ASSG 的数据库中进行进一步的分析处理。

上海软中信息技术有限公司
SHANGHAI RUANZHONG INFORMATION TECHNOLOGY CO.LTD.

上海软中信息技术有限公司成立于 1997 年，主要从事计算机软件开发、系统集成业务。是高新技术企业，被上海市信息化委员会首批认定为软件企业，拥有信息产业部颁发的计算机信息系统集成资质。公司通过了 ISO9001：2000 质量体系认证。公司的业务范围涵盖金融证券、通信卫星、交通运输、集团企业、政府部门等领域。

联系电话：021 - 64479500 - 835　　E-MAIL：hyj@ssc.stn.sh.cn

巨龙软件
DRAGONSOFT

厦门市民服务信息系统

建设背景

九十年代初厦门开始了城市信息化建设相关工作，经过十多年的发展，取得了显著的阶段性成果：厦门劳动和社会保障局、公安局、公积金管理中心等承担社会保障和市民服务的政府部门，已建立计算机网络和业务数据库；实现部门内部的业务管理、协同工作、决策支持、公众服务全面信息化。然而，以职能为导向、以行业为基本建设单元的纵向信息化建设方式仍然存在一些问题。

自建自用，重复建设，市民应用难

在过去的信息化建设过程中，各部门向市民重复采集个人信息、发放智能 IC 卡，市民不得不填报多张表格、保管多张卡，既增加市民的麻烦，又重复建设，浪费有限的社会资源。

条块分割，标准不一，信息共享难

以部门为单位进行的信息化建设，其基本特征是信息资源部门化。各业务部门在建设自己的业务系统时，独立设库，数据源表述方法、存储格式、版本都不一致，缺乏沟通基础，很难进行信息共享。信息孤岛现象突出，制约了政府部门的服务能力和行政效率的进一步提高。

信息分散，数据不准，统筹集合难

业务部门仅针对业务范围内的市民进行信息积累，重复录入市民基础数据，增加填写错误几率，数据存在误差；各部门数据存储分散，未经整合，不利数据挖掘；按照目前条线的统计机制，政府领导难于获得及时、全面、跨部门的综合统计分析信息，影响了政府进行更科学、合理的宏观决策。

如失业状况信息：市民失业信息分别储存在劳动、人事、街道等不同的专业系统中，政府如以传统的方式从各部门采集失业信息数据，数据可能重复、可能缺漏，最后无法形成一个具综合性、完整性的市民失业数据。

面对信息孤岛造成的市民应用难、信息共享难、综合利用难等系列问题，为了整合各业务部门的信息，突破条块分割现状，实现城市级的信息一体化，厦门市政府在 2002 年 10 月开始进行“市民服务信息系统”的规划和建设，以实现创建畅通的信息共享渠道的目标。

建设历程

市民服务信息系统的建设涉及八大部门，牵涉业务种类繁多，作业流程复杂，且各部门的信息化程度不同，标准和规范不一，增加了技术难度。因此市民服务信息系统的建设具有涉及面广、周期长、投资大的特点，需要统一规划、分步实施。

合理分工，科学管理

科学的项目管理架构，才能有力地保障市民服务信息系统项目的顺利进行。为了实现高效的跨部门协调和管理，2002 年 10 月，厦门市政府正式启动市民服务信息系统的筹建工作，成立了以市政府主要领导牵头的项目领导小组，以各业务部门主要负责人为主的项目协调小组，以市信息产业局、市政务信息中心与厦门巨龙软件工程有限公司主要负责人和骨干技术人员为主的项目实施小组。市民服务信息系统项目管理架构的建立，为项目的顺利进行提供了组织保障，增强了管理力度，有助于消除各业务部门的本位主义思想，实现高效的跨部门协调和管理。

在项目建设过程中领导小组从政策、法规、建立标准和规范方面对项目予以支持；协调小组负责项目实施过程中业务部门的协调；实施小组负责项目具体工作的开展与推进。

统一思路，明确目标

厦门市政府从统一规划和整合政府为市民办理个人社会事务的相关网络资源和市民数据的思路出发，对市民服务信息系统进行了总规划和设计，确立了“厦门市民服务信息系统的”建设目标、原则、内容：

建设目标

- 整合数据资源，建立市民基础数据库：整合与市民服务相关各部门的信息系统和数据资源，分步建立覆盖全市所有人口的市民基础数据库；
- 统一发行市民社会保障卡：实现一张市民社会保障卡可办理医疗、工伤、失业、养老、生育等社会保险事务，以及就业、就学、婚姻登记、优抚、低保、生育、住房公积金等方面的社会事务。建立便捷、高效、协调、联动的市民服务信息系统；
- 建立市级数据交换平台：实现跨部门的数据共享和协同办公，增强各部门的公共服务能力；
- 规范技术标准：建立标准的技术规范，保证系统开发的科学性和高效性，方便市民系统与其他业务系统之间的业务复用；
- 配套法规制度：制定市民社会保障卡发行和使用办法，制定系统管理、数据复用、数据共享等相关的法规制度。

插图一：系统的建设目标

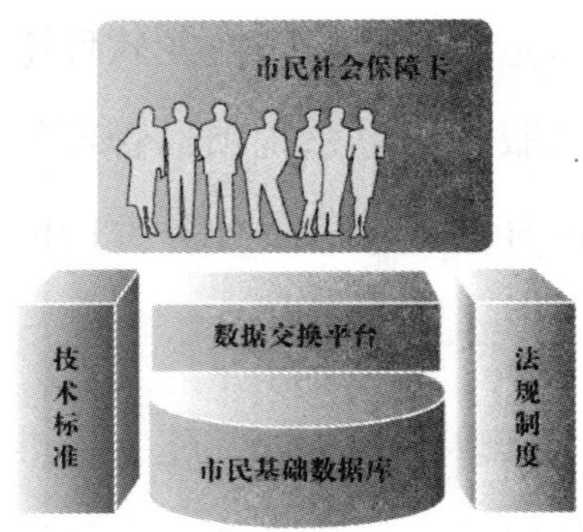

建设原则

业务归口：指各部门业务系统的建设和业务办理归口各业务部门自己负责。

数据共享：指集中建设市民基础数据库，各部门根据数据共享规范向其他部门提供数据和获得其他部门的数据。

统一发卡：指在社会事务方面统一发行使用市民社会保障卡，各部门不再单独发卡。

建设内容

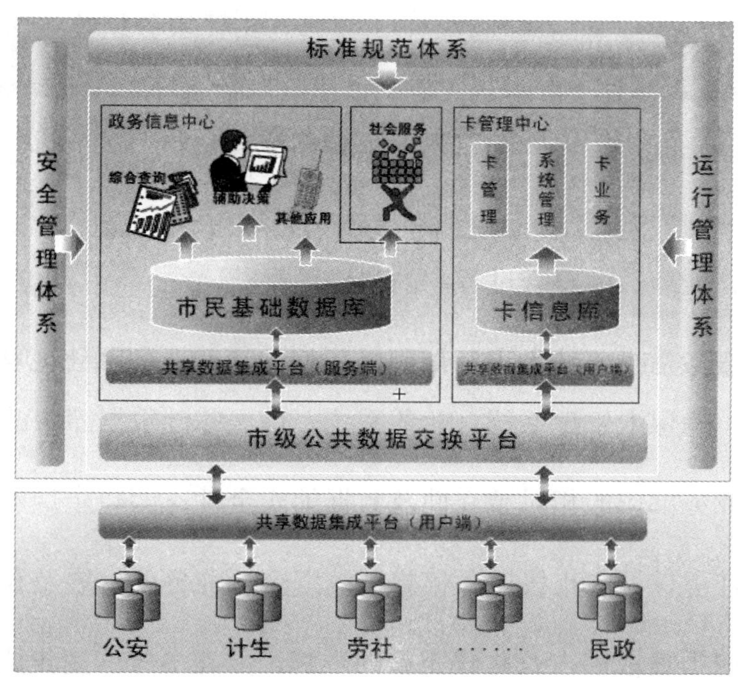

图1　总体架构

市民基础数据库：全面、权威、规范的市民基础数据库，为政府部门公共事务管理和便民服务提供支撑。

市级公共数据交换平台：实现各应用部门信息安全、高效的传输。

市级共享数据集成平台：实现从各个业务部门到市民基础数据库的数据抽取、转换、集成、装载等数据整合等功能。

市民社会保障卡：市民凭借一张市民社会保障卡就可在多个业务部门办理个人事务。

社会服务体系：实现政府公共管理事务社区化。

辅助决策支持系统：提供决策依据，提高政府决策的科学性、准确性。

分系统建设：为市民基础数据库提供数据基础，为卡运用创造环境。

政策法规和标准规范建设：保障市民服务信息系统的顺利建设、保障系统安全、可靠、高效运行。

建设的关键点和难点

1)、如何对分散、异构的业务系统数据进行抽取、整合、形成统一、完整、可用的市民基础数据库；

2)、如何发现、处理数据整合过程中的问题数据；

3)、在“市民服务信息系统”运行期间，如何保证对业务系统或卡管理子系统变化的数据进行维护、更新，确保卡管理系统、业务系统、市民基础数据库中的市民基础数据同步；

4)、如何保证业务部门的相对独立性及数据的安全性；

5)、如何在设计中保证“市民服务信息系统”今后业务的扩展及和其他系统的对接；

巨龙软件对于应用集成需求有比较完整的理解，并在多年应用集成项目建设中获得了一定的技术和模块化产品积累，逐步形成了自己的应用集成技术；对城市电子政务应用集成历史，现状和发展趋势有充分的了解，并形成了自己的思考，积累了一定数量的具有应用实践的解决方法。巨龙软件运用积累的技术的方法很好的解决了上述关键点和难点。

建设成效

厦门市民服务信息系统于 2003 年 12 月完成了一期工程的建设，2004 年 3 月通过初步验收。

整合形成了一个包含全市 300 多万人口的具备综合性、统一性和标准性记录的市民基础数据库，该库包含与市民相关的公安、计生、社保、医保、公积金等综合信息，为综合分析提供了坚实的数据基础。

建立公安局、劳动和社会保障局 、计生委三个业务部门到基础数据库数据的刷新机制，累计完成179万条数据刷新，实现了业务部门之间的数据复用。

对公安、劳动和社会保障局、公积金、计生委的历史数据进行比对校验，发现业务部门数据的不一致和错误数据，形成厦门市民基础数据质量分析报告，促进业务部门提升业务数据质量，更准确、有效地为民服务。

制定了系统的四个标准一个规范：库、卡、代码、交换标准，数据整合规范。确保数据具备准确性、新鲜性和完整性。

统一使用市民社会保障卡，办理各项社会事务。目前，市民可以通过市民社会保障卡办理社保、医保、工伤保险等多项业务。

累计到2004年7月底为止，市民基础数据库数据量为：

总数据量为：37985934

人口数据量：3304282

机构数量：1058910

事件数据：11815236

证照数据量：940183

公安常口新增数据量2559615，修改数据量1519193

公安暂口户信息新增数据量218405,修改数据量212568

劳动五保调动新增数据量444,577

制定了厦门市民基础数据库数据标准和数据交换标准。

市民服务信息系统的建设将对政府管理和市民生活产生深远的影响，主要体现在以下几方面：

变革管理方式，提高工作效益，提升服务水平

以数据信息化为基础，打破部门壁垒，促进部门协调配合。

市民服务信息系统的实施，建立了数据信息化的技术规范，如业务分类、数据分项等规范，有助于业务部门将业务资料数字化，转换为适用于计算机处理的数据、文字、图像及多媒体信息，使业务内容转换成业务信息流，提高工作效率。系统建设过程中，对业务部门的市民基础数据进行了比对、清洗，找出并处理了问题数据，提高了业务部门的数据质量水平，为政府服务质量的提高提供了保障。规范，统一的数据构成方式，有效地突破了部门条块分割的技术障碍，为跨部门沟通、交流、协同作业提供了基础，为政府管理体制的变革创造了条件。

以流程信息化为手段，优化工作流程，促进政府职能转变。

系统以事件为触发点规划工作流程，以工作标准和软件程序的方式固化流程，减少了人为因素的影响，使流程涉及的各部门工作更规范高效，有效降低了行政运营成本，提高了政府工作的公正性、廉洁性，推动了政府管理方式的转变。

以决策信息化为基础，辅助政府科学决策，提高政府服务质量。

通过对市民基础数据库的挖掘和分析，运用一定的计算模型，可为政府宏观决策提供全面、及时、动态的社会基本状况统计分析资料。政府可准确地了解市民的失业状况、就业趋势、教育水平等信息，并在数据积累的基础上做出预测，采取应对措施，部署应急预案。

通过对系统中大量业务数据资源的分析，政府可了解业务部门工作中存在的问题，工作的薄弱环节，准确把握工作状况和发展规律，制定相关的政策法规，从而对整个社会，政治、经济发展进行必要的引导和宏观调控。

改变生活方式，提高生活质量，享受信息化成果

以一卡通应用为基础，转变个人事务办理方式。

过去市民办理个人事务，总要带着各类文书、证件，碌碌奔走于各业务部门之间，花一段不短的时间才得出结果。市民服务信息系统建成后，市民凭借一张市民社会保障卡作为“电子身份凭证”，就可方便地办理劳动和社会保障局、公安局、计生委、民政局、教育局、卫生局等部门的个人事务。

例如李四到医院生孩子，她不必带着身份证、准生证、医保卡、保健卡等等一大堆资料、证件，只需出示市民社会保障卡，医院就可通过市民社会保障卡联上李四在市民基础数据库的相关信息，快捷地为李四办理住院手续。李四既省了带证件的麻烦，又免去证件可能漏带的焦虑，更多了一份从容和期待的愉悦。

以服务体系为基础，多种方式享受政府信息化建设成果

过去市民办理个人事务，常常需要早早地从家里出发，匆匆地赶往办事地点，无奈地排着长长的队伍，花上两三个小时才得个结果。如果事务涉及到多个业务部门，市民还得这样重复好几个回合才能把事办成。市民服务信息系统将通过市民服务网点、市民呼叫中心，市民服务网站构筑面向市民的综合服务体系，将政府信息化的成果延伸到每个普通市民的身边。

市民通过就近的市民服务网点就可办理市民社会保障卡的申领登记、个人信息采集、领卡、换卡、挂失、解挂、信息查询等服务。

市民利用家中的电话，手中的手机，拨几个专用的号码就可接入呼叫中心，咨询相关政策法规、查询个人信息、投诉违规行为和办理部分个人事务。

利用市民服务网站，市民可以舒服地坐在家里，通过网络轻松地查询政府公共事务服务信息、业务受理情况并办理部分个人事务。随着市民服务信息系统在应用方式上的扩展，市民有可能在网上轻松地办理住房贷款、劳动就业、职业技能鉴定等各类事务。

丰富的服务方式将使市民随时随地享受政府信息化的成果，权且让数据在网络上碌碌奔波去，市民则用更多的时间来享受高品质的现代生活。

系统的扩展应用

1、系统本身的扩展应用

1）在现有的市级数据交换平台上，除了公安局、劳动和社会保障局、公积金管理中心、计生委四个部门的数据交换接入，还要继续纳入人事局、教育局、卫生等部门的业务数据；

2）完善市民社会保障卡的数据采集和发卡工作；

3）通过建设一站式社区网点和呼叫中心，构筑面向市民的综合服务体系；

4）建设辅助政府科学决策的决策分析子系统；

5）建设实现部门信息共享、数据资源复用和业务协同管理的网上审批系统；

6）为街区电子政务系统建设提供数据基础和统一的数据交换通道，深化政府部门条块的综合数据整合和利用。

2、结合其他资源库建设的延伸应用

企业法人库和地理信息库都是厦门市政府在最近一段时间要建立起来的信息资源库。根据市民基础数据库的扩展原则和数据整合的流程与两个库的基本信息建立逻辑关联，整合的数据可延伸应用到政府宏观管理和企业对外服务的层面上。

1）政府部门加强宏观管理的具体应用有：

税务的延伸应用：以市民基础数据库为基础，建立个人纳税信息库，可以加强企业、个人税务的监控。

卫生的延伸应用：以市民基础数据库为基础，建立患者健康信息库，可以为各个医院的临床就诊提供“过往史”信息；同时也为紧急疫情的防控、监测提供信息基础。

教育的延伸应用：以市民基础信息库为基础，建立市民教育库，把个人从入学到接受各种文化教育的信息采集、管理起来，为教育、人口素质提高等工作提供详细的信息。

2）为企业、机构提供服务的延伸应用如：

银行的延伸应用：为银行提供个人信息的核查信息。

航空的延伸应用：在登记的时候通过市民社会保障卡以及基础数据库可以采集个人相关信息

巨龙软件
DRAGONSOFT

厦门市法人基础数据库系统

建设背景

“厦门市法人基础数据库系统”是在全国电子政务不断发展、社会需求不断提升、技术条件不断发展的背景下产生的，因此，“厦门市法人基础数据库系统”建设背景包括：

具有一定的电子政务基础

厦门市政府部门的信息化建设已有十多年的历史，跟企业管理相关的各政府部门如国税局、地税局、工商局、质量技术监督局、海关、外汇管理局、贸发局、外资局等都先后建立了个人级、科室/处室级、部门级的信息系统，这些都为政府提高管理效率和发挥服务质量做出应有的贡献，并为进一步的电子政务建设奠定较好的基础。

国务院信息化工作的要求

为进一步推动电子政务，国家拟在全国范围内推广和建立企业基础信息交换——基于工商行政管理、国税、地税和质量技术监督部门之间的企业基础信息交换，厦门市作为试点城市之一，需要在2004年6月份完成企业基础信息交换系统的建设。

现阶段信息化建设中存在一定的问题

在技术条件的逐步发展和业务需求逐步变化的过程中，信息系统本身的特点和优势并没有充分发挥出来，特别表现在信息系统之间，尤其是各部门的信息系统之间，基本没有实现信息交换和共享。这些现状具体分析主要体现在三个矛盾上：

业务相互关联与应用系统相互独立的矛盾突出

工商行政管理、国税、地税和质量技术监督等业务部门之间业务存在一定关联，但是由于各个业务部门应用系统独自建设，相互之间没有协同的考虑，使得业务部门虽然信息化建设不断发展，但相互之间的业务关系并没有在应用系统中体现，使得业务管理存在一定的难度和漏洞。如：国地税的未登记户（漏管户）管理、企业开业登记、工商的企业年度审查等都需要从其它相关单位获取特定的相关企业信息才能完成整个处理过程。

数据共享需求增大与数据共享难的矛盾突出

在电子政务发展过程中，一方面各个业务部门数据不断增加，另一方面业务需求的发展需要更多业务部门支持。但是由于业务系统独立建设，使得数据条块分割的现象严重，数据共享难。具体表现为各个业务部门的数据分散不集中、数据的标准不一致、数据的质量参差不齐；各个部门之间并没有建立起数据交换、数据共享的通道和平台。

大量的数据蕴含丰富的信息与数据挖掘程度低的矛盾突出

信息化不断发展过程中，各个业务部门采集了大量的信息，同时在业务办理过程中也产生了大量的业务数据。这些数据蕴含了各方面的管理支持信息，如果采用统计分析和数据挖掘的技术，可以为各级领导提供大量的决策分析依据。但是目前存在的数据不集中、数据质量不高的情况，对数据价值的挖掘程度很低。

面对信息孤岛造成的系列矛盾，为了整合各业务部门信息，突破条块分割现状，厦门市政府在 2004 年 1 月开始进行“法人基础数据库系统”的规划和建设，以实现创建畅通的企业基础信息交换渠道的目标。

建设方案

统一协调，分工合作

统一协调：法人基础数据库系统的建设不但涉及多种技术手段，也涉及多个业务部门，各部门都有其独特的业务流程和处理方式，而法人系统需要在各部门之间建立起数据交换的流程，从而提高各部门的业务效率，在法人系统的建设过程中，需要各个相关部门的密切配合和共同努力。因此，需要相关部门的密切配合和共同努力，统一协调，分工合作，才能保障法人系统的建设思路能够得到全面的贯彻。

分工合作：法人系统不但涉及多种技术手段，也涉及多个业务部门，是一个复杂的系统，需要各有关部门分别承担在其业务领域内的信息系统改造。

统一思路，明确目标

建设思路

“厦门市法人基础数据库系统”的建设是以“厦门市市民服务信息系统”现有的支撑环境体系为基础的，在其上进行扩展，充分利用原有的资源，减少重复采购与重复开发，节约了成本，两个系统之间具有很大的共性。但是“厦门市法人基础数据库系统”作为一个独立的系统，与“厦门市民服务信息系统”比较，具有一些不一致的地方，因此，在建设思路上采用与市民系统相结合同时具有自身特点的思路。

系统建设尽量采用与“厦门市市民服务信息系统”相似的架构体系与产品体系，保证本系统与“厦门市市民服务信息系统”的高融合度。

跟“厦门市市民服务信息系统”一样，采用易于扩充、已有成功经验的产品化软件实现系统的建设，保证系统建设的成功与可扩展行。

面向企业管理应用，以数据交换平台为基础，结合各个业务部门的业务要求，建立一个支持各个业务部门协作办公的系统运行支撑体系为主要目标。

对于没有建设过“市民服务信息系统”的地市，可以采用如下建设思路：

- 搭建市级数据交换平台，实现工商局、国税局、地税局等单位与政务信息中心的互联互通。
- 建立数据整合和刷新机制，构建法人基础数据库，并实现问题数据的反馈分析。
- 实现扩展应用，建立政府宏观决策支持体系。

建设目标

厦门市法人基础数据库系统的目标为：

- 面向法人：为各业务部门更好的服务法人（企业）奠定数据基础；
- 面向部门：建设一个包含数据交换平台和数据共享机制的稳定、标准、开放且可扩展的系统运行支撑体系，提高管理的效果和效率；
- 面向政府：为宏观决策提供全面、准确的数据分析和展现。

建设原则

厦门市法人基础数据库系统建设遵循以下原则：

➢ **需求导向**

以系统相关的各个业务部门的需求为导向，建设支持各业务部门信息互动共享、协同办公平台。

➢ **业务归口**

各部门业务系统的建设和业务办理归口各业务部门自己负责。

➢ **数据共享**

集中建设企业法人基础数据库，统一存放在市政务信息中心。各部门根据数据共享规范更新企业法人基础数据库，向其他部门提供数据，同时获取其他部门提供的数据。

➢ **共用平台**

各部门统一使用基于党政机关专网建设的公共数据交换平台与共享数据集成平台，实现企业法人基础信息的实时交换与充分共享。同时由于“厦门市市民服务信息系统”已经建设在先，所以必须建立与“厦门市市民服务信息系统”的紧内聚与松耦合关系。具体是指紧密结合“市民服务信息系统”现有的体系架构进行规划设计，充分利用现有的资源和架构；但在系统的实施和运行过程中不会对“市民服务信息系统”现有的正常运转带来很大的影响。

建设内容

按功能划分建设内容

系统建设内容从功能角度可分三个部分：创建法人基础数据库、搭建业务协作的支撑体系、制定相关业务标准。具体内容以及相互关系如下图所示：

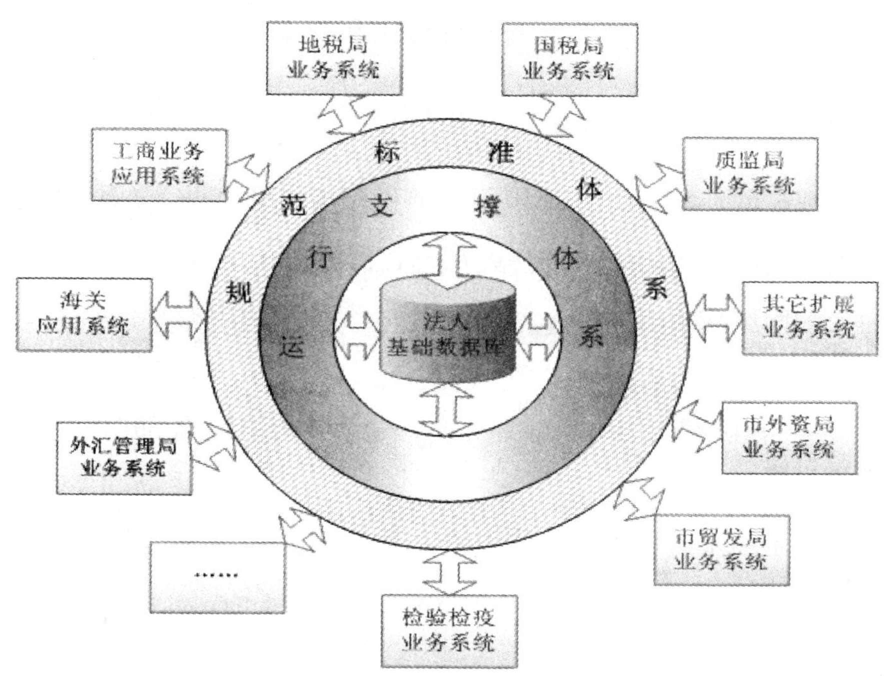

> **创建法人基础数据库**

按照质检局、工商局、税务局的数据标准，结合厦门市各部门应用系统建设的实际情况，制定法人基础数据库的统一标准。然后按照统一的标准，收集、比对、整合分散在各部门的基础数据，建立法人基础数据库。

> **搭建业务协作的支撑体系**

系统运行平台包括三部分内容，一是网络支撑环境；二是扩展（或搭建）交换平台，搭建一个支持更多业务部门的数据交换平台；三是建立对各个业务部门的业务具有较好支持的数据互动机制，包括数据抽取、反馈、纠错、复用的整个跨政务中心和业务部门的循环机制。

> **制定相关标准规范**

制定与系统运行平台相对应的相关标准、制度和规范，以确保数据共享、业务部门之间相互协作的顺利进行，具体包括法人数据库的标准、数据交换的标准以及数据共享的规范等。

按实施阶段划分建设内容

项目建设内容实时分三期实现，各自的目标如下：

一期工程建设目标

创建法人基础数据库；整合工商、国税、地税和质监四个业务部门的共享的业务数据；进行中心数据库系统的扩充改造，扩展法人基础数据库系统的数据交换体系、协作办公体系；升级相关业务部门的网络和设备，扩容部署业务接口子系统。系统实施范围包括：市工商局、市国税局、市地税局、市质监局。

二期工程建设目标

实现进出口领域企业基础信息的数据整合与数据交换。系统的实施范围包括：海关、市外汇管理局、市检验检疫局、市贸发局、市外资局。

三期工程建设目标

实现所有法人信息在有关部门的交换，为政府宏观决策提供全面的信息，并建立辅助决策模型。系统实施范围扩大到民政局、市机构编制委员会。

建设成效

厦门法人基础数据库系统于 2004 年 4 月开始建设，7 月 23 日通过一期验收。

1）完成工商、国税、地税及质监等四个部门的企业法人基础数据整合，形成市级法人基础数据库，并针对各个业务部门数据进行质量分析，形成质量分析报告。

2）完成工商、国税、地税及质监等四个部门的交换节点服务器及前置机的设备安装调试及相应系统软件和应用软件的安装调试。

3）建立了工商、国税、地税及质监等四个部门的数据交换机制并完成交换流程的定义，达到国家企业基础信息交换的试点要求并投入试运行。

4）充分利用厦门市民服务信息系统的建设资源，完成对数据交换平台、综合查询系统等系统的扩展。

3 月 31 日之前数据整合的数据范围包括企业、个体的登记信息、注销信息、变更信息、年检信息及法人代表信息。整合数据量为：

产生的数据交换量：

工商局

开业登记信息 3480

企业变更登记信息 67966

注（吊）销信息 303

年检验证信息 11631

国税局

税务登记信息 2667

注销税务登记信息 516

非正常户信息 650

是国家四大资源库建设内容之一

厦门市法人基础数据库系统构建了厦门市法人基础数据库，是国家四大资源库建设内容之一。

国家四大资源库包括人口库、法人库、信息资源和空间地域库与宏观经济库。法人基础数据库的建立，一方面提高法人基础数据库所涉及的业务部门的业务运作效率，另一方面，也可以实现为厦门市民服务信息系统中建设的市民基础数据库提供更准确和标准的机构（法人）信息，有利于进一步提高市民基础数据库的全面性、准确性和权威性。同时，宏观经济库等也可以通过市民基础数据库、法人基础数据库获取有关自然人和法人的信息，以利于提高资源管理的信息全面性和准确性。

后期，政府机关还可以通过与银行、企业合作，整合市民和法人的市场活动数据，分别形成市民信用数据和企业信用数据，将为政府在宏观方面维护市场秩序提供有力的工具。

是建立城市辅助决策系统的基础

科学的决策分析一定是建立在丰富的数据分析基础之上的。在每个基础数据库建立并充分提高对业务的支持价值后，必然积累与国计民生相关的种类繁多、数量可观的历史数据，它们可以支持政府提高宏观决策的正确性。因此，法人基础数据库的建立和不断完善，将为厦门市建立城市辅助决策系统提供有力支持。同时，还可以在建立辅助决策系统的基础上，进一步完善决策模型。

辅助决策系统的建立将极大提高厦门市信息化建设力度，进一步改善政府职能，提高政府宏观调控能力，推动厦门向新型的海湾型城市迈进。

解决信息孤岛问题

创建法人基础数据库后，需要维持数据库的生命力和挖掘数据库的价值。维持数据库生命力的最重要两个途径是：一是根据业务需要拓展数据范围；二是保证所整合数据的新鲜度。挖掘数据库价值也有两个重要途径：一是基于整合数据进行数据挖掘和统计分析；二是让业务部门共享其业务需要的数据。

厦门市法人基础数据库系统建立了政务信息中心与各相关业务部门之间的数据交换和共享机制，各业务部门通过市级数据交换平台实现与政务信息中心的数据交互，使各业务部门保存的数据能够通过中心数据库发布给其它业务部门，也使各业务部门通过中心数据库获得其所需要的其它部门的有关业务数据，提高了各业务部门的业务运作质量和效率，从而有效解决了信息孤岛问题。

数据共享和交换，有利加强市场监管，增加税收收入

通过企业基础信息的比对和交换工作，及时发现大量漏管户，并进行了有效地监管。以数据交换为契机，工商与税务部门积极探索建立协同管理机制。通过数据交换和比对，发现大量税务管理非正常户及经营不正常的企业，为工商部门查处无照经营企业、擅自变更经营场地企业、未参加年检企业提供了线索。有助于工商与税务部门加强协同管管理，从而使各自监管的力度得到较大的增强。目前已初步明确企业在工商部门开业登记后，质监、税务部门充分利用通过交换所获得的企业基础信息，一是及时掌握企业漏管情况，对规定时间内未到质监和税务部门办理组织机构代码和税务注册登记的，及时进行催登，二是利用交换所得的企业基本信息为各单位业务处理系统所利用或参考，从业务流程上避免企业在多个部门注册登记时，因人工多次重复输入而造成的名称、地址等不一致现象，有效地加强政府相关部门对企业的联动监管。同时对企业在一部门变更、注销登记后，及时通过交换平台进行信息的及时交换，使相关政府管理部门全面、准确、及时掌握了企业的各种信息，有利于加强市场监管，有效防止漏管户，防止偷逃税，增加税收收入。同时也为政府相关部门准确把握经济运行状态，为领导决策提供辅助服务。

数据复用机制的采用，极大地提高了各业务部门的工作效率，并在推动数据质量不断提高的同时，为厦门市电子政务系统的建设起到了积极的推进作用。

应用展望

1、在现有的工商、质监、国税、地税四个业务部门的基础上，将法人系统的共建业务部门扩大到海关、市外汇管理局、市检验检疫局、市贸发局、市外资局、市民政局、市机构编制委员会等其它七个业务系统；

2、加大业务部门之间的数据交换内容和数据交换频率，逐步完善业务协同办公；

3、为市法院等其它政府部门提升服务质量和加强管理力度提供数据支持；

4、建设辅助政府科学决策的决策分析子系统。

RJ-iTop 网络隐患扫描系统

RJ-iTop Network Vulnerability Scanner System

专业的网络隐患扫描产品厂家——榕基企业

榕基企业，是国家火炬计划重点高新技术企业和国家计算机信息系统集成一级资质认证单位。榕基企业凭借雄厚的技术实力、严格的质量管理、勤奋的工作队伍和完善的客户服务，为政府、电信、金融、电力、交警、质检、海关、军队等行业建设了实用化集成系统平台，企业所开发的大型管理软件正平稳运行在这些平台之上，得到了全国各地用户的普遍认可和广泛支持。历经十年稳步发展，榕基企业开始了从以集成系统和软件开发为中心业务，向以产品、市场和服务为中心业务的战略转移。

进入新千年，企业投入大量人力物力财力，迅速推出了 RJ-iTop 榕基网络安全隐患扫描系统，并建立了自动化的客户服务中心，以期实现企业基于规模效益的盈利收入。长期的安全服务经验和雄厚的软件开发实力，使榕基有能力提供全系列的网络安全产品。为了给用户提供更专业、更优秀的价值，榕基企业将全部安全技术力量投入到网络隐患扫描产品的开发、升级和服务上，因此 RJ-iTop 系列产品具有独特的优势。

网络隐患扫描技术是一种积极主动地安全防护技术，在网络系统受到攻击之前，及时发现网络中存在的安全隐患和漏洞，预先提供相应的安全防护解决建议。它是继防火墙、防病毒、入侵检测技术之后网络安全体系中又一重要组成部分。RJ-iTop 榕基网络隐患扫描系统通过模拟黑客攻击的方式，对基于不同操作系统下的计算机或网络设备进行漏洞的检测分析。系统将针对网络中存在的安全漏洞与薄弱环节给出详尽的安全评估报告，并针对每一个安全隐患给出相应的修补措施和安全建议，从而将安全防护水平提高到一个新的层次。

我们深信，专业才能更优秀。秉承健康发展理念的榕基企业，必将稳健持久地成长，并始终为您提供优质的专业产品和服务，进而为实现我们“把产品和服务推向世界，为振兴民族信息产业做出杰出贡献”的远大理想奠定坚实的基础。

荣誉和认证

- 系出名门　卓而不凡

  国家 863 计划信息安全技术项目（863-301-05-01）计划产品。
- 计算机软件登记证书
- 公安部销售许可证：“计算机信息系统安全专用产品销售许可证”XKC31095
- 公安部销售许可证：“计算机信息系统安全专用产品销售许可证”XKC31202

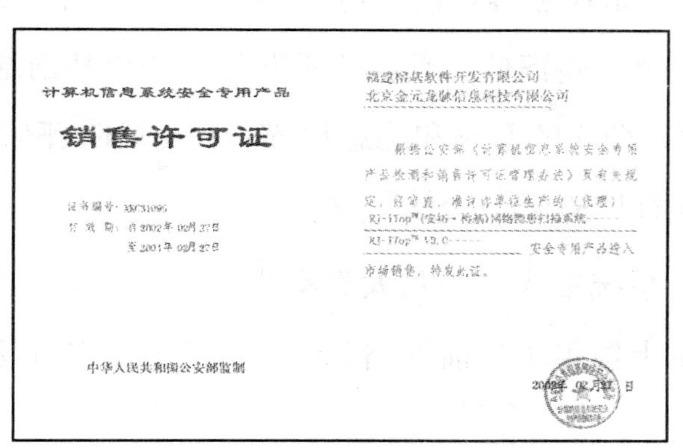
计算机信息系统安全专用产品
销售许可证
证书编号：XKC31095
中华人民共和国公安部监制

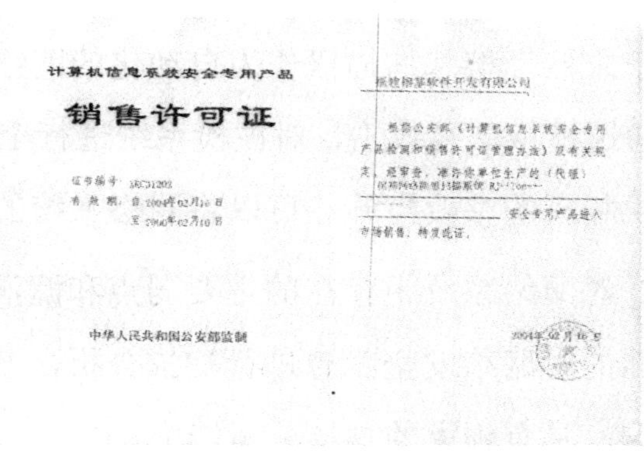
计算机信息系统安全专用产品
销售许可证
证书编号：XKC31202
中华人民共和国公安部监制

- 国家信息安全认证：“国家信息安全认证产品型号证书”CNISTEC2002TYP141
- 军用信息安全产品认证：“军用信息安全产品认证证书”军密认字第 0104 号
- 国家保密局认证：“涉密信息系统产品测试证书”ISSTEC2002YT0011

国家信息安全认证
产品型号证书

军用信息安全产品
认证证书

➢ 支持国际 CVE（Common Vulnerabilities and Exposures）标准

产品功能

网络隐患扫描是一种积极主动地安全防护技术,在网络系统受到危害之前，及时发现安全隐患和漏洞，预先提供安全防护解决方案。网络隐患扫描产品可作为安全评估产品，网络隐患扫描系统或者系统脆弱性分析工具。

1. **隐患扫描功能**

隐患扫描是做好安全防护的第一步，其作用是在黑客攻击之前，找出网络中存在的漏洞，防患于未然。榕基扫描器作为自动化的网络安全风险评估工具，侧重发生安全事故前这一阶段。通过模拟黑客攻击，对被检系统进行全面、彻底的漏洞和隐患扫描，提交风险评估报告，并提供相应的整改措施，可以将网络系统的运行风险降至最低。

针对网络系统中存在的主要弱点和漏洞，系统集成了十几大类实践性方法，能全方位、多侧面的对网络安全隐患进行扫描分析，基本上覆盖了目前网络和操作系统存在的主要弱点和漏洞，具有强大的扫描分析能力。

2. **安全管理功能**

系统将所发现的隐患和漏洞依照风险等级进行分类，向用户发出不同的警告提示，提交风险评估报告，并给出详细的解决办法。系统对可扫描 IP 地址进行了严格地限定，能有效地防止系统被滥用和盗用。

3. **策略管理功能**

系统针对不同用户的需求，对扫描项进行合理的组合，更快、更有效地帮助不同用户构建自己专用的安全策略。系统中预装了多种常见的策略，可以根据不同的安全需求选取或自定义扫描策略，对相应的设备进行扫描分析。

4. **快捷升级功能**

系统通过网络或者本地数据包升级方式，可以对漏洞库、程序、可扫描 IP 和策略进行升级，保持系统功能的完整性，使您能够检测最新的安全隐患，在黑客发起攻击之前修补漏洞。同时保证每周至少升级一次，以保证用户能够检测并修复最新的漏洞和隐患。

5. **统计分析功能**

系统采用报表和图形的形式对扫描结果进行分析，可以方便直观地对用户进行安全性能评估和检查。系统不仅能发现系统存在的弱点和漏洞，还能给用户提出修补这些弱点和漏洞的建议和措施，能给用户建议保证系统安全的安全策略，最大限度地保证用户信息系统的安全。

产品特色

- **自主知识产权：**国家高技术研究计划（863-301-05-01）产品，自主知识产权的扫描引擎，拥有全部源代码。
- **天然支持分布式扫描：**用户的网络结构越来越复杂，虚拟子网划分、子网之间的防火墙、访问限制等越来越普遍。这种情况下，要想获得完整真实的安全评估效果，只有实行分布式扫描，这是隐患扫描技术的必然发展趋势。RJ-iTop 产品以专业设备的形态出现，天然支持分布式扫描。
- **强大的检测分析能力:**能够对操作系统、网络设备和数据库进行扫描，指出有关网络的安全漏洞及被测系统的薄弱环节，给出详细的检测报告和相应的修补措施，安全建议;拥有强大的检测漏洞库，现有漏洞数量 1650 条（2004 年 10 月）。每条漏洞都包含详细漏洞描述和可操作性强的解决方案;每周至少升级更新漏洞库一次，以保证能够检测最新的漏洞。
- **完善的三级服务体系：**

第一级:产品本身都有漏洞的解释和提示，用户可以方便地学习和操作相关内容。

第二级:专业的产品网站向用户提供周到的会员制服务,可以查询到十分详细的漏洞相关知识，提供完善的安全咨询服务。

第三级：榕基企业的网络安全小组长期从事网络安全的研究，对安全产品和全面的安全方案有丰富的经验，对各种漏洞的成因和修补有较深入的研究。用户可以通过8008581121热线电话直接交流，安全小组为用户提供一对一的专业指导和协助，帮助用户建立严密的安全体系。

- **系统自身高度安全：**系统设计采用了先进的层次化软件体系结构，框架清晰、运行稳定；漏洞库采用脚本方式升级，使先进性和可靠性得到了完美的统一；运行平台是经过专门优化的系统，对操作系统的漏洞进行了全面的修补；扫描系统所能扫描的IP地址范围被严格锁定和限制，杜绝了被恶意使用的可能;采用数据加密方法对重要数据进行加密，保证数据的安全读取与传输。
- **支持国际CVE标准：**完全基于国际CVE（Common Vulnerabilities and Exposures）标准建立的安全漏洞库，并通过升级可以与国际最新标准同步。

应用领域

- 政府机关、网络管理部门
- 公安、保密、安全机关等国家授权的网络安全监察部门
- 金融、电信、电力、保险、海关、商检、司法机关等各行业网络管理中心
- 商业、制造业领域大中型企业网络管理中心
- 科研教育机构网络管理中心
- Internet互联及接入管理单位
- Internet服务提供商（各ISP、ICP、IAP）

应用场合和时宜

- 公安、保密、安全机关组织的安全性检查
- 安装新软件、启动新服务后的安全性检查
- 网络的安全系统建设方案和建设成效评估

- 网络的安全系统改造前后安全评估和检验
- 网络承担重要任务前的安全性测试和加固
- 定期网络安全自我检测评估
- 网络安全事故后的分析调查
- 重大网络安全事件前的准备

应用环境

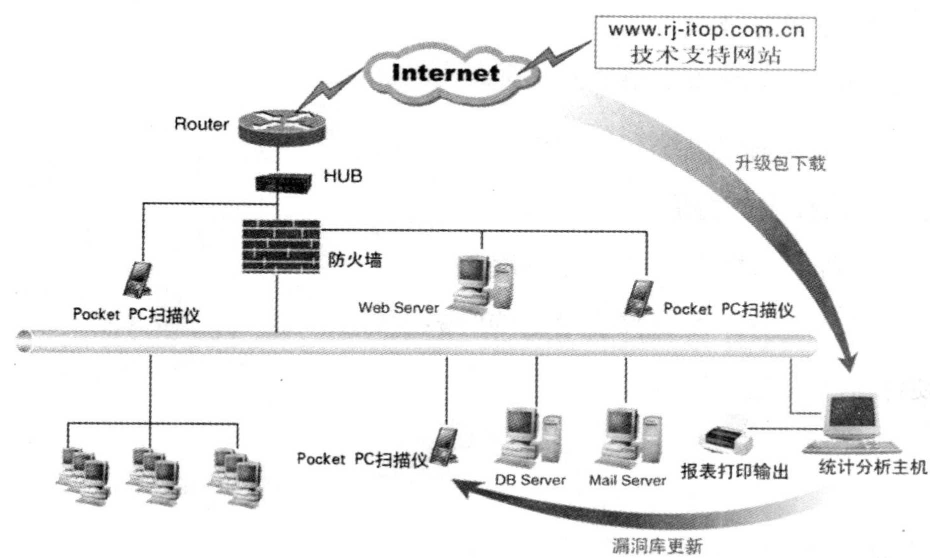

支持扫描以下各类操作系统：

IBM 的 AIX、OS400

Hewlett-Packard 的 HP-UX

Sun 的 Solaris

Compaq 的 Tru64 Unix

Redhat Linux，Turbo Linux，Bluepoint，Xterm，红旗 Linux，Slackware

FreeBSD，NetBSD

SCO Unix

WinNT，Win2003，Win2000，WinXP，Win98，WinMe

NovellNetware5

支持扫描以下各类设备：

网络接入设备　网络安全设备

主流数据库　　主流应用服务

服务内容

- 两年内系统免费升级
- 两年内漏洞库、策略库免费升级
- 两年内可扫描范围按协议在线变更
- 800 免费电话技术支持服务
- 产品网站工程师免费在线技术支持服务
- 正常工作日外免费邮件解答技术支持服务
- 产品硬件一年内免费保修服务

制　造　商：　榕基企业 网络安全事业部

销售联系商：　浙江榕基信息技术有限公司

销售热线：　北京 010-65920269　　浙江 0571-56802727-802/822

客服热线：　800-858-1121

公司网址：　WWW.RONGJI.COM

产品网站：　WWW.RJ-ITOP.COM

打造民族自主知识产权的全网安全方案

四川南山之桥微电子有限公司

作为全球第二大互联网市场，中国的网络通信市场有着华为、中兴、博达、迈普等一批耳熟能详的优秀通信设备公司，有着电信、网通、铁通等触手可及网络运营商，更有着几亿用户的广阔市场基础。然而长期以来，中国的网络通信市场一直却在忍受着缺“芯”少“魂”（核心软件）的煎熬，所有的通信设备公司采用相同的美国芯片，而芯片就好比是人身上的基因，在同质的基因下，无论在软件上做什么变化和特色都可以说是万变不离其宗，难以做到产品的差异化。更重要的是，在单向采用美国芯片的情况下，国内用户的需求反馈无法通过芯片实现，难以满足国内千差万别的实际网络应用需求；同样的芯片的某些性能组合到国内使用时被关闭；美国芯片公司对国内设备公司芯片应用的支持力度也比国外公司弱许多。网络通信芯片的窘境，就造成了国内通信公司在技术上几乎永远无法赶超Cisco、Juniper、Netscreen等国外知名公司，中国网络通信市场的产业链面临着巨大的威胁。

正是在这样的背景下，四川南山之桥微电子有限公司经过奋力拼搏，在中国成都高新技术开发区成功开发出我国第一颗具有完全自主知识产权的高性能路由交换核心芯片——“华夏网芯”TS2410，从此改写了中国高性能路由交换机没有“中国芯”的历史。2004年4月21日成都高新技术产业开发区在北京人民大会堂成功举行了“华夏网芯” TS2410新闻发布会。在发布会上，南山之桥与迈普、博达通信、国腾、神州数码、清华比威、三一通讯签署了战略性合作协议书，共同致力于为用户提供安全的高性能数据通信全网解决方案，以促进中国信息化的发展。

现有的网络，信息安全已经成为最重要的问题。网络的信息安全存在两个顾虑：一方面是来自外部的安全隐患，内部的网络不能仅仅是一个个信息孤岛，网络的互联必然带来外部安全问题；而另一方面，网络安全问题往往出自内部，来自内部的安全隐患甚至比外部的安全隐患更为严重。在传统的网络中，防火墙能够在一定程度上防御来自外部的攻击，但防火墙又以牺牲速度为代价，产生了网络安全与网络速度的矛盾。对于内部的安全，防火墙又无能为力，只能通过对网络的实时管理来防范，但同时，这又造就了网络管理和网络成本的矛盾。更重要的是，目前的网络通信和网络安全走的是两条平行的道路，设备之间无法联动，网络安全设备需要的数据信息无法通过网络通信设备采集，使网络安全设备的许多功能成为可看不可用的摆设。Yankee Group 公司发表的《安全服务交换机要主宰现在：安全设备已死亡》的报告宣告了安全设备（Security Appliances）市场末日和安全服务交换机（security service switches）市场的兴起。Yankee Group 告诫用户停止购买安全设备。根本原因归纳为，目前国外的 Broadcom/Marvel 的芯片方案没有办法同时解决以下二对矛盾：1）网络安全与网络速度的矛盾；2）网络管理和网络成本的矛盾。

基于这样的市场需求，南山之桥推出基于“华夏网芯”ASIC、“Xwall”ASIC 及“蓝风凰”系列 ASIC 的全网安全方案，能够同时解决来自内部和外部的安全问题这二对矛盾。南山之桥通过一系列自主研发的 ASIC 芯片，不仅能够在千兆线速情况下实现 L2/L3 的交换、路由，更可以实现千兆线速的防火墙、VPN、全包内容过滤、病毒网关、URL 过滤、email 过滤等功能，将网络通信和网络安全融为一体。南山之桥的全网安全方案包括以下三个系列：

华夏网芯™系列是南山之桥自主研发的以太网路由器、交换机 SoC 核心芯片，由时任李鹏委员长命名。华夏网芯™作为高性能的安全路由交换机单芯片解决方案，不仅在性能上全面超越国外同类芯片，并针对中国网络管理的实际需要量身定制，是真正意义上的中国“芯”。

Xwall™系列是南山之桥自主研发的新一代防火墙、路由器、交换机合一的专用芯片。X 寓意路由和交换，Wall 则代表防火墙，Xwall™融路由、交换、防火墙于一体，使防火墙不再是一堵阻碍数据交换的墙，解决了网络安全与网络速度、网络管理和网络成本的矛盾。

蓝凤凰™系列作为新一代的网络搜索引擎芯片，融合了当今世界最优秀的算法，能够在千兆线速下实现全包内容过滤、病毒网关、URL 过滤、email 过滤，并可以实现千兆线速 VPN 和多种的增值服务。正因为其硬件病毒网关的功能，也便有了百毒不侵“蓝凤凰”的美誉。

而更为重要的是，三大产品系列可以在平台上联动，从而完成全网安全方案。

有了南山之桥自主研发的 ASIC 全网安全方案，结合国内通信厂商的强大系统研发实力，芯片与系统的紧密互动合作，完善中国网络通信的产业链，联合打造民族自主知识产权的全网安全方案，为中国的网络通信市场量身定做安全的通信网络，挑战国际一流网络通信、安全公司。

华呼追求呼叫中心的高性价比

目前国内的许多企业都把增加公司收益、提高服务质量放在了公司发展的重要位置，客服中心这一先进的客户关系管理机制得到了充分的肯定和蓬勃的发展，建立客服中心被许多企业提上了工作日程。客服中心的实用性、稳定性、可扩展性、投资成本、技术支持等成为企业建立客服考量的几个重要方面，华呼制定的基于国外主流品牌交换机的解决方案是这几个方面完美结合的典范，使企业可以毫不犹豫的建立自己的客服中心。

华呼技术选用基于国外主流品牌交换机呼叫中心解决方案，方案因性价比高、应用案例广泛、高效稳定，被许多企业所采纳，它具有以下优势：

先进性：

采用 Call Center 领域的最新产品及先进技术，做到功能上先进、实用，与国际接轨。

整体性：

提供包括 PBX、CTI、IVR、VOIP、座席员业务系统的一套完整的呼叫中心解决方案，在各子系统协同工作、系统稳定性、工作效率等方面提供可靠保障。

扩展性：

系统具有良好的扩展性，随着业务的扩展，很容易在现行系统上扩展。

开放性：

系统均采用开放平台，由于华呼软件公司呼叫中心整体解决方案已经是非常成熟的产品，在系统开发中也提供了开放、强大的开发平台，可以缩短项目开发周期，赢得市场先机。

投资保护：

充分考虑未来业务拓展的需要的同时，最大程度保护现有投资。

系统集成：

可以与现有系统协同工作，有能力集成现有的后台业务系统、数据库系统、短信系统、邮件系统，并能够紧密协同工作。

技术支持：

华呼软件公司对于系统集成项目有着丰富的管理经验与方法论，结合多年的经验与自身的技术优势，我们有信心和客户一起合作为项目的实施提供有力保障。

系统结构：

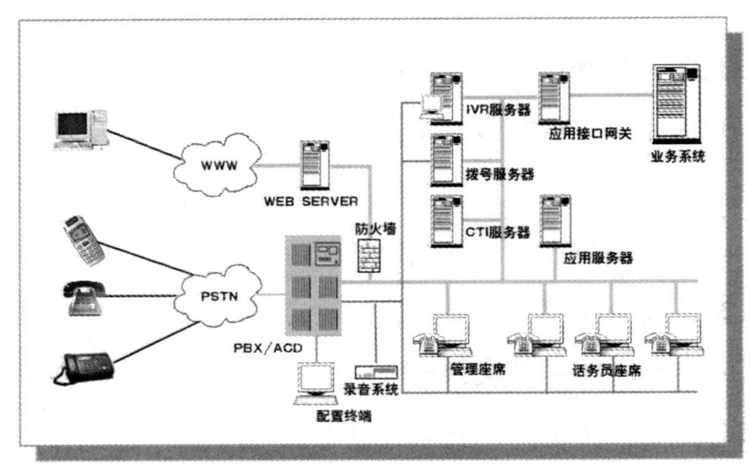

典型案例一华呼打造汉鑫商务 Call Center

汉鑫商务 Call Center 就是秉承以上所提到的华呼优势，由华呼打造的呼叫中心典型案例。汉鑫商务是电子商务及信息技术行业推广应用的领导者，既是一个高新技术集成应用开发的企业，更是一个服务提供商。汉鑫商务 Call Center 是提供商务服务直接为企业带来利润的盈利型 Call Center。华呼为汉鑫商务打造的 Call Center 是使用计算机电话集成技术，采用电话自动语音和人工座席等服务方式为客户提供全面、优质的服务系统。华呼技术通过 Call Center 服务平台，采用电话、网络、电子邮件、传真等多种渠道的方式，实现汉鑫商务为客户及广东银联各成员行的 POS 商户提供更方便、更快捷的“一站式”服务。

华呼 CnCall CTI Link 中间件优势

华呼技术是是国内著名的 CTI 软件和基础通信构件开发商，在 CTI 领域的多项技术已处于国际领先水平，产品涵盖呼叫中心、统一通信（UC）等领域，在技术方面更加专业、细致到位；华呼拥有近十年的 CTI 及呼叫中心开发经验，其 CTI 中间件产品经过市场的千锤百炼已打造出华呼中间件的品牌为广大集成商和最终客户所认可，并成为建设呼叫中心的首选。

华呼 CnCall CTI Link 中间件支持国外主流品牌交换机，屏蔽不同交换机的底层协议的复杂性，提供标准的编程接口和丰富的开发环境，使得呼叫中心开发商可以专注于应用端的软件开发和系统集成。

使用华呼 CnCall CTI Link 中间件开发的客户端软件不仅能够满足呼叫中心建设的复杂要求，还能够无需修改的平滑移植到多种交换机。

华呼中间件典型客户

电力：

河南省电力公司（全省）	宁夏电力公司（全省）	包头电力公司
拉萨电力公司	山东电力公司	

企业：

中国惠普	三星电子	神州数码
实达电脑	金山公司	方正科技
广州全线通客户服务有限公司	TCL 移动通信	富士施乐

指挥调度：

山东烟台公安指挥中心	山东德州公安指挥中心	湖北黄石公安指挥中心
湖北随州公安指挥中心	浙江台州公安指挥中心	宁波公安指挥中心

煤气：

新奥燃气集团（各省市）	惠州城市燃气	呼和浩特煤气公司
武汉煤气公司	南京百江液化气	

外包呼叫中心：鸿联九五　华旭金卡

社区：上海社区服务中心　武汉社区呼叫中心

汽车：现代汽车客服中心　悦达起亚客服中心

烟草：大连烟草公司

急救：北京 120 急救中心

报社：烟台日报社

城管：石家庄城管

证券：天信投资咨询有限公司

邮政：黑龙江邮政 185（3 个点）

ISP：商务中国总部

电信：湖南株洲电信

银行：福州市商业银行

Teamcenter Enterprise 在福田汽车的实施

北汽福田汽车股份有限公司　杨国涛　薄军

福田汽车 PLM 项目是 2003 年 8 月 1 日正式启动的，经过近一段时间的实施，现系统已上线应用。回顾项目的整个实施过程，有许多经验与体会。现从整体角度对福田汽车 PLM 的实施过程与方法进行论述。

1. 项目概述

1.1 现状与需求

1.1. 1 福田汽车研发系统 IT 应用现状

福田汽车研发系统计算机应用从 97 年开始起步，在不同的应用领域分别引进了二维 CAD 软件及 UG、Pro/E、CATIA 三维 CAD 软件，进行整车与零部件的设计、静态与动态干涉检查，减少了新产品试制与试验中出现的各种问题，极大地提高了产品开发速度，通过引进 CAE 软件，提高了产品的验证能力。

为实现对电子数据的有效管理，通过图档管理系统的应用，实现了对二维 CAD 数据的管理，通过明细表系统的开发与应用，实现了对产品结构数据的管理，提高了开发效率。

1.1.2 对 PLM 的应用需求

虽然二维、三维 CAD 软件应用已取得了一定的成绩，但是，由于未形成一个系统化的应用方法和环境支持，在数字样车方面仍有相当大的差距，未形成并行设计的开发环境，产品模型建立表现出片面性和单一性，造成了产品模型中信息的不完备，使建模系统只能顾及产品开发过程中某一方面的问题，而不能满足设计的全过程对产品模型的需求。产品数据的一致性不能保证，不能对三维零部件版本进行有效控制，不利于数据安全管理和运用，影响了开发效率。

由于不能基于共享的集成平台进行产品开发设计工作，造成模块化设计及产品平台开发的理念未能真正落在实处，在产品配置管理方面存在较大的差距。

原有的设计开发与更改流程都是基于手工进行管理的，在管理的规范性及工作效率方面存在一定的问题。

因此需要引进 PLM 系统可对所有与产品相关信息和相关过程进行统一规范管理，实现协同开发与并行工程，提高开发效率。

1.2 福田汽车 PLM 系统总体目标

福田汽车 PLM 实施力争在三年内达到以下目标：

- 建立全生命周期的产品数据管理；
- 建立电子化的汽车开发流程；
- 建立基于项目管理的产品定义过程；
- 建立基于知识管理的汽车开发系统；
- 建立按订单设计的快速产品开发；
- 建立可视化协同社区；
- 建立以技术研究院为中心，并集成各事业部、供应商、合作伙伴的协同产品开发环境。

1.3 福田汽车 PLM 系统实施策略

福田汽车 PLM 系统的实施采用“总体规划，分步实施，效益驱动，平滑过渡”的策略，以试点、推广和提升为实施准则，逐步完成 PLM 的实施，因此，根据福田的情况，我们分三个阶段进行项目实施。

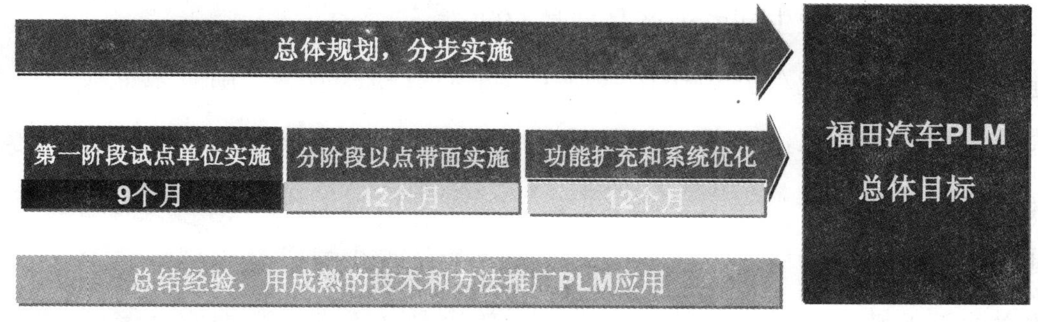

第一阶段（试点阶段）

选取具有代表意义的单位实施 PLM，70 个用户数。实施周期为 9 个月。实施主要目标是建立试点单位的 PLM 的基础平台，并通过试点实施来总结针对福田汽车 PLM 的实施经验和方法，为后续实施树立一个较好的示范点。

第二阶段（推广阶段）

根据试点单位实施 PLM 的实施经验和方法，在福田各单位逐步全面实施 PLM，实施周期为 12 个月。实施主要目标是为整个福田公司建立 PLM 的基础平台；建立以研究院为中心，通过整合各异地汽研所的系统来建立福田产品协同开发环境，并在此构架下，融入可视化技术和项目管理。

第三阶段（功能扩充和提升阶段）

在第一和第二阶段业已完成的 PLM 构架下，进行优化和功能扩充，实施周期为 12 个月。实施的主要目标是建立福田汽车的数字样车和可视化验证系统；基于研发流程的项目管理；基于福田、合作伙伴、供应商、客户的协同开发环境；整合 PLM、ERP、SCM、CRM 等系统形成统一的企业信息门户（EIP）等，协助福田的汽车设计、制造和销售走向全球化。

2. PLM 一期项目实施方案

2.1 PLM 一期项目目标

通过 PLM 试点阶段的实施，将达到如下目标：

- 建立以产品为中心并与之关联的数据组织模式；
- 建立统一产品数据源，保持产品数据一致性；
- 通过变量 BOM 来派生同系列产品型号 BOM；
- 建立电子化的审批/发放流程；
- 提高工程更改效率；
- 提高知识重用；
- 减少纸张浪费
- 建立安全的数据访问机制
- 集成 UG 和 Pro/E 软件，管理三维 CAD 数据；

- 实现 PLM 与明细表管理系统的集成；
- PLM 与福田图档管理系统的单向数据传输；
- 实现与事业部、汽研所之间异地数据管理的一致性。

2.2 PLM 一期项目实施内容

2.3.1 文档管理

- 结构化文档管理
- 版本控制
- 文档查询

2.3.2 产品结构及配置管理

- 产品结构管理
- 可选件管理
- 替换件管理
- 有效期控制
- 基于中性的 BOM 输出

2.3.3 工作流程管理

- 应用并行流程
- 建立电子化设计审批流程
- 建立产品发放流程
- 建立电子化更改流程

2.3.4 更改管理

- 按 CMII 规范福田汽车的产品更改过程
- 对更改影响性进行有效评估

- 对更改过程进行有效控制
- 对更改历史进行追溯

2.3.5 系统管理

- 建立统一的数据管理平台
- 建立分布式数据管理架构
- 应用 WEB 功能实现远程数据访问

2.3.6 数据安全控制

- 建立有效的访问控制规则
- 建立有效的通知规则
- 建立有效的数据定位规则
- 定义有效的访问控制列表

2.3.7 系统集成

- 集成管理 3D 数据模型，并进行双向属性映射
- 集成管理 2D 图纸
- 确保 3D 数据模型与 2D 图纸的更改一致性
- 与福田明细表系统进行有效集成

3. PLM 一期项目实施过程

3.1 需求调研与现状分析

对技术研究院和怀柔汽研所的应用需求进行了详细调研，对现有的业务流程进行了深入分析。

3.2 TO-BE 流程的定义与评审

- 定义了设计审签子流程与工程更改子流程；
- 在审签子流程中充分采用了并行流程；
- 在工程更改子流程中引入了 ECR（工程更改申请）与 ECN（工程更改通知），从而使更改信息可闭环控制；
- 组织召开了评审会对以上流程进行了评审与确认。

3.3 总体设计方案评审

总体设计方案的内容主要由以下几个方面：

- PLM 给研发管理带来的变化分析；
- PLM 系统产品模型、文档模型、流程模型、人员/组织/角色模型的定义；
- PLM 与产品明细表系统及图档管理系统的集成方案；
- PLM 的产品结构管理、文档管理、流程管理、更改管理、分布式管理的实现方式；
- 数据迁移方案；
- PLM 的系统架构设计。

3.4 详细设计方案评审

详细设计方案作为二次开发与应用的主要依据，详细设计方案的内容主要由以下几个方面：

- 系统数据模型定义；
- 系统数据存储定义；
- 开发命名规定定义；
- 二次开发的内容确定；
- 流程的定义；
- 数据迁移方法。

3.5 系统定制开发

Teamcenter Enterprise 是一个非常灵活的系统，许多内容要根据用户的需求进行定制与开发，定制开发的内容主要有：

- 设计审签、状态升级与工程更改流程定制；
- PLM 与产品明细表系统集成接口的开发；
- 应用界面的定制；
- 各种输出报表的制定；
- 与 CAD 系统集成接口的定制；
- 用户权限的配置。

3.6 系统测试

为确保系统性能稳定，系统主要经过四次测试：

- 第一次测试，由项目组进行测试，主要为功能测试；
- 第二次测试，由项目组及技术研究院、怀柔汽车所主要人员参与进行测试，主要的应用场景测试；
- 第三次测试，是在所有问题都修改后，进行的测试；
- 第四次测试，是正式环境的测试。

3.7 培训工作的组织

为保证培训工作的正常进展，项目组编制了培训教材，并组织了应用培训，使使用人员在短时间内就掌握了系统的使用方法，从而使系统投入实际应用。

3.8 项目文档的整理

对项目文档进行全面整理，项目过程主要产生了以下文档：

- 《设计审签与工程更改子流程》

- 《总体设计方案》
- 《详细设计方案》
- 《系统测试大纲》
- 《系统测试计划》
- 《福田汽车 PLM 系统培训材料》
- 《福田汽车 PLM 系统操作手册》
- 《PLM 应用管理制度》
- 《PLM 系统使用规范》
- 《系统二次开发文档》

4. 实施体会

PLM 是企业 IT 应用的重要组成部分，项目的实施难度较大，通过该项目的实施，主要有以下几方面的体会：

1. 领导高度重视；

2. 用户方要成立由专职人员组成项目组（在福田汽车 PLM 项目实施中，福田方的专职人员为 8 人），负责项目全过程的协调配合与参与；

3. 设计方案是项目成功的重要保障，福田汽车 PLM 的总体方案与详细设计方案的形成，经历了三个月的时间，在方案中对各种影响因素都进行了深入细致的分析；

4. 注重项目管理，严格控制项目的计划、范围与资源，确保项目按计划进展；

5. 在项目实施过程中，甲乙双方要高度配合，全力以赴确保项目的实施成功；

6. 由于实施周期长，参与人员多，要注重文档的形成与文档版本的管理，确保实施人员在理解上能够达成共识；

7. 项目的阶段性评审非常重要，是项目从一个阶段进入另一个阶段的重要里程碑；

8. 在系统提交给最终用户之前，一定要经过复的测试，确保系统的稳定性；

9. 培训组织工作非常重要，必须高度重视。

Canon

佳能 CanoScan 9950F：平板底片扫描专家

2004 年 10 月 15 日，佳能(中国)有限公司推出平板扫描仪的新旗舰产品——平板底片扫描专 CanoScan 9950F。4800x9600dpi 超高的光学分辨率，48 位色彩输入/输出性能，USB 2.0 高速与 IEEE 1394 双接口设计，独到的 FARE Level 3 底片扫描处理功能，以及海量的底片扫描能力，可以说 CanoScan 9950F 是平板扫描仪中具有底片扫描功能的最佳选择；是一款面对专业人士，个人发烧友的高性能扫描仪。

CanoScan 9950F 是佳能 PHOTO DAN 和复印机 DNA 的结晶，它继承了佳能这两大核心影像技术的全部精髓，对照片的处理达到了前所未有的效果。

▲ 新一代超级 CCD IV 代与超高扫描分辨率

扫描分辨率是评价扫描仪的重要指标。4800dpi 在以前的平板扫描仪产品中是不可想象的，即使是专业的底片扫描仪也非常罕见。CanoScan 9950F 的光学分辨率达到了目前顶级的 4800x9600dpi，使用了佳能新一代超级 CCD IV 型传感器，配合佳能最新开发的 ST 超级环形镜头以及最新的光路系统，能够获得更清晰的细节表现。这种 CCD 的前端植入了 AFE 模拟信号终端芯片，扫描直接获得数字信号传输给 ASIC 扫描主板，极大的减少了数据传输的噪声干扰，从而获得了更佳的扫描数据图像。

▲ 光学技术经验与 ST 镜头系统

使用 CCD 扫描仪的用户会注意到，CCD 扫描仪在不同位置的扫描图像是不同的，在中间位置的扫描效果最佳，越到两边图像变形越大。这是由于 CCD 复杂的光路以及镜头单元造成的。结合佳能 70 多年的光学相机制造经验，佳能首次开发出 ST 超级环形镜头系统。这是由一组非球面镜片组成的镜头系统。非球面镜的开发能够极大的确保扫描仪内部的光线聚焦在传感器的表面，镜头特性曲线的表现非常完美，即使页面边缘的细节也不会产生光学变形。从而令 CanoScan 9950F 获得更高的分辨率，更稳定的色彩还原，以及紧凑的扫描机身设计。同时，非球面镜能够带来更大的光圈效果，捕获更强的光线通过透镜，极大的提高了扫描速度。

▲ FARE Level 3 强大的底片修饰功能与背光修正

FARE Level 2 是佳能为扫描仪的底片扫描功能开发的增强功能，它具有底片扫描自动去除灰尘和划痕的功能，褪色底片的自动色彩修正功能，以及高速底片的自动颗粒修正功能。佳能新开发的 FARE Level 3 功能在这些功能基础之上新增加了背光修正功能。大多数摄影爱好者或是发烧友都有过这样的经历，一些很好的底片却因为某些区域的曝光不足而遗憾。绝大多数的图像处理软件对于曝光不足的操作都只能是调整亮度，但这种调整是针对整张图像进行了，往往是曝光不足的区域调整后，其它区域却曝光过度了。佳能的背光修正功能能够自动检测底片中曝光不足的区域，自动调整这些区域的曝光，令扫描图像色彩更加饱满，曝光更加准确，从而减少了后期处理时间与精力。这个功能已经令 CanoScan 9950F 在专业图像处理领域独占鳌头，成为绝无仅有的平板式的底片扫描全面手。

▲ 强大的海量底片扫描功能

CanoScan 9950F 的另外一个最独特的特点就是其海量的底片扫描能力。它可以一次扫描多达 30 张 35 毫米的底片。这是其他扫描仪远不能企及的，这要归功于佳能新开发的移动背光式底片扫描单元。它能够在底片扫描过程中与扫描头同步移动，缩短了底片扫描时间；同时，在扫描区域内形成稳定的照明，有利于获得更高质量的扫描图像。利用海量底片扫描性能，CanoScan 9950F 能够扫描底片架内任何位置的底片而不产生变形，这是 ST 超级环形镜头系统的功劳。在 30 张 35 毫米底片扫描基础上，CanoScan 9950F 还能够一次对 12 张 35 毫米幻灯片进行扫描，完成包括 6x22 格式在内的长幅专业底片以及 4x5 英寸底片的扫描工作。

在如此众多的先进功能下，CanoScan 9950F 更具有 USB2.0 高速数据接口以及 IEEE 1394a 火线数据接口的双接口设计，不仅适合普通的 PC 电脑使用，更适合专业图像设计制作公司的苹果电脑。配合 4 个快捷按键，以及最新开发的佳能独到的 PDF 制作功能,CanoScan 9950F 是平板扫描仪的全面手，功能上更超越一般的底片扫描仪，成为名副其实的平板底片扫描专家。CanoScan 9950F 即将引领扫描仪产品，成为扫描仪市场的新旗舰。

参考价格：CanoScan 9950F：　　RMB：4,980.00

注：以上价格仅供参考，实际以店内销售为准。价格如有变动，恕不另行通知。
如需了解更多详情，请致电：
--北京、上海及广州地区用户直接拨打：9517-7178
--其他地区用户请先拨打区号 010 或者 020 或者 021，然后拨打：9517-7178
或登陆佳能（中国）有限公司官方网站：http://www.canon.com.cn

品质带动应用，TCL 商用电脑破题出招

“虽然今年 IT 大家都在说其没有什么新意，但这并不意味着这里是一潭不起波澜的静水”，一业内权威人士如此感慨的说，“只要摩尔定律起作用，这里的变数就会存在，关键是看谁能够抢先捕捉市场需求契机，创新出击，特别是波澜壮阔的商用电脑市场更是如此。”对于 2004 年商用 PC 市场的抢夺，IT 厂商可谓是处心积虑，枕戈待旦。看联想、浪潮 2999、1999 的“三下乡”举动、一向有着高处不胜寒的 IBM 在商用领域尴尬的拿出价格双刃剑……在一片价格就是商用电脑通天梯的疑惑声中，TCL 商用电脑总经理王刚认为“以品质推动应用，为用户提供高品质的产品、尽善尽美的服务、以用户需求为导向的产品设计应用态度才是市场永葆活力的源泉”。看 TCL 半年来从 HT 风暴、精鼎 E 学生专用机的推出、到星光连锁网吧解决方案的出台，SOB 计划的连环招数的准确出击，TCL 的招法无疑是大家观注的焦点。

品质，TCL 商用电脑的决胜之道

“品质就是企业的生命线，对于应用情况复杂，持续运行时间长的商用电脑更是如此，没有过硬的品质保证，谈什么都是白搭”，TCL 相关人士对产品品质如此认为，“多年来 TCL 电脑能够快速崛起，在商用领域短期内能够取得不菲业绩，品质绝对算是决胜之道”。以“高稳定、高安全、高性能”为产品核心理念的 TCL 商用电脑能够长期以来为商业应用客户提供具备超强稳定性的 PC，他们的保障环节是如何表现呢？有人把其总结为高标准、高起点，从细节到整体的全面落实之上。

据悉，TCL 商用台式电脑不但拥有家用机无法比拟的 25 线全程品质质控制体系，而且其是业界唯一一家完全遵照 GB/T9813-2000、GB4943、GB9254、GB/T17626-1998 四大国家计算机测试标准及规范设计和开发产品的计算机制造商，所有产品通过国家认证的免检产品，为产品的高品质一开始就有了一个高的标准和高的起点；为了保护用户投资，TCL 所有的商用 PC 的平均无故障运行时间（MTBF）均达到了 3 年的时间，远远超过其他品牌的商用电脑，在

今年的 5 月，TCL 精鼎 E 学生专用电脑第一个率先获得国家级 MTBF2500 认证；在微观的细节上，TCL 商用电脑的各零部件均事先经过 TCL 家用电脑的使用验证，单一部件平均无故障运行时间均高达 MTBF 40000 小时，确保在各种环境下保持长时间稳定工作。就是在大家看似最为普通的键盘和鼠标上，TCL 商用电脑的键盘、鼠标均针对商用的特殊环境，都经过严格的 1,000,000 次耐敲击老化实验，在每个环节上体现高品质本色。

TCL 商用电脑产品经理对品质更是理解为“软硬的双层次”。他认为在硬的表现上，就是大家看得见摸得着的设备之上；而在软的表现，则体现为产品各个性能表现、安全应用及设计工艺，这一方面一是体现在产品的兼容性上，产品是否对市场上通用计算机软件、硬件，包括内置板卡和外置设备进行过全面的兼容性测试，扩展性能表现如何；另一方便则表现为产品的安全应用设计。他特别提到，东海中小学校教育信息化中单 8900 多台大单的获取，品质起着很为关键的作用。东海中单的 TCL 精致 4000 系列商用电脑秉承 TCL 时尚商用设计风格，严格执行 ISO9001:2000 规范要求，并严格遵照 GB/T9813-2000（微型计算机通用规范）制定测试流程，额外增加多项抗扰度试验、兼容性试验、环境试验，确保产品最终品质，使得东海项目所有近 9 千台电脑在到位时的开箱故障率还不足 1/3000，创造了业界的领先水准。

应用，TCL 商用电脑的竞争之翼

品质带动应用，品质的归宿点落脚于应用，TCL 商用电脑总经理王刚如此认为。在应用上，其独特点一方便表现在产品的设计。如“精鼎 E 电脑，专为教育量身订造”的学生专用机针对行业细分的特点体现尤为突出，业内人士将其归结为教育专用机的三大“绝活”：一是适用山区农村恶劣使用环境而特定的宽交流输入范围开关电源设计；二是为节省使用成本（TCO）的一拖二电源设计；其三就是独具匠心彰显人性化的设计，如一体化机箱锁、防菌键盘鼠标、电源按键、RESET 键防膝盖设计。另一方面则表现为“以客户需求为导向”应用策略。面对网吧业主的实际难题，TCL 商用电脑实时推出了 “星光网吧解决方案”。该方案突出体现为“一个中心，两个保证，三个支持”。其一个中心即表示一个稳定、安全的数据中心；两个保证一是品质保证、二是服务保证；三个支持即表现为一是游戏增值目支持、二是网吧培训服务支持、三是网吧建设资金支持。考虑到网吧最终使用者需求的不同，尤其是一些发烧级游戏迷，TCL 联手 INTEL 推出了电脑体验专区。该体验专区不仅配合 INTEL 采用最新的高端商用体验电脑、配备发烧级的外设包括微软银鲨鼠标、低音震动耳麦、方向盘、操纵杆、人体工学键盘，而且还提供多种游戏试用优惠。针对网吧经营者状况的不同，TCL 则为网吧经营者提供网吧门店包装支持和网吧方案形象支持，帮助网吧经营者扩大连锁网吧的知名度，提升网吧的形象。

品质是一个积累的过程，创新是不断发展历程。其实从 TCL 的历史中，我们也可以深深的看出 TCL 走品质、应用为上的竞争哲学。在市场运作的规则中，到底各家是什么模样，市场自会有定论。TCL 电脑在短短的 5 年间，其成长步伐之快，取得成果之多，是很多人所观望的一道风景。TCL 商用电脑在近两年的殊誉更是迎来了一个空前绝后的全盛时期：从获得中国计算机用户协会评选的“中国信息业 2003 年度行业用户诚信企业”称号到 TCL 商用电脑精鼎 B7200 获得《中国计算机报》教育行业首选品牌，精鼎 C700 获得《CHIP 新电脑》“编辑推荐奖”的盛誉，商用高端精鼎系列产品还成为了 CCID 颁发的“2003 台式 PC 中国 IT 用户满意品牌”等等一系列的花环 。社会的认可，用户的好评，对于商用电脑，TCL 相关人士认为其最根本是源于 TCL 电脑对用户需求的准确把握。随着企业用户对于商用 PC 稳定性、安全性要求的提高，实现 TCO（总体拥有成本）和 TBO（总体拥有利益）的结合已经成为了时代发展的新要求。TCL 电脑敏锐地把握住了这一动态，针对行业特征适时推出了高端商用电脑精鼎 A 系列、针对学生而推出了精鼎E学生专用机、为SOHO和中小企业量身而出的 SOB 计划，让用户体验到“新“感觉，刷新了业界对于行业电脑的理解。我们相信，高品质的产品，合身的产品将为我们带来更好的明天。

TCL 商用电脑最新推出的重量级产品 精鼎 S 系列商用电脑

HP C2产品介绍

HP Photosmart 7960专业级数码照片打印机

HP公司向国内推出的全球首台拥有八色墨技术的HP Photosmart 7960专业级数码照片打印机，是目前数码照片打印机领域的巅峰之作，是数码摄影爱好者和发烧友的专业之选。

HP Photosmart 7960的核心就是八色墨技术，即在我们熟知的六色色彩即品红、青、黄、浅品红、浅青、黑色的基础上增加了深灰和浅灰两种墨水，完善了墨水组合中的过渡色问题，使得色域更广泛。新的灰度墨水与彩色墨水精确组合，加上惠普"富丽图"PRO色彩分层技术使打印系统可以产生7290多万种色彩，使得图片打印中的色彩表现更准确，即使是像皮肤这样的色调偏淡，且颜色变化细腻、颗粒微小的图像也能平滑的打印出来，这也使得HP Photosmart 7960专业级数码照片打印机成为采用喷墨技术的数码照片打印机市场中惟一一款突破千万级色彩的产品。

同时，HP Photosmart 7960中新的中性灰即惠普新增加的59号灰色照片墨盒，可以在打印过程中完全独立使用，在没有彩色墨参与的情况下，使黑白色彩的表现淋漓尽致，尽在掌握。

硬件方面，HP Photosmart 7960专业级数码照片打印机配备了一个2.5英寸的彩色液晶显示屏，能够准确显示每一幅图像，用户将数码相机的存储卡插入打印机中，可以不通过电脑，直接在打印机的显示屏上方便地选择和编辑照片；其所具备的其他技术如照片校样页技术、4×6寸全无边距照片打印等，将节约你的时间与精力，真正实现完美数码打印。

HP PSC2410 Photosmart数码照片一体机

HP PSC 2410 Photosmart数码照片一体机，是HP近期推出的一款高端的多功能一体机新品。它融合了惠普在成像系统制造上的领先技术，性能优势显著，可以高质量地实现彩色打印、传真、扫描和复印。不管是制作个性十足的家庭生活图片，还是满足多功能的SOHO需求，该产品都是您得心应手的最佳拍档。

HP PSC 2410 Photosmart特有2.5英寸彩色图像液晶显示屏，通过它，即使脱离电脑您也可以方便地实现照片的查看、选择以及编辑等功能。该显示屏采用中文菜单，在易用性上又提高一层，体现出HP贴近本土用户的设计理念。凭借多插槽存储卡读卡器，用户可以使用SmartMedia、Memory Stick、CompactFlash I & II、Secure Digital、MultiMediaCard和xD-Picture Card等多种数码相机的存储卡直接打印，它基本涵盖目前所有数码相机的存储卡形式，令您的使用全无兼容性方面的担忧。

HP PSC 2410采用了HP第四代"富丽图"色彩分层技术，支持4800dpi的最佳彩色分辨率，这一性能在家用领域亦属领先，在打印效果上，带给我们更鲜艳明丽的视觉冲击。针对数码照片打印，该产品还专门提供有六色打印模式，这也是HP最新打印技术在一体机上的应用，通过该特色技术，我们可打印出色域更为宽广、真正无颗粒的专业级照片。

HP PSC 2410采用平板式扫描，除了表现出高清晰度（高达19,200dpi增强分辨率）和色彩捕捉准确（48位色深）的优点外，HP特殊的CCD扫描技术，可支持对立体物件的扫描，例如您心爱的金属饰品、木刻。此外，HP PSC 2410还提供14ppm的彩色复印、21ppm的黑白复印，彩色传真等功能，多功能合一的特点非常适合SOHO者和小型办公群体。

同时，HP PSC 2410 Photosmart数码照片一体机还提供全面、易用的HP Image Zone照片和图像处理软件解决方案：使用新增的"设计"特性可以轻松制作卡片、单页和相册页；动态视频打印功能可以从已有的数码视频文件中选择打印9帧动作序列，支持Motion JPEG AVI、Motion JPEG Quicktime和MPEG-1视频格式；直观、易用的惠普电子相册光盘可以协助用户制作软件，将数字图像变成多媒体幻灯片，并自动制作幻灯片刻录到光盘上，可以让用户很方便的在家中制作出个人"出版"的VCD作品，从中寻找一份创作与欣赏的快乐。

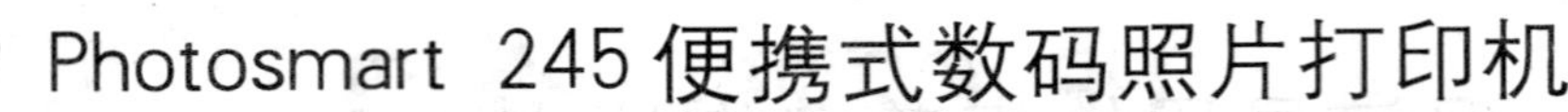

HP Photosmart 245便携式数码照片打印机

作为婚礼、派对、户外郊游的最好伴侣，小巧轻便的HP Photosmart 245便携式数码照片打印机绝对令你大开眼界！

HP Photosmart 245便携式数码照片打印机外观前卫时尚，体积不到一般喷墨打印机的1/5，重仅1.33公斤。无需连接PC，即可直接插卡打印6寸照片；它几乎兼容世面上所有数码相机存储卡，通过1.8英寸彩色液晶显示屏，可以浏览存储卡中的所有照片，并随意进行编辑和打印。

HP Photosmart 245便携式数码在好片打印机采用HP第三代“富丽图”色彩分层技术，拥有高达4800dpi的最佳彩色分辨率，给照片带来逼真的色彩。另外，HP Photosmart 245还可以进行视频打印，将储存在DV里的视频片段分为9桢、16桢或25桢打印，令动感十足的画面栩栩呈现。

作为一款便携式的移动数码产品，HP Photosmart 245便携式数码照片打印机特配有轻巧的可充电电池底座，外出携带方便简单，可以令你随走随拍随打，体会没有束缚的随心所欲。即使是在野外电池耗尽的情况下，独有的车载电源让你回到车上就可接通电源，照片打印将继续它的精彩纷呈。

HP Photosmart R707数码相机

全新推出的HP Photosmart R707数码相机“拥有510万像素，3倍光学变焦，8倍数码变焦，具有全新的视触感。采用经久耐磨的不锈钢金属拉丝材料，符合人体工学的经典设计，在时尚外观下突显HP实用理念。”

作为HP进军中国数码相机市场的领衔产品，HP Photosmart R707数码相机凝聚了HP独创的“真我影像技术（HP Real Life Technology）”，其主要包括四大智能功能：智能管线调整、智能内置去红眼、智能全景拍摄及智能拍照顾问。

智能光线调整：“HP智能光线调整”是一项突破性的技术，采用先进的数码图像处理功能，可自动在相机上平衡照片亮、暗区域之间的亮度关系，保留温和的对比，压缩刺目的对比。这样一来，照片上的暗部区域将会加亮，而其它区域则保持不变，能够拍摄出与我们所见的实物更加接近的照片。图像科学家将此过程称为“adaptive scene re–lighting”，目前只有HP相机能实现这一过程。HP Photosmart R707数码相机就采用了这一智能光线调整技术，可以确保相机自动适应不同光线亮度变化，平衡调节强光和弱光之间的反差，让你的脸上再也没有恼人的“暗区现象”。

智能内置去红眼：HP Photosmart R707数码相机是世界上第一款可以实现在机体内直接去红眼方案的数码相机，开辟照片修改新纪元。“HP智能内置去红眼”可发现并修正闪光灯对人眼角膜反射所造成的红眼。其工作原理如下：当周围亮度比较低时，瞳孔较大，红眼发生的频率也较高。HP专利算法首先找到照片上的所有潜在红色区域，然后根据60多个不同标准，进行一系列复杂的测试，以确定红色区域是否是人眼的一部分。然后，发现的红眼通过一个修正阶段使红色区域变暗，消除红色，将眼睛恢复为自然的颜色。最后，在允许用户保存修改后的照片之前，对标出的修正区域的图像进行检查。这样，如果算法在某些方面失败，用户就可以拒绝修改保存。

智能全景拍摄：“全景”是指宽度远远大于高度（或者高度远远大于宽度）的照片，整个图像看起来就象一幅很宽或者细长的风景图。HP R707数码相机上引进的HP的全景模式具备下列特性，可以实现高达连续5张的全景照片拍摄，山有多长就多长，海有多宽就多宽，可轻松、可靠地拍摄出真正的全景照片：

（1）根据图像指导进行图像调准，使用它可在相机显示屏上修缮前一张照片的特性，有效地控制下一张照片，确保实现充分叠加。

（2）在全景模式下，相机可确保全景序列中的每一张照片在颜色、曝光、变焦等方面保持一致。另外还可标记图像，并将其调整为全景的组成部分。

（3）全景的相机预览。HP的R707是第一款真正实现相机全景预览的相机。拍摄2—5张照片序列后，摄影师可以运行相机接合程序，从而产生全景预览图。这样，摄影师就可以验证各个组成图像是否都已正确捕捉。

（4）上传电脑，自动拼接。由于采用HP Instant Share技术，当照片从HP数码相机传输到附带的HP Image Zone软件时，会被确定为全景照片，同时会在电脑里自动运行接合软件，创建最后的图像。

（5）自动纵向“全景”。如果使用Photosmart R707相机进行纵向拍摄，那么“全景”即为纵向照片。

智能拍照顾问：HP致力于提供一流的图像质量和使用简便的相机，使用户可享受最佳拍摄体验。HP智能拍照顾问是在研究了掌握不同程度的专门技术的多个用户拍摄的成千上万张照片后，开发的一个智能化特性。它可以帮助人们学习拍摄更好的照片。在对相机内的照片进行检查之后，HP智能拍照顾问可以对图像上具体的拍摄问题进行诊断分析，关于焦距、曝光、动白平衡、闪光灯等诸多麻烦事，在拍照顾问的指导下让您轻轻松松成为摄影专家。

除了拥有以上四大突出智能功能外，HP Photosmart R707数码相机在图像引擎中独家采用了美国Texas Instruments的数码相机处理技术，使拍摄画面更逼真，色彩更真实。还在机身上内置了详尽的说明书，涉猎使用提示、相机按钮说明、拍摄模式介绍、电池管理等技巧，可谓图文并茂；内置32M内存，开机即可拍摄数十张照片；支持和打印机直接相连的连接标准PictBridge，无需PC，即连即打；提供了全自动、运动、风景、肖像、海滩／雪地、日出、光圈优先、全景、文档翻拍以及自定义共10种拍摄模式；配置小巧的可充电锂电池，携带方便，持续时间长久，无论何时何地都让你高枕无忧拍个痛快；特有“自动方向调整功能”，当相机竖起来之后，拍摄出来的照片上传到电脑后能自动调整成为横向，省却了手工调整的麻烦。

经济易用的惠普多媒体会议室解决方案

通过一块电子白板与惠普数字投影机相连接，并根据需要连接音箱，一个多媒体会议室就成型了，接下来可以同时将电视、PC、DV等等需要进行数据切换的多种输入设备与惠普数字投影机相连接。

适应多种操作环境的考验

作为为多媒体会议室专业机型而设计的VP6100系列投影机，充分满足了会议室多媒体设备要求性能高、稳定性好、易于共享、使用简捷等特点。vp6100系列投影机一个非常突出的特点就是色彩表现度很好。vp6100系列包括两款产品：vp6110和vp6120，根据型号的不同分别提供800X600SVGA以及1024x768XGA的分辨率，亮度峰值分别高达2000流明和2500流明，再结合高达2000：1的色彩对比度，VP6100系列因而能投影出逼真传神的色彩和细腻入微的层次，使坐在两侧或后排的会议人员都能清晰地观看演示图文；对比度提高的另外一个好处是相比较一味提高投影机亮度更能保护观看者视力。

VP6100系列由于采用了目前投影机领域最新数字投影技术—DLP技术，其画面质量更稳定持久，色彩对比度亮度均匀性都更为出色，并且数字投影技术的抗环境干扰能力非常强，即使长期使用也不会因粉尘、温度的影响而导致成像质量的衰退，保证了用户应用体验的始终如一和投资的长效性。

双模式选择

VP6100系列产品最主要特点之一是双模式选择。惠普数字投影机所特有的白屏优化模式使VP6100系列具备了正常模式以外的电影模式。正常模式超高亮度适合显示文字内容，电影模式则对VIDEO的播放进行优化，在功能上完全超出一般投影机的标准，满足演示中的不同需求。

多种设备随意连接

多媒体演示中往往遇到演示者为了演示需要，频繁改换操作设备的情况。在同次会议中，可能要操作多种多媒体设备，在短短的几十分钟里还要不断得拔线、插线，频繁更换遥控器。这样一来，不仅影响了演示效率而且还经常造成手忙脚乱出现一些不必要的错误。

惠普VP6100系列产品则很好地避免了上述现象的发生。通过一块电子白板与惠普数字投影机VP6100系列产品相连接，并根据需要连接音箱，一个多媒体会议室就成型

了。接下来可以同时将电视、PC、DV等等需要进行数据切换的多种输入设备与惠普数字投影机相连接。当然，如果同时有多个发言者就同一问题进行不同阐述，那么只需将多台PC与惠普数字投影机进行同时连接即可，省却了每更换一位发言者便要进行一次连接的麻烦。VP6100系列产品可根据需求任意连接，支持低分辨和高分辨连接方式，并可以根据需求选择附件。满足了多媒体会议节省时间，操作简便、易于共享的需求。

体积小、易移动

尽管VP6100系列产品具备了很多强大的技术优势，但这并没有影响它小巧轻盈的外观，也没有过多的增加重量。这款投影机仅有3kg的重量，使其能够任意放置（台置或后置）或放心地悬挂在天花板上，满足不同类型会议室的需要。并且较轻的设计也帮助投影机易于移动，适合在各个会议室间流动使用。

经济运行降低能耗

学校演示中使用投影机的频率很高，如果经常出现故障或更换灯泡必将增加使用中的经济负担。对于中小企业来说，选择经济适用的产品很关键。VP6100系列产品采用了一种经济运行模式，投影机仅使用200瓦的灯泡就能起到高亮度效果，降低能耗，灯泡寿命增值3000个小时。

上门服务无忧使用

为了进一步增值用户投资，保证工作的持续性，惠普还推出独有的两年免费上门服务，并采用整机交换的维修方式，这对于用户来说无疑于上了一份双保险，不仅免除了送机、取机的麻烦，还能保证正常、高质量的演示，从而大大节约了用户时间成本，提高了演示效率。

性价比为王
——管窥入门级彩激市场

经过短短两三年的发展，彩色激光打印机正在成为继针式打印机、喷墨打印机以及黑白激光打印机之后的第四股主导打印机市场的力量。IDC的统计数据显示，2003年彩色激光打印机的出货量为33，869台，相比2002年的22，121台，同比增长了53%，市场膨胀非常迅速。而与喷墨打印机及黑白激光打印机相对漫长的发展史相比，由于厂商不懈的市场教育和产品推广开始得到用户需求的共鸣，中国的彩激市场已然走出青涩时期，正在步入大规模应用的黄金时代。

中小企业需求为市场导航

在快速增长的彩色激光打印机市场中，中低端尤其是入门级市场的迅速成长，成为推动彩激市场发展的重要动力。

根据有关统计资料显示，目前我国有中小企业1000万家（大型及超大型企业仅有5万余家），超过全国企业总数的99%。中小企业的兴起及蓬勃发展，已成为我国经济发展的重要力量。随着市场竞争的加剧，数量众多的中小企业日益重视信息技术的应用，力图通过信息化提高企业运作效率，以增强企业的核心竞争力。在信息化的过程中，中小企业们逐步认识到彩色输出是提高办公效率与品质重要手段。在竞争的逼迫之下，中小企业们对彩色应用的理解日趋深入，开始强调灵活、快捷、个性化的彩色应用，以凸现与其他企业的不同和优势所在。

迫于成本压力，中小企业实现彩色输出途径最早多采用“黑白激光打印机+彩色喷墨打印机”的模式组合。即用黑白激光打印机来实现高品质、低成本的黑白文档输出，用彩色喷墨打印机来打印一些必不可少的彩色文档。这种选择在以前是相对合理的，一方面它的购买成本不高，另一方面也有效地降低了日常的使用成本。但在彩色激光打印机面世并降价以后，特别是以惠普为首的众多打印机厂商纷纷推出入门级彩色激光打印产品之后，中小企业就把目光转向了彩色激光打印机：一台入门级彩色激光打印机的价格跟一台黑白激光打印机加一台喷墨打印机的购买成本大致相当，而入门级彩色激光打印机的使用成本却远远低于以往“黑白激光打印机+彩色喷墨打印机”的使用模式。例如，市场主流A4黑白激光打印机的单张打印成本为0.27元，主流A4彩色喷墨打印机的单页打印成本为0.89元，而惠普的HP Color LaserJet 2550打印一页彩色文档，除去纸张成本，每页只需要0.22元，远低于A4彩色喷墨打印机的单页打印成本，甚至低于个人黑白激光打印机的打印成本；而打印一页黑白文档，每页只需要0.15元，几乎等于个人黑白激光打印机打印成本的一半！

随着市场和技术的发展，入门级彩激产品不仅具备低廉的整体拥有成本，而且性能也大幅提升，表现出越来越高的性价比，因此成为中小企业从黑白商务向彩色商务过渡的完美之选。

入门级彩激　性价比为王

限于办公预算有限，中小企业购置办公用品就像菜市场买菜，反反复复的对比比较总是少不了的。与大型企业、高端客户相比，中小企业对产品的性价比相当敏感。因而提高产品的性价比也就成了打印机厂商竞争的焦点。厂商们一方面竞相压低价格，另一方面竞相提高产品性能。

2003年5月，惠普就推出面向个人和小型工作组的普及型彩激CLJ 1500L，价格在八千以下。紧接着，美能达-QMS的magicolor 2300W也以不足八千元的价格冲击市场；EPSON则将原有的C900／C1900系列彩激全面调价以跟上市场。到了11月下旬，HP的CLJ1500L、EPSON的C900等入门级产品已达5000元临界点。而在性能上，由于技术的不断成熟，一线厂商纷纷将原先用于高端产品的技术转移到低端产品中。爱普生AcuLaser系列彩色激光打印机应用了光栅分光技术、快速熔断技术等技术。而惠普则将“富丽图”技术、“瞬时热熔”技术、“无油感打印”技术等先进技术应用于其低端产品。

价格的挤压和性能的提升，成就了市场上一批性价比颇高的产品。而在众多的入门级产品中，惠普刚推出HP CLJ2550L则是高性价比产品的代表。

尽管HP CLJ2550L的价格不到5000元，但是HP CLJ2550L却拥有出色的性能。HP CLJ2550L的彩色打印速度高达4ppm，黑白高达20ppm。这一打印速度已经达到专业黑白打印机的水平。由于采用新的热熔器技术，HP CLJ2550L打印时无需预热时间，可以在各种介质上轻松打印，而打印负荷高达30，000页／月。HP CLJ2550L拥有利用264MHz处理器和标配的64MB RAM（可扩充至192MB）轻松应付复杂的打印作业。在打印效果方面，HP CLJ2550L采用惠普独有的HP ImageREt 2400（分辨率增强技术）分层技术，并使用先进的碳粉配方，从而使得HP CLJ2550L拥有宽广的色域，打印色彩更加亮丽，黑色则更加纯正。由于采用智能色彩控制技术，让HP CLJ2550L在整个生命周期内都能提供始终如一的高品质的文本和色彩色彩输出。

HP CLJ2550L是同档次产品中唯一一款采用PCL语言的产品。HP CLJ 2550内置的PCL6 、PS3语言翻译程序，可以直接利用打印机的内存进行光栅的转换，大大降低了电脑的资源占用率。同时，由于为非GDI产品，通过内置的HP Jetdirect网卡或HP Jetdirect外置打印服务器即可轻松实现经济、高效的网络打印。HP CLJ2550L也是同档彩激产品中少有的应用高速USB　2.0接口的产品，这种设置让HP CLJ2550L与电脑连接更加多样化，而且非常简单快速。除此之外，惠普一贯的人性化的设计，也让HP CLJ2550L在更换硒鼓时更加方便。用户只需两个手指即可方便的安装、拆卸感光鼓和墨粉盒。

彩色激光打印是目前打印机市场不可逆转的发展潮流，而在这个潮流中，以中小企业为主要受众群的入门级彩激产品正大行其道。厂商如果想要赢得此市场，除具备品牌和服务优势之外，最主要的是能够提供性价比足够高的入门级产品，给予广大希望轻松过渡到彩色商务的中小企业用户以契机。

第六部分

企业·产品·推介

lenovo联想

联想集团成立于1984年，由中科院计算所投资20万元人民币、11名科技人员创办，到今天已经发展成为一家在信息产业内多元化发展的大型企业集团。2002年营业额达到202亿港币，目前拥有员工12000余人，于1994年在香港上市（股份编号992），是香港恒生指数成份股。2002年内，联想电脑的市场份额达27.3%（数据来源：IDC），从1996年以来连续7年位居国内市场销量第一，至2003年3月底，联想集团已连续12个季度获得亚太市场（除日本外）第一（数据来源：IDC）；2002年第二季度，联想台式电脑销量首次进入全球前五名，其中消费电脑世界排名第三。

在2002年9月《财富》杂志公布的中国上市企业百强中，联想集团位列第六；2003年底，作为“中国最有价值品牌”之一，“联想”品牌位列第四，品牌价值达到268.05亿人民币；2003年1月，在《亚洲货币》第十一届“Best-Managed Companies”（最佳管理公司）的评选中，联想获得“最佳管理公司”、“最佳投资者关系”、“最佳财务管理”等全部评选的第一名。

2004年3月26日，联想集团作为第一家中国企业与国际奥委会签署合作协议成为国际奥委会全球合作伙伴。联想集团将在未来四年内（2005年－2008年）为2006年都灵冬季奥运会和2008年北京奥运会以及世界200多个国家和地区的奥委会及奥运代表团独家提供台式电脑、笔记本、服务器、打印机等计算技术设备以及资金和技术上的支持。

呼叫中心

现代化仓储

深圳联想大厦

网络机房

地址：中国北京海淀区上地创业路6号
邮编：100085
电话：010－58868888
传真：010－58866630
网址：www.lenovo.com

左 耳 在 苏 州 听 评 弹 ， 右 耳 在 威 尼 斯 听 歌 剧

合力思软件

合力思软件成立于2002年，是中国最大的企业软件销售与服务商之一，致力于为客户提供世界领先的企业软件和服务。目前，合力思服务于400多家企业级客户，并与200多家国内外系统集成商、独立软件供应商、硬件厂商及分销商建立了密切的合作关系。合力思目前有100多名员工，总部设在北京，在上海、广州和成都设有分支机构。

合力思是BEA、Borland和Mercury公司在中国的授权销售服务商，是其在中国市场最高级别的合作伙伴，负责在指定的行业和领域中，代表厂商进行产品销售、渠道拓展以及售前、售后服务等工作，并负责所有相应定单的处理。

合力思以其在企业软件领域深厚的专业技能和在中国市场强大的销售及服务网络，帮助厂商克服了资源的限制，将其产品和服务带入了更广阔的中国市场。同时，合力思的出现，帮助广大的中国客户和系统集成商更快捷、更方便地接触和掌握了世界领先的企业软件技术，并得到更及时周到的售前及售后服务。

合力思团队是一个热情、专业、不断进取的团队，团队成员大都来自著名IT机构，平均拥有8年多的IT行业从业经历，积累了全面的IT和信息化实践经验，熟悉全球IT技术发展趋势，了解用户的真正需求，因而能为用户提供最好的解决方案。

合力思目前有100多名员工，其中销售及技术团队有80多人，总共拥有超过500年企业软件领域的销售经验和服务经验。合力思软件董事长、首席执行官沈惠中先生曾任世界领先的基础件公司—BEA公司全球副总裁、中国公司董事总经理，带领BEA中国从零开始，连续7年业务及公司规模飞速增长，帮助BEA在中国市场成为最大的软件厂商之一。

合力思，为您带来最好的软件

全面进入商务应用的IT管理时代

HITACHI
Inspire the Next

系统运行管理软件

P1构造企业先进系统运行管理

如果您的IT系统瘫痪怎么办？这会对客户产生怎样的影响？一个稳定性差、效率和
全得不到保证的系统将是企业的梦魇。通过科学的系统运行管理，提高系统稳定性、安全
和运行效率已成为现代企业CIO们越发关注的问题。因为它不仅可以降低运营成本，减少
发的损失，更可有效保护企业声誉和形象这等重要的无形资产。现在，商务应用的IT管理时
已经来临，您作好准备了吗？

投入巨资的IT系统发挥应有作用了吗？

业务的电子化改变了传统的商业模式，为企业带来更高的效率和更低的成本。但随着需求的不断发展，多的工作内容被纳入IT系统，企业对于它的依赖性也发强烈。随着网络及业务的复杂化，您的IT系统表现否令人满意呢？它会不会瘫痪？会不会出错？会不会您的管理人员搞得团团转？如果目前您还算满意，那么来呢？企业的IT系统总是在不断修缮和扩展的，它能够便地扩展吗？能够完全兼容新的系统吗？能够灵活地施管理吗？

目前，诸多企业的IT系统存在如下方面问题。您的IT统是否也存在呢？

统错误

错误是威胁系统价值和稳定性的祸根，但任何系统错误难以避免。所以，关键在于系统对错误的预防和应能力。您的系统可以预警并防止一般错误产生吗？旦出现错误，您的系统能够快速发现并修复它们吗？于一些隐性错误，您的系统能够给管理员快速的帮助，他们在最短时间内查出并排除错误吗？如果不能，错误能已经危及系统正常运行。

机时间

已有一些企业的IT系统开始提供7x24小时不间断务，以赢得更多的商业机会及客户的满意。更多企业IT系统则不能提供"昼夜不停"的服务，在假期和夜间统会停止工作。在这期间，企业可能会丧失一些商业会，更丢掉了最佳的系统维护和大负荷作业运行的机。例如：数据库维护及备份、系统清算及打印等等。

率低下

IT系统各部分存在的效率差异，导致整体运行效率差，特别是在它们协同工作及需要人员配合时表现其突出。这可能会造成诸多操作不能完成、备份不整、数据库维护差、订单处理不正确、网站性能欠佳等问题。结果使企业服务水平降低，影响商业收益。

管理和维护也存在此类问题。目前，国内96%的IT统由完全由人进行管理。您的IT团队是否要花费大量间用于人工操作运行和系统响应呢？如果他们各司则，在需要他们相互配合时，能够具有高效率吗？当业需要对系统的软件或数据进行更新时，是否需要发光盘或技术人员到相关机器前现场操作呢？您能速准确地统计自己的IT资产吗？

统僵化

您的系统是否缺乏灵活性？当试图扩展或修改现有统的时候，令您遭遇非常尴尬的局面。您必须选择放弃有系统或是选择更多时间和资金的投入。此外，您还要保证它们的兼容性问题，以便更好保护原有投资。这也限制了系统升级和扩展的方向，使您的系统更加化。

据失真

您统计上来的数字是真实的吗？

当您拿到营业数据报告时，这些来自各分支上报的据统计可靠吗？是否存在误差或是错误呢？如果需要为参与数据收集，很可能产生错误和误差，这不仅会用更多的时间和资金，而且可能会导致企业决策失误，或更大损失。

当您进行资产审核时，这个问题更加突出。现代企业分布式网络资源是一个动环境，传统方式下无法迅速软件、硬件和用户的信息进行精确统计。这样很难做到总资产进行准确评估及对软件许可协议购买进行控制，能会导致企业资产流失甚至面临知识产权方面的法律题。

您需要IT系统运行管理

如果您的IT系统存在上述问题，则需要更加先进、科学的系统运行管理。

系统运行管理是以确保企业的IT系统不会瘫痪，快速发现、预警并解决问题，为客户提供7x24小时不间断的稳定服务为中心，同时通过提高系统效率和安全性，减少企业总运营成本为目的的整体解决方案。

JP1是企业系统运行管理工具中相当成熟的产品，它可有效预警系统错误并进行处理，保证系统不间断稳定运行。通过自动化的作业流程管理，可以大幅提高系统运行效率及安全性，削减企业运营成本。针对上述诸多系统问题，JP1都能出色解决。

系统预警及自动纠错

JP1可对系统出现的问题进行快速响应及处理，有效降低系统错误的发生。通过密切注意系统环境的变化，可以对系统的异常发布警告，并自动通知有关人员。这将有效地减少系统瘫痪和修复时间，保护公司的利益和信誉。

除了系统自动预警，JP1配备了高效集中的监控系统，为管理员提供可靠的问题诊断依据，帮助他们快速排查问题，保证系统长时间稳定可靠运行。

7×24小时系统稳定运行

JP1可有效保证系统一周七天，每天二十四小时不间断稳定运行。无论在白天、夜晚、周末和假日，系统均能自动运行、响应和处理错误并进行历史记录。例如：系统自动在夜间或假期等非运行高峰时间安排高负荷的系统作业。并对错误的状态及错误进行自动处理。让系统始终处于稳定、高效、安全的运行环境。

提高系统运行效率

通过JP1提供的作业管理工具，管理员可以轻松的制订系统运行计划，每一个作业均由计算机进行自动控制，这样可以有效减少人为错误并提高系统运行速度。JP1同时提供软件分发工具，让数据分发和软件升级完全在网络中智能高效地进行。软件更新甚至可以在不影响客户机工作的情况下自动完成。这样，IT团队的时间被更大地解放出来，让他们有更多精力投入到系统完善及拓展等关键任务中。

方便地拓展您的系统

JP1支持大部分主流的软硬件系统，可有效解决企业网络平台的异构问题，使系统具有宽松的升级空间和拓展弹性。JP1可以帮助您在最快时间内完成系统扩展。当您的新服务器或系统进入网络时，JP1可以自动为这些计算机传送并安装所需软件，同时，收集这些设备的软硬件资产信息。监控系统也可即时做出调整和变化，将这些计算机纳入进来。在JP1同一构架下进行的系统拓展，使管理团队所需的培训时间缩短，并使设备拥有更低的单位管理成本。

精确可靠的数据保证

JP1能够通过网络自动地收集终端电脑的有关信息，使您对软件和硬件资产一目了然。通过使用自动化的数据收集，您将快速获得所需的精确信息。这样，审核工作也将变得更快、更准确。您可以通过JP1在任何时间快速收集数据，即便是在一个变化很快的动网络环境中，也能够随时拥有最新数据，而不用担心时间、成本或现有管理员人数等等问题。这将使您能够在任何需要的时候自由准确地查看软件和硬件资产。通过这些信息，您可以知道需要购买多少软件许可证，有效避免法律问题并节约成本。

卓越的系统运行管理工具JP1

日立制作所的JP1(Job Management Partner 1)是一款卓越的系统运行管理软件，它为企业的IT系统构造更高效、稳定和安全的运行环境。1994年在日本推出该软件产品以来，取得了巨大的市场成功。市场占有率连续六年保持桂冠(1997-2002)，现有用户20000余家，遍布于金融、通讯、制造业、交通、保险等各个行业。JP1系列软件产品在为各行各业提供最优化系统运行解决方案的同时，增强了公司的IT系统管理服务水平，通过确保企业信息系统的高稳定性，更加广泛地支持了企业的风险管理。

日立信息系统（上海）有限公司　021-64728068

如果您需要了解具体信息请登录 http://www.hiss.cn/jp1 北京分公司 010-64679211转252 广州分公司 020-38785586

认证业务伙伴：　ePRO　易宝电脑系统（北京）有限公司　电话：010-64689391转213或512

SihTech 宇信鸿泰　北京宇信鸿泰科技发展有限公司　电话：010-85288708

选择JP1构筑IT服务管理

IT服务管理的实施有一套被国际大公司普遍采用的行业标准-IT基础架构库(ITIL-IT Infrastructure Library)。ITIL以流程为导向、以客户为中心，通过整合IT服务与业务，提高企业的IT服务提供及运营管理的能力和水平。它可指导IT服务管理者有效组织流程和采用技术手段，让已有的信息化资源发挥更大效能，从而有效降低运行成本，规避实施风险。被称为实施IT服务管理最佳实践的方法论。目前，ITIL及其相关实施标准BS15000已经被提交到ISO，有望成为日后IT服务管理的国际标准。

日立是日本it SMF（itSMF－IT服务管理论坛，是在全球范围被公认，唯一真正独立运营，为IT服务管理专业人士开设的论坛）最早的会员企业之一，一直致力于IT服务管理理念与自身软件产品的结合，力求为客户创造出最方便易行的可靠实施工具，降低实施风险和成本。其中的核心产品就是JP1系统运行管理软件。该软件可以有效帮助企业统合系统流程，降低企业的运营成本及实施风险，提高系统效率。

日立凭借深厚的技术实力和多年的研究经验，通过JP1软件已经为大约20000家客户实施了满意的IT服务管理。这些客户遍布于金融、电信、制造业、电力、保险等行业。下面展示的是JP1在一家保险公司的应用。

A保险公司拥有一个庞大的IT系统。此系统由800台服务器、2万台用户终端以及代理店系统的18万台计算机设备构成。这些设备分布在不同的地区，并且运行在多达20余种不同的系统环境。每天系统要处理不同环境下15000个作业，月打印报表近2000万张。同时，因为保险业务的更新和调整频繁，导致系统始终处于不断变化之中。这样导致的效率和稳定性的降低与客户要求的全天候服务保证形成了尖锐矛盾。

负责A公司计算机系统维护的B公司就系统严重的服务质量滑坡提出了具体的改善需求，经过对供应商解决方案的评估和考量，最终选择了日立的JP1软件作为解决A公司IT服务管理问题的实施工具。

通过JP1系统运行管理软件按照改造后的流程进行部署和实施。首先进行流程自动化的改造，通过JP1将原有散乱且孤立的流程统合起来，进行统一调度的自动化管理。不仅解放了大量系统管理及操作人员的时间，而且明显提高了效率和稳定性，降低了错误的发生。对于以前最为头疼的两个问题:数据分发和业务变化，管理员也都可以轻松应对了。JP1可以灵活高效地自动分发软件和数据，并且自动在客户端进行更新。面对变化频繁的任务系统，JP1的统一管理显示出巨大优势，不同系统和任务发生变化时，管理员只须调整原定义流程就可以轻松应对变化。这样充分将A公司的各种资源有机结合在一起。

JP1还使公司的软硬件资产管理更加便捷和清晰。通过管理台，可以自动搜集公司内的软硬件资源信息，在资产审核时得到更快、更精准的数据。特别是对软件许可资源的管理，可以有效避免非法软件的使用。JP1提供的相关功能轻易地将ERP及数据库系统的任务管理纳入统一的管理台，甚至不通过原来的管理工具就能直接调度任务。

最终，经过JP1对科学化再造流程的实施，A公司形成了以服务台为窗口，事件、问题、配置、变更、发布管理为支撑的服务支持系统。同时，JP1的持续性服务方案仍然为系统不断注入活力。

由此带来的效果是显著的。A公司部署JP1以前，全年发生对顾客造成直接损失的系统故障159次，平均每2.2天就发生一次。此外没有直接损失的系统故障高达20000次。公司承受着顾客的信任危机。部署后，直接损失的系统故障降低到每年6-7次，故障发生率降低了95%，顾客的不满指数下降了97%。通过实施有效地IT服务管理，A公司可为客户提供更令他们满意的服务支持了。

日立信息系统（上海）有限公司　021-64728068

如果您需要了解具体信息请登录

http://www.hiss.cn/jp1 北京分公司 010-64679211转252 广州分公司 020-38785586

认证业务伙伴：

ePRO 易宝电脑系统（北京）有限公司
电话：010－64689391转213 或512

Sihtech 宇信鸿泰
北京宇信鸿泰科技发展有限公司
电话：010－85288708

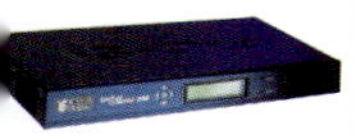

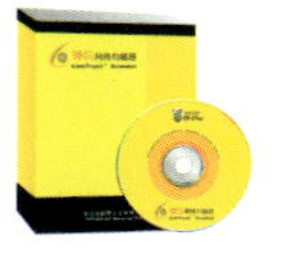

北京清华得实科技股份有限公司

为您营造安全的网络空间

清华得实——蓬勃发展的实力型企业

北京清华得实科技股份有限公司是清华同方股份有限公司控股的专业从事信息网络安全技术和产品研发、安全产品销售、安全风险评估和检测、安全解决方案设计和实施、安全技术咨询和服务的全内资高新技术企业。清华得实依托清华大学雄厚的科技和人才优势，基于中国的国情及当今网络安全现状，自主研制开发了紫荆盾防火墙、入侵检测、绿色通道（访问控制）、应用安全平台、日志审计等全系列网络安全产品。这些产品都通过了国家有关主管部门的测评认证，获得了相应的销售许可。同时，基于自己的核心技术和产品，清华得实自主开发了电子商务、电子税务、电子政务、电子警务等多种关键业务应用系统，为用户提供全方位的整体的安全解决方案。这些产品及安全解决方案目前大量应用于金融、证券、税务、电力、公安、政府、教育、大型企业等领域。清华得实凭借先进的经营理念和雄厚的技术力量已在信息安全市场上成为最具实力和竞争力的企业。

全面护卫您的信息资产——清华得实的产品体系

紫荆盾防火墙系列（网络安全类）

紫荆盾防火墙（NetST®）系列产品采用先进的软硬件体系结构，利用防火墙技术、VPN技术、双机热备冗错技术、负载均衡技术、高可用性技术、入侵检测技术和内容过滤技术等，将高速的网络性能、高度的安全性能与简单易用的特点有机地结合在一起，是一套全面、高安全性、高性能、高可用性的网络安全防护系统。产品系列包括：紫荆盾轻型、3/4端口普通型、3/4端口VPN型、3/4端口加强型、企业骨干型、大型企业骨干型。

清华得实在近日推出的紫荆盾防火墙NetST2600系列，该系列防火墙高性能、高抗攻击力、高灵活性的产品。此系列采用了专为防火墙设计的软／硬件系统，为大中型企业中心站点、ISP等提供了强有力的保证。标配4个10/100M网络接口模块，另有两个扩展口，充分考虑到以后的网络扩展的需求。除了强大的网络访问控制、入侵检测、虚拟私有网等全面的安全防护功能外，还提供集中管理、第三方入侵检测产品互动、VLAN和多路由协议支持等大型复杂网络必需的功能。线速吞吐量使其更加可靠、稳定。强大完善的功能、优秀的性能、高稳定性和可靠性，体现了优秀的性价比，更有效地保护您的信息资产，为您营造安全的网络空间。

入侵检测系列（网络安全类）

入侵检测（NetDT®）系列产品采用分布式入侵侦测系统构架，反IDS欺骗技术、底层协议分析技术、智能规则技术、实时显示技术和网络数据监控技术，全面监视各子网络的通信情况，及时捕获入侵行为，针对网络上的可疑入侵行为做出策略反应，及时告警和日志记录，最大限度地保障系统安全。是一套拥有完全自主版权、实用性极强的安全产品，适用于政府、银行、证券、电子商务、数据中心。

绿色通道系列（管理安全类）

绿色通道（WebCM®）系列产品是针对不同类型用户所设计的对INTERNET访问进行控制和管理的系列软件。该系列采用先进的专用服务器技术、URL截获与侦听技术、缓冲技术、智能数据挖掘技术和与防火墙无缝集成技术。将强大的过滤功能、高度的安全性能与简单易用的特点有机地结合在一起，是一套响应迅速、通用性好、安全性高以及易维护性强的网络管理控制系统。应用于学校、家庭、企事业、政府、军队等部门。该产品系列包括：绿色通道普通版、教育版、企业版、家庭版。

北京清华得实科技股份有限公司

地址：北京市海淀区上地东路9号得实大厦5F　邮编：100085　电话：010-62988822　传真：010-82899313　网址：http://www.th-dascom.com.cn

北京英思沃通信系统集成有限公司

Beijing Indserve Communication System Integration Co.,Ltd

We Succeed Together 我们共同成功

北京英思沃通信系统集成有限公司是一家中外合资企业，成立于2000年，作为实施供应商管理库存（VMI）的先驱者之一，致力于提供物流与供应链管理服务。

英思沃拥有1,000m² 的商务中心、占地10,000m² 的物流中心和上千个货架储位，以及将于今年底建成占地66,000m² 的新物流中心。英思沃通过了ISO9001、ISO14001、TL9000认证和一批跨国企业的供应商认证。英思沃拥有众多的供应商资源，其中大部分也获得了ISO9001和ISO14001认证以及跨国企业的供应商认证。英思沃现有的客户涉及通信、工业及电子行业。

英思沃提供多项增值服务，其中包括：产品寻找、供应商认证及供应商管理、订单管理（无最小订单限制）、物料集成计划、集中采购、仓储装卸、订单加工拣选、客制化配套、包装运输、售后服务、质量控制、进出口代理、包装木箱定制和技术工人租赁等等。英思沃以降低总成本、缩减订单前置期为目的，通过运用供应链管理（SCM）理念，辅之以信息化技术，持续优化运作流程，努力实现供应网络成员之间的无缝链接。

英思沃，伴您成功，值得信赖。

商务中心 Business Center

物流中心 Logistics Center

Indserve is a joint-venture providing logistics and supply chain management solutions. Indserve offers value-added services such as product sourcing, supplier qualification and management, order management, pooling and purchasing, warehouse and inventory management, order picking, customized processing and kitting, packaging and packing, transportation management, after-sale services, import & export processes, and technician leasing etc. Indserve commits itself to develop a seamless supply network among our suppliers and customers.

Indserve, your trustworthy partner for success.

配套车间 Kitting Workshop

企业网站：http: // www.inds-bj.com
企业邮箱：indserve@inds-bj.com

商务中心 Business Center
地址：北京市海淀区上地七街一号
邮编：100085
电话：86—10—62968537/39/40/41/42
传真：86—10—62968748/49

物流中心 Logistics Center
地址：北京市海淀区圆明园花园别墅内
邮编：100091
电话：86—10—62818425/29，62812591/0844
传真：86—10—62894227

物流中心（在建）
Logistics Center (Under construction)

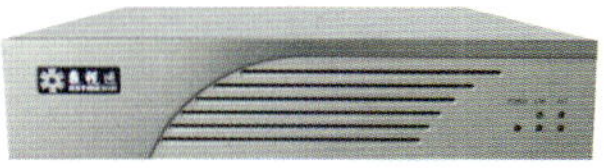

为在全球化宽带建设热潮中持续领跑

SmartAX系列DSLAM是华为公司自主开发的宽带接入产品。华为公司自1998年推出国内第一款DSLAM样机以来，始终保持DSLAM产品线的持续投入和快速发展。截至目前，华为SmartAX系列DSLAM已经成为亚太第一、全球领先的主导设备厂商。

1999年，华为SmartAX MA5100系列DSLAM在上海成功开局并首家获得ADSL入网证。2000年6月，顺应IP城域网接入需求，华为率先推出IP DSLAM，并在广东省首先获得规模应用。截至目前，华为IP DSLAM市场应用已经累计超过900万线。

华为始终坚持关注客户需求，与运营商紧密合作、深入探讨。顺应全球宽带网络飞速发展的建设潮流，华为于2003年6月推出业界第一款DSLAM“万门机”SmartAX MA5300，从建网模式、业务运营、管理维护、持续发展四个方面出发，全方位提出“为宽带运营加速”的建设思路，得到整个业界的普遍认可和同行的效仿追随。

随着ADSL网络规模的进一步扩大，为了解决运营商直面的宽带网络增值和收益问题，华为从宽带商业网、ADSL2＋新技术应用、构建综合运维管理系统等全方位提供特色解决方案，大力推动宽带精品网络建设，全面支持将ADSL网络构筑成快速盈利、持续增值、健康发展的"第二固网"。2004年7月，作为宽带接入行业中的技术领跑者，华为新一代宽带接入平台SmartAX MA5600面世，其强大的性能、卓越的业务与网络适应能力必将为未来的网络建设提供坚实基础。

在2003至2004年间，中国电信集团、中国网通集团的几次ADSL统谈项目中，华为皆获最大份额，成为中国电信、中国网通最大的战略合作伙伴。华为提出的IP TV、宝宝在线、宽带校园网、大客户专线、虚拟办公室、IP HOTEL等丰富的特色解决方案，为全球各行业的信息化进程做出了卓越贡献。

截至目前，华为SmartAX系列产品已在全球30多个国家、60多个运营商获得广泛应用，除中国之外，在法国、德国、捷克、南非、香港、新加坡、巴西、智利、阿根廷、泰国、印度、马来西亚等多个国家和地区获得大规模商用，网上总容量超过1400万线，稳居亚太第一、全球领先市场份额。

为此，2004年5月华为公司还获得了著名电信咨询机构Frost&Sullivan评选的“2004年亚太最有前途的设备提供商”和“2004年亚太最佳宽带设备提供商”两项大奖，以表彰华为在亚太通信市场以及在全球宽带市场的杰出表现。华为是全球唯一获此殊荣的设备厂商。

华为SmartAX DSLAM全面解决方案
成竹在胸的ADSL
每一条用户线都具有非凡的价值，承载着运营商的服务和品牌。华为秉承C&C08超亿端口用户线和SmartAX上千万线ADSL端口的规模商用积累，从建网模式、业务运营、管理维护、持续发展全方位与运营商紧密合作，将飞速发展的ADSL网络精心打造成可管理、可增值、可持续发展的“第二固网”，使您“点铜成金”，成竹在胸！
增值的“第二固网”
华为SmartAX DSLAM
构筑增值型“第二固网”
可管理的ADSL网络：通过实用的网管系统与宽带112测试、可管理终端配合，提供端到端的网络管理、监测和维护手段，整个网络尽在掌控；
可增值的ADSL网络：通过BAS和DSLAM配合，提供宝宝在线、IP TV、高速专线、校园网、IP Hotel等丰富的增值业务，网络可以持续增值、快速收益；
可持续发展的ADSL网络：通过持续发展策略以及与供应商所建立的稳固战略合作伙伴关系，面向NGN和3G网络业务接入，使网络轻松升级、投资得到保护。
HUAWEI

上海华平计算机技术有限公司

Shanghai Huaping Computer Technology Co.,Ltd.

上海华平计算机技术有限公司是一家专门从事网络视频软件研发的软件公司。公司顺应未来Internet 的主流应用，充分利用自身对网络视频行业的经验和理解，凭着先进的技术和丰富的视频开发经验以及对市场的敏锐把握与开拓，成功推出了“AVCON网络视频系统”,它包括视频会议、视频即时通、视频监控系统、远程教育系统、视频点播系统、视频直播系统、视频广播系统7大产品，使视频通信突破会议的形式，发展成为与远程办公一体化的应用。

上海华平在短短的两年内获得了国家软件登记中心颁发的七项计算机软件著作权登记证书，并且经上海市计算机软件技术开发中心和上海市计算机软件评测重点实验室测试，完全符合GB / T国家标准以及SSTL软件产品登记测试规范。2004年2月通过了上海市双软认证。2004年3月经过中国科学院查新与分析，认为：“AVCON网络视频会议系统”在其实现的功能上具有自己的特色和独到之处，属于国内领先并达到了国际先进水平。2004年5月AVCON网络视频会议系统4.0版，被上海市高新技术成果转化项目认定办公室认定为“上海市高新技术成果转化A级”。

上海华平业务遍及美国、英国、日本等国家和我国的各地区，是国际先进、国内领先的视频通讯技术产品和服务提供商。在北京、上海、西安、杭州、广州、华中、山东、成都、南京、哈尔滨处设有常驻办事机构。公司具备强大的销售渠道和服务体系，成熟的系统集成能力，完备的市场支持。

AVCON 网络视频会议系统产品简介

“AVCON网络视频会议系统”是基于Internet、支持实时流式传输、播放和交互的流媒体应用系统，利用视音频压缩技术及点到多点的通信技术，构筑在IP网络上的全新视频会议系统解决方案，无论在服务协议、媒体控制和编解码处理等方面，均采用自主研发的技术解决传统软件视频会议中的各项瓶颈。

目前大部分视频会议系统存在着设备昂贵、功能单一、操作复杂，在网络带宽不稳定的时候，经常出现图像传输破碎、语音不连贯等问题。

上海华平的“AVCON网络视频会议系统V4.0”，创造性地利用了分布式多级智能中转技术解决多路音视频的分发控制，有效解决了媒体交换中媒体控制与处理造成的问题；通过自主研发的控制协议标准，极大提高了控制信令传输的可靠性；采用多种媒体优化、传输优化技术增强系统的关键功能，为各种网络应用环境提供了一个稳定可靠、经济实用、功能强大的网络交互式视频通讯系统。

地址：上海市国定路335号8008室　邮编：200433　传真：021-55666998　电话：021-55666698　021-55666588　021-55666558

www.avcon.com.cn

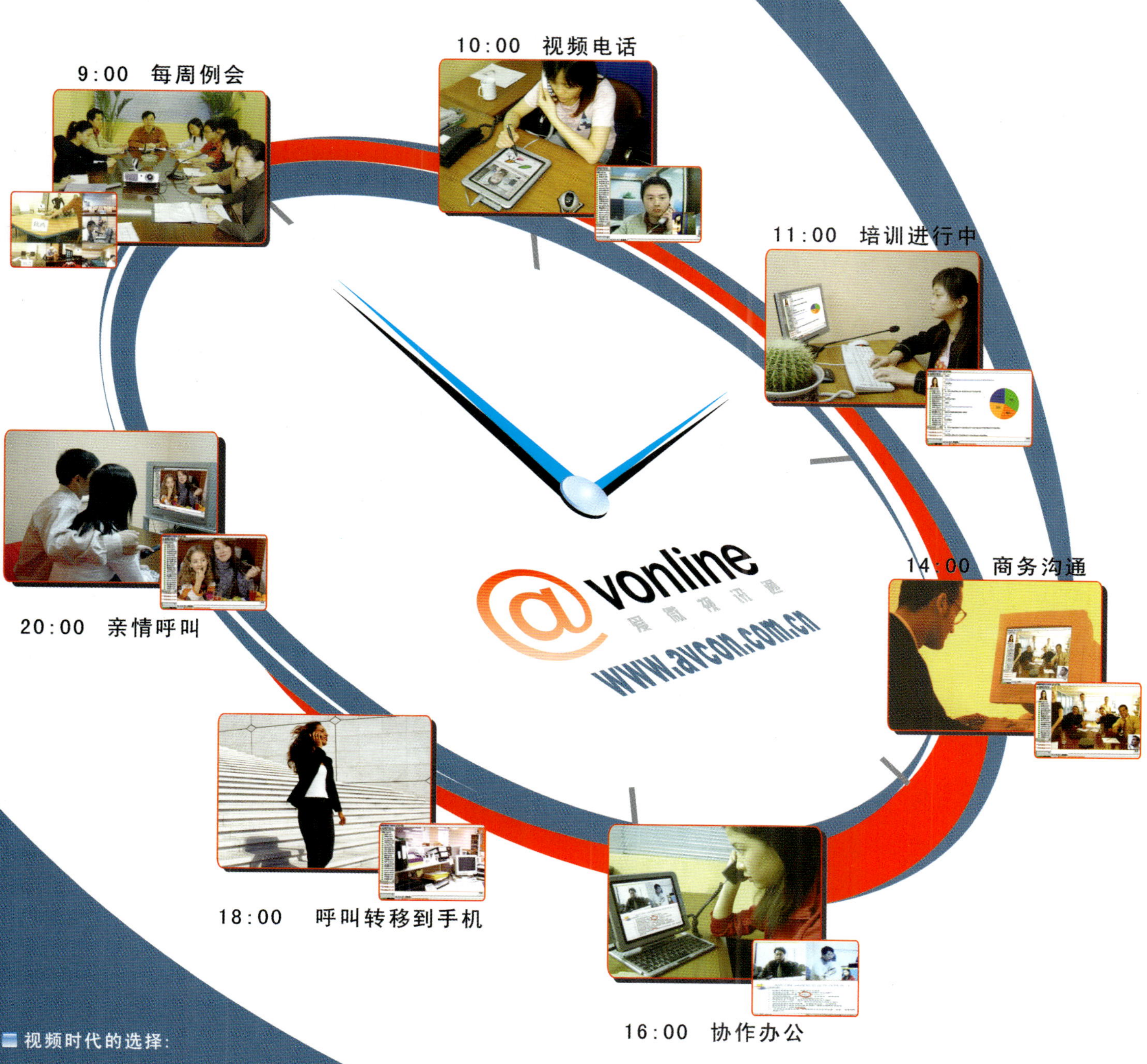

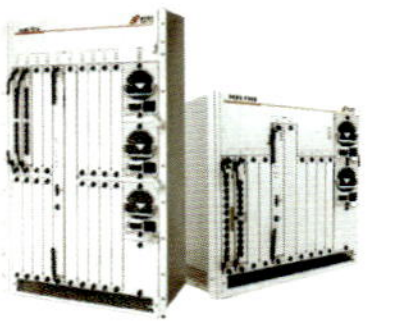

江苏省电信有限公司

江苏省电信有限公司隶属中国电信股份有限公司，是中国电信股份有限公司在江苏行政区域范围内出资设立的独资子公司，于2002年12月5日正式揭牌成立。公司共下辖13个地市级电信分公司，56个县（市）电信局，现有员工2.4万人。

江苏省电信有限公司的经营范围为：集团公司投资形成的国有资产和国有股权；国内、国际各类固定电信网络与设施（含本地无线环路）；基于电信网络的语音、数据、图象及多媒体通信（含网吧）与信息服务；与通信及信息业务相关的系统集成、技术开发、技术服务、信息咨询、广告、通信设备销售、设计施工等业务；集团公司授权经营的其它业务。

以上市为一个新起点，江苏电信树立了全新的经营理念，继续坚持"用户至上，用心服务"的服务理念，不断加快发展，增强服务能力。目前，江苏电信已建成了覆盖全省、技术先进、安全高效的公众通信网络，能够满足不同层次的业务需求。截止2004年6月，全省电话局用交换机总容量达到2758万门，固定电话用户总数达到2329万户，固定电话主线普及率达到近31线／百人。多媒体业务飞速发展，宽带业务用户总数已达到100万户。公司基于固定电话网络开发的各项新型业务也得到广大用户的普遍欢迎。

■ 集团公司周德强总经理（左二）来江苏电信视察工作，与一线员工亲切交谈。

■ 梁保华省长（中）视察江苏电信网管中心。

■ 员工走进社区，提供电信业务咨询，为用户提供"零距离"服务。

地址：江苏省南京市中央路260号
邮编：210037
电话：025－86588577
传真：025－86588888
网址：www.telecomjs.com

万千色彩任挥洒
惠普 Photosmart 7960 拥有独特的八色打印技术，带来了千万种色彩组合，让您轻松实现色彩鲜艳，生动逼真的打印品质。*
hp
invent
采用惠普原装耗材打印的照片色彩亮丽不褪色，持久性超过普通照片2倍以上。**
*基于默认的设置，使用惠普57号、58号墨盒在惠普光面防褪色相纸上打印。
**根据 Wilhelm Imaging Research 最新的调研结果，用惠普58号墨盒在惠普光面防褪色相纸上打印。
©惠普研发有限合伙公司2004版权所有，内容如有变更不再另行通知。
您+hp

金长城®显示器

长城显示器总经理：周庚申

中国长城计算机深圳股份有限公司是中国最大的从事计算机及其外部设备生产制造的上市公司，显示器事业部是其所属的主要部门之一。

显示器事业部现有员工千余人，生产经营面积近两万平方米，集彩色显示器的开发设计、生产制造、营销服务于一体，经过十余年的发展，现已形成了百万台14"、15"、17"、19"、21"、29"彩显及TFT-LCD的年生产能力。

显示器事业部视质量为企业生命，于1996年通过了ISO9001质量体系认证，2001年通过了ISO14001环境管理体系认证。2002年行业内首家通过3C国家强制性产品认证，2004年又通过显示器行业最严格的TCO03安全规范认证。

显示器事业部视用户为企业上帝，建立了覆盖全国二十几个省市的产品销售网络和150多家售后服务网络。

- 经营理念：

产业报国，企业唯一宗旨；员工为本，企业基本方针；追求卓越，企业永恒目标；开拓创新，企业核心灵魂；诚信求实，企业百年大计；团结奉献，企业不朽精神。

- 经营方针：

生产最适合用户需求的显示器；提供尽可能完善的服务；

实事求是，诚信为本，创新进取，优质高效；

- 经营目标：创立中国第一显示器品牌；创建世界一流显示器企业。
- 质量方针：科学管理，全员控制，用户满意，持续改进。
- 环境方针：

坚持可持续发展的战略；严格遵守环保法律法规；

追求持续改进污染预防；积极参与保护人类健康。

长城总部

长城石岩基地

CGC 长城集团

Http://monitor.greatwall.com.cn

中国长城计算机深圳股份有限公司显示器事业部
CHINA Great-Wall Computer Shenzhen Co.,Ltd.Monitor Division
地址：深圳市宝安区石岩镇宝石东路长城电脑工业园 邮编：518108
电话：0755-27622380 传真：0755-27622385

基于龙芯 2 号的安全服务器

北京神州龙芯集成电路设计有限公司，是由中国科学院计算技术研究所和江苏综艺股份有限公司等共同投资创办的，一家专门致力于开发、销售具有自主知识产权的龙芯系列微处理器芯片以及相应产品的高新技术企业。

龙芯系列 CPU 包括 32 位和 64 位两大系列，各有高中低三档产品，支持MIPS 指令系统。其中，高档产品主要应用于服务器系统，中档产品主要应用于网络计算机、PDA、网络防火墙、网络交换机等产品系统，而低档产品则主要应用在数字家电、游戏机等个人消费类电子产品中。龙芯系列CPU产品覆盖高至服务器，低到个人消费类电子产品，形成完整的产品线，为我国的信息技术产业提供安全、可靠、高性能、低价位的芯片产品。

龙芯目前支持：Linux、VxWorks、WidowsCE、LinCE 等操作系统。

龙芯公司及其合作伙伴已开发出基于龙芯一号的多款产品如：龙芯网络计算机、龙芯数字录像机，龙芯视频压缩系统，龙芯网络监控终端、龙芯金融终端、龙芯零售终端、二代身份证验证终端等，并在数字家电的应用中取得了实质性的进展，而龙芯网络计算机更是已批量投放市场，并应用在多个北京市政府实施的示范项目上。在龙芯的产业化道路上，得到了中科院、国家经贸委、信息产业部、科技部、北京市科委、北京市发改委、中关村科技园管委会的悉心关怀和大力支持。

龙芯公司正在与微软、AMD 等国际上知名公司进行合作。龙芯公司在与这些公司进行合作当中，积极地吸取对方的技术特长，并将之应用到龙芯产品方案中来，为国内的客户提供更先进的、更丰富的、更低廉的龙芯产品解决方案。

龙芯，从最早的一颗 CPU，已经逐渐的形成了丰富的产品线，而龙芯公司，也成长成为一家具有敏锐的市场洞察力和技术前瞻性的高新技术企业，通过与国际接轨，和自身的不断努力，龙芯公司有望在今后几年内成为国内 CPU 领域的旗舰。

基于龙芯一号的网络计算机

龙芯网络隔离闸主板

龙芯 CPU

北京神州龙芯集成电路设计有限公司

地址：北京市海淀区知春路 27 号量子芯座 1006
电话：010-82357611
传真：010-82357612
http://www.china-cpu.com
http://www.blxcpu.com
E-mail:market@blxcpu.com.cn

雅图科技 ACTO

ACTO
深圳雅图数字视频技术有限公司

ACTO
深圳雅图数字视频技术有限公司
SHENZHEN ACTO DIGITAL VIDEO TECH. CO., LTD

深圳雅图数字视频技术有限公司（以下简称“雅图”）成立于1998年，注册资金1260万元人民币。雅图主要从事多媒体投影机的研发、生产、销售。公司现有员工100余名，其中博士、硕士和本科生约占85%以上，并同国内外多家著名科研院所建立了合作关系。

雅图公司致力于光、机、电一体化高科技产品的开发，生产、销售，主导产品是基于LCD/DLP技术的ACTO多媒体液晶投影系列产品，此项目为国家历年来支持和扶植的项目。公司经三年时间自主研究开发了ACTO多媒体投影机，系列产品得到SONY、飞利浦等国际著名公司的认可和支持。并且公司还在未来LCOS单片显示技术方面领先世界前列，ACTO系列投影机等多项技术填补了国内空白，在行业中取得骄人的成绩。

雅图在全国创建了国内一流的投影机销售网和年产15万台的投影机生产基地，并组成了全国最大的光电研究基地 ，先后获得ISO9001、CCEE、UL、CE、FCC、CCC等国内外权威认证，

ACTO多媒体投影系列产品广泛应用于学校电化教学培训系统，公司移动办公、商业会议，大型邮电通信系统，铁路交通、公安交警指挥系统，军事、娱乐、体育表演场所等需全景浏览，统一指挥调度的领域。在未来几年雅图计划成为全球大型的投影机制造商，国际型高科技企业，雅图人抱以“科技领先，以人为本”的理念，将为民族工业的振兴而不懈努力。

北京海关

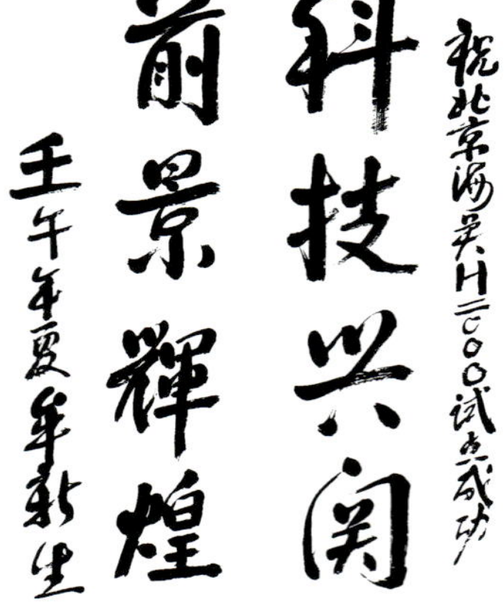

澳大利亚海关署长率团参观考察北京海关计算机信息中心

祝北京海关H二〇〇〇试点成功

科技兴关

前景辉煌

壬午年夏 牟新生

海关总署牟新生署长为北京海关H2000系统试点成功题字

北京海关建立了旅检、快件、邮件、货物监控系统，H986 集装箱检查系统

北京海关地处首都，海关监管业务工作十分繁忙，多年来，信息化科技应用一直与海关的业务工作和业务改革紧密地联系在一起，并对提高工作效率、推动业务改革、加强业务管理起到了巨大的作用。今天，北京海关更是从网络建设、信息安全建设、应用开发和集成、科技管理和服务等各个方面加快了步伐，力争最大限度地运用现代科技手段，为海关的业务建设服务，为北京海关全面实施“阳光管理”的治关方略服务，体现首都海关“文明、高效”的精神风貌。

北京海关先进的计算机多媒体电化教室

北京海关现代化的计算机机房

中国银联股份有限公司

中国银联股份有限公司是经国务院同意、中国人民银行批准，由全国80多家金融机构共同发起设立的一家股份制金融服务机构。公司于2002年3月26日挂牌，总部设在上海。

中国银联的主要职责是采用先进的信息技术与现代公司经营机制，建立和运营全国银行卡跨行信息交换网络系统，制定统一的业务规范和技术标准，实现高效率的银行卡跨行通用及业务的联合发展，并在全国推广普及“银联”标识卡、标准卡；积极改善受理环境，推动我国银行卡产业的迅速发展，实现“银联在手、走遍神州”，乃至“走遍世界”的目标。中国银联本着“服务、效率、规范、创新”的经营理念，弘扬“自强不息、追求卓越”的企业精神，努力缔造技术先进、管理高效、服务一流、品质卓越的现代化金融服务公司，服务银行，服务社会。

在各方面的大力支持下，经过公司不懈努力，到2004年6月底，除地级以上城市外，336个县级城市也已实现银行卡的联网通用，并于2004年1月18日正式开通香港业务，加入银联网络的成员机构达到141家，其中包括16家香港金融机构。上半年完成银行卡跨行交易笔数为8.3亿笔，交易金额为2929亿元，分别比上年同期增长62%和94%。2004年6月份银联转接成功率达到99.98%。

地址：上海市浦东新区松林路300号期货大厦12楼　邮编：200122　电话：021-68401888　传真：021-68400998

中国农业银行

中国农业银行是国有独资银行，是中国服务网点最多的商业银行，被《财富》杂志评为世界500强企业之一。农业银行于2003年全面完成了以新一代综合业务系统推广为核心的36个省域数据集中工程建设；全国数据集中工程顺利进行；启动了全国数据中心上海基地建设；全面完成了集中式信贷管理系统的推广。一个以36个省域数据中心为节点、以总行为交换中心的相对稳定的信息系统基础架构已经初步形成。图为：即将投入使用的中国农业银行总行新办公大楼效果图。

中国农业银行拥有全国最多的物理网点和最大的网络系统，营业网点近4万个；所有网点统一应用新一代综合业务系统，实现了全国大联网。图为：承担1,715个营业网点生产运营的河南省分行数据运行中心主机房一角。

中国农业银行不断创新金融产品，为客户提供方便、快捷、安全、高效和周到的服务。“合作、发展、共赢”——在2004年首届“中国国际服务业大会和展览会”上，中国农业银行首次推出了以科技创新为支撑的“金光道”、“金钥匙”、“金穗卡”、“金e顺”四大主流品牌产品。图为：农业银行在2004年首届中国国际服务业大会和展览会上展出一角。

2003年，中国农业银行在中国企业信息化500强中列第12位，并获得“最具灵敏度奖”。目前，中国农业银行正在抓紧实施全国数据集中工程，进行应用系统改造，加速推进以业务流程自动化和网络化为主的电子化建设，向以数据深层次挖掘利用为核心的信息化建设方向转变。图为：农业银行全国数据集中工程——数据上收河北省分行工作现场。

“安全保障，责任重于泰山”——中国农业银行信息安全保障工作已由分散、局部、粗放的管理方式正走向制度化、规范化、系统化和集约化，一个以安全生产为中心，以保障业务连续性和资金安全为根本出发点，以基本建成适应全国数据大集中形势的信息安全体系为目标的信息安全保障工作新格局正在拉开帷幕。图为：山西省分行数据运行中心监控室。

上海市防汛信息中心
上海市水务信息中心

上海市多功能的防汛指挥会商大厅

上海市“数字防汛”是综合应用地理信息系统（GIS）、全球定位系统（GPS）、遥感（RS）、宽带网络、数据仓库、数字模拟、多媒体传输、虚拟仿真等技术，对防汛基础设施和水情信息进行自动化监测、实时化调度、网络化办事、系统化管理、规范化服务的技术系统。

上海市范围的80个水情测站、85个防汛水闸，162个排涝泵站全面实现自动数字监测；全市6711平方公里范围内总长为21646公里的23787条河道等水资源容量及其空间分布；3808公里堤防、2195个水闸、6322个电灌站等防汛设施都实现地理信息空间数据库管理。并在覆盖国家、流域机构、市区县防汛指挥部和单位的宽带网络上发布台风暴潮、暴雨积水、洪涝等信息；运用地理信息空间分析、综合数据库、实时系统接口、数学模拟等技术，进行预报模拟决策支持。防汛指挥中心可同时接入32个会议点进行防汛指挥会商，对100多个野外防汛视频监控点实施远程图像监控。

上海市智能化的防汛信息调度大厅

上海市防汛决策支持系统

上海市数字化河道地理信息系统

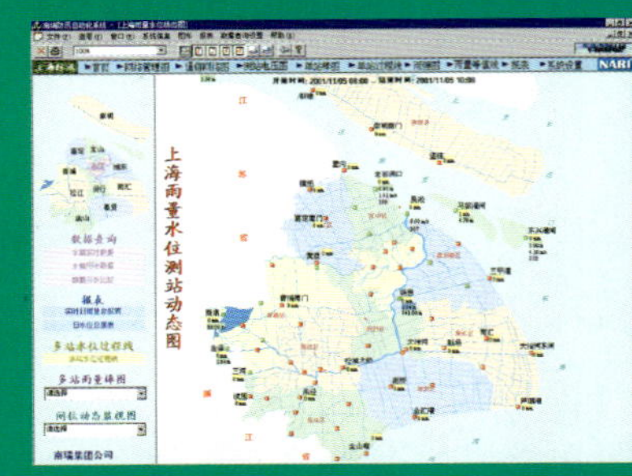

上海市水情信息采集系统

上海市卫星遥感影像与河道复合

建设中的上海城市信息化

看过钱江海潮的人，无不为它的动人气势而赞叹！古人云，“浙江之潮，天下之伟观也。”然而，钱江海潮，仅仅局限于一时一地。如今，信息化形成的这股汹涌浪潮，看似无形，恰是气势磅礴，空前未有，其影响深远，已经广泛地渗透到了社会的各个领域。它对我们工作、学习、生活的阵阵冲击和所带来的变化，是人们时时刻刻都能感受得到的……

上海的城市信息化建设，取得了可喜的收获和丰硕的成果，展现出美好的发展前景：“网上办事”、“网上企业”、“电子商务”、“网上银行”、“电子社区”等一系列信息化建设项目的广泛应用，能使人们足不出户就可完成各项事务，轻松获得许多有用信息。“校校通”、“交通卡”、“社保卡”、“有线通”、“银联卡”、“付费通”、“小灵通”、“市民信箱”等层出不穷的新名称，正在逐步成为广大市民乐于接受的各种方便快捷的“数字”社会服务功能，逐步形成连接各行各业、千家万户的“数字社会”，创造出良好的社会效益和经济效益，改变着人们传统的思想观念，推动了上海城市信息化进程。

上海国际卫星通信网络

电子门卫

“市民信箱”

老有所乐：上网浏览

超市刷卡消费

城市交通卡

上海市信息化委员会 地址：淮海西路 55 号 7 楼 邮编：200030 电话：021－62822266 传真：021－62832939

发挥职能作用　建设数字城市

广州市信息化办公室（广州市信息中心）为正局级事业单位，内设综合处、规划法规处、电子政务与信息资源处、推广应用处、产业发展处、网络与信息安全处；下设广州市机关信息网络中心、广州市信息工程招投标中心。现有80人，其中高级职称15人，硕士以上学历23人。

广州市信息化办公室（广州市信息中心）主要职能有：

（一）贯彻执行国家、省、市信息化工作的方针政策；组织领导全市信息化建设，制订本市信息化工作的方针、政策。

（二）负责组织制订全市信息化建设和发展的总体规划及重大步骤，指导、监督、检查规划方案的实施。

（三）负责综合汇总全市信息系统年度投资计划；审核市政府投资的信息化项目，平衡、协调信息化建设和发展资金并监督使用。

2004年8月9日，国务院信息工作办公室杨学山副主任，广州市信息化办室谢学宁主任、唐望生副主任视察“第四届中国（广州）国际信息产业周”

2004年3月30日，广东省副省长游宁丰，广州市委常委、常务副市长沈柏年，广东省信息产业厅厅长徐志彪，广州市信息化办公室主任谢学宁视察广州市越秀区六榕街一站式电子政务系统建设。

（四）负责组织协调全市跨部门、跨行业的重大信息化工程项目的建设；对重大信息工程项目的立项、可行性研究和开工建设提出意见；负责广州市社会保障信息系统建设项目办公室的日常工作及社会保障信息系统的监管、招标和协调等有关工作；负责广州地区口岸大通关物流信息系统项目办公室和市集成电路产业办公室的日常工作。

（五）负责协调解决全市信息通信网和信息资源网建设中的重大问题，促进信息网络互联，实现信息资源共享。加强对计算机网络国际联网的管理。

（六）负责制订全市加快信息化和信息产业发展的扶持性政策措施；拟订信息行业管理有关法规、规章；组织研究全市信息化建设中涉及的关键性技术，协调制定有关共性的技术和应用标准。

（七）负责政府三级域名的审批工作；负责全市社区信息化、领域信息化的规划、推进、协调工作；负责区、县级市信息化工作的指导、协调和推进工作。

（八）负责全市机关计算机信息网络安全管理；参与组织、指导和管理计算机病毒防范工作；参与组织、协调和管理全市信息化人才的教育培训工作；负责全市信息系统工程监理的管理工作。

（九）负责管理属下的事业单位和指导广州咨询信息协会的工作。

（十）承办市政府和市信息化工作领导小组交办的其他事项。

2004年3月18日，广州市2004年信息化工作会议召开。广州市委常委、常务副市长沈柏年（右四），广州市政府副秘书长陈锦德（左四），广州市信息化办公室主任谢学宁（右三）。

地址：广东省广州市连新路45号
电话：020–83187484
传真：020–83340441

北京平谷区信息中心

平谷区信息中心成立于1998年12月，隶属于平谷区人民政府，主要负责平谷区信息化建设的整体规划、建设实施、管理和服务等工作。目前信息中心共有下属公司9家——北京七色光环企业策划有限公司、北京波畅达无线电技术咨询服务中心、北京科讯立达网络有限公司、北京拓普伟业网络传输有限公司、天津华辰科技有限公司、北京师范大学网络中心、北京俊科数据有限责任公司、北京东方优派广告公司、北京东方明珠房地产开发有限公司，业务涉及政府机关、企事业单位、教育教学、医疗卫生、旅游行业、农业等领域，由创建初期的只负责平谷区本地区信息化建设的地方机构发展成为服务范围遍及其他省市的多元化机构。

■市信息办朱炎主任到民俗旅游网络村视察工作

■平谷区信息中心质量体系认证外审现场

■平谷区信息中心与神州数码签约仪式

■“数字家园”培训现场

地址：北京市平谷区府前大街9号　　邮编：101200　　电话：010-69968007　　传真：010-69968007

东营市是黄河三角洲的中心城市，位于山东半岛和辽东半岛环抱的地理中心，是环渤海经济区和黄河流域经济带的交汇点，是半岛城市群8个城市之一，也是联接东北和中原两大经济区的重要纽带。全市辖东营、河口两区和广饶、利津、垦利三县，面积8053平方公里，人口180万。联合国工业发展组织把东营市列为“国际绿色产业示范区”，“发展黄河三角洲高效生态经济”列入国家“十五”计划纲要。黄河三角洲开发被山东省委、省政府列为全省两大跨世纪工程之一，省政府批准在东营建设山东加工制造业基地。

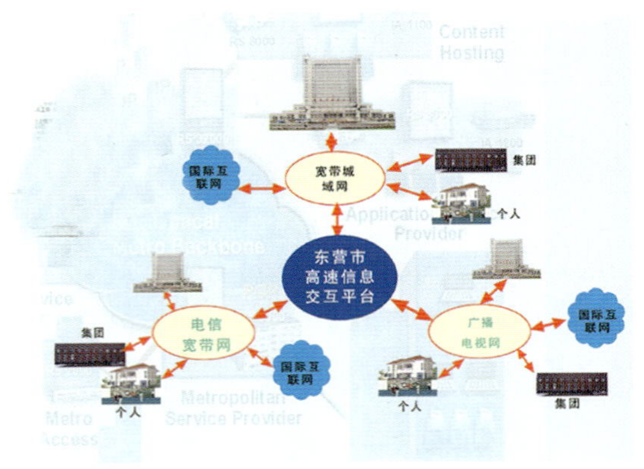

■东营市是国家信息化试点城市，是“863计划”中“数字化城市建设”项目的产业化基地，“数字化东营”建设也是国家建设部全国信息技术示范项目。目前，“数字化东营”城域网网络覆盖市、县、乡三级，　建成了布局合理的六大数据中心，形成了标准统一、高速实用、稳定安全、互通互联的城市宽带网络，实现了部门、单位的互通互联、资源共享和全市数据的集中存储、统一管理。

■“中国·东营”政府网站荣获全国“最佳社会公众服务政府网站”奖。信用网站是“信用东营”建设的重中之重，是东营信用向社会的重要展示平台。城域网建成了六大数据中心，开发建设了数字图书馆、新华网、中经网、音视中心等共享资源，开展了网上办公、移动办公、政务短信通、桌面视频会议等应用。

■成立了CEAC国家信息化培训东营地区管理中心与CEAC国家信息化培训东营地区考试中心。建设了专门的信息技术培训教室，配备了先进的教学设备，与省信息办、山东大学联合出版了专门的公务员信息化培训教材，能充分满足各级培训要求。

中国联通东营分公司

近年来，随着东营市信息化发展和油田生产的现代化，企业生产及办公对通信保障的要求越来越高。作为东营地区唯一的综合电信运营企业，中国联通东营分公司立足高科技，不断优化网络质量，充分发挥DMA1X技术优势开展行业应用开发，助推东营市信息化建设，目前已经顺利实现油井数据采集自动化、远程电力抄表、无线移动办公等项目。同时东营联通以提高人民通信水平为己任，加强乡镇营业厅和服务网点的建设，让广大客户足不出户即可享受联通优质的服务。

■ 东营谭成义副市长视察东营联通，对CDMA1X技术的应用给予充分肯定

■ 2004年7月9日，位于东营市最西北的河口区新户乡联通营业厅成立，为服务当地经济发展、促进致富信息交流提供了有力的保障。

■ 油井工作人员正在通过CDMA 1X系统查看分析采油数据

胜利软件公司

胜利软件公司是为促进石油企业信息化建设成立的高科技专业化股份公司。公司主要从事油田建设与勘探开发技术服务、计算机及相关信息技术开发，计算机销售与系统集成等。目前是中石化具有较强实力的石油软件开发企业，山东省重点高新技术企业、软件企业。

公司核心技术人员均来自油田勘探开发和信息技术应用领域的最前沿阵地，具有深厚的专业技术背景和丰富的实践经验。公司成立以来紧紧立足于油田信息化建设需要，加强石油企业应用软件和石油专业核心业务应用软件的研发工作。目前公司自主开发的油藏小层平面图、项目投资管理信息系统、石油企业办公平台、单井方案辅助设计及网上运行等多个软件产品在中石化、中石油等推广应用。

高新技术企业证书

企业名称：胜利油田胜利软件有限责任公司

统一编号：05070A

批准文号：鲁科高字〔2003〕28号

有效期至二○○五年四月

山东省科学技术厅

二○○三年三月三十一日

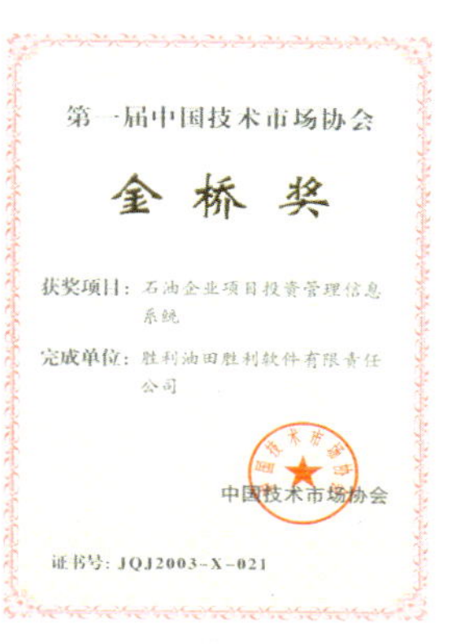

第一届中国技术市场协会

金桥奖

获奖项目：石油企业项目投资管理信息系统

完成单位：胜利油田胜利软件有限责任公司

中国技术市场协会

证书号：JQJ2003-X-021

国家首个信息化试点城镇
——东莞市石龙镇

自1999年被国家确定为首个信息化试点城镇以来，石龙镇以政府信息化、社区信息化和企业信息化等为重点，积极加快数字城镇的建设，并在基础网络、电子政务、社区管理和电子商务等方面取得突破，成为周边地区的信息枢纽。

近年来，石龙镇狠抓应用，重点推进基础网络与信息化系统的建设。"三网融合"的成功实现、"石龙城建规划图文一体办公自动化系统"的建成、石龙镇数字社区系统的成功应用等，标志着石龙镇的信息化建设取得了阶段性的成功，数字化的管理模式正在逐步形成。2004年4月，石龙镇信息化试点城镇建设阶段成果顺利通过专家组评审。

承接信息化建设高速发展的浪潮，石龙镇在未来将按照领域信息化、区域信息化、企业信息化的思路，努力打造新一代的数字化城镇。

国家信息产业部副部长蒋耀平临镇视察，对石龙信息化建设成果予充分肯定

国家信息产业部信息化推进司司长季金奎在"石龙镇信息化试点城镇建设阶段成果评审会"上发言

石龙镇"三网融合"评审会与会人员合影

东莞市石龙镇信息化工作领导小组办公室

地址：广东省东莞市石龙镇政府大院三楼　　邮编：523326

电话：0769-6280385　　传真：0769-6280381

皇家飞利浦电子集团

皇家飞利浦电子集团是世界上最大的电子公司之一，长期高居世界500强之列，在欧洲名列榜首，2002年的销售额达318亿欧元。它在彩色电视、照明、电动剃须刀、医疗诊断影像、病人监护仪，以及单芯片电视产品领域世界领先。它拥有170,000名员工，在60多个国家里活跃在照明、消费电子、家用电器、电子元件、半导体和医疗系统等领域。

飞利浦在电视机、显示器、无线通信、语音识别、视频压缩、光存储产品等数码技术领域，及支持上述突破性成就的半导体技术领域都处于世界领先地位。在照明、医疗系统（特别是扫描及其它诊断系统）和家庭小电器及个人护理产品方面的技术更是达到世界一流水平，对设计和新材料的投资是飞利浦长期保持成功的关键。

从数据来看，飞利浦每年生产24亿只白炽灯，3亿支彩色显象管，世界上每年有约250万利用X光设备进行的心脏程序（包括扫描和干涉程序）运用飞利浦的技术。世界上每7台电视机中就有一台用飞利浦的彩色显象管，而全球60%的电话都含有飞利浦的产品。世界上有30%的办公室采用飞利浦照明产品，同时，飞利浦还为世界上65%的主要机场、55%的足球场和30%的医院提供照明。

飞利浦多媒体显示设备事业部

飞利浦多媒体显示设备事业部隶属于皇家飞利浦集团。作为世界级的领导品牌，飞利浦显示器蜚声国际。在中国，飞利浦高端系列显示器已连续五年蝉联全国销量第一。飞利浦多媒体显示设备事业部凭借强大的市场拓展能力、丰富的活动经验和对产品的良好把握，正以业界先锋的姿态引领着着显示器市场的蓬勃发展。

我们拥有雄厚的研发能力。在全球 17 项主要显示主导科技中飞利浦参与了 12 项。2000 年飞利浦首先推出了具有跨时代意义的“显示主导”概念，并于同年开发出针对 CRT 显示器的“显亮”技术，引领了显示器行业技术的发展。经过多年不断的创新研究，2003 年飞利浦又推出了全球首个作用于 LCD 上的“数字显亮”技术。在强大的技术后盾下，飞利浦的显示器是世界上最早也是最多通过业界最严格 TCO’03 认证的。

我们有强大的技术支持。飞利浦既有针对现代时尚家居设计的 C 系列产品及面向专业用户的 P 系列产品，也有针对商务办公人士度身定造的 B 系列产品。飞利浦 X 系列产品则是拥有世界上最先进的“数字显亮”技术的 LCD，她将带您步入一个亮丽的显示新境界；我们还带来了飞利浦最新的 MT 和 T 系列液晶电视，她将成为今后家居生活的新时尚；如果您想尽早体验未来生活新感受，飞利浦无线智能显示器 150DM 将为您实现这个愿望……从家庭到行业，从低端到高端，飞利浦丰富多彩的优质产品将满足您的一切需要。

飞利浦电子（上海）有限公司

地址：上海市天目西路 218 号办公大楼 22 层　　邮编：200070

电话：021-63541088　　传真：021-63174200

北京办事处　地址：北京建国门北大街 8 号华润大厦 16 层　　邮编：100005

电话：010-65172288　　传真：010-65181127

上海市电信有限公司

上海市电信有限公司是境外上市的中国电信股份有限公司的全资子公司，主要经营上海市内的固定电信网络与设施（含本地无线环路）业务；基于固定电信网络的话音、数据、图像及多媒体通信与信息服务；按国家规定进行国际电信业务的对外结算；经营与通信及信息业务相关的系统集成、技术开发、技术服务、信息咨询、设备生产、销售和设计与施工；设计、制作、发布、代理国内外各类广告；按国家规定进行国际电信业务对外结算，开拓国际通信市场；是上海地区主体电信企业之一。2003 年，上海市电信有限公司实现通信主营业务收入 128 亿元，比上年增长 11%。至 2003 年底，上海市电信有限公司的本地电话用户数达 726 万，宽带用户数达 73 万，因特网用户数达 159 万，覆盖全市的本地电话交换机容量达 856 万门。

上海市电信有限公司自成立以来，就一直非常重视企业信息化工作，公司积极贯彻党中央和国务院关于“信息化带动工业化”的精神要求，把企业信息化作为公司发展的重要战略之一，公司认识到在激烈的市场竞争环境中上海电信只有加强企业信息化工作、提高信息资源利用的水平才能增强企业的核心竞争力、赢得市场。为此，上海市电信有限公司在中国电信集团公司的指导下，积极实施企业信息化战略，以信息化促进企业的发展，对大型国有电信运营商如何有效地开展信息化工作进行了积极的探索，几年来，在企业信息化工作方面取得了一定的经验，现汇报如下。

一、领导亲自挂帅是企业信息化成功的关键

1、领导重视

企业信息化工作是一项非常复杂的系统工程，不仅涉及计算机技术、网络通信、软件工程，而且还涉及到企业的生产、业务、管理等，涉及人和事，涉及到企业的流程再造（BPR），涉及到企业的变革，协调工作重，难度相当大。要做好企业信息化工作，发挥信息系统的作用和效应，领导的参与是关键，没有领导的参与、关心和支持，企业信息化工作是无法成功的，信息化工程是一个企业的“一把手工程”。

在多年的企业信息化建设过程中，上海市电信有限公司的最高领导对此有清醒的认识，为了推进企业信息化工作，上海市电信有限公司专门成立了公司的企业信息化领导小组，公司总经理程锡元亲自担任组长，公司副总经理和各部门的经理作为领导小组成员，企业信息化领导小组专门负责领导、协调和推进公司的企业信息化工作，并有例会制度保证，定期召开公司企业信息化领导小组会议来及时决策，协调和解决公司企业信息化发展中问题。

2、组织落实

为了加快企业信息化工作，上海市电信有限公司从组织上进行改革，2002 年 8 月在中国电信集团公司范围内率先成立了省公司级的企业信息化职能管理部门——企业信息化部，由企业信息化部具体负责公司信息化的规划编制、计划制订、规范标准制定、信息系统组织建设、信息系统运行维护与技术支持、信息系统数据管理、信息系统安全管理等管理工作，从组织架构上、从管理职能上来保证公司信息化工作的有序开展，企业信息化部还内设信息中心，由信息中心具体承担信息系统运行维护、基础信息化实施维护管理以及信息系统的技术支持工作，从信息技术支撑体系上保证信息系统的有效运作，并将分散在各业务部门的 IT 人员整合集中到企业信息化部。

3、强化企业信息化工作绩效考核

企业信息化工作不仅涉及企业信息化部，还涉及业务部门、管理部门，单靠企业信息化部是难于成功的，一定要各部门密切配合、技术驱动与业务驱动相结合才能成功。为了调动公司各方面的积极性、发挥各方面的作用、形成公司的合力，上海市电信有限公司充分发挥考核的杠杆作用，从管理制度上进行创新，在各部门负责人 KPI 绩效考核指标设置时设置企业信息化专项考核指标，并由企业信息化部负责考核，将信息化工作纳入公司各部门负责人的业绩考核书中，为有效地推进公司信息化工作提供了制度保证，减少阻力，提高效率。

4、信息化预算落实

企业信息化工作需要投入，为了保证企业信息化工作的顺利开展，上海市电信有限公司一方面根据企业信息化发展战略和规划，在公司预算中落实信息化发展和建设所需资金，另一方面对预算管理进行创新，设置企业信息化专项预算，对信息化资金进行集中管理，由企业信息化部负责信息化预算的执行，并对信息化项目进行评估。

二、借鉴国外先进经验、编制信息化规划和设计信息化总体架构

企业信息化是上海电信发展的重要战略之一，它关系到公司的战略目标能否实现，关系到公司的长远发展，为了提高企业的市场竞争力，上海电信迫切需要通过企业信息化建设来提升企业的运营和管理水平。要成功实施企业信息化，信息化规划是关键。没有科学合理的信息化规划，就不可能有信息化建设的成功和效益。

上海市电信有限公司对此保持充分认识，为了制订高水平的信息化规划，一方面，上海电信认真总结过去信息化建设的经验教训，积极探索电信行业的特点。电信行业是一个特殊的服务行业，作为电信行业的运营商，不仅有一般企业都具有的财务管理、人力资源管理、采购与库存管理、客户关系管理、项目管理等，而且还具有电信行业特有的网络资源配置管理、施工调度、业务开通管理、计费帐务管理、网络管理等；服务的客户不仅有个人、家庭，而且还有政府、企业等；不仅服务的客户数量大，而且服务的要求高。

另一方面，上海电信学习和国外信息化建设的先进经验。2002 年，上海电信聘请国际一流咨询商 IBM 公司作为公司信息化规划的咨询商，与上海电信的业务人员、技术人员组成联合项目组，根据中国电信集团公司的信息化发展战略要求，结合上海电信独特的业务需求、竞争环境和 IT 现状，借鉴 e-Tom 模型和国外同行业最佳实践，着手制定符合国际趋势和上海电信实际的三年信息化规划。同时，上海电信根据业务优先、BPR 需求，进行合理调整，制定出信息化管理、信息化基础、应用系统等三大类共十五项举措，以有力支持上海电信在三到五年内达到 IT 转型的目标。

在实施过程中，上海电信遵循以下原则：

利用国内外先进的企业应用集成理念，借鉴国际上成熟的企业应用集成商业套件，本着松耦合结构设计的原则，通过 EAI（Enterprise Application Integration）企业应用整合平台。在保证整个架构灵活性和模块化的同时，实现 MSS、BSS、OSS 等应用系统之间的系统集成和信息共享。

借鉴国际先进经验和信息系统建设日渐盛行的软件包驱动的实施方法，尽量采用通用的、成熟的商用软件包，特别是企业资源规划（ERP）、客户管理管理系统（CRM）、计费帐务系统（Billing）等，引进了先进的管理理念和运营模式，大大缩短开发和推广时间，使得企业能

适应变化复杂的外界环境，有利于提高客户满意度。

三、采用先进商业管理软件，实施 ERP

随着中国电信集团公司的成功上市，如何提高企业管理水平和企业竞争力显得日益迫切，ERP（企业资源规划）的实施也骤显重要。2003 年 1 月 3 日在中国电信集团公司启动了 ERP 试点项目，上海电信作为试点单位之一实施了 ERP。

为了保证 ERP 实施的高起点，中国电信通过招标选用了国际上最先进的 ERP 软件——SAP 公司的 R/3 系统、BW 系统和 Portel 门户，这也是中国电信首次尝试采用国际上成熟的商业套装软件，一来其集成性强，能够提高企业的整体运作效率；二来其管理理念新，可以以先进的管理思想来引导企业的变革。

为了保证 ERP 的成功实施，中国电信也选择了国际上著名的咨询公司——毕博公司作为项目的实施商，借助国际上著名咨询公司在以往 ERP 上的丰富经验为我们项目的成功提供可靠的保障。

为了确保项目的有效开展，上海电信成立了项目领导小组，公司总经理程锡元亲自挂帅，公司副总经理和各部门负责人都是成员，项目领导小组作为项目管理最高层领导机构，主要职责在于确定总体工作方向及重大问题决策等。同时，成立项目管理办公室和财务、工程、人力、统计、IT、流程协调等专业项目小组；项目管理办公室由项目经理和各业务部门的经理组成，是负责项目具体实施的具体协调机构，项目管理办公室主任由企业信息化部经理担任；专业项目小组组长则由各业务部门经理担任，解决项目实施过程中的具体问题。项目组织架构与职责的确定，使得项目的顺利实施有了充分的保障。

为了充分发挥 ERP 软件集成的优势，本次项目没有按财务或人力模块一个个上，而是财务、工程、人力、统计四大功能模组一起上，其中财务包括 13 个模块、人力资源包括 3 个模块、工程包括 3 个模块，从而支撑整个集团纵向和横向管理的需要，固化日常管理和操作流程，为各层面的管理决策提供分析的依据。

项目组也充分意识到了 ERP 项目存在的风险，因此，采取了先试点后推广的“滚动实施”策略，即在一个地方创建实施模型，然后推广到其他地方。项目组根据业务模式不同，在上海电信范围内挑选了公司总部、长途通信部、浦东电信局和金山电信局四个具有代表性的单位作为试点，一来可以集中人力和精力开展实施工作，防止项目无限膨胀；二来也可以为今后其它单位的全面推广积累宝贵的经验，避免许多不必要的工作量。

由于整个项目涉及企业各个部门，模块间集成强。这就不仅要求部门间加强横向、纵向沟通；电信方和咨询方也要加强沟通，而且这种沟通还必须及时、有效、充分。在项目管理方面，项目组一方面通过制定例会制度、双周计划制度、项目文档管理制度保证各项目专业组之间的沟通；另一方面，为了解决集团、上海的沟通问题，项目组利用互联星空和会议电话、会议电视等现代化通信手段缩短了沟通的距离。

ERP 项目要取得成功，员工的参与非常重要。由于 ERP 会改变员工的业务操作模式，而且会涉及某些部门的利益，实施过程中，员工会在一定程度上有抵触情绪，这就需要加强转变促成工作来改变员工的观念。只有全员参与并建立主人翁精神，才能充分发挥 ERP 的效益。

培训是 ERP 项目实施过程中贯彻始终的一项工作，使员工理解 ERP 的原理，改变观念，能熟悉操作相关的业务操作，也是实现知识转移的重要手段。通过知识转移培养企业内部的 ERP 顾问，为系统今后的推广、完善储备人才，提供保障。

上海电信 ERP 项目组在集团公司“统一规划、统一管理流程、统一数据模型、统一技术标准、统一软硬件选型”的五“统一”原则指导下，通过一年多辛勤的工作，于 2004 年 4 月 10 日实现 ERP 系统在公司总部、长途通信部、浦东电信局、金山电信局四个试点单位上线，下半年将全面推广。

ERP 的上线对于上海电信乃至中国电信意义都十分深远，它以先进的信息系统促进管理变革，使企业的信息化水平和核心竞争力都提升了一个层次，尤其在以下 5 个方面的成效最为突出。

集成化：原先上海电信内部的系统都是各自为阵，部门间的信息孤岛现象非常严重，集成性差，此次 ERP 实施了 SAP 的财务、工程、人力、统计四个模块，模块之间的联系非常密切，在跨模块业务操作上基本实现了闭环，提高了工作效率，实现了横向流程的集成化。在纵向的管理上，由于系统在信息方面的充分共享、透明以及权限的合理配置，使得各部门能够分级掌控其下属单位和下属员工的运作状况和工作情况，实现了纵向管理的一体化。

电子化：ERP 软件使得业务流程实现了电子化，解决了原先一些大量的手工输入和数据校验工作，大大减少了工作量，减少了差错，提升了管理效能。

资源优化： 系统遵循“数据单口录入”原则，避免重复差错，同时也减少了重复劳动，使得数据资源能够充分得以利用。原先各部门都有自己的系统，一来不同系统中有许多共同的数据；二来系统间都相互独立，使得系统的潜力不能充分发挥。通过 SAP 系统，对原先的业务流程和业务系统进行了整合，SAP 系统将替代原先的财务、人力、工程项目和库存系统，使得原先的信息孤岛成为一个有机的整体，把各种资源有效的整合在一起，极大提高了资源的利用率。

内部控制： ERP 软件通过横向业务流程的集成使得业务在事前、事中、事后都能进行控制。如：系统涵盖了项目管理从投资规划到项目验收的整个生命周期，能够有效的实现项目实施前后的控制，保证项目实施的质量，同时，系统可以通过项目实际支出与预算对比报表，分析项目预算执行情况，作为绩效考核的依据。系统具有完整的权限管理机制，能够有效地控制越级操作和越级查询等，即保证了业务操作的规范化，又保证了系统的安全性和保密性。

决策支持： SAP 业务信息仓库（BW）能支持综合分析中国电信现有的财务、业务、通信能力、投资、人力资源“五大类指标”体系。其通过严格的权限控制和系统管理来保持元数据库的一致性，从而保证指标体系的一致性，解决了原先口径不统一、追溯性能差的缺点。

支持国际化操作： SAP 提供的财务报表能够满足不同国家的上市报表要求，从而为中国电信的国际化运作打下了良好的基础。

四、通过系统整合，构建企业协同环境

随着信息技术的发展，信息系统的整合已成为传统大型电信运营商信息化必然选择。2003 年，上海市电信有限公司开始对 1996 年建设的综合办公服务系统（OA）进行整合与升级，在此基础上构建企业协同环境与知识管理平台。

整个整合与升级按照“统一规划、统一标准、统一流程、统一应用软件、统一管理”原则进行，以 B/S 结构替代了原系统 C/S 结构，实现了界面的 WEB 化。

新系统在保持原系统公文管理、公共信息、公共服务、ISO 文档管理、合同管理、档案管理和个人邮件等功能的基础上，增加了在线感知、知识发现、知识库、短信中心、虚拟传真等功能，丰富应用，是企业知识管理平台。

系统设计在凸出共性化的同时也尽可能充分满足员工的个性化需求。

新系统保持原公文流转的功能基础上，进一步强化了流程引擎的作用与应用，实现了合同管理，集成 ERP 等信息系统的审批管理流程，成为上海电信重要的企业协同工作环境（ICE）。

新系统通过整合，将原部分分散在直属单位的系统实现了企业数据中心集中管理和维护，也使所有应用系统的数据实现统一管理。

目前已成为上海市电信有限公司的日常办公、信息交流、工作联系、公文处理、领导决策等工作主要的企业信息化管理平台。

五、加强数据管理、注重信息共享

企业信息化中一项非常重要的工作或标志是数据的信息化，只有实现了数据充分共享，信息发挥了有效的作用，企业信息化才算成功。俗话说，三分技术、七分管理和十二分数据，数据管理在企业信息化中非常重要，是基础。

上海电信非常重视数据管理工作，为了更好地规范企业的数据管理工作，更有效地实现数据、信息的共享，更好地指导应用系统的建设和应用系统之间的集成，2003 年成立了专门的项目，启动了构建企业数据模型的工作。在充分考虑业务发展对数据需求的基础上，详细调查了公司当前的系统数据需求，分析外部的数据需求，同时，借鉴了国际主要电信运营商建立数据模型的经验和 eTom 模型，从客户、产品/服务、计费帐务、资源、财务、人力、库存等七大主题领域提出上海电信统一的企业级数据模型。

企业数据模型的建立，第一，使上海电信改变了过去的数据分散、语义重叠的现状，促进信息、数据的交互和共享，有力地指导信息系统建设；第二，有利于在 EAI 平台上实现不同支撑系统间的数据映射和转换，有利于应用系统之间集成；第三，有利于企业运营数据仓储（ODS）和数据仓库构建，可以为企业提供统一数据视图，便于各支撑系统之间的数据同步，有利于提供企业经营分析和管理决策支持。

六、以人为本，构建学习平台（e-Learning）

当今企业之间的竞争实际上是知识与人才的竞争。企业要想在竞争中保持长盛不衰，唯有不断提高员工个人的综合素质，这样企业才能获得持续发展的源泉与动力。而提高员工素质的有效途径就是实施企业培训战略。

上海电信人力资源部门作为员工培训的管理部门日益感到传统教学和培训已不能满足企业快速发展的要求，同时又迫切希望能提供多种手段将培训与员工绩效和职业生涯发展有效结合起来。而E-Learning网上教育培训作为传统教学的补充已成为企业教学的新趋势，如何建设上海电信的E-Learning系统成为了企业信息化建设的一个新课题。

上海电信从2003年4月份就开始着手探讨建立适应企业自身特点的E-Learning系统，通过多方调研分析和比较，最终决定采用IBM公司Lotus Learning space软件。Learning space软件作为国际上成熟的企业培训软件，支持现有业内所有主流的课件标准（AICC、SCORM、IMS等）。

为了适应人力资源部门统计和管理的需要，在IBM e-Learning平台上进行了二次开发，使该平台和现有的人力资源管理系统有机结合起来：一方面，该系统可以向人力资源系统提供员工培训及其他信息，配合人力资源系统完成对员工培训管理，并可以对人力资源系统的变更做及时的自动同步。另一方面，使系统可以满足人力资源部门培训管理体系的需要。

整个项目从2003年9月至2004年3月已经基本建设完成。该系统的投入使用将给企业带来以下好处。

突破了传统教学和培训在时间和空间上的限制，可以实现不同地点、实时地、交互地或者有选择地进行。

解决了企业业务规模不断发展所带来的员工培训人员增多、培训项目种类增加、教学管理资源相对减少、知识更新快等多种实际的困难。

培训方式简单方便，可以节约企业的培训成本。

有效地将员工培训和绩效考核与职业生涯发展结合起来。

有利于企业形成良好的学习氛围，彰显企业文化。

E-Learning系统的建设是上海电信公司管理创新、以人为本的有效尝试。公司领导在考虑公司发展战略的同时，充分意识到引入新的企业教育模式的必要性，通过结合传统的教学经验和优势，为公司开拓出一条崭新的人才培养模式，从而使企业储备更多的优秀人才，在日益激烈的市场竞争中立于不败之地。

七、信息资源的集中与优化

随着计算机技术与网络通信技术的发展，信息系统与信息资源的集中已成为企业信息化发展趋势。上海电信作为一家有百年历史的电信运营商，过去信息系统由各部门单独建设、分别管理，信息系统比较分散，不利于信息资源的共享。

为了改变上海电信信息系统比较分散、信息孤岛比较多的现象，根据上海电信企业信息化发展战略，2002 年公司开始启动了企业数据中心建设项目，从场地与资金上给于保证，要求新建信息系统将安置在企业数据中心，现有信息系统根据发展逐步搬迁到企业数据中心，以实现信息系统与信息资源的集中与优化。目前，上海电信基本完成信息系统与信息资源的集中工作，并对信息系统与信息资源进行优化。通过信息系统与信息资源的集中与优化，上海电信提高了信息系统与信息资源利用率，降低投资和运行成本，便于信息的共享与信息系统之间的集成，以发挥信息系统整体效应。

八、实施企业网络平台（ENI），构建企业宽带通信网

在企业信息化工作中，网络是基础设施，网络的运行效率直接影响到信息系统使用效果。为了使网络更好地服务信息系统、支持信息系统的应用，上海电信 2002 年开始实施企业网络平台（ENI）建设，构建企业信息化宽带通信网，对现有窄带网进行升级改造。

整个企业网络平台（ENI）由核心层、汇接层、接入层组成，各节点之间通过光纤连接起来，核心节点之间、核心节点与汇接节点之间通过千兆网络连接起来，汇接节点与接入节点由百兆网络连接起来，网络设备采用 Cisco 公司路由交换机。网络采用路由技术、VLAN 技术、VPN 技术等。网络覆盖上海电信所有的单位和部门，覆盖上海电信营业网点和局房，同时，通过 DCN 网实现与中国电信集团公司的连接。网络建成后，比较好地支持信息化建设，提高了信息系统运行的效率。

地址：上海市四川北路 61 号　　邮编：200085

电话：021-63630976　　传真：010-63629370

海星计算机系统集成技术有限公司

1999 年 6 月，“海星科技”A 股在上交所正式挂牌交易，作为海星集团的直接控股子公司，拥有遍布中国大陆的 12 家全资子公司，并在美国、新加坡、中国香港拥有多家海外机构，全球员工 2800 余名，1999 财年公司营业额逾 30 亿人民币，居全国计算机界十强企业之列。

海星科技集计算机硬件产品的生产、软件开发、系统集成、网络工程和全国销售服务网络五位一体的产业体系，被美国最具权威的信息杂志《Dataquest》称为“中国最好的计算机系统销售平台”之一。2001 年，海星科技成功完成产业重新调整和布局，收购控股香港新瞻科技公司、深圳赛格信力德公司，组建海星信息研究院，在中国深圳、西安、美国硅谷建立开发研究基地。

2001 年 7 月海星科技投资 2000 万元组建海星计算机系统集成技术有限公司，专门从事计算机系统集成、大型网络工程的规划、论证、设计和施工、应用系统开发及相关技术咨询和技术服务等。充分利用海星各地分公司的市场开拓优势、资源和技术优势，致力于推进中国信息化建设。总部设在西安，北京、武汉、上海等地已建立分支机构。

海星各地系统集成公司多年来为金融、证券、电信、政府、公用事业、企业、水利、电力、公安、医疗及教育行业等众多用户提供各种解决方案，在技术论证、设备选型、系统集成、网络建设、安装调试、应用开发及其相关的技术支持和售后服务等方面积累了丰富的经验。

同时，我们得到来自 HP、COMPAQ、IBM、AMP、CISCO、3COM、Nortel Networks、Microsoft、Novell、SYSBASS、Panduit、LOTUS、SCO UNIX、ORCLE 等国际知名厂商授权认可，拥有经原厂商培训认证的专业工程师三十余名，为专业从事计算机网络系统集成、Internet/Intranet 解决方案的提供、应用软件开发等项目奠定雄厚的技术实力。

经过我们不懈努力，于 2002 年 6 月 28 日正式通过 CISCO 银牌认证，成为 CISCO 公司在西北区唯一一家银牌合作伙伴。我们拥有国内最高级别 CCIE 工程师及十余名 CCNP、CCDP 工程师，且建设“客户呼叫服务系统（CASE）”网站，通过互联网，为客户提供随时随地、全面周到的售后技术支持响应。

为使管理水平和服务质量有一个质的飞跃，公司自2002年2月1日导入ISO9001:2000国际质量管理体系，制定“以客户为中心”的质量管理方针，建立了完整的质量管理体系文件。对提高质量信誉和市场竞争力，起到积极的推进作用。

公司近年来在销售业绩提升、技术体系建设、行业解决方案提供、项目管理规范、客户服务响应以及管理平台构架等方面取得长足发展，系统集成各项能力均达到或超过信息产业部相关标准，于2002年8月顺利获得了信息产业部系统集成二级资质。

进入二十一世纪，海星科技系统集成公司将不断发扬“追求、创新、奉献”的企业传统，将最好的产品和最优质的服务奉献给用户。

我们的目标：向用户提供最先进的商业解决方案，成为最有价值的IT业务伙伴。

智能卡应用

智能卡作为新一代数字存储介质，具有存储密度高、多存储区等显著特点，为商品交换提供了更简便、安全、可靠的消费方式，同时能够实现前所未有的高速远程货币支付，缩短了商品交换所必须的货币认证时间，加快了商品经济的循环与发展，打破了以往货币只记录面值的传统方式，还提供了可扩展使用的存储区域，为商品交换提供了灵活的发展空间。

针对目前射频卡技术优势，结合各行业应用现状，以先进的理念，整合射频IC卡及网络通讯技术，海星构建“一卡通平台”的概念。即以一卡通管理系统为核心，以金融交易业务为基础而建立的卡应用平台。通过各专业银行遍布全国的信用卡网络，该卡可以作为独立的借记卡进行购物等刷卡消费。采用“1+X”的模式，以智能卡信息为基础，实现各子系统的应用，集独立运行和综合管理于一体。

集多年一卡通系统实施的经验，海星系统集成公司采用先进的管理思想和独有技术，成功设计卡片结构，定义丰富的个性化信息，使卡片能满足多场合、多需求的使用。目前针对学校、企业、超市等不同对象，推出的“银校一卡通”、“企业一卡通”、“银行超市联名卡”等具体方案已经得到广泛的应用。

公用事业综合业务应用系统

城市公共事业涉及到供水、供热、供电、供气等事业电位，此类企业在数字城市中是市民关心的重点，是城市生产和人民生活密不可分的部分，也是建立现代化城市的基础。在市场环境下，公用事业进行的是企业化管理、独立核算、自负盈亏，在企业内部建立有效的管理机制，提供完善服务体系的重要性不言自明。因此，必须采取信息化手段改变企业运营、生产等方面的模式，有效降低成本，促进企业的现代化管理。

海星系统集成公司针对公用事业提供的应用系统为：营业收费管理系统、报装管理系统、远传抄表系统、业务管理信息系统、办公自动化系统、管网地理信息系统、生产调度系统，涵盖了此类企业的各个职能部门。针对自来水公司的应用系统已进入中国水司的推广软件计划中。

海星 IDzeus 动态口令身份认证系统

IDZeusTM 动态口令身份认证系统于 2003 年 1 月，申请了发明专利(申请号:03114476.4)，且通过了国家公安部计算机信息系统安全产品质量监督检验中心的检测，获得公安部颁发的计算机信息系统安全专用产品销售许可证。

海星动态口令身份认证系统 IDZeusTM，是一个以 AAA（Authentication 身份认证、Authorization 授权、Accounting 审计确认）技术为基础，采用动态口令核心技术开发建立的一套安全、稳定的系统。目前，许多系统中由确认身份、设置权限的子系统来管理登录用户的身份，控制对所有受控资源的存取和访问权限。但一般用户的帐户信息（用户名和口令）是相对不变的，即为静态，这样用户信息可能存在被剽窃、猜测、借用、窃听、截取等隐患。而 IDZeusTM 则为这类隐患找到安全、稳定的解决之道。

该产品适用于各种计算机网络应用解决方案，包括电子政务、电子商务、信息门户、网上支付、在线游戏、企业网络、远程登录，以及各级证券、银行、电信、收费网站等行业及企业事业单位的应用范畴。针对不同的安全等级需求，可以分别为普通用户、操作员、系统管理员提供动态口令，满足各类使用者的身份鉴别、授权，以提高系统应用的安全性。

该产品兼容 RADIUS 协议，与应用系统的连接既可使用 RADIUS 协议，也可采用基于组件或 JavaBean 技术的无缝嵌入。其还提供友好的软件接口，可方便地与各类防火墙、VPN 等安全产品配合使用，构建成完整的信息安全“三环安全体系”。

地址：北京市海淀区知春路 118 号知春大厦 A 座 1202　　　邮编：100086

电话：010-62577400　　　传真：010-62577378

清华大学计算机与信息管理中心

清华大学数字校园规划与实现

一、前言

21世纪将是人类社会全面进入信息化的世纪，21世纪的教育必须适应信息化社会对教育的需求。清华大学在教育信息化建设方面经过十余年艰苦努力，取得了一批可喜成果。为了更好地搞好教育信息化建设，我们提出了数字校园建设方案，采用整体的、层次化的观点来规划、实施学校的信息化建设，为教育信息化提出一个清晰的目标。

二、清华大学信息化建设历程与现状

清华大学信息化建设可分为三个阶段：第一阶段主要是校园网建设和一些局部范围的网络应用系统建设；第二阶段是“泰山工程”及“泰山工程二期”，这是信息化建设关键性的几年，除了对校园网进行了全面的升级外，在管理信息系统和信息服务系统建设方面做了大量的工作；第三个阶段从2002年开始，进入了信息化建设的全面规划与建设阶段。

三、清华大学数字校园建设规划

我们提出的“数字校园”规划，是用整体的、层次化的观点来实施校园的信息化建设，将校园网上信息进行更好的组织和分类，让用户在网上快速发现自己需求的信息。为师生提供网上信息交流的环境，让管理人员科学地、规范地管理自己的数据，并将这些信息很方便地发布出去。数字校园的建设将对学校所有信息资源进行统一的、科学的组织与管理，并以最有效的方式提供给更多的用户。

清华大学数字校园主要由基础设施、网络基本服务系统、应用支撑系统、信息服务与决策支持系统等五部分组成，具体结构如图所示

清华大学“数字化校园”总体系统模型

2004年10月28日

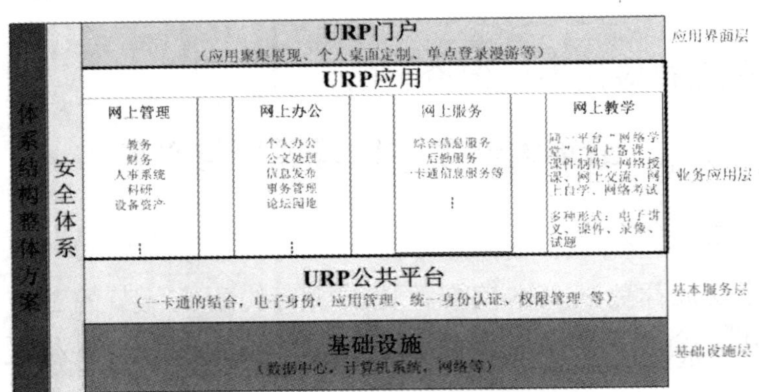

清华大学数字校园组成图

◆ **基础设施：**包括校园数据网络、有线电视网络、卫星网络（用于远程教育）、以及在这些网络上提供服务的服务器系统。

◆ **网络基本服务：**包括最常用的 Internet 服务和实现上层网络应用所依赖的基础服务。

◆ **应用支撑系统：**是校园数字化的核心部分，我们将应用支撑系统称为“大学资源计划（University Resource Planning)”，包括：办公自动化系统、各类管理信息系统、数字图书馆系统、网络教学系统等。

◆ **信息服务系统：**是直接面向用户的系统，它为用户提供一个统一的界面来获取各种应用系统的服务。

◆ **决策支持系统：**是直接面向校园管理者的系统，它通过对数字校园内的各种数据（环境、资源、活动）的挖掘，并辅助以一定的统计分析，向校园内不同层次的管理者提供决策支持。

针对数字校园的建设与实施，我们提出以下的思路：

1) 资源数字化是一项长期的任务

2) 以上层应用推动网络基础服务的发展

3) 数字校园建设中，现有的一些管理模式、管理机构将发生变革

清华大学拟用 10 年左右的时间，完成数字校园建设的各项主要工程，在建校一百周年时，将清华大学建设成为一个世界一流的现代化大学。

四、清华大学现有应用系统简介

1）研究生、博士生网上招生系统：

该系统贯彻时效性、全天候、充分信息原则，涵盖了招生信息发布、网上报名、考务安排、录取、调剂、外校推荐免试、本校推荐免试所有的招生环节的工作。该系统可以为研究生教务系统提供入学的数据，是清华大学数字化校园的重要组成部分之一。

2） 新生入学管理系统：

该系统涉及新生入学管理的各个环节，面向全校各系、各管理部门以及所有新生。可以为新生提供方便、高效、一体化的入学报到环境，加强参加迎新的各个部处间的信息流通和工作配合，规范新生报到程序，从而提高学校各相关部门的工作效率。

3）综合教务管理系统（本科生 / 研究生）：

综合教务管理系统涉及教务管理各环节、面向学校各部门以及各层次用户。可以实现在多地域、任意时间段以不同身份来访问教务系统中的数据，大大加强了系统数据共享的能力。该系统于 1999 年 1 月通过国家“211 工程”项目首批验收，1997 年开始在清华大学运行，为促进学校教务管理的科学化、规范化、信息化、减员增效、保障学分制的顺利实行提供了有力的支持，已成为清华大学教务管理工作不可替代的平台。

4）清华大学网络学堂

清华大学网络学堂是一套网络教育支持系统。作为一个先进的网络教育基础服务支撑平台，为整个系统的集成提供公共的平台与工具，包括认证接口、桌面维护、用户档案管理、目录服务、数据交换服务、资源共享等功能。该系统自 1999 年开始在清华大学运行，于 2004 年 7 月通过国家 CELTS 标准认证。

5）清华大学学生奖助贷管理系统

该系统是一个涉及学生奖助贷勤补管理环节、面向学校各部门以及各层次用户的多模块综合管理信息系统。2002 年以来在清华大学投入运行，大大加强了学生数据的共享能力，为促进学校学生奖助贷勤补管理的科学化、规范化、信息化提供了有力的支持。

6）清华大学办公自动化系统

清华大学办公自动化系统具有功能丰富、界面友好、扩展灵活、安全可靠的特点，为各级领导和办公人员提供了集成的工作环境。系统自 1998 年 4 月在清华大学校内全面推广使用，大大提高了行政管理工作效率。于 1999 年 1 月通过了教育部“211 工程”首批项目验收，2001 年 1 月通过教育部组织的项目鉴定。2001 年 10 月被“OA2001 国际学术研讨会”推荐为“全国办公系统典型应用”。

7）清华大学综合信息门户系统

综合信息门户系统是面向校园网用户的大型网络解决方案。该系统对校园网内的信息和应用系统进行管理和整合，统一控制用户对信息和应用系统的访问，为用户提供集成的访问入口和个性化服务。2000 年开始在清华大学运行。

8）清华大学统一用户管理及认证系统

统一用户管理及认证系统是清华大学数字化校园重要基础组成部分之一，通过建立统一用户管理系统，为数字校园的用户提供全局唯一的电子身份，并提供安全认证及应用漫游接口，与门户系统配合，实现了应用系统集成及应用单点登录。

9）清华大学通用网络计费系统

清华大学通用网络计费系统本着先进、实用、灵活、准确、可靠的设计思想，针对内联网用户访问 Internet 进行监控和管理而设计的一整套完整的计费解决方案。现在已经在多所高校和几家企业中得到了应用，深受用户好评。

10）清华大学集成财务系统

该系统是由清华大学财务处和计算机与信息管理中心共同研发的、面向高等院校财务管理与会计核算的专用软件。基于"通用、灵活、标准"的设计理念，采用网络财务的管理思想，将财务管理、监督、控制、服务的要求融为一体，应用最先进的信息集成技术，为高校各级财务人员、财务主管和院校领导提供了集成协同化的办公环境，从而为满足财务信息化、财务网络化需求提供了有力的保障。

北京市交通委员会

北京市交通委员会是综合管理本市道路（含公路）和交通运输的市政府组成部门，成立于 2002 年。

其主要职能是：综合研究交通发展战略和交通行业政策，参与城市总体规划中有关交通规划的研究；组织编制道路及其附属交通设施建设和交通运输行业的中、长期规划，研究提出城市道路的年度建设计划，组织编制交通专项资金的年度使用计划，组织制定交通运输行业经营资质，市场准入的管理办法，研究制定交通运输、道路建设工程验收及道路维修养护的地方标准和经营服务规范；参与制定交通行业的收费标准；组织协调有关部门研究拟定交通组织方案，协调解决有关交通的综合性问题，协调处理交通行业重大突发性事件，负责全市交通行业的宣传和综合统计及对外交流与合作等。

北京市交通委下设路政局、市运输管理局和市交通执法总队，承担具体行业管理和行业行政执法职能。市路政局对道路（含公路）、桥梁、城市轨道等交通基础设施的建设、养护、路政实行统一管理；市运输管理局负责对交通运输行业（含公共交通、轨道交通、长途客运、货运、水路交通及汽车维修等）实行统一管理；市交通执法总队负责行使有关交通方面的法律法规和规章规定的行政处罚权。

地址：北京市宣武区广安门内大街 317 号楼
邮编：100053
电话：010-63032255
传真：010-63012372

山东省交通通信信息中心

自“九五”以来，山东省交通厅对信息化建设高度重视，在人才、资金、政策等方面给予了重点支持，信息化建设取得了一定成效。信息化机构逐步健全，各部门、各单位基本都设置了信息化工作机构，配备了专业人员。省交通厅及各市交通局、厅直单位基本都建设了局域网，OA 运转正常。财务管理、规费征收、交通稽查、科技管理等信息系统应用效果较好。按照“十五”规划确定的全省交通政务信息系统一期工程完成并投入应用，大致可归纳为“一个平台、两个门户、三类应用”。二期工程正在建设中。

公路方面，交通规划设计部门使用 CAD、GPS、GIS 等先进技术和系统设备，设计水平位于全国前列，高等级公路设计集成技术达到国内先进水平。高速公路信息管理系统建成 2144 公里，是全国高速公路联网收费里程最长、技术含量最高的信息系统，实现了新建高速公路同步开通联网收费系统的目标。开发应用了公路道路数据库系统，并成功实现 GIS 与公路数据库的融合。开发了公路路政管理系统、开放式路桥智能收费系统、公路审计管理信息系统、公路征稽管理信息系统等信息系统，公路勘察设计、建设管理信息化水平都有了大幅度提高。

道路运输方面，全省一级汽车客运站全部实现微机售票和条码检票，市（县）二级汽车站基本实现了计算机售票，部分一类汽车维修企业实现了计算机管理，汽车综合性能检测站全部实现了计算机控制。开发应用了道路运政系统，完善了营运车辆数据库，实现了运政部分业务的网上办公。开发应用了车辆维修信息管理系统、汽车客运站队结算系统、远程售票系统等，大力推广应用了 GPS 车辆调度系统、现代物流信息系统和货运场站综合管理系统等。

在水运方面，大型港口、运输公司、航运公司，船舶代理等企业的关键环节，逐步推广应用 EDI 等技术，并在一定范围内构成网络，实现数据交换和资源共享。港航管理系统基本实现了与全省航运管理部门的联网。全球海上遇险与安全系统、水上交通安全监督管理和船舶检验管理、GPS 系统得到较好推广应用，大大提高了水上安全性。内河船闸收费系统得到普遍应用，效果良好。

交通工业企业 CDA 技术正在向三维设计过渡，推广应用 CDA/CAM/CAPP 及 PDM、ERP 等系统后，企业 MIS 系统得到了很好地完善，提高了企业管理效率、产品设计水平，缩短了设计周期，企业信息化水平明显提高。

地址：山东省济南市舜耕路 19 号　　邮编：250002
电话：0531-5693998　　传真：0531-5693927

华夏证券股份有限公司

华夏证券股份有限公司成立于 1992 年 10 月 8 日。鉴于证券行业业务开展对信息技术的高度依赖和需求，公司于成立之日起就十分重视电子信息系统的建设，到目前为止，已经建成一个集证券交易、法人清算、财务核算、基金代销、电子商务、稽核监控、经纪业务综合管理及办公自动化等诸功能为一体的企业信息网络，覆盖公司 11 家一级分支机构和 90 余个营业网点，为公司各项业务的开展提供了一个安全、快捷、高效的技术平台。

华夏证券公司总部设有电脑中心，总体负责全公司信息系统的规划、建设和管理。公司在北京和上海两地分别建立了中心机房，互为灾备中心。

在广域网建设方面，华夏证券除北京、上海、深圳三地形成了双环路的核心层网络外，还以北京中心，建立了基于中国连通 2MSDH 线路的主干网络，连接一级机构和区域交易中心；以上海中心机房为中心，建立了基于中国网通 2MSDH 线路的主干网络，连接重要的一级机构和集中交易点。

公司于 1998 年即建成了连接所有营业网点的自动化办公系统，实现了无纸化办公。公司总部与各分支机构之间的公文传递、业务指导、信息咨询、技术培训、视频会议等工作均可通过华夏内部的企业网络迅捷完成。

2002 年，公司统一采用了杭州恒生电子股份有限公司的企业版综合业务柜台管理系统。近两年来，公司加快了电子信息系统集中化、一体化的建设和管理步伐，在全国建立了 8 个区域集中交易中心，在上海、深圳两地建立了连接交易所的快速报盘通道。此外，公司还建立了集中统一的法人清算系统、财务核算系统、开放式基金代销系统、经纪业务综合管理平台和实时的业务稽核监控平台。

在电子商务建设方面，华夏证券于 2000 年开通了网上证券交易业务，建立了“华夏 108”专业证券信息网站，开通了网上经纪人咨询业务。目前无论是网上交易成交额还是“华夏 108”网站的点击率均在业内名列前茅。

华夏证券在根据业务发展加快信息系统建设的同时，也十分注重信息系统的标准化管理和员工队伍建设。目前华夏证券全公司总共有200余名各类专业技术人员，分布于公司总部和各分支机构，从事信息系统各部分的建设、管理和维护工作。为不断提高公司的信息系统建设和管理水平，电脑中心建立了“以顾客为中心，以信息技术为先导，以安全为本，持续改进，建设运行高效、管理有序、国内领先的证券信息系统，为顾客提供优质服务”的质量方针，狠抓规范管理，建立健全完善的证券信息系统相关的规章制度，采用先进成熟的信息技术和产品，兼顾成本，建设安全、高效、有序的证券信息系统，不断提高服务质量，并与2002年通过GB/T19001-2000（idt ISO9001:2000）的质量管理认证。

浙江浙大网新科技股份有限公司

浙江浙大网新科技股份有限公司（上交所：600797）是以浙大计算机学科的科研力量为主体的高科技软件产业公司，由以浙江大学校长潘云鹤院士任董事长的浙大网新信息控股有限公司控股。

经过三年的努力，以“创新、健康、睿智”为基本经营理念的浙大网新迅速发展成为国内最大的IT应用服务商和中国主要的软件出口商之一，并先后与国际10余家国际著名企业建立了战略合资、战略合作关系。2003年公司实现经营收入29.13亿元，主营利润2.98亿元，位居2004中国软件百强第7名，在2004中国电子信息百强中排名第48名，居全国电信行业系统集成商第1名、全国信息产品分销、网络集成服务前5强，中国电子政务百强第8名。

目前，浙大网新已形成以分销集成、应用软件、自有品牌产品三大基本业务和以软件出口、机电工程、移动数字娱乐等三大新增业务为主体的IT服务业务体系，在业内具有重要影响力。

温州佳恒卡业有限公司

佳恒卡业有限公司自 1997 年创立以来，致力于智能卡、射频卡、PVC 卡、证像卡、磁卡、条码卡等各类卡片的生产与销售。目前，已广泛应用于银行、电信、税务、公安、邮政、证券、文教、体育、保险、超市、酒店、旅游、企事业单位等领域。公司下设北京、上海、广州、南京、哈尔滨、呼和浩特、济南、郑州、西安、合肥、成都、南昌、杭州、长沙、贵阳、昆明、南宁办公事处，营销网络遍及全国各地。年产各类卡片 8000 万张，新建的工业园区占地 10 多亩，环境幽雅，拥有 3000 平方米全封闭的空调无尘生产车间，引进全套先进的生产设备。严格按照 IS09002 质量体系标准及 IS07816 标准进行规范的生产和管理，且有生产监控系统和计算机网络生产管理系统，对原材料和半成品进行严格管理，对客户原版及时归位封存，废品及时处理，保障客户全法权益。通过近 6 年的努力，已发展成为国内知名的制卡企业之一。

佳恒秉承着“最佳服务，永恒承诺”的宗旨，坚持以质量求生存、以诚信求发展、真诚合作、互惠互利的原则；并且以高质、快捷的、周到的服务，赢得了市场一次又一次高度的认可和赞誉。我们将不遗余力的开发和生产一流的产品，提供个性化的一对一服务，同供货商、批发商、广大客户建立多赢、互动的关系，携手共进，共创灿烂辉煌，逐步趋向国际化。

地址：浙江省苍南县金乡镇第二工业园区东风大道 188 号
邮编：325805
电话：0577-64501188
传真：0577-64561904

昌河航空工业有限公司

昌河航空工业有限公司坐落于闻名中外的瓷都景德镇，隶属于中国航空工业第二集团，是国家定点的直升机科研生产基地、中国十大汽车生产企业和全国520户重点企业之一。亚洲最大吨位多用途直升机——直八型机、轻型多用途直升机——直十一型机和中国第一辆微型厢式货车就诞生在这里。

昌河创建于1969年11月，现有资产总额约70亿元，职工人数近11000人，占地面积482万平方米。是以产品为龙头、以资本为纽带，跨地区、跨行业、跨所有制经营的军民结合型大型工业企业集团，拥有10多个分（子）公司。

昌河坚持"军民结合，用户第一，改革创新，持续发展"的经营方针，以发展为主题，以结构调整为主线，以新产品研制为重点，以机制创新、管理创新、科技创新为动力，是一个"产权多元化，产品规模化，经营多样化，管理科学化"的国内一流的现代企业集团。

地址：江西省景德镇109信箱工程技术部（直升机公司）

邮编：333002

电话：0798-8462043

传真：0798-8441460

第七部分

我国信息化进程大事记

我国信息化进程大事记

1993年3月，朱镕基副总理主持会议，部署建设金桥工程。

1993年3月15日在第八届全国人民代表大会第一次会议上，李鹏总理在《政府工作报告》中指出，“把电子信息等高新技术放到重要位置，提高投资强度，努力在各个领域广泛推广应用。

1993年6月，江泽民总书记视察中国人民银行沙河卫星地面站提出要推广金卡工程。

1993年12月，国务院批准成立国家经济信息化联席会议，邹家华副总理任联席会议主席。

1994年2月、6月、12月，邹家华副总理主持国家经济信息化联席会议召开三次全体会议，研究“三金工程”。

1995年9月28日，中国共产党第十四届五中全会通过了《中共中央关于制定国民经济和社会发展“九五”计划和2010年远景目标的建议》，发出了“加快国民经济信息化进程”的号召。该《建议》提出，“电子工业，重点发展集成电路、新型元器件、计算机和通信设备，增强为经济和社会发展提供信息化系统和装备的能力，促进信息产业发展。”

1995年11月，邹家华副总理主持召开联席会议第四次全体会议，会议审议了《中华人民共和国计算机信息网络国际联网管理暂行规定(报审稿)》。

1996年1月，中国公用计算机互联网(CHINANET)全国骨干网建成并正式开通。

1996年1月13日，国务院信息化工作领导小组及其办公室成立，我国的信息化进入了有组织、有计划的推进阶段。

1996年2月1日，国务院第195号令发布了《中华人民共和国计算机信息网络国际联网管理暂行规定》。

1996年3月全国八届人大四次会议把推进信息化纳入了《国民经济和社会发展“九五”计划和2010年远景目标纲要》。

1996年4月，国务院办公厅发出“关于成立国务院信息化工作领导小组的通知”(国办发［1996］中括号 15 号)，邹家华副总理任组长，原国家经济信息化联席会议办公室改为国务院信息化工作领导小组办公室，电子工业部副部长吕新奎任办公室主任。

1996 年 5 月、1997 年 2 月，国务院副总理、国务院信息化领导小组组长邹家华主持召开领导小组第一次、第二次会议。

1997 年 4 月 18 日至 21 日，全国信息化工作会议在深圳市召开。会议确定了国家信息化体系的定义、组成要素、指导方针、工作原则、奋斗目标、主要任务，并通过了“国家信息化九五规划和 2000 年远景目标”，将中国互联网列入国家信息基础设施建设，并提出建立国家互联网信息中心和互联网交换中心。

1997 年 6 月 3 日，受国务院信息化工作领导小组办公室的委托，中国科学院在中国科学院计算机网络信息中心组建了中国互联网络信息中心(CNNIC)，行使国家互联网络信息中心的职责。同日，国务院信息化工作领导小组办公室宣布成立中国互联网络信息中心(CNNIC)工作委员会。

1998 年 2 月，邹家华主持召开国务院信息化领导小组第三次全体会议。

1998 年 3 月，第九届全国人民代表大会第一次会议批准成立信息产业部，主管全国电子信息产品制造业、通信业和软件业，推进国民经济和社会服务信息化。

1998 年 7 月，“政府上网工程”开始启动。此后，中国电信又陆续与有关部门联合实施了“企业上网工程”和“家庭上网工程”，有力地推动了信息网络化建设。

1999 年 2 月，国家信息化办公室成立国家信息化专家委员会，叶培大院士任主任委员，郭诚忠任常务副主任。

1999 年 12 月，根据国务院领导关于恢复国务院信息化工作领导小组的批示，成立了由国务院副总理吴邦国担任组长的国家信息化工作领导小组，并将国家信息化办公室改名为国家信息化推进工作办公室。

2000 年 1 月 26 日，国家经贸委、信息产业部、科技部在北京召开企业信息化推进大会，正式启动“企业信息化工程”。

2000 年 6 月 24 日，国务院发布了《鼓励软件产业和集成电路产业发展的若干政策》(国发［2000］18 号)。18 号文件从投融资、税收、技术、出口、收入分配、人才、装备及采购、企业认定、知识产权保护、行业管理等多个方面为软件产业的发展提供了政策优惠。这是第一个鼓励和支持软件产业发展的专项产业政策。

2000 年 7 月 7 日，由国家经贸委、信息产业部指导，中国电信集团公司与国家经贸委经济信息中心共同发起的“企业上网工程”正式启动。

2000 年 8 月 21 日，第 16 届世界计算机大会在北京国际会议中心隆重举行，国家主席江泽民为大会题词并在开幕式上发表了重要讲话，主张制定国际互联网公约，共同加强信息安全管理，充分发挥互联网的积极作用。

2000 年 9 月 25 日，国务院公布施行《互联网信息服务管理办法》。

2000 年 10 月 11 日，中国共产党第十五届中央委员会第五次全体会议就信息化建设作出重大决策，明确指出“大力推进国民经济和社会信息化，是覆盖现代化建设全局的战略举措。以信息化带动工业化，发挥后发优势，实现社会生产力的跨越式发展。”全会还强调，要加强现代信息基础设施建设，抓紧发展和完善国家宽带传输网络，加快用户接入网建设，扩大利用互联网，促进电信、电视、计算机三网融合。

2000 年 12 月 28 日，九届全国人大常委会第十九次会议表决通过《全国人民代表大会常务委员会关于维护互联网安全的决定》。

2001 年，国务院办公厅制定了全国政府系统政务信息化建设的 5 年计划，即《全国政府系统信息化建设 2001-2005 年规划纲要》(国办发【2001】25 号)。

2001 年 1 月 1 日，互联网“校校通”工程进入正式实施阶段。

2001 年 2 月初，中国电信开通 Internet 国际漫游业务。

2001 年 3 月，九届全国人民代表大会第四次会议做出了“以信息化带动工业化”的战略决策。

2001 年 7 月 29 日，信息产业部召开国家信息化指标工作会议，发布《国家信息化指标构成方案》。

2001 年 8 月，成立国家信息化领导小组，国务院总理朱镕基任组长。同年 12 月，主持召开国家信息化领导小组第一次会议。

2001 年 8 月，国家计算机网络与信息安全管理中心组建“中国计算机网络应急处理协调中心”，简称 CNCERT/CC。

2001 年 9 月 7 日，《信息产业“十五”规划纲要》正式发布，这是国家确立信息化重大战略后的第一个行业规划。

2001 年 12 月 3 日，中国互联网络信息中心(CNNIC)第一次发布《中国互联网络带宽调查报告》。

2001 年 12 月 20 日，“家庭上网工程”正式启动。

2001 年 12 月 25 日，中共中央政治局常委、国务院总理、国家信息化领导小组组长朱镕基主持召开了国家信息化领导小组第一次会议。会议指出，加快信息化建设，是我们面临的历史机遇，也是我国现代化建设的迫切需要。推进国家信息化必须遵循以下方针：第一，坚持面向市场，需求主导。第二，政府先行，带动信息化发展。第三，信息化建设要与产业结构调整相结合。第四，既要培育竞争机制，又要加强统筹协调，努力为信息化发展创造良好的环境；要按照互联互通、资源共享的原则，杜绝各种网络和系统的重复建设，防止一哄而起。第五，既要重视对外开放与合作，又要加强自主科研开发。会议决定成立由各方面专家组成的国家信息化专家咨询委员会，主要就政策规划、推广应用、网络与信息安全等重大问题提供决策咨询。

2001 年 12 月底，“中国教育和科研计算机网 CERNET”高速主干网建设项目(1999-2001)通过国家验收。

2002 年 1 月，国务院信息化工作办公室和国家标准化管理委员会在京成立了电子政务标准化总体组，全面启动电子政务标准化工作。

2002 年 3 月 14 日，信息产业部第 9 次部务会议审议通过《中国互联网络域名管理办法》，9 月 30 日《中国互联网络域名管理办法》开始实施。

2002 年 5 月 17 日，中国电信在广州启动互联星空计划，标志着 ISP 和 ICP 开始联合打造宽带互联网产业链。

2002 年 7 月 3 日，国家信息化领导小组第二次会议审议通过了《国民经济和社会发展第十个五年计划信息化重点专项规划》、《关于我国电子政务建设的指导意见》和《振兴软件产业行动纲要》，并以“17 号文件”的形式下发了电子政务建设规划指导性意见。

2002 年 11 月，党的十六次全国代表大会进一步明确“信息化带动工业化”，“大力加强电子政务建设”方针策略，提出了具体的目标和要求。

2002 年 11 月 25 日，“第一届中国互联网大会暨展示会”在上海召开。

2002 年 11 月 28 日，《振兴软件产业行动纲要》(国发办［2002］47 号)正式启动，作为国务院 18 号文件精神的延续和细化，成为促进我国软件产业发展的又一项重大举措。

2002 年 12 月，首届中国电子政务技术与应用大会在北京隆重召开。

2002 年 12 月 16 日，中国互联网络信息中心(CNNIC)作为域名注册管理机构不再面向用户受理域名注册申请，该服务改由域名注册服务机构承担。

2003 年 3 月，王旭东出任信息产业部部长。

2003 年 4 月 2-4 日，“2003 全球 IPv6 高峰论坛”在京召开。

2003 年 7 月，王旭东接任国务院信息化工作办公室(以下简称国信办)主任一职。

2003 年 7 月，国家信息化领导小组第三次会议在北京召开，中共中央政治局常委、国务院总理、国家信息化领导小组组长温家宝主持会议并作重要讲话。会议讨论了《关于加强信息安全保障工作的意见》，听取了国家信息办关于电子政务建设的工作汇报。

2003 年 7 月 18 日，由信息产业部牵头，国内 IT、家电五巨头联想、长城、TCL、康佳和海信联合宣布成立“信息设备资源共享协同服务标准化”(IGRS)工作组。

2003 年 9 月，中日韩三国信息通信部长会议签署了《中日韩三国信息通信领域合作安排》。

2003 年 10 月 28 日，以“中国 3G 为全球通信业发展提速”为主题的“3G 在中国”2003 全球峰会在北京拉开帷幕。

2004 年 3 月 5 日，国务院总理温家宝在第十届全国人民代表大会第二次会议上所作的《政府工作报告》中指出，要按照走新型工业化道路的要求，推进国民经济和社会信息化，促进产业结构优化升级。积极发展对经济增长带动作用大和拥有自主知识产权的高新技术产业。加快振兴装备制造业。

2004 年 3 月 11 日，信息产业部与 HP 公司签署共建 LINUX 软件实验室合作备忘录。

2004 年 3 月 18 日，在国家有关部门支持及各主要运营商的积极参与下，由通信业内主导媒体《通信产业报》及 CCID 产业经济研究所、CCID 通信产业研究所联合主办的“3G 与中国经济高峰论坛”在京召开。

2004 年 3 月 24 日，国务院总理温家宝主持召开了国务院常务会议，讨论并原则通过了《中华人民共和国电子签名法(草案)》。

2004 年 4 月 3-4 日，“首届中日韩三国 IT 局长 OSS(开放源代码软件)会议”在北京召开。

2004 年 4 月 13 日，第三届“全球 IPv6 高峰论坛”在京召开。

2004 年 8 月 28 日，十届全国人大常委会第十一次会议表决通过《中华人民共和国电子签名法》，首次赋予可靠的电子签名与手写签名或盖章具有同等的法律效力，并明确了电子认证服务的市场准入制度。它称得上是我国第一部真正意义的电子商务法，是我国电子商务发展的里程碑，它的颁布和实施必将极大地改善我国电子商务的法制环境，从而大大推动我国电子商务的发展。

2004 年 10 月 14-15 日，在匈牙利首都布达佩斯举行的亚洲信息社会论坛上，信息产业部部长王旭东指出，未来几年，中国将重点从五个方面推进信息化建设。

2004 年 10 月 27 日国家信息化领导小组第四次会议在北京召开。中共中央政治局常委、国务院总理、国家信息化领导小组组长温家宝主持会议作重要讲话并指出，大力推进国民经济和社会信息化，是覆盖现代化建设全局的重大战略举措。会议讨论了《关于加强信息资源开发利用工作的若干意见》和《关于加快我国电子商务发展的若干意见》，同时对今后一个时期我国信息化工作作出了部署。